AtV

Wilhelm Waiblinger wurde am 21.11.1804 in Heilbronn als Sohn eines Kammersekretärs geboren. Zwei Jahre später ging die Familie nach Stuttgart, wo er das Gymnasium besuchte und Eingang in Künstler- und Literatenkreise fand. Als Sechzehnjähriger begann er ein Tagebuch zu schreiben, studierte Theologie und Jura. Seit Oktober 1826 lebte er in Rom und schrieb zwischen 1828 und 1830 Feuilletons, Gedichte, Berichte, Briefe und seinen Hölderlin-Essay. Am 17.1.1830 starb er in Rom an der Schwindsucht.
Werke: Phaëthon (1823); Lieder der Verirrung; Drei Tage in der Unterwelt (1826); Vier Erzählungen aus der Geschichte des jetzigen Griechenlands (1826); Die Abenteuer von der Sohle (1828); Friedrich Hölderlins Leben, Dichtung und Wahnsinn (1828/29); Die Briten in Rom (1829).

Selten ist ein Dichter mit derartiger Vehemenz und Hartnäkkigkeit verleumdet worden wie Wilhelm Waiblinger. Klatschsüchtige Kleinstadtphilister und moraltrompetende Professoren, die ihn als eine Art Ärgernis abzutun versuchten, ließen ihn zum Prügelknaben der Literaturgeschichte werden. Anrüchig ist die Biographie dieses Entfant terrible der schwäbischen Literatur bis auf den heutigen Tag geblieben. Das unbändige Aufbegehren einer so selbstbewußten und vitalen Persönlichkeit, die ihre Tatkraft darauf beschränkt sah, sich „selbst mit der Maschine den Tee" zu bereiten, mußte im Weichbild des schwäbischen Pietismus unweigerlich zur Katastrophe führen. Als der angehende Theologe noch dazu infolge einer Liebesaffäre in einen Skandalprozeß verwickelt wurde, ächtete man ihn vollends. Die provinzielle Enge trieb den Libertin, der von keiner Beschränkung und Mäßigung wissen wollte, schließlich nach Italien, wo er, knapp über 25 Jahre alt, gestorben ist.

Unser Band bietet einen Querschnitt aus Waiblingers weitgehend unbekanntem Werk.

Wilhelm Waiblinger

Mein flüchtiges Glück

Tagebücher, Briefe, Prosa

Herausgegeben von Wolfgang Hartwig

Aufbau Taschenbuch Verlag

Mit 18 zeitgenössischen Abbildungen und einem Frontispiz

ISBN 3-7466-0035-9

1. Auflage 1991
Aufbau Taschenbuch Verlag GmbH, Berlin

Reihengestaltung Sabine Müller, FAB Grafik-Design, Berlin
Einbandgestaltung Sabine Müller, FAB Grafik-Design, Berlin, unter Verwendung einer Karikatur „Waiblinger in Rom“ von Bonaventura Genelli
Druck Elsnerdruck
Printed in Germany

Inhaltsverzeichnis

Anhang

Aus den Tagebüchern

1821–1825

1821

Des Verfassers Vorwort

Die Form der Erzählung verspricht der Titel, verspricht, den in immer wechselnde Abstufungen und Zeitperioden abgeteilten Entwicklungsgang im Konnex mit allen auf ihn einwirkenden Mächten, Begebenheiten und Ereignissen episch darzustellen und zu entwickeln. Dies finden unsre geehrten Leser nicht. Es sind nur Bemerkungen, Beleuchtungen, Betrachtungen, ausgezogene Sinnsprüche, teils durch Ideenassoziation, teils durch Kombination der Umstände erzeugte und durch die Sprache versinnlichte Vorstellungen und Begriffe und was sonst vorkommen mag, dem Schreibenden ganz besonders eigen und für ihn von hoher Bedeutung. Aber gleich wie bei der englischen Marine sämtliche Tauwerke der königlichen Flotte vom stärksten bis zum schwächsten dergestalt gesponnen sind, daß ein roter Faden durch das Ganze durchgeht, den man nicht herauswinden kann, ohne alles aufzulösen, und woran auch die kleinsten Stücke kenntlich sind, daß sie der Krone angehören, so zieht sich durchs Tagbuch ein Faden, der alles verbindet und verkettet, das Ganze bezeichnet, in wechselnden Formen auf die im Geist sich entwickelnden, mehr oder minder sich äußernden Neigungen, Leidenschaften, Ansichten und Urteile kategorischer, disjunktiver sowie hypothetischer Art deutet, nicht selten auch gemachte Erfahrungen, wundersam erscheinende Phänomene und Außenzüge aufnimmt und so ein gar anschauliches Bild der individuellen Denk-, Gefühls- und Willenskraft entwirft, und es ist mithin vorliegendes Werk zwar nur ein ἀγωνισμα ἐς το παραχρημα, das heißt, zum Besten der Ungelehrten verdolmetschet und mit Umwandlung des positiven Ausspruchs in einen negativen in deutscher Sprache gegeben: kein Werk für die Nachwelt, aber als psychologisches Tagbuch möchte es doch wo nicht für genaue und innig teilnehmende Freunde, doch ganz gewiß für den Schreibenden von großem und mannigfaltigem Nutzen sein.

3. April

Das Fest der Ostern weckt immer in mir das süße Gefühl der Erinnerung: die Eindrücke der Kindheit verlieren sich nie ganz, besonders wenn sich tiefere Züge damit verknüpfen; der Geist schwelgt dann in untätigem, schlaffem Rückblick auf die Tage der Vergangenheit, und an nichts denkt er mit wärmerer, regsamer Freude zurück als an die Eindrücke, die ein süßes Mädchen auf das Herz gehabt hat. Es ist keine Liebe – denn in solchem Alter läßt sich das reifere Gefühl nicht erwarten –, es ist eine neigungsvolle, hingebende, kindliche Übereinstimmung kindlichen Gemüts. Und so faßt mich immer ein namenloses Gefühl bei der Erinnerung einer solchen unbewußten Liebschaft.

Schon eine bedeutende Reihe von Jahren ist's, daß ich einmal Ostern feierte, wie ich es nimmer feiern werde. – Die Mama rüstete sich zum frohen Feste schon acht Tage voraus. Da wurden Kuchen gebacken, jeglicher Art, Äpfel, Birnen, Zwetschen, gedörrte Mandel und allerlei Sachen der Art gerüstet, aber besonders Eier hübsch mit blauen, grünen, roten, gelben Farben gefärbt, viele auch mit mehreren Farben zugleich gemalt, in einige sogar der Anfangsbuchstabe des Namens gezeichnet, ja für jedes Kind ein paar hübsche, verzuckerte Eier mit kleppernden Zuckererbsen beim Konditer gekauft. Dies geschah alles ganz heimlich, während die Kinder in der Schule waren, und wir forschten überall nach, recht kindisch, wie's denn mit dem Ostertag aussehe, besonders schlichen wir uns der Mutter nach, wenn sie, in der Schürze etwas verbergend, aus einem Zimmer in das andere oder gar in die Speisekammer ging. Der Ostersamstag war bald da, und jetzt sollte Moos dasein, worin die Mutter die bunten Eier stecken sollte. Da wurden wir denn nach kurzer Beratschlagung geheißen, in einem ferneliegenden, einem Verwandten zugehörigen Garten, es zu holen. Die Nachbarskinder trugen sich auch an, uns Gesellschaft zu leisten und uns auch an der Arbeit zu helfen, damit wir desto schneller wieder nach Hause kämen. Die Kinder waren lauter Mädchen, außer mir, und ich trug damals noch wenig Bedenken, Hand in Hand mit so einem kleinen Ding herumzugehen. Der kleine Bruder eines unter den Mädchen wollte zwar auch mit, aber dies gab zu heftigem Streit Anlaß, wovon denn freilich das Resultat war, daß der Knabe weinend zu Hause bleiben mußte. Besonders ich widersetzte mich, denn ich kann es nicht verheimlichen, daß mich eine geheime Neigung zu seiner kleinen schönen Schwester zog und ich es gern hatte, daß ich allein als Knabe das Regiment unter den Mädchen führen durfte. Da ward denn vielerlei bei ihnen geplaudert, und ich vergaß nicht, auch dann und wann einzufallen, wollte aber nie von der kleinen schönen Mina weg, denn so hieß das Mädchen, dessen Bruder jener Knabe war. Unter artigen Gesprächen erreichten wir den Garten; da ward denn alsbald das Häuschen aufgeschlossen, dort legten die Mädchen ihre Hütchen und Tücher hin, während ich bemüht war, aus einer nahe sprudelnden Quelle frisches Wasser in einem Becher zum labenden Trunk für die artigen Kinder zu schöpfen. Man hatte sich nun auch mit einigem Essen versehen, man setzte sich auf die Bänke der Hütte und aß unter manchen frohen Scherzen, wobei denn ich und die hübsche Mina nicht wenig verspottet wurden, weil wir immer nebeneinander saßen. Nun ward deliberiert, wem ich helfen solle. Allein ich hatte wenig Lust, den andern zu helfen, und hätte gar zu gern Gelegenheit gehabt, allein mit Mina zu sein. Aber dies ging nun nicht an. Die neidischen Mädchen befahlen mir, jeder abwechselnd zu helfen, und ich mußte mich bequemen. Ich kam schon bei einigen herum, als ich an den Bach hinabging, um meine Hände zu waschen und Mina aufzusuchen. Ein Vorhügel, steil und hoch, bedeckte das Wasser. Ich sprang hinab, aber welch überraschender Anblick! Die schöne Mina saß auf dem

Boden, neben sich ein Sträußchen frischgepflückter Blumen und am zarten Busen eine üppige Rose. Schlank lag sie in nachlässiger Stellung da: ihre braunen Haare zerflossen ringelnd auf ihren Schultern, um den Nacken war sie halb entblößt, nur ein dünner Flor umhüllte sittsam den holden Busen: eine reizende Blässe war in ihrem schönen Gesicht, wie Rosen, die vor einem jugendlichen Busen verwelken, und feurige Sehnsucht schmachtete in ihren großen blauen Augen. Mina hatte keine regelmäßigen Züge, aber eben dies zog mich an sie, denn ihre Züge waren von einem wundersamen Ausdruck und von üppig-sinnlicher Anmut. Vielleicht würde mancher sie unter den vielen hübschen Mädchen gar nicht wahrgenommen haben: allein mein Herz urteilte nicht nach den Regeln der Kunst. Ich empfand oder glaubte zu empfinden (welches in Absicht der Wirkung allemal eins ist), daß nichts liebenswürdiger sein könne als dies junge Mädchen. So, dachte ich, müßte die Unschuld aussehen; so rührend würden ihre Gesichtszüge sein, so still heiter würden ihre Augen, so holdselig ihre Wangen lächeln, so würden ihre Blicke, ihre Lage, jede ihrer Bewegungen sein. Dieser Augenblick brachte in meiner Seele eine Veränderung hervor, welche mir, als ich in der Folge fähig wurde, über meinen Zustand zu denken, der Übergang in eine neue, vollkommnere Art des Daseins zu sein schien. Aber damals war ich zu sehr von Empfindungen verschlungen, um mir meiner selbst recht bewußt zu sein. – Das Mädchen war gar nicht schüchtern, aber ich war in einer argen Verlegenheit. Meinen Wunsch sah ich erfüllt, und doch war mir's auch wieder nicht recht. Ich war auch ganz verblendet: das Mädchen sah mich auch nicht ungern. Da wollte ich blöder Junge gerade umkehren, als sie mich beim Namen rief. Dies gab mir wieder neuen Mut, und ich war nun wohl so keck, neben die Holde hinzusitzen. Da entspann sich denn nun bald ein gar hübsches Gespräch, woraus natürlich bald ein vertrauliches wurde. Ich unterstand mich wohl kühn, dem Mädchen recht verliebt in die Augen zu sehen, und auch sie ermangelte nicht, meine Blicke zu erwidern. Aus den Blicken entsprangen allmählich größere Vertraulichkeiten, ich gestand ihr nach und nach ein, wie ich sie überall gesucht, wie ich so sehr gewünscht habe, mit ihr allein zu sein, und wie es mich endlich an den Bach getrieben, wo ich sie gefunden: Da vertraute auch sie mir etwas, ich wurde immer feuriger, ergriff ihre kleine Hand und drückte sie herzlich. Ich nahm ihre andere Hand, umfaßte sie bescheiden, aber doch warm, ich war ungalant genug, ihr selbst die schöne Rose vom Busen zu nehmen, was sie auch zugehen ließ, und da ward nun bald ausgemacht, daß wir uns recht oft wieder besuchen wollten, und dazu hatten wir gar gute Aussicht. Ich hätte ihr gewiß einen recht feurigen Kuß gegeben, wär ich auch nur so keck gewesen, und sie hätte mich dann gewiß auch geküßt. Nachdem ich ihr recht innig die Hand gedrückt, verließ ich sie, schaute noch oft herum, denn ich konnte mich nicht satt an ihr sehen: aber sie winkte, und ich war sehr in Besorgnis, wir möchten verraten werden. Später kam sie auch; und man war nun indessen mit der Arbeit fertig geworden. Das Moos ward in hübsche geschlossene Tücher gesteckt, und wir beeilten uns, da die Sonne indessen untergegangen war, nach Hause zu kommen.

Ich und meine Mina sahen uns nicht das letzte Mal, in manchen seligen Stunden vergnügten wir uns heimlich beieinander: gar artige Briefchen wurden gewechselt, wir drückten uns oft verstohlen die Hände, und sie erlaubte mir auch zuweilen, sie zu küssen, was ich denn mit aller gutmütigen Heftigkeit, die einem solchen Alter eigen sein kann, tat. In einer einsam gelegenen, von Gezweig umwobenen Laube gestand sie mir gar einmal, sie habe mich gewiß sehr lieb. So teilte sie mir regsames Leben, Zartheit der Empfindung, Schwung der Einbildungskraft mit, bis endlich ein widerwärtig-hämischer Dämon unser Liebesverhältnis störte. Aber ewig schwebt ihr schönes Bild vor meiner Seele, und auch jetzt noch wallt freudige Empfindung bei der Erinnerung an sie durch mein Herz. Ich sah sie seither nur einmal, aber wir waren beide sehr schüchtern.

Meine Idee erfüllt mir die Seele in ihrer ganzen Größe: Für jetzt will ich mich nur bestreben, den Charakter Theoderichs recht fest und tief zu erfassen: die ewig wankenden, neu sich gestaltenden Begriffe und Vorstellungen von ihm zu einem festen, unbeweglichen, vollendeten Bild formen, dann denk ich den Boethius erst aufzufassen und zu diesem Behuf vorher den Phaidon zu studieren.

12. April

Von Tübingen hieher hatte ich gar wundersame eigene Gedanken, zum Beispiel:

Erstens. Die Wissenschaft ist ein Meer, auf dem Tausende nebeneinander, friedlich oder in Streit, der eine auf einem Nachen, der andere auf einem Schiff, der dritte gar auf dem vom Schiffbruch eines andern geretteten Balken umherschwimmen. Würden sie ihre Kräfte ihre lebelang vereinen, sie könnten vielleicht das Meer ausschöpfen.

Zweitens. Ich will in ein Kloster gehen und Mönch werden, will von der Welt Abschied nehmen und Gott leben oder eigentlich mir selbst.

Drittens. Ich will mich umbringen, wenn die rechte Zeit naht. Ich will solange auf dem Kopf stehen, bis ich wieder auf die Füße zu stehen komme.

Viertens. Ich möchte eine Zauberlampe haben. Da müßte denn zuvörderst der dienstbare Geist mich zu meiner Lieben bringen und den Mann in des Storchen Nest setzen.

Fünftens. Ein exzentrisch-jugendlicher Kopf kann im 16. Jahr kein Christ sein. Aber wenn er Dichter ist, so wird er wieder Christ, aber ein katholischer, aber der exzentrisch-prosaische Kopf wird ein sich selbst gleichgültiger Heide.

Sechstens. Das Christentum, der Glaube der Wehmut und der Sehnsucht, ist im Protestantismus der Glaube einer befriedigten, behaglichen, sich selbst genügenden, philisterhaften Trockenheit.

Siebtens. Man sollte Goethen aus der Welt schaffen. Wenn ich nicht zu eigenliebig wäre und die Überzeugung mich nicht festhielte, ich könne einmal etwas leisten, so würd ich's tun. Es wäre dann die Tat einer großartigen Verzweiflung.

Achtens. Man muß sich die Welt vorstellen als eine große Kneipe, ohne Baumeister, Keller und Dienstmagd. Unser Herrgott ist der ewige Zecher darin. Sein Rock ist der blaue Himmel. Die Sonne sein Zyklopenaug, das zugleich zur Laterne dient. Die Welt ist sein Hosenknopf, rund von wegen seiner Liebe zum Antik-Modernen. Sein Tisch ist die Vergangenheit, sein Sessel die Gegenwart und sein Stock die Zukunft. Oft verschüttet er sein Glas, da kommt Regen. Wie die Sündflut kam, lief ihm das Faß aus. Wenn er Feuer schlägt, so blitzt es, wenn er raucht, so entstehen die Wolken, wenn er lacht, hört man den Donner, und wenn ihm das Zwerchfell derb gerüttelt wird, so mag wohl auch Erdbeben kommen. Ist der Hosenknopf einmal alt, abgenützt und unbrauchbar, so schneidet er ihn ab.

23. Mai

Ich fühle lebhaft ein inneres Bedürfnis in mir, ein Drama zu schreiben, und zwar eines in Prosa. Ich muß mich verbreiten, allein den Stoff kenn ich noch nicht. Der Ruf in meinem Innern ist kein leerer Schall. Ich fühle eine Überfülle, ein Chaos von ungestaltet-schwankenden Welten und Bildern in mir. Ich zerspringe, wenn ich's nicht ausleere. Fast bin ich nun überzeugt, daß ich Dichter bin. Aber ich bin nicht einig, wo ich mich hinwenden soll. Ich fühle fast zu allem einen Drang in mir. „Franzia" wird verschoben. Statt seiner werden noch eine Menge Tieckischer formloser Gedichte an den Tag kommen; und doch ist mir heut eingefallen, möcht ich ein Stück schreiben wie „Die Räuber".

25. Mai

Franz von Sickingen erfüllt meine ganze Seele. Dies war ein Tag der Entscheidung. Wie rasend rannte ich auf und ab. Ich war entzückt, von Sinnen, schwärmte in ungeheuern Phantasien, ich sah mein Werk vor mir liegen, sah es gelungen, getroffen, gepriesen, gekrönt. Gott war's, der aus meiner Seele zu mir sprach und mit Donnergewalt mir Welten vorführte, der mich aus all meinen Fugen herausgebracht, herausgerissen, der mich zu Ahnung, Prophetenblick erhoben, der eine Kraft wie Riesenstärke in mir erweckt, der alle, alle Massen von Empfindung und Gefühl entfaltet, der mich zum Höchsten emporgetragen, der mich zum Gott gemacht hat, Gott war es, und Gott ist ein Schurke, wenn er lügt, wenn die Ahnung Irrtum ist, wenn meine Kraft versiegt, wenn die Stimme, die mir zusprach, der Teufel ist. Ich schwöre dem Himmel, sterben will ich, durch meinen, ach meinen mißratenen Sickingen will ich den Dolch in meine Brust stoßen, will vor dem Ewigen winseln, will ihm fluchen, daß er mich ganz, ganz verderbe, zerstöre, zernichte, zerquetsche, zermalme, und wenn er's nicht tut, will ich den ganzen Himmel, die Hölle gegen ihn empören, weil meine Kraft versiegen gegangen. Ich bin ein Dichter. Gott im Himmel, du hörst mich, Sickingen muß werden.

4. Juni

Wenn meine Gemütskrankheit nicht geheilt wird, bin ich verloren. Und sie macht mich vollends toll, einen solchen wundertiefen Blick in mein tiefstes Inneres hat noch niemand getan. Ihr Trost, ihre Hülfe, ihre Hinweisung auf etwas Besseres, die Entfaltung ihrer schönen Seele, der Blick ihres Auges und jedes Wort aus dem süßen Munde erinnert mich nur desto stärker, was ich ihr schuldig bin. Aber ach, ein fürchterliches Gewitter könnte alles zertrümmern. Doch hab ich denn keine Kraft mehr? Will sie mich erschlaffen, meine Regsamkeit, meinen tätigen Eifer, mein Streben, Dringen, Forschen, Ringen lähmen! Bei Gott, dies ist nicht wahr. Wenn es je einen Menschen gibt, der an meinem Selbst teilnimmt, der jede Regung bemerkt, die sich in mir zum Großen zeigt, der all meine Lebensgeister zur rasenden Flamme anfacht, der alles Wanken, alles Unstetige, alles Ungewisse, alles Zweifelnde gewaltsam verbannt und Ruhe, Streben nach Vollendung und Näherung zum Ziele in mich legt – der mich zum Dichter machen will – sie, sie ist's. O so ein unbegreiflich holdes, liebes Mädchen hab ich! Ach daß ich sie umfassen kann, mit Liebe, Glut, Feuer, Flamme, Begeisterung, Wahnsinn. Und wie sie arbeitet, Glauben, Religion und Christentum in mir zu entfachen? Aber ach! Wenn ich ihr ins Auge sehe und Gott, Welt und alles drin schaue, wenn die

Bekehrungsworte im Ton der Liebe und Umfassung aus ihrem Mund erklingen, da muß ich zwar ein wenig glauben! Aber sobald ich ihr Auge nimmer sehe, verschwindet der Vorsatz samt Religion und Christentum.

7. Juli

Ich will mich besinnen, ob ich Goethen nichts schicken soll.

Meine Verhältnisse in Stuttgart sind so vorteilhaft und in jeder Hinsicht schätzbar, daß ich gewiß ungern von hier scheide. Schwab, Matthisson, Haug und die Boisserée. Ersterer ist der offene, wohlmeinende Freund, der dem Ringenden hülfreich beisteht, gelten läßt, was er Gutes an ihm findet, aber das überwiegende Schlechte angreift. – Matthisson ist ein Mann, dessen Bekanntschaft für jetzt und künftige Zeit äußerst einflußreich und ehrenvoll ist; außerdem hab ich auch Gelegenheit, gemessene Haltung, die nicht auf Kosten der Offenheit und Freundlichkeit geht, kennenzulernen und zu bewundern. Haug, ein Mann von Geist, Gefühl und zuschlagender Biederkeit, hat mich durch sein Wesen bald gewonnen. Seine talentvolle Einarbeitung in alle Arten der Form, seine vielfach ausgebreiteten und in alle Zweige eingreifenden Kenntnisse, seine mit glücklichem, gesundem Witz ausgestattete Epigramme und seine mit warmem, zartem Gefühl geschriebenen Oden, überdies sein offenes, herablassendes, verleugnendes und teilnehmendes Betragen sind auffallend genug, um bewundert zu werden. – Bei den Boisserée endlich werde ich in eine ganz neue, eigentümliche, romanhafte, idealische Welt versetzt, in die Kunstwelt. Ich kann nicht verbergen, daß ich ihr Haus immer mit gewissen schwärmerischen Gedanken betrete. Mit dem ersten Tritt auf die Schwelle werde ich von aller gemeinen Wirklichkeit abgeschnitten; ich fühle mich in den Räumen, wo die Kunst ungestört und wohlgepflegt ruhen darf, mein Auge schwelgt in den Genüssen der prachtvollen, vollendeten Bilder deutscher Maler, ich glaube mich wie in Lotharios Hause befindlich, und die freundlichen, immer bereitwilligen Männer, unter allen Kunstfreunden die wärmsten, zu einem wundersamen Bund vereinigt, mögen mich wohl um sich dulden. Besonders auch die in Danneckers Hause aufgestellten, ziemlich vollständigen Antiken gewähren mir die ausgezeichnetsten Genüsse.

21. August

Stundenlange schau ich in hellen, klaren Nächten hinaus ins Unendliche, wo ungemessene Räume sich endlos vor dem schwindelnden Auge dehnen und unzählige schimmernde Welten in herrlicher Ordnung darin schwimmen und sich wechselnd drehen. Da überzeug ich mich allein vom Dasein eines Gottes, der all die prachtvollen Lichter und den ungeheuren Weltbogen ordnet und erhält, ach die Offenbarung überzeugt mich nicht, ich kann sie leugnen, aber die über alles Maß herrliche Ordnung und Einrichtung in der Natur umher spricht dringend und bestimmt das Dasein eines über allem Bewegten ruhenden Wesens aus, mein Herz schwimmt in zerfließender Rührung, und ich bete. Ach ich vergehe, ich zerrinne in Sehnsucht! Allmächtiger Gott, an den ich in diesem Augenblick glaube, warum erscheinst du mir nicht? Warum sendest du keinen der unbekannten Bewohner jener wundersamen Feuerwelten, die in seltenen Gestalten vor meinem Blicke schweben, zu mir herunter, daß er mir die hohen Gesetze verkünde, die du in deinem königlichen Walten befolgst? Warum hebst du mich nicht empor zu dir, der weit über all den glänzenden Erscheinungen thront? Ich glaube ja an dich, in dieser Stunde glaube ich fest und unerschütterlich an dich, warum breitest du nicht ewig sternerhellte Nacht aus, daß ich ewig glaube und bete? O streue Ruhe, streue Zufriedenheit in meine Brust, stille die brausend geschwollenen Wogen, die ungestillt und verderblich-wirkend die weiten, die unendlichen Räume meines Herzens durchwallen. – O könnte ich ganz, könnte ich ewig in deiner Anbetung heilig und fromm leben, du holdes, unendlich-großes, du unerklärbar-seltsames Wesen! Ach nur dir und deiner Anschauung will ich mein Wirken weihen; und mein Mädchen soll an meinem klopfenden, ungestümen Herzen in schwelgender Umarmung deine Hoheit preisen! Ich umfasse dich in dieser Stunde zum erstenmal mit reinem Gemüt, o Corine, könntest du mit mir beten – Gott, warum kann sie das nicht, das liebe, treue, liebende Mädchen? – Ich zittre – ich wäre ja so fromm, wenn ich sie in meinen Armen hätte, wenn ich sie an mein Herz drückte, wenn mein Mund ihre wonnigen Lippen berührte, wenn ihr schlagender, lebendig-reger Busen an meiner Brust klopfen würde, daß ich's hörte und versänke in bodenlose Empfindung, in übermenschliche Gefühle, in himmlische Liebe? Ich will nicht mit dir rechten, du unaussprechlich-herrliches, göttliches Wesen! Mach es mit mir gut! O schau auf meine schrecklich verwirrte Seele!

30. August

Mein wichtigster Schritt unter allen, die ich getan, ist die Beziehung der Universität. Sie ist die Krisis meines Lebens.

Die Einrichtung meines Studienplans auf der Universität, und für jetzt auf das erste Semester, macht mir viel zu schaffen. Wie ich meine Person halten und wie ich zuerst auftreten soll, ist schon bestimmt und kostete wenig Nachdenken; denn ich will dem innern Zuge folgen, der mich sicherlich zum Zweck leitet. In die Burschenschaft denk ich etwa im zweiten Semester zu treten, sie aber bald wieder zu verlassen. Ein undurchdringliches Dunkel soll über meinen Handlungen schweben, und überhaupt wünsch ich all meine sonderbaren Gedanken in Ausführung zu bringen.

Meine Erholungen sollen im ersten Semester Spaziergänge zu meinen Eltern sein.

5. September

Ich küßte sie und nahm Hut und Papiere und fort hinauf auf die Kanzel. Das Auditorium war groß und feierlich gestimmt: überall Begierde und Erwartung, und ich gesteh es, es schmeichelte mir nicht wenig, daß manche bloß wegen mir kamen und alle auf mich am meisten begierig waren. In langer Reihe saßen die Professoren stufenweise da und auf der andern Seite der Studienrat. Die Musik begann, und der erste trat mit einer abgeschriebenen Rede über die Poesie auf. Ein guter Freund mit

Kopf hielt eine gute Rede über Tasso. Nun kam's an mich: Ich gefiel mir unstreitig äußerst wohl auf dem Katheder, und wenn ich all die vielen Köpfe sah, alle auf mich gerichtet und keiner verstehend, was ich spreche, es war ein Triumph für meine Eitelkeit. Wie ich nun schon am Ende meiner Deklamation bin, da erschallen zumal auf der Straße ein paar verdammte Trommeln – die Tamboure hole der Teufel, dacht ich und hielt inne und sprach dann vollends zu Ende. Ich war aber so vergnügt geworden, daß ich gerne meine Rede noch sechsmal abgelesen hätte. Nun hielt am Ende Freund Sigel eine Rede über Goethe, sie war aber bei Gott des alten Herren unwürdig; sein Abschied war wortreich, aber Worte waren alles, was er aufweisen konnte. Die vorm Jahr gehaltene Abschiedsrede rührte mich. So bin ich nun geschieden vom Gymnasium und bald ein Bürger der Universität. Ihr überirdischen Mächte, Gott, Heiland, Vater, wie ihr heißt, ich will ihr zur Ehre gereichen. Ich will arbeiten, studieren, sammeln, vereinigen, ich will Werke erschaffen, die kaum in meinen Kräften sind, wirken, mich ausbreiten will ich nach allen Seiten, aber auch Mensch will ich werden, fest, unerschütterlich, ein tiefer Charakter, ein schwer zu umfassender, aber liebender Freund. Ach könnt ich auch gläubig werden, ich möcht es ja gern. O sende mir dazu einen Engel vom Himmel, daß er aus blendendem Glanzgewölke die Worte der Begnadigung und des Evangeliums herablasse und ich anbetend vor deinem Throne, anbetend vor dem vermittelnden Heiland Jesus Christus, anbetend vor der segnenden Taube und anbetend vor der heiligen Jungfrau Maria auf die Knie falle und das Kreuz mit sinnvoller Bedeutung mein Geleiter durch die verschlungenen Pfade dieses Lebens werde. Laß mich all die Wonne, all das Entzücken seliger Geister in eines Mädchen Arm empfinden, laß mich aus ihrem Auge die ungemessene Tiefe deiner Himmel anlächeln, aus ihrem Munde die reinen, unschuldigen Worte des Glaubens und der Bekehrung vernehmen, an ihrem Busen die lebende Naturkraft und die wogende Bewegung der geschwungenen Welten empfinden; ach es ist ein süßer, himmlischer Gedanke!

Übersicht meiner hiesigen Laufbahn

Bewußtloser Taumel, aus Wonne der Befreiung von meiner vorigen Bestimmung entstanden. – Pläne und Entschlüsse, fleißig zu sein. – Gefühl der Würde, zuerst durch meine Lebensmonate in Urach in Regsamkeit gebracht. – Vollendete Scheidung von meinen vorigen unwürdigen Freunden. – Eine Art von Stolz, aber edel. – Streben nach Sonderbarkeit. – Beginn der Bekanntschaft mit Schwab. – Das Selbstgefühl erleidet einen gewaltigen Stoß durch Liebkosungen mit einem Mädchen, die meine Tätigkeit zu lähmen drohten. – Schlaffheit und Hinbrüten. – Gehaltlose Possen. – Durch Schwabs Einfluß sonderbarerweise befreit. – Ciceros „Officien" und Xenophons „Memorabilien". – Fleißige und regelmäßige Übungen im lateinischen und griechischen Komponieren. – Abschließung von allem Äußern. – Lauter unpoetische, bloß grammatische Studien. – Der Stolz hebt sich und sucht sich ganz darin zu gefallen, daß alle gewöhnlichen Freuden des geselligen Lebens und alle sonst wohlgepflegten Neigungen verworfen werden. – Scham über die vorige schlechte Lebensweise. – Ungeheurer Grad von Selbstgefühl. – Wunderwürdiger Fleiß. – Gänzliche Vernichtung aller ehemaligen Liebhabereien, Peinigung durch die Erinnerung daran. – Der Schlaf im Bett eine Zeitlang entzogen und bloß auf dem Boden gepflegt. – Getränke gemeidet. – Homers „Batrachomyomachie" und fortwährend Ciceros „Officien". – Bekanntschaft mit Werner. – Er kommt mir vor als der trockenste Sterbliche, der, regelrecht und solid, wie ich's wollte, mein Muster werden sollte. – Stälin wird aber das völlige Vorbild im Studium und im Fleiß. – Gänzliche Umfassung des Horaz. – Täglich ein paar Lieder von ihm auswendig gelernt. – Lysias, Isokrates, Plutarch und Xenophon. – Sophokles' „Ödipus Tyrannos". – Diese Lebensart und dieser Fleiß wird allmählich zur Manier. – August Wilhelm Schlegels dramatische Vorlesungen durch und durch studiert. – Abscheu vor aller Mathematik. – Zuweilen Besuche bei Dannecker. – Abends Spaziergänge mit Werner, lauter gelehrte und literarische Unterhaltungen. – Werner fängt mir an unentbehrlich zu werden. – Das Hebräische von neuem begonnen. – Immerwährendes Studieren im Horaz und kritische, archäologische und ästhetische Interpretation desselben. Bei den andern gelt ich ganz als Philolog, und nur dann und wann hinter die Aufsätze geschriebene, öffentlich beurteilte Gedichte verbreiten unter den andern Verwirrung. – Kein Mensch weiß aus mir zu kommen, weil ich verschlossen, verschwiegen, kaum bei andern ahnden lasse, was in mir lebte. – Schwab hat sogar noch wenig von meinen Gedichten erfahren. – Anakreon, Stücke aus Euripides und den Epigrammatikern metrisch übersetzt. – Durch den nur ganz auf die Wissenschaft gerichteten Fleiß werd ich schon allmählich von Gott entfremdet, doch trag ich noch Scheu vor ihm, nicht polemisches, sondern ganz negatives Verhältnis mit der Kirche. – Allmählich hebt sich Goethe über Schiller, je mehr ich beide, besonders den ersten, kennenlerne. – Streit darüber. – Goethe als Mensch ist verachtet oder vielmehr gehaßt. – Sein „Faust“ zum ersten Male studiert. – Je mehr ich diesen verstehen lerne, desto anders gestaltet sich mein Inneres. – Goethes „Tasso“ und „Iphigenie“, „Die natürliche Tochter“, „Berlichingen“, „Werther“, „Egmont“, „Meister“ und „Wahlverwandtschaften“. – Shakespeare – „Hamlet“, „Macbeth“, „Lear“ ununterbrochen studiert. – Sie sind das höchste der tragischen Kunst. – Fortwährend-gutes Verhältnis mit Werner. – Im ganzen halben Jahr das Theater nur zweimal besucht. – Öffentlich: Thukydides, Ciceros Briefe ad familiares, Plato, Horaz, Neues Testament, Odyssee, Logik, Rhetorik, Archäologie, Kirchengeschichte, Mittlere Geschichte und Württembergische Geschichte. – Vakanz. – Während dieser Zeit täglich die Interpretation des Horaz fortgesetzt und vollendet. – Vergnügte Spaziergänge mit Eser, meistens morgens. – Jetzt lebt wieder die Poesie auf. – Romanzen, Dichters Heimat, an Corine etc. – Bildung des Ideals im verschlossenen Gemüte, wozu die Frau eines andern die Züge herleiht und eine Jungfrau vollendet. – Liebesneigung zu jener schönen jungen Frau. – Beide Gestalten verwechselt, in eine verschmolzen. – Alle

Gefühle und Empfindungen einer erwachenden Liebe regen sich. – Brief an Werner. – Oehlenschläger und Musäus, Stilling und Staël. – So ist also der Hauptcharakter des ersten Semesters in Freundschaft wie im Studieren im ganzen regelmäßige Haltung und fleißige Umfassung aller soliden Kenntnisse und Verachtung äußerlicher Bequemlichkeit, aber nicht ohne Stolz.

Zweites Semester
Oktober 1820 – Mai 1821

Schwärmerische Erinnerungen. – Beständiges Emporschauen zu Corinen. – Sie bewahrt ihr Herz, ihre Schönheit schützt vor unwürdigen Neigungen. – Spaltung zwischen mir und Werner allmählich vorbereitet. – Horaz, Satiren. – „Odyssee". – Goethes „Wahrheit und Dichtung". – Schwärmereien. – Werther über alle Himmel erhoben. – Alles gestaltet sich zu Gefühl. – Lauter wertherartige Produkte. – Beim Drang übersprudelnder Empfindung wird die Mitteilung notwendig, aber sie geschieht nur durch abgerissene Stücke niedergeschriebener Gefühle und Gedanken. – Werner weiß sich in mich gar nicht zu finden. – Er findet in mir Werthern, ich in ihm einen Pedanten. – Jetzt wird zum Teil das um mich gestreute Dunkel zerstreut. Man kennt mich durch Aufsätze und Gedichte genugsam und spricht überall von mir. – Fehler. – Bekanntschaft mit Boisserée. – Alsbald zeigen sich die Folgen. Von jetzt beginnt erst das lebhafteste Interesse für Kunst. – Altdeutsche Malerkunst. – Eyck, Schoreel und Hemlink. – St. Christophorus mein Lieblingsgemälde. – Alles, was ich produziere, ist bloß Darstellung meiner Empfindungen in Briefen und Aufsätzen über Malerkunst. – Höchster Grad der Sentimentalität. – Meine Verhältnisse zu Werner stehen auf der Messerspitze. – Furchtbarer Kontrast zwischen meinen Grundsätzen und den seinen. – Stälin wird bereits als pedantischer, herz- und gefühlloser Wortklauber gehaßt und verachtet. – Anfangsgründe der englischen Sprache. – Erst jetzt erhält Schwab meine Gedichte und dadurch einen Blick in mein Inneres. – Meine Romanzen verwirft er ganz. – Antikenstudium. – Aufsätze über Venus von Medicis, Apollo Belvedere, Mars Borghese etc. Studium der Perioden griechischer Kunst. – Fast täglich im Antikensaal. – Gegenüberstellung des Boisseréeschen und des Danneckerschen Christus. – Letzterer wird vorgezogen. – Immer näher die Trennung zwischen mir und Werner, tägliche Streitigkeiten über die Prinzipien seiner Moral und der meinigen. – Korrespondenz mit Eser und Schneckenburger. – Goethe steigt immer höher in meinen Augen und hat bereits den Thron unter den teutonischen Barden bestiegen. – Von Sulpiz Boisserée an Matthisson empfohlen. – Bekanntschaft mit ihm. – Bei Boisserée staun ich stundenlang das Bildnis Goethes an. – Schon zeigt sich das Streben, seine Art in Liedern nachzuahmen, und die allzu üppige Bilderfülle verliert sich darum ziemlich. – Gedicht an Matthisson. – Hitzige Streite mit Werner über Religion und Christentum. – Allmählich zeigt es sich, daß ich gar keines habe. – Zweifel über die Göttlichkeit und den Versühnungstod Christi. – Bei solchen dualistischen Gesinnungen muß sich eine furchtbare Grube zwischen mir und Werner auftun, wozu noch kommt, daß er auch das Dichten oder Versemachen anfängt. – Ich will ihn durch Spott von seiner unseligen pietistischen Pedanterie abbringen – umsonst. – Nun erschau ich in ihm das vollendete Ideal eines Pedanten. – Satiren auf ihn. – Wir sind getrennt und Feinde. – Logik. – Beginn des Studiums des Thukydides. – Gänzliche Vergötterung Goethes. – Auch sein Lebenswandel ist das Ideal eines bei allem Sinnengenuß weisen, überdenkenden, maßhaltenden Mannes. – Zuweilen besucht mich Sigel, wir halten uns aber ferne. – Ich weiß ihm immer viel zu sagen, und damit ist's aus. – Doch ist's mir lieb, wenn er mich besucht. – Er arbeitet nicht viel. – Tägliches Studium der Psychologie. – Ich bekomme eine vollständige Übersicht über die Philosophie. – Folgen. – Meine Lektionen machen mir viel zu schaffen. – Das Dozieren kostet viel Mühe. – Der Fleiß dauert immer fort, doch ist er ein ganz anderer als zuvor; denn die philologischen Studien unterbrechen nicht selten poetische

Schwärmereien. – Meine Gedichte aus dieser Zeit sind äußerst zahlreich, aber manieriert-goethisch. – Nachahmung der altgoethischen Poesien. – Gedichte über die Boisseréeschen Dreikönige von Eyck, über Hemlinks Christoph und Eycks Madonna, über Eyck selbst etc. – Goethes „Kunst und Altertum". – Fleißige Benützung der Boisseréeschen Bibliothek. – Matthisson erhält meine Gedichte – teilt sie Haug mit – dieser rezensiert sie schriftlich, und so werd ich auch mit ihm bekannt. – Schlegels „Geschichte der Literatur". – Fortschritte im Englischen. – Fortwährend-starkes Studium des Thukydides. – Sigel kommt mir näher. – In diesem Verhältnis hätten wir immer bleiben sollen, weil ich ihn dann nicht näher kennengelernt hätte. – Auf einmal schmiegt er sich an Stälin an – richtet sich ganz nach dessen Leitung. – Doch wird er dadurch fleißig. – Seine Anschmiegung und Akkomodation wird bis zur völligen Unselbständigkeit gesteigert. – Dadurch verlern ich, ihn zu achten, und seh ihn als einen Spielball in fremder Hand und einen Sklaven eigener Launen an. – Auch tadl ich seinen Mangel an produktiver Kraft. – Bereits ist das Tagbuch begonnen, und ich beschäftige mich jeden Tag eine Stunde damit. – Franz Horns Kritik – Theoderich – Sophokles' „Elektra" – Neue Geschichte und Geschichte der Philosophie – Stücke aus Shakespeares „Cäsar" metrisch übersetzt. – Starke Korrespondenz mit Schneckenburger. – Wir sind ganz eins. – Unsere Liebesgefühle. – Bekanntschaft mit Neuffer. – Er spricht über meine Gedichte und Goethe. – Schwab tritt mir näher. – Mancherlei Gedanken über ihn. – Schneckenburger kommt herab von Urach. – Ein paar frohe Tage. – Ich reise mit ihm ab in die Ferien. Unterwegs entfremdet uns eine widerwärtige Begebenheit. – Wir scheiden kalt. – Vergnügte, selige Ferien. – Tägliche Spaziergänge mit Eser. – Treffliche Unterhaltungen. – Meine Freundschaft zu Eser auf dem höchsten Gipfel. – Logik. – Zacharias Werner und Ludwig Tieck. – „Genoveva" des letztern. Ulrich von Lichtenstein. – Camões „Lusiade". – Dieses Semester war eine unendlich-bedeutsame Vorbereitung auf das folgende; gewaltiges Ringen der poetischen Studien mit den philologischen,

Dualismus, Beginn des Heidentums, völlige Anbetung und Umfassung Goethes, Sinn für Kunst und Altertum im Entwickeln.

10. September

Ich trat zu Schwab hinein. Hol mich der Teufel, wenn ich nicht was ahndete! Ich sagte, ich seie diese Tage glücklich, selig gewesen, so dumm hab ich's gesagt, und nun erzählte ich, ich sei bei O ... gewesen und der habe mir wenig Hoffnung zur Aufnahme gemacht. „Sie haben ja einen Fehler gemacht", sagte Schwab. „Was für einen?" antwortete ich rasch. „Effluxa!" Donner und Hagel, wie mir's da vor dem Blicke schwamm, die Tränen stürzten mir fast aus den Augen, o ich hätte all die Hundeseelen zerdrücken können, die geistlichen, halbgeräucherten Schafhunde, die mir und meinem Vater im Wege stehen. Der arme, unglückliche Vater! Was fängt er an, wo bringt er Geld her! Ha, das hat genagt, das wirkt, das greift ein; ziemlich gut im Lateinischen, o verflucht, ewig verflucht sei die Hand, die dies unselige, dies vermaledeite „ziemlich gut" geschrieben! Ziemlich gut! Ich möchte vergehen, dahinsinken in das erbärmlichste Nichts, wie der elendeste Kerl auf der ganzen Welt: ziemlich gut! So haben sie mich zu den Liederlichen, zu dem Ausschuß gestoßen, die verteufelten, die verdammten Kerls, o ich zum Mittelmäßigen, zum Ziemlichen, wenn ich nicht Kraft habe, all die Kerls mit einem Eselskinnbacken totzuschlagen, so hol mich der Teufel! Und mein Vater! Und auch im Griechischen nur „gut"! O du süßes, du himmlisches, heiliges Wort „vortrefflich", wenn kann ich dich erringen? Und Fluch jener Stunde, beten will ich jedes Jahr an jener unseligen Stunde, wo ich den tollen Fehler geschrieben!

20. September

Heut bin ich mit einem völligen Studienplan auf dies Wintersemester zustande gekommen. Es soll ein wirklich idealisches Leben, ein wahres Kunst- und Dichterleben werden. Es ist alles vereinigt, um ein einziges Großes zu bezwecken. In Sachen der

Philologie will ich den Herodot, Demosthenes, Thukydides, Plato, Pindar teilweise studieren. Fleißige und wiederholte Übungen im lateinischen und griechischen Komponieren. Wo möglich, Ciceros Reden. Öffentlich hör ich: Tacitus, Demosthenes, Physik, Moralphilosophie, Naturgeschichte, das Hebräische und Englische, vielleicht das Italienische und die lateinischen und griechischen Stilübungen. Auch das Zeichnen bei Thouret. Dem Hebräischen soll Zeit genug gestattet werden. Das Englische soll durch das Studium des „Vicar of Wakefield", des Swift und des Shakespeare getrieben werden. Im Griechischen will ich mich ganz an die Prosaiker halten. In Freistunden, die aber nicht zu wenig sein dürfen, will ich zeichnen, fechten und besonders ein Drama bearbeiten. Franzia ist mir heute von neuem wieder lebhaft vor die Sinne gestiegen. Mein Zweck hiebei ist hauptsächlich, die aufgefaßten und gelernten Regeln der dramatischen Kunst in Ausübung bringen zu lernen, und dies könnte ich an Franzia wohl am besten. Zu diesem Behuf will ich aufeinander den „Laokoon" von Lessing, Jean Pauls „Vorschule der Ästhetik", den Bouterwek und Schlegel durchlesen. Einen großen Teil meiner freien Zeit soll auch das Theater, die Anschauung der Boisseréeschen Gemälde und Steindrücke, besonders auch der letztern in technischer Hinsicht bei ihrer Bearbeitung, der Antiken bei Dannecker, Besuche bei den Malern Schnitzer und Hetsch und allen künstlerischen Werkstätten, ferner die bald mehr, bald minder hervortretende Lektüre des Calderon, Cervantes, Dante einnehmen. Gibt es gute Gelegenheit, so fang ich wieder das Französische an, wo nicht, vielleicht das Italienische. Auch will ich fast jeden Tag, ein paar Blätter wenigstens, laut lesen und mich so im Rezitieren wie im Deklamieren fleißig üben. Auf einsamen Spaziergängen will ich beständig Monologen aus Goethe, Shakespeare und Schiller auswendig lernen. Bei dieser ungeheuren Geschäftenlast kann ich nichts beginnen, was meiner unwürdig wäre; aber ich will versteckt, verschlossen und undurchdringlich sein und mich an keinen Freund binden, der berechtigt wäre, in mich zu dringen. So kann ich ganz ungestört meinen Weg gehen, und soweit ich mich mitteilen muß, find ich Raum und Gelegenheit genug bei Schwab, Haug, Matthisson und Boisserée. Mit Dannecker will ich mich näher bekanntzumachen suchen und auch das Technische der bildenden Kunst einsehen lernen. Ich will mich nur selten mir überlassen, sondern alles, was ich tue, sage oder mitteile, abmessen.

Es ist alles umsonst: ich kann mit dem Vater in kein Verhältnis kommen! Sein gänzlicher Mangel an wissenschaftlicher wie an Weltbildung, seine rohe Art sich auszudrücken, seine unsägliche Beschränktheit in Urteil und Ansicht, seine Geldgierde oder vielmehr sein Hang, alles aufs Geld zu beziehen, mit Beiseitesetzung seiner Würde, das Geld als Oberherren anzuerkennen, sein Wankelmut, sein Mißtrauen, seine Borniertheit in eigensinniger Behauptung grundloser Ideen, sein niederträchtiger Neid gegen Höhere, sein störrisches Wesen – beiseite gesetzt, daß er gar keine Idee von mir hat –, kann bei all seinen sonstigen guten und edeln Eigenschaften keinen Charakter bilden, in dem ich die feste und sichere Quelle meines Daseins verehren könnte!

Es behagt mir gar nicht mehr; ich gehe fort, und mag's vom Himmel kommen, wie's will. Valerine geht mit mir.

25. September

Wie ist mir das Bramarbasieren und Poltern mit nichtssagenden Ausdrücken bei den Studenten so verhaßt! Komm ich auf die Universität, so will ich alle Komments, alle Versammlungen, alle Korps und Klubs, alle Burschenschaften meiden und als freigesinnter, vernünftig und geregelt denkender Mensch rücksichtlos und ungehindert meinen eigenen Weg gehen, mit keinem Brüderschaft machen und doch mich nicht als hypochondrischen Stillsitzer zeigen. So spiel ich eine wunderliche Rolle. Große Burschenkommerse will ich meiden und fliehen, aber in freundlich-heiteren Gesprächen und Spaziergängen manch Glas Wein trinken und, wo möglich, manch hübsches Kind in die Arme schließen und küssen.

Ich ließ mich melden durch den Bedienten, der gerade das

Essen zum Schlusse herausgetragen und mich in ein wohlmöbliertes Zimmer führte, wo ich den Herrn Staatsminister bald sprechen sollte, wenn er mit dem Kaffeetrinken fertig geworden. Wie ich mich allein sah und eine ziemliche Weile niemand kam, stellte ich mich vor einen Spiegel, der mir meine ganze lange Gestalt entgegenhielt. Ich stellte mich hin, so steif, wie mir möglich war, ließ es auch nicht an wohlgemessenen Komplimenten fehlen, bewegte unterdessen die Anrede immer im Munde, und als ich alles dies genugsam einstudiert, wollt ich es auch versuchen, wie ich mich als Staatsminister gebärden würde, wenn jemand mich zu sehen und zu sprechen wünschte, und ich kann es nicht leugnen, daß das Ganze gleichfalls etwas steif und abstoßend ausfiel. Da hört ich einen leichten Tritt; ich setzte mich in Positur, die Türe ging auf, und eine kleine, magere, ziemlich-häuslich angezogene Frau trat herein, um etwas zu holen oder zu suchen. Sie hieß mich gar freundlich und höflich sitzen und versicherte mir, ihr Mann werde bald kommen. Gut, es stand ziemlich lange an, bis die Türe wieder geöffnet wurde, sie war es wieder. Endlich hörte ich einen stärkeren Tritt und glaubte mit Grund vermuten zu dürfen, Seine Exzellenz seien es selbst. Er war es auch. Ein kleines, untersetztes Männchen mit einem lebhaften Auge und einer Miene, die ganz ohne alle Anmaßung und voll Zutraulichkeit war, trat, ein langes Tuch in der Hand, zur Türe herein. Ich richtete ihm meines Vaters untertänigsten Empfehl aus, erzählte ihm kurz meine Geschichte und glaubte gefaßt und sicher, er wolle sich unserer ehmaligen genaueren Bekanntschaft nicht mehr erinnern. Während er mir nun ziemlich umständlich Auskunft gab, hatte ich wohl Zeit und Gelegenheit, ihn zu beobachten, auf welch seltsame Art er zu schnupfen pflege. Zuvörderst breitete er das weiße Tuch bedächtlich genug aus und legte es wohlgeordnet zusammen, demnächst nahm er die Dose, öffnete sie und nahm eine ziemliche Portion Tabak heraus, legte ihn auf den Daumen und brachte ihn so zur Nase, daß diese sich nach der Prise bewegte. Daß viel davon verschüttet wurde und auf das Tuch fiel, wird leicht einzusehen sein. Er machte sich aber nichts daraus, sondern warf es auf den Boden. Während ich diese seltsame Bemerkung machte, hörte ich doch auf ihn und gab ihm Rede und Antwort. Er versprach mir endlich, die Bittschrift dem König zu übergeben, zu tun, was er vermöge, gab mir aber den Rat, zum Kultminister zu gehen, mich bei diesem zu empfehlen und ihn zu bitten, daß er kräftig und nachdrücklich zu meinem Besten wirke. Er gab mir eine Empfehlung an meinen Vater auf den Weg, und ich kam so zufrieden wieder nach Hause.

18. Oktober

Die Trennung von Eser wird mir schwer werden. Es sind nun schon drei Ferien, die ich mit ihm in *einer* Stadt zugebracht. Ich verstehe ihn ganz gut und er mich nicht minder, die ungleichen Jahre werden durch gleiche Gesinnung ausgeglichen, und ich zweifle, daß ich jemanden finden werde, der besser mit mir umzugehen weiß als er. Und das ist gewiß etwas Schweres, mit mir auszukommen, wie jeder bezeugen wird, der mit mir Umgang gehabt. Esers Lebenslauf ist einer der sonderbarsten und anziehendsten, den ich je von einem Menschen erzählen hörte. Er ist sonst der verschlossenste Mann auf Erden, und nur wenige sind es, die so in sein Leben eingeweiht wurden. Ich denke dessen nicht unwürdig zu sein und es noch in höherem Grade zu werden. Unser Verhältnis wird sich immer gleich fest und dauernd forterhalten. Durch seine wunderwürdige Leichtigkeit im Umgange, durch das Angenehme, Gefällige, das Anziehende seiner Unterhaltung weiß er alles Abstoßende meines Wesens zu vertreiben und ins Gleiche zu setzen. Bis Weihnachten möchte ich gegen vierzehn Tage bei ihm zubringen.

Ich trage großes Bedenken, meine Tagebücher Matthisson mitzuteilen. Bei seiner Ordnungsliebe, bei seiner schwebenden Ruhe, die alles wild Durcheinandergeworfene, alles dem Gefälligen Widerstrebende verabscheuend, klar und sicher über allem Andrang sturmvoller Leidenschaften sich erhält, möchte er vielleicht mit Widerwillen seinen Blick in das Chaos eines verwirrten, in furchtbare Kämpfe verstrickten Gemüts werfen, er möchte vielleicht gewaltsame, alles niederschlagende Ausbrüche der schlummernden Kräfte und Eigenschaften befürchten, er möchte Mißfallen finden an dem Grellen, dem Ungestümen, Paradoxen, oft Wilden eines schwärmerischen, brausenden, ungeregelten und gänzlich unruhigen Kopfes, er möchte sich daher von mir trennen und mir auf irgendeine Weise den Zutritt und die Bekanntschaft versagen, auf die ich mir so vieles zugut tue und die für alle Zeiten den lebhaftesten Einfluß auf mein Leben haben möchte.

Zum Schlusse hatten wir, Eser und ich, nicht bei dem freundlichsten Wetter, einen Spaziergang nach Eningen gemacht. Der Abend verfloß in den vertraulichsten Gesprächen. Ich war ganz an den Freund gefesselt. Wir gingen bei Nacht wieder der Stadt zu und sprachen höchlich metaphysisch über jenes Leben. Wir mußten endlich Abschied nehmen. Ein langer Kuß schloß die Herzen zusammen. Eser ist ein Mensch, wie ich wenige kenne. Es ist bei Gott keine Kleinigkeit, von einem Menschen zu scheiden, den man Gott weiß wie liebt.

24. Oktober

Ich gestehe es halb und halb, Valerine fängt mir an, etwas zu entleiden; nein, nein, hol der Teufel das Wort – nicht entleiden – ich liebe sie innig, warm, feurig – aber – ich weiß nicht – es ist doch so etwas – wie wenn ich sie zu häufig genösse! – Würde ich nicht von einem stärkeren Zuge zu ihr geleitet, liebte ich sie nicht weit inniger, weit reiner und verklärter, als ich sie nicht sah, als ich sie nur dachte, als es nur ihr Bild war, das mir vor der Seele schwebte? – Wahrhaftig, es ist, als ob Genuß nicht das Höchste wäre. – Aber die Erinnerung, die Sehnsucht, wird sie nicht mit dem rasendsten Ungestüm ausbrechen, wenn ich ihr entrissen bin? – Sie liebt mich grenzenlos. – Ihr einziges Trachten bin ich, der Vielseitige, Wankelmütige, sie vergißt Stand, Verhältnisse, Aussicht, Alter, ich bin noch nicht siebzehn Jahre, sie ist neunzehn vorbei, sie weiß, was ich noch zu ringen, wie ich mich noch durchzuschlagen habe, sie weiß, welch unruhiges, störungsreiches, ausgedehntes Leben ich vor Augen habe, sie kennt meine Grundsätze, meine Ethik, meinen Katechismus, sie liebt mich doch. Oh, ich bin ihr ewig, ewig verbunden für die Liebe, die sie mir zu einer Zeit zugewendet, wo mein ganzes Wesen in Sehnsucht, in Wehmut, in dumpfes Hinbrüten aufgelöst war, wo mein Herz nur Liebe, Liebe heischte: Aber das ist sicher, wenn meine Neigung nicht zum Alltäglichen, zum Gewöhnlichen herabgezogen werden soll, ich muß von ihrer Seite gehen, sie nur selten sehen, fast nie sprechen, oder – wenn's sein muß, gar nicht mehr – da wird die alte Sehnsucht nach ihr wieder sich regen, ich bete das Bild an, das ich von ihr vor meinen Augen habe. Sogar eine Überzeugung, daß sie mich noch liebe, wird dann nicht mehr nötig sein, ich weiß wohl, daß sie mich nie, in ihrem ganzen Leben nie vergißt; daran hab ich genug; sie wird mir immer vor dem Sinne schweben, bei allem, was ich tue, wie ein Schutzgeist mir zur Seite stehen, sie wird zum Ideale werden, und das Urbild wird sich in den Schleier der ahnungsvollsten Entfernung hüllen.

Haug gestand mir heute eine große Fertigkeit zu, in jede Form mich hineinzuarbeiten, aber bemerkte auch dabei, daß mich diese Leichtigkeit dazu bisweilen veranlasse, mich zu behaglich auszudehnen und darum die so notwendige Einheit der Tendenz zu verletzen. Ich fühle mich ungemein an diesen liebenswürdigen Mann gezogen, auch scheint er so offen, so unbefangen, so frei, so vorurteilslos, so bescheiden gegen mich oder vielmehr gegen jedermann. Er ist das reine Gegenteil seines Freundes Matthisson. Haug setzt alle Vorteile eines überlegeneren Geistes, eines erlangten Ruhmes, einer vollkommenen Gediegenheit beiseite, er spricht bloß als Mensch und akkommodiert sich gefällig genug, wobei man jedoch nie aus dem Auge verliert, wen man vor sich hat. – Matthisson glaubt alles, was er ausspricht, aufs sorgfältigste abmessen zu müssen, er ist im Urteilen äußerst, vielleicht allzu behutsam, er will nirgends auch nicht den leisesten Anstoß geben; höchstens gibt er eine Andeutung, wo er zergliedern sollte.

Vor zwei Monaten schrieb mir Neuffer: „Ich glaube, daß Sie nicht wohl tun, sich Goethe zum Muster zu wählen. Er kann das nie sein, einmal, weil er das Korrekte, worin die Vollendung der Kunst besteht, selbst vernachlässigt und dann, weil sein Wert gewiß überschätzt wird. Ich bin überzeugt, daß man in wenigen Dezennien anders über diesen Mann urteilen wird als jetzt von vielen geschieht, wiewohl sein Ansehen bei allen Männern von richtigem Urteil und feingebildetem Geschmack schon ziemlich gesunken ist."

Es blieb und bleibt mir nun gar keine andere Auswahl übrig, als entweder zu glauben, er habe den Goethe in seinem Leben noch nicht gelesen, oder – was mir leid tun würde – ihn recta für einen Narren zu halten. Goethe kann kein Muster sein? Nie kann er es sein? Im Korrekten besteht die Vollendung der Kunst? Goethe vernachlässigt das Korrekte? Goethe wird überschätzt? Goethe kann überschätzt werden? Über Goethe wird man anders urteilen? In wenigen Dezennien? Sein Ansehen sinkt? Bei Männern von richtigem Geschmack? Von nüchternem Urteil? Über alles das möcht ich genügende Antwort. Was heißt Neuffer „korrekt"? Nach seiner Definition kann es nichts anders sein als die Untugend, zuweilen „Ich" auszulassen. Es gibt nicht nur eine Korrektheit, die sich in Sprachrichtigkeit und Rhythmus, in Metrum und der Prosodie zeigt, sondern eine höhere, umfassendere, die sich in der gediegensten Festhaltung alles Eigentümlichen, in der Wahrheit der Bilder, der Konsequenz der Gedanken darstellt, und wo in aller Welt sind ums Himmels willen beide inniger verbunden als in Werken wie „Egmont", „Faust", „Tasso", „Iphigenie", in den „Geschwistern", der „Natürlichen Tochter", allen kleineren Dramen und Gedichten, im „Meister", im Leben, in den „Wahlverwandtschaften" und sämtlichen prosaischen Schriften? Und ein Geist, der so unaussprechlich vollendet in der Form ist, wäre nicht darum schon zum ewigen Muster und Vorbild zu nehmen? Denn wer wird auch noch daran zweifeln, daß dieser Mann, wie ihn Neuffer heißt, in der Zusammenstellung des Ganzen, der unendlichen Gedankenfülle, der tiefsten, heiligsten Romantik, der vollendetsten Welt- und Menschenkenntnis, der trefflichsten Charakteristik, endlich in jener Ebenmäßigkeit, in jener weisen

Sparsamkeit, in jenem staunenswürdigen Grade von Verstand einzig nicht nur in unserer Literatur, sondern unter allen andern dasteht? Wie? Und dessen Ansehen sollte sinken? Das Ansehen eines Geistes, der, in Form und Gehalt, im Äußern wie im Innern seinesgleichen nicht hat, von dessen Wirken aus über ganz Deutschland sich eine neue Sonne, ein neues Licht verbreitet, der einen welthistorischen Wert, den Ruhm des Gründers einer Nationalbildung hat? Und vollends bei Männern von Geschmack und Urteil sollte er sinken? Bleibt nicht das Vollendete, das Wahre ewig vollendet, ewig wahr? Schafsköpfe sind es, wie Neuffer selbst, die sich für Poeten ausgeben und so wenig Kenntnis ihrer heiligen, angemaßten Kunst haben, daß sie den Geist, der das Zentrum, das Allerheiligste der modernen, der romantischen Poesie, mit Shakespeare und Calderon begründet und bildet, daß sie diesen so jämmerlich verkennen!

Einige schon vor zwei Monaten an Madame Huber abgesandte Gedichte gab mir Haug heute wieder zurück. Ich möchte wissen, warum diese Frau so ungnädig gegen meine Produkte ist. Haug wird einige der neuern baldmöglichst mit eigenen in die eleganteste aller Zeitungen an Methusalem Müller schicken. Ich bin nun sehr begierig, was dieser darüber sagen wird. Mag man es zwar immerhin eine Eitelkeit schelten, daß ich mich gedruckt sehen will, genug, ich will es, denn so gar liederlich sind meine Gedichte nicht, daß sie mir im Fall ihrer Verbreitung für den Augenblick nicht die wesentlichsten Dienste leisten könnten. Übrigens kann ich wohl noch einige Zeit warten.

Es ist mir äußerst lieb und wichtig, daß mich Haug mit Weisser bekannt machen will. Dieser ist bei seinen hohen poetischen Talenten, trotz aller seiner Fehler und seiner paradoxen Gesinnung, die man übrigens so leicht bei *αυτοδιδακτοις* findet, ein ungemein schätzbarer Mann, dessen Einfluß sich gewiß auf mein Talent und mein Streben auf die lebhafteste Weise äußern wird. Wenn er auch gleich einer der abgesagtesten Feinde von Goethe sein soll und dabei die Gewohnheit hat, seine

Ansicht immer als die alleinige, unumstößliche anzusehen, so denk ich doch, daß sein strenges Verfahren, auch wenn es sich über meine Arbeiten erstreckt, recht gute und nützliche Früchte tragen werde.

25. Oktober

Heut fing ich das Italienische an.

Hol der Teufel die verdammten Stunden. Einen zu Stunden zwingen wollen! Unsinn! Da steht der Herr Hofrat Reinbeck vor mich: „Mein Lieber“, sprach er, „warum kommen Sie nicht in meine Stunde?“ – „Herr Hofrat! Ich habe Ihre Ästhetik zur Genüge gehört.“ – „Haben Sie beim Studienrat um Dispensation gebeten?“ – „Nein, Herr Hofrat, das hab ich nicht getan.“ – „Warum haben Sie das nicht getan, mein Lieber?“ – „Aus Unvorsichtigkeit, Herr Hofrat.“ – „Und wissen Sie, was die verdient?“ – „Nachsicht, Herr Hofrat, und Geduld.“ – Da steigt der Herr Hofrat hinaus zum Loch. „Herr Waiblinger“, sagt der Famul – er nannte mich so, denn die Leute kennen mich nicht als Dichter –, „Sie sollen zum Rektor kommen.“ Ich kam zum Rektor, ich stand vor ihm. „Warum kommen Sie nicht in die Ästhetik?“ – „Mit Ihrer Ästhetik! Ich möchte selbst ein Kollegium drüber lesen und würde mir schmeicheln, wenn der Hofrat mir auch die Ehre gäben. Vielleicht könnt er ebensoviel bei mir profitieren als ich bei ihm.“ – „Und Physik, Herr Waiblinger, warum hören Sie die nicht?“ – „Wie? Physik? Ich habe sie schon gehört, Herr Rektor, genug gehört.“ Zum Henker, ich mußte ein Memorial an den hochpreislichen Studienrat eingeben. Aber das ist mir der Rechte! Unlängst ließ er mir eröffnen, ich möchte mich gefälligst auch ein bißchen mehr aufs Hebräische legen. Gut – aber mit den Stunden! Wenn man nur viel Stunden hat, dann ist alles gut. O Dummheit, wie wirst du gehätschelt am Busen der Aftersöhne vom Helikon, du liegst an ihrem Herzen geschmiegt als wie Johannes am Herzen des Herrn Christus. Wenn ich ein rechter Narr sein wollte, so würd ich ergrimmen und fluchen und toll werden über die Anstalt, in der ich sein muß, nun bin ich's aber nicht, zeige dich, du liebe gute Seele, zeige dich! Mut! Und wenn eine Million von Hof-

Studien-Konsistorial-Räten gegen dich zusammensitzt, sie vergessen wieder, was sie wollen, weil sie zu lange sitzen!

28. Oktober

Ich habe geliebt, ich habe genossen, ich habe entsagt, ich studiere wieder. Da sitz ich nun in meinem Zimmer unter aufgetürmten Manuskripten am schönen Sonntagsmorgen und höre dem Glockengeläute zu, das die Menschen in die Kirche ruft, und möchte weinen über sie, daß sie in die Kirche gehen, und über mich, daß ich nicht drein gehe, daß ich meinen Schmerz, meinen Kampf, meine Unruhe in den geweihten Räumen nicht ausschütten darf, nicht zerstören, nicht vernichten kann. Hätt ich titanische Kraft, eine Welt zu zerschmettern, ich würd es tun und meinen Riesenkörper in den Trümmern begraben. Aber Fluch dir, du Teufelsplage, du Höllenmarter, Leidenschaft, Fluch dir, du löwenhafter Ungestüm, der den armen, unglücklichen Kopf vergessen macht, was er gedacht, was er entworfen, Fluch dir, du viehische Unbeständigkeit, die die Saaten zu Boden schmettert, die so schöner Entwicklung entgegenreiften, du markloser, flatternder Wankelmut, der in milzsüchtigen Abc-Schützen nistet und stinkende Eier in fremden Nestern ausbrütet, aus denen Dummheit, Schlaffheit, Blindheit, Verstocktheit und bestiengleiche Tölpelhaftigkeit hervorschlupfen, und eh man sich's versieht, alle zusammen flick werden. Fluch euch, die ihr den mannhaften Jüngling zum Gecken machen wollt, die ihr den Nimbus des Heiligen der Leerheit um den Scheitel werfet und den verschmitzten Kopf genialischer Erdensöhne dazu brauchet, um Hauben in Putzmacherstuben drüber auszubreiten! Warum bin ich gebändigt, warum dient meine eigene Kraft nur dazu, mich selbst zum schwindsüchtigen Hypochonder zu machen, aus dem jungen, frischen, lebensfrohen Geiste einen melancholischen Mondscheinschwärmer zu stempeln? Ermanne dich und stehe, du gefallene Seele, mußt du etwas haben, das du umfassen kannst, mit Liebe, mit feuriger, einziger Liebe, hast du nicht an dir genug? Ein Vomitiv will ich brauchen, den ganzen Plunder von dreckweicher Empfindung ins Familienadytum hinabzuschmeißen, und so verdamme mich Gott zum ewigen Gevatterstehen, wenn ich nicht aus dem schmachtenden Liebetraut der wohlgemuteste Bursche werde.

Ich ging heute mit Pfizer spazieren. Ich weiß noch nicht, was ich von ihm halten soll. Auffallend war mir sein absprechendes Urteil über Sophokles. Ich will ihm schreiben. Schwab steht mit ihm auf dem allervertraulichsten Fuße.

Ich toller Kerl mußte an ihrem Haus vorbeilaufen, wenn ich gleich wußte, daß ich sie weder sehen noch sprechen könne: Ich stellte mich in eine einsame Gasse, von wo ich ungeniert ein Fenster anschauen konnte, durch das ich ein Licht bemerkte, wo ich sie vermutete, ich blieb stehen wie gebannt und starrte hinauf und verging fast in Sehnsucht, in Liebe. Dann trug ich mich mit verwirrten Sinnen wieder nach Hause und lachte mich da halb zu Tode, aus Verzweiflung.

31. Oktober

Von meinen Stunden bin ich doch dispensiert. Wenn ich Reinbecks Ästhetik nur noch eine Stunde lang hören müßte, ich würde toll werden.

Schneckenburger schrieb mir wieder zum erstenmal und versicherte mich seiner aufrichtigsten Freundschaft. Ich hab ihn recht lieb. Auch ein gewisser Mörike aus derselben Promotion, den ich noch gar nicht kenne, überzeugte mich in einem warmen Briefe von seiner Liebe und Teilnahme an meinem Geschick. Seine Neigung zu mir befremdet mich, aber ich hab ihn liebgewonnen.

13. November

Ich schickte den ersten und zweiten Band meiner Lehrjahre an Mörike und Schneckenburger, den dritten an Sigel ab. Mörike scheint sehr viel auf mich zu halten; der Ton seiner Briefe ist herzlich, wenn es ihm gleich noch an einem Stile mangelt. – Auch Sigels Sätze ründen sich noch wenig, und von einem fortlaufend durch Wechsel, Rhythmus und Wohlklang gefälligen Ausdruck ist keine Rede.

17. November

Matthisson empfing mich heute mit einer ungewöhnlichen Freundlichkeit. Im Gespräche nahm er mich einmal bei der Hand und sagte: „Sie haben, mein Lieber, geäußert, daß ich seit einiger Zeit nicht mehr so aufrichtig, freundlich und offen seie. Glauben Sie das nicht, ich bin Ihnen noch so gut wie immer, und um so mehr, als ich sehe, daß Ihnen etwas an mir liegt. Ich werde Ihnen in allem zu Willen stehen und meine es, sein Sie überzeugt davon, recht herzlich gut mit Ihnen. Hier haben Sie meine Hand darauf." Und damit drückte er mir die meinige recht liebenswürdig. Er riet mir, mich bald an einen Stoff zu machen, der noch von keiner Seite bearbeitet sei, und daran alle meine Kraft zu versuchen. Indessen kam auch Haug, und beide wollten zwischen Schwab und mir vermitteln. Matthisson versicherte mich auf seine Ehre, daß Schwab es ganz redlich mit mir meine, und Haug hatte ihn eben gesprochen und ihn über die Sache gefragt. Er habe es für nötig gehalten, habe Schwab vor der ganzen Gesellschaft frei und laut gesagt, meinen Hochmut als Lehrer zu strafen und mich aufzufordern, einmal etwas recht Originales und gar nichts Goethisiertes zu liefern. Es sei sonst nur Scherz und dergleichen. Ich laß es gehen. Matthisson gab mir die Hand ganz freundlich und ging fort. Ich machte mich nun auf, mit Haug zu Weisser zu gehen. Er bereitete mich unterwegs hinlänglich vor, welch wunderlichen Mann ich zu Gesicht bekommen werde, aber einen solchen sonderbaren Kerl hätt ich nicht erwartet. Er kannte mich schon und war äußerst höflich: ein kleines, schlichtes Männchen, in einem kurzen Frack und einer Kappe auf dem Kopfe, einem runzligen Gesicht, aber lebhaften, geistvollen Augen. Etwas Satyrartiges fiel mir aber gleich beim ersten Anblick auf. Es stand nicht lange an, so entstand ein lebhaftes Gespräch, und der ganze paradoxe Kopf entfaltete sich mit allen seinen Eigenheiten. Folgendes will ich aufbewahren, originell und eigen genug, aber ungeheuer mit meinen Ansichten kontrastierend, wenigstens teilweise abweichend:

„Wir haben keine Literatur. – Goethe hat sie verhunzt. –

Goethe kann nicht Deutsch. – Sein ‚Werther' ist etwas ganz Erbärmliches. – Es gibt nichts Mittleres, Genie oder Esel. – Wer kein Homer ist, ist kein Dichter. – Wir haben noch gar keinen rechten – ich solle nur nichts Kleines schreiben, lauter Großes, Epopöen, Lustspiele, Schauspiele. – Meinen ‚Sickingen' soll ich in lauter Alexandrinern schreiben. – Nur kein Muster soll ich nehmen – den Goethe gar nicht, er hat eine Manier, ich solle nichts von ihm zu erreichen wünschen als seinen Ruhm, aber mit mehr Recht – ich solle mir der Allerhöchste zu werden vornehmen, größer als Goethe und Schiller. – Alle neueren Dichter seien Buben, die mit bleiernen Soldaten spielen, im Verhältnis zu den Alten – die französische Literatur ist noch viel besser als die unsrige – Shakespeare verdient seinen Ruhm nicht, auch kann er kein Muster sein – wir können ihn gar nicht verstehen, wir müßten geborne Engländer sein – mit Übersetzungen ist ohnedies nichts zu machen. – Wir haben kein Theater, alle unsere Stücke sind Flickwerk gegen die Tragödien der Alten. – Kerle wie Houwald, Müllner, Franz Horn sind des Lesens nicht wert. – Jean Pauls Größe ist nur durch seine Fehler bedingt. (Dies ist richtig.) – Klopstock hat keine Manier, darum ist er größer als Goethe – Oehlenschläger und Baggesen sind äußerst zu schätzen – einem jungen Dichter muß man kein Urteil über ihn sagen, das muß er selber wissen, ob er Beruf hat – hat er keinen, dann ist's ohnedies aus – und wenn dreißig einen Sickingen schreiben, so soll ich den einunddreißigsten machen –"

Manches ist nicht so verwerflich, aber oft über alles Maß paradox. Schillers „Räuber" verdammte er ganz und gar, er lobte, daß ich Theologie studiere, gab mir den Rat, wenn ich eine Epopöe schreibe, sie in Ottavstanzen zu verfassen. Während diesem, und besonders wie's an den Punkt kam, wo er unsere Literatur so verdammte, rannte er unaufhörlich in dem Zimmer umher, focht mit den Händen und sprach mit dem heftigsten Affekt. Haug lächelte oft heimlich gegen mich, wenn wieder so ein Paradoxon zum Vorschein kam, und wir nahmen am Ende Abschied, wo er mich einlud, ihn bald wieder zu besuchen und ihm einige meiner Gedichte zu bringen. Haug pries mir unterdessen den Byron und den Moore, und auch wir schieden freundlich auf Wiedersehen.

Weisser hat mich bedeutend aufgeregt. Ich will bald beginnen. Ein Dichter muß ich werden. Wie Weisser so über Werthers Erbärmlichkeit tobte, der sich in ein Weib so verliebe, daß er sich verschieße, dacht ich wohl an meine Valerine. An Gemüt scheint's Weissern tüchtig zu fehlen.

Haug hat drei Gedichte von mir nach Leipzig abgeschickt in die „Elegante Zeitung".

21. November

Heute bin ich siebzehn Jahre alt. Und was habe ich bis heute gelernt, was habe ich gewirkt und was erschaffen? Das Bewußtsein verlorener Tage plagt mich nicht. Licht! Wahrheit! ewiges Leben! Gott! Unendliches! Übersinnliches! nach dir streben alle meine Kräfte! Ich will die Welt in meinem Innern nicht mehr länger schlafen lassen; eh ein Jahr vergeht, will ich Proben davon ablegen! Zwar bin ich noch jung, aber dem Menschen ist ein kurzes Leben zugemessen, und meine Plane sind groß. Innere Festigkeit bewahrt mich vor verderblicher Einwirkung von außen, und das gestärkte Herz wird Glück und Freude mit Besonnenheit, Unglück und Jammer mit Gelassenheit ertragen, allwirkende Kraft der Gottheit, unendliches Auge der Vorsehung, Schöpfer des Alls, Vater der Welt, Erhalter der Menschen! ich schwöre dir, ich will wirken.

25. November

Matthisson ist ein ganz herrlicher Mann. Ich werde viel einheimischer bei ihm seit jenem Vorfall. Er nimmt gewiß recht lebhaft Anteil an mir, ich schließ es nicht sowohl aus seinen eigenen Versicherungen, sondern aus der Art und Weise, wie er sich benimmt. Er erzählte mir, daß er einst bei Goethe gewesen sei, daß dieser ihn auf einem Spaziergang in seinem Garten an der Hand gegriffen und gefragt habe: „Welches meiner Werke schätzen Sie am meisten?" Matthisson antwortete ohne Zaudern: „Faust." – „Das ist auch meine Meinung", sagte Goethe und drückte ihm die Hand. Matthisson schätzt den „Werther" außerordentlich und hält ihn für eines der besten Goetheschen Werke. Er pflegt den Goethe nur unsern Proteus zu nennen und ist der festen Meinung, daß er gar keine Manier habe. Ich erzählte ihm meine Verwunderung über jene „Wanderjahre" und schilderte ihm den miserablen Unsinn des Verfassers. Er hat sie noch nicht gelesen. Wir sprachen von der spanischen, englischen und italienischen Literatur, und da fand sich's, daß die zweite mit ihren drei Genies Moore, Scott und Byron die vorzüglichste wäre. Als Muster in der Versreinheit ward mir abermals Ramler gepriesen. Den Zacharias Werner nannte Matthisson einen verbrannten Kopf, seine „Weihe der Kraft" eine Erbärmlichkeit. Ich mußte ihm viel von meinen Lehrern erzählen, und da ging's an eine scharfe Zensur! Ich hatte ihm schon von meinem Tagebuche gesagt, er bat mich nun darum und versicherte mich dabei der größten Vorsichtigkeit. Aber es ist mir eine Verlegenheit. Vielleicht wag ich's doch! Wie ich ihm so die Späße erzählte, die die Zuhörer mit unsern Professoren treiben, fand er das Ding lustig und lachte recht herzlich darüber. Es ist wahrhaftig interessant, den Mann mir so nahe zu sehen, der von meiner Jugend an mir als Muster vorgeschwebt, der zuerst Anklänge und wahre, innige Liebe zur Dichtkunst in mir aufgeregt, den Mann, den zu sehen ich damals ein Jahr meines Lebens gegeben hätte, den ich angebetet, über alle Himmel erhoben, den ich auf allen meinen Wegen mit mir getragen, auswendig gelernt und nachgeahmt habe, diesen Mann nun persönlich kennenzulernen. Sein Lebenslauf hat mich heute wieder ganz in Erstaunen gesetzt, seine Bekanntschaften und seine Ausbildung ist ganz unendlich.

Matthisson entließ mich nach einer stundenlangen Unterhaltung aufs allerherzlichste.

Matthisson hielt mich auch für zwanzig Jahre alt. Er fragt gar sorgfältig nach meinem Umgang mit Freunden von gleichem Alter. Ich gestand ihm, daß ich leider an solchen größtenteils wenig Geschmack finde. Fast hätt ich ihm heute meine Liebe gestanden. Das nächstemal geschieht's.

Weisser fragte mich: „Was halten Sie von Uhland?" Ich besann mich keinen Augenblick und sagte: „Im Episch-Lyrischen ist er gut, im Dramatischen gar nichts. Da mangelt's ihm an Fülle, an Charakteristik, an scharfer Zeichnung!" – „Das mein ich auch", rief Weisser, „und darum ist mir Uhland auch so gram."

26. November

In aller Frühe war ich bei Schwab. Es ist alles anders. Ich bin ein anderer Mensch oder vielmehr ein anderer Dichter. Seine offene, herzliche Darstellung fruchtete mehr als sein unzweckmäßiger Spott, seine freie, unumwundene Darstellung meines Dichtens brachte mich auf richtigere Gedanken als sein verblümtes Spotten. Aber er hat alles gut gemeint. Ich bin ihm unendlich dankbar. Er ist mir ein Retter; was Haug, Matthisson und viele vielleicht nicht sagen wollen, sagte er, der innigste, heißeste Freund. Ich bin gerettet.

Ich bin noch kein Dichter! Der ist ein Dichter, der in seinem Innern das Unendliche abspiegelt, die Keime des Göttlichsten und Höchsten mit eigener, gesonderter Kraft aus der Urquelle seines Geistes in holden Formen und Bildern zur Anschauung bringt – und das tat ich nicht. Mit meiner Gewalt über die deutsche Sprache glaubt ich mein Talent zum Nachahmen glücklich zu verbinden und damit eine Reihe von Gedichten zu stempeln, wo mein eigener Genius nicht einen Funken seiner Kraft hineinsprühte. Was ich dichtete, ist nicht gedichtet, ich habe vielleicht noch kein Gedicht gemacht; nur wenige Verse sind's, die, der eigenen Empfindung entflossen, des Aufbehaltens wert sein mögen. Ich beginne von vornen wieder. Ein Genie, wie Goethe, Schiller, schein ich nicht zu sein, doch hoff ich's mit ungeheurer Anstrengung noch so weit zu bringen als manche, die man mit Vergnügen liest. Aber ich fühl es, wenn ich mich nicht selbst gänzlich verleugne, komm ich niemals weiter. Mein Hochmut war ein nichtiges Gaukelspiel. Auf was konnt ich pochen? Auf Phantasie? Die hab ich! Aber muß sie nicht der Verstand und die Kunst in gemessene Formen zwingen? – Witz? Ich hatte noch wenig, und Geist hab ich in meinen Gedichten noch gar nicht gezeigt. Ich war auf dem geraden Weg zum Verderben, ich bin umgekehrt! Meine Lustspiele sind nicht die Tinte wert, mit der sie geschrieben sind. Alles, was ich schrieb, war Schulübung, und ich Narr hab es für Kunstwerk – – angesehen? Reminiszenzen, Gewandtheit in einer Sprache, Leichtigkeit im Versifizieren, Formennachbildung! Mein „Sikkingen“ wird die beste Schule meiner Originalität sein. Ich will ihn beginnen, sobald es möglich ist. Ich habe ein hohes Ziel, ich strebe nach dem Ruhm eines guten Dichters und habe noch keinen Anfang gemacht? Ich bin nicht niedergeschlagen. O Gott stehe mir bei.

Meine Korrespondenz raubt mir ungeheuer viel Zeit. Ich wechsle Briefe mit Pfizer, Schneckenburger, Eser, Sigel, Mörike, Stälin, Mährlen und mehrern unbedeutenden Freunden.

15. Dezember

Was hab ich doch für seltsame Träume! Aber jener selige Schlummer meiner Kindheit ist unwiederbringlich verloren! Da ging ich vom Spielen müde in mein Bett und legte meine Hände zusammen und betete, aber nie eine Formel, nie ein auswendig gelerntes Gebetchen – sogar das Vaterunser glaubte ich zur Genüge gebetet zu haben –, ich betete aus dem Herzen, und jeden Eindruck, jede Empfindung, die ich von diesem Tage behalten, bracht ich mit einfältigem Gemüte vor meinen Gott. So schlief ich sanft hinüber. Ach! Wie ist das alles anders geworden!

Mörike hat mir geschrieben, und zwar meistens über meine „Lehrjahre“, unter anderm auch folgendes über mein Mädchen: „Die Valerine, wie Du sie nennst, meine ich in den letzten Ferien in der Küche Deiner alten Wohnung gesehen zu haben – soviel ich nämlich aus Deinen Worten schließen konnte. Auf meine Anfrage nach Dir antwortete sie mir in gebildetem Deutsch: ‚Er ist wirklich in der Vakanz, wird aber wohl morgen wiederkommen.‘ Freilich hätt ich mir das Bild tiefer eingeprägt, wenn ich Dein Tagebuch früher hätte zu lesen bekommen, übrigens stell ich mir die feinen Züge noch wohl vor, und sie schien mir durch meinen Eintritt in einem sinnenden Ernst gestört worden zu sein; auch hatte sie wenig Rot und, wenn mir recht ist, ein bläulich-gestreiftes Kleid.“ Ich schrieb: „Deinen Brief, mein Wertester, habe erhalten, und daß mein gerechter Unmut gegen Deine lieblose Schläfrigkeit dadurch einigermaßen herabgestimmt wurde, siehst Du in der zum Teil nicht ganz mit meinem Willen sobald erfolgten Antwort auf Dein Schreiben, wie ich Dir denn auch bemerken muß, daß ich meine Zeit für gar kostbar halte und bei den tausendfach verschlungenen und aufgeschichteten Arbeiten so in rezeptiver wie produktiver Hinsicht bei manchem etwas kühler geliebten, etwas minder geschätzten Freunde einige Entschuldigung zu finden hoffte. Du möchtest mir demnächst in Zukunft baldigst auf jedes meiner Schreiben antworten, und daß Du zufrieden seiest und alles bildsam wieder ins gleiche gesetzt werde, bemerk ich Dir, daß ich niemand schreibe, den ich nicht liebhabe.

Aus Deinem Briefe habe ersehen, daß Du meine ‚Lehrjahre‘ nicht ohne Vergnügen gelesen hast, und es bleibt nun nichts mehr übrig, als daß Dich daran mahne, ewig im Auge zu behalten, daß Du ein Tagbuch, nämlich eine Reihe fortlaufender Aufzeichnungen von Empfindungen und Ideen, Notizen aus dem Leben, dann und wann durch halberfundene Situationen gesteigert – wovon ich den dritten und vierten Band ausnehme – und also keineswegs ein mit Fleiß, gereiftem Geist, geründeter Form zusammengestelltes Ganze gelesen habest. Freilich, wenn Dir's nicht um meine Individualität zu tun gewesen wäre, Du hättest wenig Haltbares, der Künstlerforderung rein Entsprechendes gefunden. Und weil Du mit vernünftigen Augen und dem Blicke des Freundes die Blätter betrachtet zu haben scheinst – wie es wenigstens Deine mir immer schätzbaren Bemerkungen beweisen, denen ich jedoch größere Ausdehnung und umfassendere Zusammenstellung, besonders eine lebhafter angedeutete Gesamtempfindung wünschte –, so werd ich Dir mit nächsten Tagen die weitern Bände senden.

Daß Du mir so manches von meinem Mädchen geschrieben hast, war sehr vernünftig und hat zum wenigsten Deinem Briefe eine gar schmackhafte Würze gegeben. Es ist ein närrischer Zug im Charakter jedes Eigentümers und vor allen des Liebhabers, daß er den Gegenstand, wohin sich die Regungen seines Herzens mit Kopf und Geist gerichtet haben und von dem sie gleichsam wie von einer Urkraft ausgehen und sich verkörpern, von andern hellsichtigen Menschen gepriesen zu sehen wünschet.

Bist ein kurioser Kerl! Was Du für eine Vorstellung haben mußt von mir und meinem Weben und Treiben. Glaubst Du, das Chaos von Gedanken und Empfindungen spiegle sich immer im Äußern ab und der zerrüttete, taumelnde Geist lasse auch alles um sich herum im Durcheinander liegen? Darin irrst Du Dich an mir gewiß. Wie ich noch in meiner vorigen Wohnung war, da sorgt ich immer dafür, mit Beihülfe meines Mädchens, daß die beiden artigen, durch eine Tür verbundenen Zimmerchen in bester Ordnung seien und dem Auge des Beschauenden freundlich und gefällig entgegentreten. Wenn Du einmal zu mir kommen wirst, so möcht ich Dir auch eine kleine Zeichnung meines Zimmers weisen und Dir dabei auch alle die vergnüglichen Stellen deuten, wo ich in süßen Zeiten und Stunden eine Überfülle von Glück genossen.

Mein Urteil über Körner? Er ist ein ursprünglich-reiner, edler und kräftiger, freiheitstaumelnder Jüngling, der aber leider eine höchlich-verschobene Richtung erhalten und darum oftmals eine stäubend-zerfetzte Arabesken- und Schlacht-Mosaik für Romantik und Poesie ergriffen. Dazumal gab's viele solche Freiheitshelden, wie sich denn auch bis auf unsere neuesten Tage, wo alle National-Einheit ganz und gar verloren und vertilgt ist, sich noch ein krampfhaft-schwächliches Abbild in Mignatur im vielgepriesenen Sand erhalten und gezeigt hat.

Nun aber, mein Bester, dächte ich, wäre es zuverlässig vom ausgedehntesten Nutzen, wenn wir uns bald mündlich sprechen und mitteilen könnten, und Du vermöchtest hier am kräftigsten zu wirken, wenn Du bis auf die Feiertage herabkämest. Tue demnach, was Du kannst, und benachrichtige mich saumlos mit nächster Post. Wollten uns dann auch einmal wirklich küssen, und das versprech ich Dir so herzlich und innig zu tun, als ob ich die weichen Lippen meines Mädchens berührte.

Grüße Dich,
treulichst H. Th.“

31. Dezember

Das Jahr ist geendet. Ich warf meinen Blick staunend auf dasselbe zurück und ließ alle Monate mit ihrem Guten und Schlimmen vor dem Auge zurück- und vorüberschweben. Ich war am Anfang desselben noch gänzlich in solide Studien verschlungen, ließ bald meinem poetischen Sinne freien Lauf, studierte unaufhörlich meinen Goethe und bildete mich nach ihm in Stil und Form. Erst in diesem Jahre sind meine gänzlich unmatthissonischen Gedichte gedichtet. Ich habe ungeheuer gewonnen in jeder Hinsicht und mit jeder Woche wenigstens einen bedeutenden Schritt weiter getan. Ich fand eine Leere in mir, ich verlangte unaufhörlich nach einem Wesen, das mich liebt, das ich wiederlieben kann, mich befriedigte das tote Studieren nicht, ich wollte ein mitschlagendes, fühlendes Herz. Ich liebte Valerinen. Das entwickelte meine Kraft und füllte mich an mit einer grenzenlosen, in ihrer Wildheit aller Schranken niederschlagenden Empfindung. Ich trug alles auf sie über, ich lebte nur in ihr. O könnt ich auch mit ihr leben! Da blättr ich wieder in den Büchern, die mir jene unendlich-herrlichen, jene überschwenglich-göttlichen Stunden zurückrufen. Mein Herz ist schwer. Ich bin aufgelöst in *einen* Schmerz. Er ist das ewige Merkmal meiner Herzensregung. Allein! Allein! Kein Herz an meinem Busen, das mit mir schlägt, kein Auge, aus dem ich Liebe sehen, kein Mund, aus dem ich Götterwonne trinken darf! O die Erinnerungen martern mich fürchterlich! So allein, so ganz allein! Die rauschenden Nachtmusiken schallen in den Straßen, und ich denke: Dürft ich ihr auch eine bringen, und sie sähe heraus und freute sich und nickte mir zu! Dank dir, Gott der Liebe, für all die überschwenglichen Wonnen, die ich mit gewaltigen Zügen aus dem Kelche der Liebe taumelnd trank! Vergib dem Jüngling, wenn ihn der Trank berauschte, er war ihn nicht gewohnt, seine allmächtige Götterkraft hat auf ihn gewirkt! Aller Harm ergriffener Gemüter, der Schmerz der ganzen Welt preßt mir meinen Busen ein, ich möchte nichts als weinen und mich in Tränen ersticken, meine Sinne schwindeln, und so taumle ich hinüber in das beginnende Jahr.

1822

22. Januar

Der zweite Akt ist angefangen. Er wird nicht so groß werden wie der erste.

In meiner Jugend glaubte jedermann, ich wolle ein Maler werden. Noch jetzt freut mich die Zeit, die ich darauf, freilich in zu großem Maße, verwandt habe. Ich wollte immer nur bilden. Von der Stunde an, wo ich eine Feder halten konnte, hab ich eine Zeitlang gewiß ein Ries Papier mit Säuen und Kälbern übermalt. Ein Metzger, der in unserer Nachbarschaft wohnte und auf seinem magern Klepper mich oft in die Wette reiten ließ, setzte mich lange Zeit in eine Metzgeruniform. Ich ward in die Lehre getan zu einem Zeichenmeister und spürte da schon einen mächtigen Ehrgeiz, alle die alten Schüler zu überflügeln. Später kam ich zu d'Argent. Das unaufhörliche Privatzeichnen und -malen vom vierten Jahre bis zum dreizehnten hat mich aber fertiger ausgebildet. Alles übertrieb ich. Wenn ein anderer zweihundert pappene Soldaten hatte, so hatt ich viele tausend, so daß ich's gar nicht aufstellen konnte. Ich sah eine Hasenjagd, wo gegen 700 Stücke fielen, ich wollte ebensoviel in meiner gemalten haben und zeichnete drauflos, bis mir's entleidete. Übrigens gab ich nicht leicht etwas auf, wenn ich es angefangen. Mit meinem Theater trieb ich's endlich gar zu weit. Ohne ein Glied zu regen, saß ich auf meiner Galerie, ich glaubte, der Himmel werde mir mit dem Vorhang aufgehen – die wunderlich-behagliche Stimmung bleibt mir ewig –, und wenn's dann anging, so horcht und sah ich mit einer ungeheuren Begierde jedes Kleid, das ein Schauspieler anhatte, jede Dekoration, in allen ihren Schönheiten, alles Mechanische mußt ich auffassen und zugleich aufs genaueste auf jedes Wort achtgeben, weil ich zu Hause bloß nach dem spielte, was ich gehört hatte. Das nahm doch meinen Geist in Anspruch, und ich schätze mich glücklich, lauter solche Spiele gespielt zu haben, die keine leere Passivität erfordern, sondern solche, wo der Geist tätig, wirkend, rege, ja sogar schaffend und bildend ist.

Meine Phantasie war von Kindesbeinen aus auffallend reich. Im sechsten, siebten Jahre hört ich oft vom Theater, von Kulissen sprechen, konnte aber nie selber darein gelangen, denn ich wußte nicht, wo ein Theater war, nun bildete ich mir eins aus im Kopf, so wie ich mir's vorstellte, eine ganze Welt erschuf ich, wo die Menschen dreimal so klein sind als Swifts Lilliputier, alle von einem toten Stoff, aber durch Maschinieren vermögend, eine halbe Nacht lang zu gehen. Ich hatte Städte, Flüsse, wobei es weder an den nötigen Hausgerätschaften noch an Wasserbewohnern fehlte. Eine Fabel ward ersonnen, die das Ganze verbinde. Eine Liebesgeschichte war's, es kam zum Krieg, da hatt ich mehr als zwanzigtausend solcher Kreaturen, sie fielen, vergossen ihr Blut, alles nach einem Plane. Ich erinnere mich noch diesen Augenblick, daß ich einst an einem Abend drei Stunden lang in einem gemeinen Weingärtnershause saß und von meinem Theater erzählte. Eine Menge Kinder und erwachsener Personen saß um den Tisch, horchten mir mit einer unendlichen Aufmerksamkeit zu, und ich hatte Not, ihnen immer begreiflich zu machen, daß all das, was ich erzähle, wirklich, möglich und wahr sei. Tief in der Nacht kam meine Magd, sie hatte mich überall gesucht – die Leute wollten nun natürlich auch die Magd fragen, ob denn meiner wunderlich-romantischen Erzählung zu glauben sei. Diese verneinte es, ich zog sie gewaltsam am Rock aus der Stube und hatte nun den andern Tag wieder die Arbeit, die Leute zu versichern, daß eine so unglaublich-kunstvoll geschaffene Welt von Gestalten natürlich vor den profanen Augen einer Magd verborgen werde. Ein andermal fiel mir's ein, eine lange Geschichte auszuspinnen, von einem seltsamen Fuchs, den ich zu haben vorgab. Dieser, so erzählte ich Kindern und Alten, konnte sprechen und sagte mir allerlei phantastische Dinge. Man verlangte endlich dringend, das Geschöpf zu sehen, ich ging ins Haus und kam in der Hast wieder zurückgelaufen, mein Schnupftuch um die Hand gewickelt und ganz über und über mit roter Tinte befleckt. Die Leute bedauerten mich und wollten mich verbinden. Aber ich sagte, der Biß von dem Fuchse heile selber wieder zu. Wie ich's nimmer länger fortführen konnte – ich mußte täglich etwas Neues von ihm erzählen –, ließ ich ihn endlich entfliehen. So hatt ich auch einen männlichen und weiblichen Zwerg, und wenn mir recht ist, war das die erste Erfindung. Weil man ihn aber immer sehen wollte und sich mit meinen ungemein statthaften Gegengründen wenig befriedigt sah, so mußt ich ihn eben auch krepieren lassen.

10. Februar

Ich wollt es versuchen, heute recht untätig zu sein. Es ist mir nicht möglich. Ich sehne mich zurück nach meinem Zimmer, nach meinem Trauerspiel.

Das echte Philisterleben! So ganz ohne Kraft, ohne Energie, ohne die Würze des Geists und des Witzes. Nun! der Heiland ward in einem Stall geboren.

Ich brachte den Nachmittag unter den hiesigen Honoratioren in Betzingen zu. Gott bewahre mich vor ihnen. Ein Frauenzimmer von Urach buhlte um ein Kompliment, sie bekam keins, wenn sie gleich Bardilis Gemahlin war. Auch Esers Braut erschien. Ich grüßte sie nicht. Corine sah ich neben mir sitzen, das spröde Mädchen sah mich beim Abschied lange unbeweglich an. So steife, so gemessene Gesellschaft, und doch so geistlos! Mein Mädchen ist mehr als all die glänzenden Damen an den Tafeln umher. O wie sehnt ich mich nach ihr! während ich stumm und finster dasaß, hätt ich vor ihr auf die Knie sinken können. Meine Eltern werfen mir nichts als Überspanntheit vor. Es ist mir schrecklich unheimlich. Ich kann mich nicht in diese Menschen schicken.

14. Februar

Heut erhielt ich schon Briefe von Urach. Auch ein unbekannter Freund, der mich schätzen gelernt habe, entbietet mir seinen herzlichen Gruß. Mörike schreibt:

„Vor allem wünscht ich Dir den Eindruck zu vergegenwärtigen, den Dein Besuch bei mir zurückgelassen hat, doch mußt ich nicht besorgen, nicht ganz verstanden zu werden? Aber das halte Du für wahre Herzenssprache, daß ich Dich ungemein – ungemein liebgewonnen habe, daß ich Dir um den Hals fallen möchte – Dir, guter Kerl! und in Wahrheit, Dein Hiersein hat einen guten Entschluß neu bei mir belebt."

Er schickte mir ein Gedicht. Wenn auch gleich der Reim einmal gar keiner, die Rundung nicht abgemessen genug und der Periodenbau oft ein wenig verschränkt ist, so zeigt es doch Empfindung und poetischen Geist.

Den Abend hatt ich einen zweistündigen Streit über die Unsterblichkeit. Ich behauptete die Unsterblichkeit der Tiere, die Seelenwanderung, man ward hitzig, es gab sogar spitze Reden und Antworten, ich war meiner Sache so gewiß, und so ein Schulfuchs will mir meine Ansicht wegdemonstrieren. Ich behauptete auch ein früheres Leben. Wie dürst ich nach dem Plato! Wie will ich nächstes halbe Jahr Philosophie studieren!

21. Februar

Schiller macht mich ganz toll! Ich habe seine Biographie wieder gelesen. Wohl mir! er hat seine „Räuber" erst im 20. Jahr geschrieben. Welche Tätigkeit in diesem riesenmäßigen Geiste! Das reine Gegenteil von Goethe! Wenn dieser klar wie die Sonne, ruhig und harmonisch wie das ewige Blau des Himmels ist, so ringt Schillers ungeheurer Geist in einem ewigen furchtbaren Kampfe, ein endlos-unermüdliches Bestreben, ein ewiger Zwiespalt zwischen dem Schönen und Häßlichen, eine Kraft, eine unermeßliche Fülle!

5. März

Ich habe den vierten Akt genauer entworfen und werde dieser Tage weiter dichten.

Ich schrieb an Wurm:

„Höre! setze Dich hin, schleuß die Türe, laß Dir einheizen, sauf Champagner und schreib mir einen recht übermäßig-pathetischen oder lieber einen recht abstrakten Panegyrikus über die Wissenschaft.

Jetzt geschwind an Deine Urteile über Goethe und Schiller. Daß der letztere immer gediegen ist, möchte noch ziemlich in dubio stehen, daß es aber der erstere ist (Wurm leugnete das), wird niemand bezweifeln. Schiller und Goethe sind die verschiedensten Geister auf der Welt. Der eine schaut ewig in sich, der andere in die Welt, der eine ist in einen krampfhaften Dualism, in einen endlosen Kampf mit dem Schönen verstrickt, der andere schwebt klar und lächelnd über seinem Stoffe und ist gleich sanft, zart und geflügelt, wie kräftig, derb und tiefeindringend, der eine schwängert alles mit der unendlichen Fülle seiner kreisenden Gedanken an, der andere hat eine hellenische, sonnige Ruhe, kennt die Welt wie Homer von der heitersten Seite wie von der minder-einleuchtenden und ist doch tief in deutschen Boden gewurzelt. In Schiller waltet das Chaos, in Goethe die vollendetste Harmoniefülle. Schiller ist eine Art von Young, Goethe ein Proteus in allen Gestalten.

Es zieht mich gar nicht mehr zu Schwab hin. Ich folge dem Zuge. Er liest auf den Sommer wieder ein Stück. Wenn's eines von Sophokles ist, hör ich's nicht.

24. März

Ich sei über die Maßen gewalttätig, halsstarrig, ganz und gar unbiegsam, sagen die Leute. Es ist wahr, ich bin's. Es kann mich plötzlich in irgendeiner Situation ein Gedanke, ein Gefühl überfallen, ich will dann fort, und da muß Wagner mit, und ich laß ihm keine Ruhe. Seit meinen frühesten Kinderjahren denke ich mir's, daß ich alles das, was ich mir vorgesetzt, im nämlichen Augenblick schon ausgeführt wissen wollte. Da hab ich gar keine

Ruhe, ich treibe, schaffe, jage, bis die Sache ins reine gebracht ist. Wie der Tod ist mir jeder Verschub verhaßt. O wenn ich dann so die Menschen sehe, wie sie so gemächlich ihren Weg zum Ziele gehen!

29. März

In aller Frühe war ich bei Gnauth. Er überstieg weit meine Erwartung. Er war liebenswürdig, freundlich zum Küssen. Den Franz Moor konnt ich eher in ihm finden als die komischen Rollen, die er spielt. Schon seine wohlgebildeten Züge, seine lebendigen, schönen Augen, die Fülle in seinen Formen, sein klarer, unaffektierter, natürlicher Ausdruck machten nicht geringen Eindruck auf mich. Er erzählte mir viel vom Leipziger und Wiener Theater. Alle Tage eine gleiche Rolle zu spielen, sagte er, wär ihm nicht möglich. Ich ward ganz heimisch bei ihm. Auch seine Frau war liebenswürdig-gefällig. Nach einer äußerst angenehmen Stunde nahm ich Abschied und ward aufs freundlichste eingeladen, ihn bei meiner Zurückkunft wieder zu besuchen. Ich eilte fort. Unterwegs regten sich tausenderlei Gedanken, mein Trauerspiel, mein lieber Gnauth, ich war ganz voll und sah mit erheitertem Blick in die Zukunft. In Bernhausen besucht ich Mörike. Ich fand da ein allerliebstes Pfarrhaus, reinlich, hübsch und bequem, ein alter, vernünftiger Hausherr, eine gescheite Frau, ein liebes, hübsches Töchterchen und ein paar angenehme Knaben.

Nach ein paar Stunden ging ich ab, und Mörike gab meinen Bitten nach, ein paar Tage bei mir in meinem Hause zuzubringen. Es war ein ewig unvergeßlicher Gang. Wir sahen und hörten nichts um uns, wir waren ganz in uns verloren. Ich erzählte endlich gegen Abend die ganze Geschichte meiner Liebe, vier Stunden lang ohne Unterbrechung, der Mond stand über uns im heitersten Lichte, die ganze Natur sprach zu uns. Ich ward anz hingerissen. Tief in der Nacht kamen wir an.

2. April

Heute früh ging Mörike ab. Ich begleitete ihn. Es befremdet ch eben nicht, daß er glaubt, ich verstehe ihn nicht ganz. Ich te mehrmals diese Tage im Sinn, ihm um den Hals zu fallen und ihm meine Gefühle in Worten taumelnd vorzubringen. Es hält mich immer etwas zurück; einer, der mich ganz falsch versteht, könnt es Kälte, Flüchtigkeit, Fühllosigkeit nennen.

Mörike ist ein tiefes, schönes Gemüt, ringend und doch nicht krampfhaft, nicht wund, sondern stark, kräftig und gesund. Überall, selbst da, wo sein Gefühl in den reinsten, schönsten Strahlen, wo seine Wehmut in den heißesten Tränen hervortritt, wo beide den heiligsten Regenbogen trunkener Liebe, schwellender Sehnsucht bewirken, ist keine Mattheit, keine Verzärtelung, keine Entkräftigung sichtbar. Es verlangt ihn endlos nach einem Gegenstand, den er lieben kann, und wenn er ihn gefunden hat, so hängt er an ihm mit einer wunderbaren Liebe. Sein heitrer Humor, sein Witz, der mich unendlich an ihn fesselt, gleicht schimmernden Regentropfen in wechselndem Farbenspiele, die das glühende Licht der Sonne durchschauert. Diese Sonne ist sein Herz. Er ist ganz Natur, nie legt er Fremdes in sich hinein, seine Eigentümlichkeit ist ihm genug. Er ist die Beute des Augenblicks, und so mag mancher Vorsatz, mancher Entschluß wieder ins Nichts zurückkehren vor der Macht eines drängenderen Impulses, wie leichte, flüchtige Wölkchen vor dem Hauch lebendiger Winde. Er ist unendlich liebenswürdig in diesem Hinleben und wird zum angenehmsten Gesellschafter, wie er denn auch, arglos und beruhigt, sich der tüchtigsten Lustigkeit hingeben kann. So ist er auch gleichgültig gegen alles lose Spielwerk der Eitelkeit.

Die Idee, ein Drama zu schreiben (dessen eigentliche Tendenz sich noch nicht entwickelt hat), wird festgehalten. Ich muß meine ganze Kraft vorerst in unbeschränkter Wildheit auslassen, dann erst, wenn mein Haupt nicht mehr so taumelt, beug ich es dem Joche. Diese Wildheit wird mit dem Zusammenleben guter Köpfe, mit dem Philosophiestudium zunehmen. Mein „Franzia“, „Lukrezia“, „Sickingen“, „Anna Bolay“, „Theoderich“ wie die „Männerwürde“ interessieren mich noch ebenso wie sonst. Das wär denn schon eine Laufbahn!

Ich habe ganz, ganz das Glück genossen, geliebt, verstanden zu werden. O dieser Mörike, ich hab ihn zu lieb! ist es doch nicht anders, als ob er Philippinens reine Seele anbetete. Da geht kein Wort verloren, das ich zu ihm spreche. Er versteht mich, eh ich's ganz ausspreche.

Ich fühle eine besondere Geschicklichkeit im Erzählen. Deswegen glaub ich einmal im Roman nicht unglücklich zu sein.

6. April

Ganz ahnungslos betrat ich Esers Haus, als er auf mich zutrat, mich in ein einsames Zimmer nahm und mir eine Stelle aus meinen „Lehrjahren“ zu lesen gab, die eine rasende, unverzeihliche Beleidigung für seine Braut war. Ich stand wie vom Donner gerührt. Verteidigen konnt ich die Stelle nicht in dem Zusammenhange, aber ich wußte ebensowenig, wie ich dazu gekommen war, sie zu schreiben. Ich sah eine gräßliche Kluft urplötzlich zwischen den wärmsten Freunden aufgähnen, nur die vollkommenste Reinigung konnte sie zufüllen. Ich habe das Liebste, das Teuerste, was Eser immer auf der Erde hat, ich habe die Ehre, den Charakter seiner Braut angegriffen – eine einzige Linie ist's – und doch, was sagt sie? ich habe Esern selbst – ohne es zu wollen, zu wissen, in seinem innersten Mark verwundet – und – Eser – verzieh mir. Wie's in meinem Innern stürmte, das festeste Band, das zwei Herzen zusammenschloß, durch einen Leichtsinn, durch eine Unvorsichtigkeit in Gefahr, für ewig zerrissen zu werden! und nun auf einmal das liebende Herz des Freundes in all seiner Fülle zu sehen, zu fühlen, zu schauen, wie er meine Hand ergriff, mir versprach, alles zu vergessen, alles wieder ins gleiche zu setzen, die Tränen traten mir ins Auge, meine Stimme stockte. Was kann ihm die Verbindung mit mir Nützliches gewähren? wie leicht hätte er in der Aufwallung des gerechtesten Zornes einen Menschen fahrenlassen können, der so – wie er glauben mußte –, der so scheußlich an ihm handelte. – Konnte er mir ein größeres Opfer bringen, mich wahrhafter lieben, als da er noch auf meine Verteidigung wartete, auf mein gutes, redliches Herz baute, die schwarze Schuld vertilgte? Und wie war er nachher – alles war vergessen – nur sein Herz, nur Gefühle – gräßlicher Gedanke, ein solcher Freund getrennt von mir und durch meine Schuld oder – durch meine Unvorsichtigkeit. Wärmer, feuriger hab ich ihn nie geliebt, als wie er mir so gegenübersaß. Es war die leiseste Stille auf den wildesten Sturm.

Und nun – durch Esers Vorstellungen, seine Warnungen, seine treue Darstellungen, schreib ich folgendes

Bekenntnis

Ich habe den unerträglichsten, schimpflichsten Übermut. Ich kann unausstehlich werden, wenn ich nicht alles ablege. Ich meine, in Gesellschaft ruhig sitzen bleiben zu dürfen, ich glaube, alles sei für mich da, alles müsse mich unterhalten. Meine Eitelkeit ist unbegrenzt, ist über die Maßen schwach und ist das nächste Mittel, mich zum intolerantesten Narren zu machen. Überall will ich mehr sein als andere, ich habe mich mit einem Nimbus eingehüllt und halt ihn für wahren Heiligenschein, ich spreche die gehässigsten, unverschämtesten Urteile über Männer aus, die teils an sich vielen Wert haben, teils sich um mich die größten Verdienste erwarben; dies kann sogar einen gewaltigen Schatten auf die Reinheit meines Herzens werfen. Immer nur will ich von – mir sprechen, alles andere ist zu uninteressant – ich bin dumm genug, mich selbst zum Gespötte zu machen. – Zum Teufel mit Kopf und Talent, wenn das Genie die Welt nicht umfaßt. – Heil den Freunden und meinen ewigen, glühenden Rettungsdank, die das traurige Geschäft auf sich laden, mir den Spiegel vorzuhalten und mir meine Narrheit drin zu zeigen! Wohl ihnen, daß sie mich Verirrten nicht hassen, nicht verachten, nicht – gehen lassen, sondern mit eigener Aufopferung bessern wollen! Ich will ihnen einst danken, wenn ich anders bin. Was wär ich, was würd ich werden ohne die Offenheit, die Liebe solcher Freunde? Wohl mir, daß ich noch nicht in die Gemeinschaft zusammen nach *einem* Ziele strebender Geister gekommen bin, daß ich mich bessern kann bis dahin und, statt die Zielscheibe des Hasses und der Verachtung zu werden, von allen als Mensch geliebt und geachtet werde.

7. Mai

Körners Leben hat mich wieder ungeheuer begeistert. Gott, alles, alles spornt mich an zur Nacheiferung, alles zu raschem Wirken; es muß gelingen. Es gibt auf der Welt nichts Lehrreicheres für die Menschen als großer Männer Lebensgeschichte.

Körners „Zriny“ gefiel mir nicht. Der Versbau, die ganze Diktion, Gedanken sind herrlich, aber die Charakterzeichnung ist schwach. Soliman beweist es; es ist gar keine Vorbereitung zu diesem Charakter, ich hör es, daß er groß sei, aber ich seh es nicht recht. Es wird auch zuviel deklamiert. Juranitsch' und Helenens Liebe ist gar nicht motiviert. Der Monolog Zrinys in Ottavstanzen ist herrlich. Ach wie ist Körner so rein, so schlakkenlos gegen mich. Ich muß anders toben. O wie ich so voll bin, so voll von Tatkraft, so rasend entflammt, etwas zu wirken – unsterblich zu werden! Heiliger Gott, ich gelobe dir – ich will meine Kraft nicht mißbrauchen. O möchtest du sie entwickeln, möchtest du sie lenken und bilden.

30. Mai

Ich war bei Uhland. Das hab ich nicht erwartet. Ich glaubte einen trockenen, abstoßenden, verschlossenen Mann zu treffen und fand einen verständig-berechnenden, aber nichts weniger als kalt abmessenden, biedern und geraden Mann. Schon sein lebendiges blaues Auge, das einen so freundlich tief ansieht, und die freie Haltung seines Kopfes nach oben verkündet den geistreichen echten Dichter. Da trifft man keine Konvenienzen, keine steife, alte Formen, kein Komplimentedrechseln – nichts dergleichen. Es ist der brave, simple Mann, der vor einem steht. Ein paarmal trat es auf eine auffallende Weise hervor, wie frei von aller Eitelkeit er sein muß, wie wenig er etwas scheinen will, was er nicht ist, wie sogar keine windbeutelsche oder hochtrabende Affektation die ursprüngliche schöne Einfachheit seines Wesens verkümmerte. Und man weiß doch, wen man vor sich hat! So ein weltberühmter Kerl und so liebenswürdig, so anspruchlos, so vernünftig-zurückhaltend und doch so wenig abschreckend! Er sprach viel von Hölderlin, den er mit Schwab herausgibt, vom

Wesen des Dramas, vom Stoff und der Form, auch vom Theater! Ich verspreche mir einen nicht geringen Genuß und manche nützliche Belehrung von seinem öfteren Umgang. So geh ich nun im Hause aller hiesigen geistigen Optimaten aus und ein, Matthisson, Uhland, Haug, Weisser, Boisserée, Dannecker, Schwab.

Ich bin sehr begierig, was Uhland über mein Trauerspiel urteilt. Es ist ein Studium, ein Exerzitium, weiter nichts.

7. Juni

Aristophanes ist diese Tage meine einzige Beschäftigung.

Die Menschen! Da steht alles hin, wenn ich ausgehe, und glotzt mich an, weil ich nicht bin wie andere, weil ich lange Beine, lange Haare und einen kurzen Rock trage! Der eine lacht, der andre stiert. In Gottes Namen!

19. Juni

Es löst sich *alles, alles ab, was fremd* ist. Ich fühle eine unversiegbare Kraft in mir.

Der Plan zu einem *Roman* beschäftigt mich heute. Ich möchte gerne mein sanftes, wehmütiges, aber tiefes Gemüt darin sich spielen lassen. Er sollte recht einfach, kurz, aber recht weich und zart werden. Ich zweifle überhaupt nicht, daß ich nach einigen Jahren, wenn ich meine Jugend vertobt, wenn ich in diesem „Trenck" recht gerast habe, mich jener sanft-lieblichen, gediegenen Harmonie, durch die sich meine Griechen und mein Goethe so auszeichnen, anzunähern und zu befleißigen streben werde. Ich fühle zu allen Gattungen Kraft, nur ist mein Hang zum Epos geringer. Im Lustspiel will ich ein Original-Kerl werden und Stücke schreiben, drob alles in Alarm kommen soll; der Roman ist durchaus ein angemessenes Feld für meine üppige Phantasie, mein Gemüt und mein ganzes Wesen; das Lied wird mir vielleicht auch gelingen; aber das Trauerspiel wird doch mein Hauptfach bleiben.

3. Juli

Schon in Urach hatte ich bei dem Oberamtsrichter ein Gedicht bekommen von jenem genialischen Hölderlin, den Uhland und Schwab nun herausgibt und dessen schreckliche Schicksale mir längst schon durch Haugs Schilderungen merkwürdig geworden waren. Heut besucht ich ihn mit Wurm. Wir stiegen enge Steintreppen zum Neckar hinab und trafen da einen beschränkten Straßenwinkel an, zu dem ein ordentlich gebautes Haus den Hintergrund bildete. Die vor der Türe aufgestellten Tischlergerätschaften zeigten uns an, daß wir an unserer Stelle seien. Wir stiegen eine Treppe hinauf, als uns gleich ein wunderhübsches Mädchen entgegentrat. Ich weiß nicht, ob mich ein großes, lebendiges Auge oder einige Züge, die sie von Philippine zu haben schien, oder der allerliebste, zarte Hals und der junge, so liebliche Busen oder das Verhältnismäßige der kleinen Gestalt mehr entzückte, genug, meine Blicke hingen trunken auf ihr, als sie uns fragte, zu wem wir wollten. Die Antwort ward uns erspart, denn eine offene Türe zeigte uns ein kleines, geweißnetes, amphitheatralisches Zimmer, ohne allen gewöhnlichen Schmuck, worin ein Mann stand, der seine Hände in den nur bis zu den Hüften reichenden Hosen stecken hatte und unaufhörlich vor uns Komplimente machte. Das Mädchen flüsterte: „Der ist's!“ Die schreckliche Gestalt brachte mich in Verwirrung, ich trat auf ihn zu und richtete eine Empfehlung von Hofrat Haug und Oberfinanzrat Weisser aus. Hölderlin lehnte seine rechte Hand auf einen an der Türe stehenden Kasten, die linke ließ er in den Hosentaschen stecken, ein verschwitztes Hemd hing ihm über den Leib, und mit seinem geistvollen Auge sah er mich so mitleids- und jammerwürdig an, daß mir's eiskalt durch Mark und Bein lief. Er redete mich nun „Eure königliche Majestät“ an, und seine übrigen Töne waren teils unartikuliert, teils unverständlich und mit Französisch durchworfen. Ich stand da wie ein Gerichteter, die Zunge starrte, der Blick dunkelte, und mein Inneres durchzuckte ein furchtbares Gefühl. O vor sich den genialischsten, geistreichsten Mann, die größeste, reichste Natur in ihrem gräßlichsten Falle zu sehen – einen Geist, der vor zwanzig Jahren die Fülle seiner Gedanken so unaussprechlich zauberartig hinhauchte und alles anfüllte mit der Tiefe seines dichterischen Strudels und der jetzt keine einzige klare Vorstellung, auch nicht von den unbedeutendsten Dingen, hat – o sollte man da nicht Gott anklagen? Wurm war gefaßter als ich und fragte ihn, ob er den Hofrat Haug kenne. Er war genau mit ihm bekannt. Hölderlin neigte sich, und aus dem unvernehmlichen Tonmeer klangen die Worte: „Eure Majestät" – hier sprach er wieder französisch, sah einen an und machte Komplimente –, „Eure königliche Majestät – das kann, das darf ich Ihnen nicht beantworten." Wir verstummten, das Mädchen rief uns zu, nur mit ihm zu sprechen, wir blieben unter der offenen Türe stehen. Nun murmelte er wieder: „Ich bin eben im Begriff katholisch zu werden, Eure königliche Majestät." Wurm fragte, ob er sich an den griechischen Angelegenheiten erfreue – Hölderlin umfaßte einst die Welt der Griechen mit dem trunkensten Enthusiasmus. – Er machte Komplimente und sagte unter einem Strom von unverständlichen Worten: „Eure königliche Majestät, das darf, das kann ich nicht beantworten." Das einzig Verständige, was er sprach, war eine Antwort auf Wurms Worte, er habe in seinem Zimmer eine gar angenehme Aussicht ins Freie, worauf er antwortete: „Ja, ja, Eure Majestät, schön, schön!" Nun aber stellte er sich mitten in sein Zimmer und neigte sich unablässlich fast bis zum Boden, ohne etwas anderes zu sagen, das man hätte verstehen können, als: „Eure königliche Majestät, die königlichen Herrschaften". – Wir konnten nicht länger bleiben und eilten nach einem Aufenthalt von fünf Minuten in die Stube des Tischlers. Da ließen wir uns nun von dem schönen, freundlichen Mädchen und ihrer Mutter seine ganze Geschichte, solang er bei ihnen ist, erzählen. Er ist schon gegen sechzehn Jahre wahnsinnig und ist nun gegen fünfzig Jahre alt. Manchmal kommt er wohl wieder etwas zu Verstand, auch läßt er jetzt von seinem Schreien und Toben nach, aber es ist doch nie etwas Rechtes. Seit sechs Jahren geht er den ganzen Tag in seinem Zimmer auf und ab und murmelt mit sich selbst, ohne irgend etwas zu treiben. Bei Nacht steht er oft auf und wandelt im Haus umher, geht auch oft zur Türe hinaus; sonst machte er mit seinem Tischler Ausgänge oder schrieb alles Papier, das er zur Hand bekommen konnte, voll mit einem schaudervollen Unsinn, der aber dann und wann einen unendlich sonderbaren Scheinsinn hat. Ich bekam eine Rolle solcher Papiere und traf hier ganz metrisch-richtige Alcäen ohne allen Sinn an. Ich erbat mir auch einen solchen Bogen. Merkwürdig ist das nach Pindarischer Weise oft Wiederkehrende: nämlich – er spricht immer von Leiden, wenn er verständlich ist, von Ödipus, von Griechenland. Wir schieden, wie wir die Treppe hinabgingen, sahen wir ihn durch die offene Türe noch einmal, wie er auf und ab lief. Ein Grausen durchschauerte mich; mir fielen die Bestien ein, die in ihrem Käficht auf und ab rennen, wir liefen betäubt zum Haus hinaus.

Den ganzen Tag bracht ich den schrecklichen Besuch von heute früh nicht aus dem Gedächtnis. Ich phantasierte unaufhörlich von diesem Hölderlin. Auch das liebe Mädchen kam mir nicht aus dem Sinne, und es war mir ein gar süßer Gedanke, wenn ich mir dachte, wie ich sie wiedersehe und dann recht oft meinen Besuch wiederhole.

Den Mittag ging ich nach Stuttgart ab in beständigen Phantasien an Hölderlin und das Mädchen. Sie begegnete mir, wie ich ging, mit einem Krug in der Hand eine Staffel hinaufsteigend.

3. August

Ich ward abermals ernstlich gewarnt, ich solle den Schritt, ins Kloster zu gehen, doch bedenken. Teils fürchte man, ich könne den physischen Zwang nicht leiden, teils auch den Geistesdespotismus. Aber was fang ich an? Ich bin nun so entschlossen: auf den Herbst laß ich mich examinieren um Aufnahme ins Stift; denn mein Vater kann die Studienkosten in der Stadt nicht auftreiben: nun hüt ich mich das erste halbe Jahr mit aller Vorsicht, weder durch Exzesse noch durch geistige Ausfälle nachteilig aufzufallen, klage über Brustschmerzen, nehme das zweite Semester in der Stadt ein Logis (denn um alle Welt kann ich im Kloster nicht länger als ein halb Jahr bleiben). Nun wird Philosophie über Hals und Kopf studiert und Trauerspiele die Fülle geschrieben, die Theologie auch so nachgeschleppt, und so geh's dann, wie's wolle. Werd ich entlassen oder kann ich's selbst nicht mehr dulden, so such ich Philosophie auf Pomp zu studieren oder werd ich Schauspieler, kann ich's ertragen – schmeißt man mich nicht hinaus, so ergreif ich nach Vollendung der Seminarjahre den Lehrstand – oder werde Hofmeister – oder – – – Gott weiß, was ich werde. Das fühl ich aber, mag's gehen, wie's will, so muß ich ungehindert schreiben können, was ich will. Eher setz ich mich dem Äußersten aus.

Ich sehne mich unaussprechlich nach einer *intellektuellen Liebe zu einem weiblichen Wesen.*

Mich zu beschränken, das ist die Hauptaufgabe, die ich einmal lösen muß. – Den Plato, den Kant, den Schelling, den Oken im Kopf – die Tragiker, den Aristophanes, den Homer vor Augen – den Shakespeare im Herzen – und die Dichterbestimmung im Busen – treiben in dem unermeßlichen Meere der Philosophie und der Poesie – entgegenschwellen fühlen die Brust dem Unendlichen – baden im Wellenstrome des Lebens – leeren den übersprudelnden Kelch der Liebe – gestalten und schaffen aus dem wirbelnden Gehirn – da, *da Maß zu halten,* da *nicht wahnsinnig* zu werden – Oh!

Fast der ganze Nachmittag ward mit Nachdenken über meinen „Trenck" zugebracht. Ich habe ganz neu gestaltet. Seine Elemente sind *Nacht, Grab, Grauen und Tod.* Zum Schauerlichen hab ich viel Neigung.

Rauschender, feierlicher, glänzender Beifall, öffentliche, prunkvolle Anerkennung eines Verdienstes machen auf mich einen unendlichen Eindruck. Da werd ich durch und durch erschüttert und könnte zerfließen in Tränen und fühle dann so etwas Großartig-Erhebendes in mir schlagen.

6. August

Was Uhland spricht, ist gedacht. Wenn's nur schneller und leichter herauskäme! Aber es ist mir ein Vergnügen, wie ein Mann von solchem Geist und Ruhm so *ganz und gar* von jedem Anflug von Eitelkeit, von Konvention, von Steifheit, von Komplimentenschneiderei frei ist. Uhland ist ungemein fleißig. – Ich fragt ihn heut über den Grund, warum er die männlichen Jamben in seinem „Ernst von Schwaben" vorgezogen habe. Er glaubt, sie seien hier tauglicher, als ernster, gedrängterer Ausdruck. Die weiblichen seien mehr für südliche Formen. Darin hat er ganz recht, wenn er sagt: „Man kann keine Norm für die Form aufstellen. Jeder soll's eben auf seine Art recht machen." Übrigens ist *ein* Versmaß in einem nicht lyrischen Werke besser, denn schon der Wechsel ist lyrisch: außerdem wird's auch mehr *ein* Guß. Die Prosa ist schwerer als die Versifikation. Denn sie hat äußeren Schmuck, die Prosa läßt die Blößen besser sehen. Dabei hat sie unendlich viele Töne. Es ist mir oft eine Verlegenheit, wenn ich so viel spreche, ich erschreck dann und werde schüchterner, denn Uhland wirft die Worte nur selten und halb konvulsivisch wie die Pythia auf dem Dreifuß heraus.

Er gab mir Hölderlins „Hyperion" mit.

Die Prosa in meinem „Trenck" soll die Mitte halten zwischen der im „Egmont" und der in den „Räubern" – sie soll einen eigenen Ton erhalten. Ich spüre auch in der Form Originalität. In diesem „Trenck" will ich wenigstens ein eigner Kerl sein. Der soll, der wird – ich spür's – genial werden.

7. August

Das in sechs Wochen bevorstehende Examen inkommodiert mich. Ich kann kein Hebräisch.

Ich war bei Lehr. Er hat noch keine Silbe gelesen. Er war außerordentlich höflich und zutraulich sogar, sprach lange vernünftig über Kotzebue und manches andere, erkundigte sich teilnehmend nach meinen Lebensumständen und entließ mich mit dem Versprechen, es bald zu lesen. Ich halte nichts drauf.

Dieser Hölderlin regt mich auf. Gott! Gott! diese Gedanken,

dieser kühne, hohe, reine Geist und dieser wahnsinnige Mensch! – Da bleib ich stehen. Der „Hyperion" ist voll Gehalt, voll Geist: Eine brünstige, volle glühende Seele schwellt alles an. Die Natur ist seine Gottheit. Er ist unendlich originell, er ist ganz genial.

Hölderlin ist mir so lieb als Hölty, lieber als Neuffer, Weisser, Haug, Schwab, als alle diese Poeten zusammen. Hölderlin ist ein wahrer, echter vom Himmel berufener Dichter.

Hölderlin schüttelt mich. Ich finde eine unendlich reiche Nahrung in ihm. Er schließt meinen ganzen Busen auf – ich fühle mich *dieser großen, trunkenen Seele verwandt* – o Hölderlin – Wahnsinn – – –

O Hölderlin – Himmel – mein ganzes Wesen spricht dieser Geist aus – diese schwellenden Gedanken, diese Anbetung der Natur, dieses Allumfassen der Welt und was drin lebt und webt und dieses Streben nach dem Unendlichen – ach und das Bewußtsein unsrer Schranken! Das fühl ich all, all, wie er – und er ist wahnsinnig geworden. O es läuft durch die heitern, schönen Bilder des „Hyperion", wie eine Wetterwolke, der Geist seines Wahnsinns! Ich kann nicht lange drin lesen, ich geh unter in diesem Meer: es schwindelt mir. Ich werde durch und durch geschüttelt. Ich denke dann an Trenck und Sally, und mein Gehirn brennt. O was ist größer, ein Geist wie Hölderlin oder einer wie Matthisson etc.

8. August

Nur einen Wahnsinnigen möcht ich schildern – ich kann nicht leben, wenn ich keinen Wahnsinnigen schildre. Ich bringe den Trenck und Sally und Lestoch den ganzen Tag nicht aus dem Kopfe – Hölderlin! Hölderlin!

9. August

Der „Hyperion" verdient die Unsterblichkeit so gut als „Werther" und besser als die Messiade. Es klingt dieser Gesang wie das Wellengewoge des unendlichen Ozeans, der unergründbar ist in seiner Tiefe. Hölderlin ist einer der trunkenen, gottbeseelten Menschen, wie wenig die Erde hervorbringt, der geweihte heilige Priester der heiligen Natur! – „Hyperion“ ist *ein* Guß der größten reinsten Seele. – O Gott – dieser „Hyperion“ ist ... fürchterlich schön.

Es drängt mich furchtbar, einen Roman in Briefen zu schreiben und eine recht glühende Seele auszuhauchen – ich schreibe den „Trenck“ vorher. Vier Stunden lang brannte heut mein Gehirn und verlor sich schaudernd in dieser unendlichen Welt. *Ich muß ihn bald schreiben, ich muß ihn bald schreiben.*

Ich wollt etwas herausschreiben aus diesem „Hyperion“, aber ich konnt es nicht: Ach, wer kann den heiligen Äther trennen?

Ich muß nun genaue Nachrichten von Wahnsinnigen haben. Der Übergang ist das merkwürdigste. In Uhlbach war's eine Verwandte vor vielen Jahren. Zu ihrer Mutter will ich gehen.

10. August

Der *Held meines Romans* – ich will ihn nach „Trenck“ schreiben – ist *ein Hölderlin* – einer, der da wahnsinnig wird aus Gotttrunkenheit, aus Liebe und aus Streben nach dem Göttlichen. Dabei wird der andere Roman in die Ferne geschoben.

11. August

Ich schreibe einen Roman! Ich hatte heute früh im Euripides angefangen, aber ich legt ihn weg und brachte den ganzen Morgen mit Nachdenken über seinen Stoff zu. Bis Mittag war ich im reinen. Ich rang schrecklich. Aber er gewann den Sieg über den „Trenck“. Er wird in Briefen geschrieben. Sein Geist ist der Geist der Griechen, seine Elemente Kunst, Philosophie, Leben und Liebe. Die Griechen erhalten ihre Apotheose. Der Held ist ein Bildhauer. Der Ton ist tief-phantastisch – nicht der weitläufige Werthersche – *etwas Eigenes, ganz Eigenes – und Phantasien! Wenn ich nicht selbst ein Narr werde, wie mein Künstler, so erschaff ich etwas Großes.* Hölderlins Geschichte benütz ich am Ende.

Es ist mir unendlich wunderbar! Das einzige ist mir ungelegen, daß ich nicht weiß, wann und wo ich den Roman schreiben soll. *Schreib ich ihn nicht, eh ich nach Tübingen komme, so verspätet er sich.* Denn in den ersten vier Wochen zu Tübingen hab ich doch keine Zeit. Schreib ich ihn aber hier, so stört mich das Examen und die Ferien. Wenn ich Zeit hätte, *in vier Wochen wär er auf dem Papier.*

Ich lese nun augenblicklich wieder den Plato, ohne Phaidros und Symposion möcht ich ihn nicht schreiben. Auch den Winckelmann les ich. O wie leicht ist's, einen Roman zu schreiben, wenn man weiß, was die Exposition eines Trauerspieles einem zu schaffen macht!

Meine Begeisterung dauerte den ganzen Abend fort. Ich fing gleich Winckelmanns „Geschichte der Kunst" an – Gott, Gott! ich will brennende Phantasien hinhauchen.

28. August

Den Geburtstag des 73jährigen Goethe wußt ich nicht besser zu feiern, als daß ich den ganzen Tag meinem Roman widmete. Ich habe 11 Bogen geschrieben seit dem 14. August.

1. September

Ich sah den 78jährigen Bonstetten bei Matthisson. Er ist ein kleiner, dicker Mann, der noch bei weitem regsamer ist als Matthisson. Dieser reist die Woche ab. Glück auf die Reise! Seine Bekanntschaft ist unendlich uninteressant. Er ist ein guter, braver Kerl, aber schrecklich matt. Es ist gar keine Kraft mehr in ihm, und all die Höflichkeit und Freundlichkeit und Wortfülle machen doch nichts Rechtes aus. Das beste ist noch, wenn er erzählt. Was ist dieser Matthisson gegen den männlichen Uhland! Der ist das Ideal eines Dichters. Bieder, treu, warm für sein Vaterland glühend, ein Mann zum Handeln und Wirken, unendlich tätig und fleißig, scharfsichtig, äußerst bescheiden, über alle Vorstellung frei von Eitelkeit, ganz und gar unbefangen in seinem Urteil, ohne alles Bornement, nicht paradox, voll Verstand, tiefempfindend und gefühlvoll bei aller Kraft und Männerwürde, ein wahrer deutscher Charakter, ein Mann im höchsten Sinne des Wortes. Er kennt nicht das Komplimentendrechseln und Schmeicheln und Hofmachen, das überflüssige Schwätzen und Umständemachen, da steht er, der Mann, bereit zu tun, was er kann, und es braucht da keines Geschwätzes. Wenn sich Weisser für Matthissons größten Gegenfüßler hält, so muß ich ihm widersprechen: denn Uhland ist's, der ewig junge, kräftige, tiefe, biedere und gerade Uhland.

Mit Haug könnte man eine Ewigkeit umgehen, ohne mit ihm anzustoßen.

Ein Geist wie Hölderlin, der von der Himmelsunschuld durch eine fürchterliche Verirrung in die gräßlichste Befleckung geriet, ist mehr als die Schwächlinge, die ewig im Gleise blieben. Hölderlin ist ganz mein Mann. Sein Leben ist das große, furchtbare Rätsel der Menschheit. Dieser hohe Geist mußte untergehen, oder er wäre – nicht so hoch gewesen. Was sind all die Poeten: Bürger, Matthisson, Tiedge, Uz, Cramer, Kleist, Gleim, Kosegarten, Weisser, Neuffer, Haug etc., gegen ihn?

Auf Wagner halt ich auch als Künstler weit mehr als auf Mack. Denn bis dieser nur über seinen Plan geseicht, hat jener ihn schon gemacht. Wagner hat auch mehr Kopf, mehr Gewandtheit des Geistes. Nur ist er gar zu batzig und launig wie in andrer Hinsicht zu schüchtern.

12. September

Das ist ein scheußlicher, ganz erbärmlicher Kerl, dieser Wieland. Ich warf den „Agathon" heut in der höchsten Entrüstung an die Wand. Dieses ewig wässerige Geschwätz von Tugend und Liebe, Sophisterei und Schönheit etc. – es ist entsetzlich. Kein Funken ernster, wahrer Poesie glüht in diesem Werke: die verdorbenste, sinnlichste und ihre hundsgemeine Sinnlichkeit noch in das wollüstigste Gewand kleidende Phantasie schwillt jedes Kapitel an. Mir ekelt daran. Der elende Verfasser, dieser graecisierende Franzose, von jeder biedern deutschen Kraft entbundene Wollüstling verdient die ungemessenste Verachtung. Die Geschichte einer Hetäre und ihre Buhlerkünste durch drei Bände durchzuführen! Es fehlt dem Werke nichts als ein Titelkupfer, worauf der tugendhafte Franzose Agathon unter einer wollüstig kühlen Myrte auf dem üppigsten Sofa die schöne, entkleidete Danae hernimmt.

Auf der Bühne bin ich ganz zu Hause.

26. September

Examen.

Alles stürmt auf mich ein: Freunde sind mir nicht, was ich möchte, daß sie mir wären – sie kränken mich tausendfach – das Examen – der Zwang des Geistes dabei – die Lähmung seiner freien Bewegung – der Vorschmack des gefürchteten Klosters – ich würde verzweifeln in dieser Zeit, aber ein Etwas ist in meiner Brust, ewig rege, ewig quillend, stärkend und kräftigend. Alles außer mir wird zum gleichgültigen Bilde: ich *fühle mich ganz allein*, von allen verlassen, aber von innen heraus wallt eine gesunde, starke Kraft, ich *bin fest und mit mir selbst zufrieden*. Es ist eine Anschauung der großen, entwickelten Welt in mir, ein unendlich genialisches In-mich-selbst-Gehen. Ich bin ungekränkt in meinem Tiefinnersten, wohin niemand schauen kann und darf. Es ist ein wahrhaft seliges Gefühl: denn so muß es der Gottheit sein.

Ich bin unendlich verletzbar. Der allergeringste Umstand, der leiseste Anstoß gegen meine Eitelkeit oder mein Gefühl stimmt mich zum Trotz oder zur Wut.

Es ist darum eine große Aufgabe für einen Menschen, mit mir genau und viel umzugehen. Ich kann mich nicht in den Freund schicken. Das muß er tun.

2. Oktober

Mörikes Umgang ist unendlich befriedigend für mich. Sein Wesen ist tief und originell, bei weitem mehr als S... Er weiß mich unendlich für sich einzunehmen. Er lebt mit mir in der Welt meines „Phaethons". Mehr kann er mir nicht tun und sein.

Da erfahr ich heute, der von mir am Examen geschriebene Aufsatz sei dem ganzen Studienrate vorgelesen, und es sei tollkühn befunden worden, dergestalt mit ihm zu spaßen. Ich werde deswegen entweder gar nicht aufgenommen oder dem Inspektorat zur besonderen Aufsicht empfohlen werden. Ich war gefaßt. Ich fühle mich zu sehr, als daß ich hätte können mich vergessen. Nur der Vater wird verzweifeln. – Wie wird's gehen? Wie werd ich studieren? mit welchen Mitteln? – Welchen Kampf werd ich noch haben mit der äußern Welt? – Stark bin ich von innen. In mir selbst find ich alles, find ich Ersatz für alles. – Meine Brust ist voll, meine Seele ist Dichterseele. – Die Welt in mir raubt mir niemand. – Das macht mich stolz. – Es ist etwas Großes, allein dazustehen – –

Geh's, wie's wolle! Dichten kann ich und werd ich doch. Gott, der in mir ist, der durch mich spricht, mich begeistert, Gott stärkt mich. Alles, was ist, ist recht.

Ich weihe dem Vater Goethe meinen Roman.

Und wenn ich auch noch aufgenommen werde, zum Stift werd ich doch noch hinausgeschmissen.

24. Oktober

Ich war wieder bei Hölderlin. Ich richtete viele Fragen an ihn, die ersten Worte, die er dann sprach, waren vernünftig, die andern fürchterlicher Unsinn. Wie ich ging und zum Schreiner hinübertrat, sagte Hölderlin jenem Mädchen, er kenne mich noch, ich sei bei ihm gewesen, ich sei ein – ... artiger Mensch. Ich habe im Sinn, ihm zu schreiben.

Den ganzen Tag lief ich umher.

2. November

Sabel ist eigentlich kein Sabel, sondern eine leere Scheide. Ich stand heut vor diesem Janusgesicht, diesem mißratenen Camez catuph. Da las ich das über mich erlassene Reskript, worin ich zum Krepieren signalisiert bin. Da heiß ich arrogant, animos, exzentrisch, ungründlich, meine Studien nehmen einen ganz falschen Weg, einen philosophisch-ästhetischen – widerstreiten der Dogmatik – ich bin auf dem schlechten Weg, verleitet – übrigens ein Mensch von ganz vorzüglichen Talenten, gutgeartet, von tadellosem Wandel, nur – irregeleitet, Sabel excusierte mich – meine Aufsätze hatte er in den Händen, ging sie durch – warf mir den Ausdruck: „Zusammenschwimmen mit Gott“ vor, aber – excusierte mich. Selbstüberwindung! Gründliches Studium ward mir empfohlen, aber – ich habe ganz gründlich studiert, versicherte mich Sabel. Ich tue, was ich will.

11. November

Ich mag keine Biographie mehr lesen. Sie machen mich alle unruhig, verwirrt, bringen einen widerwärtigen Zwiespalt in mir hervor. Alles Studieren fremder Männer in ihrer Persönlichkeit will ich aufgeben: es stört mich in meinem eigenen Wesen. Frei, ohne fremde Einwirkung, will ich meinen ganz eigenen Weg gehen lernen. Und das kann vielleicht nicht anders geschehen, als wenn ich mich ganz gehenlasse, mich meinem Innern unbedingt hingebe, es mag daraus entstehen, was da will.

Vor dem Sonderbaren bin ich freilich dabei nicht gesichert. Aber es ist immer besser, sonderbar zu sein, als gewöhnlich wie andere. Philosophie ist auch da der *einzige Weg, der mich ganz eigen machen wird.*

Der Dichter, der Original werden will, muß sich ganz dem Impuls, der Eingebung der Natur überlassen. Er muß sich in sich selbst verschließen und da ewig denken und fühlen und bauen.

Auch was Form und Stil betrifft, will ich schreiben, wie's mir eingegeben wird, nach eigenen Gesetzen, mag werden, was da will.

Etwas Reelles muß den Dichter begeistern: es dürfen nicht abstrakte Ideen sein. Eine ungeheure Freundschaft, voll Sonderbarkeiten, eine tiefe Liebe, eine gründliche Betrachtung der belebten Natur. Leider ist's nur das letzte, was auf mich einwirkt. Ihm will ich ganz mich weihen und geben.

Eine *auffallend sonderbare Freundschaft will ich schildern*, sobald ich wieder schreibe. Zwei Freunde, ewig an- und abgezogen, wie Welten von Welten, beide voll Geist, beide Philosophen, Kinder der Natur. Der eine wird der Hauptheld, verliebt sich. Diese Liebe wird in die Ferne gestellt, als Gegensatz zur unendlich gewaltigern Freundschaft. Das Mädchen wird schwanger. Im Stil fahr ich da fort, wo ich im „Phaethon" angefangen, voll Kraft, Stärke, gedrängter Kürze! Dies gäb ein ungeheures Ganze! *Jahre werden es gründen!*

Mörike zieht mich am meisten an, klingt ganz zusammen; *ich kann ihn lieben ... ohne gesättigt zu werden.*

Mörike ist bei weitem der originellste unter allen seinen Kompromotionalen.

14. November

Mich selbst zu quälen, darin bin ich Meister. Ich suche etwas Großes darin, mich selbst zu verwirren.

Ich fühle mich wirklich schon gereift, eine Welt zu gestalten, und ich weiß nicht, ob es vielleicht nicht besser wäre, gar kein System zu studieren, durch Denken und Fühlen, durch Welt, Natur und Liebe mir selbst eine Philosophie zu schaffen.

Mein Leben in diesen Tagen, wie seit vielen Jahren, *ist ein Nachtwandeln.* Wer mich anrührt, erweckt, wird mir zum Feinde; denn ich stürze. Es tut mir weh jede Störung in meinem eigenen Tun. *O daß ich nicht wahnsinnig werde? und ich wär es mit eigenem Willen geworden!*

In meinem nächsten Roman ... o wie will ich da meine Fülle, meinen Geist, meine Liebe, mein Sehnen, meine Eigentümlichkeit aussprechen!

21. November

Ich bin achtzehn Jahr alt. An meinem vorigen Geburtstage gelobt ich heilig, bis zum nächsten Proben meiner Kraft zu geben. *Ich hab es gegeben!* Hab ein *Trauerspiel, einen Roman* geschrieben, habe *die Griechen* gelesen und ... *geliebt.* In diesen Tagen war's, wo ich durch Liebe, Sehnen, Feuer mich als Dichter fühlte, das fremde Gewand abwarf, mein eigenes anzog, strebte, strebte! und doch nicht viel erlangte. Mit Lächeln seh ich zurück auf jene lieben, freundlichen Stunden, wo sich der erste Trieb zu bilden in mir regte, lächle! über das Bildwerk und den Meister; *ach, nun ist's ernster geworden!* In die weite unendliche Welt seh ich mich gerissen. Schon wogt mich der Strudel dahin:

fort, fort! kein Halt, kein Ufer mehr! Ins Unermeßliche fort! Und mir schwindelt nicht!

Den ersten Bart mir selbst herabgetan.

Nach dem Essen ging ich mit Mörike ins Freie. Heiterer, reiner Himmel, alles jung, frisch, innig, alles wie hingehaucht vom Geist der Liebe, alles so verwandt, so zart und tief an Herz und Gefühl sprechend. Ich konnte kein Maß mehr finden in dieser Fülle, fühlte mich freier, fühlte mich entladen von Fessel und Körper, wie hinan mich gehoben, wie an den Brüsten der Natur als liebender Knabe trinkend. Da gab ich meinen Gefühlen Worte, suchte hinauszudrängen die schwellende, wogende Wonne, ahnte, sah, was ich ahnte! Mörike klagte, vor meinen Worten könn er selbst das Schauspiel nicht genießen. Das verdroß mich, kränkte mich, lag mir drückend auf dem wallenden Herzen. Er versöhnte mich. Ich deklamierte aus „Carolus Magnus", lachte, jauchzte. Im „Waldhörnchen", auf einer Anhöhe, unter hohen, schattenden Tannen setzten wir uns nieder, aßen, tranken. Aber wir konnten nicht sein, wie wir wollten. Hinter uns saßen lustige Studenten; die verdrossen mich nicht so, wie vor uns ein paar der besten Köpfe des Klosters, die mich beengten. Wir kamen zu sprechen auf mein Verhältnis mit ihnen, mit den Studenten, mit aller Gesellschaft. Man hält mich für übermütig, für stolz auf mein Talent, erkundigt sich nach allem, was ich treibe, was ich getrieben habe, richtet, untersucht und verdammt! Ich ward trübe, sah keinen Ausweg, wie ich mit der Welt mich gut stellen könne. Meine Eigentümlichkeit kann ich, will ich nicht verleugnen: tausend Menschen sind mir zuwider: nahe fühl ich mich ihnen nicht, entfernt muß ich mich halten: mein Herz, meine Eitelkeit ist so leicht zu verletzen, zu verwunden, wie wird's gehen? Und muß ich denn ein Sonderling werden? Kann ich denn ewig nicht umgehen lernen mit solchen, die mich nicht verstehen und nicht fassen können? Ist denn das Glänzen so ganz nötig für mein geistiges Wohlbefinden? Ich entschloß mich: *freundlich zu sein gegen alle, nie zu spotten vor minder Bekannten, gefällig zu sein gegen jeden, selten zu sprechen von mir und meinen Arbeiten und nur dann, wo ich hoffen kann, verstanden zu werden, und auch da nur aufgefordert, alle meine Ansichten, die paradox und wunderbar sind, geheimzuhalten, mich äußerlich über keinen zu stellen.* Morgen will ich den Anfang dadurch machen, daß ich den jungen Bauer, der vielleicht der talentvollste unter allen Stiftlern ist, zu einem Spaziergang einlade. Es wird die Krisis sein. Schlüpft er mir in meiner Bewerbung durch, so muß ich leider mich abziehen von allen und unzugänglich werden einem jeden, den ich nicht liebe, und auch einem, den ich liebe,. fast unverträglich. Ich will mich recht in allen meinen Sonderlichkeiten, in meiner ganzen, übrigens aufs wärmste, heißeste Herz gegründeten Unverträglichkeit und Anmaßung in meinem nächsten Roman schildern. *Ganz, das weiß ich, ganz kann ich nie mich verändern:* das ist so wenig möglich als daß die Sonne dem Mond nachläuft. Ich werde ewig verwundet, gekränkt werden, ewig mich selbst verwunden und kränken! Schon der geringste Widerspruch eines Geliebten kann mich in Harnisch bringen, mir wie ein Dolch ins Herz fahren. *Ein ewiges Wogen von Schmerz und Wonne, von Nacht und Licht ist mein Los.* Jeder Freude folgt, wie dem Blitz der dröhnende Donner, der Schmerz.

1. Dezember

Es drängt mich, meinen eigenen Zustand, die unendliche Wehmut und Trauer, die halb Sehnen ist nach einem Unerreichbaren, halb Schmerz über etwas Verlorenes, in einer Reihe lyrischer Gedichte auszudrücken.

Jeder Tag, den ich hier lebe, wird mir schrecklich verbittert. Selbst mein Geist wird gelähmt. Mein Vater erliegt fast einer grübelnden, ewig aufgeregten Sorge, sich selbst und Weib und Kinder fortzubringen. Er verzweifelt an Gott und Menschen. Durch seine Rechtlichkeit und seinen geraden, schlichten Sinn in Amtsgeschäften macht er sich Feinde, und ebendarum, weil er glaubt, das Verdienst müsse ohne seine eigene Bemühung erkannt und belohnt werden, ist er auch noch nicht höher gestiegen. Er wird mürrisch, klagt, jammert, schluchzt, grämt sich, krümmt sich in Schmerz und Unruhe, nimmt ab an Kräften und Energie; einzig sind es noch Nebengeschäfte, die ihn wieder heben, einigen Frieden in ihn bringen.

Es regt sich in mir immer stärker die Lust, ein Trauerspiel zu schreiben. Ich vermeide darum die Lektüre eines Stückes, das mich noch mehr aufregen könnte. Ein Stück in Prosa zu schreiben, dazu kann ich mich wohl nie entschließen. Wie's mit „Trenck" steht, weiß ich selbst nicht recht. Die Situationen, besonders die durch Trenck, Sally und Lestoch herbeigeführten, sind mir immer noch teuer, und es bleibt gewiß nicht liegen. Auf der andern Seite aber muß ich mir doch gestehen: ich kann ihn durchaus nicht mehr so schreiben, wie ich wollte. Timoleon und Sickingen stehn mir in ihren Lagen, Verhältnissen und Umgebungen noch als zwei gewaltige Sujets vor dem Auge. Die Lektüre Shakespeares hat vielleicht den wunderbarsten Einfluß auf mich. Sie weist mich ganz auf mich selbst. Doch möcht ich lieber auf den Sommer den entworfnen Roman ausarbeiten, und zwar mit möglichster Freiheit von seiten der Pfaffen. *Denn immer noch, wie seit einigen Jahren, kann ich der Theologie, wie man sie treibt und wie ich sie werde treiben müssen, ihrer Praxis insbesondere, ja sogar dem Christentum, soweit ich es kenne und wie es gewöhnlich aufgefaßt wird, keinen Geschmack abgewinnen. Die romantische, dem Katholizismus sich nähernde Seite desselben ist mir fast zum Ekel geworden; und die kalte, starre, beschränkende, einengende, zu sehr ans Gesetz bindende Weise der Protestanten, es aufzufassen, sagt meinem wilden, nach Willkür zu streben und zu wollen verlangenden, alles Gesetz, das er sich selbst nicht setzt, niederschlagenden, sich seiner Würde höher bewußten, nach seinem Urquell auf eigenem Wege sich zu drängen suchenden Geiste gar nicht zu. Vielleicht gibt es doch noch so einen Mittelweg zwischen Katholizismus und Protestantismus. Den will ich dereinst suchen und wandeln, wenn ich ihn finde. Mag's auch lang anstehen! Derzeit hab ich noch nicht die geringste Lust, den geringsten Drang dazu. Das Leben und die Natur und der Mensch, wie sie sich mir darbieten, mein Verhältnis zu ihnen, die zeigen mir Gott: ich kann ihn in keiner Offenbarung suchen. Durchs Irdische will ich zu ihm*

Zeichnung Waiblingers aus den Tagebüchern

kommen; durch Menschen, auf menschlichem Wege zu ihm gelangen; durch Liebe, durch weltliches Glück zur Liebe Gottes, zu übersinnlicher Wonne hinan mich schwingen, durch Freiheit, stürmende Triebe, durch Genuß zum Maße dringen. Ich muß Mensch, irdisch, weltlich sein dürfen, dann erst zu Gott, zum Unendlichen!

22. Dezember

Ich weiß doch selbst, ich sollte mich nicht so zum Wunderbaren neigen: lieber ein Trauerspiel schreiben, wozu eine gesundere Geisteskraft erfordert wird. Denn im Roman schwelg ich nur mit meinem kranken, wunden Gemüt. Es muß aber gesunden. Ich ahne, das würde mich zuletzt verderben.

So ein Tag wie der heutige ist schon ein paar Worte wert: ein wahres Fastnachtsleben, ganz im Genuß des Augenblicks. Nach der Kirche ins Ballhaus: hier Bier gesoffen und über Griechenland und den Orient bis zur Hitze gestritten – im Museum zwei Heringe gefressen, Bier gesoffen und geraucht – von 6 bis 7 literarisches Gespräch – nach dem Fraß gegen sechs Schoppen Wasser gesoffen – ich und Mörike hinterm Pult: ich mit einem abgeschabten Magisterhut, wie ein Zigeuner, die Pfeife in der Physiognomie – Mörike mit hinunterhängenden Hosen, den Bauch aus dem Hemd streckend – Eisbär und Buttersack beständig mit Teemachen beschäftigt. Eine Bouteille Tee um die andere. – Ein Furz um den andern – Fratzengesichter bis ins Abscheuliche – Lumpenlieder – Travestien.

24. Dezember

Um 12 Uhr weckte die Wacht. Ein Glühwein getrunken und drei Gläser zerbrochen. Selb sechzehn wanderten wir um 1 Uhr morgens aus dem Kloster. Man verwahrte sich mit Tüchern gegen den scharfen Dezemberwind. Es ging lustig zu, man sang, scherzte. Jeder gab sich in seiner Eigentümlichkeit zu erkennen, ohne daß man ihn recht sah. Mörike wandelte, in einen recht modernen Mantel gehüllt, unter uns, lustig und aufgeräumt, ohne Pack und Ranzen. Es könnte dieser Gang vielleicht sein ganzes Leben repräsentieren. Um 4 Uhr weckten wir die Wirtsleute in Waldenbuch. Da ward dann Tee, Kaffee, Wein getrunken, Brot, Würste gegessen. Ich wandelte, wie wir wieder aufgebrochen waren, mit wunderbarem Gefühl unter den vielen Menschen. Meine Seele war schmerzlich wehmütig gestimmt. Wie der kalte, dunkle Nebel über der nächtlichen Gegend lag der Schleier der Zukunft über den kommenden Tagen. Es bewegte sich unendlich viel in mir. Um 8 Uhr waren wir in Stuttgart.

Die erste bekannte Person, die mir begegnete, war Schwab, der gerade auf dem Weg nach Eningen war. Ich trat zu Franckh hinein, sah den ersten Bogen meines „Phaethon". Mit der Auffindung eines Namens für meinen nächsten Romanhelden war mir's wunderbar gegangen. Heute früh in der Kneipe erzählte einer der Studenten von einem ... Molytor. Wie ein Blitz drang mir dieser Klang durchs Innerste. „Molitor heißt mein Held", sagt ich plötzlich zu Mörike, der neben mir saß.

Gleich ging ich zu Matthisson auf die Bibliothek. Da regnet es denn mit lobenden, vielbedeutenden Worten. Für die Dedikation meines Romans ward in den höflichsten Phrasen gedankt, es ward mir erklärt: mein Talent, das sei nun einmal ganz sichtbar und ausgemacht, ich könne das Vorzügliche, Außerordentliche leisten, aber ich müsse gut damit umgehen, es nicht mißleiten und verderben. Für meine Briefe ward ebenfalls aufs verbindlichste gedankt. Es ließ mich das alles so ziemlich kalt. So was genügt mir nicht.

1823

28. Januar

Die „Kritik der reinen Vernunft" geht darauf hinaus, zu beweisen, daß synthetische Sätze a priori möglich seien. Ach! ein *Mädchen an Lippen und Busen wäre mir lieber als Analytik und Dialektik, lieber als Universität und Vikariat und Pfarramt. Da würd ich erwarmen, die Bücher lassen mich kalt.* Da würd ich kräftig und stark werden und Lebensfülle saugen aus ihrem Kusse, aus ihrem wallenden Busen, aus ihrem Wollustschoße – und nun verdumpf ich, trockn ich aus über Bücherhäufen, in leeren Beschäftigungen, hinter dem dampfenden Ofen, und die höchste Äußerung meiner Tatkraft ist, daß ich mir selbst mit der Maschine den Tee mache. Mich ekelt all das Getriebe an: *ich bin Mensch: ich will die höchsten Wonnen der Erde genießen.* Ich dachte oft schon dran, zu entfliehen, nach Griechenland zu gehen, zu kämpfen und zu bluten! Das wäre doch was anderes als das ewige Lesen und Studieren.

Es haucht mich tödlich an aus diesen aufgeschichteten Büchern und Papieren. Da ist kein Heil, da ist Erstarrung, Verwesung, Tod. O Gott! lieben! das wäre etwas anderes! Ich kann nicht länger zehren von der Idee.

4. Februar

Schriftliches Examen. Ich schämte mich vor mir selbst. Argumenter übersetzen zu müssen wie ein Knabe. Daran will man den Mann erkennen!!

Gleich nach dem Mittagfraß hatte mich Sabel kommen lassen. Er gab dem Herrn Waiblinger das Kollegiengeld zurück, fragte nach seiner Gesundheit und endlich nach seinem gestrigen Malheur – aber aufs holdeste und galanteste – wickelte drei Pillen in die schönsten Papierchen und gab sie mit dem Kaffeelöffel in Zucker und Honig dem Herrn Waiblinger. – Erste Pille: „Haben Sie denn keine Freude am Hebräischen?" Zweite Pille: Das unanständige Äußere. – „Ich wollte nur so frei sein, den Herrn W. als Freund daran zu mahnen." – Euphemismus für: „Laß dir 's Haar schneiden!" Und dann guckt mir meine Tabakspfeife zum Unglück aus der Tasche – und ich hatte nur so ein schwarz Halstuch unordentlich um den Hals gebunden. – Denn NB bei mir ist derzeit Einheit des Fracks, Einheit der Stiefel, Keinheit der Kappe und des Hutes, Keinheit des Hemdes. – – Dritte Pille: Der allerfreundschaftlichste, seelenvollste Rat: nonum prematur in annum! „Es ist ja nicht nötig, daß der Herr Waiblinger alles öffentlich bekanntmacht, was er niederschreibt – oder nicht? – Ich wollte nur so frei sein, dies dem Herrn Waiblinger zu bedenken zu geben. – Wollen Sie's bedenken –" (lächelnd, freundlich) „diese drei Punkte?" – „Werde! Werde! Euer Hochwürden!"

22. Februar

Schaudernd stand ich wieder neben dem wahnsinnigen Hölderlin. Er spielte Klavier. Das kann er nun acht Tage lang fortsetzen. Er ließ sich durch mich nicht stören.

25. Februar

Ich fing Jacobis Briefe über den Spinozismus an. Mich stört darin nur das vielleicht von allzulebendigem Bewußtsein seines Genies zeugende Wichtigmachen einzelner, an sich gerade nicht merkwürdiger Briefe und Stellen und Worte. Über Spinoza selbst aber find ich die tiefsinnigste Ansicht, die genialsten Gedanken. Schon die kraftvoll-originelle, rhythmische Sprache wäre hinreichend, mich zu fesseln. Der Nachahmungstrieb ist einer der unverschämtesten und gewaltsamsten. Unvermerkt, ohne es nur zu wollen, hat man gewisse Eigentümlichkeiten, gewisse originelle Züge eines geschätzten Individuums angenommen. So geht mir's im Stile mit Jacobischen Konstruktionen, mit Hölderlinschen Wortfügungen, wie mir's ehemals mit Goethes „Werther" und „Wahrheit und Dichtung", mit Wieland begegnete. So hab ich auch im Äußern, je nach der Einwirkung der Lagen und Umstände, in verschiedenen Stimmungen, verschiedene Manieren von andern angenommen.

11. März

Rödingers Gemütstiefe offenbarte sich mir in ihrer ganzen schönen Fülle. Er ist unglücklich und verdient es nicht zu sein. Ein Zweifaches streitet in seinem Innern: Begeisterung fürs Vaterland und unerwiderte, hoffnungslose Liebe. Und wie er trägt, wie er duldet! wie heiß, wie rein, wie heilig! Ich könnte nicht so tragen. Ich machte mir gewaltsam Luft – ich täte Verzweifeltes! ich würde wahnsinnig.

Ich wiegte mich in meinen Träumen bisher, in meiner Liebe! dachte nicht ans Vaterland! Auch das wird anders. Unsere Zeit ist eine merkwürdige Zeit, eine Zeit großer Entscheidung. Die Fürsten haben äußere Gewalt in den Händen, aber sie fürchten die Gewalt der Geister. Von oben herab soll Finsternis kommen, und das kann, das darf nicht sein! *Eine der merkwürdigsten Erscheinungen* unserer Zeit *ist die Tat Sands. Sie ist groß!* Wer handelt? wer opfert sich auf? O armes Vaterland von 39 Teilen! Ich suche nur Gelegenheit, zu wirken aufs Ganze! *Ich könnte mich aufopfern, könnte rasen im Gefühl meiner Freiheit. Heilige Wahrheit! Eisernes Recht! und du göttliche Freiheit! Dir sei geweiht mein Leben. Was in mir ist, das Göttliche, soll euch werden!*

Gleich nach Ostern fang ich das Tanzen an. Es liegt viel in diesem Schritt.

21. März

Wie ich nach meinen Wanderungen um Mittag nach Hause komme, steht der Hauptmann Heim da. Ich schwindelte, grüßt ihn, sprach mit ihm. Wie auf Nadeln stand ich da, durfte mich doch nicht verstellen. Philippine trat heraus. Ich verneigte mich stumm. Ihr folgte ein anderes Frauenzimmer. Man setzte sich zu Tisch. Ich saß ihr gegenüber. Wie Pfirsichblüte, wie eine volle, schwellende Rose war die blühende, zarte Jungfrau. Ich war gesprächiger als gewöhnlich, lachte, erzählte, scherzte, drehte mich auf und ab. Sie reichte endlich, die Jugendliche, ein Teller voll prangender Äpfel umher, gab's auch mir, und mir zuletzt! Ich stürmte hinaus, wandelte herum im Regen, hörte in der Ferne das Geschrei der festtrunkenen Menge. Ich traf Rödinger, raste im Bierhaus unter dem Menschengewimmel, zitterte, tobte. Nur eine Viertelstunde allein zu sein mit ihr! und es ist nicht möglich! wird nicht werden! Ich lief zurück ins Haus. Es war schon dunkel, man sprach vom Abschied. Ein Kind an ihrem Busen, trat sie gegen mich heran, fragte mich nach meinem Befinden; ich antwortete kurz: sie verließ mich wieder. Ich verlor mich ... Sie nahm Abschied, küßte ihren Bruder – Gott! Ich besann mich: drück ich ihr die Hand – nein! Sie empfahl sich mir verlegen, hieß mich Herr Vetter, und hinunter! Halb betäubt trat ich zurück, nahm Abschied vom Vetter, sagte, ich bleibe heut im Wirtshaus über Nacht. Ich rannte in den dunkeln Straßen auf und ab, der Wind und Regen tat mir wohl. Da sucht ich den Mörike auf. *Durch einen Gewaltstreich, durch eine wilde Tat der Verzweiflung muß ich dem dumpfen Streben, dem verglühenden Sehnen ein Ende machen.* Ich muß frisch werden, mich toben lassen. *Tübingen und die Universität ekelt mich an.* Das stillt nicht, das befriedigt nicht! O könnt ich hinausziehen durch alle Länder und Meere, das Wesen zu suchen, das mich liebt, das *mein* ist, *das ich will*! Es ist nicht mehr die Person in diesem zarten Mädchen, die ich liebe, es ist die Liebe selbst. Und wie soll ich mich stillen? Wodurch? Politik? Nur das nicht! Leben! Leben! wär es, wird es sein? Es muß sich entscheiden auf den Sommer. *Natur muß mich retten, wird es vielleicht.*

26. März

Heute früh verließ ich Stuttgart. Von Matthisson, Haug, Weisser, Schwab hatt ich gar nicht Abschied genommen. Uhland, Boisserée hatt ich nicht einmal besucht. Wilde ausschweifende Plane zur Befreiung aus dem beschränkenden Studium der Theologie, Phantasien, rasender Drang in die weite Welt, zerreißender Schmerz meines Verlustes, meines Glühens, meines Sehnens, o was stürmte nicht betäubend durch meinen wogenden Busen! Die warme Sonne erfreute mich noch. Überall, wohin ich kam, ward ich angestarrt wie ein Ungeheuer. Meine Haare waren zu wilden langen Locken angewachsen, hingen flatternd über den Rücken. In Urach blieb ich nur wenige Stunden! Um 8 Uhr ging ich noch bis Münsingen. Der Mond hing, wie ein Auge, über den hellen weißen Riesenstirnen der titanischen Felsen; rauschende Bäche wälzten sich tobend durch gähnende Schluchten, fürchterliche Schatten lagen über dem engen, felsumragten Tale. Da ward mir recht wohl wieder, ich fühlte mich ruhiger werden. Die Natur, die Riesin, hatte mich aufgenommen.

9. Mai

Das Christentum berührt mich nicht einmal mehr. Ich seh's wie einen schönen Glauben meiner Kindheit an. Ich dachte gestern, wohin denn auch der zum Himmel fahrende Christus seinen Körper gebracht habe, und lächelte.

Meine Natur ist eine Mischung von Jean Pauls Albano und Roquairol. Von jenem hat sie die weiche, zarte, hingebende, aufopfernde Liebe, die heilige Treue, von diesem den ungestümen, niederschmetternden Flug, die wagende, flatternde Kühnheit, die wilde, wechselnde, zerstörende Vollkraft, von jenem aber weder seine Reinheit noch von diesem seine Verdorbenheit, von beiden die poetische Lebensfülle.

Im „Titan" hat Jean Paul mein Inneres, sogar meine Liebesverhältnisse, aufs genauste geschildert.

25. Mai

Ich plattierte den Sabel, muß einen Schädel eingeben. Aber wie's nun auf mich hagelte. – Ich gehe in keine Repetitionen, stehe bei den Repetenten im Kredit, als veracht' ich sie, gehe nicht in den „Jesaias", lerne kein Hebräisch, mache Vagationen,

Das Tübinger Stift

sei nur provisorisch aufgenommen, meine Legalitätsfehler seien ungemein. Punktum. Den Mittag saß ich beim „Tobias", verspätete mich, hielt 7 Uhr für 6 Uhr, kam erst nach dem Essen, petierte eine Aufwartung, entschuldigte mich und hatte kein Halstuch an. Meine Noten türmen sich zu einem furchtbaren Holzstoß an: meine Klosterexistenz lodert drauf zum Himmel auf.

8. Juni

Ein Brief von Rom! Wagner schrieb mir! Unsägliches Gefühl.

Ich besuchte Hölderlin, lud ihn auf morgen zu einem Spaziergang ein. Er liegt seit einigen Tagen immer im Bett und wandelt nur des Morgens im Zwinger auf und ab. Er liest viel in seinem „Hyperion". Eine schreckliche Eigenheit an ihm ist's auch, daß er, sobald er gegessen, das Geschirr vor die Türe stellt. Er sprach lauter Wahnsinn an mich hin.

Mut hab ich nicht. Der Mut ist kalt. Aber Verzweiflung kann mich zu Taten bringen, die mehr als mutig sind.

Derzeit ein unaufhörliches Hypothesenmachen in der Politik. Unser König gerät an die Bundesstaaten. Die Gesandte sind von Stuttgart weg. Die Universität solle aufgehoben werden. Eine große furchtbare Zeit des Kampfes von Licht und Nacht, von Freiheit und Despotismus. Ich wollte, wir alle zögen in den Krieg, sei's nun, gegen wen es wolle.

9. Juni

Hölderlin weigerte sich heute, noch im Bett liegend, mit den schrecklichsten Entschuldigungen mit meiner königlichen Majestät zu gehen. Der Tischler gab mir neue Nachrichten von seinem Leben. Auch Onanie trug zu seiner Versunkenheit bei. Sein Leben aber ist unendlich reich. Hölderlin hätte können der erste deutsche Lyriker werden. Des Morgens lauft er in diesen Tagen von 1/24 Uhr bis beinahe Mittag im Zwinger auf und ab. Der junge Zimmer bracht ihn endlich zum Aufstehen. Ich folgte nach: Hölderlin kannte mich gleich und entschuldigte sich in lauter Unsinn. Es ist schrecklich, wie sich dieser einst so große Geist nun in leeren Wortformeln umdreht. Man hört ewig nur:

„Eure Majestät, Eure Heiligkeit, Euer Gnaden, Euer Exzellenz, der Herr Pater! Sehr gnädig, bezeuge meine Untertänigkeit!" Ich bracht ihn dazu, daß er in mein Pantheon ging. Die Aussicht, der herrliche Frühlingsmorgen schienen doch auf ihn zu wirken. Ich fragt ihn tausenderlei, bekam meistens unverständliche oder unsinnige Antworten. Als ich ihn fragte: „Wie alt sind Sie, Herr Bibliothekar?", antwortete er unter einem Schwall französischer Worte: „Bin mir nicht mehr bewußt, Euer Gnaden." Ich erinnert ihn vergeblich an vieles. Zimmer wunderte sich schon, daß er das Häuschen betrat, aber unbegreiflich sei's ihm, als Hölderlin gar eine Pfeife rauchte, die ich ihm füllte und anzündete und die ihm recht zu schmecken schien: Und vollends – auf mein Vorbringen setzt er sich an meinen Pult, fing an ein Gedicht zu schreiben: „Der Frühling", schrieb aber nur fünf gereimte Zeilen und übergab sie mir mit einer tiefen Verbeugung. Vorher hatt er nie aufgehört, mit sich zu sprechen und immer: „Schon recht. Nun nein! Wahrheit! Bin Euer Gnaden sehr ergeben, bezeuge tief meine Untertänigkeit für Ihre Gnaden – ja, ja, mehr als ich reden kann – Euer Gnaden sind allzu gnädig." – Als ich ihm sagte, auch ich habe das Bestreben eines Dichters, und ihm mein Manuskript zeigte, sah er's starr an und neigte sich und sagte: „So! So? Euer Majestät schreiben? Schon recht." – Mit wirklicher Teilnahme rief er, als ich ihm von Haugs Unglücksfällen erzählte: „Oh!" Er fragte mich auch, wie alt ich sei. Aber sobald er von dem Schreiben aufstand, ward er stiller, sah viel zum Fenster hinaus, sagte nicht mehr wie vorher: „Erstaunlich schön, was Euer Gnaden da haben" – senkte dann wieder das Auge gedankenvoll in sich hinein, schwieg, bewegte nur äußerst selten den Mund zu einem krampfhaften Laut – nahm endlich den Hut, ohne jene Komplimente, ging mit uns fort, still, ohne zu sprechen, ohne den Leuten ein Kompliment zu machen – ohne hinter uns zu gehen – was er immer aus Höflichkeit tut – bewegte sogar eine Melodie im Munde und machte mir endlich beim Abschied ein ziemlich verständiges Kompliment. Es ist schwerlich möglich, daß er ganz zum Verstand kommt: Das ließe schon seine physische Schwäche nicht zu: aber lindern, etwas aufhellen, beruhigen könnte man ihn doch vielleicht und wenn auch nur für einige Stunden, und ich glaube, ich wäre es imstande. Er scheint ein großes Zutrauen zu mir zu haben; sein heutiges Betragen zeugt davon. Ich will ihn öfter auf meinen Berg nehmen und auf alle Weise ihm beizukommen suchen.

(Ohne Datum)

Hölderlin war in meinem Gartenhaus, las mir vor aus seinem „Hyperion". O auch ich bin noch ein Kind in der Fremde. Hölderlin ist mein liebster Freund! Er ist ja nur wahnsinnig. O ich möchte sie küssen, diese abgehärmten zuckenden Lippen.

11. August

Byron geht nach Griechenland. Hätt ich ausstudiert, würd ich augenblicklich nach Genua reisen und es bei ihm dahin zu bringen suchen, daß er mich mitnähme.

15. August

Heute las ich „Feodor" durch. Mörike korrigierte Blatt für Blatt nach. Herrlicher Mittag im Gartenhaus. Mörike bleibt mir immer nah und immer neu. Mein Verhältnis mit einem Menschen ist aus, der mir aufhört neu zu sein. Manchmal fühl ich bei Mörike etwas, das mir noch kein Freund gab – etwas unaussprechlich Heimisch-Kindlich-Gemütliches.

1824

31. Dezember

Wer ist noch mein? Die ich liebte, sind verloren – die ich habe, sind mir zu klein – nur Mörike, was könnt ich an diesem haben, er ist mir nicht wie ein Freund, ist mir wie ein Traumgesicht, wie der Glaube an eine schöne Fabelwelt – er kann mit mir genießen, aber nicht mit mir kämpfen und streben und leiden!

Ich liebe mich nicht wie ich bin, sondern wie ich mich in andern sehe!

1825

12. November

„Anna Boleyn" angefangen.

In dieser Zeit eines wunderbaren Winters beginnt für mein Leben eine neue Epoche. Jene großen, herrlichen Ideale von Liebe, Freundschaft, Jugendfreude, Treue, Selbständigkeit, Sieg über Weltformen sind wie der gräßliche, bis zur Verzweiflung, zum Lebensekel und zum Menschenhaß gestiegene Schmerz zerflogen und vergangen. Vorigen Sommer war's noch grimme, gallige Polemik gegen mich selbst und über den wahnsinnigen Gedanken, mir ein Leben und Menschen nach meinem Wunsche zu verschaffen, was mich in wilde Zerstreuungen, in grelle, betäubende Ausschweifungen stürzte. Ich raste von Genuß zu Genuß, von Menschen zu Menschen, und jeder ward mir zum Ekel, jeder füllt' mich mit neuer Verzweiflung. Ich glaubte dem Wahn zu großer Erwartung entgangen zu sein und fühlte mich zuweilen fest, fiel aber in einen neuen Wahn; denn ich war nicht fest, ich fühlte den Verlust meiner Ideale und jener überschwenglich Geliebten, jener teuren Heim, jener unglückseligen Julie und meiner drei großen, wie ein Nordlicht in meinem schwarzen Herzen leuchtenden und verschwindenden Freunde, Zellers, Pfizers und Bauers, ich fühlte ihn noch zu stark im blutenden Herzen. Ich verfiel in gräßlichen Gegensatz. Ich trat das Heilige mit Füßen, erst die Menschheit, meine Geliebte sogar, höhnte mein eignes Bild im Spiegel mit Verzerrungen und Fratzen, zog Juliens Liebe in Kot und Gemeinheit, selbst Gott und die Stimme des Gewissens, selbst jeden Drang innerer Religion verspuckt ich mit Geifer. Ich glaubte weder an Gott noch an Unsterblichkeit, eine grausige Notwendigkeit, ein eisernes Verhängnis war's, das mir in der Welt selbst zu liegen und alles einzelne Wollen blindlings zu zernichten schien. Es gab kein Verhältnis mehr, das ich achtete; zugleich gewann ich aber, ohne daß ich's merkte, bei den Menschen; ich fing an, den Atheisten, Narren, Possenreißer zu spielen, man fand mich grell original, lustig, unterhaltend, gesellschaftlich, ich belebte jeden Zirkel mit abenteuerlichen Gedanken, Fratzen, Grimassen, zügellosem Hohn oder galanten Windbeuteleien. Ich spielte mit der Liebe, tändelte mit Luisen, tändelte mit einer Menge Frauen und Mädchen, und man hielt mich für ein Weltkind, für einen Galanthomme, dessen süßer, unerschöpflicher Rede kein Mädchen widerstehen könne. Weiberliebe galt mir nichts mehr; ich suchte nur die Befriedigung wollüstiger Triebe bei ihnen, raste beispiellos im Arm wilder Buhlerinnen und Freudenmädchen, zuweilen mit gräßlichen Erinnerungen und krampfhaften Blicken auf die Vergangenheit und das einst so süße, heilige, angebetete, nun in Kot getretene, von mir selbst geschändete, nicht geglaubte Bild meiner verlorenen Julie. Ich liebte den Trunk mehr als jemals, und es fehlte nie an lustigen, faulen, leichtsinnigen oder gar liederlichen Leuten, die sich um mich sammelten, ich ließ mich von ihnen selbst in der Übertreibung der Gemeinheit bewundern; jene Zerknirschungen, wo mir oft in schwülen Nächten vor Wut und Ingrimm, vor Verzweiflung die Zähne klapperten, wo ich schrie und fieberzitternd lärmte, diese hörten auf, und ein gesunder Leichtsinn trat an ihre Stelle. Ich ward Gourmand und braucht mehr Geld, als mir der Vater geben konnte, ohne den Gedanken, zu bezahlen. Kein Mensch übertraf mich an großer Zotenreißerei. Freilich kam auch keiner der Sache auf die Spur, nur wenige, wie zum Beispiel Hoffmann, Keppler, wurden aufmerksam auf die schauderhafte Liebe zu unnatürlichen Gegensätzen, zu greller Zernichtung meiner eigenen Welt. Ich arbeitete im Sommer 1825 außer jenen zwei Erzählungen „Euphrosyne“ und „Rose von Farsistan“ und außer der Vorbereitungsstudien für Anna B. nichts von einigem Belang, fing aber an, mit Besonnenheit durch Briefe, die ich überall ausschrieb, und durch reifere Plane in meine Zukunft zu wirken und meine Lebensweise zu fixieren. Zum gereiften, festen, mit kalter Überlegung bedachten Entschluß ward mir erst jetzt die Liebe zum Ausland. Ich will Hofmeister oder weiß der Himmel was sonst werden, sei's, wo es wolle, nur ja in neuer Welt und womöglich am Meer. Erst seit dem Abschied von Julien hab ich meinen Ruf als moralischer Mensch, als Christ und sogar als irgendein Religioser verloren. Viele, ja sogar die meisten, halten mich nicht einmal einer edlen, reinen Liebe fähig. Im Grund haben sie *für jetzt* nicht ganz unrecht; denn ich betrüge die Mädchen und tändle mit ihren Gefühlen wie mit Zuckerwerk und glaube, daß sie am Ende nichts weiter wollen als ihren Trieb befriedigen. Die beiden M. halt ich für Schurken und Julien – für zweideutig, in keinem Fall für so hoch, als ich wähnte, sosehr mir's dabei auch im Herzen brennt und widersträubt.

So glaub ich denn in die Periode eines gesunden Strebens gekommen zu sein. Ich erwarte ohne eigentlichen Groll, ohne Galle, ohne wahren Lebensekel – nichts von der Welt. Mein Ausspruch: „Whatever is, is right"; ich bin Fatalist; versuche alles und lasse mich's nicht verdrießen, wenn ich mich in meiner Hoffnung betrogen sehe; denn mein System ist's ja, das mir verbietet, sichere Erwartungen zu gründen: ich habe an Unterhaltungsgabe, an Lebensgewandtheit, an äußerer Weltbildung bedeutend gewonnen und darf mir schmeicheln, fast jeden Menschen zu fesseln, wenn ich mir's angelegen sein lasse. Dies ist eine Gabe, ist eine Eroberung, auf die ich halb stolz bin und die ich fast für nützlicher und für meine künftige herumirrende Lebensweise zuträglicher halte als wissenschaftliche Vorzüge. Ich habe mich in ein bestimmtes Verhältnis zu der Welt gesetzt; es gilt, entweder ich oder sie, entweder Sieg oder Sklaverei. – Kein Mittel soll mir mehr zu klein sein, meine Zwecke zu erreichen. Was endlich meine Poesie betrifft, so ist es dem gesundern innern Leben, das ich in mir fühle, sehr entsprechend, daß ich mich soweit besiegen konnte, keinen Lieblingshelden, keinen sterbenden Korsaren fürs erste zu beschreiben, sondern an ein Werk gehe, das reines, wahres Künstlerstreben, objektive Darstellung, strenge Keuschheit und Selbstaufopferung verlangt – „Anna Boleyn". – Ich glaube eine eigene Poesie errungen zu haben, sie ist in einer düstern schwarzen Schule erzogen, im Feuer geboren oder eigentlich in der Hölle und wird doch vielleicht ein Kind des Himmels. All mein Wesen strengt sich zu diesem Werke an; es wird mein literarisches Leben entscheiden. Dieses schrieb ich den 18. November 1825, mög ich es in spätern Jahren noch wahr finden!

Aus den Briefen

1821–1829

An Friedrich Eser

[März 1821]

... Sowohl zu des Verfassers als auch des respektablen Lesers Besten haben wir nach weisem Bedenken geruht, im angefangenen Diskurse in deutscher Sprache fortzufahren und nachstehendes ernstes und aufrichtiges Bekenntnis abzulegen:

> Ich, genannt Friedrich Wilhelm Waiblinger, mich nennend Hugo Thorwald, gelobe und verspreche bei meiner Ehre, daß ich jede Nacht in Zukunft 6 – sechs – Stunden wenn auch nicht schlafend, doch ohne alle geistige Anstrengung zubringen wolle, außerordentliche Fälle natürlich ausgenommen.

Und jetzt auf etwas anderes, und zwar zuvörderst etwas von Matthisson. Diese Woche war ich zweimal bei ihm, und allemal ein paar Stunden: der Mann hat gewaltig Fiduz auf mich, er gab mir meine Gedichte wieder zurück und fügte seinen wohlmeinenden Rat gar freundlich hinzu, dessen Resultat war, daß ich – fortfahren solle. Und – denken Sie – ich bringe es weiter als Matthisson, müsse es weiterbringen, so sprach der alte verstummte Barde. In jedem Fall ist er mir ungleich lieber als der Versler droben auf der Alb, der Neuffer. In meiner Unterhaltung mit ihm sind wir nun so ziemlich an allen großen Geistern aller Zeiten und Völker herumgekommen, und seine vernünftigen Urteile mögen Sie mündlich vernehmen. Er lehrte mich auch ein bißchen Spanisch und erklärte mir sechs passable spanische Gedichte. Haug hat mir meine Gedichte alle zu zensieren beliebt und mir seine kritischen Bemerkungen nebst allgemeinen Reflexionen über meine vena schriftlich mitgeteilt. Alle drei, Matthisson, Neuffer und Haug, tadelten mit geringen Modifikationen und anderer Sprache das Manierierte. Sie haben recht, es ist wahr, es leuchtet der nachgeahmte Goethesche Geist zu sehr heraus, auch *Sie* werden es finden, und drum schweigt für jetzt meine Muse. Ich habe für meinen ganzen hiesigen Aufenthalt Abschied von ihr genommen; nur einnehmen, in mich fassen will ich, aber dann, dann will ich's ausströmen.

Mein Hauptstudium ist ein dreifaches: Philologie, Philosophie und Geschichte. Was die erstere anbelangt, so studiere ich mit unermüdetem, ja immer mehr sich ausdehnendem Eifer meinen Thukydides. Und denken Sie – ich erkläre ihn einem obern Gymnasisten. So auch den Tacitus, den ich mit demselben zu lesen bemüht bin. Mit dem Englischen geht's ordentlich; und namentlich seit einiger Zeit bin ich – an Shakespeare. Eine ganze Szene aus „Cäsar" liegt metrisch übersetzt da. Auf den Sommer denk ich meine philologischen Studien recht eigentlich toll zu machen: denn nebst Thukydides muß bis zum Herbst Phaidon und zwei Tragödien des Aischylos und zwei des Sophokles studiert sein. Das Italienische bis Ostern auch, bis jetzt nur privatim. Nun Philosophie. Mit der Logik bin ich wieder fertig, und nun fast einzig und allein Psychologie. Ich schreibe dabei auch ein ziemlich gut verfaßtes System in Vorlesungen ab: Öffentliche Moralphilosophie und bis Ostern Naturrecht. – Ein paar philosophische Aufsätze, Folge meines psychologischen Studiums, zum Beispiel eine Opposition gegen die Mnemonik, sind auch entstanden. Mit einem ziemlichen Vorrat von Syllogismen hab ich öffentlich den Selbstmord verteidigt. Was endlich die Geschichte betrifft, so studier ich privat bloß alte und namentlich griechische Geschichte, hauptsächlich mit Rücksicht auf Chronologie. Becker, Müller, Bredow, Böttgers und Kohlrauschs Tabellen les ich zumal. Die neue Geschichte hör ich öffentlich bei Franz, zwar ziemlich gut, aber gestört durch parteiische Vorliebe oder Abneigung und durch miserable Reflexionen und Räsonnements des Vortragenden. Wenn Franz eine Abneigung gegen irgendeine Gestalt in den Jahrbüchern der

Menschheit hat, so scheut und schämt er sich nicht, sie aufs niederträchtigste und mit den grellsten Zügen und schwärzesten Farben zu schildern. Auch beliebt er seinen Helden ein Epitheton perpetuum zu geben. Nichts ist mir mehr zuwider als solche leidige Parteilichkeit. Ich verlange gar nichts als das Faktum, ohne alle subjektive Störung, rein objektiv und ganz geschieden vom Individuum des Vortragenden, schön, interessant und passend entworfen. Und soll eine Reflexion einem Faktum folgen, so soll sie allgemein und ganz ohne Beziehung des beschreibenden Individuums sein, eine richtende Stimme, wie der Chor bei der Tragödie. Aber so darzustellen, die Begebenheiten streng aufzufassen, ohne Bestechung lockender, übertäubender Farben, ohne ins Seichte zu fallen, sich gleichsam als die Repräsentanten der anschauenden und betrachtenden Menschheit zu denken und so ein kurzgefaßtes, bündiges und tiefsinniges Urteil zu fällen, kommt nur einem *Thukydides*, nur einem Tacitus, einem Müller zu.

Der gute Gayler, wenn er nur auch ein bißchen in Kunstanschauungen gebildet worden wäre! Wir sind wirklich in gewaltigem Streit: und zwar über – die Venus von Medicis. Ich bin meiner Sache ganz gewiß, und immer wechselnde, schöner sich entfaltende und stärker sich eindrückende Anschauungen überzeugten hinlänglich die inwohnende, durch Abstraktion und Reflexion erforschende Kraft. Der Mann hat sie dagegen nur einmal gesehen, und wer sie nur einmal gesehen hat, kann – wie Sie wohl wissen – nimmermehr über sie ein treffendes Urteil fällen. Er behauptet steif und fest, so wie sich überhaupt keine Schönheit denken lasse, mit der nicht Kraft vereint wäre, so sei es auch mit einer Mediceischen Venus. Allein darin hat er nun ganz und gar unrecht. Ich hole weiter aus. Die Elemente aller geistigen Tätigkeit sind zwei, nämlich ein Prinzip der Richtung in dem Geist, das Analogie mit der Expansivkraft, ein Prinzip der inneren Bildung, das Analogie mit der Attraktionskraft in der Natur hat. Das erste ist der Trieb, das zweite der Sinn. Folglich ist die Seele der Vereinigungspunkt einer innerlich bildenden und einer nach außen strebenden Kraft. Das Fühlen nun ist die kombinierte Tätigkeit des Sinns und Triebs, mit obwaltendem Gleichgewicht beider Elemente, das Vorstellen die kombinierte Tätigkeit des Sinns und Triebs mit Übergewicht des Sinns, das Begehren gleichfalls kombinierte Tätigkeit des Sinns und Triebs, aber mit Übergewicht des Triebs. Es fragt sich nun, auf welches dieser drei gemeldeten Vermögen äußert die Anschauung der Venus von Medicis den lebhaftesten und regsten Eindruck. Dies hängt keineswegs von subjektiver, individueller Beschaffenheit der zufälligen Stimmung des anschauenden Geistes ab; nein, so wie die Schönheit nach ewig unwandelbaren Gesetzen waltet, so äußert auch jene stets den gleichen, nie sich umwandelnden Eindruck. Auf die Gefühlskraft erstreckt sich einmal ihre Wirksamkeit nicht, denn keineswegs sind Sinn und Trieb bei der Anschauung im Gleichgewicht; noch weniger wird das Begehrungsvermögen rege – das Vorstellungsvermögen ist ihr Spielpunkt. Hätte sie auf Gefühl und Trieb entschiedenen Einfluß, es müßte notwendig regsame, wollüstige Kraft sein, das das Begehren erregte. Allein sie weckt den Trieb keineswegs, und so findet sich durchaus kein Kraftzug mit ihm gepaart. Alles ist schlaff, alles in wollüstige, schmelzende Weichheit zerflossen, keine der gehauchten Formen durch Muskelanstrengung straff, die Wölbungen des zarten Körpers schwellen nur ganz mäßig, der Busen jungfräulich und nicht zu voll, und schon die seitwärts gewandte Stellung der Statue deutet auf die ganz in erschlaffte sinnliche Anmut aufgelöste Schönheit. Es versteht sich, daß ich bloß von der Venus von Medicis spreche, denn schon die neben ihr stehende des Prinz August widerspricht meiner aufgestellten Behauptung, ob sie gleichwohl sich zu der Gattung der schamhaften Venus bekennt. Die des Herzogs von Sussex ist ungleich matronenmäßiger, ungeachtet mehrere Teile ihres Körpers so hinreißend schön geformt sind, daß der Anschauende wenigstens in Formabbildung eine Lais oder Danae zu erkennen glaubt. Übrigens ist Auge, Stirn und Ansatz der Haare bei der Mediceischen meinem Urteil nach weniger gelungen. Daß ich eine Venus Victrix, Urania, Kallipyga, auch sogar die bekleidete ausnehme, ist natürlich. – Schau er doch einmal sein Weib an, ja Herr – Professor, wo ist da ein Kraftzug? Der versteht sich wahrlich wenig auf Schönheit. O ewig, ewig schade um die himmlische, holde Florine. Werf er sich an ihren Hals, schau er ihres Busens wunderschöne Formen, schaue ihr ins schauernde Auge, ins dunkle, regsame aus dem heitern Umriß herausbrechende Auge, vernehm er aus ihrem Munde das Wort: Liebe! – Daß es der Teufel hole! Möcht einer zu der Pistole greifen! Sie ist gebleicht, die Schöne, ihr Rot welkt; am wallenden, ungestümen Busen eines fühlenden Jünglings sollte sie begeisternd ruhen, ihr Kuß sollt ihn zum Musendienst erheben, aber so, so – o verflucht – all die Liebenswürdigkeit von dieser Frau wandeln zu sehen und nicht zugreifen dürfen! Mit dem infamen, verteufelten Heiraten! Und das tollste – sie – das tollste – schwanger – die schlanke Gestalt unförmlich verdorben! – ein Kind unterm Herzen und – eins auf dem Arm und eins – unterm Boden – drei – o Liebe – o Ehe – o Werther! Stehen Sie mir bei, ich werde wieder feurig, es ist seit einiger Zeit selten: ich fasse bloß, meine Beschäftigungen sind meistens historisch, höchstens spekulativ, produzierend gar nicht! – Gott mit Ihnen. Möcht einmal im Strom der Wahrheit baden.

Ihr
H. Thorwald

An Friedrich Eser

24. April 1822

Seit ein paar Tagen, mein lieber Eser, bin ich unter dem Vorwand einer Unpäßlichkeit in meinem Zimmer und wälze mein fertiges Gedicht mit vielem Schweiße unter der Wasch-Glätte. Denn Sie können wohl begreifen, daß bei einem solchen Finale höchstens möglich ist – eine Minute in den Jean Paul zu gucken – oder mit Matthisson und seiner Luise ein Butterbrot zu fressen und einen halben württembergischen Eimer Tee mit Arrak zu saufen – oder zu meinem Gnauth zu gehen – oder geschwinde zu Dannecker

– oder vor allem ins Theater – aber nicht in Anti-Bethesda schwüler, ungesunder Lektionen Badestuben, kurz – seit geraumer Zeit werden die Schuhe blutwenig getreten, die derzeit in der Mode sind. Dafür geh ich aber auch säumlos nach Beendigung der Korrekturarbeiten an Kants „Kritik der reinen Vernunft" – an Plato von neuem – an Shakespeare und Scott – und – an lateinisches Komponieren – eine Abkühlung für die entflammten Junker der Poesie (wiewohl ich alles Lateinschreiben für den erbärmlichsten Luxusartikel, für den nutzlosesten Zeitverderb halte). Und die Stunden, wo ich einsam bin – oder sein muß, will ich der Ausbildung meines neuen Trauerspiels dedizieren. Denn leider – ich spreche aus frischer Erfahrung – ich muß meine Freunde wie Harmonikaglocken mit geschnitzelten, geschabten Haselstecken als Klaviaturwerkzeugen anstreichen und nicht mit vollen, warmen Händen. Das Freuden-Sportulatorium wird immer kleiner – die Scherben-Orangerie süß-blühender, von *andern* begossener Minuten-Blumenstöcke wird von Läusen gefressen – aber ich versichere Sie auf Ehre, ich schieße nur desto luxuriöser auf. Und doch ist's ein ewiges Schütteln an mir – da will man mein Naturell jeden Augenblick mit Manifesten und Inhibitivprozessen anpacken, und mein revolutionierendes, brennendes Gehirn soll Tag für Tag den Quatemberzins der Erbportion seines Marks an die Menschen entrichten, die vor mir stehen wie ausgebrannte Ätnakraters. Aber das sag ich Ihnen – ebenfalls auf Ehre –, aus unmoralischen Poeten ist viel mehr Geist und Feuer zu pressen als aus moralischen, wie Korn einen stärkeren Branntwein liefert, wenn man es mit Unkraut untermengt hat. Sie werden wahrscheinlich wissen, daß Goethe einen weitern Band seines Lebens herausgegeben hat und das vierbändige Werk der Pseudo-„Wanderjahre" nun geschlossen ist.

Und auch das gesteh ich Ihnen, und ohne Eitelkeit (auch auf Ehre), daß es in mir so sprudelt, als ob ich einmal (wenn ich einmal nichts Schlechtes mehr schreibe) etwas Gutes schreiben sollte. Das ist gewiß kein Hokuspokus, und wenn es nur so Trigesimo secundos bis Quinquagesimo sextos werden sollten.

Nun aber erwart ich einen Brief – ein Realblatt, ein Exponierblatt – offizielle Berichtabstattung des dreiwöchigen Zykels Ihrer Hürbler Jobelperiode – und dafür – (i. e.) zu diesem Behuf schmier ich Sie noch mit der Nachricht, daß die so viel belobte, von den Rossinisten so viel getadelte Webersche, von mir dreimal gehörte „Freischützen"-Musik eine ganz originelle, übrigens mehr in ihren Teilen als in ihrem Ganzen ausgezeichnete Musik ist.

Lehnprobst Haffenreffer

An Friedrich Eser

Stuttgart, 25. August 1822

In der Tat, mein Lieber! ich muß abermal glauben, Sie seien gestorben. Ist dies wirklich der Fall, so bitt ich Sie, meinen Brief mir gleich wieder zurückzuschicken. Es ist nun schon ein halb Jahr, daß Sie geschrieben. Überlegen Sie, ob Sie recht tun.

Ich hätte Ihnen freilich viel zu sagen. Aber das Schönste, das Größte läßt sich doch nicht sogleich in Worte fassen. Genug, daß ich Ihnen einfach sage, ich habe den Aischylos, Sophokles, Euripides, Platon und Aristophanes durch und durch studiert. Drum bin ich nun vollends ein Heide. Auch den Winckelmann hab ich gelesen und alles, was ich bekommen konnte, über meine Griechen. Setzen Sie damit ein fortgesetztes Antikenstudium (ohne dieses kann kein Studium der alten Autoren stattfinden) in Verbindung, so können Sie etwa begreifen, wie mein Hellenismus entstanden. Ein Roman soll darum jene Kinder der jugendlichen Natur im Morgenglanz ihrer ewigen, wandellosen Schöne zur unbedingten Apotheose erheben. „Phaethon" heißt er, und zehn Bogen sind bereits geschrieben. Über seine philosophische Tendenz will ich Ihnen nichts schreiben, der Name Phaethon sagt alles! Freund! Ich schreib ihn für die Welt! Sie lernen mich kennen in ihm.

Mein Trauerspiel liegt seit fünf Wochen beim Theaterintendanten Herrn von Lehr. – Ich zweifle übrigens ganz und gar an der Aufführung, ob ich es gleich völlig umgearbeitet hatte für die Bühne.

Vielleicht auf den Winter beginn ich meinen „Trenck“. Meinen Roman werden Sie vielleicht bald gedruckt lesen.

Ich widme nur noch einen Teil meiner Zeit dem Umgang mit *Weisser*, Matthisson, *Haug*, Schwab, *Uhland*, Boisserée, Dannecker, Rappschen Hause und den Schauspielern *Gnauth*, *Miedke* (Regisseur) und Maurer etc. Bei letzterm hab ich Deklamationsübungen.

Vielleicht schreib ich bald Abhandlungen über die griechischen drei Tragiker, vergleiche jedes Stück mit dem andern und spiegle sie ab gegen Homeros, Aristophanes und Plato.

In fünf Wochen werd ich abziehen von hier. Treff ich Sie in Reutlingen? Ich hoffe doch nicht, daß Sie schon den Torus aufgesteckt, und ohne meine Segenswünsche? Sie scheinen mich doch vergessen zu haben. Freund, wenn ich das wüßte ...

Wenn mein Brief ganz abscheulich mager ist (die historischen Nachrichten hätt Ihnen auch ein Nähmädchen mitteilen können), so schieben Sie's teils auf die Ermattung, die mich jedesmal aufs Dichten befällt, und dann auf Ihre grenzenlose Lieblosigkeit, aber ja nicht auf Mangel an Zeit, mit dem nur Sie mir nicht kommen sollen.

Ich grüße Sie, kalter Freund?

Ihr

Waiblinger

An Johann Baptist Bertram

Tübingen, 2. November 1822

Verehrungswürdiger Freund!

Ich nehme mir die Freiheit, Ihnen zu schreiben. Sie haben mich durch Ihre freundschaftliche Teilnahme an meinem innern und äußern Treiben während meines Aufenthalts in Stuttgart selbst dazu ermutigt, Ihnen in einer Sache eine Bitte zu tun, die wirklich mein ganzes Wesen beschäftigt und für meine künftige Laufbahn als Autor der erste entscheidende Schritt ist.

Mein „Phaethon" ist fertig. Er ist aus meinem Tiefinnersten heraus geschrieben, mein innigstes, heiligstes Eigentum, das Resultat einer ungeheuren Fülle äußerer und innerer Bewegungen. Mein ganzes Ich, geläutert und gereinigt, mein wahres Ich, hab ich darin niederzulegen gesucht. Es ist wenig Fabel dabei. Die Fabel ist nur das bekränzende, hüllende Laub zur Einfassung, Empfindungen und Ideen sind die Blume! Es ist das erste, was ich aus mir selbst schrieb, abgerissen von allem, *mein* „Phaethon".

Unter allen Dichtern des Altertums und der neueren Zeit hab ich keinen gefunden, der mein Wesen mehr anfüllte mit seinem unermeßlichen Lichte als den alten Homer, Shakespeare und Goethe.

Vor Jahrhunderten, Jahrtausenden sind die beiden ersten von unserem Planeten geschwunden, auf Erden schon Halbgötter, Schöpfer von Welten, von Stufe zu Stufe der Gottheit sich immer mehr nähernd. Ihnen kann sich meine Liebe, meine Begeisterung, mein Feuer nicht anders zu erkennen geben, als daß ich die Kinder der unsichtbar gewordenen Geister an meinen Busen drücke.

Goethe wandelt noch unter uns, wie ein Geist der Vorwelt, wie ein unglaublicher Traum.

Jahrelang bracht ich damit zu, den Proteus zu fassen, zu fühlen, sein Ich zu erkennen unter den unendlich wechselnden Formen. Ich schmeichelte mir, so weit gekommen zu sein.

Ich wollte nun selbst zu ihm reisen. Ein Freund von mir wollte mich mit Geld ausstatten und die Reise mitmachen. Das Geld langte nicht zu. Wir mußten unsern Plan aufgeben.

Nun ist mein „Phaethon" fertig und wird bis Ostern in die Welt treten. Mein Entschluß ist, diese Morgengabe *Ihm* zu bringen, dem alten, hohen Meister. Es ist kühn, gewagt, ich sage das mir selbst. Allein ich bin mir wenigstens bewußt, der nachsichtsvolle Meister und Vater wird das Werk mit mildem Sinne beurteilen, wenigstens ein großes, feuriges, kühnes Streben darin erkennen und gewiß daraus ersehen, daß etwas Besseres einst von dem Jüngling zu hoffen ist.

Darum wend ich mich zu Ihnen, verehrungswürdiger Freund, mit der innigsten Bitte, durch den Herrn Sulpiz Boisserée den alten Herrn vorzubereiten, daß er die Gabe nicht zurückstoßt, eh er sie nur seines Anschauns gewürdigt hat.

Bis Ostern erscheint das Werk. Bis dahin werd ich Goethen selbst das erste gedruckte Exemplar mit einem Brief zusenden.

Noch einmal: Haben Sie die Güte, gewähren Sie meine Bitte, wenn es Ihnen möglich ist. Sie beschäftigt mich Tag und Nacht. Lassen Sie mich gewähren.

Mir gefällt es im ganzen wohl auf der Universität. Mich selbst kann und werd ich ja immer behalten, und so fürcht ich mich wenig vor all den Laffen, Doktoren, Magister und Schreiber und Pfaffen.

Vergeben Sie mir meine Bitte und lassen Sie nicht ab, mir Ihre Freundschaft und Gewogenheit zu schenken. Empfehlen Sie mich den Herren Boisserée!

Ihr ergebenster

Waiblinger

An Friedrich Eser

Tübingen, 8. November 1822

Die Tage von Aranjuez, mein lieber Eser, sind vorbei! Dagegen brunzt man jetzt aus Zions Fenstern von der sechsten Sphäre in den Hof, der keuschen Luna ins Angesicht, dieser hundsgemeinen Sau, die die ganze Nacht nicht nach Hause gehet. Mit andern Worten, ich bin auf der Universität, und zwar im Stiftle.

Ich wandle unter diesen Menschen, ich möchte fast sagen, wie ein Geist. Denn dadurch unterscheid ich mich von allen, daß ich nie *bin*, immer *werde*.

Aus der Mediceischen Venus eine Haubenschachtel, aus dem Laokoon ein Paßgeigenfutteral zu machen, das ginge noch weit eher an, als aus mir einen Stiftler.

Übrigens bin ich gerne hier, und man hat eigentlich ein freies Leben, wenn man sich nur über Kleinigkeiten hinauszusetzen weiß. Und das muß ich. Denn ich habe durch liberale, humoristisch ausgesprochene Äußerungen in einigen noch in Stuttgart aufgegebenen Aufsätzen mich dergestalt beim Studienrat berüchtigt gemacht, daß einige der Mitglieder desselben mich augenblicklich vom Studium der Theologie ausgeschlossen wissen wollten, andere aber der Meinung waren, ich könne mich noch – bessern und darum den „arroganten, extravaganten, exzentrischen, animosen, irregeleiteten, allem Positiven mit der philosophisch-ästhetischen Richtung seiner Studien Widerstrebenden, übrigens aber äußerst talentvollen und sittlich tadellosen Menschen" mit einer Extraempfehlung in das Inspektorat und der Erklärung ins Stift zu schicken, daß man mich bei jeder Wiederkehr einer solchen ungebührlichen, tollen Anwallung entlassen werde. Ein tüchtig Renommee ist mir auch vorausgegangen, sowohl bei Professoren als Studenten, so daß es fast darauf abgesehen ist, mich *vollends ganz und gar* zum Sonderling zu steigern.

Denn ich kann nicht sein wie andere: jeder Eingriff in meine Eigentümlichkeit, sei er auch nur scheinbar, macht mich in tiefster Seele wild.

Lieber Freund! ich habe ernste Stunden: denn weder Menschen noch ihre Werke genügen mir. Zwar fürcht ich mich wenig vor all den Laffen, Doktoren, Magistern und Schreibern und Pfaffen, aber – ich bin oft nahe am Verzweifeln.

Die Ideen von Unsterblichkeit, von Zusammenfließen mit Gott, die ich in meinem nun vollendeten „Phaethon" ausgesprochen, sind die Grundpfeiler meines Seins. Ich kann keinen Tod annehmen: das Wort Tod ist Unsinn, und ich fluche dem Tollen, der diesen philosophischen Akt, diese Wiedergeburt, diesen *Sieg* des *Geistigen* über das *Körperliche* mit diesem unsinnigen Namen belegt hat. Tod spricht aus unsern Domgebäuden, aus unsern philosophischen Paragraph-Systemen, aus den schwarzen Mänteln unserer Pfaffen, aus – allem.

Die ewigen Ideen, die beharrlichen wesentlichen Formen der

Welt und aller ihrer Erscheinungen, das sind die Objekte meines Geistes. Die Erkenntnis der Idee ist anschaulich und nicht abstrakt. *Reines Subjekt,* klares *Weltauge* will ich werden, oder lieber möcht ich frei sein von der Erde, die ich nicht liebe, und hinunter! hinuntertaumeln Jahrtausende lang, an allen Millionen Sonnen vorüber, durchs unermeßliche All, ewig, ohne Ufer, im Unendlichen, dem Untier des Platon!

Die Philosophie, in deren Arme ich mich mit einer namenlosen Begeisterung werfe, kann nur auf dreierlei Art auf mich wirken. Entweder kann sie Harmonie in mich bringen – das ist aber fast unmöglich – oder (und das ist das wahrscheinlichste) befruchtet sie in mir die schlummernden Federkeime, füllt mich, reißt mich hinan, wird mir die Brücke zu Gott – oder werd ich wahnsinnig durch sie. Und ich sage Ihnen, das ist auch möglich. Nur *eines* könnte mich retten! Ich kann mich aussprechen. Diese Fülle, diese Welt in meinem Busen, wenn ich sie ewig in mir behalten müßte, ohne Form, ohne Bild, ohne Anklang, ich würde – zernichtet werden.

Mir wird es mit der Philosophie gehen wie mit der Poesie. Ich fasse schnell, was zu *lernen* ist, und dann geh ich rastlos, begeistert, rasend, zur Ausgeburt der eigenen Ideen. Ein paradoxer Philosoph werd ich immer werden und nie – ein System gründen, sondern alles mittelbar aussprechen.

Kant, Schelling, Platon, Fichte, Jacobi! klingt's bis zur Betäubung um meine Seele.

Mein „Phaethon" wird in acht Tagen zum Druck abgeschickt, Goethen dediziert. Das Werk ist mir ganz und gar über den Kopf gewachsen. „Phaethon" ist durchaus nicht mein Werk. Ich stehe unbedeutend neben ihm. Er ist unendlich genialischer als ich. Er ist mein Schöpfer, nicht ich der seine. Er ist mein Freund, den nur *ich* verstehe. O Eser! mir wirbelt's oft! Lesen Sie ihn, verstehen Sie diesen Geist, dieses Streben: diese Kraft, und über ihr die zürnende Gottheit! weinen Sie über den Wahnsinnigen! Ich werde selbst fast wahnsinnig über dem Brüten. Ach und die reine, körperlose Gottheit, die wandelloseste Liebe zu erkennen, zu fassen in einem körperlichen Abbild, im Auge, in der Seele eines Mädchens ... Zusammenschwimmen mit ihr, ganz, ewig, unbegreiflich, o das ist auch schön! ...

Wenn Sie auf das letzte Jahr zurücksehen und bemerken, daß ich darin mit allem Feuer geliebt, ein Trauerspiel, unzählige kleine Gedichte, ein Lustspiel, einen Roman geschrieben, den Platon, Pindar, Aristophanes, Aischylos, Sophokles und Homer gelesen habe, so füllen Sie sich das kommende Jahr mit ebenso vielem, denn ... Ich sehe kein Ende, kein Maß.

Schelling wünschte, meine Gedichte zu lesen. Er war in Stuttgart, ich wollt ihn besuchen, schickte Haug zu ihm, Schelling wußte von mir, reiste aber noch denselben Tag ab, ließ mich übrigens bitten, ihm einige meiner Arbeiten zu schicken.

Sobald mein „Phaethon" gedruckt ist, werden Sie sogleich ein Exemplar erhalten.

Vielleicht werd ich auch Ostern Sie besuchen und Sie einmal als Hausvater beschauen.

Von Ihrer artigen Reise sagte mir Ihr lieber Schwager und Schwiegervater vieles.

Vor allem aber bin ich nun begierig, Ihr jetziges Wesen und Treiben, besonders das Innere, zu erfahren. Ich hoffe, daß Sie Ihre vorige Apathie gegen das Epistelnschreiben abgelegt und in eine wahre Passion dafür verwandelt haben werden.

Leben Sie wohl, lieber, guter Eser! Auch Ihrer lieben Frau empfehlen Sie mein Andenken. Und noch einmal! Schreiben Sie augenblicklich!

Ihr
Waiblinger

An Friedrich Eser

Tübingen, 6. Februar 1823

Hier, liebster Eser, send ich Dir meine Griechenlieder. Ich konnte sie Dir früher nicht schicken, denn ich mußte glauben, Du habest und wollest mich vergessen. Betrachte sie als Ergüsse einer regen Phantasie, als Bilder einer ewigen, heiligen Sehnsucht, eines nach ewiger Jugend strebenden Gemütes. Glaube nicht, wie andere, es sei darin zu wenig Beziehung auf Griechenland selbst. Ein solches Land, wo jede Kraft des starken, hellen Geistes aufgefordert, jede Regung des schönen Gemütes gestillt und befriedigt wurde, wo der Mensch in einer unendlichen Liebesfülle sich an den keuschen, allnährenden Mutterbusen einer in reichern und vollern Gestalten hervortretenden Natur drängte, liebte und geliebt ward – wahrlich, ein solches Land ist nur Hellas, und Hellas ist es nur durch jene in diesen Liedern ausgehauchte, unmittelbar nicht auszusprechende Einung mit dem allbeseelenden Naturgeist. Ich versprach mir wenig Erfolg davon: sie sollten nur eine zarte Blume sein für manche Seelen, die mich lieben, ahnen und verstehen. Und Du bist eine solche!

Wie ich mich hier umtreibe? Ich bin wohl einer der wunderbarsten, nähere mich aber den Menschen doch, wenn auch auf eine ganz eigene Weise. Ich glaube, lieber Freund, das Leben ist ein höchst erbärmliches Ding ohne Rosen, und jene jungen Altklüglinge, die sich so frühe rühmen, sich beherrschen zu können, haben nicht viel zu beherrschen. Es muß die Fülle zuerst dasein und dann erst das ordnende, regelnde Maß. Alles Sprechen und Bannen ist vergebens. Mich zähmen sie nicht.

Ich habe ein Ehrliches durchgelesen. Aber was ich so in mich hineinschob, zerplatzte ins Nichts, wie eine Blase, in diesem unermeßlichen Raum des Busens. Ich habe nun auch die „Kritik der reinen Vernunft“ gelesen. Es ist ein das Göttliche ahnender, zu erfassen strebender Geist darin nicht zu verkennen. Ich bin über das einzelne hinweggestürmt, habe die Seele des Ganzen aus ihren Millionen Gemächern und Gängen in diesem riesenhaft getürmten Lehrgebäude herausgerissen, in mich gesogen, aber ach! wie ich so über der transzendentalen Einheit der synthetischen Apperzeption der reinen Verstandesbegriffe a priori, an den Kategorien, Antinomien und all diesem gelehrtkonsequenten und abstrakten Plunder saß – da zuckt' es durch meine gerüttelte Seele, und ich wußte, was es war ... etwas Göttliches, Ursprüngliches, Unendliches, weit mehr als Bücher und Systeme!

Und es ist doch wahr, kein Heil, keine Stillung für meinen anstrebenden Geist in diesem zeittötenden Bücherlesen. Es gibt einen viel näheren, einen unmittelbaren Weg zu Gott – Ahnung und sehende Begeisterung und beides in ... Liebe. Die Toren sondern und trennen und zerhacken den Glauben selbst und glauben, er lebe fort wie Froschfüße. O es drängt mich fort aus diesem ekeln Leben, wo die höchste Äußerung meiner Tatkraft ist, daß ich mir selber mit der Maschine den Tee mache.

Aus der Natur hol ich das Bewußtsein meiner Kraft, meines Ichs, denn ich verlier es oft in der Stube, wo ich oft beinahe das Nichtsein begreife. Da werd ich dann oft draußen so namenlos weich und so heiß und so von *einem* Schmerz umdrängt! und sollte die offene Natur das Grab meines Glückes sein, die Fülle ihrer Schönheit mich erdrücken? – – Nein! – Himmel und schwankende Wolken, Eichenkronen und Blumenglocken, Ufer und Strom und Licht und Flamme möcht ich zusammenfassen, in *eine* glühende Seele verwandeln, in *ein* blaues Auge voll überschwenglicher Liebe – – möchte lieben! lieben! und verschwimmen, wie ein Kuß, in grenzenlose Unsterblichkeit.

Ich bin ein Mensch! will die höchsten Wonnen der Erde genießen, schäumend und rasend im wirbelnden Bache des Lebens treiben! Danach sehn ich mich, drängt sich gewaltsam mein ganzes Wesen! Ein Mädchen an Lippen und Busen wäre mehr als Dialektik, Universität und Pfarramt.

Halte mich aber nicht für unglücklich. Das bin ich nicht. Ich habe zwar keinen Trost außer mir, keine leitende Kraft, aber ich will sie nicht haben und kann sie nicht haben. In mir ist etwas, das tröstet, stärkt. Dem folg ich. Armer Adler, den nicht allein sein Fittich über den bodenlosen Abgrund trägt!

Sage mir nicht mehr, ich solle Dir bald klaren Wein einschenken. Ich stürze die schäumende, gischende Flut in den funkelnden Becher, bring ihn Dir zu in wildem, schwärmenden Rasen! trink! es ist kein Reutlinger! So mußt Du Dir's vorstellen, aber nicht wie ein Rütteln am Fasse.

Meine Freunde, wenn Du's so nennen willst, sind zahlreich. Ich gehe mit allen um, ich habe Freunde, aber keinen Freund. Man beobachtet mich entsetzlich, erzählt sich erstaunlich viel von mir, schwatzt und klatscht, schimpft und lobt.

Sei unbesorgt, wenn Du hörst, ich sei wild – trinke, tobe. Rufe mir nicht zu. Mein Weg ist der Weg des Nachtwandlers.

Mein „Phaethon" wird nächstens erscheinen. Sogleich nach den Ferien werd ich meinen „Molitor" zu schreiben beginnen, in demselben Gartenhäuschen, in dem Wieland den „Oberon" gedichtet. Es ist die Palinodie „Phaethons". Auf den Herbst geh ich nach – Mailand und Venedig. Bis dahin hab ich das zweite Honorar für meinen „Molitor".

Nicht Goethen, sondern Matthisson wird mein „Phaethon" dediziert. Er hat mir auch schon geschrieben. Mit Conz hab ich ein leidliches Verhältnis.

In Journale geb ich nichts und werde nichts geben.

Von meiner Reise versprech ich mir unbeschreiblichen Eindruck. Der italienische Himmel ... die Schweizerberge ... das ... Meer – das freie Leben in der großen Natur ... das Umtreiben mit den fremden Menschen, ach! und die Stillung eines ungeheuren Schmerzens.

Nachher schreib ich den „Trenck"; Sickingen, Anna Boleyn, Theoderich schweben noch als mehr oder minder schwankende Bilder vor dem Auge. Ich muß ein Trauerspiel wieder schreiben.

Bis Ostern les ich noch den Spinoza, Schelling nicht. Er könnte meine Originalität gefährden, und ich *will* kein Aner und kein Iner sein. Die Kollegien schwänz ich, so viel's geht. Auch die neuere Geschichte interessiert mich wenig. Wenn Schelling das Verhältnis der alten zur mittleren Geschichte mit dem der „Ilias" und „Odyssee" verglich, so möcht ich die neuere die „Batrachomyomachie" nennen.

Lieber Freund! Ich möchte Dich sehen! sprechen! Was hätt ich Dir zu sagen! Notwendige Geschäfte oder Liebe oder Ahnung oder Tollheit ruft mich im Anfang der Ferien nach Stuttgart. Aber ich könnte doch zu Dir kommen. Ist Dir's lieb?

Ist Dir's gelegen zu dieser Zeit? Auf den Herbst sehen wir einander doch nicht. Gib mir bald Antwort. Ich warte sehnlich drauf.

Lebe wohl! Grüße mir Deine liebe Frau!

und liebe

Deinen Waiblinger

An Johann Wolfgang Goethe

Tübingen, 26. Mai 1823

Euer Exzellenz

wagt ein unbekannter Jüngling das erste, das er ans Licht geben mochte, zu übersenden. Nicht weil er es schon für bedeutend hielte, nur weil er schon jahrelang dahin strebte, mit der schüchternen Wonne der Jugend, aber auch mit der ihr eigenen unschuldigen Offenheit vor den Allgeliebten treten zu können, mit dem er in einer Zeit leben durfte, legt er seine Arbeit, in die er die zarte Fülle des Lebens und alle Blüten seiner Jugend bis zum grenzenlosen Anstreben und Ringen, bis zum Wahnsinn eines unbefriedigten Geistes zusammendrängte, als ein redlichstrebender Jünger in der Kunst, bescheiden vor den Vater unserer aller.

Wie glücklich wär er, wenn sein aufstrebender Geist, sein heißes, liebendes Herz nicht mißkannt, wenn seine Arbeit für einen einfach von kindlicher Hand gewundenen Kranz der ersten Frühlingsblumen gehalten würde, womit die Kinder so gern das Auge derer, die sie achten und lieben, die ihr erstes ernsteres Glühen nicht verkennen, mit warmer, dankbarer Seele zu erfreuen suchen.

Ich möchte nicht weiter sprechen. Schweigen ist meine tiefste Achtung, meine heiligste Ehrfurcht vor ihm, der uns allen gegeben, von neuem gegeben ist.

Euer Exzellenz

untertäniger

F. W. Waiblinger

An Ludwig Uhland

Tübingen, 7. Juli 1823

Sie würden, verehrtester Freund, mich nicht wenig verlegen machen, wenn Sie glauben sollten, es bestimme mich etwas Außerordentliches, Ihnen zu schreiben. Wenn ich es wagen dürfte, Ihnen nur etwas, nur *eine* Richtung vom Zustand meines Innern mitzuteilen, ohne in Gefahr zu sein, lästig und unbescheiden zu werden und Ihre Freundschaft und Teilnahme mehr als mir zukommt anzusprechen oder Sie gar mit diesem leidenschaftlichen Glühen abzustoßen, so würden Sie mir gewiß den lebhaften Drang vergeben, mich gerade mit Ihnen schriftlich unterhalten zu wollen.

Ich habe einen zweiten Roman vollendet. Als ich ihn wieder durchlas, war mir's fast, als ob ich in ein furchtbar Feuermeer versänke. Aber so wild und keck ich dieses unbefriedigtglühende Sehnen, dieses verzehrende, alles an sich drückende, siegende Streben in dieser Dichtung auszuströmen suchte, ich bin doch ungestillt. Sie werden, wenn Sie ihr einmal einige Aufmerksamkeit schenken möchten, über manches unwillig werden. Aber Sie werden sich vielleicht versöhnen lassen, wenn ich Ihnen gestehe, daß ich sie nur schrieb, weil ich sie schreiben mußte, weil sie nur so und nicht anders werden konnte, weil das heiße Herz, der irrende Geist nichts Fremdes, Geheucheltes, aber sein Tief-Innerstes, sein Eigentümlichstes, seinen ungeheuren Kampf aus sich hinaustreten lassen wollte und keine andere Form fand als die heilige Kunst. Taten standen mir nicht offen. Ich verberge diesen Kampf nicht, der mich beinahe niederdrückt. Ich glaube, wer sich frühe schon so gut zu bekämpfen weiß, hat wenig zu bekämpfen. Warum sollt ich also im unmittelbaren Bild meines Geistes nicht sein wollen, wer ich wirklich bin? Jene Periode, wo man nicht recht weiß, wie man all die Kraft brauchen soll, die man in sich findet, war, wie ich glaube, in allen großen Männern der Kunst und des Lebens, ja im ganzen geistigen Treiben und Bilden überhaupt.

Das Leben im Stift ist mir gar zu einförmig, zu kahl, zu farbenlos. Das Gestern wiederholt sich ewig im Heute. Meine besten Kräfte, die beste Zeit meines Lebens muß ich in einem Schlendrian beinahe verdumpfen lassen. Nirgends find ich eine Wirksamkeit, die meinem Geiste einen freien Spielraum gestatten könnte. Das Sehnen, das ich unbefriedigt aus der Wissenschaft brachte, wird vielleicht das bunte, wechselnde Leben stillen. Ich möchte durchaus jede Kraft, jede Saite, jede Richtung in mir angeregt, gefüllt, ergriffen wissen. Dann würde mein Geist das ganze Spiel seiner Kräfte in gesunder, immer verstärkter Fülle nach allen Richtungen ausbreiten können; ich wäre in mir gesammelter, faßte einen festern Stand in der beweglichen Welt um mich her, und die tausend goldenen Träume, die ich in meiner Einsamkeit mit dem frischesten Leben meiner Seele nähre, die mich aufzehren mit ihrer jugendlichen Schöne, würden im Glanz einer himmlischen Freiheit zur herrlichen Wirklichkeit werden.

Ich habe hier nur zwei Menschen, die ein Licht in meine Seele werfen – einen feurigen Jüngling voll Geist und Leben, der dasselbe Streben mit mir teilt, Bauer von Orendelsall, und Hölderlin. Dieser Wahnsinnige, wie er in meinem Gartenhaus am Fenster sitzt, ist mir oft mehr, ist mir oft näher als Tausende, die bei Verstande sind.

Ich bin zwar noch jung, und Sie sollten meinen, ich habe noch wenig zu klagen. Aber ich bin früher, als es gut war, ernst geworden, habe unsäglich viel verloren, da ich wirklich unsäglich viel besessen, mußte entsagen, sollte verschmerzen, und das machte mein Herz denn doch nicht wenig wund. Die schönste Blume meiner Jugend mußte ich hergeben. Einst hatte der Gott in mir gejauchzt und in der Wiege meines innersten Lebens das himmlische Kind meines sehnenden Geistes und seiner Schwestergeliebten, der unsterblichen Mutter Natur, die reine, ewige, geistige Liebe. Das ist vorüber.

Sie waren so wahr und offen gegen mich. Vieles, was ich von Ihnen hörte, ist mir nun unendlich klar geworden. Ach! es wäre so herrlich, wenn der teilnehmende Mann dem schüchternen, strebenden Jüngling die Hand reichte! Möchten Sie mit jener Offenheit, der ich kaum würdig war, meinen Brief erwidern, möchten Sie mich ... bald mit einem wohlgemeinten Worte erfreuen! und dann will ich nicht mehr fürchten, unbescheiden und anmaßend zu scheinen. Nur die offene Teilnahme, die Sie mir in Stuttgart bewiesen, gab mir die Kühnheit, Ihnen zu schreiben: nur weil ich Sie kannte, durft ich's wagen.

In dieser heitern Hoffnung, mit dem herzlichsten Versprechen, dieses Zutrauen heilig zu halten, mit den achtungsvollsten Gesinnungen

Ihr

F. W. Waiblinger

An Friedrich Eser

Tübingen, 9. Juli 1823

Χαιρε! liebster Eser! Und nicht wahr, Sie vergeben, daß ich so lange nicht geschrieben? Ich habe seither weiter nichts getan, als einen Roman geschrieben, der noch einmal so groß ist als „Phaethon", meinen „Feodor". Seinethalben mußt ich alles liegenlassen. Aber liebster Freund! Sie halten mir zugute, wenn nicht ein bißchen Zusammenhang in meinem Brief ist. Heute fing ich wieder an, Briefe zu schreiben, und nachdem ich mich bemüht, an Weisser, Uhland, Haug, Krebs und nach Rom so stilistisch als möglich zu schreiben, so lassen Sie mich nun das viele, was ich Ihnen sagen möchte, ganz kurz, untereinander, nur durch – getrennt, zusammenschreiben.

Als ich meinen „Feodor" wieder las, war mir's, als versänk ich in ein furchtbar Feuermeer. So ungeheuer ist das Rasen, Sehnen, Toben, Leben, Stillen, selbst die Sprache. „Phaethon" ist das Werk eines Lammes gegen „Feodor". Sie erhalten ihn vielleicht noch auf den Christtag. Wie ich anstoßen werde, sollen Sie selbst sehen. – Ich gewahre eine durchaus eigentümliche Richtung, die ich in der Poesie nehmen werde: Zunächst entstehen lyrische Gedichte, lauter Kinder des ungeheuern Sehnens, gewiß ganz und gar eigentümlich. – Trauerspiele regen sich auf.

„Theoderich“ vor allen. Himmel und Hölle sollen sich in ihm bekämpfen und die ganze unergründbare Geisterwelt – Könige, Riesenmenschen, Halbgötter, Titanen, Wahnsinnige. – Ein furchtbarer Ekel gegen dieses Heute wie Gestern im Stift. – Plane für die nächste Zukunft, auf die Ferne. – Wegen der Pässe müssen wir auf den Herbst mit der Schweiz vorliebnehmen. – Vollgenuß des Lebens. – Die Reise soll ein bacchantisch-dithyrambischer Zug werden. Natur, Poesie, Schmerz, Liebe, Sehnen, Toben, alles drin! Hundert Rasereien. – Liebesbriefe, Rendezvous – mein Leben ist eine Dithyrambe. – Räusche, gräßliche Anfälle von Wut und Wahnsinn. – Schelling, Fichte, Kant. – Übersendung meines „Feodors“ an Schelling. – „Phaethon“ ist längst nebst einem Brief an Goethe abgeschickt. – Verlagswiderwärtigkeiten. – Studium der Geschichte auf den Winter, besonders Müllers Schweizer Geschichte – auch aus poetischem Interesse. – Homer möchte ich wieder lesen. – Hölderlin ist viel in meinem Gartenhause, hat ein unbegreiflich Zutrauen zu mir, tausend sonderbare Auftritte mit ihm. Er liest in meinem „Phaethon“, prophezeite mir: „Sie werden ein großer Herr werden, Eure Heiligkeit!“ Schreibt Gedichte bei mir. – Kummer meiner Eltern – besonders meines Vaters – Geldjammer. – Aufforderung Hundt-Radowskys zu einem Journal. – Zwei Bände meines Tagbuchs sind mir gestohlen worden. – Ich führe keines mehr. – Studium aller Shakespearschen Dramen auf den Winter. – Karzer, unzählige Noten, ekelhafte Suiten mit Sabel und Repetenten – gänzliche Illegalität! *Meine Geliebte!* Ich werde wahrscheinlich in diesem Jahr Freimaurer – starke Korrespondenz nach Rom – ein Jüngling voll Geist und Feuer, ein werdender dramatischer Dichter, mein Freund! und von alldem der Saft, die Glut, das Leben, der Schwung, die Seele, die Fülle, der Kampf, das Göttliche in „Feodor“! Armer, wo steht dein Kopf?

Glücklicher! Sie sind in Ruhe! Gatte, bald Vater, Geschäftsführer. – Glauben Sie, daß ich viel an Hürbel denke? – O Freund! nun möcht ich auch das Meer sehen, ich habe genug am Himmel!

Wie wird's mich freuen, wenn Sie meinen „Feodor" lesen können: Zürnen Sie nicht, wenn Sie das wildeste, schrankenloseste, zermalmendste, verzehrendste, flammendste Leben finden, aber sie siegt, die heilige Kraft!

Grüßen Sie mir den Pfarrer von Leubazhausen und fragen Sie ihn, wann die Lessingsche Kritik meines „Phaethons" erscheine? Warum schreibt er nicht? Auch den Pfarrer von Gutenzell grüßen Sie mir. Empfehlung an Ihre Liebe, und heißen Dank für ihren unvergeßlichen Dienst. Ihnen selbst wünsch ich bald einen Gehülfen und ein liebes Kleines! Und sollten Sie noch soviel zu arbeiten haben, so gibt's doch Zeit, mir einen Brief zu schreiben. – Eilen Sie doch recht! Wie heißt das Buch über Kunst, das Sie mir bei Hetsch genannt? Apropos, wie mir aus Rom geschrieben ward, der Thorwaldsensche Christuskopf ist nicht so schön als der Danneckersche. Bald einen Brief. Leben Sie wohl!

Ihr F. W. W.

An Friedrich Eser

Reutlingen, 28. Oktober 1823

Wie gerne, liebster Eser, hätt ich Ihnen noch etwas Genaueres von meine damals freilich noch planlosen Reise geschrieben, wenn mich nicht das Unglück getroffen hätte, die freudige Nachricht von der Ankunft der jungen erst den Tag vor meiner Abreise zu erhalten. Zuvor meine Gratulation ohne Phrasen und Komplimente ... und die Tochter möge bald einen Petrarca finden ... und Victor Alexander die Welt nicht eher erobern, als er sie betritt. Ich mache Sie lachen! Um Vergebung! Ich dachte nicht daran, daß Sie sich bald das Lachen abgewöhnen. Schwerlich aber wird Ihnen bisher die Tochter schon so viele Sorgen gemacht haben als mir der Sohn. Der wilde Bube spielt mir, kaum aus der Wiege, verfluchte Hermesstreiche. Franckh will ihn nicht aus der Taufe heben, weil er befürchtet, mit ihm kein großes Glück zu machen und für einen Paten zu geldlos ist, ich suche, um das dumme Bild zu lassen, einen Verleger. Um ein kleines hätt ich die Reise, die ich mit Franckhschem Geld zu machen hoffte, aufgeben müssen, ich war in einer unglaublichen Verlegenheit und mußte das Geld pumpen.

Zur Reise! Wahrhaftig, ich reiste ohne Plan. Erst in Zürich setzte mir Ebel eine Route auf. Stellen Sie sich diesen als einen altkräftigen Schweizersoldaten vor, seine derben und doch feinen Gesichtsformen sind wie zu Winkelrieds Zeiten gemünzt. Im Umgang ist er gesprächig und unterhaltend, und ich hatte mich einer, wie ich hörte, ungewöhnlichen Aufmerksamkeit von seiner Seite zu erfreuen. Ich war den ganzen Morgen bei ihm, des Abends kam er von seinem Landhaus, besuchte mich im Wirtshaus, und den folgenden Morgen war ich noch einmal bei ihm. Seine Route, die sich bloß auf die Schweiz beschränkte, befolgt ich aber wenig, denn ich hatte andere Zwecke mit meiner Reise. Eine Faustreise war's, ich versichere Sie bei meinem Alpstock; an einem trefflichen Wagner fehlt' es mir nicht; Mephisto kam mir nie von der Seite, und Gretchen lachte und reizte und – stillte in den verschiedensten Sprachen und Mundarten, bald als Reines und bald als Gefallenes. Ich aber wußte manchmal wie ein Wütender zu leben und ließ manchmal den Augenblick verweilen und genoß mit einer unsinnigen Mischung von Überlegung und Gemütsindifferentismus, was die Natur und was der Mensch, ihr Vater, Sohn und Gatte, ihr Knecht und Herr, nur geben, nur verlangen konnte. Aber denken Sie sich nur kein Ende, nehmen Sie's ganz episch und unendlich und unbegrenzt: ich habe mir Unendliches in die Brust gefaßt. An Dichten war nicht zu denken: ich mußte mich selbst einer blinden Gewalt zum lyrisch-dramatischen Stoff geben. Das Heilige schnitt mit dem Unheiligen Fratzengesichter, und Unschuld und Bajaderen und Leben und Tod ließen sich wechselseitig porträtieren. Und all das liegt nun vor mir da wie ein See, in dessen Wassern ich umsonst nach den fliehenden Schattengestalten der Vergangenheit hasche. Und ich will auch nicht.

Von Zürich gingen wir nach Horgen, von da nach Zug (einsame Gedanken auf einem Kirchhof bei Nacht), auf dem See nach Arth, Goldau, Rigi. Herrlich Wetter, alles tief genossen, was es geben kann, Sonnenauf- und -untergang, Mondaufgang, Wolkenspiel, Senn und Berge. Nach Küßnacht, auf dem See bis Luzern, ein wunderliebes Mädchen warm ins Herz geschrieben! Buochs, zur See nach Flüelen, himmlisch Wetter. Altdorf, bei Nacht am Schächen vorüber und an den Trümmern Zwing Uris, Amsteg, Göschenen, Spital, in fürchterlichem Regen über den Gotthard. Unaufhörlich durchnäßt bis Dazio Grande: dort verfluchter Morgen im Arm einer allerliebsten Ticinerin – in Giornico Blocksbergnacht mit sechs tollen Weibern und Mädchen. Bellinzona, in scheußlichem Regen bis Locarno. Hier zwei Tage vom Regen aufgehalten. Das Schiff nach Intra, auf das wir wollten, ging bei Nacht mit siebzig Menschen in einem schrecklichen Sturm unter. Nach Bellinzona zurück: bei herrlichem Wetter bis Lugano, Como, Villa Pliniana: unbeschreiblicher Zauber der Farbentöne, Fülle und Helle und Paradies. Unter hochblauem Himmel bis Mailand. Hier zwei Tage. Der Dom ist unter allen Kirchen, die ich sah, die Zeichnung vom Peter und Kölner Dom nicht zu vergessen, gewiß das Gedankenvollste, Genialste, *Schönste.* Gletschergebäude, Bild des Lebens, König Lear, wie Sie ihn heißen wollen. Der halb italienische, halb französische Stil in den Kirchen von Solothurn, Weingarten, Zwiefalten scheint mir zur ästhetischen Idee eines christlichen Tempels wenig zu taugen. Ich sah den Mailänder Dom auch im Mondschein. In einem unbeschreiblichen Ballett der Bacchantinnen wirbelte die grenzenloseste Wollust in eine taumelnde Kunst über. Ich kann's Ihnen nur durch ein ebenso rasendes Gedicht schildern. Außer den Raffaelschen und eigenen Arbeiten von den Carraccis, von Paul Veronese, von Tizian, Dominicchino und van Dyck und einigen Preisaufgaben, besonders Basreliefen, sah ich in der Brera wenig Erhebliches. Ein schönes Gemälde der Szene zwischen Romeo und Julia, ich weiß nicht mehr von welchem Professor, bezeichnet sehr die Periode, wo die Schönheit nicht mehr ohne die Beimischung des Reizes sein kann. Von Mailand, den klaren Monte Rosa unaufhörlich vor Augen, bis Sesto Calende, auf dem Lago Maggiore im Genuß unsäglicher Farbentöne an einem himmlischen Abend bis Isola Bella. Wandermorgen auf der zehnten Terrasse: Schwelgen im Süden: betäubende Sehnsucht nach Griechenland: Außer einigen Tempestas wenig Außerordentliches. Ich bemerke überhaupt, daß Gemälde, wenn sie in einer Sammlung auf mich eindringen, lange nicht den Eindruck machen, den sie sollten, und zuletzt sogar abstumpfen. Isola Madre. Unerreichbare Fülle zu Dichtungen, im Ton meiner nun fertigen „Kalonasore", von der Sie noch gar nicht wissen und die ich Ihnen auch nicht schildern kann, bis Sie selbst damit ins reine kommen. Domo d'Ossola, Simplon: von einem Bernhardiner aus Todesgefahr gerettet. Brieg, Obergesteln. Zwei Tage schlecht Wetter. Bei fürchterlicher, unvergeßlicher Todesgefahr, bis um die Brust im Schnee, halbtot über die Grimsel, durch den trefflichen Spitalmönch gerettet. Seliger, recht geistiger Akt der Annäherungen zu einem wunderlieben Bernermädchen noch an demselben Abend. Noch vier Stunden bis Guttannen im Schnee. Meyringen, gut Wetter. Brienz, Fahrt nach Interlaken, von hier nach Grindelwald, nach Lauterbrunn, trüb. Thun, hell, göttliche Reinheit der Berner Berge, auf der Kälberflotte nach Bern. Rasende Abende in den Matten. Plan zur Rettung eines göttlich schönen verlorenen Mädchens. Mitten im Gewimmel der Freudenmädchen. Mißlingen. Niederträchtigkeit von allen Seiten. Wütende Genüsse aus purer Verachtung. Wyss und Meisner, an die ich Briefe von Matthisson hatte, waren nicht da. Meinen Brief an Bonstetten in Genève konnt ich so auch nicht übergeben. Herrlicher Himmel. Unter verfluchten Phantasien allein von Bern über Aarburg, Baden, Winterthur, Konstanz (heiter, rein), Ravensburg nach ... Zwiefalten.

Daß mich's drückt, werden Sie glauben. Mein Bauer und Zeller werden's gut machen. Und dann: Bis Ostern könnte etwa eine Sammlung kleiner Gedichte, ein seltsamer abgeschlossener Zyklus der rasendsten Sehnsucht, des glühendsten Lebens und der kecksten Poesie entstehen, und auf den Sommer hab ich für „Anna Boleyn", wenn sie wird, wie sie in mir kocht, gewiß

Verleger und Bühne. „Phaethon" ist äußerst günstig rezensiert und mehr als ich hoffen konnte gewürdigt worden, wird aber dennoch nie ein großes Publikum finden. Leider ward er unter anderem auch mit „Ardinghello" verglichen.

Wie sehr es mich freute, Ihren lieben Vater wieder zu sehen und zu sprechen und auch Ihre Mutter kennenzulernen, werden Sie mir glauben, wenn Sie noch so lebhaft fühlen, wie ich Sie liebe.

Gotthold tröstete mich einigermaßen durch die Mitteilung, daß Sie den Kinderwärter gar wenig machen und zu machen wissen, besonders auch, weil ich so nun nicht mehr befürchten darf, daß Sie im Schreiben nachlässiger sein werden als früher. Geschwind schreiben Sie, und benützen Sie die stille Stunde, wo die kleine Zauberin schläft. Unterdessen studier ich Schellings Idealismus und lese Shakespeares Königsstücke.

Und so leben Sie denn wohl, Lieber, Guter, und empfangen Gruß und Kuß für Mutter und Tochter

von Ihrem

Waiblinger.

Glauben Sie nur nicht, ich habe ein Tagbuch geführt. Dies hätte wenig getaugt. Aber auf den Seen schrieb ich doch zuweilen, hören Sie, etwa so, wie auf dem Zuger: der Rigi mit dem frischbeschneiten Kulm liegt ungeheuer und schwarz über dem blauen See, finsterer noch und ernster liegt der Drache Pilatus über schwarzgrünen Hügeln, die Sonne tritt auf einmal aus den Herbst- und Morgennebeln, und dunkelblau zittert das Bild des Rigi im wellenlosen See. Es dauert mich oft die wunderreine Wasserfläche, wenn das Ruder ihren Spiegel einen Augenblick trübt. – Himmlisch! Himmlisch! Größer wird der Rigi und mächtiger über dem kuhlen See. Ich schaue wieder! Oder auf dem Lago Maggiore: Wasser am Schiff: dunkelblau, hellblau, grün, schwarzer Schatten des Monte Rosa, weißer Streifen, rot, gelb, Schwarz der Berge, Gelb des Himmels, rot grün, hellblau, dunkelblau.

Gezeichnet hab ich auch ein wenig.

An Eduard Mörike

München, 16. April 1824, Karfreitag.
Nachts 8 Uhr

Seit zwei Tagen, mein Mörike, bin ich hier. Eben komm ich aus der Malteserkirche, ein entzückender Chorgesang scholl durch die nächtlichen heiligen Säulenreihen, tausend Köpfe glühten rötlich von den Lichtern, die aus dem Gold und dem Grün der Blumentöpfe über die Bilder herab in roten und blauen Flammen schienen. Ich habe nie ein solches Gewimmel der buntesten Menschenmenge gesehen, seit dem frühen Morgen ziehen sie in vollen Scharen durch alle Straßen, von Kirche zu Kirche, in Prozessionen, alle Wege von München wimmelten – diese achtzigtausend Menschen schienen alle ihre Häuser verlassen zu haben. Den Morgen über war's aber mit Holzspalten, Sackaufladen, Viktualienverkauf so rege wie auf dem niederländischen Jahrmarkt zu Jerusalem in Augsburg.

Ach Eduard! wie ist mir? was ist aus mir geworden? O wenn Er wüßte, wie, wie ich über die Neckarbrücke wandelte! Ich habe eine Heimat, eine räumliche Heimat, meine Julie ist mir am letzten Tage etwas geworden, was ich nie von einem Weibe hoffen konnte, die Ruhe, die Tiefe eines himmlischen Familienlebens lächelte mit freundlichem Veilchenblau an diesem blitzgespaltenen Stamme meines Lebens – aus einem schauervollen Meer von Tränen stiegen unbeschreiblich zauberhafte Inseln der Liebeswonne herauf – Veilchen, Eduard, Veilchen sind für meine Liebe überschwenglich bedeutsam geworden – noch hab ich sie bei mir, diese Wunderblümchen, mit denen sie mir die ewige Herrschaft über das ganze Reich ihrer Gedanken und Gefühle in die Hand gab, noch duften sie – noch zittert der Regenbogen jenes unvergeßlichen Mittwochs in meiner Brust, als unveränderliches Zeichen, daß nie mehr die verderbende Flut unsere Seelen in ihre Gräber hinabziehen werde; denk Er sich, ich habe sie getröstet, da der Schmerz glutheiß um ihr verletzbares Leben flammte, da der teure Oheim den Fuß brach, einsam auf einem Dorfe lag, da sie's in einer unbegreiflichen Ahnung mir den Tag zuvor erzählte, da der Bruder, da Domeier plötzlich abreisten – Gott! an einem Tischchen, klein und reinlich überdeckt, aus *einem* Teller mit ihr zu essen – ich wußte nicht mehr, wo ich war, es war mir alles anders, ich kam einen Tag lang nicht von ihrer Seite – wir fühlten unsere Liebe wie nie – sie war göttlich stark beim Abschied – sieht Er, mir zuckt's im Finger, diese Lumpenworte alle wieder zusammenzustreichen – ich will's auch – nein! nur sei Er überzeugt, daß ich Ihm noch nichts sagte, daß es unmöglich ist, etwas zu sagen, bis Er mir's feurig unmittelbar aus dem Herzen nehmen kann, nur die Worte behalt Er – Veilchen! Veilchen! Schokolade, Wechselbriefe um zwölf Uhr – Tabak – und meinetwegen, daß wir uns jede Nacht im Jupiter finden und unsere Augen den kleinen Umweg über ihn zu ihrem liebeheißen Augensterne machen.

Und nun zwei Morgen, wie gestern und heute, in der Gemäldegalerie – als ich einen Geist fand, den ich zu verstehen glaube vor allen, dem ich mich ähnlich fühle, der mir soviel ist als Beethoven – als ich die wilden, kühnen Riesenschöpfungen, von feuriger Seele hingeworfen, sah und mein ringend Wesen furchtbar herrlich in ihnen fand, als ich ihm folgen konnte bis dahin, wo sie ihn unnatürlich, grell, gräßlich, wunderlich nennen – Rubens! und doch denk ich kein Rubens bleiben zu müssen – Eduard – und wie mir's immer heftiger klopft' und pochte, wie ich keinen Sinn mehr hatte für van Dyck, für Guido Reni, wie ich zwei Säle durchflog und hineinstürzte ins Letzte, ins Allerheiligste – und mit dem ersten Blick ihn fand, Raffael –

Erst nach langer, langer Zeit ging ich in den nächsten Saal, und wieder – Raffael. Die „Heilige Familie" ist so, so schön, daß ich's für die einzige Sünde in meinem Leben hielte, mit Worten jemand einen Begriff davon geben zu wollen – säh Er mich stottern, so würd's Ihm leichter werden – alles, alles will ich Ihm sagen, so gut ich kann – Kunst und Liebe füllen diese Tage so mächtig herrlich an, daß ich nur in ihnen das Leben finde. O ich bin ja doch ein anderer, ein ganz anderer Mensch geworden!

Eduard Mörike

Das fühlt ich zum ersten Male sicher und stark an jenem Mittwoch, und seither bei jedem Blick nach dem ♃ – und wie hab ich's gefühlt vor Rubens und Raffael?

den 17. mittags

Gestern rief mich ein wunderlicher Flötenklang mit gedämpftem Trommelklang auf die überfüllten Straßen. Es war der Karfreitagszapfenstreich und das letzte Spektakel dieser spektakulösen Festtage. Drauf mußt ich wieder in meinen Filserbräu. Aber diesen Morgen bracht ich in der Akademie zu, unter den Antiken, vor dem Koloß des Kastor, vor dem Apollino, vor den Raffaelschen Tapetenstücken. Die bewunderten Corneliusschen Freskogemälde in der Glyptothek konnt ich nicht sehr bewundern, dagegen einen antiken Jason und einen Silen, versteht sich, keinen Abguß, sondern Originale.

Da flattern Kellnerinnen mit ihren Silberhäubchen und ihren niedern Taillen als schlanke Biernymphen lieblich und reizend vor meinen Augen umher, und Er muß wissen, daß hier die Venus Pandemos beinahe lieber einkneipt als in Paris – und ich bin kalt geblieben – nicht eben kalt, aber ein heilig edler Stolz stählte mir die Brust mit flammendem Unmut, ich hatte Versuchungen herbeigeführt, sie waren ein andermal selbst erschienen, ich durfte nur zugreifen, Himmel, Himmel – meine Julie liegt bleich mit ihren nassen, liebematten Augen auf dem Sofa und weint, und meine Veilchen blauen um ihre Locken, und sie denkt an ihren Schwur beim allmächtigen Gott und trocknet sich das Auge und schreibt mir: „Wir sind reinen Herzens und starken Geistes!" O mein Mörike – mit diesem Siege der reinen, heiligen Liebe, stolz und göttlich, sah ich durch die Türme der Liebfrauenkirche die hellen Tirolerberge im abendlichen Alpglühen. Und morgen Haydns „Schöpfung" im Hoftheater! Aber Er wird mir's glauben, es drängt mich wütend nach ihr hin, ich betäub es unaufhörlich durch neue Erscheinungen, am Anfang sogar durch achtundzwanzig Schoppen Ulmer Bier – Aug in Aug und Herz an Herz mit fünf edlen Architekten, die nach Rom wandern. O dürft ich in dieser Akademie bleiben, es spricht zwar in jenen Jammerkollegien auch aus Steinen, aber hier vor dem Apollino!

Montag geh ich wahrscheinlich nach Regensburg, und in Nürnberg will ich an Dürers und Sachsens Grab Seiner gedenken.

O mein Eduard, wie oft hat's in mir nach Ihm verlangt! Und doch war ich überall, wo ich hinkam, im Augenblick einheimisch. Es war mir wirklich manchmal wohl, als wenn Er bei mir wäre!

Ach denk ich an Ihn, so muß ich, muß ich an sie denken, und ich will's nicht mehr so lebhaft, denn ich weiß, sie weint, wenn ich an sie denke, sie weint, o einsam vielleicht! In diesem Augenblick denk ich zum erstenmal wieder den Gedanken, daß sie krank, daß sie mir entrissen, daß sie drüben sein könnte, und ich dann – ? Ich will ins Caféhaus – Rapp dudelt neben mir –

Leb Er wohl, aus heißester Seele sei Er ans Herz gedrückt! Leb Er wohl

Sein
Wilhelm

An Julie Michaelis

O wie ist mir diesen Abend! meine Julie! wie ich die Treppen hinaufsprang und meines Zellers Türe öffnete und die lange Gestalt auffuhr und wir uns die Hände drückten, wie er mir's so ansah, daß ich glücklich war und ich nun in meine Tasche langte und ihm das Obst in die Hand preßte und rief: „Von ihr! von ihr!" Wie wir nun auf die Altane hinabgingen und Arm in Arm umherwandelten und ich ihm erzählte, alles, alles erzählte, was ich in Worte fassen konnte, was Sie mir zu erzählen erlauben würden, und er das Unaussprechliche stumm mir aus dem Auge las und ich seine nervichte Hand an die flammende Wange drückte – ! Julie! Julie! und ich doch so ruhig war und so zufrieden, so ganz ohne Sehnsucht, so ganz befriedigt!

Und mit welcher Befreundung ich meinen acht Schüsselgenossen Suppe in die hergestreckten Teller schöpfte. Wie mir alles so nah ist und so verwandt und die ganze Natur wie ein unbegreiflich Instrument, auf dem ich die namenlose Ouvertüre zu meiner ewigen Seligkeit auf einem andern Sterne spiele – Nein! ich schwärme nicht, ich bin ja so besonnen und so klar und kann mir Rechenschaft geben über alles, was über mir, in mir und außer mir vorgeht!

O und wenn ich denke, daß auch Sie heute glücklich, befriedigt schienen, daß mein Geist und meine Liebe hineinleuchte in die Sternennacht Ihres Herzens! ...

Ich warte auf D.! Zeller sitzt stumm neben mir; ich hoffe, D. werde doch nicht ausbleiben. Sollt er's aber auch, wohlan, ich gehe ruhig zu Bette, denn es ist mir ja doch wenig mehr zu wünschen übriggeblieben.

Morgen früh! Julie! nur einen guten Morgen! Und nun eine gute Nacht! Liebste, Teuerste! eine gute Nacht!

Waiblinger

1/2 10 Uhr

D. ist nicht gekommen: Nur das Einzige bitt ich, Julie, wenn Sie mir wieder ein Briefchen versprechen, lassen Sie mich nicht vergeblich drauf warten. Nicht wahr, so mild und nachsichtig sind Sie? Und ich will danach getröstet sein. Es war vielleicht unmöglich, daß Sie schrieben! Gute Nacht!

An Julie Michaelis

Ach, du klagst, daß schon die Wolke
Dir die jungen Tage trübe
Und der Morgenhauch der Liebe
Schon der Jugend Blumen töte?

Wie ein Fels von Riesenhöhen
Stürzt ich fühllos auf die Quelle,
Draus in frischer Mondeshelle
Dir das weiche Leben wallte.

Lebe wohl, Kalonasore,
Bist ja du die ewig Reine,
Doch die Schuld, die ich beweine,
Welch ein Opfer wird sie sühnen?

aus „Kalonasore"

Wie für die jetzige Stunde schrieb ich diese Worte im vorigen Sommer. Nur *eines* ist anders, meine Julie, ich sag Ihnen statt einem Lebewohl ein heiter selig: Sei gegrüßt! So überschwenglich ist diese Liebe, die ich für Sie trage, daß ich die fürchterliche Schuld vergesse, daß ich mich gesühnt, geheiligt wieder glaube aus dem alleinigen Bewußtsein, daß meine Liebe die Mutter meiner Schuld war.

Der gestrige Abend ließ mich ein Glück genießen, das ich noch nie in Feuer und Leidenschaft in Ihren Armen genossen. Ich sah Sie in Ihrem Elemente, sah die Geliebte im einfachen Hausgewande, in Ihrer Sphäre, in Ihrem zarten und heiteren Wirken. Ich sah die Grenze, meine Julie, über die hinaus ich nicht mehr lieben könnte. Ich hatte kein Verlangen, keinen Wunsch mehr, ich liebte so unendlich zart und empfindlich, daß ich zuletzt beinahe fürchtete, es möchte mich etwas treffen, und ich fühlte mich nicht stark genug, ihm zu trotzen, so ganz offen und zart verletzbar war ich geworden. Julie, ich liebe in Ihnen nicht nur das Mädchen, ich liebe die Liebe selbst in Ihnen, die Idee der Liebe. Mein Leben scheint seinen höchsten Gipfel erreicht zu haben, der Turm ist aufgebaut, aber innen ist er noch nicht verziert und geordnet. Ich sagte mir in den schönsten Augenblicken, dein Glück besteht in einem göttlichen Drei! in einem Mädchen, in zwei Freunden, die mir alle drei eben zu der Zeit erschienen, wo sich meine Jugendkraft aus fürchterlichen Kämpfen zu ihrer Vollendung herausgeboren. Aber ich sagte mir auch, diese drei müssen dein bleiben, keiner darf fehlen, oder du stehst einsam auf deiner Höhe, oder du stürzest herab von ihr und zertrümmerst die Armen, die im niedrigen Tale wandeln. Ich trennte diese drei beinahe nicht mehr von mir, sie waren mir *eins* geworden.

Was gestern beleidigt wurde, war das empfindlich zarte Wesen der alleinbesitzenden Liebe, ihre Zurückstoßung vor Glücklichern – ja, meine Julie – ich will's gestehn: ich will meine Liebe erschöpfen, will mich selbst zum Unsinnigen, ich will das Unmögliche möglich machen – ja meine Julie – meine! meine! nun im allerhöchsten Sinne: meine! es war auch Stolz dabei, denn mein Herz ist stolz, und vor allem stolz, wenn es liebt ... Sie hätten den Onkel nicht herzen sollen, während ich, ein verborgner Magister – dies einzige Wort erheitert und bringt mich sogar zum Lachen –, gar froh, daß ich nur am Tisch sitzen durfte, zusehn mußte.

Sie sind unschuldig, durchaus unschuldig, es gehörte zu Ihrem frohlockend heitern Wesen, aber in mir ließ es den Ernst entstehen und das Zartgefühl und den Stolz der heiligen Liebe!

„Magister", Sie sollen lachen, wie ich selbst durch dieses Wort zu einem ganz andern Tone gestimmt wurde, als ich ihn annehmen wollte. Ich will mich vor Ihnen lächerlich machen, denn von gewisser Seite verdien ich's, wenn ich von einer andern auch zarte nachsichtige Schonung mit meinem empfindlichen Herzen, Achtung vor dem Stolz meiner Liebe erwarten, vor allem von Ihnen, meine Freundin, erwarten darf. Hätt ich gestern abend einen Freund gehabt, es wäre mir selbst zur Freude geworden, aber so, den ersten übeln Eindruck im gekränkten Herzen, mußt ich durch die stockfinstern Straßen tappen, fand alles öd und leer in meinem Zimmer, senkte mich recht eigentlich hinein in dieses Meer des Unwillens – die Idee, unter der ich Sie liebte, Ihr Bild in mir trug, schien mir beleidigt – heute früh zerriß ich meinen Brief – ich fühlte schon gestern, daß ich Sie schöner und stärker lieben werde, wie mein Kopf nicht mehr betrübt sei, daß dies ein Öl in die flammende Liebe werde, daß ich's Ihnen sagen dürfe, von Ihnen Vergebung erlange, daß Sie's fühlen werden, wie unbegrenzt ich über Ihrem Bilde wache. So, mit dieser Vorfreude einer durch meine Schuld, durch meine Verletzung unbegreiflich zarter gewordenen Liebe kam ich zu Ihnen, aber ach! wie mir's wurde, haben Sie selbst gesehen, wenn Sie noch einige Aufmerksamkeit für mich hatten. Selbst mein Gefühl war nichts geworden, kein Schmerz erquickte mich! nein! Leere, Öde, gedankenloses Starren, sinnloses Brüten und das gräßliche Bewußtsein dieser Gedanken- und Gefühllosigkeit, die größte Aufforderung zum Sprechen, und keine Worte – Sie wurden vielleicht im Traume schon von einem Ungeheuer verfolgt, ohne daß Sie entfliehen konnten. So war mir's.

Aber ich ging ruhig fort. Ich glaubt es, meine nun heißer geliebte Julie, ich glaubt es, Ihre Tränen waren Vergebung, waren Liebe, da erst brach mir 's Herz, als ich Ihnen das Wasser aus dem Auge küßte, da fühlt ich's wieder: Sie lieben mich wieder, haben mir vergeben, glauben meiner Reue, meiner Versprechung. O Julie! Ja ich schwör es Ihnen, so werden Sie, wurden Sie nie geliebt.

Ich fühle mit Zittern Ihre Aufopferung, Ihre Hingebung an dies ungeduldige, aber auch gewiß gute Herz, o ich fühlt es bis ins Innerste meiner Seele, und meine Liebe ward wach und frei wie ein entfesselter Löwe, wie eine entflohene Taube – ich gelobt Ihnen auf der Treppe mit einem mächtigen Schlag auf die Brust unsterbliche Dankbarkeit, grenzenlose Hingebung, gelobte Frieden und Frohsinn und verfluchte die Stunde, wo ich je Sie wieder zweifelhaft mache, daß Sie den schrankenlosen, solange ungebändigten Sinn mit reiner, unschuldiger Liebe, mit heiliger, unerschütterlicher Anhänglichkeit, mit schönerer Zartheit mäßigen und ordnen und mein Genius bleiben und, wenn auch nur im Geiste, mich ewig geleiten durchs ganze irdische Leben, durch alle Wege und Meere.

Ich leugn es nicht, Julie, vergeben Sie mir, ich leugn es nicht, daß ich hie und da zittre für Ihren Abend, für Ihre Ruhe, für Ihre Gesundheit, und doch ist's keine Angst, es ist nur eine wehmütige, halb weinende Bekümmernis, die trauernde Gespielin der Reue und der Schuld. Selbst Ihr Briefchen wird mich nicht ganz beruhigen. Aber ich quäle mich nicht, ich hoffe eine glückliche Nacht, ach und einen unvergeßlichen Morgen. Ja, Geliebte, ich will Sie morgen sehen, Ruhe und Vergebung aus Ihrem Auge blicken, ich will Sie auf den Knien bitten, mich länger, mich noch tiefer zu beglücken, ach tiefer! tiefer! nein! nur so, wie gestern, und ich bin und bleibe heiter, bin nicht mehr trüb und unsinnig, will Freude und stilles Entzücken von meinem Herzen in das Ihrige gießen. – O Julie, ich muß mich ja erst an die Freude, an den Scherz gewöhnen, ich will's, ich kann's lernen von Ihnen. So sind Sie mir Retterin in allem – Teure, Neugewonnene, machen Sie mich nie, nie mehr unglücklich durch Zweifeln, ob Sie mich glücklich machen. Morgen früh um neun Uhr soll die himmelschöne Stunde sein.

O Gott schenk Ihnen mit seiner höheren Liebe eine heitere Nacht, wie ich durch meine unvollendete Sie vielleicht trübe mache. Vergebung, Liebe, neue, stärkere Liebe.

W.

An Julie Michaelis

Nachts zehn Uhr

Neben mir auf dem Bette liegt mein Zeller. Ich habe den Abend bei ihm zugebracht, meist in Gesprächen über Dich, meine Teure. Es ist ihm etwas Wunderbares, mit Dir in solch unbegreiflicher Bekanntschaft zu stehen, und mich selbst überwallt's oft groß und heilig, wenn ich ihm Deine Äpfel in die Hand drücke.

Nicht das Große, nicht die Leidenschaft, nicht das Allgemeine ist es mehr, was ich allein, ohne das Einzelne, in Deiner Liebe suche und finde; gerade das Einfache, Nächste, das rein Menschliche such ich drin und fühle mich unaussprechlich sicher und glücklich. Daß Du mein bist, im ewigsten und tiefsten Sinne mein, das lehrt mich nicht mehr die überschwengliche Seelenregung, sondern das selig Einzelne, Dein Wort, Dein Kuß, Dein

Schlummer an meiner Brust, Dein Du, Deine Bekümmernis für mein Glück, Dein zartes Sorgen für mich, das Kleine, Mannigfaltige, was Du mir erweisest, für mich tust. So bin ich denn eigentlich auf die sonderbarste und unglaublichste Weise herabgestimmt oder vielmehr ins Tiefste und Nächste von unerreichbaren Fernen, zum schönen, unverkümmerten Besitz von namenlosem Schwanken der Ideen, zu Deiner Persönlichkeit, Deinem irdischen Leben von Deinem Ursprünglichen hineingewiesen, und ich kann erst jetzt sagen, ich habe Dich ganz, ich werde befriedigend geliebt.

Dies alles ist aus meinem vollendeten Vertrauen, aus meinem Glauben an Dein Menschliches entsprungen, da ich früher, ohne Kenntnis Deines individuellen Selbsts, mehr an der Idee hing, unter der Du mir erschienest, als an Dir selbst.

Meine Liebe muß mich aus dem Schweben und Fliegen im Reich des Überschwenglichen herabgesteigert werden. Du mußt mir so körperlich als möglich erscheinen, und jenes Überschwengliche geht dennoch nicht verloren, es wird nur tiefer und wurzelfester.

Alles Kleine, alles einzelne, worin die Liebe sich als Selbstaufopferung, als hingebende Sorge für das ausschließliche Glück des anderen, des Geliebten, zeigt, alles dies muß mir durchlebt werden. Meine Julie, wenn Du ganz rein, unbedingt Mensch vor mir bist, ohne alle Zurückhaltung, mir offen, wie ich mir selbst, wenn Du mich recht ans Körperliche, Irdische fesselst, dann werd ich Dich weit tiefer und fester lieben, und ich schwöre Dir, unsere Liebe wird nicht an Heiligkeit und Ernst und Reiz verlieren, wird nie entweiht werden. Eben das meint ich unter anderm damit, wenn ich Dir einst schrieb, ich möchte krank sein und von Dir gepflegt werden oder Dich in Deiner Krankheit haben pflegen können, ich möchte Dir die gewöhnlichen Bedürfnisse des Lebens mit einer gänzlichen Aufopferung erweisen, auch in diesem Sinne Dich ganz besitzen, mich Dir ganz geben.

Jene Kraft, jene Fülle der Tätigkeit, jenes mächtig Schaffende, wird dennoch der Welt bleiben, und *eine* Seite, die Seite des

Mannes, der bilden will und wirken, der leuchten will und feststehen im Wirbel und Dunkel der Welt, der sich geboren fühlt zum Großen, wird desto mehr gesichert bleiben, wenn sie so schön durch ein Wesen mit dem Gewöhnlich-Menschlichen verbunden ist, das er auch auf seinen Höhen umarmt, das ihn auch im Hinausblicken ins Unendliche begleitet.

Ich gäb eine Woche meines Lebens, wenn ich eine Nacht lang an Deinem Bette sitzen und Dich ansehen dürfte, wie Du so menschlich bist, wie Du schlummerst, wie Du so wahr bist, Du, die ich liebe mit ihren Reizen und mit ihren lieben Mängeln.

Vertraue auf mich wie ich auf Dich! Ich will nun Z. verlassen und die Sterne beobachten. Gute, ruhige Nacht, meine liebe, gute Julie!

Dein Wilhelm

An Julie Michaelis

Zum erstenmal wieder die Sprache der Charaktere zu Dir, mein süßes Herz! Ich will mich zwingen, aber ich muß kurz sein, Julie, desto tieferer Sinn lieg im Worte, desto mächtiger ergreif es Deine Seele und stärke sie wie ein himmlisch Gold in der Flamme unerschütterlicher Liebe!

Du bist mein auf die größte Weise, auf die eine weibliche Seele einer männlichen eigen sein kann. Unsere Liebe ist nur durch Größe, durch Tiefe, durch Würde, durch Heiligkeit. Dies ist mein unverbrüchlicher Glaube. Sie muß geheim bleiben, schon ihrem Wesen nach, denn das Heilige, das Unbegreifliche war von jeher Mysterium, und nur der geweihte Seher drang in seine Tiefe. Du kennst mich, Du meine zweite Seele! Du kennst meinen Geist! Ich will das Höchste, was der gottgeborene Mensch in der Vollkraft seines ewigen Daseins auf diesem Planeten des Widerstands und des Fesselzwangs erreichen kann. Das Leben, Julie, ist nur von einer Seite schön, harmonisch, von der andern ist es häßlich, verwirrt, es ist wie die Leinwand, die Du sticktest, oben ein bezaubernd Gebilde blühender Naturschöne, eine Versinnlichung Gottes in einer heitern Schöpfung – unten ein häßlich Gewirre bunter, formlos zusammenlaufender Fäden. Diese Seite des Lebens muß vertilgt werden, jene muß ewig oben bleiben, wem dieses mißglückt, der ist unglücklich, wem jenes gelingt, der ist glücklich. Der schöpferische Geist, der Dichter, ist glücklich. Auch Du bist Dichterin in einem weitern Sinne, Du hast mit mir an einer blühend schönen Welt geschaffen, die lauter Dichtkunst, die lebendige Dichtkunst selbst ist. O scheue Dich ewig, diese Liebe, die ich zu Dir fühle, in ihren Äußerungen zu mißdeuten, dem Gemeinen zu verähnlichen.

Ich sage Dir die Lehre des göttlichsten aller Menschen, aller Seher, die Lehre Platons. Der Mensch stammt von Gott! Er ist von ihm ausgegangen, war ursprünglich bei ihm, Gott aber ist die höchste Schönheit. Auf der Erde, wohin der Mensch durch eine Verunreinigung seiner göttlichen Natur gekommen ist, strebt er nun überall, ein Bild zu finden, in dem er die Idee Gottes, Gott selbst abgestrahlt erblicken könne: Denn nur im Bild ist Gott noch für ihn zu erkennen, bildlos, wie er ist, nicht. Aber je reiner er ist, je göttlicher, desto eher findet er ein solches Bild, in dem sich Gott ausspricht, desto vollendeter ist dieses Bild, desto inniger und heißer umfaßt er es. Hat er es gefunden, liebt er es, so ist das erste, worin er Gott findet, die Schönheit des Äußern, dann die Schönheit der Seele, und erst, wenn er diese beiden erkannt hat, steigt er auf zur Schönheit der ganzen Weltordnung. Du, meine Julie, bist dieses Gottesbild des alten Sehers Platon. In Dir verkörperte sich mir die geistige Schönheit des Ewigen! Ich liebe Deinen Körper wie Deine Seele, denn beides ist unzertrennlich, ist *eins,* der Leib ist die verkörperte Seele, die Seele der körperlose Leib. So lehrten die größten Weisen der Geschichte. Julie, im Dunkel jenes herrlich-geheimnisvollen Abends, als mir Deine Brust, rein, wie sie ist, das Sinnbild der Reinheit und der Liebe, entgegenquoll, als ich ihre warme Fülle küßte, da war mir's groß und ernst und heilig, ich sah Deine ganze Seele in ihrer ganzen Reinheit wie verkörpert in Deiner Brust – nun erst warst Du mein! Meine Sprache ist offen und unverschleiert, wie sich's der großen Liebe geziemt, die kein Erdenschlamm berührt – die Reinheit ist offen und braucht die nächsten Worte, nur der unreine Sinn verhüllt sich. Ich bin mir klar. Ich schwöre Dir. mir war's göttlich damals. Kränke diese überschwengliche Ansicht der heiligen Liebe nie mehr durch Furcht, durch Zweifel, durch Hindeuten aufs Seminar. Denn sieh, wenn ich das Höchste will, so will ich's vor allem in der Liebe, mit Dir soll mir's gelingen, Du bist fähig, Deine Seele ist mir eingeboren genug, Du *kannst* mich verstehen, wenn Du Dich nicht fürchtest, geläng es mir nicht mit Dir – so verzweifelt ich an der Möglichkeit, mit einem andern Wesen dieses Glück des Überirdischen im Irdischen zu genießen. Aber es soll mir gelingen, es gelang mir schon. Ist's nicht ein Wunder, meine Julie, daß Dich das Schicksal aus einem Wirbel von Verhältnissen herauszog, die diese Dir eingeborne Kraft der göttlichen Liebe, diese Empfindungen und Ideen eines höheren Lebens erdrücken wollten und Dich nur noch leidend, aber am Geist erst erblühend, an mein Herz führte, um das Leben auf die Höhe, in die Tiefe zu führen, die das menschliche Gemüt in der Harmonie der Liebe erschwingen kann? Dein Edleres wäre vielleicht unentfaltet in Dir erstorben! jetzt blüht's und treibt einen Baum, der, in meinen Lebensbaum verschlungen, bis zum Himmel reicht!

So liebe mich, und ich nenne mich Deinen

Wilhelm.

An Julie Michaelis

Hätt ich im letzten Augenblick, meine Julie, Papier und Feder vor mir gehabt, mit Flammenschrift hätt ich Dir geschrieben: meine Liebe ist noch ewiger, als Du glaubst. Jetzt aber bin ich besonnener geworden und fühle einen wunderbaren Widerstreit in mir, wie, in *welchem Ton,* ich Dir schreiben soll. Soll ich's in der Sprache tun, die mir eigen ist, und der Fülle meiner Jugend und dem Strome meiner Liebe und der Kraft meines Herzens, oder in jener berechnenden, die klar zersetzt und entwickelt, die mit dem allmächtigen *Gefühl* nicht zufrieden ist und es zum *Begreifen* bringen will und damit die unsichtbare Seele entwischen läßt, während sie den Körper und die Form zerlegt und untersucht? Dies letzte tat Dein Onkel, ich muß das erstere tun; er ist ein Greis, ich bin ein Jüngling, er ist Verstandesmensch und ich ein Dichter! Was er Dir in drei Bogen darlegte, hätt ich Dir mit ebender Liebestiefe, aber nur mit Flamme in *einer* Seite gesagt.

Ich glaube, Du mein Leben, nichts auf Erden und Himmel kann Zersetzung und Erörterung weniger leiden als die Liebe. Ich glaube durchaus, es gibt ein Höheres als der bloße Gedanke, der vollständige Begriff. Bloß das Irdische gehört in seine Sphäre, das Göttliche flieht ihn, es lebt nur im *Gefühl* und ist dem Worte höchstens durchs Bild und auch so nur einer verwandten, einer schönen Seele darstellbar. Die Liebe ist schlechthin göttlicher Natur, sie flieht die bindende Form der Begriffe und ist nur Anhänglichkeit, sobald sie darein gezwängt wird. Unter jenem Gefühl versteh ich aber nicht eine unbestimmte Empfindung, was man gewöhnlich darunter versteht, sondern das Allumarmen im Geiste. Während man seit viertausend Jahren versucht hat, durch Begriffe, durch analytische Zerlegung, durch philosophische Entwicklung zu Gott zu kommen und es bis jetzt noch keinem gelungen ist, sondern diese Anstrengung gerade die schwächere, langsamere Seite im geistigen Leben der Menschen beurkundete, flieg ich durch jenes unbeschreibliche *Gefühl* in *einem* Schauer aller Seelenkräfte, in *einem* Lichtblick meines entschleierten, entfesselten Geistes, in einem urplötzlichen Akt zu Gott und fühl ihn, seh ihn, erkenn ihn, lebe sein Leben. So mit der Liebe.

Diese Art, zum Wesen der Wesen zu gelangen, dessen eigentlich Wesen Liebe ist, ist vor allem *meine* Art und die Art jedes Dichters. Und so kann ich's denn weniger als andere Menschen von anderer Seelentätigkeit dulden, wenn man jenes Gefühl der unendlichen Liebe, das die Freiheit selbst ist, in Kategorien durch langsame Erörterung einzwängen will. Dies war der einzige ungünstige Eindruck, den der Brief auf mich machte. Unermeßlich weit gefehlt, daß er nur etwas die Fülle meiner Liebe, ihre Wahrheit, Stärke und Tiefe hätte schwächen können. Eigentlich aber hab ich nichts weniger als etwas Neues daraus ersehen: teils war mir die Liebe des Onkels zu Dir ebenso bekannt als liebenswürdig, teils wußt ich und sagt ich Dir auch, daß Du fehltest, sehr fehltest. Ich wußte und kannte die Leidenschaftlichkeit, die Reizbarkeit, die Dich zu diesem Fehler veranlaßte, tadelte sogar die Hastigkeit, mit der Du Deinen Fehler wieder bereutest. Als ich Dich anfing zu lieben, wenn ich anders dieses „anfing" brauchen kann, war mir wohl bekannt, daß ich ein Mädchen mit Mängeln liebte! Und es freute mich, denn ich hatte sie auch, ich hatte ungeheure Fehler – ich wollte ein menschlich Wesen, mit einem göttlichen wär ich aus Stolz nicht ausgekommen. Und wäre irgend ein Unmut darüber in mir gewesen, wäre irgend die Idee von Dir in meiner Seele beleidigt worden, so hätte Deine Träne, Deine Reue jede Regung des Unwillens ertöten müssen. Du bist kindlich, bist noch in den reinen, schönen Verhältnissen der Unschuld, der Einfachheit, aus ihnen bin ich längst gewichen, weder zu meinem Glück noch zu meinem Unglück, es mußte so werden – bleibe Du Kind, bereue Du zart und weich und menschlich, die Reue hab ich mir abgewöhnt. Ach der, die mir mehr als sie weiß zu vergeben hat und vergibt, was sollt ich der nicht vergeben?

Dein Wilhelm

An Theodor Wagner

Tübingen, 19. August 1825

Liebster Wagner!

Endlich erhältst Du einmal einen Brief von mir. Ich will das Papier sparen und mich nicht lang entschuldigen: gewiß ist aber, daß Dir ein Brief zukam. In diesem hatte ich angefangen, Dir eine Geschichte zu erzählen, die damals mein Herz, meinen Geist, meine Muse, ja alle Zungen um mich her und nun seit langer Zeit sogar das Kriminalgericht beschäftigte, eine beispiellose Geschichte voll furchtbaren Geistes, voll schauderhaftem Verhängnis, die meine Ruhe entsetzlich untergrub, meine Lebensansicht auf ewig veränderte und meinem Innern und allen seinen geistigen Äußerungen ein anderes Kolorit gab. Ich will sie Dir einmal mündlich erzählen, ich hätte den Umfang eines Buches nötig, um Dir nur die einfache Reihe der Begebenheiten zu schildern.

Zweimal war ich unterdessen in der Schweiz und in Tirol, zweimal in Oberitalien, einmal in der westlichen Lombardei, in Mailand und ein andermal in Venedig und Triest. In jener wunderbaren Wasserstadt gedachte ich Deiner lebhaft, und ich hätte gewiß das schöne junge Wesen gesehen, das Dein Herz und Deine Phantasie ohne Zweifel jetzt noch erfüllt, wenn es nicht zu jener Zeit in Graz sich aufgehalten hätte. Durch Bayern hab ich ebenfalls eine wilde, abenteuerliche Tour gemacht, und vorige Ostern trieb ich mich toll genug im Breisgau umher. Das Reisen ist mir so Bedürfnis, Notwendigkeit geworden, daß ich selbst am nächsten Herbst, wo ich keine Aussicht habe, Geld zu bekommen, eine kecke Reise machen werde, deren Ziel ich vor jedermann geheimhalte.

Eine dieser Reisen war eine geistige Gesundheitsreise. Ich hatte da eben ein ungewöhnlich unbegreiflich weibliches Wesen dem schaudervollen Abgrund überlassen müssen, in den zu stürzen dieses Mädchen von königlichem Ossianischen Geist von der Ostsee herkommen mußte. Sie erstand aus einer Todeskrankheit, und das Gespenst eines Unglücklichen folgte ihr, der sich aus Liebe zu ihr eine Kugel vor den Kopf schoß. In meinen Armen lebte sie, fast wahnsinnig in dieser Feuerliebe, mit mir melancholisch und bacchantisch, in unermeßlichen Schwärmereien, aufgezehrt und aufgeliebt durch meine zerstörende Leidenschaft, unter unglaublichen Gefahren, die ihrem kranken Leibe den Untergang drohten, bis die Nemesis eintrat und wir mitten im dithyrambischen Taumel von einem fürchterlichen Schlag des Verhängnisses uns von der Brust gerissen wurden. Ich mußte sie mit einem gräßlichen Eid abschwören, denn ich hatte es mit dunklen, schrecklichen Menschen zu tun, die mir mit dem Leben drohten, meine ganze Laufbahn zerstören wollten und konnten – weil sie von Macht und Ansehn sind. Nun ward ich das Stadtgespräch und, was mir millionenmal peinlicher war, auch sie. Von Venedig zurückkommend, wo ich in einem wütenden Sturm auf dem Adriatischen Meere, der uns drei Tage auf hoher See hielt, von meinem Schmerz zu genesen hoffte, höre ich, daß das Schicksal auch sogar die Stätte gräßlich zerstörte, wo wir glücklich waren, ich fand sie in Asche, Julie hatte man mit Not aus den Flammen getragen, und kaum war ich einige Tage von dieser Verzweiflung erfüllt, als die Sturmglocke zum zweitenmal erschallte und Julie zum zweitenmal aus einem andern Hause in Krämpfen getragen wurde, die ihre letzten sein konnten. Nun fängt eine unselige Kette beispielloser Verleumdungen an; den folgenden Tag ward ein Scheusal von Menschen, den sie schwesterlich seit Jahren im Hause gehalten, ein Mensch, der unsere Briefe, unsere Zusammenkünfte besorgt hatte, eingesetzt, und das Gericht brachte aus ihm, daß er aus Rachsucht gegen die beiden Professoren, den Onkel und den Bruder Juliens, die ihn wegen seiner Begünstigung unsres Verhältnisses schlecht behandelt haben sollten, zweimal die Flamme anlegte, die allen, ja der ganzen Stadt den Untergang bringen konnte. Nun wurde das reinste, zarteste, tiefsinnigste aller weiblichen Gemüter verleumdet, bis zum Greuel verleumdet, jener über allen Glauben boshafte Schurke sagte Unglaubliches in seinem Kerker über sie aus, sie sollte Blutschande getrieben haben, sollte die Mätresse ihres Bruders sein, sollte mit mir in abscheulichen Bacchanalien gelebt haben, und ich selbst ward gerichtlich verhört, jedoch durch die Intrigen der Feinde selbst gerettet. Julie schwebt nun am Rande des Grabes, und ich sehe sogar mit Entzücken dem Augenblick entgegen, wo ich höre, sie ist nicht mehr, sie hat ausgeduldet. Unterdessen aber hab ich einen Roman von zweihundert Bogen mit grenzenloser Wildheit geschrieben, den ich eben deswegen für jetzt noch nicht ausgeben darf, ferner ein Bändchen Dichtungen aus der neuesten Zeit von Griechenland, die in einigen Tagen die Presse verlassen, und auf den Herbst beginn ich ein Trauerspiel, das in jedem Falle meinen poetischen Beruf entscheiden muß. Ich spiele dabei den Lustigen, den Trinker, den Possenreißer, den Bonvivant, den Narren, den Pousseur, treibe mich in verliebten Abenteuern umher und mache Schulden, gelte hier nur als Atheist und hab im Grunde alle zum Narren.

Im Herbst 1826 darf ich endlich das Stift, dieses Bett des Prokrustes, verlassen. Ich hatte im Sinne, Widmanns Stelle in Venedig anzunehmen, dieser aber schrieb mir, er verlasse Venedig sobald noch nicht. Ins Ausland muß ich, und zwar so weit und so lang als möglich. Ich suche darum eine Hofmeisterstelle und denke, es soll nicht fehlen. Durch Matthisson komm ich wahrscheinlich zur verwitweten Königin, dieser übersend ich meine Gedichte, die in Lord Byrons Form geschrieben sind, und bitte um Verwendung zu einer Stelle in England. Bin ich einmal dort, so steht mir die Welt offen, denn ich bin im Mittelpunkt, in dem sich das Treiben aller Völker konzentriert. Von England aus wird es mir dann leicht werden, nach Paris und vor allem nach Italien zu kommen. Sollte jedoch dies nicht sein, sollt ich Italien gleich betreten können, so wär es mir fast lieber. Ich bitte Dich darum, wenn Du eine Stelle in Italien erfährst, die für mich passen würde, besonders in Rom und Neapel, so tue mir's gleich zu wissen. Ich ließe mich sogar in Rom zum Prediger an. Möglich wäre ebenfalls, daß ich von der Königin und dem Fürsten von Fürstenberg einiges Reisegeld erhielte.

Nun schreibe mir recht bald und recht viel aus Deinem Innern und laß uns bald Deinen Lukas sehen. Ich wiederhole, wenn Du irgend mir eine Stelle als Hofmeister oder in anderer Qualität weißt, so vergiß mich nicht. Soviel ich weiß, so bist Du ja mit großen Häusern in Rom genau bekannt.

Grüße mir alle, die mich kennen! Sei versichert, daß mein bisheriges Stillschweigen keine Kälte gegen Dich war. Ich habe andern ebensowenig geschrieben, nur *eine* erhielt Briefe von mir, und deren in einem halben Jahre über sechshundert. Sei glücklicher als ich in Deiner Liebe, und bleibe ferne von den schwarzen Erfahrungen, die meiner Jugend den Glauben an irdisches Glück nahmen. Lerne die Nemesis nie kennen! Ich grüße und küsse Dich. Lebe wohl, mein liebster Wagner!

Dein W. Waiblinger

An Johann Friedrich Cotta

Tübingen, 2. Mai 1826

Euer Hochwohlgeboren

wage ich mit einer Frage zu beunruhigen, an deren Beantwortung das Glück meiner nächsten Zukunft gebunden ist. Vielleicht wird es Ihnen nicht ganz unbemerkt geblieben sein, welches Streben meine Jugend bisher versüßt und ermutigt, fernerhin durch den Kampf mit geisterdrückenden Verhältnissen aber vielleicht mehr als mir und der Welt, der ich einiges leisten möchte, ersprießlich ist, verbittern und zerspalten könnte. Es ist nicht Unbescheidenheit, nur die Besorgnis, von Ihnen nicht gekannt oder beachtet zu werden, wenn ich Müllners und so manches andern Kritikers Urteil über meine vor einem halben Jahr erschienenen Erzählungen zu einer stillen Fürsprache bei einer Bitte wähle, die für mein literarisches und äußeres Streben so entscheidend wirken könnte. Ich würde es aber auch so nicht wagen, mich vor Ihnen auszusprechen, wenn nicht eben gerade Müllner mich dazu aufgemuntert, vor allem aber, wenn nicht Dero großherziger und edelmütiger Geist, die für Kunst und Literatur so einzig offene Seele, mit der Sie, im Besitz einer Macht, der so selten eine fürs Wohl des Ganzen uneigennützig wirkende Anwendung entspricht, schon mehr als *ein* aufstrebendes Talent für seine künstlerischen Zwecke unterstützten, mir die zwar kühne, aber Ihrer gewiß würdige Hoffnung gegeben hätte, auch ich könnte vielleicht an die schöne Reihe derer, die Ihnen den freudigen Mut und die Mittel zur

Ausbildung ihrer Kräfte danken und durch Ihre Großmut der Welt nützlich wurden, angereiht werden.

Ich wünschte auf den *Herbst* ein von frühester Jugend auf erwachtes, später im Hause Danneckers und der Herren Boisserée durchs Studium des griechischen Altertums und endlich durch einige Reisen in deutsche Galerien und mehrfache Wanderungen durch Oberitalien zum entschiedenen Streben ausgeborenes Gefühl auch für bildende Kunst in Rom fort[zu]-setzen und einen schon beim Studium der griechischen Tragiker vor Jahren aufgeregten Gedanken, es möchte wohl noch auf eine besondere Weise die Einheit antiken Geistes in Poesie und Plastik herauszufinden sein, vom Einzelnen bis ins Allgemeine heraufzubilden, zugleich aber auch einen andern, den ich aus Furcht vor dem Verdacht der Anmaßung kaum aussprechen sollte, nämlich eine dramatische Bearbeitung der ganzen Geschichte der Hohenstaufen in einer Reihe großer Zeitbilder als einer Nationaltragödie durch die Begeisterung des erhabenen Lokals und vor allem durch die Schätze des Vatikans in historischer Hinsicht [zu] begründen. Hätt ich einmal nur eine kurze Zeit in Rom gelebt, so wär es mir nicht außer Möglichkeit, wenn sich von außen Mittel böten, ein eigenes Blatt für Italien in Deutschland in Verbindung mit Künstlern und Kunstkennern in Rom zu schreiben und – an Sie die Frage zu richten, ob Sie geneigt wären, ein solches zu verlegen?

Vorerst aber freilich fehlen mir alle Mittel zum vorläufigen Studium in Rom. Das Edle und Erhebende in meinem Zweck unterdrückte manche Regung von Scheu in mir, wenn ich auch befürchten müßte, von Ihnen nicht gehört zu werden. Aber dies ist gewiß nicht der Fall. Ich rücke darum frei mit meiner Bitte heraus: wollten Sie so großmütig sein, mir unter der Bedingung, daß ich, nicht nur überall, wo ich durchreise, literarische Notizen und Aufsätze fürs „Morgenblatt" einsendete, sondern mich besonders in Rom bemühte, interessante Artikel für Ihr Blatt aufzusetzen, von den neuesten Nachgrabungen bestimmte Kunde zu geben, die Schätze in den Archiven zu benützen, Bemerkungen aus dem Leben überhaupt und besonders dem

Leben und den Werken der lebenden Künstler zu liefern und was sonst für jeden von Ihnen gewünschten Zweck getan werden könnte, eine Unterstützung gewähren, die ich nicht sowohl als Kontrakt, sondern als einen mein ganzes Leben Ihnen verpflichtenden Beweis Ihrer tätigen Kunst- und Menschenliebe ehren würde?

Möchten Sie sich bedenken und vielleicht in einer Beratung mit meinem verehrten Freunde, Herrn Professor Schwab, einen meinen heißesten Wünschen und Hoffnungen entgegenkommenden, vielleicht mein Lebens- und Dichterglück entscheidenden Beschluß fassen!

Mit dem Ausdruck höchster Verehrung und Hochachtung

Euer Hochwohlgeboren

ganz gehorsamster Diener

Wilhelm Waiblinger

An Ludwig Tieck

Tübingen, 23. Mai 1826

Wohlgeborener Herr!

Ich wage mit dem schüchternen Gefühle der Ehrfucht, Ihnen dieses Werkchen einer jugendlichen Muse zuzusenden, nicht ohne freudige Annäherung an jene altertümliche Sitte, nach der eine strebende Jugend ihren Meistern die ersten Schöpfungen als Weihe der Achtung und des Dankes zu Lob und Tadel übergeben durfte. Diese aus meinem innersten Herzen und Leben ausgeflossenen Gebilde sind zwar schon da und dort zu meiner Freude öffentlich beurteilt worden, aber, daß ich's frei und unbefangen gestehe, ich kann den von Anfang an schon aufgestiegenen Gedanken länger nicht mehr bewältigen, sie demjenigen unter meinen großen Zeitgenossen vors Auge zu legen, auf dessen Urteil ich am meisten vertraue. Keiner, denk ich mir, wird auch mit so viel liebevoller Nachsicht diese Blätter durchlaufen und vielleicht eine Glut darin finden, die freilich noch gewaltig vom Sturm der Leidenschaft und einer frühe schon durch schauderhafte Erfahrungen getrübten Jugend verweht und verblasen wird, aber doch, wenn die Lebensströme so mutig fortrauschen, in klarem Kristall den ewigen, heiligen Lichtquell dereinst aufnehmen könnten. Bewunderung sollte mich schweigen heißen und all das volle Feuergefühl Ihrer Größe mich zur Bescheidenheit weisen, aber ich weiß, Sie sind kein Diamant, der nur glänzt, sondern eine Sonne, die erquickend erwärmt. Möchten Sie so dieses kleine Weihgeschenk betrachten!

Herr Hofrat Winkler ermunterte mich, Ihnen ein fertig gewordenes Trauerspiel, „Anna Boleyn“, zu übersenden. Nur die Scheu vor der Kraft Ihres Scharfblicks und Ihrer unendlich tiefen Ansicht von der Tragödie sowie das Bewußtsein, deren strengen Forderungen noch nicht haben entsprechen zu können, hielt mich bis jetzt zurück, und einzig mein Streben, das ihnen wenigstens entsprechen *wollte,* wenn auch Kraft und Geist und Übung noch nicht ausreichten, vor allem aber ein Zeichen von Ihnen, daß ich's wagen dürfte, könnte mich zur Übersendung meiner Arbeit ermutigen, der ich nicht ungerne die Frage beifügte, ob sie nach einer Überarbeitung für die Bühne nach der Hoffnung, mit der mir Herr Winkler schmeichelte, in Dresden aufgeführt werden könnte?

Möchte meine gerade Offenheit, mit der ich mich Ihnen nun sogleich bittend nähere, ja keine Veranlassung zu einer Mißdeutung geben, möchte mir bald ein freundlicher Wink über den Erfolg meiner Zeilen zuteil werden und vielleicht gar ein Urteil, so oder öffentlich, eine Arbeit krönen, die ich im Leben verloren, in der Poesie gewonnen. Mit den heißesten Wünschen für den Eindruck meiner Bitte und dem Gefühl der tiefsten Ehrfurcht

Euer Wohlgeboren

ganz ergebenster
W. Waiblinger

An Henriette

Tübingen, 25. Juni 1826. Nachts 11 Uhr

Wenn irgend ein Gott lebt, wenn es nicht fürchterliche, wahnsinnerzeugende, herzzerrüttende Täuschung ist, daß es etwas Heiliges gibt auf der Welt, was Menschen achten können, wenn es irgend möglich ist, daß eine Lippe wahr reden kann und ein Herz nicht lügen, wenn nicht jeder Kuß auf eines Mädchens Mund Ehrenschändung oder Hohn, jeder Händedruck Verräterei, jede Umarmung Schlangen- und Tigerwut ist, so höre mich an, Henriette! Ich rede in einer ernsten Stunde zu Dir! Möge jedes Wort Krampf, jede Lüge Fluch, jede falschgeweinte Träne eine Sündflut, jede erlogene Flamme Höllenfeuer, jeder Wollustschauer der Wehmut und Sehnsucht Teufelsqual, jedes Gebet Gotteslästerung sein, *wenn ich Dir lüge!*

O Geliebte, Du hast mich gräßlich, blutig heimgesucht. – Ich Dich beschimpfen, Dich entheiligen? – Und Du mich verdammen, in den Pfuhl stoßen, verfluchen, Du schwören, meinen Namen nie mehr auf Deine Lippe zu bringen – *ohne mich zu hören* – Du, der ich glaubte, daß Du mich liebest, der ich vertraute, die mir schwur, mich zu lieben, mein zu bleiben, die mein gehörte unveränderlich in unsterblich himmlischen Stunden, Du einer scheußlich herzzerfleischenden, niederträchtigen Verleumdung – unbedingt glauben – ohne mich nur zu hören, ohne mir ins Gesicht zu sehen! Du hättest meine Briefe gelesen und diese für Lüge, Du hättest meine Tränen gesehen und diese für Heuchelei gehalten! War ich nur *einmal* unredlich gegen Dich, hast Du mir nicht selbst vorgeworfen, ich sei zu wahr gegen Dich? – O Henriette, so wäre denn unwiderruflich bestimmt, daß ich *nie, nie* glücklich, nie verstanden werden kann, daß mir kein Verhältnis, keine Herzensregung, keine Liebe, auch die heiligste, heilig bleiben soll?

Alles, alles ist in mir gekränkt und verletzt, unheilbar zerstört! Du mir eine solche schändliche, teuflische Entehrung Deiner jungfräulichen Schöne zutrauen! o es ist schrecklich, und der riesenschwarze Stolz in mir, der mir geboten, zu schweigen und Dich dahintaumeln zu lassen und im Gefühl meiner selbst und meiner Würde Dein Geschlecht auf ewig hassend und verfluchend die Glücksgaben zu fassen, die mir zustrudeln, und in den Wirbel des Südens hinüberzurasen – dieser Stolz zerfließt wie ein Nichts vor dem Gedanken, daß ich Dir Unrecht zu tun scheine, nicht Unrecht, nein, daß ich Dich entehrt, mich, Dich, Welt, Gott und Menschheit geschändet habe – daß mich bittre, schaudervolle Verzweiflung in eine Ferne treibe, in der ich nur mit Deinem Segen glücklich zu werden hoffen könnte! Henriette, wenn ich nur *ein* Wort wahr geredet habe, wenn mir nicht schon dieses Leben eine zehntausendfache Hölle werden soll, so höre mich an, höre mich mündlich an; ich bin, Du bist verleumdet, und ich bin nicht schuldig. – Ach, daß Du mir alles, alles wieder schicktest! Wenn ich nicht glauben soll, daß Du selbst mit der beispiellos schändlichen Lüge gegen mich in Verbindung stehest, wenn ich mir einbilden kann, daß Du mich je geliebt, daß Dir's Ernst gewesen, als Du ewig mein sein wolltest, wenn Dir das Glück, der Frieden meines Lebens keine Posse ist, so laß mich zu Dir und laß mich meine Unschuld verteidigen: Der fürchterliche, allunendliche Gott ist mein Zeuge, ich habe Dich nicht beschimpft, ich liebe Dich noch, wie der heiligste Wahnsinn lieben kann – geh nicht in Bund der scheußlichsten Gemeinheit. – Allgerechter, soll mir denn alles, alles geschändet, selbst meinem geheimsten Heiligtum ins Antlitz gespuckt werden; es ist aus mit mir, aus mit meiner Liebe, mit Glauben, mit Hoffnung! Du mich ungehört verdammen, den, der Dir der Erste, Geliebteste war, den auf einen erlogenen Brief, auf elende teuflische Intrigen hin so mit Furien in die Meere schicken! Henriette, ich beschwöre Dich, höre mich! Der Gott der Wahrheit, den ich anrufe, komme mit diesen Zeilen des Entsetzens in Dein Herz! Ich bin augenblicklich bei Dir, so Du *ein* Wort sprichst: ich glaube Dir, Du hast mich geliebt und liebst mich ewig. – Fürchte die Nemesis und bete an den allheiligen Geist der Wahrheit.

W. Waiblinger

An Johann Friedrich Cotta

Tübingen, 23. Juli 1826

Euer Hochwohlgeboren

wollte ich am 17. dieses meine Aufwartung in Stuttgart machen, hatte aber nicht das Glück, Sie noch daselbst zu treffen. Ich versuche darum auf diesem Wege zu ersetzen, was mir auf jenem verlorengegangen.

Ich wünschte nicht, daß das schöne Verhältnis, in das Sie mich zu Ihnen treten ließen, jemals getrübt werde oder gar aufhöre, darum wird es gut, ja meiner Ansicht nach notwendig sein, daß wir uns – dies gereicht auch zur großen Beruhigung meiner Eltern – gegenseitig kontraktmäßig versichern; jeder Klage über mich möcht ich ausbeugen und Ihnen auch nicht die geringste Veranlassung geben, daß Sie dereinst noch Ihre Verbindung mit mir bereuen!

Ich verspreche Ihnen also – vorausgesetzt, daß Sie nichts Besonderes verlangen und, wie es ja scheint, meine Zwecke ganz Ihrem eigenen Willen entsprechend finden –, in den zwei Jahren, in denen ich mich in Italien aufhalte, durch Einsendung von Beiträgen ins „Morgenblatt" und „Kunstblatt", welche *tüchtige* und *befriedigende* Arbeit sein sollen, fürs erste mit Fleiß und Beharrlichkeit Erhebliches zu leisten und sodann *ein Werk,* die Reise selbst als Ganzes, als eine poetisch-philosophische Schöpfung zu übergeben. Dafür geben Sie mir die Summe von 2000 Gulden.

Es ist nun einmal so unter uns Menschen, aber es ist gewiß zum Frieden und einträchtigen Wirken nötig, daß man sich so versichert. Möchte es Ihnen demnach gefallen, mir die Summe, die Sie mir zu versprechen die Güte gehabt, *schriftlich zuzusichern,* so daß ich meine beunruhigte Familie, die mich von chimärischen Hoffnungen befangen glaubt, *recht bald* beschwichtigen kann.

Ich sodann werde Ihnen für die Zukunft *jede Arbeit zuerst* zum Verlag anbieten, und fürs erste „Anna Boleyn", ein Trauerspiel, das auf den Herbst in Stuttgart wahrscheinlich zur Aufführung kommen wird, uneigennützig, wie ich's geschrieben, zur *freien Gabe* bringen, mit der einzigen Bitte, daß Sie dem ungeduldigen Verlangen des Jünglings, der seinen dramatischen Beruf vor der Welt beurkunden möchte, nachgeben und es bis Ostern fertigbringen lassen! Ich bemerke nur noch, daß ich, ehe ich auch nur Hoffnung hatte, mit Ihnen in Verbindung zu treten, dem Buchhändler Franckh drei Werke: 1. „Drei Tage in der Unterwelt", 2. „Olura", 3. „Lord Lilly", in Verlag gegeben, von jetzt an aber mich glücklich preisen werde, unter Ihrem hohen Namen in die Welt treten zu dürfen.

Ich sehe mit froher Erwartung Ihrer Antwort und der *schriftlichen ausdrücklichen* Zusage Ihres Versprechens entgegen und bemerke nur noch, daß ich längstens in zwei Monaten abreisen möchte!

An Friedrich Eser

Tübingen, 8. August 1826

Hier, mein Geliebter, den Christophorus! Ist mir's doch selbst oft so schwer und drückend, als trüg ich die Welt! Flehe mit mir zu den Himmlischen, daß es sich über mir lichte und die Sonne emporsteige aus der Nacht und daß sich die Last, der ich mich oft kaum gewachsen fühlte, zur heiligenden segnenden Stimme verkläre, die mich wie Jesus den Riesen zum großen Werke der Unsterblichkeit weihe!

Aber hätt ich doch geahnt, daß Du in meinen unterirdischen Schattengefilden ermüden würdest, wie hätt ich mich bestrebt, noch ein paar wilde, frische, humoristische Fontänen springen und sprudeln zu lassen! Den armen Poeten ruinierte schon der Vorschmack der Oberwelt! „Olura" wird Dich in der Hinsicht wenigstens mehr befriedigen; denn da wird selbst die tragische Idee des Ganzen, der fürchterliche Mord des Vampirs, durch seine somnambülen Bestien und durch einen freilich mehr

Studenten in Lohbauers Gartenhaus

höhnischen als rein launigen Leichensermon auf den armen, in der Schnupftabaksdose eines Postillons erstickten und beinahe geschnupften Floh parodiert. Ein Anhang vollends ist lauter zügellose Satire. Er ist bereits rein geschrieben und reist nächste Woche samt „Lord Lilly" unter die Presse.

Ich fürchte oder hoffe einen nicht unbedeutenden Lärmen hinter mir zurückzulassen, so daß ich wohl nur im Asyl des Vatikans und auf den menschlichen Riesengipfeln des Ätna Ruhe finden werde. Bereits hör ich's schon um mich sieden und kochen. Haug, hör ich, ist empört und rezensiert. Wird er grob und witzig, so soll er mich finden: Ich gedenke fortan den Mündigen zu spielen und will jener literarischen alten Gevatterin einen derben Schmaus geben. Vor allem aber meine Fakultät hält mich beinahe für den Antichrist selber; nicht ein Tag vergeht, wo ich nicht neue Anekdötchen über meine Persönlichkeit, meine Reise, meine Poesie, mein theologisches Verhältnis und mein – moralisches Treiben hören darf. Alle Prädikate, mit denen man den Teufel in der Dogmatik charakterisiert, sind wie für mein Signalement geschaffen. Ich habe gegenwärtig einen Streit auf Leben und Tod mit dem Repetentenkollegium und dem Inspektorat, der beide vor ganz Tübingen und, wenn sie nicht bald das Maul halten, vor der Welt prostituieren wird. Sie sind rasend über mich und werden's noch mehr werden, wenn das moralische und intellektuelle Ungeheuer einmal über den Alpen lebt und „Olura" unmaßgeblich seine Herzensmeinung über manche Angelegenheiten den Herren ins Ohr grinst oder sein Verfasser gar nach dem Miserere katholisch wird, im Fall ihm Seine Heiligkeit ein gutes Ämtchen anbietet.

Ich habe in „Olura" den Dichter *so groß* auszusprechen gesucht als mir möglich war. Vielleicht bist Du auch meiner Meinung, und entzücken sollt es mich, wenn Du's für unmöglich hieltest, die Schilderung des Dichters zu überbieten. Das war ich mir selbst schuldig; denn der Ton im Ernsthaften ist so abgebrochen wild und fantastisch, daß wohl wenige eine Parodie auf mich selbst darin erkennen, ich aber und Du nichts als einen Abschied meiner ganzen alten Poesie und ihrer verwüsteten Welt erblicken werden. Ich trage ein Gedicht im Kopf! Kommt es zustande, wie es in mir ruht, so sollst Du im höchsten Fluge der Ottaverime eine neue Poesie darin begrüßen, die so kristallhell ist wie der Himmel des Südens, so blütenvoll wie seine Limonienwälder, so stark und unsterblich wie Roms Götter. Nicht wahr, das heißt mit grenzenlosem Übermut von sich selbst reden? Sag ich's ja aber nur Dir und fürchte nicht ausgelacht zu werden. Und jenes Gedicht ist auch nur ein Abschied von meiner Vergangenheit und eine Begrüßung meiner Zukunft.

Theodor Hell hat meine Reise dem Publikum schon angezeigt. Ich höre, es werde nächstens viel und ausführlich über mich in der „Abendzeitung" gesprochen werden. Der Redakteur bittet um einige Tropfen wenigstens aus meiner Pelikansbrust (!), wenn ich auch das Herzblut Cotta schuldig sei. Müllner scheint gestorben zu sein, wie seine Muse. „Anna Boleyn" ist für die Bühne bearbeitet und wandert nun ihrem Schicksal entgegen. In diesem Monat noch soll's entschieden werden, im nächsten könnte sie aufgeführt werden. Mit welchem Schauer nähm ich diesen Lorbeer in die Stadt des Lorbeers!

Mein Herz ist voll Lieder. Ich glaube, wenn sie ausgeboren werden, und das werden sie wahrscheinlich erst auf meiner Pilgerfahrt, sie werden das Beste, was ich je geschrieben. Ich fühle doch, daß ich von einem tüchtigen Stück Leben Abschied nehme, und ein unvergleichlich schönes Herz weint dem wilden, unruhigen Liebling nach. Glaube mir, es wird schwer werden, bis ich mich von diesem Herzen losreiße, das mich mit so grenzenloser Liebe und Huld anblickt wie die Mutter Natur, denn es ist selbst reine, frische, unverdorbne Einfalt und Natur. Ich fühle jetzt zum erstenmal den ganzen Schmerz eines freiwilligen Abschieds; wenige Menschen kommen dazu; ich versichere Dir, daß ich selbst schon an das wunderliche Band der Ehe dachte; denn ich glaube nie mehr eine solche frische, geistige, blühende, heiße, brennende Jugend an meine Seite gesellen zu können, aber Rom und Hohenstaufen! lieber Eser, das sind Worte, die jedes mephistophelische „Verweile, Augenblick" unwidersprechlich überschwenglich wie Zauberformeln niederschlagen.

In fünf Wochen geh ich von hier ab. Dann nach Stuttgart. Dort, so der Himmel will, setz ich einen Mikrokosmus von Theaterpublikum in Feuer und Wonne. Dann zu meiner Henriette! Aus ihrer Rosenwelt zu meinen Eltern, und dann zu Dir! In Bracebridge-Hall haben wir bei edlem Johannisberger auf Rom und Hohenstaufen angeklungen, und aus Deinen Armen will ich auch die Wanderung in die Stadt der Cäsaren, Päpste und Raffaele beginnen. Sei aus voller Seele gegrüßt, Du Lieber! von

Deinem
Wilhelm.

An Karl Nicola

Tübingen, 15. September 1826

Lieber teurer Nicola!

Endlich scheint einmal „Anna Boleyn“ zu siegen und der Aufführung nahe zu sein. Lehr hat mir sie etwa bis zu Anfang Oktober versprochen, und nun bitt ich Sie, wenn's Ihnen möglich ist, Ihre Komposition unverzüglich an Herrn Leibnitz abzuschicken, wo ich sie suchen werde. Sollte sie aber bis dahin nicht fertig werden und wäre ich genötigt, Lindpaintners Antrag in Anspruch zu nehmen, so bitt ich Sie dennoch, sie dahin zu befördern, weil ich sie dann an andre Bühnen schicke. Geb der Himmel, der mir gegenwärtig so wenig hold zu sein scheint, daß Lehr mich nicht hinhält oder gar etwas gegen die Annahme des Stücks vorbringt.

Ich freilich bin voll Mißtrauen gegen alles menschliche Gemüt geworden. Noch sind's kaum acht Tage, als Cotta sein Wort zurücknahm und ich mich am Rand einer furchtbaren Zukunft abermals sehen mußte. Nur durch angestrengteste Tätigkeit von meiner und durch kräftige Verwendung von anderer Seite hab ich die Sache soweit wieder hergestellt, daß ich endlich nach Rom reisen kann, aber nicht ohne Furcht, wenn ich die Porta del Popolo durchwandert bin, keinen Bajocc zum Nachtlager

Tübingen 15 Sept. 26.

Lieber theurer Nicola!

Endlich scheint einmal Anna B. zu siegen und der Aufführung nahe zu seyn. Lebr. hat mir sie etwa bis zum Anfang Octob. versprochen und nun bitte ich Sie, wenn es nur möglich ist, Ihre Composition unverzüglich an Herrn Leibnitz abzuschicken, wo ich sie suchen werde. Sollte sie aber bis dahin nicht fertig werden und was ich gewiss hoffe, Lindpaintners Antrag in Anspruch zu nehmen, so bitte ich Sie [illegible] dahin zu befördern, weil ich sie dann an andere Bühnen schicke. Geb. das Glück, das mir gegenwärtig so wenig hold zu seyn scheint, daß Lebr. mich nicht hinhält oder gar etwas gegen die Annahme des Stücks vorbringt.

Ich freylich bin voll Mißtrauen gegen alles menschliche Gemüth geworden. Noch sind kaum 8 Tage, als Cotta sein Wort gebrochen und ich mich am Rand einer furchtbaren Zukunft abermals sehen mußte. Nur durch angestrengte Thätigkeit von meiner und durch kräftige Verwendung von Anderer Seite hab' ich die Sache soweit wieder hergestellt, daß ich endlich nach Rom reisen kann, aber nicht ohne Furcht, wenn ich die porta del popolo durchwandert bin, keinen Bajocc vom Vaterlande mehr zu haben. Allein ich fühle mich nicht entmuthigt, und pilgere mit warmem Herz in den Süden hinein, nichts vom Schicksal, aber vieles von mir erwartend.

Ich muß schließen. Sollten Ihre Compositionen die Zeit der Aufführung noch erreichen und diese zu Stande kommen, so wünscht ich herzlich, Sie an jenem unvergeßlichen Abend zur Seite zu haben und Ihnen mit begeistertem Gemüthe zu danken, aber auch aus der Ferne will ich Ihnen eine Stimme voll Liebe und Dankbarkeit zusenden. Ich schreibe Ihnen in jedem Fall noch vor der Abreise. Und nun nehmen Sie nebst herzlichen Grüßen an Ihre liebe Frau, mein Lebewohl!

Ganz der Ihre

W. Waiblinger

mehr zu haben. Allein ich fühle mich nicht entmutigt und pilgre mit raschem Sinn in den Süden hinein, nichts vom Schicksal, aber vieles von mir erwartend.

Ich muß schließen. Sollte Ihre Komposition die Zeit der Aufführung noch erreichen und diese zustande kommen, so wünscht ich herzlich, Sie an jenem unvergeßlichen Abend zur Seite zu haben und Ihnen mit begeistertem Gemüt zu danken, aber auch aus der Ferne will ich Ihnen eine Stimme voll Liebe und Freundschaft zusenden. – Ich schreibe Ihnen auf jeden Fall noch vor der Abreise. Und nun nehmen Sie nebst herzlichen Grüßen an Ihre liebe Frau mein Lebewohl!

Immer der Ihre

W. Waiblinger

An die Eltern

Rom, 22. November 1826

So bin ich denn endlich, geliebte Eltern, am Ziel meiner Wünsche angelangt. Vorgestern gegen Mittag erschien in einer Entfernung von vierzehn Miglien die Hauptkirche der Christenheit, St. Peter, und gegen Abend fuhren wir durch die Porta del Popolo in Rom ein. Gestern feierte ich meinen Geburtstag auf eine Weise wie nie. Am frühen Morgen eilt ich über den Tiber, und das erste, womit ich den Tag begann, war die Seelenerhebung in diesem riesenhaften Werk dreier Jahrhunderte. Den ganzen Tag irrt ich mit meinen Freunden, die mich mit äußerster Freundlichkeit empfangen hatten, unter den Ruinen der alten Römer, unter Göttertempeln, Amphitheatern, Wasserleitungen, Säulenhallen, auf dem Kapitol, auf dem römischen Forum, an den Ufern des Tibers umher. Dieser Tag bleibt mir unvergeßlich. Der Abend schloß mit einem Regenbogen, wie ich in meinem Leben noch keinen gesehen, der mit glühend reinen Farben, in unbeschreiblicher Pracht, wie man's nur unter diesem Himmel sieht, über die Gebirge der Sabiner, bis herein über die alten

Triumphbögen der Kaiser glänzte. Ich fühlte mich so glücklich, wie ich's nie zu werden hoffen konnte. Schon bin ich hier wie einheimisch; noch in dieser Woche bezieh ich ein eigenes Logis, von dem ich auf einen herrlichen Orangengarten hinsehen kann. Den Winter merkt man noch nirgends, alles ist üppig grün, man erblickt Rosen die Menge. Die Ölwälder, die Pinien, die himmelschönen südlichen Eichen, die hier den Lorbeern gleichen, die Limonen und Pomeranzen. Die Felder sind alle noch lebendig, und nur in weiter Ferne auf den hohen Gebirgen, den neapolitanischen Abruzzos, ist etwas Schnee sichtbar. Alle Fenster und Türen bleiben offen, und das geht den ganzen Winter so fort, wenn's einen friert, so geht man auf den Monte Pincio und wärmt sich am heitern Sonnenschein oder stellt einen Hafen voll Kohlen unter die Füße oder läßt sich ein klein Feuer im Kamin anzünden. Nun aber will ich etwas von meiner Reise erzählen.

Ich wanderte frisch und mutig mit meinem schweren Sack fort, wiewohl mir das Wetter nicht günstig werden wollte. Erst in Zürich ward's dauernd hell. In Bern lebte ich einen herrlichen Tag auf dem Landgut des Professors Wyß. Durch die französische Schweiz ging's nun rasch an den Genfer See, den ich beim tiefblauen Himmel in all seinen unerschöpflichen Reizen genoß. Es ist bei weitem der schönste See, den ich jemals sah. Ich durchfuhr ihn ganz in der Länge von sechzehn Stunden. Der Montblanc, dieser höchste aller Eisberge in Europa, glänzte milchweiß über den schauderhaften Felswänden Savoyens – und die Ufer rechts lachten im lustigsten Rebengrün voll Gärten, Landhäusern und Schlössern. In Genf wurde ich aufs liebreichste von meinem Freund Gfrörer empfangen und logierte zwei Tage bei ihm. Herr von Bonstetten, dieser berühmte achtzigjährige Greis, kam mir mit äußerster Freundlichkeit entgegen. Leider aber überfiel mich am dritten Tag ein Übelsein, das mich nötigte, das Bett zu hüten. Ich mußte ein Zimmer mieten, und dieser achttägige Aufenthalt kostete mich mit Arzt, Apotheke, Kost, Logis und Bedienung mehr als drei Louisdor. Dazu untersagte mir der Arzt noch das Gehen, und so war ich denn gezwungen, mit einem Schweizer, der sich an mich drängte, weil er nicht Französisch und nicht Italienisch verstand, einen Voiturier bis Turin zu nehmen. Ich schied von Genf bei unvergleichlich schöner Witterung. Ich durchreiste ganz Savoyen und fand unerwartete großartige Schönheiten in diesem furchtbar wilden, von einem scheußlichen Volk bewohnten Lande. In Chambery gesellte sich noch ein italienischer Vetturin mit acht Personen zu uns, und so gelangten wir endlich glücklich an den Mont Cenis, der Savoyen von Piemont trennt.

Früh um zwei Uhr fuhren wir ab und waren gegen Tagesanbruch auf der Höhe im Schnee. Ohne die geringste Gefahr (Wirbelwinde haben hier schon Hunderte begraben), bloß halbtot vor Frost und Eis, kamen wir gegen Mittag in der ersten italienischen Stadt, in Susa, unter Trauben, Feigen- und Kastanienbäumen an. Hier brannte die Sonne, und über uns lagen noch die furchtbaren Schneegipfel des Mont Cenis. In Turin, der Hauptstadt von Sardinien, blieb ich drei Tage. Was mich in dieser prachtvollen Stadt am meisten erfreute, ist das Schloßgebäude, das, in der Mitte aller Straßen stehend, die Aussicht auf unendlich lange, perspektivische Häuserlinien erlaubt. Von hier aus schrieb ich an Cotta und sandte ihm einige Gedichte zu. Bei Regenwetter reiste ich endlich mit einem Spanier und einem Italiener ab in einer guten Vettura, und am dritten Abend lag von der Höhe der entsetzlich öden, durch ihre Räuber berüchtigten Bocchetta des Mittelländische Meer vor meinen Augen. Durch ein Paradies von Landhäusern, Palästen und Gärten gelangten wir endlich vor Untergang der Sonne auf den Felsen am Leuchtturm, und mit *einem* lag das herrliche Genua amphitheatralisch mit seinem ungeheuren Seehafen vor mir. Einen solchen Augenblick habe ich noch nie gehabt. Drei Tage verweilte ich in diesem entzückenden Meerbusen und war meist am Hafen. Da fuhr ich in der Barke zwischen ungeheuren Straßen von himmelhohen Meerschiffen hin und her, die ihre Kiele wie zum Kampf einander entgegenstreckten, und über Millionen Leitern, Stricken, Segelstangen, Tauen, Mastbäumen und Flaggen hob sich die stolze Stadt mit ihren prachtvollen

Palästen und etlich und vierzig Türmen, mit ihren Schlössern, Säulenhallen und Festungen an den Berg hinauf. Hier ein amerikanisches, dort ein indisches, hier ein englisches, dort ein spanisches, hier ein sardinisches, dort ein türkisches, hier ein holländisches, dort ein illyrisches, hier ein französisches, dort ein portugiesisches Schiff. Da solltet ihr denn das Gebrüll der Matrosen hören und die Tausende von halbnackten bärtigen Kerls in ihren roten Mützen sehen, die sich am Hafen umhertreiben! An einem herrlichen Abend sah ich den König von Sardinien unter dem Geläute aller Glocken mit einer großen Seedivision und dem ganzen Hofstaat zu Schiff gehen und mit drei Fregatten, einer von fünfundsechzig, einer von fünfzig und einer von fünfundzwanzig Kanonen, ins Meer hinaussegeln.

Mit einem Vetturin ging ich endlich von Genua weg bei unbeschreiblich schönem Himmel. Die erste Tagreise ist ein Paradies. Zwischen stundenlangen Orangengärten, Villen und Palästen zieht sich die Straße immer an den grünen, mit prachtvollen Olivenwäldern, Pinien, Trauben und Feigen bewachsenen Gebirgen dicht am Ufer des Meeres hin, auf dessen ungeheurer, hochblauer, grüner und duftiger Fläche im Sonnenschein unzählige weiße Segel glänzen. Fern gegen Frankreich hin lagern sich in die See hinein die beschneiten Apenninen. In einer frohen, äußerst angenehmen Gesellschaft reist ich so durchs Gebirge fünf Tage lang. In Italien treffen sich in einem Wagen immer vier Sprachen. Der redet Italienisch, der Französisch, der Englisch, der Deutsch. Doch traf ich bis Florenz keinen Deutschen. Endlich trafen wir in dem entzückend schönen Pisa ein. Der hängende Turm daselbst ist ein Wunder fürs Auge. Das gewaltige Gebäude scheint alle Sekunden umfallen zu wollen und ist doch so gebaut worden.

In Florenz endlich, wo wir glücklich, aber bei schlimmer Witterung eintrafen, konnt ich leider nur zwei Tage bleiben, weil mir das Geld zu Ende ging. Ich hatte schon von Genua aus an Cotta geschrieben und um einen Wechsel gebeten. Hier in der weltberühmtesten Bildergalerie lebt ich himmlische Stunden und schied endlich mit einem braven Vetturin. Unsere Gesellschaft war diesmal ganz toll gemischt: ein Engländer, ein Irländer, ein Vaudois, ein Steiermärker, ein Graubündner und eine Veltlinerin; denn acht Personen ladet ein Vetturin immer auf. Wir hatten aber meist drei gute Pferde und zwei Maulesel. Das ist hierzulande gewöhnlich. Die Bauern, sogar die Reisenden reiten alle auf Eseln. Sechs Tage lang ging die Reise fort durch das wilde Gebirge und jene verrufenen Wälder, wo sich sonst nur Räuberbanden aufhielten und auch jetzt noch kein Wanderer sicher ist. Man beeilt sich, vor Anbruch der Nacht in einen Ort zu kommen, und muß dann fünf Stunden fahren, ohne eines zu treffen; überall umher liegen schwarze Kerls in ihren braunen Mänteln und daneben junge hübsche Mädchen. Am fünften Tage tranken wir den berühmten Montefiasconewein, von dem sich einmal ein deutscher Bischof zu Tode trank. Am sechsten Mittag lagen die Gebirge der alten Römer, Sabiner, Volsker, Rom und das Meer vor uns.

Ich habe bei dem württembergischen Chargé d'affaires hier gleich Geld entlehnt und erwarte nun das weitere von Cotta. Ich habe schon eine Menge neuer Bekanntschaften hier gemacht, die mir äußerst nützlich sind. Diese Künstler begleiten mich überallhin, denn in Rom sollte man immer mit der Landkarte reisen. In acht Tagen, wenn ich mich hier etwas orientiert habe, schreib ich meine Reise für Cotta auf, und Ihr könnt sie dann etwa zu Anfang des Januar im „Morgenblatte“ finden.

Gfrörer wird Euch diesen Winter besuchen, er reist auch nach Rom; gebt ihm fünf bis sechs Exemplare von meinen Erzählungen mit. Die Deinen hab ich nicht in Bern getroffen: ich kam früher dort an.

Bei Euch ist sicher schon alles weiß, hier regnet's nur und wird dann gleich wieder freundlich und warm. Ich hoffe, daß Ihr alle gesund seid und mir bald Nachricht von Euch gebt. Der Anfang zu einem neuen Leben ist bei mir gemacht. Mit dem Abschied von Deutschland beginnt eine neue Periode für mich; gebe der Himmel, daß ich meine Pläne ausführen kann. Dieser Winter wird in mir den längst verschlossenen Keim zu frischen kräftigen Blüten entwickeln. Möge Euch der Himmel alles Gute und

Freundliche schenken, das Eure guten Herzen verdienen, verzweifelt nicht am Schicksal, das oft durch Sturm in den Hafen führt, und glaubt, ein starker Wille setzt alles durch. Behaltet mich im Andenken und hofft und seid überzeugt, daß dereinst eine Zeit kommen wird, wo Ihr Freude erlebet an mir.

Nehmt ein Lebewohl von Eurem treuen Sohn

W. W.

Grüßt mir die Geschwister und alle, die sich meiner mit Teilnahme erinnern, besonders auch Fetzer, Kohler etc.

An Eduard Mörike

Rom, 12. Januar 1827, 21 Uhr

Nimm, lieber Mörike, meinen ersten Gruß von Rom aus! Bälder war mir's unmöglich, einige Zeilen an Dich zu richten, und selbst heute verdankst Du's nur dem Schirokko, der von dem Meer her seit heute früh über den vierthalbhundert Kirchen Roms hinzieht. Erwarte mir aber ja nichts Umständliches, sondern sei mit der einfachen Skizze meines Lebens und Treibens zufrieden; denn was sonst in mir aufsteigt, davon soll für jetzt auch niemand davon wissen, außer den „Hohenstaufen". Es sind nun sieben Wochen, daß ich hier bin, und ich fühle mich auf dem Campo Vaccino zu Hause wie Du Dich im Garten von Beinhausen. Dennoch aber hab ich noch nichts weiter als Eindrücke erhalten und getraue mir nur über weniges ein Urteil zu; denn das glaube mir, Du magst auch denken und lesen und fühlen über Rom, was Du willst, das ist all nichts. Ich habe mich seit den frühesten Knabenjahren nach den sieben Hügeln gesehnt, und ich habe doch keine Vorstellung von all der Herrlichkeit gehabt. Man wundert sich aber auch, daß ich jetzt schon in den ersten Wochen mich so einheimisch fühle. Statt allem aber muß ich Dich auf ein Gedicht verweisen, das Du vielleicht in Monaten in Deutschland lesen wirst; vielleicht daß ich's nächste Woche anfange, um es noch vor dem Karneval zu enden. Bis jetzt habe ich an Cotta nur zehn Bogen Reisebemerkungen und einiges Poetische abgeschickt. Wenn Dir's zu Augen kommt, so denke doch ja an den Unwillen, mit dem ich das Zeug hingesudelt habe. Ein Lied aber ans Pantheon und an den Protestantischen Kirchhof ist mir von dem Herzen gegangen. Nun sollst Du wissen, wie ich lebe. Es ist schon eine Art Regelmäßigkeit in meinen Tageslauf gekommen, wiewohl's der Ausnahmen unzählige gibt. Des Morgens les ich einige Stunden im Bett in Vasaris Kunstgeschichte, dann einige Cantos aus dem Dante, der gegenwärtig mein einzig Studium ist. So wird's mezzogiorno, Costanza ruft mir's zu, ich mache noch einen Besuch oder gehe wohl auch geschwind noch über den Monte Pincio und blicke über Rom hin von Trinità dei Monti bis zum St. Peter, zum Kapitol und zum Quirinal. Dann wird das branzo (!) gehalten, hierauf ins „Caffè Greco" gegangen, Bekanntschaften gemacht und fortgesetzt, und wenn gute Beleuchtung zu hoffen ist, ein giro da oder dorthin begonnen. Um Ave Maria wird wieder im Dante gelesen, wenn ich nicht etwa mit Costanza plaudere oder in ein Theater oder in eine Konversation gehe, und um zwei Uhr nach Ave Maria begeb ich mich in die famose „Chiavica", wo ich unter etlichen und dreißig Künstlern bis mezzanotte sitze und endlich mit einem Glas Punsch oder Kaffee im „Caffè Colonna" um sieben Uhr nach Haus gehe. Sonntags, wenn ich keine Galerie besuche, bin ich in der Sistina und höre vor Michelangelos „Weltgericht", seinen Propheten und Sibyllen, unter dem unaussprechlich himmlischen Gesang den Papst Messe lesen. Montags ist man auf dem Kapitol im Museum und donnerstags im Vatikan, des Abends in der Assemblee beim preußischen Gesandten, wo man, den Hut in der Hand, als galantuomo, unter einigen dreißig Deutschen, Engländern und Franzosen bis sechs Uhr bleibt.

Ich bleibe dabei, Rom selbst ist in Rom das Schönste. Sooft ich wieder über den Tiber hinüber wandle nach St. Pietro in Montorio oder nach St. Onofrio auf den Monte Gianicolo ist mir's wieder sinnbetäubend neu. Das sind meine Lieblingsplätze, hier unter ewig grünen Eichen seh ich die Orangen und Lorbeergärten des Hügels hinab über das ungeheure Rom, das sich von der Riesenkuppel des Peters und dem Gewölbe von Adrians Mausoleum bis zum Lateran und zum Monte Testaccio hin mit seinen unzähligen Kuppeln, Türmen, Palästen, Säulen, Obelisken, Tempeln und Aquädukten hinzieht. Nun aber schweift der Blick noch darüber weg über die Campagna, die in unbeschreiblichen Farbentönen herumspielt, bis zum alten Sorakte, nach Tivoli, Frascati und Albano, und diese überschwengliche schöne Gebirgsreihe der Sabiner, Latiner und Tuskulaner wechselt in jedem Augenblick ihre süße, schmachtende, selige, unaussprechliche Glut. Man kann kein Wort von Farbe und Licht und Beleuchtung sagen, wenn man hier im Süden die Sonne nicht untergehen sah. Alle Regenbogenfarben findest Du selbst im Mittelgrund. Deutschlands reinster Himmel ist Nebel und Dunst dagegen; ohne Übertreibung, lieber Eduard, man kommt außer sich und lernt die Natur erst kennen und anbeten. Außer dem Gianicolo aber hab ich mich auf dem Campo Vaccino eingenistet. Welch einen Christtag hab ich auf dem Palatin des Romulus gelebt! Von den Trümmern der Kaiserpaläste aus und dem goldnen Haus des Nero starrt ich den halben Tag über das Limonien- und Myrtengrün und seine unsäglich goldnen Früchte hinab aufs römische Forum; gerade vor mir wölbte der Friedenstempel seine ungeheuren zertrümmerten Bögen, auf denen Pomeranzengärten herablachen, wie ein ausgebrannter, zerschlagner Vulkan ragte dicht am Fuß des Hügels das Wunder des Altertums, das heilige Ungetüm des Kolosseums – der Triumphbogen des Titus, der Tempel der Venus, des Remus, des Claudius, des Kastor und Pollux, des Jupiter Tonans und die acht Säulen der Concordia, in denen einst Cicero gegen Catilina sprach, unter dem Kapitol, das seinen Turm hoch über diese Ruinenwelt emporhob, und unter den über alles Wort erhabenen malerischen und Orangengruppen des Tarpejischen Felsens – drüberweg die entsetzlichen Trümmer von den Thermen des Caracalla und des Titus – nun der stolze Quirinal, mit dem Turm des Nero, die Trajanssäule hoch über den Häuserbergen hervor, bis zu St. Maria Maggiore und dem Obelisk des Ramesses (!) bei St. Giovanni – nun gar die Sonne und das ganze unermeßliche Farbenreich in den saftigen, erst braunen, orangefarbigen, dann zartgrünen, roten, goldnen, blauen, violettnen Gründen, und endlich die Rosenflammen des Apennins über dem Veilchenblau von Tibur und Tusculum – das sind Worte und nichts weiter, aber ich ließe mich einen Tag lang ins unterste Kerker in St. Angelo sperren, wenn Du's gesehn und genossen hättest. Sodann bin ich gern am Tiber, besonders am Vestatempel und auf Ponte Sisto. Auch die Villa Pamphili besuch ich oft, und es ist nur schade, daß man immer gleich einen halben Tag auf so etwas verwenden muß. Dieses Rom ist entsetzlich groß, und eine Stunde geraden Weges fortzugehen darf einem nicht sauer werden.

Im alten Rom ist mir das Kolosseum und das Pantheon das Höchste, ersteres als riesenhafte und dieses als durch und durch vollendete reine Architektur. Beide aber lassen sich erst im Mondschein am herrlichsten genießen. Ich mein, ich könne nicht leben, wenn ich vor Bettegehn nicht noch einmal das Pantheon ansehe, ich bin sogar etwas abergläubisch damit. Seine Schönheit übersteigt aber auch alle Vorstellung. Im neuen Rom hab ich endlich den Peter schätzengelernt. Wochenlange erzürnt ich mich, sooft ich ihn zu Gesicht bekam, und auch jetzt noch muß ich gestehn, daß man mit neunhundert Millionen Scudi in zwei Jahrhunderten mehr hätte hervorbringen können, wenn man bedenkt, daß das Kolosseum in fünf Jahren von zehntausend Juden nach der Zerstörung Jerusalems erbaut worden. Man verliert allen Maßstab beim Anblick Peters, oder vielmehr muß man erst durch Vergleichung herausbringen, daß man im größten Gebäude der Welt herumwandelt. Es ist alles so furchtbar riesenmäßig an ihm, daß selbst beinahe Falstaff in die Hohlkehlen der Säulen hineinliegen könnte – die Evangelisten bedecken mit einer Hand einen ganzen Menschen, und der Hochaltar, den man unter der schwindelerregenden Kuppel kaum in acht nimmt, ist so hoch als der größte Palast in Rom, der Farnese. Aber als ich den Papst drin Messe lesen hörte, die ganze Schweizergarde drin aufgestellt ward mit Harnisch und Picke, die halbe Geistlichkeit um den Herrn der Christenheit beschäftigt war und etliche und zwanzigtausend Menschen drin herumknieten, als der Statthalter Christi in der Prozession vorbeigetragen wurde, und dennoch Plätze, wie mittelmäßige Kirchen, gänzlich leer waren, und als ich gar einmal die Kuppel bestieg, von der man, so hoch als vom Straßburger Münster, in die Kirche hinabschaut, und ein Auge wie das meine die Menschen unten gar nicht bemerkt, da kam mir die Ehrfurcht. Der Vatikan hat seinesgleichen gewiß nie in der Welt gehabt. Hier unter einigen tausend Antiken in Sälen herumzuwandeln, deren Ende Du kaum siehst, unter Raffaels Meisterwerken, vor seiner „Verklärung", vor der „Madonna di Foligno", seinen Freskos, Logen und Tapeten – das fordert Jahre.

Bekanntschaften hab ich schon unzählige gemacht, darunter ganz interessante, zum Beispiel den alten Koch, den schon Goethe ein wildes Genie nannte. Das ist denn doch noch ein Maler. Er kam mir gleich ohne meine Bewerbung entgegen, weil er, weiß der Himmel, was an mir merkte, und nun sind wir jeden Abend beisammen. Da läßt dieser originelle Alte von Zoega bis auf Zacharias Werner, Schlegel herab alles Parade passieren, und vorzüglich, er hat mich zum Dante aufgemuntert. Vor ihm verschwindet freilich ein Goethe. Ich wünschte, daß Du ihn lesest, aber freilich im Original, und Dante ist schwer. Er ist aber ein welthistorischer Dichter, in gewisser Hinsicht wie Aristophanes, Shakespeare zusammen; ich habe im Sinn, etwas dereinst über ihn zu schreiben. Der genialste unter den jüngern Künstlern ist Genelli, der selbst die Alten noch überflügeln wird. Ich bin oft in seiner Gesellschaft. Die altdeutsche, katholische oder orthodox protestantische Partei treibt hier ein Unwesen mehr als irgendwo, die Nibelungen gelten mehr als Homer, und die Bibel ist die einzige Quelle, aus der diese Herrn das Wasser nehmen, um ihren Pinsel zu putzen. Aber unsereiner als Dilettant muß zurückhalten, denn man ist wütend, wo man einen Rezensenten wittert, und selbst Winckelmann wird hier ein Esel genannt. Koch nennt aber jenen Malertroß nur Schankermaler, weil Dr. Masseroni den Künstlern die Franzosen für ein Bild kuriert. Anführer sind Veit und Overbeck, geistreiche Köpfe, vor denen man durchaus Respekt haben muß, aber Bibelhusaren. Venus von Medicis und der Vatikanische Apoll gelten hier gewöhnlich nichts. Aber Thorwaldsens Studien solltest Du sehen! Gegen sechs Säle voll von ihm allein! Sein Alexanderstriumph ist ein plastisches Wunder. Ich habe euren Praxiteles hier noch in größere Ver ... Mit Thorwaldsen steh ich herzlich, er wünschte mir das neue Jahr mit Kuß und ... Dannecker ist Stümper gegen ihn. An Signora Vera hab ich eine merkwürdige Bekanntschaft gemacht, ich komme durch sie in die ersten römischen Zirkel, oft auch in das bekannte Philharmonische Konzert. Die römischen Schönheiten haben alle meine Erwartung übertroffen, ich sah gestern in Rossinis „Zelmira", die im Palast Giustiniani von einer Privatgesellschaft gegeben worden, gewiß fünfzig Damen, die man unbedingt für wahre Schönheiten annehmen muß. Ich selbst habe schon eine Bekanntschaft bei einer hübschen Römerin gemacht, die natürlich eine Frau ist. Mit Mädchen ist hier nichts zu machen. Wird man ertappt, so hat man die Wahl zwischen Ehe und Galeere. Dafür aber kann man jedes Weib haben. Ich bin der Schwager eines Lords. Übrigens leb ich sehr mäßig und ganz geordnet. Die Florentinerinnen scheinen mir gefährlich zu sein, es ist nun schon die zweite, die eben intrigiert. Aber die zarte Mariucca reiste nach Siena ab. Übrigens sehn ich mich doch nach deutschen Mädchen, wenigstens für jetzt. – Solltest aber hören und sehen, wie hier Musik und Gesang zu Haus ist. Ich hörte nun schon wenigstens zehnmal fünf bis sechs Kerle im Caffè vier bis fünf Stunden in einem fort wie wahnsinnig improvisieren, lauter Bauern, die aber beim Beginn schon Klio und Euterpe und Pindar anrufen. Ich sah's aber auch schon, daß einer, der vom andern übertroffen wurde, als er nicht gleich einen Gedanken fand, das Stilett zog. – In der Sistina aber, Eduard, solltest Du singen hören! Ich habe noch keinen Gesang gehört als diesen. Alles Theatergewäsche ist Unsinn dagegen. Dazu nun noch der Papst und die Kardinäle und alle Geistlichkeit und besonders Michelangelos Sibyllen und Propheten. Diese sind mir das Höchste in der Malerei. Könnt ich einmal mit Dir in die Zypressen-, Lorbeer- und Myrtenwälder des Monte Mario hinaufwandeln und über Orangen und Pinien, über der Kuppel St. Peters das Meer blinken sehen! Aber ich glaube, wir sehn uns so bald nicht mehr. Ich denke und kann nicht an Rückkehr denken. Ich meine, hier werd ich sterben. Es lassen sich auch Mittel finden, wie ich mich halten kann, wenn ich nur erst vollends im Italienischen fertig bin. Es geht schon ordentlich, und ich plaudre mit den Mädchen stundenlange.

Dieser Brief ist mit der Asche eines alten Römers von den Gräbern in der Villa Pamfili gesandelt!

An die Eltern

Rom, 26. Februar 1827

Seit acht Wochen, liebe Eltern, warte ich auf einen Brief von Euch und kann mir Euer Stillschweigen nicht anders erklären, als daß Ihr meinen ersten Brief nicht empfangen habt oder insgesamt ausgestorben seid. Das aber verhüte Gott, und so schreib ich Euch denn noch einmal, wenn mich gleich Eure Stille nicht auf große Beunruhigung wegen meiner schließen läßt. Sei es aber, wie es wolle, mich drängt es, Euch Nachricht von mir zu geben, und so sei es.

Nun sind es über drei Monate, daß ich in der Hauptstadt der Welt bin, und ich fühle mich jetzt schon hier wie zu Hause, ja so einheimisch, daß ich nie mehr scheiden zu können glaube und mir das Leben in Euren Gegenden als ein höchst unglücklich schleppendes vorkommt. Seit acht Tagen haben wir Karneval, ganz Rom scheint wahnsinnig zu sein, und man kommt den ganzen Tag nicht zu Sinnen. Gegen hunderttausend Menschen schwärmen Tag und Nacht in tausend Masken und Spielen umher. Alle Vorstellung, die man von diesem Fastnachtsfest hat, reicht nicht zu, der Wirklichkeit gleichzukommen. Man kommt gar nicht zu Bett, denn um Mitternacht beginnt erst das Festino und der Ball, der bis Morgen dauert, wo dann immer gegen tausende himmelschöner Weiber umherflattern. Die Schönheit der Römerin übersteigt wirklich alle Erwartung. Aber ich bin doch froh, daß morgen der Tag der Moccoli ist, wo der Karneval aufhört; denn man hat keinen Augenblick Ruhe und ist immer auf der Straße. Übermorgen beginnt das vierzigtägige Fasten, dann gibt's Zeit zur Arbeit.

Ich lebe hier wie im Elysium, wenngleich nicht ruhig. Mein Temperament kann's eben einmal nicht sein, und ich möchte nun schon wieder über ein neues Meer hinüber. Aber ich möchte doch hier sterben. Wie gönnt ich Euch einen einzigen Tag in dieser himmlischen Welt! Bei Euch lebt man wie in der Wüste. Noch ist fast alles grün geblieben; wenn ich auf mein Dach steige und droben lese, so sehe ich in lauter goldene Pomeranzengärten, Lorbeer und Myrten, Pinien und immergrüne Eichen und Zypressen hinunter. Von Schnee sieht man gar nichts, nur auf den fernen Gebirgen der Sabiner und Neapolitaner ist's weiß. Alles ist offen, und die Buben werfen sich auf der Straße mit Orangen. Was man seit Jahrtausenden von diesem Himmel gesagt hat, ist nicht genug, um es einen fühlen zu lernen, der ihn nicht selbst genießt.

Nun hat mein Leben schon Regelmäßigkeit gewonnen. Des Morgens kommt mein Servitor und Caffettiere, dann les ich einige Stunden oder schreibe, hierauf wird mit Costanza geplaudert und nun ein Spaziergang oder ein Besuch gemacht. Um siebzehn Uhr eß ich etwas. Nachher geht's ins Caffè, wo man Hunderte von Menschen spricht. Ein großer Gang folgt hierauf von einigen Stunden, denn wenn man hier etwas sehen will, so hat man immer von einem Ende der Stadt zum andern ein bis zwei Stunden zu gehen. Nach Ave Maria, das heißt vierundzwanzig Uhr, oder um Anbruch der Nacht mach ich wieder Besuche, esse zu Nacht und gehe in eines der zwölf Theater, gegen Mitternacht oder um zwei Uhr morgens trinkt man noch eine Tasse Kaffee oder Punsch, und dann wandelt man endlich in die Via Frattina ins Bett. Das leidet aber unzählige Ausnahmen; des Sonntags bin ich in der Sixtinischen Kapelle, wo ich den Papst mit der ganzen Schar von Kardinälen, Erzbischöfen, Patriarchen und allen Orden unter einer beispiellos entzückenden Musik vor den schönsten aller Gemälde Messe halten sehe. Dann geht's auch in die Hauptkirche der Christenheit, in den St. Peter. Dieser Riesenbau hat wirklich an Umfang seinesgleichen nirgends in der Welt, wenn man in der Kuppel oben ist, so sieht man unten kaum die Menschen in der Kirche wandeln; unlängst wohnten viertausend Österreicher, zwei Regimenter, der Messe bei und ebenso viele Zuschauer, und doch waren alle in einem einzigen Flügel zusammengedrängt, und die ganze Kirche samt acht Kapellen war leer. Am Christtag las der Papst selbst Messe darin, es waren vielleicht zwanzigtausend Menschen um ihn versammelt, das Militär, der Hof, die vornehme Geistlichkeit, und dennoch war der Tempel leer. Der Platz vor ihm allein nimmt einen Raum von beinahe ganz Reutlingen ein. Aber die Aussicht auf der Kuppel! Außer der Pyramide in Ägypten ist sie das höchste Gebäude der Welt. Rom mit seinen dreihundertundfünfzig Kirchen, seinen zwölf Hügeln, die ganze Campagna, das Gebirge und das Meer gibt ein für Euch unbeschreibliches Bild. Das Kolosseum aber und seine Umgegend, das alte, dritthalbtausendjährige Rom, ist mein Lieblingsort. Täglich gehe ich die Stunde, die ich von meinem Haus bis dorthin habe, und durchstreiche jene ungeheuren Ruinen und Tempel der alten Römer. Besonders das Kolosseum. Denkt Euch dieses Gebäude, von dem hier drei Paläste, so groß wie das Stuttgarter Schloß, gebaut sind und das dennoch wie ein Ungeheuer dasteht. Zehntausend Juden bauten es nach der Zerstörung von Jerusalem, und achtzigtausend Menschen haben Platz darin. Das ist eine Ruine! In den furchtbaren, entsetzlichen Trümmern von den Thermen des Caracalla und des Kaisers Titus kann man stundenlang irren, und in den Katakomben, worin einst gegen dreihunderttausend Christen kurz nach dem Aufkommen des Christentums sich vor den Verfolgungen der Heiden flüchteten, kann man so weit hineingeraten, daß man nie mehr herauskommt.

Täglich gibt es etwas durchaus Überraschendes. Gestern stand ich in einer der sieben Basiliken in St. Maria Maggiore zwei Stunden neben dem Papst. Solltet Ihr sehen, wie das Volk da auf den Straßen herumkniet und schreit: „Heiliger Vater, den Segen!"

Was das äußere Leben anbelangt, so ist's hier freilich teuer, wenn man etwas sehen will. Ich esse in einem Gasthof, bei Lepre, wo täglich gegen dreitausend Menschen speisen, auf der Karte immer gegen hundert Gerichte stehen und der Wirt täglich allein sechs Scudi (gr. Taler) an Brot gewinnt. Der Wein hier ist wohlfeil. Ich trinke gewöhnlich Orvieto, den man bei Euch mit Talern bezahlen würde. Mit der Sprache geht's gut und spreche schon ziemlich italienisch und habe besonders viel durch die Weiber gelernt. Meine Signora Padrona und eine schöne Florentinerin samt einigen anderen reizenden Geschöpfen unterhalten mich abendelang, und ich erzähle ihnen viel von unserem Lande, das sie dann kaum begreifen können. Namentlich wenn ich ihnen sage, daß wir immer Schnee haben, so schlagen sie die Hände über dem Kopf zusammen, und wenn es je einmal in Rom schneit, so hören alle Schulen auf. Ich heiße nur Signore Guiglielmo oder S. Poeta! Bekanntschaften habe ich die Menge gemacht. Ich bin beim preußischen Gesandten eingeführt und erscheine in der Assemblée, Donnerstag auf dem Kapitol. Die Madame Vera nützt mir auch viel, ich komme durch sie in Privatkonzerte.

Ich bin gewöhnlich aber unter lauter Künstlern und lerne so unendlich viel Neues. Ich darf sagen, daß ich in einigem Ansehen stehe, wenigstens suchten mich die ersten Maler, Genelli und Koch, hundertmal auf.

Jetzt bin ich noch höchstens drei Monate hier, dann tret ich meine fünfmonatliche Reise ins Gebirge von Frascati, Albano, Tivoli, nach dem alten Capua des Hannibal, nach Neapel, auf den Vesuv, und endlich über das Mittelländische Meer nach Palermo, Syrakus, Messina, Catanea und Girgenti und den feuerspeienden Ätna an. Bis gegen Oktober bin ich wieder hier. Auf die große Hitze ist mir bang. Jetzt schon im Februar plagen einen die Flöhe fast zu Tode.

Den ganzen Sommer über hören hier Schulen und Universität auf, und in die Kanzlei geht man erst bei Anbruch der Nacht.

Gesund bin ich gottlob aber wie der Fisch im Wasser. Auf den Sommer aber werd ich schon was zu bestehen haben, jeder muß eine solche Krisis durchmachen; unsere Natur ist durchaus eine andere.

Die Römer sind gute Menschen, und was man bei uns auch fabelt, ist meistens Lüge: es ist wahr, daß sie gleich totstechen, wo ein Deutscher Ohrfeigen austeilt, aber wenn man sie zu behandeln weiß, so geht's gut. Man schlägt hier gleich den Kopf herunter.

Seid so gut und besorgt beiliegende Briefe gleich auf die Post. Ich muß einige Bücher haben, Hoffmann von Korntal wird mir sie besorgen; leistet ihm Hilfe und bedenkt, daß dies das einzige ist, was Ihr Eurem Sohn tun könnt. Die Bücher werden aber gegen achtzig Tage unterwegs sein. Schreibt mir also durch die Post ins „Caffé Greco". Bis Ende Mai gehe ich fort. Alsdann könnt Ihr mir nicht mehr schreiben. Kommt etwas Wichtiges, so adressiert den Brief an: Al Signore Guiglielmo Waiblinger, Dottore in Napoli, poste restante.

Ich gewöhne mich schon so an dieses südliche Leben, daß ich so bald nicht mehr scheiden werde. Auf alle mögliche Weise werd ich mich halten. Komm ich auch über lange Jahre wieder zurück, so ist's Sachsen oder Bayern, wohin ich ziehe, nach Württemberg mag ich nie mehr. Mein Schicksal liegt im Schoß des Himmels und in meiner eigenen Brust; rastlose Tätigkeit und unermüdlicher Eifer im Streben nach meinem großen Ziel wird mich vor jedem Untergang retten. Ich habe schon viel geirrt in meinem Leben, aber habe viel gelernt durch diesen Irrtum. Wer viel gewinnen will, muß alles wagen. Gott sei Dank, daß ich mir meiner Ziele und meiner Kraft bewußt bin! Euch aber, liebe, gute, herzliche Eltern, denke ich gewiß noch zu beweisen, daß ich bin Euer dankbarer

Wilhelm.

PS. Beruhigt mich doch bald mit einer Antwort. Grüßt mir die lieben Geschwister. Ich bin hier in einer so fremden Welt, daß mir's wunderbar zumute wird, wenn ich mich wieder in Euren Kreis zurückdenke, den ich vielleicht so bald nicht mehr sehen werde. Aber das wußt ich ja voraus. Nur so kann ich mein Streben erreichen.

Lest auch, was ich drucken lasse.

Das ist entsetzliches Leben während des Karnevals; nun ist's fünf Uhr morgens, ich war diese Nacht im Festino im Teatro Argentina, und noch rollen die Wagen drunten auf der Straße. Während des Korsos sind wenigstens einige tausend Kutschen voll schöner Damen in einer Straße hintereinander. In dieser Zeit gehen selbst die züchtigsten Mädchen maskiert und spotten einen aus oder knüpfen Liebeshändel an. Der Korso braust wie ein Meer von diesen hunderttausend Menschen.

Aber nun will ich zu Bett. In einem Vierteljahr wird Euch einer meiner Freunde hier besuchen. Ich hätte Euch tausend Dinge zu sagen, aber es ist nicht möglich. Soviel aber sei Euch genug, daß ich mich in keine andere Lage wünsche, daß ich gesund und glücklich bin. Daß Ihr es seid, gebe Gott, und Ihr verdient es ja. Möge der Himmel Euer Alter segnen und Euch den vollen Genuß der Früchte schenken, die Ihr gesät habt.

Lebt wohl, liebe Eltern, und vergeßt mich nicht, und vertraut auf mich, auch wenn ich Euch verleumdet werde.

An Friedrich Eser

Rom, Mittwoch, 30. Mai 1827

Ich bin in der Tat in Verlegenheit, lieber Eser, was und wie ich auf Deinen gestern erhaltenen Brief antworten soll, nachdem sich überhaupt mein im tiefsten gekränktes Selbstgefühl hat überwinden lassen zu antworten. Wenn jedoch nur dieses beleidigt worden, so möcht es noch angehen, leider aber ist's auch einem Ding widerfahren, das man hienieden nie zu achten pflegt, ich meine meinem Herzen und meiner Liebe: Wäre bloß das erste geschehen, so müßt ich dessen lachen, der mir solcherlei Vorwürfe macht und mich mit Waffen angreift, die nicht treffen und schlagen; da ich aber das letztere mit erfahren mußte, so kann ich's nicht lächerlich finden, vielmehr zwingt mich meine alte, früher nie getrübte Achtung und Liebe zu Dir, Dich aus einem Irrtum zu reißen, der nicht rühmlich für Dich ist und doppelt schmerzlich für mich, weil Du nicht bloß im Irrtum bist, sondern eine Ungerechtigkeit gegen mich begangen, deren ich meinen Eser nie fähig hielt.

Weil Du denn doch vorziehst, statt zu meinem Herzen aus Deinem traulichen Hause zu reden, mir eine Rede vom Katheder zu halten, so wirst Du es zweckmäßig finden, wenn auch ich einen kleinen Lehrstuhl besteige und meinen Brief mit jenem Satze beginne, mit dem Du den Deinen geschlossen: „Ich bitte, Gutes und Schlimmes zu eigenem Frommen sorgfältiger zu unterscheiden.“ Das bitt ich allerdings, lieber Freund, und zwar nicht bloß zu eigenem Frommen, sondern auch zu anderer. Wärest Du auch nichts weiter, als was Du in diesen und in vorhergehenden Worten zeigst und merken läßt, mein Gönner und Lehrer und Schutzherr, wärst Du das nie gewesen, ich meine nämlich in der Tat, was ich in Dir zu sehen glaubte, was Du zu sein mir versichertest, mein Freund, so hättest Du selbst als großmütiger Gönner noch unrecht getan. Erwarte nicht, daß ich mich verteidige, meine Sittlichkeit, meine Handlungen, meine Lebensweise rechtfertige. Das wär ich etwa dem schuldig, den ich früher in Dir liebte und ehrte, aber nicht dem kalten, schnellfertigen, vornehmen Beobachter, den ich leider zu meinem Bedauern in Dir entdecken sollte. Vergib mir, wenn ich gerade spreche, ich denke, das ist unseres früheren Verhältnisses und meines Vertrauens darauf am würdigsten, wiewohl es dem jetzigen freilich nicht mehr so angemessen sein mag. Ich unterdessen kann nicht anders, Du hast mich schon lange gekannt, hast mein Streben, meine Beschäftigungen, meine Gemütszustände, meine Irrtümer, meine Schicksale immer mit dem Auge begleitet, und ich kann sagen, daß ich jederzeit offen gegen

Dich war, ja offener als klug war. Du weißt, *was* ich erstrebe und *wie* ich's erstreben will. Ich hätte mir vorgestellt, daß man doch nicht geradezu behaupten könne, ich hätte meine Zeit und meine Kräfte vergeudet. Denn ich bin mir bewußt, daß das *nicht der Fall* ist, ich weiß, daß ich viele Kräfte verzehrt, die ich hätte besser anwenden können, aber ich bin der, mein Freund, der dies am lebendigsten anerkannt. Übrigens ist mein Leben nicht ohne alle Arbeit gewesen, und ich sollte meinen, das wäre Dir nicht entgangen. Dir in allen meinen äußern und innern Verhältnissen bekannt, schied ich von Dir, meine einsame Wanderung nach Rom antretend. Sage mir nur einmal, woher ums Himmels willen hast Du jene Nachrichten von meinem unwürdigen Lebenswandel in Rom bekommen? Laß mich ganz frei gegen Dich sprechen. Ich will Dir Deine Worte wiederholen, nicht ohne die Hoffnung, daß es Dich gereuen möge, sie geschrieben zu haben: „Wer in Rom, das bei jedem Schritt an Größe mahnt, sich nicht selbst bekämpfen und liederlich sein kann, der sollte kaum noch eines Blickes gewürdigt werden." Als ich diese Worte las, hatt ich im Sinne, Deinen Brief in Stücken zu reißen und mit jener von Dir auf mich übergegangenen fühllosen Herzenskälte in eine Ecke meines Zimmers zu werfen. Das hatt ich nie von Dir erwartet, mein Eser! Tiefe Verachtung würd ich auf einen andern werfen, der mir diesen mehr belachenswerten als verächtlichen, rein unsinnigen Vorwurf machte. Diese Worte in Deinem Munde aber haben mich blutig geschmerzt, denn Deiner sind sie nicht würdig, und mir sind sie nur ein wesenloser Nachhall jener schon seit langen Zeiten über mein Leben so traurig hereingebrochenen Schicksale und jener nie aufhörenden niederträchtigen Verleumdungen, die mir selbst da, wo ich heilig rein liebte und fühlte und dachte, durch hundert erbärmliche Menschen fortgepflanzt, mein Bestes, Schönstes und Tiefstes geschändet. Wie ich in Rom lebe? Höre, mein schnell verdammender, liebloser Freund – ich sage Dir beim ewigen Gott, es würde Dir vielleicht schwerfallen, Roms so würdig zu leben, wenn Du mein Schicksal hättest. Ich meine Zwecke hier vergessen? *meine Freunde?* wie vergessen nicht vielmehr diese mich? Besinne Dich einmal, ob Du bestündest, wenn Dir's auferlegt wäre, sechs Monate ohne einen Bajocc Geld hier zu schmachten, wenn Du, von allen Deinen Freunden verlassen, von dem letzten, auf den Du noch vertraut, aufs empfindlichste mißkannt, aufs ungerechteste beschuldigt, aufs harteste und schonungsloseste angefallen, Dich zum Spielball der elendesten Intrigen, der schlechtesten Menschen erniedrigt sehen müßtest, wenn Dir durch gänzlichen Mangel an allen und jedem Lebensbedürfnis selbst die Mittel, zu jenen Zwecken zu gelangen, abgeschnitten wären, wenn Du Dir nicht ein Buch, nicht ein Paar Schuhe kaufen könntest, wenn Dir's unmöglich gemacht würde, nur in guten Häusern zu erscheinen, weil Du keinen ganzen Fetzen Kleid am Leib hast, wenn man Dir das gebrochene Versprechen einer Buchhändlerseele und Deine dadurch veranlaßte Not als bloß abenteuerliche Betrügerei ausgebe, wenn man selbst Deinem Wirt, der Dir noch einen Bissen gibt, damit Du nicht betteln gehen mußt, Dich als einen Schuldenmacher verleumdete, der nicht bezahlen werde und der ausbreite, er werde unterstützt, wenn Du mit den giftigsten Sorgen um die gemeinsten und doch notwendigsten Dinge des Lebens zu kämpfen hättest, statt daß Du Deinen schönen Weg zum Ziele gehen könntest, wenn Du herumlaufen müßtest, fast in Lumpen, und suchen, ob Dir nicht irgend ein, gleichviel ob Deiner würdiges, wenn nur brotbringendes Geschäft gegeben werde, wenn Du Dich hingestellt sähest zur Zielscheibe des elendesten Künstlerhasses, der gemeinsten Umtriebe, des fadesten Neides, der ausgesuchtesten Engbrüstigkeit, Kleinheit und Bosheit, wenn Du Dich in dieser Not aushöhnen, verlachen sehen müßtest, wenn Du keine Ruhe, keinen Schlaf hättest und die furchtbarsten Bilder Dich rüttelten bei Nacht, während Du bei Tag nur durch unablässig betäubende Arbeiten oder durch die Eindrücke und Erinnerungen der dreitausendjährigen Mutter von Großem und Schönem Dich erquicken, Dich zu frischem Lebensmut, zur heitern Hoffnung einer bessern Zukunft, zum Vergessen des niedern Augenblicks, der geistestötenden Not erheben könntest, während Du gar nichts mehr auf der Welt Dein nenntest als Rom und, wiewohl verlassen, bettelarm und verlassen von allen, Dich dennoch glücklich fühltest, dennoch hofftest, Deine Zwecke trotz aller Hindernisse durchzusetzen, in hundert großen unvergeßlichen Augenblicken, an hundert heiligen, welthistorischen Stätten vergessen müßtest, wie gehemmt Deine eigenen Hände sind, etwas zu tun, was Dich befriedigte, was Deiner Kraft würdig wäre, wenn Du dennoch den Mut behieltest, Dich ungeschwächt herauszuringen und zu siegen, wenn Du Dich mählich reinigtest und reiftest im Anschauen all der ernsten, großen Welt – und nun, voll vom Stolze dieses *schweren* Kampfes mit der drückendsten Not, mit der äußersten Armut, voll vom Gefühl Deiner nicht ersterbenden, höher wachsenden Kraft, Dir sagen lassen müßtest, was Du mir gesagt!! Ich muß denken, daß Dir mein Leben aufs schändlichste verleumdet worden, sonst könnt ich Dir diese Deine Worte nie verzeihen, ja sonst müßten sie die letzten sein, die zwischen uns gewechselt worden, sonst würd ich Dir keine Zeit zum Besinnen übriglassen, ob Du Dich auf immer trennen wolltest von mir, sondern ich selbst würde Dir ein Lebewohl zu ebender Zeit sagen, wo ich *Hilfe – von Dir erwartete.* Diese Hilfe hätt ich verdient, vorausgesetzt, daß überhaupt ein Freund vom andern so etwas erwarten kann. Denn ich bin in einer Verlegenheit, aus der sich Schwarzes und Unseliges erzeugen kann, aus der ich nun mit diesen Deinen Worten keine Hoffnung, keine Aussicht zu kommen habe. Diese Not aber ist nicht verschuldet durch mich, und wahrlich, Eser, nicht niedrig durch die Art, wie ich sie ertrage, aber vielleicht durch die Weise, wie man mich drin darben, wie man darin meine Zwecke, ja selbst meinen ehrlichen Namen untergehen läßt. Nun leb ich über fünf Monate ganz ohne alles Geld von draußen. Franckh hat mir noch keinen *Heller* geschickt. Und wenn alle diese seine zweihundert Gulden ankommen, so kann ich nicht einmal alle Schulden bezahlen, geschweige daß ich etwas voraus hätte.

Ich habe eingezogen, sparsam gelebt, aber es will hier Geld, wenn man essen und schlafen will, und von außen bin ich nur mit leeren Versprechungen, Hoffnungen und Zusagen gespeist worden. Was soll um aller Welt willen nun heißen, ich vergesse meine Zwecke und meine Freunde? Allerdings kann ich jene nur schwer erreichen auf diese mühsame, trostlose Weise, die Tausenden den Mut nähme, den Kampf fortzusetzen. Doch darüber stille. Dieser Vorwurf trifft mich so ganz und gar nicht, daß es mir unbegreiflich ist, wie niedrig Du von mir zu denken gelernt haben magst. Ich berühre nur das letzte. Meine Freunde hab ich nicht vergessen, lieber Eser! Ich habe sie um Hilfe gebeten, aber es ist mir keine gereicht worden.

Es ist möglich, daß einer der vielen Elenden, die sich hier herumtreiben, mich bei Kölle, daß mich Kölle bei Cotta verleumdet. Das will ich mir zu Deiner Entschuldigung vorsagen, denn siehe, so schnell will ich noch nicht über Dich urteilen wie Du über mich, ob ich gleich Dir gestehen muß, daß ein wahrer Freund nicht so voreilig im Verdammen ist, weil er seinen Gegenstand achtet und achten muß, und daß er nie in jenen kränkenden, Gefühl, Liebe und Achtung hintansetzenden und im andern zerstörenden Ton verfällt. Wahrlich, der ziemt sich für jenen Eser nicht, mit dem ich den Plan zu dieser schicksalsvollen Wanderung erschuf, der mich seit acht Jahren kennt und liebt und auf den ich, verlassen von allen andern in dieser immer höher anwachsenden Not, allein noch gerechnet. Ich muß gestehen, daß ich stolz genug war, um zu glauben, Du hättest mich zu lieb und teuer und achtest mich zu sehr, um mich nach so langen Jahren voll der mannigfaltigsten Prüfungen und Erfahrungen nun plötzlich und gerade da, wo ich am meisten geschont, unterstützt, bedauert, kräftig gehoben werden sollte, wo ich am allerwenigsten Mißhandlung verdiente, aber wohl Achtung und vielleicht Hilfe, schwarz auf weiß verdammen zu wollen. Mein Leben wird unglücklich bleiben, das seh ich traurig genug nun ein. Seit jener Liebe zu dem verhängnisvollen Weibe will mir nichts mehr vonstatten gehen. Und dennoch liebt ich Julien so rein als ein wahnsinniger Schwärmer ein Weib lieben kann. Diese unglückselige, so reine, schöne, fürchterliche Liebe ist die Quelle unsäglichen Elends für viele und auch für mich geworden. Julie blieb unschuldig und wurde von der Hölle zur

Messalina verleumdet. Daher kommt mein schlechter sittlicher Ruf. Jener entsetzlichste aller Teufel hat ihn veranlaßt. Solang ich Julien hatte, war ich unschuldig wie ein Kind. Aber genug davon. Wer mein achtjähriges Streben und Leben und Lieben vor Augen hatte und dennoch, bei aller Liebe und Offenheit gegen ihn, verdammt, wie die übrigen verdammen, den werden leblose Worte nicht überreden. Du warst noch meine Hoffnung. Du warst mir geblieben. Ich wollte mich Dir malen lassen, das Bild ist halb fertig. Noch gestern, als ich in der Abenddämmerung mit jenem Maler den stillen Weg von St. Giovanni in Laterano auf meinen Monte Pincio wandelte, sagt ich mit dem wahrsten, tiefsten Gefühl: „Wie gerne ließ ich mich Wochen, Monate in St. Angelo einkerkern, wenn Eser diesen Gang am Kolosseum vorüber statt meiner hätte machen können." Als ich ins Caffé kam, fand ich Deinen Brief.

Lebe wohl!

Dein
W. Waiblinger

An den Vater

Rom, 2. Juli 1827

Liebster Vater!

Ich antworte Dir auf Deinen durch Gfrörer erhaltenen Brief und denke, es werde Dir, der Mutter und meinen Geschwistern nicht unangenehm sein, Nachrichten von mir zu erfahren. Denn wie ich höre, bewegen sich die verschiedensten Gerüchte über mein abenteuerliches, von so vielen Schicksalen beunruhigtes Leben im Vaterlande, und die meisten darunter sind so verleumderisch und unsinnig, daß sie wohl ein zärtlich und für mein Bestes so warm besorgtes Herz wie das Deine in Gefahr bringen können, an meinem Fortkommen zu verzweifeln. Ich habe auch wirklich sechs Monate hindurch so wunderbare, zum Teil schreckliche, einem andern tödliche Erfahrungen gemacht, daß es wohl zu verzeihen wäre. Ich bin dreimal wie durch eine übernatürliche Fügung des Himmels, da wo jeder vielleicht von minder hartnäckiger Denkungsart verzagt wäre, am Rand des Unglücks gerettet worden. Die niedrigsten Menschen waren beschäftigt, meine Lage zu untergraben und mir den Untergang langsam zu bereiten, und Verleumdungen, die jenseits der Alpen im Gange sind, taten ihr möglichstes, mir alle Hilfsquellen abzuschneiden. Die Deutschen, die sich hier herumtreiben, sind der Auswurf unseres Vaterlandes und bekriegen sich hier, zwar nicht, wie der Römer, mit dem Dolch, aber mit giftigen Intrigen und Ränken, denen noch schwerer auszuweichen ist als jenen. Darum ist mir die wütendste Bande von römischen Sackträgern lieber als meine Landsleute, und ich sondere mich nach und nach von ihnen ab, daß mir bange ist, wenn ich nur deutsch reden höre. Mit Gfrörer allein verkehr ich, und ein einziger Umgang ist ein mir ziemlich teuer gewordener, gutmütiger Maler, ein Parmigianer, mit dem ich allein näher zusammentrete und mit dem ich sogar zusammen wohne. Auf diese Weise gewinn ich auch im Italienischen, und so wird denn gegenwärtig fast immer welsch gesprochen.

Nun hab ich Aussichten, daß es mir nach und nach besser ergehen wird. Es ist auch Zeit, denn ich weiß gewiß, daß Tausende in diesen schweren Prüfungen erlegen wären. Meine sehr hoch angewachsenen Schulden, die mir am Ende ein schlimmes Ende zuziehen wollten, bin ich instand gesetzt worden, alle ehrlich zu bezahlen, und ich atme nun wieder frei. Ich könnte Dir Dinge erzählen, Ereignisse, die mir widerfahren, die so sonderbar und abenteuerlich sind, daß man sie mir schwerlich glauben würde. Gott sei Dank, daß ich ihren Folgen so ziemlich entgangen und meinen zahlreichen Feinden den Triumph ihrer Bosheit über mich entzogen habe! Cotta hat mir seit sieben Monaten nichts mehr geschickt, aber es ist gut, daß man auch ohne seine Goldsäcke leben kann. Du kannst Dir leicht denken, wie unzählige Pläne sich in mir herumwälzen, wie viele Versuche ich machte, mir eine für den Augenblick erwünschte ausreichende Lage zu sichern, unterdessen ist mir einiges gelungen, und ich habe Quellen von Dresden aus. Eine Arbeit größerer Art, die ich in einigen Wochen beginne und die mit dem

Ende dieses Jahres mit Gottes Beistand vollendet werden kann, möchte mich vielleicht bedeutend fördern, so daß ich mit ihrem Eintrag das nächste Jahr nach Sizilien reisen kann.

Auf den Winter sind mir vom preußischen Gesandten Lektionen bei Engländern versprochen, wo die Stunde einen gr. Taler einträgt. Natürlich muß ich dabei italienisch reden, und dazu macht mich mein Parmigianer Freund Francesco Scaramuzzi fähig. Unterdessen betreib ich noch hundert andere Pläne, denn wer auf der Welt sich wie ich bloß durch sich selbst durchschlagen will und vom bloßen Glücksstern nichts zu hoffen und zu erhalten gewohnt ist, sondern alles mit angestrengter Willenskraft und ausdauerndem Streben erringen muß, der muß den Blick nach den vielseitigsten Richtungen wenden und nicht verzagen, wenn auch hundert Versuche mißlingen.

Ich habe nun eine Wanderung von drei Wochen durch das päpstliche Gebiet und seine paradiesischen Gebirge gemacht. Hier habe ich Dinge gesehen, die mir eine fast unwiderstehliche Sehnsucht erwecken, unter diesem mildem Himmel zu leben und zu sterben. Meine Vorstellungen fand ich weit übertroffen, und ich drang zum Teil in Gegenden ein, wo wenig Reisende hinkommen und wo ehedem die großen Räuberbanden hausten, zum Beispiel in den Felsgipfeln von Olevano, wo erst noch vor einigen Jahren ein Graf gestohlen wurde. Es geschehen zwar neuerdings eine Menge Mordtaten, hier in Rom alle Wochen einige, und bei Viterbo und bei Ronciglione ist eine Bande von Brigantis, aber ich habe auf der andern Seite eben in jenen wilden, unbesuchten Waldgebirgen voll unbeschreiblicher Schönheit solch gute, liebe Leute getroffen und bin in Olevano mit einer Familie namens Brattese so gut und traulich geworden, daß ich nur auf einen neuen Wechsel warte, um die nun mit entsetzlicher Kraft anrückende Periode der Hitze drüben im Kreis der guten Menschen, in der Umgebung der schaurigsten, erhabensten Natur und der gesundesten Luft zu umgehen. Man lebt auch sehr billig dort, und ich war schon den ersten Tag in der Brattesischen Familie wie einheimisch. Zudem sind die schönsten Weiber der Welt in den Gebirgen von Subiaco,

Olevano und Albano. Vor einigen Wochen strich ich acht Tage lang in den Kastanien-, Öl- und Lorbeerwäldern von Frascati und Albano herum, immer den Blick gegen das Mittelländische Meer, und sah das Blumenfest in Genzano, eine Feierlichkeit, die zumal in dieser überschwenglich reizenden Natur, in dieser übersprudelnden Üppigkeit südlichen Wachstums auf den blumenbestreuten Straßen der dreitausendjährigen Stadt an die Fabelwelt und an Elysium erinnerte, eine Täuschung, die durch eine Versammlung der Schönheiten der Albaneserinnen und Genzaneserinnen, die bekanntlich die ersten der Italiener sind, zu einem unvergeßlichen Entzücken und zu einer Art von lieblicher Wahrheit erhoben wird.

Wir haben nun eine Hitze, von der Ihr keinen Begriff habt. Des Morgens um sechs Uhr brennt die Sonne schon, und man schwitzt den Tag über wie im Backofen. Nun kommt die aria cattiva, jene Schirokkoluft, die für die Fremden so ungesund ist, daß die meisten erkranken, die nicht ins Gebirge gehen. Das Fieber ist einem am Halse, ehe man's glaubt, und dann gute Nacht auf vier Wochen. Ich habe noch nicht das geringste verspürt und fühle mich gesund wie ein Fisch im Albanersee. Ich suche mir diesen Zustand durch eingezogene, regelmäßige Lebensart zu erhalten, bei der ich mich sehr wohl befinde. Die Hauptsache ist, wie ich finde, daß ich im Wein weder zuviel noch zuwenig tue; ich trinke daher jeden Tag mein abgemessenes Quantum, über das ich nur bei besonderen Gelegenheiten, aber auch hier mit Vorsicht, hinausgehe. Übrigens ist die Hitze nicht gut für die Arbeit, und nun, da sie mit jedem Tage anwächst, bis zu Ende Oktober brennt, so befürchte ich, keine Herkulesarbeiten liefern zu können. Ich gehe ebendeswegen ins Gebirge, was mir viel nützen wird für jene Arbeit. Meine Bergreisen haben mir schon dreihundert Gulden eingetragen und vielleicht neunzig gekostet. Ich werde etwas schreiben, was den Deutschen ganz neu und unerhört sein wird.

Warum habt Ihr denn Gfrörer meine Bücher nicht mitgegeben? Ich habe noch nichts erhalten. Wenn Ihr durch Gelegenheit etwas hierher bringen könnt, aber mit geringen

Kosten, was Ihr nur vermögt – es reisen ja manchmal Leute hierher –, so tut's. Meine gedruckten Arbeiten sind mir sehr nötig.

In Rom gibt es jede Woche neue Wunder. Das Fronleichnamsfest, wo eine Prozession durch die Hallen des Petersplatzes zog, war für uns Neulinge ein Mirakel. Eine Prozession von allen geistlichen Orden, die gegen zwei Stunden währt und wo endlich der Papst betend unter dem Thronhimmel getragen, ist für uns etwas Niegesehenes. Sodann das Fest von Peter und Paul, den Schutzherrn in Rom, ließ uns zweimal die Girandola, das prachtvollste Feuerwerk der Erde, und die Beleuchtung des größten Baues in Europa bewundern. Diese Woche begannen die Stiergefechte im Mausoleum des Augustus.

Ich habe mich nun auch in der Kleidung ein wenig wieder herausgeputzt. Es ist alles entsetzlich teuer in Rom, bis auf den Wein und den Kaffee, Limonade und Gefrorenes. Ein Paar Sohlen halten vierzehn Tage. Unlängst war ich auch in Monte Compatri und Monte Porcio, wo man um drei Kreuzer einen Wein trinkt, den Ihr mit Talern bezahlen würdet. Er ist wie Champagner.

Aber es ist Zeit, aufs Kapitol, ins Museum und in die Galerie zu gehen. Einige Worte des Herzens aber zuvor noch an Dich, lieber, guter Vater! Du scheinst tief bekümmert zu sein, und mein Inneres sagt mir mehr als gut ist, daß ich alle Schuld daran trage. Ich habe Dich in jenen Zeiten meiner Irrungen und Leidenschaften, meiner unklaren Bestrebungen und meiner meist selbst herbeigezogenen Unheile so betrübt, daß mir schon mehr als eine trübe Stunde daraus erwachsen ist. Glaube immerhin, daß es nie mein Wille war, daß ich wohl erkannte, was ich Deinem Vaterherzen schuldig war, und daß mich nur der nicht bekämpfte, aber am Ende sehr nachdrücklich bestrafte Sturm meiner wilden Leidenschaften verführen konnte, so manche bitterschwarze Wolke in dein Leben zu bannen. Das seh ich nun mit einer Scham ein, die mir noch eine schmerzlichere Strafe ist als jenes vielfach veranlaßte Unheil, das ich stiften mußte. Am Ende glaubt ich, meinen nagenden Schmerz über zeitliche Verluste nur durch unordentliche Genüsse betäuben zu können, und das wäre für manche hinreichend gewesen, sie für ihre edle Bestimmung zu vernichten. Ich bin hier geworden wie ein anderer Mensch, und das Anschauen all des Großen und Erhabenen, die Erinnerung an jene unzähligen unsterblichen Männer, die in der Ewigen Roma lebten, hat mein Wesen umgekehrt. Ich ringe nach Mäßigkeit und Ordnung im Denken, Fühlen, Handeln, Genießen, Wünschen und Wollen. Ruhe wird mir nie werden, aber Ordnung vielleicht. Ich fühle mich stark genug. Erfreulicheres und Wahreres kann ich Dir nichts über mich schreiben, obwohl Deine liebevolle Geduld, Deine treue Nachsicht, Deine edle Aufopferung, Deine für mich oft so schmerzlich empfindliche und nur im Rausch des Irrtums vergessene Entsagung mehr verdiente. Glaube diesen Worten, die Dir Dein ältester Sohn aus der Stadt der Cäsaren in die Heimat sendet. Noch kann ich Dir – nur so dankbar – nur durch Empfindung und Gefühl, nicht durch Tat und Handlung erkenntlich sein, aber wenn der Himmel meinem eifrigen Streben nicht gar zu ungünstig ist, so erhört er gewiß meinen sehnlichsten Wunsch, daß er mir außer der Erreichung meines Zieles als Dichter, auch die als Mensch gestatten und mich in den Stand setzen möge, wenn auch nicht mehr dem lebenden Vater, doch dem in einer besseren Welt aufgenommenen und für seine viele Liebe und allen Kummer belohnten in seinen Kindern zeigen zu können, wie sehr er Dir und meiner guten treuen Mutter heitere und frohe Tage und ein langes Leben wünschend verharrt als

treuer

W. W.

An Friedrich Eser

Rom, 6. Januar 1828

Mein liebster Eser!

Es sind nun drei Monate, daß Du mir nicht geschrieben, und ich hatte Dir bereits zum zweiten Male einen italienischen Brief zusammengesudelt, als mir eine höchst betrübende Nachricht von Dir zu Ohren kam, die ich falsch verstand, so daß ich den Brief zerriß. Jetzt glaub ich klarer über Dich zu sein und will herzlich gerne alles auf Deine Verwandten schieben, ja, ich finde ein neues Opfer von Deiner Seite aus darin, besonders da auch eine Person im Spiele ist, die Dich am nächsten angeht und vor der ich übrigens von jeher soviel Achtung hatte, daß ich lieber ein Mißverständnis als etwas anderes ahnen will. Ich schreibe Dir darum wieder zum zweiten Male mit aller Freundschaft, die ich je zu Dir fühlte, und wünsche, daß es Dir lieb seie, daß Dein Herz noch warm für mich sein werde. Unbeständig kannst Du wohl nicht sein, und Du wärst es diesmal gewiß am unrechten Orte. Wir sind nun fast neunjährige Freunde, und ich bin Dir jedes Jahr mehr geworden, jetzt da sich das Schicksal mit meinem Bestreben zu versöhnen scheint, ja, da ich eine schöne heitere große Zukunft vor mir sehe, jetzt wolltest Du mich verlassen? Nein, Eser, ich schäme mich, es zu denken.

Seit einem Vierteljahre sind mir herrliche Pläne in Erfüllung gegangen. Es konnte auch kaum anders gehen, denn ich hatte Himmel und Hölle in Bewegung gesetzt. Ich lebe nun in der frohesten Tätigkeit, überfüllt mit dringenden belohnenden Geschäften, in besten Verhältnissen mit Deutschland, in der Hoffnung noch Besseres, in munterem gesellschaftlichen Umgang, unter Weibern und Männern, nach Wunsch und Lust. Höre demnach: Fürs Jahr 29 erscheint ein Almanach aus Italien von mir bei Reimer in Berlin, welcher mir gute Bedingungen gestattet und die reichsten Früchte aus einer Verbindung mit ihm versprochen hat. Bis April muß das Manuskript schon in Berlin sein, und ich konnte erst vor 14 Tagen anfangen. Stelle Dir also meine Eile vor! besonders da ich selbst fast alles allein schreibe! Die allerliebsten interessantesten Bilder besorg ich hier dazu: Du wirst das Porträt eines Wunders von italienischer Schönheit, zwei einzige Genrebilder, in deren einem Thorwaldsen mit seinen Schülern beim römischen Saltarello zecht, sodann Sorrent und Tassos Haus, eine Vedute in Rom, eine Komposition, worin Raffael und Michelangelo sich die Hände reichen, eine Kopie des Tizian in Borghese, und das schöne Basrelief von Thorwaldsen, die Liebesgötter, darin sehen. Hauptinhalt sind Novellen. Eine hab ich beinahe schon fertig. Du wirst Dich wundern über die Ruhe, die ich gewonnen. Sie spielt in Rom, Ostia und Genzano, zu Raffaels Zeit, der selbst vorkommt. Die andere ist komisch, und zwar dermaßen, daß Graf von Platen, mein teurer Freund hier, die äußerste Wirkung prophezeit hat. Sie narrt die Engländer in Rom in einer Intrige, in Abenteuern, in einem Gemälde zum Tollwerden: ja ich möchte sie gerne ins Italienische übersetzen. Das übrige sind Gedichte, und eine Erzählung: „Die heilige Woche", auch von mir. Auch eine vollständige Schilderung aller Thorwaldsenschen Werke.

Reimer hat ferner meine Gedichte verlangt und meine „Anna"; beide sind schon bei ihm, und er wird sie ohne Zweifel drucken. Geheimerat Semler, der Finanzverwalter des Berliner Theaters, hat mich hier besuchen wollen und hat mir nun von Berlin aus versprochen, „Anna" auf die Bühne zu bringen. Ferner ist dem Graf von Platen die Stelle des Redakteurs eines Theaterjournals angetragen worden, mit 2500 Talern, er hat mich vorgeschlagen, ich habe selbst darum geschrieben, aber ohne Vertrauen, denn das wäre ein Glück, wie ich keines für mich hoffen kann. Ich stände am Ruder des ersten Theaters in Deutschland und meiner dramatischen Laufbahn stünde nichts mehr im Wege. Indessen versucht muß alles werden; und ich erwarte bald Antwort.

Cotta hat mir zweimal wieder geschrieben. Er scheint eifersüchtig zu sein und hat mir die Herstellung des besten Vernehmens und die Erfüllung meiner finanziellen Wünsche versprochen, wenn ich für ihn arbeite. Ich habe ihm etwas geschickt und trotzig geschrieben, denn das tut besser bei ihm als Demut. Mein Almanach wird ihn aufsehn machen, Reimer überhäuft mich mit Lob und schönen Dingen.

Mein Roman, „Francesco Spina", auf dessen Erscheinung ich viel gründen zu können glaube und den ich längst angefangen, bleibt nun natürlich liegen. Vielleicht kann ich ihn aber sogleich nach Vollendung des Almanachs fortsetzen, und dann wär ich gegen Juli zu Ende; er hat ein kristallhelles Kolorit, und seine

Fabel ist so intrikiert, so interessant, daß ich auch dem Wunsche des gemeinern Publikums zu genügen glaube. Du wirst gewiß, ich rühme mich dessen, ohne Scham, durch ihn nach Rom, nach Albano und ins Sabinerland versetzt werden wie noch durch keine Darstellung.

So stehen nun meine Sachen. Der Almanach samt den Poesien, dem Trauerspiel und dem Honorar des Abendblatts und der „Morgenzeitung" in Dresden setzen mich in Stand, anständig, ja bequem und im frohen Genusse Roms zu leben und auf den Sommer Neapel, Kalabrien, Sizilien und Malta, ja, wenn Cottas Zuschüsse hinzukommen, vielleicht Zante und Zefalonia zu sehen. Das gibt alsdann Ausbeute für Herz und Geist, für Romane und Novellen, Lyrisches und Dramatisches. Ich brächte gegen drei Viertel Jahre auf dieser Reise zu und setzte dann gleich den Almanach fort. Alsdann kann ich Dir auch Dein Anlehen zurückgeben oder, wenn Du willst, vorher schon, nur, damit Dich Deine Verwandten nicht mehr anfechten und Du mir darum gram wirst, weil ich Dir Sorgen mache. Ich kenne Dich wohl, aber auch jene. Darum stille.

Möglich wär es freilich immerhin, daß ich nach Berlin käme. Alsdann müßt ich Hesperien für jetzt lassen und ließ' es gerne, um einen Lorbeer in Deutschland zu suchen. Bleib ich aber in Italien, und das ist wahrscheinlich, so wird mein Almanach, meine Gedichte, „Anna" und besonders der Roman dafür sorgen, daß man meiner gedenkt, vielleicht, um mich sobald nicht wieder zu vergessen.

Ich lebe seit Monaten darum im frohesten Humor. Das geht über auf alles, was ich singe und dichte. Ich habe einige allerliebste Zimmer seit einem Vierteljahr mit meinem Scaramuzza gemietet: wir sind in der Einsamkeit und Stille des klösterlichen Roms. Von meinem Schreibtisch aus sehe ich über Pomeranzengärten hinüber zu den Riesenpalästen des Monte Cavallo, zum Turm des Nero, zum Kapitolsturm, ich habe den Friedenstempel und die Kaiserpaläste auf dem Evandrischen Palatin vor mir, und drüberhin die Pinienelysien des Gianicolo und die unendliche Campagna bis ans Meer. Zur andern Seite die stundenlange Straße vom Obelisk auf Trinità dei Monti bis St. Maria Maggiore, abermals Zitronen- und Portugallengärten, und die Ruinen an den Thermen des Diokletian. Den ganzen Tag Sonne, so daß ich seit dem November die Fenster den ganzen Tag offen habe. Du hast keinen Begriff von diesem Winter. In 2½ Monat hat es kaum *einen* düstern Tag gegeben, und der ganze Januar war unbewölkt, des Mittags brennt die Sonne, und des Abends sehe ich sie in flimmerndes Gold hinter dem Turm des Nero hinabsinken. Ich hab eine Ode darauf gemacht. Den letzten Tag des vorigen Jahrs und den ersten des laufenden war ich an den Ufern des Meers, sah einen entsetzlichen Sturm, hatte lustige Abenteuer und strich mehrere Tage in Ostia und Fiumicino umher. Sonst bin ich nicht mehr fortgekommen, und jetzt ist an nichts mehr zu denken, bis der Almanach fertig ist. Ich gehe vor Ave Maria, das heißt vor Sonnenuntergang, nie aus, esse zu Hause und bringe den Abend im Theater mit Platen oder in lustiger Gesellschaft zu. Ich habe gute Bekanntschaften gemacht! Weiber und Männer. Ich kenne einen berühmten tragischen Improvisator persönlich und bin soviel als beweibt. – In meinem Hause wohnt die Nichte des griechischen Admirals Tombasi mit ihrem Mann, Villeneuve, sie ist eine junge Arkadierin, geht wieder nach Smyrna zurück, und ich komme täglich mit ihr zusammen. Ein alter Spanier, mit dem ich früher umging, ist mir lästig geworden, und ich bin fast immer mit einigen Lombarden, wenn ich lustig sein will.

Wie gerne trät ich Dir die Wonne des Karnevals ab, die übermorgen beginnt! Ich muß wenigstens die Hälfte des Tages arbeiten, will aber die Nachmittage und die Nächte sehen, genießen und schwärmen.

Es gibt wieder Heilige. Ein Kapuziner hat Wunder getan, es ist zum Sterben, wie sie ihn verehrten. Dem Leichnam hat man viermal den Rock gewechselt, so reißend ging's drauf ein. Er hat einen Esel vor dem Venerabile knien gemacht, und dem Toten ist selbst der Bart gewachsen. Den Papst selbst sah ich in die Kirche ziehen, wo der wüste Bruder exponiert war.

Wir haben nun einen göttlichen Correggio hier in Borghese.

Der Fürst hat ihn in Paris gekauft – „Danae und der Goldregen“. Er ist restauriert, aber zum Entzücken modelliert und in chiaro oscuro gehalten. Drei Putti sind wahrhafte Engel. Thorwaldsens Grab für den St. Peter und Pius VII. wird schon geformt. Die beiden Figuren „Die Weisheit“ und „Die Kunst“ sind in der Tat kolossal, und das Monument wird gewiß das Beste in St. Peter, selbst Michelangelo und Canova gegenüber, wenigstens nach meinem Geschmack, der jeden Tag mehr angewöhnt wird, im Maß und in der Harmonie die Schönheit zu suchen. – Es sind diesmal erstaunlich viel Briten hier, und Figuren zum Karikieren. Stoff genug für die Novelle! Du sollst Dich gesund oder krank darüber lachen. Sie treiben's so weit, daß sie zu sechzehn in dem Knopf der Petrikuppel einen Tee trinken. Deutsche und Italiener bilden Gegensätze dazu, und beide werden satirisiert, besonders der fiesolanische Künstler und der römische Paino.

Im „Morgenblatt“ wirst Du eine Novelle aus meinem Rom finden. Man sagt in Deutschland, ich sei Jesuit geworden? Das ist ja allerliebst!

Ich will Dir italienisch schreiben ein andermal. Mit der Sprache geht's nach und nach gut: ich kann schon predigen wie ein Jesuit oder ein Kapuziner und schreien wie der Ciarlatano auf dem Pantheonsplatz. Ja, eine von meinen weiblichen Lehrerinnen sagt, es sei köstlich, wie ich das trasteverinische Näseln nachmachen könne.

Heut abend geh ich zu den Burattini in fiano, um den Cassandro zu sehen. Die Theater sind ausnehmend schlecht. Es wird jeden Abend in etlichen und fünfzehn Häusern gespielt. Ich will drüber schreiben. Rosa Taddei hab ich wieder improvisieren hören. Ich habe den „Ventaglio“ von Goldoni aufführen sehen, eine Komödie, wie ich noch keine *spielen* sah. Es wäre lustig, wenn ich noch den Theaterkritikus von Profession machen müßte. – Ich kann nicht leugnen, auch ich freue mich wieder auf den Karneval. Es ist doch das zauberhafteste, lieblichste, feenartigste, süßeste Fest auf dieser Erde, eine Schilderung davon müßte in lauter Rosenblüten und Myrten hängen. – Man macht Ausgrabungen am Kolosseum, unter dem Venustempel. Man hat die alte Via Sacra, Gräber, eine Menge Gänge und Gebeine gefunden, auch zwei schöne Statuen, eine Julia und einen Titus, und einen Junokopf, in einer vigne am Lateran.

Nun bin ich zu Ende! Antworte mir, Freund, ich warte sehnlich darauf. Beruhige mich über Dein Schweigen, freue Dich mit mir der freundlichen Erfolge meiner Bestrebungen und meiner lachenden Zukunft und bitte Gott, daß er mich auf dem Wege lasse, auf dem ich begriffen bin, auf dem Wege einer ruhigen, gesunden und frischen Tätigkeit, der Harmonie mit mir und der Welt und des Gleichgewichts in meinem innern und äußern Leben und Treiben! Wenn wir uns einmal wiedersehen, wirst du einen Menschen in mir finden, in dem sich alles verändert hat, nur nicht die Liebe zur Poesie und zu Dir!

Dein

W. Waiblinger

Vor meinem Fenster blüht schon der süßeste Mandelbaum neben der Glut der Orange.

An die Eltern

Rom, 24. Februar 1828

Geliebteste, teuerste Eltern! Ihr seid mir noch die Antwort auf zwei Briefe schuldig, und ich send Euch schon den dritten zu. Die Ursache ist, daß ich notwendig einige Exemplare von meinen Schriften haben muß. Laßt also unverzüglich ein Exemplar des Büchleins „Drei Tage in der Unterwelt“ von Franckh kommen und sendet mir's nebst zwei Exemplaren der „Erzählungen aus Griechenland“ und dem „Phaethon“ zu, zusammen also vier Teile, und zwar nicht ganz eingepackt, sondern bloß in Kreuzumschlag, wie man die Zeitungen versendet. Diesen Gefallen werdet Ihr mir tun; ich habe den unvorsichtigsten Streich auf der Welt begangen, daß ich nicht einen Koffer hierher nahm. Denn wie es jetzt scheint, werde ich noch lange in Italien bleiben, und zwar unter immer besseren Umständen. Ich habe nun durch die Berliner Gelder mehr als dreihundert Gulden Schulden bezahlt, und ebensoviel liegt noch bar vor mir. Es wird mir wahrscheinlich nicht mehr fehlen, und die Zeit der Prüfung scheint vorüber. Ich habe mich aber auch unsäglich bemüht, und mancher wäre verzweifelt. Desto mehr genieß ich nun die Ruhe und mein lächelndes Glück. Auf meine große Land- und Meerreise, die ich meiner übermäßig vielen und drängenden Geschäfte wegen vor Juli schwerlich antreten kann, werd ich etwa eintausend Gulden verwenden. Dabei rechn ich auf Cotta nicht, ob er mir gleich gestern erst wieder geschrieben, daß er mir die Hand reiche. Ich antwortete sogleich: Ja, Sie geben mir die Hand, aber die leere! Die Berliner und die Sachsen haben mir ihn entbehrlich gemacht. Aber dennoch wird er mir Geld schikken. Er wird erstaunen, wenn er meinen Almanach angezeigt findet. Die Reisen tret ich so spät an, fürs erste wegen meiner vielen Arbeiten und sodann, weil man in Sizilien und Kalabrien nur des Winters reisen kann. Graf Voß, der Minister in Neapel geworden, bringt mir mein Trauerspiel hierher, damit ich's sogleich für den Druck einrichte. Bin [ich] damit fertig, so geht's den Vulkanen und den Zauberinseln zu. Ihr könnt Euch denken, wieviel ich zu tun habe. Der Karneval hat mir leider zehn Tage geraubt, denn ich habe mich tüchtig divertieren wollen und bin von Mittag bis morgens auf dem Korso, in Theatern, Osterien und Maskenbällen herumgeschwärmt. Dies ist unstreitig das schönste und reizendste Fest auf Erden. Gegen achtzigtausend närrische Menschen in einer Straße von zwei Miglien lang, unter dem Regen von Zuckerbonbons und Blumen! Solch ein Tag ist mehr wert als Jahre in Eurem Schwaben. Aber man muß bekannt sein und gut italienisch reden. Ich hatte meine schöne Maske am Arm und oft zwei und war ein Narr wie andere. Jetzt sind die vierzigtägigen Fasten. Ich esse aber Fleisch, soviel ich will. In sechs Wochen, nach Vollendung meines Almanachs, gehe ich wieder ins Sabinergebirg, um mich zu erholen.

Gott erhalte Euch nur gesund und froh, das ist der einzige Wunsch

Eures treuen Wilhelm.

An Georg Andreas Reimer

Rom, 28. September 1828

Seit einigen Tagen, verehrtester Freund, bin ich wieder in der stillen, toten, traurigen Roma und fühlte mich, als ich durch die Porta San Giovanni hereinzog, als ob ich in eine teure Heimat zurückkäme, wo ich einst herrliche Tage verlebt und nun Freunde und Liebe alle zu Grabe gegangen. Es wollte sich auch seither nicht schicken, daß ich recht heiter gestimmt wurde, und ich wünschte mich tausendmal in mein schönes wildes Capri zurück. Doch nun hab ich angefangen zu arbeiten und hoffe, daß der Himmel mir günstiger werde. Zum dritten Mal hör ich nun schon die abruzzesischen Hirten mit ihrer schwermütigen Musik durch Roms Straßen ziehen und die Ankunft des Herrn verkünden, gebe Gott, daß auch mir Heil geschehe.

Unvergeßliche Monate verlebte ich in Neapel und in seinen Umgebungen. Teils aus Mangel an einem Begleiter, teils aus Furcht vor der Jahreszeit und teils aus Besorgnis, Neapel zu flüchtig ansehen zu müssen, ließ ich Sizilien für dies Jahr und habe mich dafür in Neapel in allen Teilen einheimisch gemacht. Nachdem ich gesehen, genossen, gesammelt und beobachtet, floh ich aus dem betäubenden Tumult einer halben Million südlicher Menschen und lebte gegen drei Wochen in der Einsamkeit Capris. Hier entwarf ich den Almanach fürs folgende Jahr und bin damit so weit, daß ich nur ausführen darf. In einem phantastischen Feenmärchen, das zur Zeit Manfreds auf Capri und Ischia spielt und „*Die Blaue Grotte*" benannt ist, will ich eine Erfahrung des Lebens, einen Spruch der Weisheit, das *Gesetz der Mäßigung* im innern und äußern Leben, in geistiger und physischer Natur darstellen, und alles soll im Gewebe einer sinnreichen Fabel vom Geist des süßen parthenopeischen Himmels erglühen. Sodann, wie die Poesie darin weit aus dem Wirklichen bis in die Urzeit zurückkehrt, da die Inseln sich vom festen Lande schieden, soll die Selbstbiographie eines merkwürdigen Lazzarone ein Bild vom Volksleben Neapels geben und die Leser gewiß interessieren, da alles drein verwoben wird, was jene wunderbare Stadt vor andern im Kreise des Lebens auszeichnet. Hierauf folgt eine Erzählung: „Francesco Spina“, welche früher zu einem ganzen Roman werden sollte, nun in der Beschränkung der Novelle der Handlung gewiß nicht ermangelt und Rom und seine Gebirge in einer spannenden Intrige charakterisiert. Diesen kann noch eine *„Humoristische Wanderung nach Paestum und Sorrent“* beigegeben werden. Poesien sollen auch nicht fehlen. Eine Schilderung der Improvisatrice Rosa Taddei nebst Proben ihrer Gedichte wie die Noten ihrer Melodien soll schließen.

Längst hab ich die Zeichnungen bestellt. Führich wird drei Blätter aus dem Feenmärchen komponieren, *Krafft*, unter tüchtigen Genremalern der reichste, seinen so sehr gepriesenen Karneval selbst radieren, Götzloff in Neapel eine Landschaft und Genregruppe vom Posilipp komponieren, Moosbrugger von Konstanz unsern alten Lazzaroni als Vorleser des Ariost auf dem Molo darstellen. Über die andern bin ich noch nicht einig.

Zu meinem großen Vergnügen hat mir Ihr Herr Sohn nach Neapel geschrieben und mich ehrenvollerweise zum „Taschenbuch“ eingeladen. Ich werde zu seiner Zeit, soviel ich habe und kann, abgehen lassen.

Würden Sie sich dazu verstehen, ein Panorama vom Kloster der Kamaldulenser, von Götzloff gezeichnet und von mir mit einer Erklärung begleitet, herausgeben zu wollen?

Wie geht's denn mit dem Almanach? Ich zittere! Wann werd ich ihn sehen? Schicken Sie mir doch, ich bitte Sie, ungesäumt in Kreuzband zwei Exemplare. Die hiesigen Künstler können's auch kaum erwarten.

Und *meine Gedichte* und *„Anna“*? Wann denn endlich eine Antwort? Ich wünschte beide so sehnlich gedruckt.

Nun kommt der Künstler wieder und pocht, und der Poet kann nur erwidern: mi hanno pelato li Napolitani! aspettate, finche ci venga una buona Tramontana! Zu deutsch: Ich bin ohne Geld, und bis Ende oder Mitte Dezember hab ich doch die Zeichnungen zu bezahlen. Ich schiebe alles auf die Künstler, aber unter uns, ich selbst kann's so gut brauchen als sie und habe keinen Bajocc mehr.

Vergeben Sie, werter Freund! Ich weiß, daß Ihnen eine solche Anspielung nichts Neues ist und daß ein Mann von Ihrem Fach nur zu sehr mit den Finanzverhältnissen seiner Autoren bekannt ist. Ich bin aufrichtig, und Ihr bisheriges Benehmen gegen mich erlaubt mir's, es zu sein.

Möchte mir eine hübsche Befana die Melancholie der Weihnachten versüßen und ich in Tagen, wo sich alles freut und mir einst so reiche Kindergeschenke gebracht wurden, nun in freudeloser Mitte zwischen Jüngling und Mann nicht darben müssen!

Mit frohen Hoffnungen und Wünschen, unter denen der wärmste und wichtigste für die Dauer unserer freundschaftlichen Verbindung und gegenseitigen Achtung ist, grüß ich Sie aufs herzlichste und bin Ihr

W. Waiblinger.

An die Eltern

Insel Capri, 1. Oktober 1828

Liebe teure Eltern!

Seit Wochen bin ich im irdischen Paradiese, in der Fülle des Schönsten und Lieblichsten, Größten und Reizendsten, was auf dieser Welt entzücken kann. Schon hab ich alle Inseln und die drei Meerbusen von Gaeta, Neapel und Salerno bis ans griechische Paestum durchzogen und gesehen und genossen und wie im brennenden Durst in mich hineingeschüttet, was hier in Strömen von Schönheit fließt. Nun aber ist mir das erschrecklich tumultuarische Neapel und das Wogen, Schreien und Lärmen einer halben Million Menschen so zur Last geworden, daß ich mich auf diese reizendste aller Inseln zurückgezogen, welche zu Christi Zeiten einst der Tyrann Tiberius bewohnte, von dessen Palast noch eine Menge Ruinen vorhanden sind. Hier, mitten im Mittelländischen Meer, leb ich wie ein Gott so froh und glücklich. Zu vier Seiten erblick ich Meer durch mein Fenster und schauderhafte Felsen und Palmen, Orangen, Myrten, indianische Feigen, Aloe, Lorbeer und Trauben. Auf dem Dache genieß ich eine himmlische Aussicht auf das hohe Meer von zwei Seiten, gegen Afrika und gegen Nord. Alles atmet hier orientalischen Geist: die Häuser sind auf morgenländische Weise gebaut, die Frauen selbst tragen griechisches Kostüm. Giuseppe Pagani, ein Notar, bei dem ich wohne, ist der erste Ehrenmann der Welt, und der Capriwein ist weit berühmt. Seit drei Wochen wechsle ich täglich zwischen den köstlichsten Weinen von Kalabrien, Ischia, Capri, Syrakus, Marsala und Lacrimae Christi. Auf der Felsspitze meiner wilden Insel genieß ich die Aussicht über drei Meerbusen und sehe vom Vorgebirg der Circe von Terracina bis nach Kalabrien hinunter, und tief in hoher See duften mir die Ponzainseln herüber. Der Vesuv erhebt sein dampfendes Haupt, und Neapel selbst, wiewohl sechsundzwanzig Miglien entfernt, ist als heller Streifen über dem Meer erkennbar. Hier einen Sonnenuntergang! Das ist das Elysium selbst, und ich gedenke noch Monate hier zu verweilen. Gegenwärtig aber sind wir von den Tripolitanern und Algierfahrern bedroht, es zeigten sich afrikanische Schiffe in unserer Nähe, und gestern sahen wir drei neapolitanische Kriegsschiffe in die See stechen. Es wäre ein Spaß, wenn der Türke käme. Auf den kleinen Warten der Insel schaut man immer gegen Süd, ob sich kein tunisches Fahrzeug zeige.

Unterdessen bin ich tagelang in den Pomeranzenwäldern von Sorrent umhergeirrt, habe die zauberischen Inseln Ischia und Procida besucht, den Meerbusen von Salerno ganz durchschifft, Amalfi, Atrani, Salerno und die dreitausendjährigen griechischen Tempel in Paesto gesehen, bin in dem aufgegrabenen Pompeji umhergewandelt, das die Lava des Vesuv siebzig Jahre nach Christi Geburt bedeckte und das nun wieder ans Licht tritt. Denkt Euch, in diesen Straßen zu wandeln, wo noch die Spur der Wagenräder auf den Steinen ist, alle Handwerkszeuge, Zieraten, Schmuck und selbst noch Lebensmittel gefunden werden. Da lebt die Vorwelt auf, und welche Vorwelt! Welche niedlichen Zimmer, Höfe, Häuser, Gräber, Tempel, Theater, Bäder. Sodann hab ich den Vesuv erstiegen. Gott sei gelobt, er brennt entsetzlich gegenwärtig. Das will aber Mühe und Schweiß, bis an die Spitze des Kraters hinaufzuklettern. Er wirft Lava, alle fünf Minuten brach ein ungeheurer Qualm von Feuer und Dampf und Rauch, Asche und Steine mit furchtbarem Donner aus dem schwarzen Kegel. Eine halbe Stunde noch unter der Spitze, konnten wir in zwei Minuten in der Erde Eier sieden. Dies Schauspiel nun bei Nacht genossen, hat seinesgleichen nicht auf der Welt. Über dem entsetzlichen Krater, aus dem die Feuersäule emporwallt und der recht wohl das Bild der Hölle vors Auge rückt, sahen wir endlich den Mond aufgehen, und er schien so südlich helle, daß wir die fernsten Inseln im Meere entdecken konnten. Auch von unten entzücken einen bei Nacht die großen Flammenwolken über dem Vulkan.

Aber hört, was mir widerfahren: Ich bin dem Meere nun so vertraut, daß ich um ein kleines mein Grab darin gefunden hätte. Am 18. September segelten wir von Salerno nach Amalfi, und als wir von hier in die hohe See hinaus nach der Insel Capri steuern wollten, kam ein so gewaltiger Sturm, daß die Wellen in wenigen Minuten über Bord schlugen. Einige meiner Begleiter fielen alsbald in die Seekrankheit, wir Gesunden aber gaben die Reise auf, denn die Schiffer wollten nicht weiterfahren, weil Todesgefahr vorhanden war. An einer wilden Seeküste, in der Nähe vom Kap der Minerva, gewannen wir Land und machten nun den vierstündigen Gebirgsweg nach Sorrent in vollem Regen zu Fuß. Auf dieser beschwerlichen Wanderung tröstete uns selbst nicht die unendliche, unbeschreibliche Vegetation um uns, denn auch unter Palmen und Orangen macht der Regen naß, nur wenn wir das stürmende schwarze Meer zu unseren Füßen so grenzenlos ausgebreitet und endlich die schwarzen Wolken aus dem Vesuv aufsteigen sahen, dankten wir Gott, daß wir auf dem Lande waren. Den folgenden Morgen regnete es heftig, und wir wollten nach Neapel. Aber wie? Die Schiffsleute weigerten sich, uns hinzubringen, die See, sagten sie, wütet zu sehr. Wir glaubten, es sei nur Betrügerei und sie wollten uns bloß Geld auspressen, und so wurden wir endlich einig, daß sie uns mit einer großen Segelbarke mit acht Matrosen und einem Steuermann fortschiffen sollten. Wir selbst waren zu zwölft. Aller Warnungen ungeachtet gingen wir an die Marine, aber hier hätte uns schon die Mühe, die wir hatten, um einzusteigen, eine böse Vorbedeutung sein sollen. Kaum in der Barke, wurden wir von den rasenden Wellen auf und ab geschleudert wie ein Ball. Die ganze Meereslinie, sonst eben wie ein Spiegel, bestand aus weißen schaumigen Bergen. Aber alles ging noch gut, solange wir am Vorgebirg von Sorrent hinruderten. Als aber endlich der Ballast gelegt, die Segel aufgespannt wurden, schoß mit einem das vom Sturm gefaßte Schifflein in so fürchterlicher Schnelligkeit wie ein Pfeil von Höhe zu Tiefe, daß wir übereinanderstürzten. Jetzt saßen wir auf dem Gipfel einer Woge und jetzt im Abgrund des Meeres. Dazu blies der Wind noch so erschrecklich, daß das Schiff immer auf folgende Weise [im Original zeichnerisch dargestellt] umlag, so daß wir den Tod für unvermeidlich hielten. Unvergeßlich wird mir der Augenblick bleiben, da ich mir im Innern sagte: Nun bist du rettungslos verloren, und mich entschloß, ohne Klagelaut ruhig zu sterben, trotzdem, daß mir das Herz fürchterlich pochte, der Augenblick, als plötzlich alle Schiffer aufschrien, der Steuermann, bisher ruhig, mit Mordlärmen in die Taue fiel, um das Schiff, das eben umschlagen wollte, zu retten, als wir alle mit letzter Verzweiflung an den Tauen zogen, übereinanderstürzten und wie Rasende die Segel niederrissen, einer von uns in Konvulsionen im Schiffe lag und der andere laut heulte und betete und im Todeskampfe zerknirschte – als der Steuermann schrie: „zurück! zurück!" und das Fahrzeug umgedreht wurde, während die Wellen hereinschlugen und unsern Tod gewiß machen wollten. Gott! wie sollten wir landen? Einige, die Besinnung noch hatten, glaubten sich aufs Schwimmen verlassen zu können, aber nirgends eine Landungsküste, nur schwarze, jähe Klippen, welche die Barke zerschmettert hätten! Unsere Fassung wurde noch mehr durch die unglücklichen Begleiter bedroht, welche in Konvulsionen zu Boden lagen und wie Kinder weinten, so daß ich alle Seelenkraft nötig hatte, um mich männlich zu halten. Ich hatt es mit aller Kaltblütigkeit überlegt und eingesehen, daß keine Rettung zu hoffen sei, so wollt ich denn den letzten Augenblick mit Fassung erwarten. Wie mir's gelang, bezeugen meine Begleiter. Es gefiel der Vorsehung, uns zu retten. Nach einer Viertelstunde gewannen wir das Vorgebirge von Sorrento und sicherten uns so vor dem Wind und den wütenden Wellen. Zitternd stiegen wir ans Land, ein halb Dutzend meiner Begleiter noch außer sich, noch wie Verzweifelte. Zwei erkrankten und mußten acht Tage im Bett bleiben. Ich holte mir nur einen starken Schnupfen, den ich mir mit goldenem Capriwein kurierte. Aber es ist das fürchterlichste Ereignis meines Lebens gewesen, und jene stille Gewißheit des unvermeidlichen Todes bleibt mir unvergeßlich. Was ich mit Freuden daraus ersehen, ist, daß ich ruhig, ohne Winseln, sterben kann.

Einige Tage darauf schifft ich doch wieder dort vorbei, aber das Meer war wie ein Spiegel. Nach Sizilien komm ich dies Jahr schwerlich. Für den Ätna ist es zu spät. Seit sechs Monaten hat es nicht geregnet, und es muß nun endlich doch kommen; aber als ich das Dampfschiff nach Palermo abgehen sah, schmerzt' es mich doch. Ich gehe übers Jahr hin. Besser, ich genieß in Ruhe mein schönes Capri und dichte hier die Novellen zum Almanach 1830. Aber ein unsägliches Heimweh nach Rom macht mich oft melancholisch. Ich kann doch nicht gar zu lange hier aushalten, meine Römerin schreibt mir die verzweifeltsten Briefe und verlangt mich in aller italienischen Beredsamkeit zurück. Allein ihr Beschwören ist umsonst: ich bleibe noch wenigstens sechs Wochen, vielleicht gar den ganzen Winter hier. Den November und Dezember muß ich zum Arbeiten verwenden, so gewinn ich mir in zwei Monaten die Mittel für ein Jahr. Wahrscheinlich bleib ich auf meiner Insel. Neapel ist gar zu unruhig. Ihr habt keinen Begriff von diesem ewigen Lärm. Ihr glaubtet, es wäre ein beständiges Fest, ein Karneval, ein Jahrmarkt. Bedenkt, Neapel hat vierzigtausend Häuser, also zwölftausend Häuser mehr als Euer Stuttgart Seelen hat. Es sind hier dreitausend Kutschen und Kabrioletts, die den ganzen Tag auf und ab rollen und in die man an allen Enden und Ecken einsteigen kann. Wir haben noch eine abscheuliche Hitze. Freilich ist sie nicht so drückend wie in Rom, weil der Meerwind kühlt. Heute abend speis ich die köstlichsten afrikanischen Wachteln, die man auf unserer Insel zu Tausenden fängt, weil sie dieselbe passieren, um den Winter im Süden zuzubringen. Überhaupt hab ich mich seit einem Jahr gewöhnt, nur was Feines und Geschmackvolles zu genießen. Aber ich ließe doch alle Leckerbissen der Welt, um mit Euch zu Abend zu essen, und Gott weiß, daß ich acht Tage lang auf dem Kastell St. Elms bei Wasser und Brot sitzen wollte, wenn der liebe Papa einen einzigen Abend mit mir sizilianischen und kalabresischen Wein trinken und eine Meerfahrt oder eine Spazierfahrt durch die Orangenhügel Neapels und Sorrents machen und ich endlich mein teures, ewig teures Rabenmütterchen umarmen könnte! Ihr glaubt mir's vielleicht nicht einmal, aber Gott weiß , wie ich's fühle und wie ich Euch liebe. Addio! Mein Vater und meine Mutter, Ihr seid mir doch das Teuerste auf der Welt! Leider lebt man hier teurer als in Rom. Man muß viel fahren, weil die Stadt zu groß ist und man oft mehrere Stunden zu machen hat, um da und dort hinzukommen. Die Tafel ist kostspielig, Logis gleichfalls, die Weine sind allzu himmlisch, und hundert Paradiese locken zu Landpartien, zu kleinen Meerfahrten. Das einzige, was mir hier fehlt, sind schöne Weiber. Nur wenige sieht man wie meine Römerin. Mein Lieblingsspaziergang geht in den Hafen, wo am meisten Volk ist. Gegenwärtig liegen zwei ungeheure Linienschiffe von neunzig Kanonen dort, dieselben, die in Algier zusammengeschossen werden. Die neapolitanische Sprache ist mir ganz neu; wenn ich einen Römer sprechen höre, so glaub ich, meine Muttersprache zu hören

Was mir selbst wunderbar vorkommt, das ist, daß ich nicht mehr mit so viel Begeisterung und Wärme genießen kann wie früher, sei es, daß ich zu überfüllt, zu gewöhnt an Genüsse bin oder daß ich überhaupt älter und kälter geworden. Soviel aber ist gewiß, daß ich wieder stark empfinden, daß ich wie ein Kind weinen werde, wenn ich von Albanos Hügeln herab wieder meine einzige heißgeliebte Heimat, mein Rom, vor mir sehe. Das ist nun einmal meine Liebe geworden, und trotz dem Geräusch und dem Zauber Neapels, von dem das Sprichwort geht: „Sieh es und stirb“, denk ich doch jede Stunde mit Wehmut an das heimische, majestätische, düstere Rom.

Meine Verbindungen in Deutschland anbetreffend, so gestalten sie sich immer besser in Berlin, und es scheint, als würde ich daselbst mit Freuden aufgenommen, wenn ich Italien verließe, und als könnt ich bald einen Katheder besteigen. Gewiß ist, daß ich dereinst keinen anderen Aufenthaltsort wähle als Berlin, welches ich für den Sitz der Wissenschaften halte und wo die berühmtesten und genialsten Männer zusammenleben. In ihrem Kreise, von ihnen schon geschätzt und belobt, kann es mir nicht fehlen, meinen Namen selbst fest zu gründen.

Es ist wahr, ich lebe seit zwei Jahren in einem wahrhaft magischen Bereich der höchsten Lebensgenüsse, in einem Himmel, aber Ruhm und Ehre ist immer noch mehr, und ich werde doch in einigen Jahren, wenn auch mit blutendem Herzen, in den Norden zurückpilgern, meine geliebten Eltern umarmen und mein Lebensziel als Dichter verfolgen.

Das wird alsdann ein Übergang sein wie von einem Leben ins andere, wie ein Erwachen aus dem goldensten Wonnetraum.

Indem ich dies schreibe, hört man ein fernes Donnern – es ist der feuerspeiende Berg, der in seinem Innern kocht. Ich gehe auf mein Dach und sehe, daß seine schwarzen Rauchwolken über den halben Himmel hinfliegen. So entsetzliche Mühe es kostet, so will ich ihn doch noch oft besteigen.

Wie steht es mit dem Eserschen Hause? Eure Nachricht war ein Donnerschlag für mich, und ich war nicht imstand, an Eser selbst zu schreiben. Das hätt ich nie gefürchtet, daß der Himmel dies treffliche, unvergleichliche Paar auf so erschreckliche Weise prüfen werde! Soviel ich über den Abgeschiedenen traure, so bedaur ich doch noch mehr die Hinterbliebenen. Laßt meinen teuren einzigen Freund wissen, daß ich hier bin und daß ich täglich an sein Leiden denke und ihm bald schreiben werde.

Und nun empfangt meine Wünsche für Euer Wohl, beste der

Eltern, und den Ausdruck meiner kindlichen Liebe! Wenn Ihr nun bald Euer Ehejubiläum feiert, so schreibt mir vorher den Tag, damit ich ihn hier am Meere oder wo es sei zum Freudenfest mache! Gott erhalte Euer Leben

Eurem treuen W. W.

An die Eltern

Rom, 15. Februar 1829

Ich danke Euch für Euren Brief, liebe Eltern, und versichere Euch, daß ich ihm mit vieler Unruhe entgegengesehen habe. Ich bin in meinem Leben schon so vielseitig von harten Schlägen getroffen worden, daß ich auch im Schoße des Glücks auf jede Fügung des Schicksals gefaßt bin. Lob dem Himmel aber, der vergönnen, Euch dereinst zu bestätigen. Der Geist, der das Liebe, Ihr einzigen Freunde, deren Herz noch so warm für mich schlägt als je, Ihr einzigen, die weder Zeit noch Sinnesänderung, noch Unglück, noch Wankelmütigkeit, noch Irrtum von mir getrennt! Was ich so lebhaft fühle, was ich Euch so gern und mit so wahrer Innigkeit sage, das wird mir das Geschick noch vergönnen, Euch dereinst zu bestätigen. Der Geist, der das Menschenherz durchschaut, weiß, daß es keine leeren Worte sind, wenn ich täglich von oben erflehe, Euch meine Dankbarkeit und Liebe noch recht kindlich erweisen zu können. Für jetzt habt Ihr ja, sei's Gott gedankt, meine Hilfe noch nicht nötig. Sollte eine solche Zeit kommen, so rufet mich, und ich bin bereit, Euch jedes Opfer zu bringen.

Ich wünsche, daß Ihr einen milderen Winter habt als wir und daß Ihr weniger leidet als ich. Über dreißig Tage hatten wir beständig Regenwetter, und ich hatte fortwährend mit meinen Rheumatismen zu kämpfen. Nun seit Anfang Februar haben wir eine so horrende Kälte, daß alle Fontänen zu Eis gefroren. Wie mag's bei Euch sein? Das ist ein infames Klima, diese Pestluft der Campagna. Sommers erstickt man fast vor Hitze, und winters schadet die Nässe. Schnee haben wir aber keinen gehabt. Trotzdem daß nun schon Frühling ist, die Mandelbäume in voller Blüte stehen und allenthalben Veilchen duften, hab ich doch noch den Kopf verbunden und leide an den Rheumatismen.

Zu meinem und anderer Leidwesen werd ich täglich mürrischer, mißlauniger, unzufriedener. Das Klima hat mir die Nerven so gereizt, daß ich wenigstens täglich einmal wütend werden will. Glück und Unglück, Gutes und Schlimmes gleicht sich immer aus. So hab ich denn noch für die Freuden des verflossenen Jahres zu büßen, aber ich gäbe dieses dennoch nicht für mein ganzes vergangenes Leben. Ich erlaube mir nicht den geringsten Exzeß und denke mit guter Diät und der Einwirkung des Frühlings wieder rasch auf den Beinen zu sein und auch meinen guten Humor wieder zu erlangen. Meine Unpäßlichkeiten haben mich viel an den Arbeiten gestört, und dennoch bin ich in drei Wochen mit dem Almanach für 1830 fertig. Der soll ausgezeichnet werden, und ich habe auch schon fünfunddreißig Louisdor für seine Zeichnungen gespendet. An Pflege geht mir nichts ab. Ich bin so gut versorgt als der geliebteste Ehemann.

Aber eine große Bewegung ist gegenwärtig in Rom und in der Welt: Papst Leo XII. ist gestorben. So feind ihm die Römer sind, so hatten sie doch gewünscht, daß er sein Abscheiden noch um einen Monat verschoben, denn nun ist's um den Karneval geschehen. Da zu dieser Zeit immer gegen sechzehntausend Fremde hier sind, so ist der Schaden für die verarmte Stadt außerordentlich, und man klagt allgemein. Überall wurden Pasquille angeschlagen, worin sich die Wut des Volkes gegen den Verschiedenen aussprach. „Papa Leone", heißt es unter anderem, „hat den Römern dreifach geschadet: erstens, daß er Papst geworden, zweitens, daß er so lange regiert, drittens, daß er ihnen auch noch den Karneval genommen." Ein anderes Pasquill lautet so: „Wenn sich ein Römer findet, der den Tod des Heiligen Vaters beweint, der trete auf, und es werden ihm tausend Piaster von den Jesuiten bezahlt."

Nun deckt man alle Fehler Seiner Heiligkeit auf. Man

schimpft über ihn, daß er ein so leidenschaftlicher Jäger gewesen, daß er siebzig Flinten gehabt, daß er liederlich gelebt und bei lebendigem Leibe verfault sei. Die Einschränkungen der Volksfreiheit mißfielen aber am meisten. Um das tägliche Morden und Erdolchen zu verhüten, verbot der Papst, daß man in den Osterien bloß trinke, ohne zu essen, weil somit die Zahl der Gäste sehr gering wird, und dies ist die Hauptursache, warum ihm das Volk so aufsässig ist. Sodann ist es nicht zu leugnen, daß er geizig, daß er Jesuit, daß er Egoist und Sultan war. Trotzdem, daß er von den Weibern schändlich zugerichtet worden, verfolgte er die öffentlichen Personen mit übertriebener Strenge. Gute Einrichtungen hob er aus Habsucht auf und wollte sogar das Spital von S. Spirito, das täglich 1100 Scudi Einkünfte hat, den Jesuiten zuschieben. Endlich sagt man gar, daß der Schatz gar sei und daß er vier Wochen vor seinem Tode alles seiner Schwester zugeschickt. Im ganzen aber war er kein so verwerflicher Sovran, es ist möglich, daß ein schlimmerer kommt. Er selbst freilich soll sich die Grabschrift gemacht haben: Papst Leo XII., der unglücklichste und unwürdigste aller Päpste. Er starb kläglich an Hämorrhoidalleiden und konnte acht Tage nicht mehr urinieren. Nun ist er schon seit vier Tagen einbalsamiert und steht in St. Peter zur Schau. Täglich strömen Tausende hinauf, ihm den Fuß zu küssen. Ihr könnt Euch die Feierlichkeit denken, als sein Tod durch die Glocke des Kapitols mit dreiunddreißig Schlägen dem römischen Volke angezeigt ward und nun sofort an vierhundert Kirchen zusammen läuteten! Auf das Konklave freu ich mich. Bis Ostern soll schon ein neuer Papst dasein, weil einer für den Segen nötig ist, der am Passa der Welt gespendet wird. Die fünfzehn Theater hörten schnell auf und haben großen Schaden. Man sagt, daß aber doch das Pferderennen stattfinden werde.

Mir ist das alles gleichgültig. Bis Ostern hab ich meine Arbeiten fertig und will sogleich nachher die schon so oft besprochene sizilianische Reise antreten. Einen Begleiter hab ich, und es will jetzt nur noch feste Gesundheit und fünfhundert Gulden. Außerdem hab ich mich auch noch aus andern Fesseln losgerissen, die mich in Rom festbannen wollen. Aber jene Reise hab ich nun schon so lange gewünscht, sie ist mir so nützlich, und die Möglichkeit, dahin zu kommen, wird mit jedem Jahr so zusammenschwinden, daß es besser ist, wenn ich mit dem ersten besten Schiff unter Segel gehe. Reicht dann mein Geld und bekomm ich ein sicheres Schiff, so segl ich noch nach Malta, wo ich denn doch eine Vorstellung vom Mohrenlande bekommen kann. Ich werde immer unfähiger zu großen beschwerlichen Reisen. Ich werde bequemer und mag mir wenig gefallen lassen; auf meine Gesundheit kann ich nicht mehr so sicher bauen, also frisch gewagt! Hab ich die drei Meere von dem Gipfel des Ätna gesehen, so kehr ich wieder in mein Rom zurück. Möglich ist's alsdann, daß ich im Jahr 30 oder 31 nach Berlin gehe. Aber, welche Pläne!

Aber warum schreibt mir denn Eser nicht? Ich hab ihm von Rom, von der Insel Capri, von Neapel aus geschrieben und keine Antwort erhalten. Laßt ihn doch wissen, daß ich einem Brief sehnlichst entgegensehe! Komm ich einst wieder zurück, so werd ich außer Euch niemand als ihn und die trefflichen Alpirsbacher besuchen. Also Karl ist bei ihnen? Bei diesen Leuten ist die Gastfreundschaft doch recht zu Hause. Und Onkel Heinrich ist ohne weiteres mir der Ehrenmann der Familie. Möge ich sie alle einst wieder antreffen, wie ich sie gelassen. Wie geht's denn Johannen? Dies gute Weib hat sich durch den Ehestand so vorteilhaft verändert und hat so viel Charakter gewonnen, daß ich ihr recht gut bleiben muß. Der lange Schulmeister hat also noch nicht Kinder genug? Wir haben doch eine recht miserable Familie. Wenigstens soll ihr keines von meinen Geschwistern anheimfallen, soviel ist gewiß. Im übrigen ist mir's gleichgültig, ob sie Kinder machen oder Kanzlisten werden oder Leichensäger. Ich werde mich in meinem Leben nichts um sie bekümmern, dagegen ich einen Mann wie Onkel Heinrich nicht genug ehren kann. Hätt ich ihn einmal hier, ich wollt ihm einen Wein vorsetzen, wie schwerlich einer in Alpirsbach ist, und dann wollten wir lustig sein, wie's Ehrenleuten geziemt.

Glaubt nicht, daß ich verschwende oder ausschweife. Ich lebe höchst mäßig und geordnet, aber gut, das ist richtig. Bedenkt das kostspielige Pflaster Roms, und Ihr werdet leicht zugeben, daß das Geld wie Schnee im Sonnenschein ist. Frühstück ein halber Paolo, Mittagsmahl zwei Paolo oder mehr, Logis täglich zwei Paolo, Abendvergnügungen etliche Paolo, kurz, ein Scudo reicht nicht, und das ist nach Eurem Geld zwei Gulden dreißig Kreuzer. Ich speise nun seit langer Zeit meist bei meinem braven und geschätzten Landsmann, dem Architekten Knapp aus Stuttgart, welcher schon zehn Jahre hier ist und eine eigene Küche hat.

Unterdessen ist dem Papst in St. Peter ein Katafalk errichtet worden, der wohl die Höhe eines Kirchturms hat und sich durch Reichtum und Grandiosität sehr auszeichnet. Die vier Leuchter, die um den Obelisk brennen und aus vielen Hunderten von Wachslichtern bestehen, sind so hoch als eine Kirche. Und das alles steht in dem Riesenbau St. Peter. Seit zehn Tagen ist man mit den Begräbnisfunktionen beschäftigt; Montag endlich ist's vorüber, und die Kardinalschaft zieht ins Konklave. Laßt uns sehen, welch ein Papst gemacht wird.

Ich übrigens wollte, daß der selig Verschiedene meine heillosen Rheumatismen ins Grab genommen hätte. Noch bin ich nicht frei, wiewohl wir die schönsten Frühlingstage haben. Es hindert mich sehr an der Arbeit. Ich bin froh, daß kein Karneval ist, denn sonst nähmen mir die zehntägigen Vergnügungen abermals wieder Zeit weg. Wenn ich mit der Arbeit zu Ende bin, so will ich ein wenig aufs Land gehen.

Schreibt mir noch gewiß vor Ostern, denn nachher könnt Ihr's nicht mehr, weil die Briefe übers Meer unsicher sind und ich beständig auf der Insel herumschweife. Der Mai, den ich so in Sizilien zubrachte, wäre, wenn schon etwas zu heiß, doch wenigstens für die Besteigung des Ätna der geeignetste Monat. Auch ist das Meer zu der Zeit gewöhnlich ruhig, und es wäre mir doch nicht angenehm, zwei bis drei Wochen auf dem Wasser zubringen zu müssen. Wie gern wollt ich Ottmar etwas schicken, wie gerne dem Papa und Euch allen, aber wie? Gibt es einmal eine Gelegenheit, so will ich's gewiß tun. Komm ich einmal wieder nach Neapel, so will ich für Minen ein Korallenhalsband kaufen. Ich könnte mir's auch durch meine dortigen Freunde kommen lassen, aber wie soll ich's nach Deutschland bringen!

Welche schönen Kupferstiche werdet Ihr in meinem nächsten Almanach sehen! Sie werden im ganzen über 1300 Gulden kosten. Ende dieses Jahrs habt Ihr ihn. Unterdessen seid alle von Herzen umarmt und gegrüßt! Papa könnte sich wohl auch einmal zu einem recht umständlichen Brief Zeit nehmen. Lebt wohl und glücklich! Gott sei mit Euch und Eurem treuen

W. W.

Beilage:

An Ottmar! Auch an Dich eine Zeile, liebes Brüderchen. Es freut mich, daß Du fleißig bist, und hoffe, daß Du Dich fortwährend bemühest, dereinst ein brauchbarer Mann zu werden und so Deinen Eltern ihre Liebe zu belohnen. Dies sei Dein einziger Gedanke; behältst Du ihn treu im Herzen, suchst Du Gutes zu lernen, um später Gutes zu tun, folgst Du Deinen Eltern und Lehrern mit Gehorsam und Eifer, so wird es Dir niemals schlimm ergehen! Dazu ermahn ich Dich mit allem Ernst, und diese Worte mögest Du zeitlebens im Andenken behalten, bis Du einst bei reiferen Jahren ihre Wahrheit erprüft siehst.

Dein Bruder Friedrich

An die Eltern

Palermo, 16. September 1829

Geliebte teure Eltern!

Ohne Zweifel seid Ihr durch Eser, dem ich von Syrakus aus schrieb, meinetwegen beruhigt und wißt, daß ich in Sizilien lebe. Nun aber, da ich beinahe die ganze Reise vollendet und nur noch die sechs Tagereisen von hier über Cefalú und Barcellona nach Messina zu machen habe, nun einen Brief an Euch, den ich der Sicherheit wegen nach Neapel zu Meer schicke. Lob sei dem

Himmel, ich habe unverhofftestes, ungetrübtestes, alle meine Wünsche übersteigendes Glück gehabt, und Gesundheit, Heiterkeit, Mut und Jugend haben mich trotz allen Strapazen und trotz der unbeschreiblichen tropischen Hitze bis heute nicht verlassen. Außerdem genoß ich das heiterste Wetter, und an den Punkten, wo Wind oder Regen über den Wanderer entscheiden kann, sah ich Himmlisches. Mit einem, ich habe die schönste Reise meines Lebens gemacht und Tage gehabt, von denen ein einziger ein ganzes Menschenleben schmücken könnte. So erst vorgestern, in der Baggaria, dem prachtvollsten Lustpalast des Fürsten Valguarnera, wohl dem reizendsten Punkt in ganz Sizilien. Schon morgens war unter lauter afrikanischen, indischen, amerikanischen Pflanzen, die hier alle im Freien blühen, im Garten des Prinzen Buteira, in einer Laube ein Frühstück von den edelsten Weinen dieser Erde genommen und sofort der noch von den Türken erbaute Palast Zira besichtigt. Drauf zu Wagen, und nach dem Vorgebirg Zaffarano. Hier bei zwanzigjährigem Marsalawein (Eure Fürsten haben keinen solchen) auf der Terrasse des Lustschlosses ward gespeist, und das Paradies dieser Erde, die beiden Meerbusen von Palermo und Cefalú mit ihren Inseln Alicudi und Filicudi, Orangen, indianische Feigen, Aloeblüten und Oleander um uns und vor uns: da hättet Ihr sollen die Sonne untergehen sehen! Palermo ist unstreitig das Lachendste der ganzen Insel, eine solche unermeßliche Fruchtbarkeit habe ich nie gesehen! Die Pomeranzen sind zu ganzen Wäldern, die indianischen Feigen, die in Rom nicht recht fortkommen, bedecken ganze Berge und sind gegenwärtig voll goldener Früchte, der Oleander und die Aloe blüht an der Straße. Ich habe acht Tage hier in einem Wonnerausche verlebt.

Aber Ihr wollt von meiner Reise wissen! Nun denn! Meine Meerfahrt ging glücklich ab, und ich bekam starken Appetit, während die übrigen halbtot waren. In der Nacht kam starker Westwind, und die Wellen gingen hoch. Gegen Morgen waren wir vor dem feuerspeienden Berg Stromboli, der als eine schauerliche Insel aus dem Meer ragt und unablässig Flammen und Steine auswirft. In sechsundzwanzig Stunden hatten wir die

Reise von zweihundert Seemeilen durchlegt, wozu sonst wenigstens vier bis fünf Tage nötig sind. Ihr könnt Euch denken, mit welchen Gefühlen ich die Insel begrüßte, wie mir war, als ich zwischen Scylla und Charybdis schiffte, als ich in die Meerenge von Messina einfuhr. In Messina blieb ich der entsetzlichen Hitze wegen sechzehn Tage und machte nur eine kleine Reise übers Meer hinüber nach Kalabrien, nach Reggio und Sila. Da ich an das reichste Haus von fast ganz Sizilien, an Zentgraff, empfohlen war und in diesem selbst einen vortrefflichen Mann fand, mit dem ich täglich speiste, so könnt Ihr Euch wohl denken, daß ich die feinsten Ätnaweine kostete und alle Genüsse des reichsten Lebens hatte. Diese Tage zerflossen in tausend Freuden, wozu die schönen Messineserinnen nicht wenig beitrugen. Schade, daß die Hitze einen niederdrückte. Ich war so glücklich, das größte Fest in Messina zu sehen, das vier Tage dauert. Ungeachtet die Sonne des Löwen meinen Magen gänzlich vernichtet und die Hitze fast wahnsinnig machte, verließ ich doch Messina keck und trat in Gottes Schutze die lange beschwerliche Reise durchs Land an. An vierzig Tage bin ich zu Pferd gesessen. Ich habe alles gesehen, alles bestiegen und habe sogar das Innerste der Insel, wohin sich selten jemand wagt, weil man die Räuber fürchtet und weil man oft vierzig Miglien lang kein Dorf findet, habe die Gegenden von Enna durchstreift. Zuerst ging ich von Messina nach dem unbeschreiblich schönen Taormina, wo dann der alte Riese Ätna zum erstenmal nahe vor meinen Augen aus dem Meere stieg. In Catania sodann sah ich gleichfalls das erste Kirchenfest der heiligen Agatha, das bezaubernd reizend ist. Außerdem hatte ich die besten Empfehlungen dahin und genoß unsäglich viel Freundschaft. Und von hier aus, am 23. und 24. August, habe ich den Ätna bestiegen. Unter zehn Reisenden, die es versuchen, die höchste Spitze dieses elftausend Fuß hohen Vulkans zu erklimmen, gelingt's kaum einem. Der lindeste Wind wirft einen zu Boden. Ich habe, dank dem Gott, den ich nie größer sah als an jenem Morgen, alles äußerste Glück gehabt. Zehn Stunden lang steigt man empor und übernachtet unter dem Krater in einem Hause, wo man, in ein Matrosencapotto gehüllt, am Feuer sich vor der sibirischen Kälte schützt. In jener Nacht schlief kein Mensch in ganz Europa so hoch als ich, denn ich war zehntausend Fuß hoch. Ich spürte gar keinen schädlichen Einfluß der Luft. Die meisten erbrechen sich. Ich verzehrte mein Huhn und trank meinen göttlichen Wein, aber fror dennoch. Zwei Stunden vor Tag trat ich mit dem Führer (denn ich habe zwei Personen und zwei Pferde für die Reise nötig gehabt), über und über eingehüllt, mit dem gewaltigen Stock die fürchterliche Wanderung auf den Krater an. Er rauchte erschrecklich, und der Dampf kam uns entgegen, denn es war Ostwind. Weiter empor als über die grauenvolle Lava kommt selten jemand. Mir gelang's. Eine Stunde lang kletterte ich empor und erreichte den Gipfel glücklich. Noch war Dämmerung. Ich glaubte zu sehen, wie Gott die Welt schaffe. Kein Wort reicht, um Euch diesen Anblick zu beschreiben. Angeklammert in Todesangst (denn der leiseste Luftzug ist lebensgefährlich), zu Boden auf der rauchenden Erde liegend, sah ich in diese Hölle hinab unter Dampf und Feuer und Donner. Schaudervolleres hab ich nicht gesehen. Aber Erhabeneres nichts als auf der höchsten Spitze, wo ich, freilich zitternd vor Angst und zu Boden gestreckt, die Sonne hinter Kalabrien aus dem griechischen Meere heraufglühen sah, während es auf der ganzen Erde noch Nacht war. Achthundert Miglien übersieht man hier oben, die ganze Insel mit all ihren tausend Gebirgen, die nur wie Maulwurfshügel umherliegen, drei Meere, das Äolische, Ionische und Adriatische, Italien wie eine Landkarte, bis nach Malta und Afrika; die ungeheuren aus der Hölle verdampfenden Wolken vergoldeten sich im Sonnenstrahl, das gab das schönste Schauspiel, das ich sah. Der Schatten der Berge lag azurblau und triangular wie eine Pyramide die Insel entlang, und also über sechs Tagereisen weit nur ein Bergschatten. Allmählich tagte es auch unten auf Erden. Der Ätna hat zweiundfünfzig kleine Berge um sich, die bei Ausbrüchen entstanden und von denen die meisten höher sind als die Achalm, und doch sehen diese nur wie Hügelchen aus. Eine halbe Stunde hielt ich's oben aus, bis uns der Wind forttrieb.

Zweimal wurden wir zu Boden geworfen. Weiter oben hätt's uns das Leben gekostet. Wir stiegen herab und langten glücklich beim Hause an. Unser Wasser war uns gefroren! Das gab ein Frühstück! Wir ritten aber unsere zehn Stunden wieder hinab, und ich verlebte in Nicolosi und Trecastagne himmlische Stunden mit muntern Catanesern. Unermeßlich fruchtbar ist der Fuß des furchtbaren Berges. Die Dörfer stecken mitten in indianischen Feigen und Reben. Glücklich wie ein Gott erzählt ich meinen Freundinnen in Catania (denn fünf allerliebste Schwestern vom angesehensten Hause sind es) die Freuden und das Glück meiner Bergreise. Ungern schied ich aus der Nähe des Ätna, aber endlich mußt ich's doch. Also zu Pferd und nach Syrakus. Nun war ich schon im wilden Sizilien, wo keine Straße mehr ist. Winters läßt sich nicht reisen, denn alsdann treten die Ströme aus, und von Brücken weiß man hier nichts. Das ist das fruchtbarste Land auf Erden, um das fast alle Nationen gekämpft, aber in welchem Zustand. In Städten von zehntausend Einwohnern fand ich kein Ei, nichts als Brot und Wein, freilich einen Wein, von dem ich dem Papa täglich nur einen Kelch wünschte, denn er ist stärker als alle Liköre. In Syrakus lebte ich acht unvergeßliche Tage. Aber tiefere Versunkenheit hab ich nie gesehen. Diese Stadt zählte einst 1 200 000 Einwohner und jetzt vierzehntausend Eselstreiber. Halbnackt in Lumpen ist alles. Die Weiber tragen die Brüste offen wie die Männer. Esel und Schweine sind unter dem Bett. Aber welcher Wein! Ich suchte mir immer die edelsten Sorten aus. Übrigens schmeckt mir der weltberühmte Muskat von Syrakus nicht, weil er süß ist. Ich komme überall zu guten Dingen, weil ich die besten Empfehlungen habe. Der bekannte, gefeierte Cavaliere Landolino, nun achtzig Jahre alt, dieser größte Patriot Siziliens, hat mich täglich besucht. Mit Tränen schied ich von Syrakus und trat allein, wie ich bin, nur mit dem Führer, die beschwerliche und gefährliche Reise ins Innere des Landes an. Hier muß man sich Essen und Trinken aufs Maultier laden, denn, wie gesagt, man findet oft tagelang nichts. Mir ist einmal in dreißig Miglien niemand begegnet als ein paar Schäfer zu Pferd, die das blutige

Fell eines Schafes zurückbrachten, das der Wolf zerrissen. Ich zog in die rauhen Gebirge von Buscemi, nach der großen Stadt Caltagirone. Von da nach Castrogiovanni oder ins Enna der alten Griechen, die dahin ihr Paradies versetzten. Es ist eine Stadt von dreißigtausend Einwohnern, die auf einem himmelhohen Felsen liegt. Hier genießt man, außer dem Ätna, die erhabenste Aussicht. Ich war fast von Sinnen, als ich die Sonne hier untergehen sah. Man glaubt, in einer andern Welt zu sein. Aber die Sprache versteh ich nicht mehr. Die Leute reden hier halb arabisch, denn noch sind an einhundert Höhlen, worin die Sarazenen wohnten. Nach einem mehrtägigen Aufenthalt zog ich durch die schreckliche dürre Wüste nach Caltanisetta, wo man mich arretieren wollte, weil man mir nicht glauben wollte, daß ich Waiblinger heiße. Nun kam ich der Westküste der Insel nahe, und die Hitze wuchs über alles Maß. Ich war einmal wie betäubt. Ihr könnt Euch denken, wie ich schwarz bin. Die Bettler gehen ganz nackt, Kinder auch. Man ist Afrika nahe. In Girgenti feiert ich selige Stunden unter den fast dreitausendjährigen griechischen Tempeln. Jetzt verabschiedete ich meinen Syrakusaner Maultiertreiber und nahm einen andern. Den folgenden Tag kam der erste wieder zurück. Zwei Räuber hatten ihn angepackt, an einen Felsen gebunden und ihm Geld und Pferd genommen. Glücklich, daß es mich nicht traf. Zwei Raubmörder wurden in Girgenti gefangen. Nun die sechstägige Reise an der Mittags- und Abendküste. Ich besuchte die Trümmer von Selinunt, die riesenhaftesten von ganz Sizilien. Die drei Tempel scheinen eine ganze Stadt zu sein. Wahrscheinlich stürzte sie ein Erdbeben. Nun kam ich wieder ins Vaterland des ausgesuchtesten Weines, nach Castelvetrano, Mazzara und endlich ans äußerste Kap Siziliens, nach Marsala. Von hier ist man in einem Tag in Afrika, und man sieht's bei klarem Wetter, und hier wächst unter Palmen der weltberühmte Wein. Hier sah ich auch die Ägadischen Inseln. Sofort zog ich nach Trapani und sah hier einen Sturm, der mir den welterschaffenden Gott so schrecklich zeigte wie auf dem Ätna.

Ich saß auf einem Turm, der weit im Meere drin auf dem Molo

steht, und die Wellen spritzten zu mir herauf. Furchtbar kam das Gewitter von Afrika über die Inseln her. Den andern Tag bestieg ich aber doch den Erix, wo die wenigsten Fremden hinkommen. Seit einem Monat war ich gewohnt, wie ein Wunder angestaunt zu werden. Das scheint den Leuten unbegreiflich, wie ich so weit über Land und Meer allein zu ihnen kommen konnte, und wenn ich ihnen vollends sage, daß ich wenigstens zwei Monate brauchte, um nach Hause zu reisen, so stellen sie sich auf den Kopf. Sie begreifen nicht, daß bei uns kein Meer ist, und ein Geistlicher, den ich auf dem Erix sprach und dem ich mein Vaterland nannte, deutete gegen Afrika hinüber und sagte, es werde weit dort drüben liegen. Es sind aber gute, herzliche, ehrliche Leute, die Sizilianer, mehr als die Italiener. Man muß sie nur zu behandeln wissen. Roh sind sie aber in höchstem Grad und bigott. Ich muß mich katholisch stellen. Die Sprache lern ich auch nach und nach verstehen.

Von Trapani zog ich durch eine dreißig Miglien lange Wüste, wo man auch kein Haus sieht, zu dem Tempel von Segest und nach Calatafimi. Hier ist's wunderschön. Über Alcamo kam ich endlich glücklich und gesund in dem Paradies von Palermo an. Ihr könnt Euch vorstellen, wie das Geld kostet. Wäre nicht das ewige Reiten, so wär's übrigens sehr wohlfeil. Eine Bouteille des göttlichsten Weines, von dem ein Glas berauschen kann, kostet ein halb Tari, das ist fünf Kreuzer. Aber fürs Pferd muß ich alle Tage vierzehn bis fünfzehn Tari bezahlen. So geht denn jeden Tag eine Unze Gold oder drei neapolitanische Dukaten drauf. Wenn ich die Reise vollendet, glücklich wieder in Messina angekommen, von wo ich ausgegangen, bleibt mir gerade noch soviel, als die Schiffsfracht kostet, und die ist immerhin drei Louisdor. Wollte Gott, daß das neapolitanische Dampfschiff kommt, so bin ich schnell und sicher am 2. Oktober in Neapel. Wo nicht, so muß ich mich eben in einem Kauffahrteischiff aufs Meer wagen und acht Tage für die Reise setzen. In jedem Fall, wenn mir kein [ergänzt: Unglück zustößt], bin ich zu Anfang Oktober in Neapel. Wahrscheinlich geh ich schnelle wieder nach [ergänzt: Rom, denn] mich erwarten nun zwei große Arbeiten, der dritte Almanach und die Tragödie „Kö [ergänzt: nig Enzio". Bis dahin] werdet Ihr wohl längst schon „Anna Bullen" erhalten haben und bald den Almanach auch. [ergänzt: Wie lange] ist's schon, daß ich nichts mehr von Euch erfahren! Schreibt mir urplötzlich nach Rom. Ich habe die lebhaftesten Träume von Euch und sehe Euch fast jede Nacht. Ferner komm ich auch vielleicht nie mehr, als ich jetzt bin. In Rom bin ich Euch vierhundert Miglien näher. Gebe Gott, daß Ihr gesund und froh seid. Eines Morgens, als ich von Girgenti nach Syrakus zog (9. September), tratet Ihr mir so lebhaft vor die Seele, daß mir die Tränen ins Auge kamen. Neben mir das unermeßliche Meer, und mein einziger Begleiter, mein Führer, ein herzguter Mensch, der mir erzählte, wie vor fünfzehn Jahren sein Bruder hier an der Küste von türkischen Seeräubern genommen, nach Algier geführt, dort zum Türken gemacht und nun des Himmels verlustig geworden sei. Hätt ich eine sichere Gelegenheit bekommen, ich wäre doch nach Afrika hinüber und hätte Karthago aufgesucht. Ich nun hier und ihr so weit von mir, nun drei Jahre von Euch getrennt und vielleicht noch manches Jahr ohne die Wonne, Euch zu umarmen! Denke ich mir dann, daß eines von uns abgefordert werden könnte, daß wir uns vielleicht nicht alle wieder zusammenfinden, wie wir uns verlassen, dann wandelt mich ein Schauer an, und ich bete für Euch und für mich! O es wäre schrecklich, schrecklich! Verhüt es der gütige Gott und lasse mich mein gutes Elternpaar wieder ans Herz schließen. Unterdessen bin ich anders geworden, ich werde Euch kein Leid mehr antun, und so der Himmel will, sollt Ihr nur Freude an mir erleben. Was wird das für ein Augenblick sein, der Augenblick, da ich meinen alten, treuen, graugewordenen, so oft von mir betrübten Vater, meine liebe, langmütige, heißgeliebte Mutter in die Arme nehmen darf! Und vielleicht in einem Jahre oder zwei geschieht's! Freilich alsdann auch können wir uns nur auf kurze Zeit genießen, denn Württemberg haß ich und werde nie dort bleiben. Aber ich bin doch wenigstens in Berlin und nicht in Marsala und Girgenti. Morgen reis ich ab von Palermo. Es weht freilich ein Schirokkowind, der fast tötet. Von dieser Plage habt Ihr gar keinen Begriff! Möge dieser Brief Euch treffen! Um alles bitt ich Euch, antwortet unverzüglich und aufs umständlichste! Gott geleite mich unterdessen und gebe mir eine gute Fahrt übers Meer! Seid tausendmal geküßt von Eurem ewigtreuen

W. W.

PS

Messina

Ein schrecklicher Sturm hat das Paketschiff verhindert abzusegeln. So blieb denn der Brief, und ich reiste den andern Tag bei aufgeheitertem Wetter von Palermo ab. Diese sechs Tage sind freilich die beschwerlichsten gewesen. Am ersten ritten wir achtundvierzig Miglien im Trab. Ich hatte einen Führer zu Pferd. Solche Straßen könnt Ihr Euch nicht einbilden, kaum die Ziegen möchten sie erklettern, und immer am Meere hin, bald auf schauerlichen Felsen, bald im Meersand. Zweiundfünfzig kleine Flüsse hatten wir zu durchschreiten. Diese sind bei üblem Wetter lebensgefährlich, und man kann überhaupt die ganze Reise nicht machen. Einmal, von Bralo nach Gisiura reitet man eine Viertelstunde durchs Meer selbst. Wenn's unruhig ist, kann man nicht passieren. Zudem sind hier Räuber. Es begegneten uns zwei ganze Banden gefesselt und transportiert. Und was das ärgste ist, man kriegt nichts zu essen. In einer Tagreise von zweiundvierzig Miglien oder sechzehn Stunden fanden wir nur ein Dörfchen, wo wir nichts bekamen als Wasser und Pferdekäs. Wir hatten eben unzeitige Pomeranzen vom Baum genommen und labten uns damit. Wein und Brot gab's nicht. Das muß den Magen ruinieren, besonders bei der großen Strapaze des Reitens und der brennenden Hitze. Am letzten Tag fühlt ich auch in Barcellona Übelsein und glaubte zu sterben. Dennoch ritt ich morgens drei Stunden vor Tag ab und vomitierte zu Pferde, bis die Sonne aufging. Aber schön ist diese Reise besonders durch die Äolischen Inseln, die zu sieben immer vor Augen liegen. Am schönsten ist das Kap Tindari, wo man eine unermeßliche Aussicht über die Inseln, die Gebirge Siziliens und Kalabriens, ja, man zwei feuerspeiende Berge ganz nahe rauchen sieht, den

Ätna und Stromboli. Nun hab ich Ruhe nötig. Ich bin wieder bei meinem Zentgraff, wieder an der Meerenge, muß aber purgieren. Gott sei Dank, daß ich am Ende bin! Ich hoffe, morgen wieder gesund zu sein. Zu Anfang Oktober geh ich zu Schiff.

Das Dampfschiff kommt nicht. O weh! ich muß hier bleiben und warten! In [*Lücke*] Tagen geht eine große Brigantina. Aber sechs bis acht Tage muß ich schon zu Meer bleiben. Vor dem Oktober bin ich nicht in Neapel. Gott gebe guten Wind und [*Lücke*]. Das Meer ist wild.

An die Eltern

Rom, 22. Dezember 1829

Liebe Eltern!

Ich schreibe Euch durch die Hand eines Freundes, dem ich diktiere. Mein Unglück wißt Ihr schon durch Eser, und nun, ich weiß nicht, ob Ihr beruhigt oder beunruhigt seid, vermag ich endlich Euch selbst Nachricht über mich zu geben. Wenn ich früher Euch nicht schreiben ließ, so ist es hauptsächlich die Lebensgefahr, in der ich schwebte, welche mich dazu bestimmte. Denn erst jetzt, nachdem ich acht Wochen auf einem Flecke, auf einer Seite zu Bette liege, höre ich von den Ärzten, welche entsetzliche Gefahr ich bestand. Hätte mich diese Krankheit in Deutschland befallen, ich wäre rettungslos verloren gewesen. Meine Genesung, wenn ich anders den traurigen Zustand, in dem ich noch seufze, so nennen kann, verdanke ich dem sanften Klima und der Jugend. Aber ich gehe zurück zum Anfang meines Unheils; ich weiß nicht, ob Ihr durch Eser im Detail über meine Krankheit erfahren; sei dem, wie ihm wolle, so wißt, daß ich zu wiederholten Malen unter konvulsivischem Husten halbe Waschbecken voll Blut aus Mund und Nase hervorgab. Dreizehn Aderlässe samt einer Anzahl Blutegel wollten das aufgeregte Blut nicht kühlen. Ich traf einen guten Chirurgen, und der preußische Minister schickte mir bald auch seinen eigenen Arzt. Die Kur war im Grund die einfachste auf der Welt; gänzliche Enthaltsamkeit von Speisen, wenige Getränke für die Brust, Schnee und dergleichen; aber die ewigen Aderlässe! Ich fristete mein armseliges Leben mit nichts als kalter Fleischbrühe.

In einer Nacht – sie ist mir unvergeßlich – ward es mir und meinen Freunden fast Gewißheit, daß ich aus diesem Leben scheiden müsse. Ich hielt mir's reiflich vor Augen, betrachtete es hin und her und fand, daß ein Entkommen unmöglich sei. Ich übersah demnach meine letzten übrigen Tage, entschloß mich für dieses und jenes und bedauerte, daß es dereinst von mir heißen würde, ich sei so arm gestorben, daß ich nicht einmal Geld zu Leichenkosten hinterlassen. Denn in der Tat, meine ganze Krankheit durch zehre ich von dem Beutel eines Freundes. Bald jedoch nahten wieder Lebenshoffnungen, und mein heiterer Humor drängte sich da und dort mit Gewalt ins Freie. Schon war ich in einem Zustand der Genesung, das Fieber war gewichen, ich hatte so heitere Tage, daß ich selbst dichtete, als ein bisher nur kleiner Husten allmählich so schrecklich anwuchs, daß ich mich völlig von einer neuen Krankheit belastet fühlte. Denn dieser entsetzliche Husten, der erst nur unregelmäßig kam, zuletzt des Morgens, und immer einige Stunden anhielt, hatte immer eine solche Entkräftung des ganzen Leibes zur Folge, daß ich häufig meinen Leib um keinen Schuh weit fortbewegen kann. Die Gefahr scheint vorbei, und es sind Wochen, daß die Ärzte nur selten kommen, aber meine Genesung ist voll unbeschreiblicher Leiden. Niemand kann mich berühren, er macht mir Schmerz; so viele Glieder, so viele Schmerzen, und da ich Unglücklicher meist immer zur Rechten liegen muß, sind alle Gebeine aufgeschwollen. Seit acht Tagen ist es mir zwar erlaubt zu essen, leichte Dinge, wie Fische, Lerchen, aber ich fühle mich noch nicht im geringsten dadurch an Kraft gehoben. Hört erst der Husten auf, so mag die Genesung doch schneller gehen, und es scheint, daß er nachläßt. Aber nicht bloß die Krankheit an sich selbst und das körperliche Leiden ist es, was diese Blutauswürfe zur Quelle von Unheil macht; meine vollkommene Genesung erwarte ich vor dem Februar nicht, und dies ist die Zeit, da ich meinen Almanach fertig haben, anstatt anfangen sollte. Anstrengung jeder Art ist mir für den ganzen Winter durch versagt. Wie soll ich also dies Unternehmen fortsetzen, auf das sich eben meine Existenz gründet? Ich hoffe noch zu Gott, es zustande zu bringen. Übrigens ist's immer ein Gewinst im Lotto; diese Brustkrankheit wird mich wohl noch einige Jahre in dieses Klima fesseln, denn in Eurem rauhen Norden hätte ich's nicht durchgebracht.

Ihr erseht demnach, daß Ihr unbesorgt um mich sein dürft. An Pflege fehlt's mir nach keiner Seite, freilich fehlt manche Bequemlichkeit, welche man in Deutschland genießt, so ist die italienische Küche zu einfach, und die guten Sachen, die mein Rabenmütterchen mir machen würde, sind hier bei aller Überfülle der Pflanzen nicht. Indessen geht's leidlich. Tröstet Euch mit mir! Ich habe jene himmlischen drei Monate auf dem Eiland schwer und beinahe mit dem Tod bezahlt. Nur Hoffnung und Lebensmut! Möge Euch diese Nachricht von meinem Jammer bewegen, mir schleunigst zu schreiben.

Wie ich meinen Geburtstag gefeiert, werd ich auch das neue Jahr beginnen – im Bett. Bleibet nur Ihr gesund, und ich hoffe, wir sehen uns wieder.

Euer Sohn

W. Waiblinger

Drei Tage in der Unterwelt

Ein Schriftchen,
das vielen ein Anstoß sein wird
und besser anonym
herauskäme

Motto:
Nichts für ungut!

Der namenlosen Schar
der Rezensenten in Devotion gewidmet
vom Verfasser

Ich saß an einem schwermütigen Herbstabend, in Gedanken versunken, unter einer halb entblätterten Erle auf dem Kirchhof und sann so über das Schicksal nach, das wilde, stürmische Geister so frühe verwüstet.

Die Stätte, an der ich mich befand, war mir durch mehr als *eine* Beziehung teuer geworden, ja ich betrachtete sie als den Ort, wo ich allein wahr und Mensch sein, allein die Maske abnehmen konnte, unter der wir jedes Menschengesicht täuschen müssen. Die Gräber umher, umwittert vom unheimlichen Hauch der Abendwinde, all das melancholische Wiegen und Regen in Gräsern und Blumen, die halbzerfallenen Monumente und die moosbewachsenen Kirchhofmauern, der trübe, schattichte Geist über alldem und der verbleichte Ton der Landschaft in den letzten Streifen des verglühenden Westens stimmte mein Herz so recht wahr, ich suchte mich selbst wieder in meinem Innern auf und versank in seinem entsetzlichen Abgrund. Nur die Kreuze waren mir widrig und die Inschriften, die das elende Treiben dieser Menschen unter mir und ihre Namen anzeigten, ja ich fing an zu zittern, wenn ich hier eine Menschenstimme in der Ferne hörte; bin ich denn – konnt ich rufen – auch in dieser meiner teuersten Heimat nicht sicher, an der jeder Sterbliche sonst mit innerem Grausen vorübergeht? Dabei konnt ich zu Boden stampfen und einen Totenschädel an die Mauer werfen und mit Zähneknirschen rufen: „So möcht ich doch lieber im Grab liegen!"

O mit welch elenden Hoffnungen und Trostgründen könnt ihr euch behelfen, ihr engbrüstigen, leichtgläubigen Menschen, die ihr den Verlust eurer Geliebten durch den Gedanken des Wiedersehens beschwichtigen wollt. Hofft's meinetwegen! weil ihr doch einmal zum Niedrigsten geboren seid, ich meine, zu dem, was *ihr* Glück und Herzensfreude nennt. Hofft euch auch nach dem Tode wieder zu finden. Ich hoffe, nie wieder zu sehen, die ich hier liebte und haßte.

Fürchterliche, unauslöschliche Leidenschaften verzehren unser Herz und brennen Kraft, Mark und Jugend aus, und meine Bestimmung war, einst mit glühender, wahnsinniger Liebe und dann mit giftigem Haß und Hohn euch zu verderben – was soll ich jenseits mit euch! Es ist mein Trost, mein einziger Trost, daß ich euch nie wieder finde.

Wenn ich bedenke, daß ihr mich darüber auslachen könnt oder gar für verloren, für verworfen halten, so lach ich eurer. Ich bin zum Glück kein Schwächling, und was ihr mir auch getan habt, es wächst mein Herz mit jedem Tage wieder neu, wenn ihr mir's blutdürstig ausgesogen habt.

Liebe, dacht ich weiter, und Ehrgeiz reißen die Seele zu einem schauderhaften Schwindel hin, ein glühend flammend Feuerwehn zieht unaufhörlich durch unser Innerstes und sengt und brennt und frißt, und mit der wachsenden Flamme vom besten ausgesogenen Leben steigt jene zerstörende Gewalt, und der Sturm des Schicksals bläst und wühlt die brennende Welt noch unauslöschbarer auf, bis nichts zurückbleibt als Glut und Dampf und Asche.

Im Süßesten, was es gibt, in dieser wütenden Leidenschaft der Liebe, lauert das verderblichste Gift, und den himmlischen Gefühlen, mit denen wir Welt und Gott und All vergessend, selbst Welt und Gott und All – an den Lippen eines Mädchens zitternd den Strom des ewigen Lebens zu trinken glauben – folgt Verzweiflung, Hohn und Menschenhaß, dem reinen, unberührten Verlangen die Schuld, wie dem Tag die Nacht, und diese Träume und Gefühle, wenn sie auch aufs blutigste von dem Schicksal, dem unersättlichen Vampir, ausgesogen sind und im tiefsten Grab zernichtet, haben auch da keine Ruhe, sondern steigen noch als Erinnerungen wie Schatten empor und martern mit den Qualen der Hölle – sie folgen uns wie unsere Schatten, die Erinnerungen, und wir sind zueinander wie Leben und Schatten, so wird selbst die Wehmut Wut und Ingrimm, und wir verhöhnen und verfluchen die Träne, die wir im Auge zerdrücken, auch wenn sie glutheiß vom Herzen heraufströmt.

Wo wäre die Klage noch erlaubt als im Lied? Nicht an der Brust der Geliebten! Denn die ersten schöneren Neigungen voll Glauben und Unschuld sind verflogen mit ihrem süßen Rosenglühen, mit ihrer heiligen Frühlingsblüte. Wir sind getäuscht, voneinandergerissen, geschieden worden, und selbst unsere Seufzer verdumpften zu Fluch und Verwünschung, wir glaubten, ein Göttliches zu umarmen, um göttlich zu sein in dieser Umarmung, und fanden uns mit Verzweiflung und Verachtung als Menschen. Nicht im Arm der Freundschaft! Jeder umstrickt im andern sein eigen Bild, und Träumer, auch wenn sie von Lorbeer und Unsterblichkeit träumen, trennt der Geist des Schicksals, der die Träume wirklich macht oder als Hirngespinste sterben läßt. Wir sehen zwei Naturen in uns und treten mit Kälte oder mit Schauder zurück. Du heilige klagende Stimme der Dichtkunst bist es allein, die uns nie erröten machen wird!

Der wunderbarste, treueste göttliche Gespiele der Melancholie und der Trauer aber ist der Humor. Sein Wesen ist so unzertrennlich notwendig von jedem Schmerz, es ist so allgewaltig in unserm innersten Leben, daß mir oft schon in den Sinn gekommen, die Schöpfung sei nichts anders als ein unwidersprechlicher Beweis für den Humor des Weltgeistes. Und wäre es nicht Sünde, den wahrhaft Heiligen zum bloßen Auskunftsmittel zu entwürdigen, so fänd ich in ihm das einzige, womit wir uns in unserer Zeit noch trösten können. Wenn Trauer, Schmerz und nagender Gram, wenn Verzweiflung ein Gewitter zusammenweht und die blühendste Saat zu Boden schmettert, an der wir im zarten Frühling der ersten Jugend mit Entzücken und Trunkenheit gehangen, bildet die Flut der Tränen durch die gewitterhaften Sonnenstrahlen des Humors einen himmlischen Regenbogen, von dem das tolle Menschengeschlecht fabelt, es entfall ihm wohl eine goldne Schüssel.

O Ehrgeiz, Ehrgeiz! – dacht ich weiter, du bist der Mantel des Mephisto, du schwingst übers niedere Treiben da unter uns, allunendlich hinweg, und doch ist der Verwegene unglückselig, der sich dir mit blutigen Chiffren verschreibt.

Ich kenne einen Menschen, kenne ihn sehr gut, dem statt Kinderspiele der Drang nach Unsterblichkeit die langen Nächte zur Qual machte, als er noch nicht wußte wie und wohin und was, der die zartesten Lieblinge, die ihn mit verzweifelten Armen unfingen, sein Gesicht mit brennenden Tränen feuchteten und seine Hände auf einen Busen drückten, wie der Mond noch wenige sah im jungfräulichen Gemache, die ihm alles, Ruhe, Glück, Frieden, Gesundheit der Seele und des Leibes, Ruf, Ehre, alles, alles hingegeben, dem Gedanken und Vorgefühl einer entsetzlichen, aber riesenhaften Zukunft opfern mußte.

Genug! es ist auf dieser Welt nicht auszuhalten, wenn nicht bis in die Höhlen der Verwesung und der Gräber, bis an den Abgrund, vor dem der Selbstmord schaudert, durch die heiligsten Verhältnisse und Gefühle hin, die das Schicksal zu Schmach und Greuel verkehrte, der Humor wie ein wahnsinnig gewordener Gott hintaumelt.

An diesem Abend auf dem Kirchhof ward es zum Entschluß, durch einen wunderbaren Selbstmord auf drei Tage von der Welt hier oben zu scheiden und eine kleine kritische Kunstreise in die Unterwelt zu machen.

Der Paß, Empfehlungen an weltberühmte Dichter aller Art staken bereits in meinen Säcken, auch etwas Geld. Ein solides Paar Stiefeln und poetische Floskeln aus den meisten deutschen Klassikern versprachen ein passables Gelingen für meine gelehrte Reise, und so machte ich mich denn auf den folgenden Morgen gefaßt.

Erster Tag

Der Selbstmord war vollendet, aber wie's zuging, behalt ich für mich, man mag's nun deuten, wie man will, so etwas war nötig für meinen Zweck, und wenn's ja niemand merken will, so platz ich damit heraus – ein Akt der Bescheidenheit.

Es war ein hübscher Morgen, der Osten strömte von Morgensafranstrahlenschimmer, und mitten in Gold und Glut lag, wie in einem Bett, eine plumpe, breite Wolke, die mich unverzüglich an Falstaffs Bauch erinnerte.

Ich besann mich über eine Naturschilderung, noch ungewiß, in welchem Stil ich sie verfassen sollte. Lange, lange konnt ich nicht mit mir einig werden, ob ich Gelispel, Gesäusel und Geflüster der Bäume oder etwa Geschwätze und Gemurmel und Geplätscher und Geflöte des Baches hervorheben, ob ich der klagenden *Philomele* melodische Silberakkorde, Schmelz der Auen, tauperlende Blumen und so was oder der Bardale Gesang, Halleluja, Cherubim und dreimal „heilig“ vorziehen und dabei zum Besten des Schwunges einige Dunkelheiten veranstalten sollte. Es kam aber am Ende nichts zustande, denn mit *einem* befand ich mich an der Schwelle der Unterwelt.

Gott sei mir gnädig! wie war mir da zu Mut! Stelle man sich das Entzücken vor, das ein redlicher Freund der Dichtkunst empfindet, wenn er Klopstocks „Messias“ bis zu Ende des zwanzigsten Gesangs stöhnend, aber doch ohne Schaden durchgearbeitet hat, oder die Wonne des Poeten, der zum erstenmal rezensiert wird, oder das echt dogmatische, von christlichem Abhängigkeitsgefühl überströmende Vergnügen des Theologen, der einen *Spinozisten* und Poeten durch eine kurze Predigt von zwei Stündchen bekehrt sieht, oder den Jubel des Kunstsammlers, der um ein paar Gulden in einem Kloster ein altdeutsch jämmerlichrührend verweintes, von Schmerz verbläutes Christusköpflein erhandelt, ach das ist nur ein Nachklang gegen die stürmende Freudenmusik, die mich erfüllte, gemeine Mozartische Arie gegen die *unendliche* Größe eines Webers, nur der niedere Schwung eines „Don Juan" gegen die geniale Theorie eines Hanns Georg Nägeli.

Aber nicht sobald war ich in alle nur möglichen Exklamationen, die ich aus Dichtern wußte, ausgebrochen, als mich plötzlich eine Erscheinung in Schrecken setzte, die groß, ernst und neu, wie sie war, ein gutes Gemüt wie das meine beinahe entseelen mußte. Ich stand zumal vor dem gewaltigen Wächter der unterirdischen Welt, in der die Dichter belohnt und bestraft werden. Wie vom Blitz gerührt blieb ich stehen und starrte das außerordentliche dreiköpfige Geschöpf, das die Vergangenheit, Gegenwart und Zukunft unserer Literatur durchblickt, mit Gefühlen des äußersten Schreckens an, blieb stehen und stehen und ließ mich von seinen kritischen Blicken bis auf die Sohlen messen, bis es endlich in stattlichen Schritten und, wie mir schien, ohne Widerwillen gegen meinen Eintritt auf und ab wandelte. Nicht ohne Grausen ergriff ich die Gelegenheit, mit heiler Haut davonzukommen. Denn Adolf Müllner ist ein Zerberus, den kein Herakles besiegen wird.

Aber, o Himmel! kaum war ich an ihm vorüber, so verfiel ich in wahrhaft unselige Hände, denn ich ward mit fürchterlichem Geschrei und Gepolter und Gekreisch von einer Unzahl *Rezensenten* oder poetischer Mautbeamten überfallen, die leider nicht im Sold des Heiligen Römischen Reiches der Poesie, sondern der Tagesblätter, Journale, Buchhändler und Autoren stehen und meist unberufen für ihren Beutel, der so runzlicht ist als ein Dennersches Gesicht, in allen ersinnlichen Livreen, alle mit der poetischen Kokarde der Frechheit, den Feuerhut auf dem Kopf, der oft kaum die langen Ohren bedeckt, über die armen Wanderer ins heilige, himmlische Land der Poesie herfallen, in dem sie sich für ein unglückseliges Leben und eine erbärmliche Wirklichkeit trösten möchten.

Da war keine Aussicht zum Entrinnen, selbst der gutgestellte Paß in jenes Land ward nicht geachtet, da mußt ich, wenn ich nicht zerkratzt und zerfetzt werden wollte, in Gottes Namen mein Reisebündel ablegen, und noch schaudert mich, wenn ich daran denke, mit welch unglaublicher Hast diese wütenden Menschen seine Eingeweide durchwühlten und nach Contrebande suchten.

Da schrie's: „Von welcher Profession? Romantiker, Hellenist, Orientalist, Goethianer, Schlegelianer, Tieckianer, Rossinianer, Weberianer, Mozartianer, Supranaturalist, Rationalist, Schleiermacherianer, Schellingianer, Kantianer, Fichtianer?" und so fort und fort, bis mir die Ohren sausten und ich Unglückseliger am Ende nichts mehr als Yaner und Yaner hörte. „Haben Sie nichts von der Art wie ‚Wunderhorn' und Klingklang und Klimpimperling, keinen Ritter- oder Zauberroman, keine Kristall- und Karfunkelpoesie?" – „Um Gottes willen, nein", entgegnete ich, „wie kommen Sie zu der Frage?" – „Nichts von van der Velde, Fouqué und Clauren?" – „Sie töten mich." – „Nichts von Thuiskon, Hermann, Thusnelden, teutschen Eichen, Bardalen, teutscher Treue, Leier und Schwert, Freiheit, Vaterland und Turnerei?" – „So wahr Gott lebt, mein Reisebündel ist leer davon." – „Nichts Didaktisches, keine ‚Urania'?" – „Nichts, nichts davon." – „Kein griechisch-französisches Trauerspiel mit den drei Einheiten? keine Kanaille von einer Kotzebueschen und Ifflandschen Bürgerpoesie, kein Ritterschauspiel? keine fatalistische Schuldturmstragödie?" – „Nichts, gar nichts der Art." – „Keine Paulussche Exegese? keine Schleiermachersche mystische Vereinigung mit Gott? Nichts von der unsichtbaren Kirche?" – „Wieder nichts, liebste Herren!" – „Keine Jacobische Glaubensphilosophie? Nichts von Tieftrunk, Kannegießer, Krug?" – „Keinen Tropfen von all dem Getränke." – „Den ‚Freischütz'? ums Himmels willen! haben Sie den ‚Freischütz' nicht oder gar die ‚Euryanthe'?" – „Ich will mich nackt ausziehen, meine Herren! Hier sind meine Taschen, hier meine Hosen, nichts darin von solidem Belang! Sind Sie zufrieden?" – „Vollkommen, vollkommen!" tönte es von allen

Seiten, und ich rannte, glücklich, ihnen kein Schlachtopfer geworden zu sein, durch die zerstäubte Schar hindurch.

Nun stelle man sich aber vor, welch ein Weg meiner wartete! Ein ganz abscheulicher, jämmerlicher, fußblasentreibender, ein vermaledeiter Weg! Die rippigsten, zackigsten Felskanten in der Schweiz, auf denen ich herumkletterte, fingen mit jedem Schritt an, mir gegen diesen Weg wie weiche, samtne Frühlingsau zu werden. Spitzig, plump, hart, felsrauh schneidend, polternd, gräßlich verwundend war diese mit lauter Vossischen Jamben gepflasterte Straße in die Unterwelt, und ich lief mir Geschwüre und Blasen an den Leib, von denen sich die Spuren schwerlich jemals verlieren werden. Dazu drückten mich meine Stiefel entsetzlich, denn ich hatte die Gewohnheit, zwar täglich zu wechseln, aber nur so, daß der eine heut an den und morgen an den andern Fuß kam.

Bis zur Ohnmacht matt, stolpernd und einmal gar aufs kläglichste über einen unsinnig groben, blöckischen Alcäen aus dem Horaz hinpurzelnd und mir eine schnöde Beule an den Kopf fallend, gelangt ich mit unsäglicher Mühe auf einen Vorsprung, von wo aus ich die Aussicht auf das Tal und den Styx hatte, der es mit finstern Fluten durchströmte.

Ewige Zeit! wie war mir nun erst zu Mut! „So bin ich denn", rief ich oder schrie ich eigentlich, vor Enthusiasmus, „endlich der Stätte nahe, wo ich den wahren Wert aller abgeschiedenen und lebenden Sänger durch das unparteiische Gericht der Höllenrichter entschieden sehen werde, so bin ich denn endlich, nachdem ich die rezensierende Douane glücklich passiert, ohne die Löwenhaut und Keule des Herkules in Frack und Hosen dahingekommen, wo die alten Griechen, diese bedauernswürdigen Sansculottes, halb nackt sich zur Überfahrt bereit machten." – Ach Himmel! Tränen der Schwermut und einer schmerzhaften Rührung stürzten mir heiß über die Wangen herunter, und ich verfiel in ein großartiges Stillschweigen, das minder von Mangel an Gedanken als von allzu gereizter Empfindsamkeit herrührte.

Unter mir, diesseits des stygischen Flusses, wimmelte eine

Schar Unglücklicher, die, noch nicht begraben oder rezensiert, das Land der Ruhe seufzend jenseits liegen sahen und nicht hinüber durften, lauter unglückselige Almanachsdichter und Journalisten, oh, und was mich mit schaudernder Verwunderung übergoß, unter ihnen auch ein wohlbekannter, geistreicher, unerschöpflich-witziger Schatte, ein gewisser Epigrammatiker. Wie kommt der, fragte ich mich mit immer wiederkehrendem Staunen, unter diesen Pöbel? Ja, nun fällt mir's ein, mich dünkt wohl, er hat das Schicksal so mancher, deren Leib im öden Weltmeer der Journale herumtreibt und deren Geist nicht eher zur Ruhe kommt, nicht eher den Styx überschreiten darf, bis sie gesammelt und zusammengefunden, wie sich's gehört, von der Gemeinheit geschieden, in der auch eine Perle versinkt, unter ein bleibendes Denkmal droben auf Erden den ebenbürtigen Ahnen beigesetzt sind.

Von diesem Gedanken, von diesem Anblick Sinn und Aug in die Ferne richtend, gewahrt ich den Lethe, und tausend Versifikanten sah ich in ihm ringen und mit dem Tode kämpfen und in seinen heiligen Fluten untergehen, ja manchen gedankenreichen Mann, wie Blumauer, gar nur den Hintern daraus hervorstrecken. Umsonst versuchten's einige wackere Leute an den Ufern umher, die mir wie Rezensenten vorkamen, die Ertrinkenden aus dem Grab der Wellen zu retten, aber alles umsonst. Ich bemerkte deutlich unter den Sterbenden einen gewissen Puruspistor, der – er war mir der nächste – mit entsetzlichem Geschrei: „Sein, Wahrheit und Realität, Schein, Täuschung und Idealität, o edlere Menschheit, o ihr allgemeinsten und höchsten Beziehungen der Menschheit, o du Totaleindruck eines ästhetischen Ganzen!" rettungslos hinabsank und nur noch die Perücke eine Zeitlang über dem Wasser ließ, bis auch diese, vom Kopf aus, auf dem sie gesessen schon manches unfruchtbare Jahrzehnt, mit Wasser getränkt, den Weg alles Irdischen ging.

Länger blieb ich nicht mehr, ich stieg hinab, und da Charon eben unsern verewigten Jean Paul hinübergesetzt hatte und wieder ans diesseitige Ufer stieß, setzte ich mich gegen ein paar gute Groschen ins Boot. Unterwegs erzählte mir der alte Knurrer von einem neuen Unternehmen, das er brotraubend nannte. Es soll nämlich, weil denn doch heutzutage alles durch Dampf geschieht, durch (wenigstens in) Dampf studiert und gedichtet wird, ja selbst ein Tagesblatt unter dem Namen „Dampfboot“ schlechte Marktware hin- und herbringt, nun auch ein Dampfboot auf dem Styx errichtet werden. Unter den Verwünschungen und Klagen des ehrlichen Alten stieß endlich auch der Nachen ans jenseitige Ufer, und ich betrat den Boden der Seligen und Verdammten.

Nun ging aber eine neue Plage an; die Seelen der verstorbenen Leihbibliothekenhalter umschwärmten mich als Ciceronis, und einen nach dem andern abweisend, entschloß ich mich endlich, einen Mann von anerkanntem Ruf, auch wenn es mich bedeutend kosten sollte, zum Wegweiser im Gebiete der künstlerischen Unterwelt zu nehmen. August Wilhelm Schlegel fiel mir ein, der, wie ich hörte, auch schon hier unten in die alte Trompete stößt; weil er jedoch in seinen dramatischen Vorlesungen die Deutschen gar sehr negligiert hat und ich mir also wenig für diese Seite von ihm versprechen konnte, zugleich auch, weil ich zuviel von seiner Raserei für Sanskrit und Prakrit befürchtete, besonders aber, weil ein Mann, der ihn an Kühnheit des Urteils und Originalität im Absprechen, an genialerm Übermut und vorzüglicher Mystik weit übertrifft, ich meine Franz Horn, mir gerade auf der Straße begegnete und mir den Antrag machte, mit aller Schärfe des Urteils, das ich ihm zutrauen werde, mir Himmel und Hölle zu zeigen. Ich mietete ihn auf drei Tage, bedingte mir aber aus, daß er mich ja nicht mit übertriebener Romantik, mit christlich wehmütig *krankwunder* Schwärmerei behelligen möge.

Mein erstes natürlich, wornach ich fragte, war: „Ist Goethe hier zu sehen?“

„Bitt um Vergebung“, erwiderte mein Wegweiser, „er hat zwar den Geist aufgegeben, ist aber noch nicht gestorben. Überhaupt wenn ich Ihnen mein Urteil sagen darf, auf das ich ziemlich viel halte, Goethe ist –“

„Beim Dreieinigen!" fiel ich ihm ein, „kein Urteil! Wozu, mein Herr! über etwas herunter plaudern, was schon hundertmal gesagt worden ist und Goethe wahrhaftig nicht kleiner und nicht größer macht? Es ist in unserer Zeit, wo wenig mehr gedichtet, aber dafür geklimpert, geklingelt, geleiert, gedudelt, rezensiert, abgehandelt, angebetet und geschimpft wird, zum Ton geworden, über Goethe abzuhandeln. Denken Sie nur an Pustkuchen, an Schubart – was hat jener gegen und dieser für den Wert Goethes getan? Was wird gar noch die neuerschienene, weiß der Himmel aus wie vielen Teilen bestehende Goethische Philosophie durchsetzen? Ich weiß, was ich von ihm zu halten habe. Gönnen Sie dem Herrlichen das lange Leben und das in seinem Munde wahrhaftig ehrwürdig Erhabene:

Wüßte kaum genau zu sagen,
ob ich es noch selber bin.

Und wenn ich Sie noch um etwas bitten darf, so bringen Sie mir keine Vergleichung zwischen ihm und Schiller, denn das ist eine Frage, die heutzutage von den Literaturzeitungen in Putztische, Gymnasien und Lyzeen gewandert ist." Dabei konnt ich nicht umhin, folgenden Stoßseufzer auszuächzen:

„O ihr bejammernswerten großen Genies, ihr blühenden himmlischen Halbgötter, die ihr euch von jedem ästhetischen Bartkratzer das *Skalpell* in eure Herzen setzen lassen müßt! Die ihr von einer Anzahl wißbegieriger Menschen aufs schnödeste zu Tod geschlagen werdet, damit man euch auf der Anatomie der Literatur durch tausend kritische Messer den geheimsten Organismus sezieren kann. Wo fliegt da euer Geist hin? Merken's denn die Narren nicht, daß sie einen Kadaver zersägen?"

Franz Horn faltete unterdessen ein Papier auf, das er aus der Tasche gezogen, und bemerkte, es sei eine Abschrift von einem Goethischen Brief, in welchem der wunderliche Dichtergreis sich Quartier hier unten bestelle. Er lautete, wenn ich mich noch recht erinnere, folgendermaßen:

Und so käm ich denn behäglich
wunderlichst in diesem Falle,

stets gediegen, nimmer kläglich
baldigst in die Totenhalle.
Immerfort das Nächste denkend,
möchte wohl von hinnen scheiden,
frei gesinnt, mich selbst beschränkend,
satt von Freuden und von Leiden.

Jedem seine eignen Weisen,
nicht vergöttern und nicht hassen!
hat die Welt den Dichtergreisen
treulichst doch gewähren lassen,
manches ehrend, manches tadelnd,
bald erhebend, bald verzeihend,
Sittenreiches freundlich adelnd,
Lieblichstes den Enkeln weihend.

Und so rüstet die Metalle,
wohlgemeint mit reger Liebe,
daß ich an dem hellen Schalle
sie erprüf im Steingeschiebe.
Man kann scheiden, man kann wägen,
geistiges Naturgebilde
läßt sich schmelzen, läßt sich prägen
und die Seele lebt im Schilde.

Drum verjährt und heilig Streben
hochgeschätztest, hold Bemühen
leb es fort in beßrem Leben,
lächl es fort in süßerm Blühen;
stets bequem und doch geschäftig
sicher wird's auch dort gelingen;
nur erlaubt uns, daß wir kräftig
unsern Hammer mit uns bringen.

Dieses Gedicht wieder mit kritischem Blick zusammenfaltend, war er eben im Begriff, in eine Rezension auszubrechen, als ich ihn beim Arm nahm und aufs feierlichste beschwor, mich weiter zu führen.

So stand es denn nicht lange an, als ich einen Wirrwarr, ein Getümmel von vielen hundert Poeten sah, die sich mit wahnsinnigem Geschrei untereinander balgten und schlugen und mit Fausthieben Platz machend unter Gebärden der Raserei und dithyrambischer Wut sich um einen Shakespeare drängten, der mir aber eher wie ein Hanswurst vorkam, weil seine Kleider aus den Titelblättern der sechsunddreißig anerkannten Shakespearschen Lust-, Schau- und Trauerspiele gleich einer Musterkarte zusammengesetzt waren. Dieser tolle Pseudoshakespeare, der den Hamlet als großen Knopf zum Symbol der Intrigen und des Seins und Nichtseins – am Hosenpreis, den Lear aber als Narrenkappe auf dem Kopf trug, stand mitten unter dem bacchantischen Schwarm seiner stürmischen Anbeter und Nachahmer, blies sich die Pausbacken auf, verdrehte die Augen, krampfte die Hände zusammen, fletschte mit der Zunge, verzerrte seine geniale Physiognomie zu gräßlich komischen und gräßlich tragischen Charakteren und schüttelte die mit ungeheurem Bombast gefüllten geistreichen Hosen riesenhaft üppig auseinander.

Ich merkte bald den Marktschreier und Spitzbuben in diesem Menschen und fühlte mich eben im Innersten gekränkt, daß der große britische Geist Namen und Titel und Akte und Szenen und Charaktere zu einem Harlekinskleid hergeben mußte, als ich den Lümmel schon durch die Streiche der poetischen Nemesis bestraft sah.

Denn diese tobenden Shakespeareaner ergriffen ihn von allen Seiten, rissen ihn zu Boden, zerfetzten seine Kleider mit echt lyrischer Wut, rissen ihm Lapp an Lappe, Trauerspiel an Trauerspiel, Lustspiel an Lustspiel vom Leib, rezensierten ihm den Buckel mit soviel Hieben und Schlägen, daß er ächzend und stöhnend unter abscheulichen Verwünschungen bombastisch den Geist aufgab.

Nun teilte man sich unter Prügeln in den Raub. Der lief wie toll mit der Learschen Narrenkappe davon und schwang sie mit einem „Vivat der König Lear!" jubelnd in die Höhe. Der riß den Hamletschen Hosenknopf aus der gefährlichen intriganten Nachbarschaft und rannte damit hinweg, die andern balgten sich um alle tragischen und komischen Fetzen jämmerlich im Dreck, verliefen sich endlich und ließen das Kadaver dem Raben- und Hundegezücht der Kritiker und Kommentatoren.

„Mein Wertester", fiel mir hier plötzlich Franz Horn ein, indem er mich aus dem Grausen erweckte, in das mein Geist geraten war, „mein Wertester! ich habe einst diesen Harlekin ebenfalls für Shakespeare gehalten."

O bei diesen Worten brach er in einen vollkommen ästhetisch-christlichen Seufzer aus: „Da sind wir nicht gefeierte Dichter doch ziemlich glücklich, daß wir einem so schrecklichen Ende entgehen! Der Proteus Shakespeare –"

„Um alles, mein Herr", fiel ich ihm in die Rede, „dies Gleichnis nicht mehr! Seine Nachahmer blieben meist bei der Verwandlung in ein Schwein."

Nach diesem Worte führte mich meine männlich kritisch Dantesche Beatrice zu einem See, der beinahe so groß war als das Schwäbische Meer. Rings umher aber war alles Land verdorrt, keine Blüte, keine grünende Pflanze, höchstens ein eingesetzter Sprößling aus fremdem Boden, der hier kärglich sein Dasein fortspann! Tausend arme Leute schleppten keuchend und stöhnend Kübel und Eimer vom Ufer herauf in ihr unfruchtbares Land, andre aßen droben im Schweiß ihres Angesichts das schwer erworbene Brot, andre angelten, fingen aber statt kostbarer Fische nur Frösche und Kröten, und ich kam hier auf den seltsamen Gedanken, diese armen Wasserträger und Fischfänger möchten wohl die tausend Übersetzer sein, die heutzutage aus fremder unerschöpflicher Fülle ihren fruchtlosen Boden bereichern, meist aber nur einiges Brot für ihr eigenes kümmerliches Leben erwerben wollen.

„Und glauben Sie denn wirklich", begann ich, mich wieder zu meinem Franz wendend, „daß dieser Brite seinen unermeßlichen Ruf rechtfertigen kann?"

„Ich zweifle. Wenigstens ist in jedem seiner Werke ein Dritteil, wo nicht gar die Hälfte, die nicht hätte geschrieben, geschweige denn übersetzt werden sollen. Ich leugne nicht, Walter Scott ist ein vortrefflicher Charakterzeichner, sein Vaterland verdankt ihm kräftige, malerische, oft ergreifende Darstellungen geschichtlicher Begebenheiten, altertümlicher Sitten, nationaler Gebräuche, selbst gelungenste Schilderungen großer Zeiten und historischer Personen, wie im ‚Kenilworth', im ‚Nigel', im ‚Abt' und in andern; er kennt die Geschichte wie das Herz, das Vaterland wie den Menschen, die Vorwelt wie die Mitwelt, wiewohl er am liebsten in jener weilt, und zwar nicht immer mit jener zarten dichterischen Sehnsucht, Erinnerung und Wehmut, sondern meist recht breit und bequem mit allem Haushalte, ich möchte sagen, mit Weib und Kind sein Quartier in ihr aufschlägt. ‚Ivanhoe' ist beinahe eine schottische Odyssee, ‚Kenilworth' und die ‚Schwärmer' sind herrliche Zeit-, Volks- und Charaktergemälde, und im ‚Guy Mannering' ist ein Shakespearscher Charakter, in seiner Art so einzig als Falstaff und Kaliban. Allein man findet sonst eine bis zur Verzweiflung marternde Weitläufigkeit in der Ausführung der allerunbedeutendsten Dinge. Da darf kein Wort übergangen werden, was in Wirtshäusern und Kneipen geschwatzt und geschnackt wird, man würde einschlafen, wenn man ein solches Gespräch hören müßte, geschweige denn lesen, und ein geschickter Schneidermeister würde kaum mehr Zeit brauchen, eine honette Person von Kopf bis zu Fuß auszustatten, als Walter Scott zur Equipierung einer Figur nötig hat, und sollte sie auch in seinen oft viele Jahrzehnte umfassenden Gemälden nicht einmal so lange spielen als jene wirkliche Person Zeit bedarf, ihre Kleider zu zerreißen und an den Trödeljuden zu verkaufen. Ich stelle mir's als das Peinlichste auf der Welt vor, den Walter Scott vorlesen hören zu müssen.

Übrigens auch in seinen Charakteren ist eine große Einförmigkeit und Wiederholung, wenigstens wird sich wohl in allen seinen Werken ein größtenteils sogar den Helden spielender, höchst uninteressanter, durch eine fremde Macht geleiteter Jüngling und ein geheimnisvolles, altes hexenartiges Weib finden, und die meisten Romane ließen sich gewiß erst noch zu größerem Frommen für das Interesse der Handlung in *ein* Bändchen zusammenziehen, das freilich dann dreimal weniger Honorar eintrüge.

Politik und Kirche, Liebe zum Vaterland, Nationalkraft, Krieg und Streit, Gebräuche und Sitten, vaterländischer Boden und schottische Natur sind Scotts Elemente, nie aber das zarte, süße Feuerspiel der Liebe, deren holde, zauberische Magie das strenge Gebiet seines Denkkreises flieht und nur in dem Schönsten, was er je geschrieben, in jener himmlischen ‚Jungfrau vom See', wiewohl auch da nur schwach und verflüchtigt, mitten unter dem Getöse feindlicher Waffen und der Reibung rauher Naturen als ein kaum bemerkbarer Geist hinweht. Seine Fantasie überhaupt schafft nur auf dem Boden der Wirklichkeit, in der Konstruktion einer Handlung, die er aufs trefflichste verwickelt und sehr oft, wenn man soweit ist, daß man sich selbst herausfinden kann, schnell und ungenügend abfertigt, nie aber über das Wirkliche hinaus in einer selbstgeschaffenen idealen Welt, vielmehr hat er gar keine solche, man findet lauter Menschen, wie sie sind, im Verhältnis untereinander, nicht zu einem überirdischen, wunderbar verknüpfenden Wesen. Scott will begriffen, von jedem verstanden sein und gibt sich alle ersinnliche Mühe, nichts zu sagen, was über den Kreis unsers gewöhnlichen Denkens hinausgehe."

Und dennoch, dennoch rief ich aus: „O du edler, unerschöpflicher Walter Scott, nicht bloß deine Kinder und Verleger, auch eine beispiellose Menge beispiellos wohlfeiler deutscher Taschenausgabenübersetzungsherausgeber bringst du zu honettem Brot und Ansehen."

„Lassen Sie uns", fiel mir mein Fränzchen hier rasch ein, „von dieser Trauerszene hinweggehen, der Dung, den diese Leute auf unsere magere Erde streuen, bringt freilich keine Blumen und Wundergärten hervor, wie es unsere herrlichen, überschwenglichen Romantiker getan haben.

Ach nur schade!" fuhr er nach einer Pause in heftigem Kampf mit einem Schmerz fort, der ihm das Auge feuchtete, „ach nur schade! daß eben besagte herrliche Romantiker ein unbegreiflich trauriges Schicksal hier in der Unterwelt erleiden. Freund, machen Sie sich auf einen Anblick gefaßt, der Ihnen unfehlbar das Herz zerschneiden wird. Bewaffnen Sie Ihren Geist mit einer Geduld und Stärke, als müßten Sie ‚Wunderhorn', ‚Genovefa' und ‚Nibelungenlied' – "

„Gar noch einmal lesen?"

„Nein, o nein! Sie spotten über das Heilige – Blatt für Blatt in den Abgrund werfen sehen. O das Verhängnis, das abscheuliche, heidnische Verhängnis, auch Dichter, auch Christen, auch christliche Dichter und dichterische Christen erfaßt es mit unerbittlicher Strenge; umsonst, daß sich Verteidiger und Kritiker wie ich für die gute Sache mit dem despotischen Verhängnis in Kampf legen und das Kreuz predigen im Reiche der Poesie; umsonst, daß wir Maler und Musiker, Ritter und Knappen, Femrichter und Minnesänger, Undinen und Ahnfrauen zu Helden und Heldinnen in unsern Romanen, Gedichten und Trauerspielen machen; umsonst, daß der reinste Hauch der Lyrik, das süßeste, unverständlichste, tiefste Weh, das schlechterdings himmlische und unbegreifliche Sehnen und Lieben, umsonst, daß das Göttlichste, was wir haben, die Wehmut in unsern Liedern schluchzt und weint, umsonst, daß wir jenen prosaischen Philister, ich meine den Verstand, ohne alle Ausnahme verdammen und verleugnen, daß die ganze Natur und in ihr der Geist des Unendlichen, Überschwenglichen im Säuseln und Klingeln und Klimpern und Lispeln und Singen und Flöten der Abendwinde, Lauten, Frühlingslauben, der Küsse, Wasserfälle, der Bäche und der musizierenden Vögel des Waldes einklingend und liebäugelnd ins Weh der wunden Brust, die in stillster, zärtester, namenlosester Liebe verblutet und zerfließt und verschwebt und verschwimmt – daß dies Ein und Alles der Welt in unserer Poesie wie in ihrer Heimat ist, rücksichtslos – mein Herr! –" hier stürzten ihm abermals einige Tränen aus den Augen, „ach! unabwendbar sind sie hier ins Tollhaus gesteckt."

„Gefühlvoller Mann", erwiderte ich nicht ohne einige Rührung und Mitleid mit ihnen, „führen Sie mich getrost in dieses traurige Gebäude der Romantik."

„O ihr Verblendeten, Kurzsichtigen!" rief mein ergriffener Franz in immer steigender Ekstase aus, „ihr elenden Hellenisten – ha, Gedichte schreiben, die jeder auf den Augenblick versteht! Welch eine Schmach um ein Schillersches Lied, um eine Goethische Romanze, jener plagt mit entsetzlich unpoetischen Abstraktionen, und dieser glaubt uns Balladen aufbürden zu dürfen, ach ohne nur einen, nur *einen* altdeutschen Gedanken aus den Minnesängern, nur *ein* Wörtchen, *ein* Reimchen, *ein* Assonänzchen, *ein* Klingklangchen, dem ganzen ‚Wunderhorn' und allen Meistern alter, alleinseligmachender Schule zum Trotz, zu brauchen. Was will's mit der Dichtkunst werden, wenn sie nicht wieder so einfältig wird wie vor Jahrhunderten, wenn das absolut Unpoetische, die Klarheit, diese elende, gemeine, heidnische Klarheit so fürchterlich überhand nimmt, ja wenn man karfunkel- und gewissenlos jene schalen, griechischen Heiden zum Muster nimmt, die eine unausstehlich künstlerische Form haben, da wir's doch endlich einmal glücklich soweit gebracht, daß uns zu unsern Tränen und Seufzern, zu unserem Ach und Weh, zu Minn und Mai durchaus keine Form mehr nötig ist. Was ist denn so ein Aischylos gegen den Walther von der Vogelweide, so ein Sophokles gegen den Hans Sachs, so ein Pindar gegen Fleming? O und was ist der ganze Homer gegen das einzige:

Es ist in alten Mären gar wunderviel gesait.

Hat das ganze griechische Altertum nur *ein, ein* Sonett aufzuweisen? und ihr Wahnsinnigen wolltet es nur eines flüchtigen Blickes würdig achten? Herr! es ist schändlich, wohin sich der Geschmack verirren kann. Jene philiströse, wohlgefällige, barbarische Gesundheit unserer himmlischen, wehmütigen, sehnsüchtigen, tränenden, hinschmelzenden, zerfließenden, seligen Krankheit vorzuziehen! Was ist die heilige Dunkelheit in unsern Gesängen? was lassen wir nicht alles den Lesern zu denken übrig? Nein, nicht doch, nein, ich wollte sagen, was geben wir ihnen zu fühlen? Der Gedanke gehört nur der Prosa, das Gefühl der Romantik, ja bei Gott, je unendlicher, unbegreiflicher, je gedankenloser dieses überschwengliche Gefühl, desto höher, erhabener, romantischer die Poesie!"

„Erinnern Sie sich, wo wir sind", fiel ich ihm hier mit donnernder Stimme ein, ein Schauder lief meinem Franz durch Mark und Bein, und wir gingen durch ein verwittertes Tor, aber, o du herzdurchbebender Anblick menschlichen Elends und menschlicher Verirrung! in einem Hofraum, in den wir traten, ertönte plötzlich durch vergitterte Fenster ein so brausendes Geräusch von Sang und Klang und Zetergeschrei, daß mir der kalte Schweiß über die Stirne lief.

„Herr Jesu", schrie ich, „wo sind wir?" – „Ach", seufzte mein Begleiter, „sehen Sie den Unglücklichen ins Gesicht und lassen Sie mich schweigen."

Da hört ich einen singen:

Brausende Lilien, gluhe Karfunkel,
lilienweißes Morgenrot,
singende Bäch und gestirntes Dunkel,
Lieb, o mein Lieb in Mai und Tod!

Einen andern:

Maid, o du Maid mit dem kußlichen Munde,
Äugelein, Sternelein, minniglich bunte!

Einer vorzüglich interessierte mich lebhaft, er schien mir ein vortrefflicher Reimer:

Ich arme Metz
setz
stets mein' Sinn
in
groß G'fahr.
Zwar, gar
entbrennt,
kömmt

diese Treu aus edler Art,
hart ward
mir so weh;
sieht
dich
wie ich mich
halt
bald
erwerben
erben
dein Gnad.
Mein Schad
und Schmerz
wär noch ein Scherz
herzliebster G'sell!
stell
wieder her,
ich begehr
nit mehr
dann dich freundlich zu drücken,
schmücken
an meine Brust
als etwa, was deines Herzens Lust.
Mut
tut
die Treu
nach Reu
sich auch wenden
aus der Liebe Brunst
zu Gunst
betracht
acht
Wacht,
Kraft
schafft
straft

und treibt
bleibt
unverzagt
wagt
alles Ungefäll.
Schnell, Gesell!
Ich bin
in
Liebesfrist,
sonst ist
keine List,
die mich
an dich
mög stärken,
merken
ich das kann,
mein Herz dir aller Ehren gan.

Das unvergleichlich Zarte in diesem Minnelied entging mir nicht, so wie ich den äußerst kunstreichen Reim und die liebenswürdige Klarheit, auch den unerschöpflichen Reichtum der Ideen darin bewundern mußte. Eben wollte mir mein Begleiter seine Freude darüber zu erkennen geben, als ich eine Romanze anfangen hörte, die abermals meine ganze Aufmerksamkeit fesselte:

Es wohnet Minn bei Minne
dazu groß Herzeleid,
eine edle Herzoginne,
ein Herzog wohlgemait
sie hatten einander von Herzen lieb
und kunten vor großer Hute
zusammenkommen nie.

Leider wurde mir der Genuß dieser herrlich beginnenden Romanze versagt, indem ich einen Menschen ächzend und heiser schreien hörte:

O rosenvarwne Wangen,
herzallerliebst Verlangen,
viel wonnigliche Wib
wie rein ist dein Lib!

Alsobald begann wieder eine andere Romanze:

Es hat ein Schwab ein Töchterlein,
o du mein feins Eselein.

Eben hatte ich darauf die Ohren gespitzt, als ich einen Mann auf dem Kopf stehen sah.

„Nun Herr, wie erklär ich mir das?“ versetzte ich erschrocken.

„Ja, das ist ein ehmals herrlicher Mann“, sagte mein Franz, „in dieser Stellung schreibt er jetzt noch Sonette und hat es zeitlebens so gemacht, wenn er welche schrieb.“

Etwas bange für meinen eigenen Kopf nahm ich meinen Begleiter schweigend bei der Hand und führte ihn weiter.

Nicht lange waren wir gegangen, als wir einen jungen Mann in gelben Hosen, gelber Weste und blauem Frack erblickten.

„Ha“, rief ich mit Schauder, „das ist ja Werther, o weiter, weiter!“

In einer zweiten Zelle war der arme Xaver Siegwart, der mit seinem Kronhelm eine jämmerlich-sentimentale Serenade geigte.

In einer dritten jener tollgewordene Mensch, der in Rom die Weihe der Unkraft empfing, und ach, wie erstaunt ich, an diesem verrufenen Ort selbst den frommen Lavater, den römisch-katholischen Stolberg und endlich gar den Wundermann Jung-Stilling zu finden.

Dieser christliche Schwärmer hielt kniend die Hände gefaltet, und mein Cicerone bemerkte, daß er seit seinem Tod in dieser Stellung vergeblich auf ein Wunder warte, das ihn aus dem Tollhaus erlöse. Mit christlichen Tränenfisteln und christlichwunden Knien sei er schon herabgekommen. „O meine Geistertheorie! – mein blaues Ätherseelenfeuer um den Leib“, seufzte der betende Schwärmer, und ich versetzte nicht ohne einiges Mitleid, meinen Begleiter scharf dabei ins Auge fassend: „Herr! das hätt ich für das größte Wunder in Stillings Leben gehalten, wenn der große Augenoperateur und Geisterphilosoph seinem stockblinden Verstand den Star gestochen hätte."

Unter diesen Worten von ihm hinweggehend, deutete Franz Horn auf ein eigenes Gebäude hin, wo sich, wie er sagte, die Unglücklichen aus fremden Nationen befänden, und besonders der gekrönte Italiener seufzte, der auf *eine* Laura sein Leben lang, weiß der Himmel, wieviel Sonette geschrieben habe.

„Herr Horn", versetzt ich, „das find ich unbillig, Petrarca ist der Mann nicht, für den man ihn hält, er war kein Narr, und seine platonische Liebe war wenigstens nicht so unsinnig, als Sie glauben, sollt ich auch keinen andern Beweis dafür anführen können, als daß er während der Seufzerjahre seiner romantischen Liebe manchen artigen Buben mit hübschen Frauenzimmern zeugte, die vielleicht von seiner Laura nur dem Namen nach verschieden waren."

In solchen Gesprächen gingen wir an einer Reihe Zimmer vorüber, worin eine Menge unglückseliger Menschen wahnsinnig lag, die sich durch poetische Onanie in diesen Zustand der Verwirrung gebracht hatten. Mein Cicerone nannte mir darunter nur die vorzüglichsten, das heißt, die allerärgsten, wie zum Beispiel Clauren, Fouqué, van der Velde und besonders, was mich äußerst bestürzte, viele Frauen, unter andern eine gewisse Karoline Pichler, eine Schopenhauer, von welcher erstern ich äußerte, die Frauenwürde wäre vielleicht noch gerettet worden, wenn sie einen Agathokles geboren, nur keinen geschrieben hätte.

Da ich solche Opfer eines edlen, wenn Kraft, Bestimmung und Reife da ist, heilignatürlichen Triebes nicht sehen wollte, öffnete mir Franz Horn plötzlich eine Türe, und, o Spiegelfechterei der Hölle, ich sah meinen eignen wahnsinnigen Phaethon.

Wie vom Blitz gerührt stand ich armer Wanderer da und konnte nicht gehen, nicht sprechen, starrte nur das fürchterliche Schreckbild an, das mit verzerrten Zügen, mit Hohn und krampfigen Mienen vor mir auf und ab ging. „Weh mir", rief ich endlich, „all die herrliche Kraft und Schöne mußte ich hieher bringen! o ich Sünder, ich Sünder!" Dabei schlug ich mich vor den Kopf und raufte mir die Haare aus, Phaethon aber grinste mir mit gräßlichen Gebärden entgegen: „Hinweg, hinweg, du Urheber meines endlosen Jammers, hinweg, du Scheusal, das mich mit aller Gewalt zu einem wahnsinnigen Narren machte, du Untier, das durch grenzenlosen Eigensinnn den Lorbeer zerpflückte, der mir geworden wäre, hättest du mich gescheit erschaffen und gescheit sterben lassen! Ha! blick um dich her, wo bist du? in einem Buchhändlerladen! hier bin ich von einem furchtbaren Verhängnis zeitlebens gefesselt, der ich mir einst träumte, als ein herrlichgesundes Götterkind in die unendliche Welt hinauszutaumeln und meine Schläfe mit Lorbeer zu drükken! Daran bist du schuld, bleicher, verdammter Ghibelline! o hättest du mich eher nicht geschrieben, als daß ich mein unseliges Leben in dieser Einöde verseufzen und ausstöhnen muß. Wo sind die Träume meiner Jugend, die Plane von Unsterblichkeit, der frische Lebensgeist, meine himmlische Liebe, meine Atalanta, du Abscheulicher – im Buchladen! Ach, ach ich jammerwürdiges Kind der Liebe, das du in deinem eigenen Wahnsinn noch als ein wütender Knabe zeugtest; nicht genug, daß du nicht reif warest, als meine Mutter, diese wahnsinnige Muse, mich empfing, ich selbst war's nicht, als sie mich geboren – du, du hast's zu verantworten, o selbst meine Stiefbrüder, die dein zügellos Verlangen mit bessern Mitteln zur Welt fördert, selbst diese werden mich schmachten lassen in dieser Dunkelheit, in der ich Zeit genug habe, nüchtern zu werden und den Tag zu verfluchen, der mich für diese vier Wände bestimmte. Vater, ich würge dich nieder! O hättest du mich wenigstens nur zu einem Räuber, zu einem Femrichter, zu einem Minnesänger, zu einer Sage aus dem dreizehnten Jahrhundert, zu einer Bearbeitung aus dem Englischen des Walter Scott oder des Washington Irving gemacht. Hilf, Ewiger! ist es dahin gekommen, daß ich von jedem kritischen Harlekin, von einem Mann wie Adrian abgeschimpft werden soll – hinweg –"

Dabei sprang er mit rasender Bewegung auf mich zu, um mir

den Platon, in dem ich noch immer las, in den Kopf zu werfen, ich wollte ihn besänftigen, wollt ihn versichern, daß ich ihm helfen, daß ich ihn durch seine Brüder wieder hervorheben, durch eine neue Umarbeitung sein Gehirn operieren wolle – umsonst, ich wäre von meinem eignen Werk in Stücke zerrissen worden, wenn ich nicht außer mir vor Schrecken davongerannt wäre.

Mein Wegweiser lief mir nach, erreichte mich aber nicht mehr, bis ich außerhalb des Furiengebäudes war, wohin ich um keinen Preis der Welt mehr zu bringen gewesen wäre, ich kam mir wie vernichtet vor, die Glut brannte mir in den Augen, mein Blut kochte, der Schauder stand auf meinen Lippen.

„Mann", sagte Franz Horn, „drücke deinen Hut nicht so tief ins Gesicht!" Diese Worte machten, wie immer, einen tiefen Eindruck auf mich, ich fühlte, daß mir der Schrecken in den Magen geschlagen, und wünschte, ein ansehnliches Mittagsmahl zu mir zu nehmen. Bis wir jedoch dazu gelangten, wollte das Verhängnis, daß auch mein guter Franz einen Schrecken ausstehen sollte, der dem meinigen wenig nachgab.

Denn als wir eben um eine schroff vorspringende Ecke umbogen, stieß mein Kritikus unvorsichtigerweise einen kleinen beweglichen, satyrähnlichen Mann vor den Kopf, der nicht sobald seinen Gegner erkannte, als seine kleinen blauen, durchdringenden, geistreichen Augen vom galligsten Humor blitzten, seine Faust sich wütend ballte und ein grinsendes Geschrei entstand: „Karfunkelfranz, Karfunkelfranz! Berlinerfranz! – zäumst den Pegasus am Schwanz! – O du Allerweltskritiker, du –"

Aber ohne sich nach mir umzusehen, war der Angegriffene davongelaufen, und während der kleine Mann noch immer schäumend vor Wut in die Luft focht und fluchte und schimpfte, wußt ich in meiner Verlegenheit nichts Besseres zu tun, als den Hut vor ihm abzuziehen und meiner Wege zu gehen.

So wandelte ich denn einige Straßen durch und wurde plötzlich von hintenher leise angegriffen, und eine Stimme flüsterte mir ins Ohr: „Ist er fort, ist er fort?" – „Getrost, mein Herr!"

versetzte ich, mich nicht einmal umsehend, „ich habe Hunger, führen Sie mich in ein Gasthaus, oder gehen Sie zum Teufel."

„Ach Signor Ghi –"

„Nichts; nichts, ich will essen, in ein Gasthaus – ", und damit stolperte ich fort durch die finstersten Gäßchen, wo nach dazu aller Kehricht von Papieren, mißratne Sonette, Lehrgedichte, Romanzen, Fabeln, Mailieder, Volkslieder, Vaterlandsgesänge nach der Melodie: „God save the King", „Stimmen der Völker in Liedern", Görressche Meisterpoesien, Weisen nach „Kennst du das Land?" und dererlei Winkelunrat unter lauter Wust herumlag. Endlich gelangt ich an den Gasthof zum Gradus ad Parnassum und verlangte trotz der Protestation meines noch immer nicht beruhigten Begleiters, hier meine geschwächte Natur zu restaurieren.

Ja wer hätte sich auch das gedacht.

Denkt nur ein Vossisches Mahl von kräftiger Suppe mit Knödeln,
wahrlich ein gräflicher Schmaus, mein Franz, wie schmeckte der Reisbrei!
Waren nicht jung die Erbsen und frisch und wie Zucker die Wurzeln!
und was fehlte dem Schinken, der Gänsebrust und dem Hering!
Was dem gebratenen Lamm und dem kühlenden rötlichgesprengten
Kopfsalat, war der Essig nicht scharf und balsamisch das Nußöl,
nicht weinsauer der Kirsche Kernat, nicht süß die Morelle?
nicht die Butter wie Kern, nicht zart die roten Radieschen!
Und wie der Apfelmus und der irdene Napf mit Kartoffeln,
aus holländischer Art, wie erfreulich der purpurne Kohlkopf!
Ferner mit Eppich umlegt die Bachkrebs, ähnlich den Hummern.
Auch zween kalte, gebratene Kapaun, umhüllt vor den Fliegen,

und o Himmel! wie floß in die bräunliche Kanne der Kaffee
aus der purpurnen Tute, gemengt mit klärendem Hirsch-
horn!
Welch ein Gedeck Eßlöffel und englische Messer und
Gabeln!
Und die reinlichen Teller von Steingut, spanische Erdbeer
auf eiförmiger Schüssel und fette Milch in gestülpter
porzellanener Kumme, geformt wie der purpurne Kohlkopf.
Brachte man nicht gehauft viel rautige, bräunliche
Waffeln.
Auch die duftende Frucht der graugestreiften Melonen,
gelbe, gezeichnete Butter in blaulicher Dos, auf dem
Deckel
lag ein kauendes Rind zum Handgriff, lieblichen Schafkäs
und holländischen Käs und einen gewaltigen Rettich
für Franz Horn –

Ein Teller voll gedörrter Zwetschgen, dürr und saftlos wie Hagedornsche Poesie, sprach mich wenig an. Das Salz war so seicht als Rabeners Witz; indessen hatt ich die Messer und Gabeln zu bewundern, auf deren verrostetem, abgestumpften Stahl abschreckende Namen standen, wie zum Beispiel Leipziger, Jenaer Literaturzeitung; ich konnte mich dabei eines Schauders nicht erwehren, wenn ich bedachte, was mit ihnen schon zersägt und zerschnitten worden. Es kam mir wahrlich fast wie Menschenfresserei vor.

Fränzchen schmeckte indessen der Wein, der in der Tat, wie ich gestehe, sich gewaschen hatte. Der Wirt klagte über die letzte Wassersnot, wo der Lethe wegen einer Unzahl Poeten, die in ihm ertranken, dergestalt ausgetreten sei, daß die Fässer im Keller geschwommen hätten und manche ausgelaufen seien. „Das ist doch wenigstens sonst nicht der Fall, Herr Wirt", entgegnete ich, da gewöhnlich der Wein das Wasser schluckt, aber nicht das Wasser den Wein.

Im Grund war's ein recht saueres Getränke, und ich nehme es einem Dichter wie Kosegarten eben nicht übel, wenn er davon sich begeistern wollte, sich leider aber statt einem klassischen Musenrausch eine poetische Diarrhöe hintrank.

Als ich meine Pfeife anzünden wollte, gab mir Franz Horn einen langen Fidibus, worauf ich wirklich zu meinem innigsten Behagen fast eine ganze Auferstehungsszene aus dem „Messias" aufbrennen ließ. Nachdem ich mich so zu meiner Freude gesättigt, ließ ich mir noch durch einen ästhetischen Bartkratzer, der viel Ähnlichkeit mit Dr. Adrian hatte, den Bart rezensieren, und begab mich, nachdem ich in kleiner Münze, so wie's die Verleger denen bezahlen, die keine Räuber- und Rittergeschichten schreiben, meine Zeche berichtigt hatte, mit meinem etwas berauschten Cicerone auf die Wanderung.

Da ich befürchtete, er möchte sich nächstens in einen Strom flunkerhafter Kritiken und Poesien ergeben, so beeilte ich mich, das Haus der Madame Sappho zu erreichen, wo ihn, wie ich mir dachte, die jungfräuliche Dichterin vielleicht vor einem so tristen Ereignisse hüten möchte.

Ich traf sie in einer Kaffeevisite bei einigen deutschen Dichterinnen in einem nicht gar niedlichen froschgrünen Negligé, wie ich gestehen muß, ziemlich gealtert, abgewelkt und eben nicht übertrieben reinlich, so wie überhaupt das ungeputzte Zimmer keinem Frauengemache, wo Reinheit, Ordnung und Lieblichkeit, Unschuld, Grazie und Anmut nach meinen inframontanen Begriffen von Weiblichkeit wohnen sollte, sondern einer Gesinde- und Narrenstube gleich sah. Nach einigen Komplimenten bot mir Sappho einen Sitz, und einige Minuten nachher eine Prise.

Es ist mir nicht ganz unbekannt, was Artigkeit gegen Damen ist, ich überließ deswegen anfangs das Gespräch meiner dichterischen Schönen, die sich etwa folgendermaßen äußerte:

„Nein! Nein! meine Freundinnen und Kunstgenossinnen, es ist ganz unausstehlich, ich kann's nicht dulden, es ist unzart, unverschämt, indiskret im höchsten Grade, so mit mir umzugehen! So ohne allen Begriff von weiblicher Würde, so ohne alle Lebensart, ohne alle Welt und feine Sitten!"

In jedem Aug umher gewahrt ich Mitleid und Gefühl, und ich

selbst entschloß mich, um nicht ganz hinter den poetischen Damen zu bleiben, eine pathetische Rührung zu fühlen.

„Gott! hätt ich das gedacht! als ich mich vom Leukadischen Felsen stürzte, als die grüne Meerwoge aufrauschend um meinen Leib – ach! um meinen von unerwiderter, unseliger Liebe zerrissenen Busen todbringend schlug – diesen Phaon zu lieben! Jesu! diesen Flegel! – hätt ich's gedacht – mehr als der Tod, mehr als der Tod wäre mir's gewesen!"

„O ehrwürdige Sängerin",

begann ich im Ton ihres Versmaßes,

„sprich den Kummer
sprich ihn aus, der nagend an deinem Herzen
dir die Jugendwange, die blühend zarte
lieblich gebleichet!"

„Mich so gar nicht schonen!" fuhr sie fort, „dieser Grillparzer – mich in die drei Einheiten einzupressen! Ha! das fassen sie nicht! *mich* in die drei Einheiten einzupressen."

„Edle du! die einst die Leier Apolls" – „Nein! Nein! nicht genug, daß er meine Schande vor aller Welt hinstellt, daß er mich auf allen Theatern schändlich prostituiert – ach das alles wäre noch hingegangen! Aber die drei Einheiten! o Frau Karschin! du mein deutsches Ebenbild! die drei Einheiten!"

Dabei drückte mir die gute Dichterin mit wahrhaft poetischem Schmerz die Hände und strich sich einige Tränen aus den Augen.

Auch Franz Horn vergoß einige kritische Zähren.

„Ihr rohen, fühllosen Männer", rief sie, das froschgrüne Negligé abgerechnet, wenigstens dem jämmerlichen Gesicht nach einer altdeutschen Mater dolorosa oder büßenden Magdalena nicht unähnlich, „die ihr des zärtesten Geschlechtes so wenig schont, in dem die reinste Blüte der Musen knospet, ihr abscheulichen Männer –"

Da sprach ich, entrüstet vom Sessel aufspringend: „Madame!

ich habe Ihnen etwas zu sagen, und diesmal können Sie darauf rechnen, daß ich von der Leber rede. Ich setze die Galanterie, die ich Ihrem Geschlecht und die Achtung, die ich Ihrer Person schuldig bin, zur Seite und erkläre Ihnen hiemit, daß die Antwort Napoleons auf die Frage der Frau von Staël, welche er für die beste Frau in Frankreich halte, die, welche dem Staat am meisten Kinder bringt, entschieden das Wahrste ist, was je über Weiber gesagt worden.

Bleibt ihr beim Spinnrocken, ihr alten Parzen, und laßt uns, ins Teufels Namen, die Werke der Musen! Was bei Euren Pfuschereien herauskommt, liegt am Tage und wird von jedem eingestanden, der entweder nicht selbst ein Weib ist oder keinen Grund hat, euch zur Erreichung gewisser selbstsüchtiger Zwecke mehr einzugestehen, als sich's genaugenommen mit Männerwürde verträgt. Das Verhältnis, in dem wir gegenwärtig zu den Weibern stehen, ist überhaupt unnatürlich, und wenn ich auch den Stolz der Alten nicht gelten lassen will, mit welchem sie das andre Geschlecht in seine Kinderstube zurückwiesen, so find ich ihn immer noch der Natur angemessener als das Gewicht, das heutzutage Frauen nicht bloß im gesellschaftlichen Leben, wo ich's den Männern noch verzeihen will, sondern, was absolut naturwidrig ist, in der Literatur ausüben. Ich will nicht sagen, daß man Frauen bloß zum Nähen, Stricken, Waschen, Bügeln, Kochen oder schlechterdings zur Fortpflanzung und Befriedigung männlichen Verlangens geschaffen betrachten müsse, ich sage sogar, daß gerade diesem schwächeren Geschlecht ein gewisser Grad von Bildung notwendiger ist als uns, die wir auch mit roherer Natur, ohne äußern Anstrich Erhebliches wirken können, aber darauf beharre ich, Madame! die Frau, die uns Gedichte schreibt, trotz Ihnen, die sogar, wie Sie, ein eigenes Versmaß erfindet, ist mir, wenn sie ihre wahrhafte nächste oder vielmehr einzige Bestimmung für einen kleinen, stillen, häuslichen Kreis, als Geliebte, als Gattin und Mutter nicht erfüllt, ein Ding, das nicht ist, und in jedem Fall, was ihr das Verwerflichste sein sollte, kein Weib. Die reinste, heiligste Zierde des schönen Geschlechts ist Scham, Bescheidenheit und Scheu, ein wahres Weib errötet vor einem Blick, was aber soll ich von der Frau denken, die, statt ihre Leibesprodukte zu kräftigen, tätigen, brauchbaren Mitgliedern der Welt heranzubilden, ihre Geisteskinder, und mit ihnen ihre eigne Person, vor die Augen des Publikums stellt? Ist sie nicht somit publica persona? Mit einem, Schamlosigkeit ist es von jeder Frau, die ein Gedicht drucken läßt. Und gar einen Roman! Wohin zielen die meisten Romane, wenigstens die unterhaltenden und gemeinnützigen, wie sie von und für Weiber geschrieben werden, als auf eine Brautnacht? Und welche freche Dirne wird in aller Welt eine solche darstellen? Wenn wir schlechte Dichter sind, können wir dabei brauchbare Männer sein, ihr aber, wenn ihr ein Versehen schmiedet, mit dem Fingerhut schreibt und leiert, mit Nadeln eure Namen ins Buch der Unsterblichkeit einkritzeln wollt und euern Grazien fein hübsch Strümpfe anziehet, damit die nackten Figuren sich ja keine Blöße geben, ihr seid weder Dichterinnen noch Weiber, sondern ein Unding. Ich hoffe, Madame! daß Sie getauft sind, pochen Sie aber nicht auf die Freiheit, die unsere Damen genießen dürfen. Wahrlich, diese Götzendienerei, dieses abgeschmackte, galante, süßliche Kriechen und Komplimentieren von unserer, die anmaßende Herrschaft von Ihrer Seite ist eben nicht das Vernünftigste, was das Christentum hervorgebracht hat. Ich wünschte wieder etwas von jener antiken Strenge und Männerwürde zurück, wo die Weiber dem Putz und den Kindern überlassen waren und der Mann sie unerbittlich von jeder ungebührenden Einmischung in den Kreis des öffentlichen Treibens ausschloß. Bringen Sie mir nicht Ihr Beispiel, Madame! Sie beweisen mir nur, daß auch in der schönsten, blühendsten Zeit die Natur sich verzweigen und verunstalten konnte. Das merken namentlich Sie sich, meine deutschen dichterischen Frauen; ich will Ihnen sagen, diese Sappho war eine Hetäre, das heißt – weil Sie denn doch einmal nicht griechisch verstehen – etwa soviel auf deutsch als ein Freudenmädchen. Sie sind Tugendheldinnen, Hausfrauen, Mütter, und dennoch Dichterinnen. Ich gebe Ihnen aber mein Wort, der Kuß einer griechischen Hetäre wäre mir lieber gewesen als ihr selbst von Kopf bis zu Füßen alle miteinander, mit Leib und Seele und all euren hysterischen Liedern und Romanen und Idyllen und Memoiren und Kunstkritteleien, und damit Gott befohlen, Madame Sappho!"

Mein Franz stürzte mir nach, mich mit den heftigsten Ausdrücken beschwörend, daß ich mich durch solche verwegene Angriffe nicht einem Unglück aussetzen möchte, und zwar dem allerunerträglichsten, das ich mir denken könnte, von keiner schönen Frau mehr geliebt zu werden, und ich kam auf den Gedanken, vor dies mein Schriftchen einiges ganz Häßliche und Unzüchtige drucken zu lassen, um die zarten Seelen, die etwa mein Büchlein zur Hand bekämen, vom weitern Lesen, namentlich obiger Exklamationen, abzuhalten. Teils aber, um meinen moralischen Charakter bei dem schönen Geschlechte nicht zu gefährden, sondern den süßen Rosenwangen ein glühend Scham- und Hochrot zu ersparen, vorzüglich aber, weil ich befürchtete, meine Zoten möchten es zwar bewegen, mich und mein Werk zu verdammen, aber nur so vor den Leuten, und es möchte mich im geheimen dennoch fortlesen – denn das ist eine Erfahrung, die ich mir nicht nehmen lasse, was ein edler, verschämter Jüngling seiner Geliebten vorzulesen sich schämt, liest dann das artige Kind mit desto größerem Vergnügen *allein* – aus solchen und andern Gründen kam's denn nicht dazu.

Ich fühlte mich ermüdet und hatte keine Lust, meine Wanderung für heute fortzusetzen, ohnehin, da ich weiter nichts als Verdruß, Schrecken und Ingrimm einholte. Deswegen bat ich meinen Horn, mir ein Nachtquartier zu zeigen, und er führte mich einen romantischen Weg im Abenddunkel, an einem Teich hin, in dem eine unzählige Menge Bürgersche Unken quakten und röchelten. Ich verfehlte auch nicht, den melancholischen Platz anzustaunen:

– – wo noch zirpte die Grill und im Kraute der bläulich
flimmernde Glühwurm lag.

Und so standen wir denn nach einer Weile vor einem Hotel, das auf einem großen Schilde die drei Grazien in puris naturalibus zur Schau bot.

„Hier, mon cher!" versetzte Franz Horn, „finden Sie ein gutes, und wenn Sie wollen, überschwenglich lustvolles Nachtlager. Seien Sie nur dreist, und tun Sie darin, was Sie wollen, ich wünsche gute Nacht, wiewohl ich nicht glaube, daß sie ganz verschlafen werden wird, und freue mich, morgen die Ehre zu haben, Ihnen meine ferneren Dienste anzubieten."

Damit schieden wir, und ich trat unverzüglich in einen großen, prachtvoll beleuchteten Saal voll antiker Statuen des Amor, der Venus, des Bacchus, des Sokrates, des Aristipp, des Epikur und einer Menge griechischer Sophisten. Aber unendlich war die Schönheit und Üppigkeit der reizenden Marmorgestalten durch eine unglaubliche Menge wollüstig abgehüllter griechischer Frauen verdunkelt, die in sinnberauschenden Gruppen bald als Charitinnen, bald als Nymphen, dann wieder als Hetären sich um eine Aspasia, um eine Laïs, Phryne und Danae sammelten und dort mit einem griechisch-kostümierten, als Sophist und Philosoph gekleideten Franzosen über Platons Liebes- und Schönheitstheorie schwatzten und plauderten.

Man kann sich denken, daß ein junger Mann von feurigem Temperament und einigem Sinn für Schönheit und weiblichen Reiz hier auch bei den gediegensten Grundsätzen in eine gefährliche Versuchung geraten mußte und daß zumal ein ausgemachter Griechenfreund, der nicht ganz unbekannt im Homer, Platon und Aristophanes ist, die himmlische Welt des schönsten, stärksten, natürlichsten, gebildetsten und freisten aller Völker wiederzufinden geglaubt hätte, aber ach! nur zu frühe machte mich mein guter Genius aufmerksam, daß ich nicht im eigentlichen Griechenland, nur in einer Kunsthalle voll buhlerischer Pariser Filles und schwächlicher, schwatzhafter, schöngeisterischer Galanthommes in griechischem Kostüm – kurz, daß ich in einem Wielandschen Roman war. Selbst die reinste geistigste Gestalt vielleicht im ganzen künstlerischen Altertum, Psyche, ist hier nicht zart und einfach und nackt und unschuldig dargestellt, wie sie im Sinn der Alten zu bilden wäre, sondern als Kurtisane, statt mit einem Eros nur mit einem elenden Agathon gepaart.

„O Wieland", rief ich mit entrüsteter Seele aus, „wie hast du die Griechen geschändet!" Ich will nichts von den Franzosen sagen – diese können nichts schreiben und bilden als Franzosen –, aber wahrlich, wir Deutsche wären an Kraft und Wahrheit, Natur und Ruhe, Klarheit und Einfalt den Griechen doch näher als jene! Es ist rein unbegreiflich, wie ein Mann von Wielands Talent und Bildung griechischen Geist und griechische Kunst so ganz und gar mißverstehen und zur Gemeinheit herabdrücken konnte. Eine Reihe politisch-erotisch-bacchantisch-philosophisch-sophistisch-intriganter Hetären, Nymphen, Priesterinnen, Oreaden, Sophisten, Sokratesse, Aristippe, Alkibiade, Platone, ist Wieland in Griechenland. Griechische Namen und weiter auch nicht ein Jota. Hellenische Kunst, diese eigentliche Theologie des beglücktesten, herrlichsten Volkes, wie sie nach allen Zweigen der Poesie, Malerei und Plastik unzertrennlich scharf ins innerste Mark des öffentlichen Lebens eingewurzelt war, durch die kräftigste Natur hervorgebracht, die Natur selbst erklärend und aus dem Einzelnen in großen unsterblichen Bildern und Idealen die Idee jedes Erschaffnen nach allen Eigenschaften und Individualitäten vollkommen darstellend, griechische Einfalt und Wahrheit, womit jedes Bedürfnis unsres geistigen und körperlichen Wesens geradehin, ohne ermattend wollüstige Verkleidung, in der Kunst wie im Leben, als notwendig gezeichnet und befriedigt wird, dies alles in unabänderlicher Verbindung mit dem großen Interesse des Staats und dem Bürgerleben gegründet, bedingt dadurch und wieder darauf mit Allmacht einwirkend – die Kunst als bildend wie als dramatisch, nichts als ein religiöser Gottesdienst, als Darstellung der höchsten Idee von Schönheit, Kraft, Jugend und Güte, ja selbst in der erhabensten Lyrik, in unübertroffenen Hymnen nur eine Feier sieggekrönter Kampfhelden und stolzer, zu einem Zweck versammelter Bürger, als platonisches Flügelroß den lorbeerbekränzten Triumphwagen der Nation zum Tempel der

Unsterblichkeit führend – das ist etwas, was man in Wieland nicht findet. Man sieht so etwas Natur, Kunst, Religion, und worin diese beide ihre Existenz haben, öffentliches Staatsleben, aber es wird nur davon geschwatzt, und dem ganzen unterliegt am Ende nichts als ein außer allem Begriff griechischen Wesens befindlicher, absolut-französischer, frivoler und lasziver Geist der Wollust. Die Alten nahmen ein schönes Weib in ihren Arm und erzeugten mit ihr ein kraftvoll herrlich Kind, schön wie die Mutter und stark wie der Vater. Das ist etwas Natürliches, darum darf's man wohl sagen, und wehe der Zeit, wo man dies heidnische Roheit und Mangel an Geschmack nennt, wo man darüber errötet und im geheimen nicht jene götterzeugenden Umarmungen feiert, sondern mit ausgesaugten, entnervten Körpern und Geistern den letzten Lebenssaft in raffinierten Lüsten aus vergifteten Röhren pumpt und höchstens ein Schandgeschöpf zustande bringt, kraftlos und dumpf wie der Vater und schlecht und feil wie die Mutter. Soll ein lebendes Paar in einem Roman seine zweifache Natur neutralisieren, so sage man's, in Gottes Namen! geradehin, und jeder vernünftige Leser geht darüber hinweg, als über etwas Natürliches. In verräterische, verbuhlte, verführerische, kokettierende Hülle aber, die Wieland über solche Szenen, oder besser gesagt, über alle Schöpfungen seiner frivolen Phantasie bereitet, die am Ende erst nicht einmal eine wahre nackte Schönheit verbirgt, nur reizt und nicht befriedigt, Kraft und Nerven abspannt, die Sinne zuletzt in einen wüsten Taumel stürzt, der schlechthin mit der Wirkung eines Kunstwerks konträr ist, und um eine feine Gemeinheit in einer groben Wahrheit unverhohlen auszusprechen, statt Herz und Geist den Priapus aufregt, diese ist nicht nur dem Griechen, sondern der Idee der Kunst selbst so fremd als Wieland und Franzosen.

Überhaupt ist es ein Widerspruch, der in sich selbst Widerlegung findet, das Sujet zu einem Roman in griechischer Welt zu suchen. Ein Lebens- und Charaktergemälde, wie es der Roman sein soll und sein kann, war weder *bei* den Alten noch ist es *über* die Alten möglich. Bei ihnen ist Künstler, Bürger und

Krieger nur eines, sie kennen zum Glück für ihre natürliche Würde die unsinnigen, durch das Rittertum eingerissenen, kränkelnden und spielenden Empfindungen nicht, die unsern Romanen Ton und Form geben; sie fühlten, bildeten, schufen, dichteten und handelten, und ihr Genius läßt sich nicht mehr von uns, am wenigsten aber von einem Romandichter beschwören. Die Griechen kannten nur die religiöse Feier ihrer Götter und Heroen, in einer nationalen Tragödie, in einer politischen Komödie, die Stimme eines gesunden, ewig jungen Herzens im Schwung einer unsterblichen Lyrik, und wir sollen sie in die Zwitterform eines Romans drücken und zwingen wollen? Gibt es einen unvereinbarern Gegensatz als die hohe antike Klarheit und Ruhe einer über alle Zweige der Kunst verbreiteten Plastik und die zerfetzte, verblümte, kokette französische Romantik? Ich habe einmal zu einer Zeit, wo ich nichts las als die griechischen Tragiker, den „Agathon" zur Hand bekommen und ihn zuletzt in einer eigentlichen Wut an die Wand geworfen.

Der ganze Saal schien mir in diesem Augenblicke nichts zu sein als ein durch eine Circe verzauberter Schweinstall, und wiewohl sich mir so ein paar lustgierige Französinnen an den Hals hängten, von der Theorie der Diotima, der Sympathie der Seelen, der Macht des Eros, den Reizen der Aphrodite süßlich herunterschwatzten, meine Wangen kitzelten, eine Schleife um die andere von ihrer lockern Busenhülle lösten und doch immer wieder nichts als Sympathie der Seelen meinten, so ließ ich mich doch nicht hinreißen, sondern behielt wohl vor Augen, was das Ende vom Liede sein werde. Als sie mich aber immer heftiger bestürmten und endlich gar fürs bloße Anschauen ein Geschenk verlangten, so warf ich mich in die Brust und erklärte rundheraus: „Mesdames, ich habe nicht Lust, eine Hetäre zu umarmen, die aus dem B-l eines Wielandschen Romans herauskommt. Was aber Ihre Forderung hinsichtlich eines Geschenks betrifft, so sind Sie, Gott verdamm mich! von Ihren Verlegern hinlänglich genug für Ihre Karessien bezahlt und, meine Schöne", versetzte ich zu einer – ich glaube, es war Danae –, „wenn Sie mir nicht auf der Stelle von der Haut gehen, so kriegen Sie eine Maulschelle, wie noch kein Freudenmädchen in Griechenland oder Frankreich eine gefaßt hat."

Damit ging ich zum Teufel und übernachtete in einem benachbarten Quartier, zufrieden, meine Meinung gesagt und meinen Willen durchgeführt zu haben.

Zweiter Tag

Von einer Unzahl epigrammatischer Flöhe zerstochen und zerritzt, macht ich mich den andern Morgen mit meinem Fränzchen, das früh genug eingetroffen war, wieder auf den Weg.

Die erste Merkwürdigkeit, die mir begegnete, war die bezauberte Rose, welche nun in der Unterwelt die Länge der Zeit zu einer Hagebutte umgewandelt hatte.

Da ich denn doch einmal dem Gebiet der neuen Dichter nahe war, so machte ich den kleinen Spaziergang zu einem wunderbaren Manne, der nicht weit von dort in einer in einem entzückenden Lilar gelegenen, von Rosen, Rosmarin und blauen Glocken voll Maiglanz umwogten Donnerhöhle logierte, die über und über an allen Enden und Ecken von den süßesten Äolsharfen, zitternden Tauperlen und saftig-grünem Efeu bedeckt war. Durch einige Öffnungen, aus denen die weichsten, schmelzendsten Harmonikatöne, die heiligsten Akkorde einer mit hinsterbendem Gefühl gespielten Maultrommel klagten und wehten, war auch eine kleine perspektivische Aussicht auf eine in kleinerem Maßstab auf Papiergrund gemalte Isola Bella zu sehen.

In allem Ernst, mit dem trotz allem Widerstreben meines Geschmacks unwiderstehlich gebietenden Gefühl der Achtung vor dem genialen Dichter eines „Titan" trat ich vor den verewigten Humoristen. Denn ich schreibe ihn in die Matrikel der seltenen Menschen, die erst unter kräftigem Beschauen ihren verborgenen Kubikinhalt enthüllen und dem Siebengestirne gleichen, das dem kurzen Auge anfangs nur sieben Sonnen, dann aber dem langgehalsten Sehrohr über vierzig zeigt. Gern wollt ich alle meine Tusch- und Farbenschalen zu seinem Wunderbild verquisten, wenn ich nicht ein für allemal meiner Unterhaltung mit ihm höchstens den Raum einer auseinandergebrochenen Fleischbrüh- und Schokoladetafel beschieden hätte. Ja die Flamme der Begeisterung würde bei seinem Andenken wie ein Blitz in mich geschlagen haben, pflegten die Poeten nicht aus Grundsätzen der Naturlehre kein Geld bei sich zu tragen, weil es den Blitz anzieht, und dieser besonders den Poeten, wegen der Kreditorengewitter, gefährlich ist, die immer zu Dutzenden über ihnen sieden und kochen.

Ich hielt demnach etwa folgende Rede an ihn: „Jeder entdeckt etwas: Fleckkugeln, Jakobiner, einen Trabanten am Uranus, antike Enkaustik und Farbenmalerei, Fleischringe an einem Leberwurm, politische Notizen aus einem Makulaturbogen, aber der Neid zernagt ihr Herz wie die Bücherlaus eine Cansteinsche Bibel. Du allein bist angereiht an die Perlengarnitur der großen Dichter, dein Herz war eine geheimnisvolle, mit Bruchsteinen aus dem Weltbau gewölbte Baumannshöhle mit kristallner Stukkatur. Du bissest aller Wahrheit und Schönheit wie die Ameise dem Samenkern die Keime aus, damit sie befruchtet in deinem Ameisenhaufen aufgehen möchten. Dich zu erklären wäre ebensoviel als aus dem ‚Laokoon' ein Baßgeigenfutteral oder aus der Mediceischen Venus eine Haubenschachtel zu machen. Du warst das Oleum tartari per deliquium, womit du das versauerte Bierfaß der Poesie zu einem Nektar umschufest. Vor deinen Augen bewegte die abgedeckte Geisterwelt wiegend zwischen Halbschatten und Widerschein gestillte, weinende, aber beglückte Seelen. Dein Leib ist an den Obeliskus der Unsterblichkeit wie an Ramesses seinen gebunden. Die Lebensluft deiner Spiritualsensation ward durch den Braunsteintalk der Begeisterung, den roten Quecksilberniederschlag der Wehmut und das durch die Salpetersäure der Erinnerung kalzinierte Quecksilber der Gegenwart wieder hergestellt. Du schossest mitten aus den sieben den Saturn umtanzenden Trabanten, besonders aus dem fünften, 70 229 deutsche Meilen entfernten, durch einen Total- und Universaltubus sublunarische Witze und Wortspiele herunter, die du den armen blinden Sterblichen selbst erklären mußtest. Du warst ein auf mehr als zehntausend Polypenfüßen zum Zweck und zum Lorbeer des Dichters schreitendes Genie, und das Flußspatsauergas deiner Ideen löste in konvulsivischen Progressionen die Roheitskieselerde der Wirklichkeit in einen weichen, süßen, schmerzlichen Himmel auf, ja das Leben ward durch die Salpetersäure einer kraftvollen Sprache, durch den Weingeist des Rhythmus, durch harzige Substanzen der Phantasie, durch das Gummi des Wohllauts erst zum wahren entzückenden Götterleben. Dein Roman ist der mit Düngersalz gefüllte Treibscherben der Einbildungskraft, ist eine unbegreifliche, aus schimmernden Perlen gefügte Mosaik, und in ihm herrschen, wie im Reich der Reußen und in der hebräischen Grammatik der beiden Zare der Welt, der Verstand als Sülluk und die Vernunft als Atnach. Du bist ein unerschöpflich fruchtbares Weib mit einer Xaversmütze."

Aber ich bemerkte zumal, daß er während meiner Rede mit bescheidenem Erröten zurückgetreten und in der Donnerhöhle verschwunden war.

So ging ich denn mit Fränzchen weiter. Das nächste, was mir ins Auge fiel, war eine immense Menagerie, lauter Bestien aus Gellerts Fabeln, die aber leider kein besseres Futter bekamen als trockene Moral, welche man ihnen schockweise, dem Ochsen die seine, dem Esel die seine, dem Pudel die seine, dem Hasen die seine, so saft- und marklos zuschnitt, daß ich in Zweifel ziehe, ob sie auf einem natürlichen Boden gewachsen. Das einzige, was ich unter dem moralischen Futter kannte, war die abgedroschene Spreu, ausgefressene Erbsenschoten, Stroh und Stroh und nichts als Stroh.

Nach einigem Gehen ward ich aufs angenehmste von jenem schalkhaft ehrwürdigen Epigrammatiker überrascht, der mich herzlich und bieder, wie er ist, mit einer Hand ergriff, mit der andern aber einen ungeheuern Hut vors Gesicht hielt. Er erzählte, daß es ihm ein Spaß gewesen, über den Styx zu kommen. „Ach“, seufzte er, indem er den Hut wegnahm, „sehen Sie, nur Wahls Nase muß ich zur Strafe hier unten tragen.“

Nachdem ich ihm einige kritische Operateurs anempfohlen und ihn meiner unwandelbarsten Ergebenheit, Achtung und Liebe versichert hatte, fragte ich meinen Berliner Cicerone, wo denn der Mann stecke, der da lebte von Tinte und starb von Sand?

„Kommen Sie“, versetzte er, „wir sind in der Nähe. Sehen Sie dort die gewaltige Mühle? Dort wird dramatischer Stoff gemahlen, lassen Sie uns eilen, wir treffen Interessantes.“

So war's denn auch. Gleich bei der Türe schrie ich vor Schrecken auf, denn ich glaubte, den Dichter der „Weihe der Unkraft“, den ich doch woanders gesehen hatte, in Gestalt eines hyperboräischen Esels mit ungeheuren Säcken voll päpstlichen Unsinns herantraben zu sehen.

Die mächtigen tragischen Räder klapperten von Voßschen Jamben und Spondäen und warfen weitumher einen Schaum, schwülstig und zerplatzend, wie Ugolinos blasenartige Gedanken.

Hier nun mahlt Kotzebue und sein Müllerknecht Iffland jahraus, jahrein ein Lust-, Schau- und Trauerspiel ums andre, das Wasser ist ihr Element, das unerschöpflich durch den unerschöpflichen Fonds in ihrem Gehirn und durch Ströme von bürgerlichen Rührungstränen anschwillt.

Die gegenwärtige teure Zeit in der Literatur, gänzlicher Mangel an Kernfrucht oder jämmerlicher karfunkelnder Mißwachs hat sie auf den Gedanken gebracht, durch unablässiges Treiben aller Räder der Welt oder eigentlich sich einiges Brot zu verschaffen. Da mahlen diese Menschen und mahlen und mahlen wieder und mahlen abermals und

Mahlend im Mahlen mahlen die mahlenden Müller
Gemahlnes

und lauter dramatischen Stoff, immer kleiner und feiner und winziger durchs immer bewegliche Wasserrad von Akt zu Szene, von Szene zu Auftritt, von Auftritt zu Phrase. Das wird dann von ihnen selbst in diese oder jene dem Bedürfnis angemessene Form geknetet, in den Backofen geschoben und als Seelennahrung dem hungrigen Publikum für gute Bezahlung ausgegeben.

„Franz! lassen Sie uns hinweg", rief ich, „hier ist mir nicht wohl, hier faß ich eine Wut, daß ich – fort, fort, ich habe genug.

Sehen Sie", fuhr ich fort, nachdem wir draußen waren, „meine Ansicht ist etwa die: Eine greuliche Geschichte, worin tüchtig geweint, geliebt, gehaßt und endlich gemordet wird, ist noch lange keine Tragödie, selbst dann nicht einmal, wenn im Kampf der Gemüter und im Einbrechen eines traurigen Schicksals eine sittliche Idee ergreifend dargestellt wird. Das ist immer noch zuwenig, viel zuwenig zu einer Tragödie. Bürgerlichen Jammer, der uns wirklich zu entehrenden Tränen verlocken kann, will ich auf dem Theater nicht, gibt's ja wahrlich in unserm Leben und unsrer nächsten Umgebung der schauderhaften Ereignisse genug, wenn wir nur, wie wir Hitzköpfe eben einmal sind, etwas wild und rasch ins Leben hineingreifen. Wenn ich Ihnen sage, Herr Franz, daß ich schon manche Tragödie in meinem Leben gespielt habe, wobei ich zum Glück nur den Schluß vergaß, mir nämlich eine Kugel vor den Kopf zu schießen, glauben Sie mir, wenigstens eine Tragödie, die einem Kotzebue und Iffland, ja sogar dem Verfasser einer Heimkehr einen herzzerreißenden, haaraufsträubenden tragischen Stoff gegeben hätte, so ist das all noch keine Tragödie; denn was liegt am Ende daran, ob ich ein wahnsinnig geliebtes Mädchen ins Grab bringe, ein paar Familien unglücklich mache und, wenn ich meinem geliebten schönen Kind das Blut ausgesaugt, selbst hinübergehe? Ich will eine Menschenkraft von ungeheurem riesenhaften Willen, in welthistorischen nationalen Verhältnissen, die in einem entweder verschuldeten oder unverschuldeten Kampfe mit einem Schlag auf Schlag wie das Jüngste Gericht hereinbrechenden unerbittlichen Verhängnis liegt und in diesem alle Menschennatur bis in die untersten Tiefen erschütternden und göttlich erhebenden Schicksalsstreit als eine endliche Kraft der unendlichen furchtbar untergeordnet wird. Eben aber dieses Unterliegen ist erhebend, ist groß, denn wir sehen den Kampf mit dem Höchsten, was wir denken können, den Kampf einer äußersten endlichen Kraft, welche die gesamte Menschheit repräsentiert, mit dem Letzten und Allerhöchsten, mögen wir es nun nach dieser oder jener Vorstellungsart Gott oder Schicksal oder Vorsehung nennen. Ich verlange in einer Tragödie Könige und Heroen, Völker und gewaltige Stämme, Geschlechter und ganze Zeiten. Jedes Volk aber hat seine eigene Geschichte, sein eigenes Klima. Dadurch ist Geist und Charakter, dadurch deren Äußerung in dichterischen Gebilden streng bedingt. Eine Tragödie ist ein poetischer Teil aus der Geschichte, darum soll jede Nation ihre eigene Tragödie haben. Schweigen wir von den Griechen, die auch hier am größten und natürlichsten sind, bei denen jeder einzelne Bürger seine Kraft und Individualität am geistigsten und blühendsten ausgebildet, frei vom Zwang kleiner Verhältnisse auf dem höchsten Standpunkt weltlicher und sittlicher Größe, bei denen er seine Götter und Helden, seine Ahnen und Sieger auf der Bühne sah und sagen konnte: ‚So groß ist ein Grieche.‘ Werfen wir unsern Blick nur auf jene ernste, strenge Nation über dem Kanal, die eine fortgehende Darstellung vaterländischer Geschichte in gewaltigen, erhebenden Dichterbildern, den Kampf der beiden Rosen als *ein* Zeit- und Lebensbild, als *eine* Tragödie aufzuweisen hat, und fragen wir uns, ob wir nicht eine eigene Geschichte haben, ob nicht ein ernstgesinnter Geist sein Leben einer solchen vaterländischen Geschichtsdarstellung im Fluge tragischer Poesie weihen könnte? Wir haben ein Geschlecht, das zwei Jahrhunderte hindurch mit riesenhaftem Wirken nicht bloß unser damals freilich noch mächtiges Vaterland, sondern die Welt mit einer beinahe unerschöpflichen Blüte kräftiger Helden erfüllt – die Hohenstaufen. Jüngst, als ich den Stammbaum Friedrichs II. ansah, oben der einzige große Name dieses in der Weltgeschichte beispiellosen Menschen und unter ihm in herrlicher Verzweigung eine lange, herzerschütternde Reihe der blühendsten, schönsten jugendlichsten Kinder und Enkel, vom großen starken Vater mit himmelschönen Frauen in welthistorischer Umarmung erzeugt – wollt's mir im Auge naß werden, und ein Schauer rieselte mir durchs Innerste, wie wenn ich das Wehen des Weltgeistes verspürte. Diese Hohenstaufen als *eine* Nationaltragödie in einer Reihe von Zeitbildern, all diese herrlichen unsterblichen Menschen aus *einem* Geschlecht im Kampf mit einer ganzen Welt und der gräßlichen Gewalt des durch Jahrhunderte befestigten, durch die ungewöhnliche Geisteskraft einer langen Reihe stolzer, unbestechbarer Männer repräsentierten päpstlichen Stuhles, in immer neuen Sprossen und Zweigen von *einer* Kraft und Schönheit ankämpfend, und endlich im letzten jugendlichen Abkömmling, der fürchterlichen Macht eines Anjou unterliegend, darzustellen, das wäre ein Unternehmen, wie keine Nation eines aufzuweisen hätte. Hier verschwände selbst ein Barbarossa, ein Friedrich II., ein Innocenz, ein Manfred unter dem Sturm des großen Geistes, der durch die Hallen der Geschichte braust, und man hätte nicht mehr Individuen und Zeiten, sondern die Menschheit und die Seele der Geschichte – Gott. Freilich, wer hätte Kraft und Mut dazu? Wahrlich aber nur halb durchgeführt, wäre es Lorbeer und Dank genug für den Aufwand eines ganzen Lebens.

Beinahe außer mir, wie ich's immer bin bei diesem Gedanken, wurde ich gleich wieder durch die traurigste Erscheinung gestört. Wir gingen an einem Zeughaus vorüber, worin eine unermeßliche Menge Lanzen, verrosteter Harnische und Rüstungen aus Cramer, Spieß, Fouqué, van der Velde und dererlei Ritterromanschreiber, ohne Sinn und Geist und Ordnung, selbst ohne Menschen und Charaktere aufgehäuft lag und nichts zu sehen war als Helm und Visier und Schienen und Panzer, Lanze und Hellebarde. Diese gehaltlosen Bestandteile eines Romans und Ritterschauspiels konnte ich nicht ohne inniges Mitleid mit den Fabrikanten, die es mit saurem Schweiß auf ihrem poetischen Amboß geschmiedet, und mit dem Publikum ansehen, das sich so lange durch ein so sinnlos betäubendes, aus allen Leihbibliotheken erschallendes Waffengetöse blenden und fesseln läßt.

Im Vorbeigehen kehrte ich bei einem journalistischen Traiteur ein. Hier fand ich freilich keine Table d'hôte, wie ich mir's in der Unterwelt dachte, wo nämlich nach meiner Meinung alle neun Musen unter dem Vorsitz Apollos neben ihren gebenedeiten Jüngern und Lieblingen mit prachtvollen Gedecken und Servietten zu Mittag speisen sollen, sondern man aß nach der Karte, bekam übrigens, was man haben wollte, wie Figur zeigt.

Speisezettel

Knödelsuppe von Voß	8 Kreuzer
Gellertsche moralische Wassersuppe	4 –
Tiedgescher didaktischer Gerstenschleim	5 –
Schwarzwildpret mit einem Schubartschen Wildgeschmäckchen, noch etwas riechend nach der Schmiede, worin man es brannte	16 –
Schafskopf aus Geßners Idyllen, Portion à	15 –
Schweinjünglinge aus Voßscher Zucht, Portion à	18 –
Kosegartensche Kiebitzen, Portion à	8 –
Voßsche Maienkäfer	3 –
Schnepfen von Kraftgenies, von denen der Dreck das beste ist	40 –
Pichlersches Gansviertel, weder warm noch kalt	16 –
Klopstocksche Bardalen	10 –
Kritischer Haifisch, Portion à	24 –
Schopenhauerscher Kunstragout ohne Gewürz	12 –
Die Kunst, glücklich zu leben, von Uz, mit einer Kartoffelsauce	24 –
Gedämpfte Voßsche Kartoffeln oder metrische Schnaufkugeln	10 –
Krebse (sensu medio) von Journalen und Literaturzeitungen	48 –

Anglisierter Shakespearescher tragischer Pudding von Immermann	30 Kreuzer
dito Walter Scottscher Beefsteak mit Kartoffeln	12 –
Die Kraniche des Ibykus, mit Sauce	40 –
dito dito ohne Sauce	36 –
Kalbsfüße von Purus Pistor	16 –
Kalbsherz dito	18 –
Adriansche kritische totgeschlagene Grillen	2 –
Saure Nieren von dem großen kritischen Floh Adrian	8 –
Die diebische Elster, eine Rossinische Wasserpastete	48 –
Jean Paulsches Potpourri	50 –
Frühlingsgefühle in verschiedenen Zubereitungen, Portion à	12 –

Kaltes

Ochsenmaul von Hans Georg Nägeli	6 Kreuzer
Entenviertel von Johanna Schopenhauer	8 –
Geistliche Lieder von Herder (Fastenspeise)	12 –
Gellertscher Fabelsalat ohne Essig und Öl	4 –
Ramlerscher Flammkuchen mit Odenkümmel	10 –
Epigrammatische Haselnüsse von …	3 –
Eine Portion Joco	8 –
Ästhetischer Zwieback aus Purus Pistors Schmelz- und Backofen	6 –
Froschschenkel (von Laubfröschen, denen man, wie manchem belletristischen Ungeziefer, die Beine in der Fastenzeit des Geschmacks und der Poesie abschneiden darf, ohne daß die Bestien sterben)	16 –
Zimmetsternchen, Makaronchen, Bisquitchen, Lebküchelchen, Mandeltörtchen, Schokoladetörtchen und sonstiges Zuckerwerk aus Claurens „Vergißmeinnicht“, Damentaschenbüchern und Almanachen, Portion à	36 –

Der Rheinwein von Klopstock. Bouteille 54 Kreuzer
Vortrefflicher Voßscher Branntwein, aus eigen gezogenem poetischem Taubenmist. Kelch à 4 –
Außer den stärksten Liqueuren auch Mandelmilch aus Damenalmanachen und Taschenbüchern.

Nachdem ich mir einiges ausgewählt und mich satt gegessen hatte, brach ich auf, und es stand nicht lange an, als ich auf ein Gepolter aufmerksam gemacht wurde, und Fränzchen sagte:

„Der dort den Karren gefüllt mit des Bruchsteins gespaltener Masse
über das Pflaster hinweg führet mit knarrendem Ton,
und nach dem rumpelnden Takt hinrollenden Karrens den Wohllaut
dröhnender Disticha mißt, kennst du den dröhnenden Mann?"

Da begann ich alsbald:

„Willkomm! o du mühsel'gen Sang Ausspendender,
an Schärf des Forsthulsts grimmer Stechkraft Gleichenden,
der wie die Loh dem Schwamm in Qualmaufdoppelung,
in trocknem Laub gerieben und des Harzes froh
Pechkraft aufdampfend, ölig schwamm'ger Dichterbrust
aufknatternd, Funken sprühnd mit Stank entloderet
du unablässig auf dem Feld dich Tummelnder
der Ehr, gleich dem Patroklos, der gaul-tummelnd einst
vor Ilion gaulartig stets gaultummelte,
aufstöberst du froststarr gewirbeltes Geflock,
in Wasserflut zerrinnendes, mit Versgekreisch,
dem Uhu gleich aufjammerst du in olm'gem Stamm,
und katertrefflich, nachtausheulend jauelst du.

O du, des Nas wie Helios' milchweiß Rossepaar
aufschnaubt und wiehert flammendunst'ge Poesie,
mit Donnerkraft kernhaftig polternden Gesangs
zerstampfest du die Bohlen, eichenfugige,
des Helikon; es stöhnt bauchhohl der Mörsel auch,
drin du faustmächtig stampfst und stößest Versekraft,
und heiß aufdampft auch Zwiebelrauch der Bratepfann,
hoch schäumt malzdick Getränk in Festbier schwangrer
Kumm,
dabei nun kollerst puterähnlich prustend du;
des Dichtermahles Knochen nagst du, Voß Packan,
und seitwärts sauermurrend gegen das Gekätz,
das lauernde, schnappst kritisch sumsend Fliegenvolk."

Der Eutiner machte ein saures Gesicht, und ich schied.

Im Weitergehen rühmte ich des ehrlichen Alten unwidersprechliche Verdienste um Homer, Virgil und Aristophanes, wiewohl ich auch nicht unterlassen konnte zu bedauern, daß der Voßsche Horaz und Shakespeare zum scheußlichsten gehöre, was in deutscher Sprache gerädert und zerquetscht und gevierteilt worden, und bemerkte überhaupt, daß mir, was des in so mancher Beziehung ehrwürdigen Mannes eigene Poesie anbelange, sein Flug immer durch einige zentnerschwere Kartoffelsäcke, die ihm an den Füßen hangen, auf dem Boden gehalten zu werden scheine.

„Apropos", fuhr ich fort, „wie befindet sich Klopstock hier unten?" – „Herr", war die Antwort, „er ist in seiner Welt, und also nicht zu sehen und zu erkennen und zu begreifen."

„Wieso, Fränzchen?"

„Ei, wer wollt ihm ins dreimal Hallelujah, in die überirdischen, übersinnlichen Zonen auf den Regenbogenwegen vor den mit Millionen Seraphim und Cherubim und auferstandenen Seelen aus dem Alten und Neuen Testament umgebenen Thron des Unnahbaren, Allmächtigen folgen können?"

„Herr", gab ich zur Antwort, „lassen Sie mir die zehn ersten Gesänge des ‚Messias' ja ungetadelt. Ich weiß nicht, ob je in der Tiefe eines großen, mit Gedanken überfüllten Gemütes solch eine heilige, ruhige Hoheit, solch eine sichere, feste, selige Würde in gewaltigem Glauben und ernster Liebe geweht habe wie in dem seinigen. Wie klar und bestimmt treten jene heiligen Gestalten um den großen Lehrer in entschiedenem Umriß fast wie starke, große, gediegene Skulptur aus dem stillen, gottwehenden Bild hervor! Den Gedanken zu einem solchen christlichen Epos zu fassen ist riesenhaft, aber leider unendlich über die Grenzen aller Mittel erhaben, mit denen wir darstellen und bilden können. Darum ist mir der ‚Messias' im einzelnen, in Episoden, in Charakteren, in Szenen, ein aus meiner frühesten Kindheit mit tiefen Schauern göttlich erhebendes, heiliges Buch, in dessen kolossale Tempelhallen, wo Jesus und die geliebten Jünger wandelten, der vom Sturm der Leidenschaft, vom Gewühl des Lebens, vom Geist eines finstern Verhängnisses fortgerissene, jenem schönen, ruhigen Glauben längst auf eine fürchterliche Weise entwöhnte Jüngling gerne wieder zurückkehren möchte; aber abgesehen davon, daß mir der ‚Messias' viel zu dogmatisiert ist und an manchen Stellen nicht mehr die Poesie des Urchristentums in nackter Gestalt als Lebensbild, sondern seine protestantische Glaubensform hervortritt, mußte das Überirdische, gänzlich Unsinnliche, mußte der Gedanke einer übernatürlichen Verbindung mit Gott und der Entsühnung des Menschengeschlechts das Gedicht aus dem Gebiet herausreißen, das selbst die Poesie, wenigstens in epischer Richtung, nicht überschreiten darf. Die Religion der Griechen hat lauter Naturkräfte und Ideen zu Göttern, die meist in sich selbst schon bestimmte, sinnliche Gestalt haben und nur die höchste Harmonie, Lebensbildung und Fülle sind, zu der sich die Natur erheben konnte. Das ist beim Christentum nicht der Fall. Sein rein übersinnliches Wesen ist nicht in seinem Urbestand, sondern nur in der Form der Sagen und Traditionen, erst da, wo es katholische Kirche ist, durch die Bilder der Maria und der Heiligen, Gegenstand für einen Künstler. Klopstock aber ist ein zu entschiedener Protestant, um davon Gebrauch zu machen, und doch steht sein Christus in einer zu überschwenglichen

Verbindung mit dem Vater, als daß sich die Anlage des Gedichts bloß auf seine sinnliche Erscheinung beschränkt hätte. Daher kommt denn die unbegreiflich bildlos himmlische Welt, das übernatürliche, über alle Vorstellung, selbst über den Schwung des Dichters erhabene Erscheinen des Gottes selbst und endlich in den zehn letzten Gesängen die Entrückung der Wirklichkeit in jene übermenschlichen Sphären, die nicht erheben, nicht begeistern, nicht beseelen, nur grenzenlos langweilen können."

Den Abend verwandte ich noch dazu, den Strafort oder das Zuchthaus zu besichtigen, weil ich denn doch einmal nur Ärger haben wollte. Hier wurden in der Tat Strafen ausgeteilt, die ich beinahe zu grausam fand.

Denke man sich, ein Unglücklicher mußte den ganzen Tag, das ganze Jahr hindurch Kleists „Frühling" lesen, es war einer von denen, welche die Leier nur in Handschuhen schlagen.

Ein anderer wurde eben gefesselt einen Abhang hinauf geführt, wo er nach Art des Regulus, nur noch zerfleischender, in ein mit Heigelinschen Deutschwörtern, mit Versen aus Voß, Horaz und Shakespeare und, o Entsetzen! gar aus Adrians Byron ausgenageltes Faß getan und herabgerollt werden sollte.

Ein dritter, ich glaube Auffenberg, war zum Faß der Danaiden verurteilt, das ich vermittelst einer sonderbaren Ideenassoziation seinem Kopf verglich, den eine unerschöpfliche Wassermenge von Schauspielen grund- und bodenlos durchströmt.

Ein vierter, ein armer Almanachsromantiker, dem der Sonnenbrand das bißchen Gehirn jämmerlich verwüstet hatte, seufzte in der Strafe des Tantalus, weil er vom Göttertisch Goethes und Schillers gemaust. Ewig schwangen sich ein paar Bratwürste seinem Heißhunger in die Höhe und seinem Durst das Wasser in die Tiefe. Der arme, bedauernswürdige Mensch! Dem griechischen Verbrecher mag letzte Strafe noch erträglich gewesen sein, aber ach, es ist nur zu bekannt, Poeten sind durstiger, weit durstiger als andere Menschenkinder.

„Hier", versetzte Franz, „ist auch ein Platz bereit für unsern Kotzebue, wenn er sich dereinst satt geschrieben und satt gemahlen."

„Dank dem Ewigen", rief ich unwillkürlich aus, „daß er diesem hohlen, nichtswürdigen Schänder jedes edlen Menschengefühls, diesem seelenlosen, herzmatten Schwätzer bald seine Laufbahn beenden will. Würde dieser ewig und ewig mit poetischen Unterleibsbeschwerden behaftete Mensch wenigstens nur geradezu schimpfen und fluchen und toben über Menschen und menschlich Gefühl und Verhältnis, seine unverhohlen ausgesprochene Entehrung alles Seelenadels wäre ein Hymnus auf die Würde des Geschlechts gewesen, aber diese schändlichen Kadaver von Liebe, Ehre, Achtung, Sehnsucht, Scham und Gottesgefühl modern pestartig in der leeren Höhle seines Innern. Nicht wenn er geradezu unedel, gemein ist, sondern wenn er edel, zart, weich, fühlend, ernst, würdevoll sein will, ist er am gemeinsten und verworfensten. Herr Horn, Herr Horn! ich komme zu weit, wir wollen gehen."

Beim Heraustreten sah ich noch eine unzählbare Menge Schneegänse gleich unsern Alltags- und Leihbibliothekromanen über den Himmel fliegen, und ich bemerkte meinem Begleiter, der Winter sei nahe, wenn solche kaum durch ein Mikroskop voneinander zu unterscheidenden Flugvögel und Bestien zu sehen wären. Trüb darüber ging ich in mein Nachtlager und schlummerte bald hinüber.

Dritter Tag

So ist denn schon der Tag gekommen, an dem ich den Hades wieder verlassen und meine arme Oberwelt betreten soll, und noch zittert mein ganzes Wesen von dem gespensterhaften Eindruck dieser Nacht.

Gegen Mitternacht nämlich hörte ich plötzlich auf der Straße ein entsetzliches Gewinsel, wie von einem Sterbenden; ich sprang voll Schrecken empor, sah zum Fenster hinaus und gewahrte unter einer Erle einen Menschen, einen großen Verehrer von Young, der unablässig auf dem Boden winselte und ächzte und dann wieder mit bengelhafter Stimme schrie: „Auf meine Ehre, auf meine Ehre, es gibt nichts Vortrefflicheres als Mond und Schwermut und Grab und Verwesung." Schaudernd vor diesem mondsüchtigen Menschen flüchtete ich mich wieder in mein Bett und schwitzte vor Angst, wie Adrian, wenn er Verse schmiedet.

„Kaum bin ich durch jenen wunderbaren Selbstmord", sprach ich zu mir selbst, „der fürchterlichen Nacht meiner Verhältnisse entflohen, so soll ich schon für meine Zurückgelassenen am dritten Tage wieder auferstehen. Ich habe keine Lust, die Welt wieder zu betreten, in der ich ewig nur betrügen und ewig betrogen werden soll. Sie ist nur dem jungen, sehnsüchtigen, frischen Gemüt, nur der ungetrübten Phantasie, die eine süße, blühende Frühlingswelt in ihre reine, heilige Rosenflamme hüllt, nur dem großen, unzersplitterten Herzen schön und lieb, das keine zehrenden, ausbrennenden, mit ihrer Feuerwut selbst das Teuerste zerstörenden Leidenschaften durchwühlen, das sanft und still aufs flache, heitere Leben wie der Mond auf einen unbewegten See herabblickt, aber nie mehr der rettungslos verlorenen Seele, die in der Kindheit schon Glut und Wonn und Entzückung des Jünglings vorausgenossen, und als Jüngling in einer durch eigene unselige Kraft geschaffenen und verwüsteten, durchs Schicksal von Grund aus aufgewühlten und veräscherten Welt, zu edel und zu weich ist, um nicht manchmal zu weinen, zu zerreißen und zu zerspalten, um wie ein Kind die Lust der Tränen zu genießen, und zu trotzig und zu stolz, um dem gereizten Gott mit kriechender Demut zu schmeicheln, zu getäuscht, zu voll von schauderhaften Erfahrungen, um das Menschengeschlecht seiner Liebe würdig zu finden, zu eigenliebig, um es zu verachten, und doch zu verbittert im Innersten, um es nicht zu hassen, zu ehrgeizig und ruhmgierig, um für seine Not und Schande zu schweigen, und zu grimmig, um mit Lust für sein Wohl zu wirken, zu leidenschaftlich, um nicht immer wieder das unwiederbringlich verlorene Glück des Glaubens an Lieb und Treue genießen zu wollen, und doch zu starr und zu kalt, zu überzeugt, daß jene nur süße, überschwenglich süße

Geister sind, die wir im Mondlicht unter nächtlichen Rosen mit Tränen einer Sehnsucht schauten, welche wir nur einmal weinen, nur einmal fühlen können, Geister, die ins Nichts verwehen, mit allen ihren Zaubern, und uns voll namenlosem Weh, voll Wahnsinn und Zerknirschung, voll Hohn und Lebensekel in eine Welt, aus der der Gott mit unserer Liebe entfloh, auf – Gräbern zurücklassen. In die Welt, in der es eine Geschichte gibt, worin eine große, weibliche heiße Seele von Lieb und Sehnsucht und Entsagung, von beispielloser Leidenschaft, ach von einer himmlischen, heiligen Anhänglichkeit an *einen, einen* Menschen, den sie liebte, bis in die untersten, zärtesten Tiefen verzehrt – Blutschänderin genannt wird, wo engelreine Kinderliebe mit Elternfluch, ein Kuß mit Sünde, eine Umarmung mit Schand und Greuel, eine Stunde, wo Liebende sich am Halse weinen und sich brennende Tränen abtrinken und nicht sprechen und sich krampfhaft, gotttrunken, mit tausend Armen umfangen, aneinander zittern, als wollten sie – Gott, es gibt keine Sprache, keine Worte dafür, wo eine solche Stunde mit Verbrechen gebrandmarkt wird, wo das Heiligste, wo das Begeisterndste, was Jugendmut und Lebensfülle, Kraft des Jünglings und Liebe des Mädchens fühlen und denken kann, in den Kot getreten wird, wo Neigung, Herzensgefühl, Himmelsleben und Liebe Menschen zu Kröten und Krokodilen, zu Verleumdern, Ehrenmördern und Teufeln macht, der Braut das Wort aus den Lippen preßt, unsere Liebe war Sünde, das arme unselige Kind ans grauenvollste Grab bringt, ja selbst mit Flammen und wieder mit Flammen durchs Element und menschliche Verworfenheit die Stätte zerstört, wo Liebende glücklich waren, wo Mädchenwürde und Unschuld an den Pranger gestellt, Scham und Zucht und Jungfräulichkeit jahrelang vor die Schranken des Gerichts gerissen werden und ein so greuelhaftes Gewebe von ruchlosen Lügen und Ehrenschändungen, von Bosheit und Heimtücke, von Grimm und Haß, von Rachsucht und Hinterlist den blauen Schmetterling der Liebe umspinnt, daß die Auseinandergerissenen, sich ewig Verlornen, eines das andere selbst für einen Greuel halten; in eine Welt, wo es eine solche Geschichte gibt, hatt ich wenig Lust zurückzukehren. Nein, ein zweiter gänzlicher Selbstmord –

„Ah, guten Morgen, mein Fränzchen." – „Nehmen Sie Platz, werde gleich die Ehre haben, aufzuwarten." – „Nur noch meine Stiefel." – „Haben Sie gut geschlafen?" – „Der Morgen ist scharmant." – „Ich habe gut Wetter zur Rückreise." – „Haben Sie schon gefrühstückt?" – „Wir haben heute noch einiges zu sehen. Voilà, schon bin ich fertig. Haben Sie die Güte, mein Allerbester." – „Nein, nein, ich tu's nicht anders, gehen Sie, gehen Sie doch voraus." – „Bitte Sie, bitte Sie." – „Ah, nun lassen Sie uns gehen."

Damit standen wir wieder auf der Straße. „Wir wollen uns", begann ich, „noch ein wenig unter teutschen Malern und Musikern umsehen." Ich geriet sofort mit meinem Begleiter in ein Gespräch über teutsche bildende Kunst überhaupt, und zwar in lauter Aphorismen, die ich seinem logischen Kopf zur Verbindung überließ.

„Die teutschen Maler aus der ältesten Schule", sagte ich, „scheinen oft davon ausgegangen zu sein, das Übergewicht des Geistes über das Fleisch in den Heiligen- und Christusbildern, die sie malten, dadurch anzudeuten, daß sie dieselben dürr und mager zeichneten. Wenigstens wüßte ich wohl keinen andern Grund für die ausgehungerten, bleichen, verbläuten und zerknirschten byzantisch-niederrheinischen Gerippe zu finden, die wir so oft auf gestempeltem Goldgrund mit plattem Heiligenschein am Kreuze hangen sehen.

Es fragt sich vielleicht, ob überhaupt die christliche Religion der Kunst günstig ist. Als reinste, geistigste Lehre der übersinnlichsten Gedanken, einer unmittelbaren Offenbarung und eines wunderlich übernatürlichen Zusammenhanges menschlicher Natur mit göttlicher schließt sie schon vermöge der einzigen Mittel, durch die der Mensch zu ihr gelangen kann, durch unbedingten Glauben, durch Sehnsucht, Ahnung und Liebe alles Bestimmte und Sinnliche aus.

Wie sie sich zur Poesie verhält, davon habe ich Ihnen schon früher etwas geäußert. Klopstock ist auf den einen Abweg geraten, sie episch aufzufassen und darzustellen, und ist mir darum viel zu protestantisch-dogmatisch, als die Poesie ertragen kann. Aber ebensowenig will sie mir im Geist Novalis' künstlerisch zusagen, der im Gegensatz zu Klopstocks verständig-dogmatischem Glauben in überschwenglicher Sehnsucht, in wundem Weinen um ein Etwas, das wir selbst nicht begreifen, sondern nur glauben, das wir verloren und mystisch wieder erhalten, ein heilendes, tröstendes, auf den andern Abweg gemütlichen Kränkelns geraten ist. Wohl und ausschließend aber wäre durch Verbindung der Kraft und Klarheit aus jenem und der süßen, tiefsinnigen Sehnsucht aus diesem eine christliche Lyrik möglich, wie denn das Christentum selbst eine heilige, religiöse Lyrik ist.

So wären denn sonst auch nur die Zweige der Kunst vom Christentum begünstigt, die lyrischer Art sind. Diese sind Malerei und vor allem Musik. Allerdings ist die Malerei lyrisch, denn im Spiel von Licht und Schatten, von Helldunkel und Widerschein, in den Tönen und Tinten des Kolorits, im Perspektiv, im Wesen des Ganzen, tritt immer ein äußerst subjektiver Geist hervor, und Glut und Seele sondert sich hier nicht so gänzlich als objektive Schöpfung, als Selbständiges, für sich Bestehendes, vom Künstler ab wie bei der Plastik. Diese ist absolut dem Christentum fremd. Klarheit und Ruhe, Sicherheit und Bestimmtheit, lauter gediegene, geründete Form, nichts als Gestalt und Gruppe, objektiv wie kein anderes Kunstprodukt, ohne den lieblichen Reiz, der in der Malerei durch die Farbe bezaubert, ist sie dem schönen, plastischen Griechenland eigen, dessen Gesänge selbst eine Art immaterieller Basreliefs sind, ja sogar das höchste Ideal weiblicher Schönheit und Wohlgestalt, die Mediceerin, reizt nicht, sondern wird erst nach und nach in langem, steten Beschauen die Göttin der Liebe.

So in allem bei den Alten, aus deren Werken aller fremdartige, nicht wesentliche Reiz entfernt ist, die nichts als ruhige, natürliche Form, Harmonie aller Teile, die sichersten und gediegensten Umrisse, zuerst fast mehr an den Verstand sprechen als an das Gemüt, aber eben darum einen desto unwandelbarern

Eindruck im Innern zurücklassen. Denn was wir bloß mit Phantasie auffassen, davon erlischt der Eindruck mit der Glut, in die wir beim Beschauen des Gegenstandes geraten. Wir Neuen sind das Gegenteil, wir bilden nur die Zweige der Kunst mit Glück aus, wo Reiz, Lyrik und Subjektivität das Prinzipat hat, und Canova ist das leuchtendste Beispiel für unsere Unmöglichkeit, im wahren Sinn antik-plastisch zu sein, denn er haucht seinen Figuren allen einen fremdartigen, üppigen Reiz an, der von wahrer Schönheit immer geschieden ist; er ist ein Maler in der Skulptur, aber kein Plastiker.

Wenn ich aber sage, Malerei werde durch die Christusreligion begünstigt, so muß ich leugnen, daß die teutsche Schule, besonders die frühere, überall wahrhaften Kunstanspruch erfülle oder auch nur das Christentum auf eine erfreuliche Weise aufgefaßt habe. Denn jener aus allen Gruppen und Gestalten, oft sogar aus den Kompositionen der bessern und besten Maler sichtbare Geist kriechender, ängstlicher Demut vor der Heiligkeit des Gegenstandes, die übertriebene Bescheidenheit und knechtische Frömmigkeit, die aus dem Künstler selbst und seinen Figuren hervorleuchtet, ist einmal aller Kunst fremd. Wenn wir das Göttliche darstellen wollen, dürfen wir es nicht noch ungöttlicher darstellen als wir Menschen selbst sind, denn der Künstler, der sich ihm nähert, steht durchaus auf einem höheren Standpunkt, als daß er sich vor der Größe des Unendlichen gebückt fühlen dürfte. Seine Bestimmung ist ja keine andere, als gerade diese Größe des Unendlichen, das Göttliche, den Sinn und Geist, der in der Natur zerstreut und verweht ist, uns nach seinem Ideale in ein einzig Bild zusammenzunehmen und vereint zu geben, was wir in der Natur zersplittert finden.

Lassen wir jene traurigen Phänomene winselnder, kriechender Demut, die schon im gemeinen Leben empören, um wieviel mehr aber in der Kunst, die uns doch die ewige Sehnsucht nach dem Unendlichen durch ein Bild desselben auf Augenblicke beschwichtigen, uns gleichsam durch eine übernatürliche Anschauung das Einzelne und Besondere vergessen, ich möchte sagen, im Absoluten ruhen lassen soll. Ich will damit keinen

Heiligen fett gezeichnet wissen, aber es ist ein nur zu trauriger Beweis unserer Entfernung vom wahren, natürlichen Zustand, in dem der unsterbliche herrliche Grieche war, daß wir unser bestes Leben nicht mehr in die vollendete Harmonie des Körpers und der Seele setzen, sondern lauter Geist und Herz, lauter Gefühl und Empfindung, lauter Sehnsucht und Ahnung sein wollen. Wahrlich, wodurch gibt sich denn die Seele kund? Warum malt ihr nicht lieber eine Seele ohne Körper? So muß es denn doch wohl ein Leib sein, der im innigsten Zusammenhange mit ihr, ich will annehmen, von ihr geschaffen, in allen seinen Verhältnissen und Proportionen rein vollendet die Hoheit und Schönheit der Seele zeigt, die sich durch ihn ausspricht, und so nichts anders ist als ein Ebenbild der großen Weltseele, die die Hoheit und Schönheit ihres unkörperlichen Wesens, das alles bewegt und dennoch ruht, in den schönsten und vollkommensten Verhältnissen der Materie darstellt; mit *einem,* die Kunst hat keinen andern Zweck, als uns zu erheben, uns im begrenzten Bild das Unbegrenzte schauen zu lassen; ich soll mich auf Augenblicke dem Absoluten, dem Allgemeinen nahe sehen, soll mich darein verlieren. So etwas kann ich aber nicht, wenn ich vor ihm zurückschaudere, wenn ich winsle und krieche, sondern nur mit klarem, freudigem Blick, mit freiem, frisch gehobenem Gemüt. Wenn die Kunst erheben soll, so kann sie also jene Demut nicht zulassen, oder mit andern Worten, statt ausgehungerter Gerippe und kriechender Narren will ich freie, schöne, blühende, heilige Menschen sehen.

Nicht aber, als ob alle Demut christlicher Kunst fremd sein müsse. Ich will nur jene absolut unwürdige, gänzlich unkünstlerische, unästhetische, jene hündische nicht. Wie wäre ein zärterer, heiligerer, hellerer Geist der Ergebung und des Glaubens zu denken als in Raffaels himmlischen Gebilden, nur daß hier die Demut die süßeste, jungfräulichste Gespiele einer heiligen Hoheit ist, die zugleich rührt, erhebt, beseligt, läutert und zur Anbetung stimmt, und daß beide in einem Himmel von Ruhe schweben. Was sind so viele altteutsche Madonnen anders als gutmütige, stille, sanfte, hübsche, dumme Geschöpfe, in denen sich durchaus kein anderer Gedanke als der einer unbedingten Unterwerfung unter den Willen eines Gottes ausspricht, der's so wunderbar mit ihrer Jungfrauschaft verfügte.

Welche stille Kraft aber in dem Himmelsangesicht einer Raffaelischen Madonna, welch eine große, heilige Seele im unschuldigsten Lächeln einer Jungfrau, die halb verletzt und doch beseligt, im seltsamen Gefühle ihrer Mutterschaft eine unbegrenzte Scheu in jedem Gemüt erweckt, das sich bei langem Beschauen solcher Schöne und Reinheit allmählich selbst in die fromme, hohe, ruhige Welt der Muttergottes hineingewiegt fühlt. Wie stand ich vor der ersten Raffaelischen Schöpfung, die ich sah, vor der Vermählung Josephs und der Maria in der Brera zu Mailand! So anspruchslos und einfach, so gänzlich nur auf die unendliche Tiefe und Seele und sonst auf kein Mittel zum Eindruck in der Menschenbrust vertrauend, die wenigen Gestalten in der ungezwungensten Gruppe, beinahe ohne alle perspektivische Umgebung, gleicht dieses Wunderbild der Erscheinung des heiligen Jesus selbst, der in der stillsten Anspruchlosigkeit sein Werk für Jahrtausende gegründet, und die jüdische Sage wird in Raffaels Werken himmlisch versinnlicht, daß nicht im Sturm, sondern im Wehen des Westwinds der Geist Gottes nahe.

So bildete Raffael in blühender Gesundheit und Klarheit und Ruhe, so Guilio Romano in idealer, herrlicher Größe, in rein lebendiger, unsterblicher Fülle. Glauben Sie mir, ich verkenne die Teutschen nicht, aber sie treten weit zurück mit ihren verkümmerten Heiligen, mit ihrem bänglichen Fleiß, mit ihrer Kleinheit und Engbrüstigkeit in der Ausführung von Nebendingen, mit ihrem frommen, gebückten Wesen, ihrem sklavischen Kopieren der Natur im einzelnen ohne Ideal, ihren Porträts und was sonst noch solcher kleinlichen Vorzüge mehr sind, die ich alle missen wollte, wäre Schwung und Kraft und Größe und schaffender Geist da.

Um aber den Faden wieder aufzunehmen, daß das Christentum in protestantischer Form der Kunst gänzlich abgeneigt sei, ja nicht den mindesten Stoff hergebe, braucht nicht ausgeführt zu werden. Ich will übrigens nichts weniger, als dem Katholizismus in seinen Legenden und Heiligen und Märtyrern das Wort reden, ja dieser kommt mir oft vor wie ein christliches Heidentum, nur daß die kleinen Götter darin, die Heiligen, ein ziemlich uninteressanter Schlag von Menschen sind und unendlich hinter jenen gewaltigen personifizierten Naturkräften zurückstehen. Aber hätten wir ihm auch nur die Idee der Maria zu verdanken, so wäre wenigstens sein künstlicher Wert schon ziemlich gerechtfertigt. Einen Christus übrigens, und das wäre die erste und letzte Aufgabe der christlichen Kunst, habe ich noch nie gesehen. Ich fand nur da und dort Eigenschaften und Züge aus seinem Charakter, aber nirgends ihn selbst.

Darum möcht ich glauben, das Christentum begünstige nicht sowohl die Kunst im Raum als vorzüglich die Kunst in der Zeit – die Musik. Hier ist nicht von Bild, von Anschauung und Gestalt die Rede, hier können wir durch den geistigsten unserer Sinne, das Gehör, jene übersinnliche Welt in Gefühlen, in Schmerz und Sehnsucht, in Wehmut und Ahnung, in Glauben und Liebe mit ungestörter Fülle werden hören und, unbegreiflich, ohne Trennung und Scheidung als ein Ganzes in uns aufnehmen. Doch genug, mein Franz!" – „Nein, nein!" – „Nichts weiter mehr, ich weiß, was Sie sagen wollen. Im übrigen wollen wir uns nicht weiter unter den Malern ergehen, ich wünsche nur, daß jene byzantischen Christuspinsler ans Kreuz geschlagen sind, bis sie so mager und so dürr werden als ihre Christusgerippe und immer – Mon Dieu! Herr Horn, welch ein Zettel ist hier an dieses Haus angeschlagen?"

Franz bemerkte, daß Hans Georg Nägeli von Zürich, der vor kurzem eine künstlerische Missionsreise nach Deutschland gemacht und dort die Wassertaufe reichlich gespendet habe, nächstens herunterzukommen und seine zehn Vorlesungen, deren Inhalt er hier bekannt mache, gegen ein Honorar von zwei Laubtalern auch noch in der Unterwelt zu geben im Sinn habe.

Ich war begierig, diesen Musiktheoristen kennenzulernen, und las folgende Inhaltsanzeige:

I.

Unerhörte Seltsamkeit einer solchen Vorlesung; allgemeiner Eingang durch fünf große Hyperbeln in beispiellosem Karfunkel, sieben bis jetzt noch unbekannte Gleichnisse in Reimen, die lauter Klang und Klingklang, ja sozusagen nichts als Klang und Klingklang sind. Liebe, Sterngefunkel, Augenbläue, Himmelsbläue, Treue, Weh und Sehnen. Versuch, den höchsten göttlichen Unsinn aufs lebendigste zu versinnlichen. Das Jüngste Gericht in der Musik durch mich ausposaunet. Musikalische Pagenstreiche. Kritische Purzelbäume über Kirchenmusik. Idee einer alleinseligmachenden Tonkunst. Bescheidene Anspielungen auf mich. Schluß mit einigen dunkeln Redensarten.

II.

Um das Unbegreifliche der Musik in *einem* darzustellen, vier Lieder von mir auf dem Klavizimbel gespielt. Klassischer Übergang auf die teutschen Tonkünstler. Haydn ist ein Guckkastenmann. Gluck ein Kavalier mit Degen und Allongeperücke. Ausführung dieser Urteile. Darstellung ihrer absoluten Originalität und Deduktion aus dem Schellingischen Ungrund. Der musikalische Pittschaft. Versuch, das Unendliche selbst durch tonkünstlerische Quacksalberei und kritischen Hyoscyamus toll zu machen.

III.

Mozart ist kein Genie, kein Künstler, wohl aber ein braves Talent. Tiraden darüber. Mozart die Hosen gespannt. Eine Symphonie von ihm in lauter Kritik ersäuft. Neue Schweizertropfen in Sebastianischem Bachwasser. Vorschlag, geistreicher und genialer, statt einem Orchester vier Flügel zu gebrauchen und nach und nach auf eine nie gehörte Weise zur Befriedigung aller Zuhörer die Instrumente, zuerst Klarinett, dann Hoboe usw. einfallen zu lassen. Einiges selbstgefälliges Schmollen über diesen Vorschlag.

IV.

Beethoven ein Feuerwerker. Unerklärbare Tiefe dieses Bildes; einiges Allgemeine oder Gemeine über Empfindung und Gefühl. Affekt und Leidenschaft kontradiktorische Gegensätze. Was heißt wohl ein kontradiktorischer Gegensatz? Erhabenes, äschylisches Stillschweigen darüber. Versuch, eine neue Logik zu gründen und die gemeinen alten Termini mit dunkelm, genialem Unsinn umzustoßen. Trost für Quintaner und Schulknaben, deren schwache Seite die widrige Logik ist. Carl Maria von Weber ein Rührlöffel. Entschleierung dieses Geheimnisses, weil er die Hölle aufrührt. Hiebei einiges zur Apotheose der Dummheit. Das liebe Ich. Aus dem transzendentalen Idealismus oder der Lehre vom lieben Ich ein vollständiges System geniesüchtiger Selbstbefleckung *κατ' ἀνδρωπον* demonstriert.

V.

Ausfall gegen das Lob der Bescheidenheit. Transzendentale Magenkrämpfe und neue musikalische Turn- und Purzelkünste. Das liebe Ich des Noah, der in der Sündflut schlechter Komponisten allein von allen übriggeblieben. Karfunkelnder Regenbogen. Das verkehrte Sonnenbild. Wer ist der Ham, der dem ehrwürdigen Noah die Scham aufdeckt?

„Alle Himmel", rief ich, „kann die Unverschämtheit in unserem Zeitalter so weit gehen, glaubt dieser Mann unter Pescherähs und Eskimos zu sein, bei denen er gegen ein paar falsche, nichtswürdige Perlen blankes Gold einzuhandeln gedenkt? Das ist ganz abscheulich, ich kann nicht weiterlesen. Denn ich befürchte, der Unsinn und die Anmaßung werde noch größer werden und am Ende gar noch ein absolut sinnloses Reim-Klingklangliedchen zu Gesicht kommen. Lassen Sie uns davonlaufen, Fränzchen, und kein Wort weiter von dieser Misere."

Ich machte mich zur Abreise fertig. Krause Wölkchen schwammen im blauen Himmel, ehrwürdig wie Platons Bart.

Der Herbstabend war delikat. Ich dachte nun beim Rückblick auf meine Herunterreise an meine ursprüngliche Hoffnung, durch Kants „Kritik der Urteilskraft“ den Weg in diese ästhetische Unterwelt zu finden. Aber ach, wie sehr ward ich nun gewahr, daß ich falsch gerechnet hatte!

Ach und wie hinaufkommen? Ich wollte schlechterdings meine noch immer von brennenden Schmerzen gequälten Füße dem metrischen Weg nicht mehr anvertrauen und sann lange vergebens auf eine Art, wie ich die Welt des Jammers wieder betreten könnte.

Endlich erfuhr ich, daß ein gewisser Dichter eben bereit sei, in die Oberwelt zu fahren, um sich bei Dr. Adrian gegen bare Bezahlung eine Rezension zu bestellen. Ich rechnete auf dessen Generosität und machte mir von seinen Vorzügen einen großen Begriff, besonders da er die Rezension bezahlen wollte und selten ein Dichter, der in den Hades reist, nur den Obolus aufbringt, den er dem Charon entrichten soll.

Aber wie getäuscht ward ich! Diesem miserablen Pegasus konnte man die Haare am Hintern auf dreißig Schritte ohne Brille zählen, er war so mager und so dürr, so eingefallen und leblos, so plump und tot wie ein Klopstockisches Trauerspiel, seine derben, polternden Hufeisen an den zottigen Füßen so gemein, als wären sie mit Vossischen Spondeen ausgenagelt, und seine Ohren waren so gefährlich lang, daß ich glaubte, ein karfunkelnder Romantiker, der von Almanachsverlegern bezahlt werde, müsse ihn zuschanden geritten haben. Und die Kalesche gar! Ach! und zuletzt noch die lange Unterhandlung mit meinem Poeten! Nur durch die heiligste Versicherung, ihn und die Mähre zu einem Pegasus, solange er in der Oberwelt sei, zu verkösten, konnte ihn dahin bringen, mich mitzunehmen.

Und so machten wir uns denn nach langem Hinundwiderreden auf den Weg. Zu meinem Franz aber sagte ich, indem ich ihm noch einmal soviel in die Hände drückte als sein irdischer, kritischer Wegweiser durchs Gebiet teutscher Literatur im Buchladen kostete, folgende, von keinem Leser zu übergehenden Worte:

„Leben Sie wohl, und nehmen Sie in allem Ernst meinen vollkommenen Dank für Ihre treu geleisteten Dienste. Seien Sie nur nicht böse über das, was ich über Sie in der Oberwelt schreiben werde, sondern verstehen Sie mich, und lassen Sie uns, wenn wir uns droben einmal treffen, die Hand drücken. Ich bin weder zu eigenliebig, ein großes Verdienst nicht anzuerkennen, noch zu blind, um an einem geschätzten Mann alles trefflich zu finden. Sagen Sie darum der Welt, daß es nicht freche, ungeziemende Anmaßung ist, wenn ich das alles, was ich hier unten sah, droben bekannt mache, oder gar die törichte Meinung, als glaubt ich alles besser machen zu können, was ich an andern getadelt, sondern ein entschiedenes Streben nach Wahrheit, die doch wahrlich in der Kunst wie überall unser höchstes Streben sein sollte, gekleidet in ein buntes, humoristisches Gewand, in dem mir's allein würdig, ja fast möglich schien, Männer, deren Charakter und Verdienst ich so lebhaft, aber noch viel wahrer ehre, als Lobredner und Anbeter, auf ihren Abwegen von der Idee der Kunst, wie sie sich in mir unter unzähligen Verirrungen von Jugend auf durch Nachdenken und einige Übung gestaltet hat, mit wohlgemeinten, muntern Worten anzugreifen. Sagen Sie der Welt, ich wisse wohl, daß es unbescheiden und anmaßend *scheine*, wenn Jünglinge, die ihre Kraft noch wenig erwiesen haben, Namen und Verdienste tadeln, die Jahrzehnte durch gewirkt und geglänzt haben. Aber man weiß, daß die alten griechischen Götter selbst Spaß verstunden, und nur flache Unbedeutendheit wird über einen Spott klagen, der sie allerdings in ihrem Nichts aufdeckt, aber einen würdigen Mann gewiß nicht erbittert, sondern vielmehr erfreut, wenn er in der verdienstlosen Jugend ein lebendig unermüdetes Bestreben sieht, selbst mit Gefahr, verwegen und unbescheiden zu scheinen, jede Individualität zu untersuchen und zu sondern und sofort aus dem Zusammenhang aller zur vollständigen Idee von Kunst und Kunstwerk zu gelangen.

Sagen Sie aber ferner, daß ich Einwendungen und Zurechtweisungen, wenn ich sie als wahr und begründet erkenne, mit Dank annehme, leere Klopffechtereien und witzelnde

Spuckereien, die keinen andern Zweck haben, als zu höhnen und zu schimpfen, mein Leben lang mit kalter Seele betrachten, nie erwidern und widerlegen, wohl aber recht herzlich verachten werde. Ich zweifle, daß ich lobe, wenn ich mich in der Oberwelt ausspreche, denn meine Ansicht ist, das Große, Gute, Wahre und Schöne braucht nicht gelobt zu werden. Halte ich etwas für schön, so ist mir's gänzlich gleichgültig, ob es von tausend Kritikern gescholten wird, und ich verdenke es sogar keinem Menschen, wenn er behauptet, Goethe wolle ihm eben gar nicht recht gefallen, Schiller sei doch ein viel grandioserer Poet. Darüber ließen sich Bände schreiben, aber Leihbibliotheken voll solcher Bände würden die Sache beim alten lassen und keine Seele wahrhaftig fürs Schöne gewinnen. Es möchte übrigens aussehen, als ob ich meiner Sache nicht gewiß wäre, wenn ich mich weiter verteidigte. Darum nehmen Sie meine Hand und leben Sie wohl!"

Hiemit polterte meine Kalesche fort, und mein Begleiter schlug so wacker auf den Pegasus wie kaum Schelling auf Jacobi. Ach hurre, hurre, hopp, hopp glaubt ich in die Oberwelt fahren zu dürfen. Aber ein italienischer Vetturin ist noch ein fliegender Hermes gegen meinen schwung- und kraftlosen Poeten. Und so kam ich denn erbärmlich zerrüttelt und geschüttelt endlich zum Erstaunen meiner Bekannten wieder an, unter denen ich diese drei Tage allerdings herumgelaufen war, aber freilich nur dem Leibe nach, während ich in Gedanken im Hades herumirrte.

Friedrich Hölderlins Leben,
Dichtung
und
Wahnsinn

Es ist schon lange Zeit her, daß ich mir vorgenommen, der Welt etwas von Hölderlins Vergangenheit, seinem jetzigen Leben oder vielmehr Halb- und Schattenleben und besonders von dem furchtbaren Zusammenhange mit jener mitzuteilen, und ich wurde von mehr als einer Seite durch Freunde seiner Muse dazu aufgefordert. Denn ein langer, fünfjähriger Umgang mit dem Unglücklichen hat mich mehr als jeden andern in Stand gesetzt, ihn zu beobachten, ihn kennenzulernen, seinem so wunderlichen Ideengange und selbst den ersten Ursprüngen und Ursachen seines Wahnsinns nachzuspüren. Ich gab mir mehr als andere Mühe, seine Launen zu ertragen, und während die wenigen seiner vormaligen Freunde, die ihn in seiner nun mehr als zwanzigjährigen Einsamkeit besuchten, nur ein paar Augenblicke verweilen mochten, sei es, daß ihr Mitleid zu rege wurde, daß sie von der Erscheinung eines so beklagenswerten geistigen Zerfalls sich zu tief erschüttert fühlten oder daß sie schnell damit fertig waren, indem sie vermeinten, man könne nun eben einmal kein vernünftiges Wort mehr mit ihm reden und es verlohne sich der Mühe nicht, dem psychischen Zustand des Verwirrten einige Aufmerksamkeit zu schenken, so hielt ich keine Stunde für verloren, die ich ihm widmete, besuchte ihn ununterbrochen viele Jahre lang, sah ihn oft bei mir, nahm ihn auf einsame Spaziergänge, in Gärten und Weinberge mit mir, gab ihm zuweilen Papier zum Schreiben, durchsuchte seine noch übrigen Schriften, brachte ihm Bücher, ließ mir vorlesen und bewegte ihn unzähligemal, Klavier zu spielen und zu singen. So wurde ich nach und nach an ihn gewöhnt und legte das Grauen ab, das wir in der Nähe solcher unseligen Geister fühlen, so wie er seinerseits sich an mich gewöhnte und die Scheu ablegte, die ihn von jedem, ihm nicht ganz bekannten Menschen trennt. Ich hatte nun wohl im Sinne zu versuchen, ob es mir nicht gelänge, seinen jetzigen Geisteszustand zu zergliedern und die Entstehung dieser bedauernswürdigen Verwirrung seines Innern in einer strengern, wissenschaftlichern Form von den ersten Anlässen und Motiven herzuleiten und bis auf den Punkt hin zu verfolgen, wo das Gleichgewicht entschieden verlorenging, allein es wurde mit hundert andern flüchtigen Entwürfen im Drängen und Treiben eines allzu unruhigen Lebens vergessen. Nun, da mir der wunderbare, schwermütige Freund so ferne gerückt ist und das traurige Bild des Einsamen mir eben unter süßem, südlichem Lichthimmel untergegangen war, ist es eine seltsame Anregung, die ich vom Vaterlande aus erfahre, wie ich aufgemuntert werde, meinen alten Vorsatz doch endlich einmal auszuführen. Ich widerstehe denn nicht länger, wiewohl ich mir nicht vornehme, eine philosophische Zergliederung von Hölderlins Innerm zu wagen, sondern mich bloß anheischig mache, die Beobachtungen und Bemerkungen schlechtweg mitzuteilen, welche sich mir im Umgang mit ihm aufdrängten; freilich werden uns diese zuweilen nötigen, ein wenig zu spekulieren, allein wir werden uns immer innerhalb der Grenzen einfacher Beobachtung halten, keine psychologische Untersuchung, sondern eine schlichte Charakterschilderung entwerfen, und somit hoffen wir, den vielen, die für Hölderlin interessiert sind, die seine Muse schätzen und gerne Genaueres über ihn selbst hörten, einen nicht unangenehmen Dienst zu tun, wenn wir etwas von ihm erzählen und zeigen, wie sich dieser Geist verirrte und wie er sich nun in und zu sich selbst sowie zu seiner Vergangenheit und zur Außenwelt verhält. Dabei müssen wir natürlich auch einige Worte über seine Poesie sagen, deren schönste und reifste Blüten und Früchte endlich die so ehrenwerten Dichterfreunde Ludwig Uhland und Gustav Schwab gesammelt, gereinigt und ans Licht der Welt gestellt haben. Da wir in der Tat nicht wissen, ob er nur noch bei Leben ist, indem wir schon seit Jahresfrist durch weite Strecken von ihm getrennt sind, und da er bei einer nun wenigstens vierundzwanzigjährigen Abgeschlossenheit von aller und jeder Berührung mit Welt und Menschen fast nicht mehr wie ein Lebendiger zu betrachten ist, so wird es kein Verstoß gegen Gefühl und Schicklichkeit sein, wenn wir seinen Zustand öffentlich schildern. Denn wie seine Dichtung gehört auch sein Leben unserer Zeit, unserm Vaterland, unserer Kenntnis an, genug, daß wir uns hüten, dem Unglücklichen zu nahe zu treten, und daß uns die scheue, düstere Ehrfurcht vor der unbekannten Macht, mit der er sein Leben lang gerungen, deren despotische, grauenweckende Kraft uns in seinen hinterlassenen Werken so oft als Gegenstand seiner Klagen und seines Kampfes entgegentritt, daß sie uns abhalte, mit ungebührlicher, ja frevelhafter Übereilung ein allgemeines Urteil über eine geistige Erscheinung zu wagen, die für uns am Ende doch ein Rätsel ist, wir mögen uns mit unserer Weisheit gebärden, wie wir wollen, um sie in ihrem Wesen, in ihren Ursachen und Folgen zu zergliedern und zu beschreiben.

Wir teilen zuerst einiges über sein früheres äußeres Leben mit und hängen dann sogleich unsere Bemerkungen an, sobald wir etwas finden, was auf sein späteres Schicksal bezogen werden muß. Denn die Keime, die ersten Gründe und Ursachen desselben sind in den frühesten Entwicklungsjahren seines Lebens, ja gewissermaßen einzig und allein in der unselig feinen geistigen Organisation zu suchen, die bei allzu vielen Täuschungen, harten Ereignissen und traurigen Kombinationen äußerer Umstände sich endlich in sich selbst zerstörte.

Friedrich Hölderlin ist im Jahr 1770 zu Nürtingen in Schwaben geboren. Seine erste Erziehung scheint äußerst gut, zart, liebevoll und fein gewesen zu sein. Hölderlin behielt immer eine große Liebe zu seinem Geburtsort und zu seiner Mutter, welche noch bei Leben war, als ich Deutschland verließ. Die unendliche Zartheit, mit welcher der junge Geist organisiert war, die edle, feine, tieffühlende, aber allzu empfindliche Natur, eine kecke, verwegene Phantasie, die sich von frühesten Knabenjahren schon in dichterischen Träumen wiegte und nach und nach eine Welt aufbaute, die der reifere Jüngling zu seinem bittersten Schmerze nur als Geschöpf seines Innern und als schweren, schroffen

Gegensatz zur wirklichen erkannte, ein äußerst lebendiger Sinn für Musik und Dichtkunst, das waren Dinge, welche sich bald in dem Knaben zeigen mußten und welche, wie es scheint, durch eine zarte Behandlung der Eltern geweckt, genährt und erhalten wurden. Schon die äußere Bildung Friedrichs war liebenswürdig über die Maßen; ein tiefes, glühendes, schönes Auge, eine hohe Stirne, ein bescheidener, geistreicher, unwiderstehlich einnehmender Ausdruck gewann sich aller Herzen. Die Herzensgüte, der angeborene Adel, die warme, lebhafte Denk- und Empfindungsweise und eine natürliche Grazie machten ihn so angenehm, als seine Fassungskraft und seine hervorleuchtenden Talente Lehrer und alle Umgebung mit den besten Hoffnungen erfüllten. Ein reiner Sinn und ein unbeflecktes, durchaus jungfräuliches Gemüt erwarben ihm Achtung und Liebe, so wie er's denn auch noch in seinen spätern Jahren beibehielt, als er anfing, aus dem lautern Quell seines Innern zu schöpfen, als er sich entschieden der Poesie widmete, ja noch da, als schon ein harter Schicksalsschlag um den andern an der Zerstörung seines Geistes arbeitete. Hölderlin mußte rein und ohne Flecken in seiner fast weiblich sanften Seele bleiben, wenn er nicht untergehen sollte: für ihn konnten die wilden Vergnügungen, der taumelnde Rausch der Sinne nur Verderben und Tod sein. Der Erfolg lehrte es.

Talentvoll, von dem besten Herzen, von den einnehmendsten Manieren, von der ausdrucksvollsten und gefälligsten Gesichtsbildung, konnte der junge Hölderlin nur gefallen und alt und jung an sich fesseln. Hätte man jetzt nach dieser glücklich gelebten Jugend den aufstrebenden Jüngling in eine Richtung gebracht, die seinen Neigungen und Wünschen, seinen Träumen und Talenten angemessener gewesen wäre, so wäre wohl sein Geist ewig klar geblieben. Allein es sollte anders werden. Hölderlins böses Geschick führte ihn in ein Seminarium, worin junge Leute für das Studium der Theologie vorbereitet und erzogen werden. Er wurde, wie er selbst in seinen spätern Jahren, ja noch zur Zeit seines Irrens sagte, von außen bestimmt und gezwungen, sich der Theologie zu widmen. Dies widersprach gänzlich seiner Neigung. Er hätte sich gerne dem Studium der alten Literatur, den schönen Künsten, vorzüglich der Poesie, und auch der Philosophie und Ästhetik ausschließlich überlassen mögen. Nun mag es wohl auch die Art, wie man Wissenschaft und Sprachen treibt und lehrt, gewesen sein, was unserm ungeduldigern, besserbegabten Jünglinge harte Fesseln anlegte. Man mag über derlei Erziehungsanstalten sagen, was man will, so bleibt immerhin wahr, daß dem einzelnen Lehrer zuviel Gewalt überlassen ist. Sieht man, wie oft ein solcher von äußerst beschränktem Geiste, wenn auch von vielem Wissen ist, wie unklar, zwecklos, mit welchen Umwegen zum Ziele gearbeitet wird, wie man alles erschwert, wie selten die Lehrer Männer von hellem Kopf und Urteil sind, wie wenig sie die Mittel verstehen, um die Jugend zu leiten, wie wenig sie Talent und Kraft haben, um aufkeimende Fähigkeiten zu wecken, zu nähren, auf guten Weg zu bringen, wie gänzlich solche Stubenmenschen mit dem Leben unbekannt sind, wie wenig sie den Menschen kennen, so kann man begreifen, wie es möglich ist, daß oft Talente von Bedeutung gänzlich irregeleitet und in Gefahr gebracht werden, nie mehr durch eigene Selbsterziehung verbessern zu können, was in frühern Jahren durch die Engbrüstigkeit und Unfähigkeit der Lehrer an ihnen verdorben wurde. Statt daß dieser imstande sein sollte, jede Eigentümlichkeit der Schüler herauszufinden und je nach der Beschaffenheit des Individuums so oder anders auf seine Rezeptivität zu wirken, macht man keinen Unterschied, sondern treibt sie mechanisch auf *eine* Art zu *einer* Arbeit an, als wenn sie nichts als gleichgebaute Uhren wären, deren Stahlfeder der Lehrer nach Belieben aufzöge. Diese traurige Erfahrung mag auch auf das ohnedies so verletzbare und empfindliche Wesen unsers jungen Dichters gewirkt haben. Jedoch studierte er mit Eifer die alten Sprachen, gehörte zu den Besten und war besonders für das Griechische eingenommen.

Der Zufall fügte es, daß ich von einem artigen Geschichtchen hörte, das Hölderlin in dieser Zeit vielfach bewegte. Die Mutter eines Freundes von mir erzählte diesem einmal eine Neigung, die der junge, schöne, liebenswürdige Hölderlin zu ihr gehabt, als sie noch halb Kind gewesen. Wiewohl im Kloster, nährte das reizbare Gemüt des sechzehnjährigen Jünglings eine zarte Flamme für das Mädchen: es war ihm wieder gut, und sie kamen oft in einem hübschen Garten zusammen. Dieses geheime Verhältnis beschäftigte seine Phantasie aufs lebendigste und nährte und erfüllte ihn mit jenen süßen Empfindungen, welche uns die Jugend so reizend verzaubern und verschönern. Hölderlins Empfindungsweise, seine Natur, sein ganzes Wesen wurde dadurch nur noch gefährlicher verfeinert und verzärtelt. Seine Poesie aber erhielt Nahrung und Leben.

Jedoch waren seine Gedichte nur Nachahmungen und uneigentümliche Hervorbringungen: es scheint, daß er Schiller und Klopstock vor sich hatte.

Die Erzeugnisse während seiner Universitätsjahre haben schon einen eigentümlichern Charakter. Die Begeisterung für das griechische Altertum, das Studium der alten hellenischen Meisterwerke gaben ihnen einen gewissen Ton, den selbst seine spätern und vollkommnern [nicht immer] haben. Seine ganze Seele hing an Griechenland, er saugte mit unbefriedigter Begier an jenen Quellen reiner Schönheit, an jenen Produkten der gesundesten Natur, der einfachsten Denkweise, des großartigsten Ehrgeizes. Hölderlin selbst war nicht wenig erfüllt von Ruhmbegierde und trug den Kopf voll Entwürfe, seinen Namen bekannt und unsterblich zu machen, und sich zunächst aus diesem beengenden Wirkungskreis, aus diesen für ihn so widrigen und spannenden Verhältnissen zu befreien. Der Umgang mit talentvollen Männern, mit strebenden Jünglingen befeuerte seine Ungeduld. Er faßte den Gedanken zu seinem „Hyperion", schrieb auch etwas daran, was jedoch später gänzlich verändert wurde. Das Stück, welches in Schillers „Horen" abgedruckt ist, hat auch nicht einige Zeilen von dem spätern „Hyperion". Man sieht daraus, wie lang er dieses Gedicht in sich herumtrug, und es ist hier am Ort, zu bemerken, daß er nicht schnell arbeitete. daß er nicht ohne Not sich von seiner Geburt losrang, daß er seinen Gedanken oft mehrmals und immer in anderer Wendung und Form zu Papier brachte, bis er glaubte, daß er nun am reinsten und vollkommensten ausgedrückt sei. Dies erhellt aus seinen Papieren, wo man dasselbe Gedicht ein halb dutzendmal und immer verbessert finden kann.

Seine Universitätsgenossen schätzten ihn sehr, wiewohl sie ihn wunderbar und zuweilen allzu zart und melancholisch fanden. Hölderlin war übrigens nicht ungesellig, wenn er auch sich wenig unter die wilde Schar der Studenten einmischte. Manchmal, wurde mir erzählt, konnte er sich wochenlange zurückziehen, und er unterhielt sich alsdann fast einzig mit seiner Mandoline, zu der er sang. Er klagte viel und schmerzlich, und Leiden einer allzu zärtlichen sentimentalen Liebe, Eifer und ungestümer Drang nach Ruhm und Ehre, die Gehässigkeit seiner Lage, die Abneigung gegen sein Fakultätsstudium, das konnte wohl das einzige sein, was ihn bis jetzt zu Klagen nötigen konnte, wenn es nicht mehr als alles dies seine allzu kindliche, schwächliche, gereizte, weichnervige Natur war, die ihn zu offen für jeden Eindruck, zu nachgiebig gegen rauhe und trübe Ereignisse machte. Er gewöhnte sich nach und nach an, mit dem gesamten Zustand aller menschlichen Dinge, wie sie heutzutage sind, unzufrieden zu werden, und schöpfte außer der Bildung, die er aus dem Studium der Alten gewann, auch eine für ihn nur zu gefährliche unnatürliche Verachtung der Mitwelt aus der Quelle, aus der so manchem Gesundheit und frischer, ewig heller Sinn hervorgegangen. Diese ausschließliche Verehrung der Griechen hatte sofort auch Unzufriedenheit mit dem Lande zur Folge, wo er geboren ward, und brachte endlich jene Ausfälle gegen das Vaterland hervor, die wir im „Hyperion" finden und die für mein Gefühl so empörend sind.

Wir sehen in diesem allmählich immer feindseligern Verhältnis, in das er sich zur Welt stellte und das ihm gar nichts weniger als natürlich war, schon die ersten Anlässe zu dem traurigen Zustande, der sich auf diese Weise, schon in der Blüte seines Lebens, unter Verhältnissen, die allerdings für seine Phantasie, für seinen Stolz, seinen Ehrgeiz, seine Traumwelt nichts Reizendes hatten, die aber keineswegs unglücklich und unerträglich waren, ehe nur etwas Erhebliches getan und geleistet worden, trotz einer Zukunft voll weiter und schöner Hoffnungen, allmählich vorbereitete. Hätte er einen Reichtum von Humor, hätte er Witz und jene glückliche Gabe gehabt, sich und Welt und Menschen zu parodieren, so würde er ein Gleichgewicht für die Seite gehabt haben, die ihn unabwendbar dem Verderben entgegenführte: aber seine Natur war nicht damit ausgestattet, seine Muse konnte nur klagen und weinen, ehren und preisen oder verachten, aber nicht in heiterm Scherze spielen und stechen. Indessen dachte in dieser Zeit noch keine Seele daran, daß dem schönen, herrlichen Jüngling ein solches Alter voll Jammer bevorstehe, und Friedrich von Matthisson sagte oft, daß er nicht wohl einen angenehmern und einnehmendern jungen Menschen gesehen, als Hölderlin etwa um diese Zeit war.

Wie weit sein „Hyperion" schon auf der Universität gedieh, konnt ich nie gewiß erfahren. Sicher ist nur, daß der Gedanke, der Entwurf und einzelne Stücke dieser Epoche seines Lebens angehören. Manche lyrische Gedichte, die am Ende zustande kamen, zeigen schon ganz die volle, reine, schöne Seele seiner vollendetern, jene eigentümlichen, so tiefen und rührenden Bilder, jene flammende, frische Liebe zur Natur und ihren ewigen, heiligen Freuden, sind aber schon erfüllt von Schicksalsideen und erregen düstere Besorgnisse durch die gesteigerte, oft überspannte Empfindungsweise, in die ihn sein reizbares, wunderliches Wesen hineinzog, trotz dem, daß es immer die Natur war, die er verehrte und anbetete.

Nach Vollendung seiner Studien verließ er Württemberg und ward Hofmeister in einem angesehenen Hause in Frankfurt. Ein junger Mann, der Ansprüche aller Art machen konnte, von einem unermüdet strebenden Geist, den empfehlendsten körperlichen Eigenschaften, Dichter und Musiker, so konnte es nicht fehlen, er mußte sein Glück machen. Die Mutter seiner Zöglinge, ein junges Weib, wie es scheint, von schwärmerischer Seele und feurigem, lebendigem Gemüt, fühlte die Macht der Liebenswürdigkeit in dem leidenschaftlichen jungen Manne nur allzusehr, und es währte nicht lange, so hatte Hölderlins Flöte, Klavierspiel und Mandoline, sein zärtliches Lied, seine Sentimentalität im Umgang, seine artige, feine Person, sein schönes Auge, seine Jugend, sein ungewöhnlicher Geist und sein ausgezeichnetes Talent das phantasiereiche, für alle diese Vorzüge gleich empfängliche Weib bis auf den höchsten Grad entzündet. Hölderlin liebte gleich stark, gleich schwärmerisch, sein ganzes Gemüt geriet in Brand und Glut. Noch zu Zeiten seines Wahnsinns, wohl nach mehr als zwanzig Jahren, wurden Briefe bei ihm aufgefunden, die ihm seine geliebte Diotima geschrieben und die er bis jetzt verborgen gehalten. Der junge Enthusiast spannte seine Kräfte bis zur überschwenglichsten Exaltation: seine Tage verflossen in diesem Liebeswahnsinn. Die höchste Gedankenwelt Platons erfüllte ihn: er verließ die Wirklichkeit, schmachtete in einer träumerischen, genußvollen Gegenwart und bereitete sich eine entsetzliche Zukunft.

Dieses Liebesverhältnis, von beiden Seiten mit gleicher Leidenschaft betrieben, konnte nicht lange währen, und Hölderlin mußte endlich auf eine höchst unangenehme Weise das Haus verlassen, da es der Gemahl seiner Diotima bemerkte. Hölderlins Schmerz war unsäglich; der verwöhnte, im süßen Sinnenrausch einer so sublimen Liebe verzärtelte Jüngling mußte ins rauhe Leben hinaus. Zwar wurde noch nicht alles unterbrochen, man unterhielt noch einen Briefwechsel, man verabredete, sich zu gewissen Zeiten in einem Stern zu finden, den man in demselben Augenblick ansah, und man kam sogar auf einem Gute Diotimas noch zusammen. Aber Hölderlin hatte doch einen Riß in seinem Innern, der immer gefährlicher wurde, sein Gemütszustand war von nun an mehr als je exaltiert, seine Klage bitterer und reicher, je mehr sie wahren Gegenstand für ihren Schmerz hatte, und es war nun allein noch die Befriedigung seines auf den höchsten Gipfel gestiegenen Ehrgeizes übrig, die ihn hätte retten können.

Sein „Hyperion" wurde vollendet, eine Dichtung, über die wir nichts sagen, weil sie jedem vorliegt. Nur sei es uns vergönnt, zu erinnern, daß in ihr ein dumpfer, fürchterlicher Schmerz vorherrscht und daß seine ganze poetische Welt von einem drückend schweren Nachthimmel überhangen ist. Es lassen sich auf jeder Seite beinahe einige Gedanken finden, die gleichsam

Prophezeiungen seines eigenen schrecklichen Schicksals sind. Jede Blume darin neigt ihr Haupt. Trotz der allebendig schönen Bilder und der glühenden Liebe zur Natur, zur Vorwelt und zu Griechenland ist der Geist dieses Romans oder vielmehr dieser Sammlung lyrischer Gedichte eine tiefe, unheilbare Krankheit, die selbst aus der Schönheit einen tödlichen Stoff zieht, ein unnatürliches Ankämpfen gegen das Verhängnis, eine wunde Sentimentalität, eine schwarze Melancholie und eine unselige Verkehrtheit, mit welcher der Dichter sich gewaltsam in den Wahnsinn hineinarbeitet.

Hölderlin kam nun nach Weimar und Jena, eben als sich der großen Männer so viele daselbst aufhielten. Er glühte von Ruhmbegier, von Drang, sich auszuzeichnen. Seine vollendetsten Gedichte fallen in diese Zeit. Ein so seltenes Talent, verbunden mit der Grazie seiner Erscheinung, konnte nicht anders als Eindruck machen. Jetzt kam alles darauf an, daß sein Ehrgeiz befriedigt wurde. Wund wie er war, gereizt und verbittert, konnte er's nicht ertragen, wenn ihm Hindernisse in den Weg traten. Man sagt, daß seine geliebte Diotima durch Verbindungen, die sie mit einigen ansehnlichen Männern hatte, für ihn wirkte. Der edle Schiller hatte ihn äußerst liebgewonnen, achtete sein Streben ungemein und sagte, daß er weit der talentvollste von allen seinen Landsleuten sei. Er suchte ihm Gutes zu tun und zu einer Professorsstelle zu verhelfen. Wäre das geschehen, so hätte Hölderlin einen bestimmten Wirkungskreis gehabt, er hätte sich beschränken lernen, wäre gesund geworden, wäre nach und nach erstarkt, seine geistige Überspannung hätte nachgelassen, er wäre nützlich geworden, und ein Weib zu seiner Seite hätte vollends jede unnatürliche Richtung seiner Gemütskräfte zerstört und ihn gelehrt, wie man leben, arbeiten und sich behelfen müsse, wenn man mit Menschen menschlich leben wolle. Aber Hölderlins unglückliches Schicksal und die Mißgunst seiner Feinde lenkte es anders. Es wurde ihm ein anderer vorgezogen, und er sah sich hintangesetzt. Man sagt, daß ihm Goethe nicht gut gewesen. Dies scheint wahr zu sein, denn sooft ich von Goethe mit ihm zu sprechen anfing, wollte er ihn schlechterdings nicht kennen, was bei ihm immer der Ausdruck einer feindlichen Gesinnung ist. Schillers dagegen und vieler anderer Männer erinnerte er sich oft.

Dies war ein entscheidender Schlag für Hölderlins ganzes Wesen. Er sah seine besten Hoffnungen vereitelt, fand seinen Stolz, sein lebhaftes Selbstgefühl beleidigt, sein Talent, seine Kenntnisse hintangesetzt, seine Ansprüche als unzulänglich erklärt und fand sich abermals wieder aus dem Traum einer wirksamen, tätigen, glücklichen Zukunft als ein einsamer, verlassener Pilgrim in ein Leben hinausgestoßen, für dessen Unglimpf er kein starkes Gegengift in sich hatte, dessen Unbill zu ertragen er viel zu weichlich, viel zu zart eingerichtet war.

Er kam nun in die Schweiz, wo er Lavater, Zollikofer und andere kennenlernte, dichtete kräftige, schöne Lieder und entwarf auch den Plan zu einer Tragödie. Sie auszuführen konnte ihm aber nie möglich werden: denn es ist wohl unbestreitbar, daß sein poetisches Talent kein dramatisches, sondern ein rein lyrisches war. Auch die Philosophie beschäftigte ihn, und die beginnende Schellingsche Lehre scheint großen Eindruck auf ihn gemacht zu haben, wie er mir denn unter dem unverständlichsten Wortschwall später zuweilen von Kant und Schelling erzählte. Es hatte sich seiner aber schon eine tiefe Melancholie bemeistert, so daß er die Menschen floh, sich einschloß, seiner Trauer überließ und so gleichsam mit Fleiß und Absicht jenem Zustande entgegenschaffte, der nicht länger mehr ausbleiben konnte, wenn nur noch *eines* hinzugekommen war. Ich meine das verzweifelte Unternehmen, sich im Sinnentaumel, in wilden, unordentlichen Genüssen, in betäubenden Ausschweifungen zu vergessen.

Das blieb nicht aus. Hölderlin ward abermals Hofmeister, und zwar in Frankreich. Er konnte unmöglich ein wüstes Leben ertragen. Er war für ein reines, geordnetes, tätiges Leben geboren, seine geistige und körperliche Natur mußte zugrunde gehen, wenn er besinnungslos genug war, nun genießen zu wollen, ohne zu fühlen, wie er vorher fühlte, ohne zu genießen.

Es währte kurze Zeit, so geriet sein Geist durch die Schwächung eines so unordentlichen Verhaltens dermaßen aus den Fugen, daß er Anfälle von Wut und Raserei bekam.

Auf eine unerklärbare Weise, plötzlich und unerwartet, ohne Geld und Habseligkeiten, erschien er in seinem Vaterlande. Herr von Matthisson erzählte mir einmal, daß er ruhig in seinem Zimmer gesessen, als sich die Türe geöffnet und ein Mann hereingetreten, den er nicht gekannt. Er war leichenbleich, abgemagert, von hohlem, wildem Auge, langem Haar und Bart und gekleidet wie ein Bettler. Erschrocken hebt sich Herr von Matthisson auf, das schreckliche Bild anstarrend, das eine Zeitlang verweilt, ohne zu sprechen, sich ihm sodann nähert, über den Tisch hinüberneigt, häßliche, ungeschnittene Nägel an den Fingern zeigt und mit dumpfer, geisterhafter Stimme murmelt: „Hölderlin." Und sogleich ist die Erscheinung fort, und der bestürzte Herr hat Not, sich von dem Eindruck dieses Besuches zu erholen. In Nürtingen bei seiner Mutter angelangt, jagte er sie und sämtliche Hausbewohner in der Raserei aus dem Hause.

Er hielt sich einige Zeit bei ihr auf und hatte helle und gute Augenblicke, wiewohl er immer von der schwärzesten Melancholie geplagt war. Abermals, aber nun zum letzten Male, sollte sein für die Liebe so offenes, unglückliches Herz entzündet werden. Allein man war genötigt, ihm den Gegenstand seiner Neigung und Verehrung zu entreißen, und ein ihm sehr naher Blutsverwandter heuratete das Frauenzimmer. Dies fehlte noch, um Hölderlins Raserei zu vollenden. Nie mehr in seinem Leben wollte er diese Person kennen, wiewohl sie oftmals um ihn war. Hölderlin behauptete schlechterdings, daß er nicht die Ehre habe, Seine Majestät jemals gesehen zu haben.

Nun hörte ein wohlwollender, gutgesinnter Prinz, der Hölderlin in Jena kennengelernt hatte, von seiner unseligen Lage und nahm sich vor, ihn durch eine angemessene Beschäftigung zu zerstreuen und, wenn es möglich wäre, zu retten. Er wurde von ihm zur Stelle eines Bibliothekars berufen. Aber Hölderlin war verloren. Seine Anfälle von Raserei wurden ungestümer und häufiger als je. Er beschäftigte sich mit einer Übersetzung von Sophokles, die des Wundersamen und Närrischen schon manches enthält. Genug, Hölderlin konnte nicht mehr beibehalten werden; unter dem Vorwand, daß er Bücher in Tübingen einkaufen müsse, wurde er dahin geschickt, dort aber in das Klinikum gebracht, wo man versuchen wollte, ihn medizinisch zu kurieren.

Zwei Jahre verweilte er hier, allein sein Geist ward nicht mehr hell, seine Denkkraft zerstört, seine Nerven unglaublich zerrüttet, und er sank endlich in den schrecklichen Zustand, in dem er sich nun befindet. Er wurde ins Haus eines Tischlers aufgenommen, wo er in einem kleinen Zimmerchen, ohne etwas anders als ein Bett und einige wenige Bücher, nun schon über zwanzig Jahre lebt.

Tritt man nun in das Haus des Unglücklichen, so denkt man freilich keinen Dichter darin zu treffen, der so gerne mit Platon am Ilyssus wandelte, aber es ist auch nicht häßlich, sondern die Wohnung eines wohlhabenden Tischlers, eines Mannes, der eine für seinen Stand ungewöhnliche Bildung hat und sogar von Kant, Fichte, Schelling, Novalis, Tieck und andern spricht. Man fragt nach dem Zimmer des Herrn Bibliothekars – so läßt er sich noch immer gerne titulieren – und kommt auf eine kleine Türe zu. Schon hört man innen reden, man glaubt, daß Gesellschaft innen sei. Der brave Tischler sagt aber, er sei ganz allein und rede Tag und Nacht mit sich selbst. Man besinnt sich, man zaudert anzupochen, man fühlt sich innerlich beunruhigt. Zuletzt klopft man an, und ein heftiges, lautes „Herein!“ wird gehört. Man öffnet die Türe, und eine hagere Gestalt steht in der Mitte des Zimmers, welche sich aufs tiefste verneigt, nicht aufhören will, Komplimente zu machen, und dabei Manieren zeigt, die voll Grazie wären, wenn sie nicht etwas Krampfhaftes an sich hätten. Man bewundert das Profil, die hohe gedankenschwere Stirne, das freundliche, freilich erloschene, aber noch nicht seelenlose liebe Auge; man sieht die verwüstenden Spuren der geistigen Krankheit in den Wangen, am Mund, an der Nase, über dem Auge, wo ein drückender, schmerzlicher Zug liegt, und gewahrt mit Bedauern und Trauer die konvulsivische Bewegung, die durch das ganze Gesicht sich zuweilen vorbereitet, die ihm die Schultern in die Höhe treibt und besonders die Hände und Finger zucken macht. Er trägt ein einfaches Wams, in dessen Seitentaschen er gerne die Hände steckt. Man sagt einige einleitende Worte, die mit den verbindlichsten Verbeugungen und einem Schwall von Worten empfangen werden, die ohne allen Sinn sind und den Fremden verwirren. Hölderlin fühlt jetzt, artig, wie er war und wie er der Form nach es noch ist, die Notwendigkeit, dem Gaste etwas Freundliches zu sagen, eine Frage an ihn zu errichten. Er tut es; man vernimmt einige Worte, die verständlich sind, die aber meist unmöglich beantwortet werden können. Hölderlin selbst erwartet nicht im mindesten Antwort und verwirrt sich im Gegenteil aufs äußerste, wenn der Fremde sich bemüht, einen Gedanken zu verfolgen. Darüber später, wenn wir an unsere eigenen Unterhaltungen mit ihm kommen. Für jetzt nur die flüchtige Erscheinung. Der Fremde sieht sich Eure Majestät, Eure Heiligkeit, gnädiger Herr Pater betitelt. Allein Hölderlin ist äußerst unruhig: er empfängt solche Besuche sehr ungern und ist nachher immer verstörter als früher. Ich tat es deswegen jederzeit ungern, wenn mich jemand bat, ihn zu Hölderlin zu führen. Doch war mir dies noch lieber, als wenn man allein zu ihm ging. Denn alsdann war die Erscheinung für den Einsamen, von allem Menschenumgang Abgeschlossenen zu neu, zu störend, und der Fremde wußte ihn nicht zu behandeln. Hölderlin selbst fing auch bald an, für den Besuch zu danken, sich abermals zu verbeugen, und es war alsdann gut, wenn man nicht länger verweilte.

Länger hielt sich auch keiner bei ihm auf. Selbst seine früheren Bekannten fanden eine solche Unterhaltung zu unheimlich, zu drückend, zu langweilig, zu sinnlos. Denn eben gegen sie war der Bibliothekar am wunderbarsten. So war einmal Friedrich Haug, der Epigrammatiker, bei ihm, der ihn von lange her kannte. Auch er wurde Königliche Majestät betitelt und Herr Baron von Haug geheißen. Wiewohl der alte Freund versicherte,

Friedrich Hölderlin

daß er nicht geadelt sei, so ließ Hölderlin dennoch schlechterdings nicht ab, ihm jene vornehmen Titel zu spenden. Gegen ganz Fremde kehrte er absolute Sinnlosigkeit vor. Aber wir wollten zuerst nur zeigen, wie er sich äußerlich darstellt, und wir gehen nun ins Genauere ein, zuvörderst bloß erzählend.

Anfänglich schrieb er viel und füllte alle Papiere an, die man ihm in die Hand gab. Es waren Briefe in Prosa oder in pindarischen freien Versmaßen, an die teure Diotima gerichtet, häufiger noch Oden in Alcäen. Er hatte einen durchaus sonderbaren Stil angenommen. Der Inhalt ist Erinnerung an die Vergangenheit, Kampf mit Gott, Feier der Griechen. Über die Gedankenfolge für jetzt noch nichts.

In der ersten Zeit, da er bei dem Tischler war, hatte er noch sehr viele Anfälle von Raserei und Wut, so daß jener nötig hatte, seine derbe Faust anzuwenden und dem Wütenden tüchtig mit Schlägen zu imponieren. Einmal jagte er ihm seine sämtlichen Gesellen aus dem Hause und schloß die Türe. In Zorn und Konvulsionen geriet er gleich, wenn er jemand aus dem Klinikum sah. Indem er oft frei herumging, so war er natürlich dem Spott heilloser Menschen ausgesetzt, deren es überall gibt und deren Bestialität auch ein so furchtbarer, durch das Unglück geheiligter geistiger Zerfall ein Gegenstand des dummen Mutwillens ist. Das machte nun Hölderlin, wenn er's bemerkte, so wild, daß er mit Steinen und Kot nach ihnen warf, und dann war's ausgemacht, daß er noch einen Tag lang fortwütete. Mit tiefem Bedauren haben wir bemerken müssen, daß selbst Studierende tierisch genug waren, ihn zuweilen zu reizen und in Zorn zu jagen. Wir sagen nichts darüber, als daß von allen Bübereien, welche auf Universitäten die Faulheit hervorbringt, diese wohl eine der nichtswürdigsten ist.

Oft nahm die Frau des Tischlers oder eine der Töchter und Söhne den Armen in die Güter und Weinberge hinaus, wo er sich alsdann auf einen Stein setzte und wartete, bis man wieder nach Hause ging. Es ist zu bemerken, daß man ganz wie mit einem Kinde mit ihm verfahren mußte, wenn man ihn nicht störrisch machen wollte. Wenn er so ausgeht, so muß man ihn zuvor anmahnen, sich zu waschen und zu säubern, indem seine Hände gewöhnlich schmutzig sind, weil er sich halbe Tage lang damit beschäftigt, Gras auszureißen. Wenn er alsdann angekleidet ist, so will er durchaus nicht vorausgehen. Seinen Hut, den er tief aufs Auge hinabdrückt, lüpft er vor einem zweijährigen Kinde, wenn er anders nicht zu sehr in sich versenkt ist. Es ist sehr lobens- und erwähnenswert, daß die Leute in der Stadt, die ihn kennen, ihn nie verspotten, sondern ruhig seines Weges gehen lassen, indem sie oft zu sich sagen: „Ach, wie gescheit und gelehrt war dieser Herr, und jetzt ist er so närrisch." Allein läßt man ihn aber nicht ausgehen, sondern nur in dem Zwinger vor dem Hause spazierenwandeln.

Am Anfang kam er manchmal zu dem kurzverstorbenen, trefflichen Conz. Dieser fleißige und tätige Freund der alten Literatur hatte einen Garten vor dem Hirschauer Tore in Tübingen, wo er nach einer Gewohnheit von Jahrzehnten täglich eine Stunde vor Mittag seinen Gang hin richtete. Ein Vierteljahrhundert hindurch sah man ihn um diese Zeit seinen schweren Körper hinaustragen und sofort am Tore halten, wo ihm der Torwart regelmäßig die Pfeife anzünden mußte. Alsdann ging der Dichter ruhig und langsam weiter und hielt sich einige Stunden draußen im Freien oder im Gartenhause auf. Als er den Äschylos übersetzte, kam Hölderlin, der damals noch mehr Feuer und Kräfte hatte, oftmals zu ihm hinaus. Er unterhielt sich alsdann mit Blumenpflücken, und wenn er einen tüchtigen Strauß beisammen hatte, so zerriß er ihn und steckte ihn in die Tasche. Conz gab ihm auch zuweilen ein Buch hin. Einmal, erzählte er mir, bückte sich Hölderlin über ihn her und las einige Verse aus dem Äschylos herunter. Sodann aber schrie er mit einem krampfichten Lachen: „Das versteh ich nicht! Das ist Kamalattasprache." Denn zu Hölderlins Eigenheiten gehört auch die Bildung neuer Wörter.

Diese Besuche hörten mit der Zeit auf, je schwächer und dumpfer er wurde. Ich hatte Not, ihn zuweilen zu bewegen, daß er mit mir einen Spaziergang in den Conzschen Garten machte.

Er hatte allerlei Ausreden; er sagte: „Ich habe keine Zeit, Eure Heiligkeit" – denn auch ich bekam alle Titel durchweg –, „ich muß auf einen Besuch warten"; oder brauchte er eine ihm gewöhnliche, höchst sonderbare Form, indem er sagte: „Sie befehlen, daß ich hierbleibe." Manchmal aber, wenn das Wetter schön und helle war, brachte ich ihn doch zum Anziehn, und wir gingen hinaus. Einmal, an einem Frühlingstage, war er höchlich erfreut über die reichen Blumenbüsche und die Fülle der Blüten. Er lobte die Schönheit des Gartens auf die artigste Weise. Sonst war er aber immer unvernünftiger, als wenn ich ihn allein bei mir hatte. Conz bemühte sich, ihn an Vergangenes zu erinnern, jedoch umsonst. Einmal sagte er: „Herr Hofrat Haug, dessen Sie sich noch gut erinnern werden, hat unlängst ein sehr schönes Gedicht gemacht." Hölderlin, wie gewöhnlich ganz und gar unachtsam auf das, was man zu ihm spricht, versetzte: „Hat er eins gemacht?", so daß Conz herzlich drüber lachte. Wir gingen sodann nach Hause, und Hölderlin küßte beim Abschied auf der Straße Herrn Conz die Hand aufs eleganteste.

Sein Tag ist äußerst einfach. Des Morgens, besonders zur Sommerszeit, wo er überhaupt viel unruhiger und gequälter ist, erhebt er sich vor oder mit der Sonne und verläßt sogleich das Haus, um im Zwinger spazierenzugehen. Dieser Spaziergang währt hie und da vier oder fünf Stunden, so daß er müde wird. Gerne unterhält er sich damit, daß er ein Schnupftuch in die Hand nimmt und auf die Zaunpfähle damit zuschlägt oder das Gras ausrauft. Was er findet, und sollt es nur ein Stück Eisen oder ein Leder sein, das steckt er ein und nimmt es mit. Dabei spricht er immer mit sich selbst, fragt sich und antwortet sich, bald mit ja, bald mit nein, häufig mit beidem. Denn er verneint gerne.

Alsdann geht er ins Haus und schreitet dort umher. Man bringt ihm sein Essen aufs Zimmer, und er speist mit starkem Appetit, liebt auch den Wein und würde so lange trinken, als man ihm gäbe. Ist er mit dem Essen zu Ende, so kann er keinen

Augenblick länger das Geschirr in seinem Zimmer leiden, und er stellt's sogleich vor die Türschwelle auf den Boden. Er will durchaus nur drin haben, was sein ist, alles andere wird auf der Stelle vor die Türe gelegt. Der übrige Teil des Tages zerfließt in Selbstgesprächen und Aufundabgehen in seinem Zimmerchen.

Womit er sich tagelang beschäftigen kann, das ist sein „Hyperion". Hundertmal, wenn ich zu ihm kam, hört ich ihn schon außen mit lauter Stimme deklamieren. Sein Pathos ist groß, und „Hyperion" liegt beinahe immer aufgeschlagen da. Er las mir oft daraus vor. Hatte er eine Stelle weg, so fing er an mit heftigem Gebärdenspiel zu rufen: „O schön, schön! Eure Majestät!" – Dann las er wieder, dann konnte er plötzlich hinzusetzen: „Sehen Sie, gnädiger Herr, ein Komma!" Er las mir auch oft aus andern Büchern vor, die ich ihm in die Hand gab. Er verstand aber nichts, weil er zu zerstreut ist und nicht einmal einen eigenen Gedanken, geschweige einen fremden verfolgen kann. Jedoch lobte er seiner gewöhnlichen Artigkeit zufolge das Buch immer über die Maßen.

Seine übrigen Bücher bestehen aus Klopstocks Oden, Gleim, Cronegk und dergleichen alten Poeten. Klopstocks Oden liest er oft und zeigt sie gleich vor.

Ich sagte ihm unzähligemal, daß sein „Hyperion" wieder neu gedruckt worden und daß Uhland und Schwab seine Gedichte sammeln. Ich erhielt aber nie eine andere Antwort als eine tiefe Verbeugung und die Worte: „Sie sind sehr gnädig, Herr von Waiblinger! Ich bin Ihnen sehr verbunden, Eure Heiligkeit." Oft wollt ich, wenn er eine Frage auf diese Weise kurzweg abschnitt, mit Gewalt auf eine vernünftige Antwort dringen, drehte meine Worte, ließ nicht ab, brachte immer wieder dasselbe in anderer Wendung vor und hörte erst auf, als er in heftige Bewegung geriet und einen fürchterlich kunterbunten, sinnlosen Wortschwall hervorbrachte.

Der Tischler verwunderte sich bald, daß ich so viele Gewalt über ihn ausüben könnte, daß er mit mir ging, sobald ich wollte, und daß er sich auch in meiner Abwesenheit so viel mit mir beschäftigte. Womit ich ihn am meisten vergnügte, das war ein hübsches Gartenhaus, das ich auf dem Österberg bewohnte, dasselbe, worin Wieland die Erstlinge seiner Muse niederschrieb. Hier hat man Aussicht über grüne, freundliche Täler, die am Schloßberg emporgelagerte Stadt, die Krümmung des Neckars, viele lachende Dörfer und die Kette der Alb. Es sind nun mehr als vier Jahre, daß ich hier einen angenehmen Sommer verlebte, mitten im Grün, bei so erquickender Aussicht, beinahe ganz im Freien. Leider lastete damals ein so gefährlicher Druck auf meinem Geist, daß selbst der Genuß dieser freundlichen Natur nicht imstande war, mich innerlich zu erheitern und zu stärken und ich hier einen Roman schrieb, den ich bald darauf für wert hielt, verbrannt zu werden, und in dem nur weniges enthalten war, dessen ich mich nicht eben schäme. Doch kam später noch der Gesang der „Kalonasore“ hier zustande, der, als er drei Jahre darauf gedruckt wurde, wenigstens dem Verfasser den Beifall der gerühmtesten Kenner und Freunde der Poesie erwarb. Hier also war's, wo ich Hölderlin jede Woche einmal hinaufführte. Oben angelangt und ins Zimmer eintretend, verneigte sich Hölderlin jedesmal, indem er sich meiner Gunst und Gewogenheit aufs angelegentlichste empfahl. Höflichkeitsfloskeln bringt er allenthalben an, und es ist wirklich oft, als ob er damit geflissentlich jedermann recht ferne von sich halten wollte. Hat es einen Grund, so ist's gewiß dieser: es ist aber vielleicht zuviel, allem und jedem eine tiefere Ursache zuschreiben zu wollen als die bloße Sonderbarkeit und Kuriosität.

Hölderlin öffnete sich das Fenster, setzte sich in seine Nähe und fing an, in recht verständlichen Worten die Aussicht zu loben. Ich bemerkte es überhaupt, daß es besser mit ihm stand, wenn er im Freien war. Er sprach weniger mit sich selbst, und dies ist mir ein vollkommener Beweis, daß er klarer wurde; denn ich habe mich überzeugt, daß jenes unablässige Selbstgespräch nichts anders als eine Folge der Unstetheit seines Denkens und der Unmacht ist, einen Gegenstand festzuhalten. Davon hernach. Ich versorgte Hölderlin mit Schnupf- und Rauchtabak, an welchem er eine große Freude hatte. Mit einer Prise konnte ich ihn ganz erheitern, und wenn ich ihm nun gar eine Pfeife füllte und ihm Feuer machte, so lobte er den Tabak und die Maschine aufs lebhafteste und war vollkommen zufrieden. Er hörte auf zu sprechen, und wie er sich nun so am besten fühlte und es nicht gut war, ihn zu stören, so ließ ich ihn, indem ich etwas las.

Womit er viel zu schaffen hatte, das war das pantheistische Ein und All, mit großen griechischen Charakteren über meinem Arbeitstisch an die Wand geschrieben. Er sprach oft lange mit sich selbst, immer das geheimnisvolle, vielbedeutende Zeichen anschauend, und einmal sagte er: „Ich bin nun orthodox geworden, Eure Heiligkeit! Nein, nein! Ich studiere gegenwärtig den dritten Band von Herrn Kant und beschäftige mich viel mit der neuern Philosophie.“ Ich fragte ihn, ob er sich Schellings erinnere. Er sagte: „Ja; er hat mit mir zu gleicher Zeit studiert, Herr Baron!“ – Ich sagte, daß er nun in Erlangen sei, und Hölderlin erwiderte: „Vorher ist er in München gewesen.“ Er fragte, ob ich ihn schon gesprochen, und ich sagte ja.

Freilich auf die wunderbarste Weise von der Welt. In Stuttgart schon war mir einmal seine Bekanntschaft entgangen, indem ich sein Hiersein eben erfuhr, als er im Begriff war abzureisen, und Herr Hofrat Haug, der mich zu ihm führen wollte, mir nur einige für mich sehr schmeichelhafte Worte von ihm sagte. Als ich später einmal nach Erlangen kam, wollt ich ihn besuchen. In seinem Hause angekommen, fand ich niemand, der mich gemeldet hätte. Alles war totenstill. Ich wußte weder Stock noch Türe und stand lange Zeit in einem Gang, indem ich über dieses sonderbare Warten lachen mußte. Nein, dacht ich, ich gehe dem großen Philosophen nicht aus dem Hause, bis ich endlich einmal zu seiner Bekanntschaft gekommen bin, und einmal muß sich ja doch etwas Lebendiges hier regen, wo alles zu Hause ist, was sich im Himmel und auf Erden beweget. Plötzlich hört ich husten. Das war Schelling! sagt ich mir, das war er! das muß er gewesen sein, und nun keck und ohne weiteres auf die Türe zu, von wo der Schall herkam, und angepocht. Das geschah. In demselben Augenblicke fast stand auch schon eine Person vor der Türe, deren Physiognomie durchaus mir den Philosophen zeigte. Schelling fragte mich heftig, ob ich ein Fremder sei, und bat mich in ungestümer Schnelligkeit, ihn nach dem Essen zu besuchen, indem er jetzt gebunden sei. Ich schaute ihm ruhig ins Gesicht, empfahl mich und ging. Nun, sagt ich zu mir selbst, hab ihn gesehen und gesprochen, aber ich bin ihm doch recht zur Unzeit gekommen! Ich hatt ihm nicht einmal meinen Namen gesagt. Ich weiß nicht, welche Stravaganz mich trieb, meinen Besuch nicht zu wiederholen, sondern augenblicklich abzureisen, zufrieden, den großen Philosophen nun doch gesprochen und eben in einem Moment gesehen zu haben, wo er vielleicht in der Begeisterung seiner „Weltalter" brannte.

Doch ich kehre zu Hölderlin zurück. Er erinnerte sich Matthissons, Schillers, Zollikofers, Lavaters, Heinses und vieler anderer, nur, wie ich schon bemerkt, Goethes nicht. Sein Gedächtnis zeigte noch Kraft und Dauer. Ich fand es einmal befremdend, daß er das Porträt Friedrichs des Großen an der Wand hängen hatte, und fragte ihn deshalb. Er sagte mir: „Das haben Sie schon einmal bemerkt, Herr Baron"; und ich erinnerte mich nun selbst, es wohl viele Monate vorher bemerkt zu haben. So erkennt er auch alle wieder, die er gesehen. Er vergaß nie, daß ich Dichter bin, und fragte mich unzählige Mal, was ich gearbeitet hätte und ob ich fleißig gewesen sei. Dann konnte er aber freilich sogleich hinzusetzen: „Ich, mein Herr, bin nicht mehr von demselben Namen, ich heiße nun Killalusimeno. Oui, Eure Majestät: Sie sagen so, Sie behaupten so! Es geschieht mir nichts!"

Dies letztere überhaupt hört ich häufig bei ihm. Es ist, als ob er sich dadurch vorsichern und beruhigen wollte, indem er sich immer den Gedanken vorhält, es geschieht mir nichts.

Ich gab ihm auch Papier zum Schreiben. Alsdann setzte er sich an den Schreibtisch und machte einige Verse, auch gereimte. Sie waren jedoch ohne Sinn, besonders die letztern, übrigens metrisch richtig. Er erhob sich sodann und überreichte sie mir mit großen Komplimenten. Einmal schrieb er drunter: „Dero untertänigster Hölderlin."

Einmal hatt ich ihm gesagt, daß auf den Abend Konzert sei. Ich hatte daran gedacht, ob es nicht möglich wäre, ihm diesen

Genuß zu verschaffen. Allein man konnt es nicht wagen. Vielleicht hätte die Musik zu starken Eindruck auf ihn gemacht oder war von der Ungezogenheit der Studenten zu befürchten. Genug, ich verließ mit ihm das Gartenhaus. Er war ganz in sich versunken und sprach keine Silbe. Als ich schon mit ihm in der Stadt war, sah er mich zumal an, als ob er aufwachte, und sagte: „Konzert." Gewiß, daß er unterdessen daran gedacht.

Denn die Musik hat ihn noch nicht ganz verlassen. Er spielt noch richtig Klavier, aber höchst sonderbar. Wenn er dran kommt, so bleibt er tagelange sitzen. Alsdann verfolgt er einen Gedanken, der kindisch simpel ist, und kann ihn viele hundertmal hindurchdrehn und dermaßen abspielen, daß man's nicht mehr aushalten kann. Zudem kommt noch ein schnelles Aufzucken von Krampf, das ihn nötigt, manchmal blitzschnell über die Tasten wegzufahren, und das unangenehme Klappen seiner langgewachsenen Nägel. Diese nämlich läßt er sich höchst ungern schneiden, und es sind eine Menge Kunstgriffe nötig, um ihn zu bewegen, wie man sie bei störrischen und eigensinnigen Kindern anwendet. Hat er eine Zeitlang gespielt und ist seine Seele ganz weich geworden, so sinkt zumal sein Auge zu, sein Haupt richtet sich empor, er scheint vergehn und verschmachten zu wollen, und er beginnt zu singen. In welcher Sprache, das konnte ich nie erfahren, sooft ich es auch hörte, aber er tat's mit überschwenglichem Pathos, und es schauderte einen in allen Nerven, ihn so zu sehen und zu hören. Schwermut und Trauer war der Geist seines Gesanges: man erkannte einen ehmals guten Tenor.

Kinder liebt er sehr. Aber sie haben Angst vor ihm und fliehen ihn. Den Tod fürchtet er ausnehmend, wie er überhaupt sehr furchtsam ist. Bei seiner entsetzlichen Nervenschwäche ist er leicht zu erschrecken. Er fährt beim kleinsten Geräusch zusammen. Wenn er in Bewegung, in Zorn oder nur in übler Laune ist, so zuckt sein ganzes Gesicht, seine Gebärden sind heftig, er dreht die Finger so krampfig zusammen, als ob keine Gelenke drin wären, und schreit wohl auch laut oder tobt er in ungestümen Diskursen mit sich selbst. In einem solchen Moment muß man ihn allein lassen, bis sich die Wallung gesetzt hat, sonst wird man am Arm hinausgeführt. Ist er ganz aufgebracht, so liegt er ins Bett und steht einige Tage lang nicht mehr auf.

Einmal kam es ihm plötzlich in Sinn, nach Frankfurt zu gehen. Man nahm ihm nun die Stiefel weg, und das erzürnte den Herrn Bibliothekar dergestalt, daß er fünf Tage im Bette blieb. Im Sommer plagt ihn die Unruhe aber oft so, daß er nächtelang im Hause auf und ab geht.

Ich wollte ihm andere Bücher geben und dachte, den Homer, der ihm noch im Gedächtnis sei, werde er doch lesen. Ich bracht ihm eine Übersetzung, aber er nahm sie nicht an. Ich ließ sie also beim Tischler und sagte diesem, er solle behaupten, daß sie ihm gehöre. Dennoch nahm sie Hölderlin nicht an. Der Grund davon ist nicht Stolz, sondern Furcht, sich zu beunruhigen, indem er sich mit etwas Fremdem einläßt. Nur das Gewohnte konnte ihn in Ruhe lassen, „Hyperion" und seine bestäubten alten Poeten: Homer war ihm seit zwanzig Jahren fremd geworden, und alles Neue störte ihn.

Ich lud ihn auch ein, mit mir in einen Garten zu gehen, wo ein Weinschank war. Die Aussicht war hier sehr hübsch, und man war gänzlich unbeobachtet. Hölderlin trank männlich. Auch das Bier schmeckte ihm. Er vertrug mehr als man glauben sollte. Ich sorgte aber, daß nie die Grenze überschritten wurde. Er fühlte sich ganz behaglich, wenn er so eine Pfeife rauchte. Denn er sprach nicht mehr und verhielt sich ruhig.

Seiner alten Mutter schrieb er, aber man mußte ihn immer mahnen. Diese Briefe waren nicht unvernünftig. Er gab sich Mühe, und sie wurden sogar klar. Aber nur so, auch dem Stil nach, wie ein Kind schreibt, das noch nicht fertig denken und schreiben kann. Einer war einmal in der Tat gut, endete aber so: „Ich sehe, daß ich aufhören muß." Hier verwickelte er sich schon, fühlte es selbst und schloß. Man kann diesen Zustand am besten mit der Störung im Denken vergleichen, die man bei Krankheiten, bei starkem Kopfweh, heftiger Schläfrigkeit und des Morgens nach einem allzu unmäßigen Abend beim Weine in sich gewahrt.

Mein Gartenhaus war ihm so teuer geworden, daß er Jahre nachdem ich es nicht mehr bewohnte, sich noch darnach erkundigte, und wenn er mit der Tischlersfrau in einen in seiner Nähe gelegenen Weinberg ging, mehrere Male vor die Türe des Häuschens hinaufstieg und schlechterdings behauptete, daß hier Herr von Waiblinger wohne.

Die Natur, ein hübscher Spaziergang, der freie Himmel tat ihm immer gut. Ein Glück für ihn ist es, daß er von seinem Zimmerchen aus eine wirklich recht lachende Aussicht auf den Neckar, der sein Haus bespült, und auf ein liebliches Stück Wiesen- und Berglandschaft genießt. Davon gehen noch eine Menge klarer und wahrer Bilder in die Gedichte über, die er schreibt, wenn ihm der Tischler Papier gibt.

Merkwürdig ist, daß er nicht auf Gegenstände zu sprechen gebracht werden konnte, die ihn ehedem in bessern Tagen sehr in Anspruch genommen. Von Frankfurt, Diotima, von Griechenland, seinen Poesien und dergleichen ihm einst so wichtigen Dingen redet er kein Wort, und wenn man auch geradezu fragt: „Sie waren wohl schon lange nicht mehr in Frankfurt?", so antwortet er bloß mit einer Verbeugung: „Oui, Monsieur, Sie behaupten das", und dann kommt eine Flut von Halbfranzösisch.

Eine ungemeine Freude hat man ihm damit gemacht, daß man ihm endlich in den letzten Jahren ein kleines Sofa in sein Zimmerchen tat. Das verkündet' er mir mit einem kindischen Entzücken, als ich zu ihm kam, indem er mir die Hand küßte und sagte: „Ach sehen Sie, gnädiger Herr, nun hab ich ein Sofa." Ich mußt auch gleich Platz nehmen, und Hölderlin traf ich eine Zeitlang nachher meist auf ihm an, wenn ich ihn besuchte.

Ich machte in der Zeit, da ich mit ihm umging, viele Reisen nach Italien, in die Schweiz und ins Tirol, und wenn ich zurückkam, so wußte er immer, wo ich gewesen, und äußerte sich besonders gerne über die Schweiz, wo er die schöne Gegend von Zürich und St. Gallen lobte und von den Herren Lavater und Zollikofer sprach. Einmal sagte ich ihm, daß ich nun nach Rom gehen und sobald nicht mehr zurückkehren werde, und lud ihn scherzhaft ein, mein Reisegefährte zu sein. Er lächelte so liebenswürdig verständig, als nur ein Weiser lächeln kann, und sagte: „Ich muß zu Hause bleiben und kann nicht mehr reisen, gnädiger Herr."

Zuweilen gab er Antworten, worüber man fast durchaus lachen mußte, zumal da er sie mit einer Miene gab, als ob er wirklich spottete. So fragte ich ihn einmal, wie alt er nun sei, und er versetzte lächelnd: „Siebzehn, Herr Baron." Dies ist aber keine Ironie, sondern gänzliche Zerstreuung. Nie gibt er acht auf das, was man zu ihm spricht, weil er immer in sich selbst mit seinen unvollkommenen, unklaren Gedanken kämpft, und will man ihn nun plötzlich mit einer Frage aus diesem dumpfen Brüten herausreißen, so muß man mit dem nächsten zufrieden sein, was ihm auf die Zunge kommt. So ging ich einmal mit ihm über eine Wiese spazieren und ließ ihn lange in sich versenkt neben mir her gehen, als ich ihn schnell auf ein neugebautes Haus aufmerksam machte und sagte: „Sehen Sie, Herr Bibliothekar, dieses Gebäude haben Sie gewiß noch nicht bemerkt." Hölderlin wachte plötzlich auf und sagte mir mit einem Ausdruck, als hänge das Wohl der Welt davon ab: „Oui, Eure Majestät."

Von seinen schriftlichen Sachen und dem vielen, was er während seines traurigen Lebens geschrieben, besitz ich eine Menge in Deutschland und würde gerne davon etwas mitteilen, wenn es mir möglich wäre. Ich erinnere mich nur einer Ode in alcäischem Versmaß, die mit folgenden rührendschönen Zeilen beginnt:

An Diotima

Wenn aus der Ferne, da wir geschieden sind,
Ich dir noch kennbar bin, die Vergangenheit,
O du Teilhaber meiner Schmerzen,
Einiges Gute bezeichnen dir kann --

In der letzten Zeile sieht man schon, wie er den Gedanken nicht mehr erfassen konnte und wie es ihm gerade ging gleich einem angehenden oder schlechten Dichter, der sich nicht ins klare darüber bringen kann, was er sagen will, und nicht Meister genug darüber ist, um es so stark auszudrücken, als er es empfindet.

In seinen Briefen ist durchgehends der Inhalt ein Kampf und ein Anringen gegen die Gottheit oder das Schicksal, wie er sie gerne nennt. Eine Stelle lautet folgendermaßen: „Himmlische Gottheit, wie war es unter uns, da ich dir noch verschiedene Schlachten und einige nicht unbedeutende Siege abgewann!"

Ein schreckliches, geheimnisvolles Wort fand ich einmal in seinen Papieren. Nach vielem Ruhmwürdigen, was er von griechischen Heroen und alter Götterschönheit sagt, beginnt er: „Nun versteh ich den Menschen erst, da ich ferne von ihm und in der Einsamkeit lebe!"

Naturanschauungen sind ihm noch vollkommen klar. Es ist ein großer, erhebender Gedanke, daß die heilige, allebendige Mutter Natur, die Hölderlin mit seiner gesundesten, schwungvollsten, frischesten Poesie feierte, auch da, wo ihm die Welt des bloßen Gedankens in einem unseligen Wirrwarr unterging und es ihm nicht mehr gegeben war, etwas rein Abgezogenes konsequent zu verfolgen, noch von ihm verstanden wird. Das beweist sein Benehmen im Freien, der Eindruck und die wohltätige, beruhigende Wirkung, die sie auf ihn äußert, und besonders manche schöne Bilder, die er sich frischweg aus der Natur holte, indem er von seinem Fenster aus den Frühling kommen und gehen sah. So malte er in einem Verse auf eine homerisch anschauliche Weise, wie die Schafe über einen Steg wandern. Das sah er oft am Fenster. Er kam auf einen ganz sublimen Gedanken, indem er die silbernen Regentropfen von seinem Dache fallen sah.

Der Zusammenhang wird aber freilich vergebens gesucht, und bemüht er sich, etwas Abstraktes zu sagen, so verwirrt er sich, wird lahm und hilft sich am Ende bloß mit einer stravaganten Wortfügung.

Der größte Irrtum, in den manche flüchtige Beobachter dieses verwirrten Seelenzustandes gefallen, ist der, daß sie glauben, Hölderlin habe die fixe Idee, mit nichts als Königen, Päpsten und vornehmen Herrn umzugehen, weil er jedermann, und auch dem Tischler, jene hohen Titel gibt. Allein das ist ganz falsch. Hölderlin ist ohne eine durchgehends ihn beherrschende fixe Idee. Er ist mehr in einem Zustand der Schwäche als der Narrheit, und alles, was er Sinnloses vorbringt, ist eine Folge jener geistigen und körperlichen Erschöpfung. Erklären wir uns deutlicher.

Hölderlin ist unfähig geworden, einen Gedanken festzuhalten, ihn klarzumachen, ihn zu verfolgen, einen andern, ihm analogen, anzuknüpfen und so in regelmäßiger Reihenfolge durch Mittelglieder auch das Entfernte zu verbinden. Sein Leben ist, wie wir gesehen, ein ganz inneres, und dies ist gewiß eine der Hauptursachen, daß er in diesen Zustand der Abstumpfung versunken, aus dem sich herauszuarbeiten schon seine physische Erschlaffung und die unglaubliche Schwäche seiner Nerven unmöglich macht. Es fällt ihm etwas ein, sei es eine Erinnerung, sei es vielleicht eine Bemerkung, die ihm ein Gegenstand der Außenwelt erweckt, er fängt an zu denken. Aber nun mangelt ihm alle Ruhe, alles Stete und Feste, um zu erfassen, was nur wie in Dunst in ihm werden wollte. Er sollte ausbilden, und es fehlt die Kraft, auch nur einen Begriff in seine Merkmale zu zerlegen. Er will bejahen, aber wie es ihm nicht um die Wahrheit zu tun ist, denn diese kann nur das Produkt eines gesunden, geordneten Denkens sein, so verneint er im Augenblick, denn die gesamte Welt des Geistes ist ihm Schein und Nebel, und sein ganzes Wesen ist ein entschiedener, freilich schrecklicher Idealismus geworden. Sagt er zum Beispiel zu sich selbst: „Die Menschen sind glücklich", so mangelt es ihm an Halt und Klarheit, um sich zu fragen warum und wie, er fühlt eine dumpfe, widerstrebende Empfindung in sich, er widerruft und sagt: „Die Menschen sind unglücklich", ohne sich darum zu bekümmern, warum und wie sie es sind. Diesen unglückseligen Widerstreit, der seine Gedanken schon im Werden zernichtet, konnte ich unzählige Mal bemerken, weil er gewöhnlich laut denkt. Geriet er auch wirklich so weit mit dem Festhalten eines Begriffs oder einer Idee, so schwindelte ihm sogleich der Kopf, er verwirrte sich nur desto stärker, es zuckte eine konvulsivische Bewegung durch seine Stirne, er schüttelte mit dem Haupt und rief: „Nein! Nein!“ Und um sich aus diesem Schwindel, der ihn allzusehr beunruhigte, herauszumachen, verfiel er nun alsobald in ein Delirieren, er sagte Worte ohne Sinn und Bedeutung, gleichsam als ob sein Geist, allzusehr angestrengt durch jene zu lange Funktion des Denkens, sich erholen sollte, während der Mund Worte aussprach, bei denen jener nichts zu tun hatte. Dies wird ferner auch klar aus seinen Papieren. Es ist ihm noch gegeben, einen Satz hinzuschreiben, der etwa das Thema sein soll, das er ausführen will. Dieser Satz ist klar und richtig, wiewohl er meist doch nur eine Erinnerung ist. Allein wenn er ihn durchführen, ausarbeiten, entwickeln soll, so daß es darauf ankommt zu zeigen, wieweit er imstande sei, jene noch gebliebene Erinnerung durchzudenken und den neu ergriffenen Gedanken gleichsam wieder zu erzeugen, so fehlt es ihm sogleich, statt *einem* Faden, der das Vielfache verknüpfen sollte, gehen ihrer so viele durcheinander und verlieren sich dergestalt in einem wüsten Gespinst wie in einer Spinnwebe. Er wird sogleich matt, er kommt von einem aufs andere und spricht nun endlich mit derselben Mühseligkeit seine Worte aus, mit der ein im Denken und Schreiben noch ungeübtes Kind schriftlich zu erklären sich anstrengt. Nun aber sind ihm, wie wir oben sagten, noch eine Menge sublimer metaphysischer Gedanken im Kopf, es ist ihm ferner noch ein gewisser Sinn für poetischen Anstand, für originellen Ausdruck geblieben, und er äußert sich sofort dunkel und höchst abenteuerlich, gleich unfähig, seine dunstigen, aufgestiegenen Geistesblasen festzuhalten oder jenen Erinnerungen eine neue Wendung oder eine klare Konsistenz zu geben, als auf der andern Seite bemüht, durch eine noch in seiner Macht gebliebene ungewöhnliche Form und Ausdrucksweise wie mit Absicht seine Verlegenheit zu verdecken.

Zu dieser Art Poesien gehören selbst schon einige Stücke, welche in der Sammlung seiner Gedichte stehen. Wiewohl sie des Schönen, Frischen und Klaren viel enthalten, ja sogar herrliche, schwungvolle Stellen zeigen, so findet man doch hie und da Untiefen, welche wie schattige Flecken auf einer glatten, sonnigen Wasserfläche aussehen. Hier hatte sich Hölderlins Geist, dessen Leiden eben zu jener Zeit begannen, wo er benannte Gedichte schrieb, schon verwickelt und ist nicht mehr imstande, den Stoff ganz zu bemeistern. Es wäre daher gut gewesen, wenn die Herausgeber, Uhland und Schwab, die sonst mit so vieler Sorgfalt und Mühe auswählten, diese Stücke entweder weggelassen oder wenigstens für solche, die mit Hölderlins Zustande unbekannt sind, mit einer Bemerkung versehen hätten. Die zartfühlenden Herausgeber hielt wohl eine Rücksicht für den noch lebenden Dichter ab, der übrigens für die Erscheinung seiner Gedichte gar kein Interesse zeigte.

Auf diese Art ist er immer mit sich selbst beschäftigt, wenn er nicht etwa in einem Zustand vollkommener Stumpfheit ist. Kommt er nun mit einem Menschen zusammen, so erscheinen die verschiedensten Motive, die ihn so unzugänglich und unverständlich machen. Fürs erste ist er gewöhnlich dergestalt in sich versenkt, daß er nicht die mindeste Aufmerksamkeit auf das hat, was außer ihm ist. Es ist eine unermeßliche Kluft zwischen ihm und der ganzen Menschheit. Er ist entschieden aus ihr hinausgetreten, wie ihm auch ihre Kräfte versagt haben. Es findet keine Verbindung mehr mit ihr statt als etwa die der bloßen Erinnerung, der bloßen Angewöhnung, des Bedürfnisses und des nie ganz zu ertötenden Instinkts. Er erschrak zum Beispiel einmal aufs äußerste, als er ein Kind in einer gefährlichen Stellung am Fenster sah, lief schnelle hin und nahm es weg. Diese scheinbar menschliche Teilnahme an Menschlichem ist von seinem einst so tieffühlenden, so aufgeschlossenen warmen Gemüte zurückgeblieben. Aber auch nichts anders als dieser instinktmäßige Trieb. Es wäre ihm gleichgültig, wenn man ihm sagte, die Griechen seien bis auf den letzten Sprößling ausgerottet oder sie hätten vollkommen obgesiegt und bestünden nun als selbständiger Staat, ja, er würde es nicht einmal in sich aufnehmen, würde es nicht einmal denken; denn es liegt ihm zu fern, ist zu fremd, stört ihn zu sehr. So würde er, wenn man ihm gesagt hätte, ich sei gestorben, mit großem Affekt gesagt haben: „Herr Jesus, ist er gestorben?“ – Aber er hätte im ersten Moment nichts gefühlt und nichts gedacht, jene scheinbar teilnehmenden Worte wären bloße Form gewesen, die er immer beobachten möchte, und erst später, wenn es nach und nach Eingang in ihn gefunden hätte, so würde er von meinem Tod gesprochen haben. Weiter übrigens gewiß nichts; denn er kann sich anderer schlechterdings nicht mehr annehmen.

Schon diese unablässige Zerstreuung, diese Beschäftigung mit sich selbst, dieser totale Mangel an Teilnahme und Interesse für das, was außer ihm vorgeht, diese seine Abneigung und Unfähigkeit, eine andere Individualität zu erfassen, anzuerkennen, verstehen, gelten lassen zu wollen, schon diese Gründe machen eine genaue Kommunikation mit ihm unmöglich. Nun ist nicht zu vergessen, daß noch eine starke Eitelkeit und eine Art von Stolz und Selbstgefühl in ihm zurückgeblieben. In seiner zwanzigjährigen Einsamkeit fand es nur Nahrung, weil er von aller Welt abgeschieden lebte, so gewöhnte er sich daran, sie nicht mehr nötig zu haben, weil keine Möglichkeit einer frohen Berührung mit ihr vorhanden war, so tröstete und beruhigte er sich selbst mit stolzen Vorspieglungen, und er hielt sich, wie früher in der offenen, halb anerkennenden äußern Welt durch Tätigkeit und Wirken, so nun in seinem abgeschlossenen Leben, wo er sich selbst Ich und Nicht-Ich, Welt und Mensch, erste und zweite Person war, für etwas Hohes oder Höchstes. Diese große Meinung von sich ist aber durch die liebenswürdigste Grazie und die unverkennbare Güte seiner Natur verdeckt: Erziehung, angeborner, natürlicher Anstand, ein Sinn für Schicklichkeit, der jetzt nur hie und da durch Geistesabwesenheit und Zerstreuung unbemerkbar wird, Umgang mit trefflichen Männern aller Art und selbst mit Leuten von hohem Stande, ließen sie nie hervortreten, und Hölderlin benahm sich sogar mit einer Bescheidenheit, mit der er sich viele Herzen gewann. Alle diese Formen der Höflichkeit und Artigkeit sind ihm so angewöhnt, daß er sie jetzt noch gegen jedermann beobachtet. Allein wie er bei so gestörtem geistigem Leben, bei so langer Abgeschiedenheit auf die absurdesten Dinge kommen muß, so übertreibt er auch jene Konvenienzen und Zeremonien und nennt die Leute bald Majestät, bald Heiligkeit, bald Baron und bald Pater. Es ist dabei nicht zu vergessen, daß er bei Hofe war, als seine Raserei gewaltsam und entschieden ausbrach und daß wohl auch etwas Stolz und Eitelkeit und selbst seine auffallende Neigung mitunter ihr Spiel haben kann, sich jedermann in einer unübersteigbaren Ferne zu halten. Aber daß er wirklich mit Königen umzugehen glaubt, daran ist nicht zu denken; denn, wie ich oben bemerkte, er ist kein Narr, hat keine fixe Idee, und sein Zustand ist nur der einer Geistesschwäche, welche durch ein zerstörtes Nervensystem zu einer unheilbaren Krankheit geworden ist.

Wie er alles meidet, was ihn plagt, was ihm die Denkfunktion in noch größere Verwirrung bringt, so erinnert er sich auch weniger gern an die wichtigern Gegenstände seines früheren Lebens, die seine Krankheit veranlaßt haben. Kommt er aber darauf, so wird er entsetzlich unruhig, er tobt, er schreit, er geht nächtelang umher, er wird unsinniger als gewöhnlich und läßt nicht eher nach, bis seine allzu geschwächte physische Natur ihre Erhaltungsrechte eintreibt. Ist er erzürnt und gereizt, wie zum Beispiel damals, als ihm's in den Kopf kam, plötzlich nach Frankfurt zu gehen, so sucht er aus Bitterkeit sich sein Zimmerchen, auf das er die ganze weite Welt reduziert hat, auf einen noch kleinern Raum zu reduzieren, als wie wenn er dann sicherer, unangefochtener wäre und den Schmerz besser aushalten könnte. Dann legt er sich zu Bett.

Das viele Sinnlose, was er zu sich selbst und andern spricht, ist die Folge seiner Art, sich zu unterhalten. Er ist allein, er hat Langeweile, er muß sprechen. Er sagt etwas, das vernünftig ist, er kann es nicht weiter ausbilden, es kommt ihm etwas anderes in Sinn, und das wird Schlag auf Schlag von einem dritten und vierten verdrängt und zernichtet. Jetzt kommt eine schreckliche Konfusion heraus, er fühlt sich übel darin, er redet Unsinn, plaudert Bedeutungsloses, während sein Geist wieder ausruht. Ist er mit andern zusammen, so glaubt er artig und gesellig sein zu müssen, er fragt also, sagt etwas, aber ohne alles Interesse an dem Fremden sowie ohne Interesse an dem, was er gegen ihn äußert. Er ist unterdessen so mit sich selbst verwickelt, daß er den zweiten gleich annulliert und mit sich selbst spricht. Trifft er sich nun in der Verlegenheit, antworten zu müssen, so mag er nicht denken, er versteht nicht, was man ihm sagt, weil er es nicht beachtet, und er fertigt demnach den Gesellschafter mit Unsinn ab.

Die unzähligen närrischen Kuriositäten sind größtenteils eine leicht erklärbare Ausgeburt seines Einsiedlerlebens. Kommen ja sogenannt vernünftige Menschen, die viele Jahre lang sich zurückziehen, besonders wenn sie nichts arbeiten, auf Dinge, die kaum einem ausgemachten Narren anstehen würden, um wieviel mehr ein Unglücklicher, der nach einer Jugend voll Hoffnungen und Freuden, voll Schönheit und Reichtum, durch eine unglückselige Kombination der Umstände und ein allzu reizbares geistiges Wesen, einen allzu straff gespannten Geist, ganze Jahrzehnte ferne von jeder Berührung mit der Welt lebt und nichts mehr besitzt, um sich seine Zeit zu vertreiben, als das zerstörte Uhrwerk seines Denkvermögens.

Sollen wir nun unsere Antwort auf eine Frage geben, die sich uns so unwiderstehlich bei der Betrachtung des herzerschütternden Schicksals dieses einst so vielverheißenden Geistes aufdrängt, ob er nämlich noch genesen, ob er erwachen und zum vollkommenen Gebrauch seiner geistigen Kräfte gelangen werde, so müssen wir mit dem tiefsten Schmerz gestehen, daß uns eine solche Veränderung seines psychischen Lebens zwar wünschenswert, aber nicht glaubwürdig ist. Hölderlins körperliche Verfassung ist dergestalt zerstört, daß er andere Nerven bekommen müßte, um den Geist von seinen Fesseln zu befreien. Das aber, was wir hoffen und selbst nach manchen Erfahrungen glauben, ist eine momentane Genesung, die dem Unglücklichen kurz vor der Auflösung der für ihn so schrecklich gewordenen Verbindung zwischen Leib und Seele vielleicht zuteil werden wird. Aber gewiß könnte dies nur ein Augenblick sein und nur der letzte. Als ich Deutschland verließ, hatte Hölderlin schon bedeutend abgenommen, er war erschöpfter als gewöhnlich und auch stiller. Vor sechs Jahren hatte sein Auge noch Feuer und

Kraft und sein Gesicht noch Leben und Wärme. Es wurde aber zuletzt auch matter und abgelebter. Es ist nun lange her, daß ich nichts mehr von ihm hörte. Er hat sein Leben nun auf siebenundfünfzig Jahre gebracht, von denen ihm nur die ersten drei Jahrzehnte nicht verlorengehen sollten. Keiner Seele ist der Abschied von einem Körper mehr zu wünschen, der ihre Tätigkeit, ihre schönsten Kräfte, ihren kühnsten Flug hemmt, als jener allzu fein und verletzbar gewebten, die der Sturm des Verhängnisses zerrissen! Hoffen wir darum, daß jener einzige und letzte Augenblick dem edlen, nun aus unserer Gesellschaft getretenen Freunde werde und daß ihm vor der Wanderung in ein anderes Leben das schwermütige Rätsel des vergangenen noch klar und die Hoffnung des Zukünftigen neu lebendig werde!

Das Abenteuer von der Sohle *oder* Wie es einem deutschen Poeten auf dem Kapitol ergangen

Es ist sonderbar gegangen mit dem Stückchen Selbstbiographie, welches ich hier den Lesern über die Alpen hinüber schicke, ich selbst für meine Person hätte nimmermehr daran gedacht, es gar drucken zu lassen, indem es der Deutungen manche zuläßt und Angriffe auf manches, besonders aber auf des Selbstbiographen Persönlichkeit enthält, welche bloß in meinem Tagebuche, aber in keinem öffentlichen Blatte gemacht werden dürfen. Es sind der Mißgünstigen gar zu viele in Deutschland und Italien, welche, wie ich glaube, mit Wut über die Fußreiter aufs Kapitol herfallen, und wenn sie den Namen des Poeten wüßten, sich in die Faust lachen, ihn wacker durchziehen würden, und viele sprächen wohl gar von Sündenschuld, göttlicher Providenz und wären schadenfroh über die Maßen. Allein es ging folgendermaßen zu. Der Poet, ich nenne ein für allemal seinen Namen nicht, denn das hat er mir verboten, der Poet kam einen Morgen zu mir und gab mir im Ton der Entrüstung das befragliche Blatt. Ich las und wollte mich totlachen. „Armer Schelm", rief ich, „was hast du zu erdulden! Zu allen deinen Leiden auch noch dieses! Aber es ist zum Sterben lustig!" – „Lustig", schrie er, „lustig? es ist vielmehr entsetzlich! Es muß bekannt werden, ganz Deutschland soll es wissen, alle Poeten sollen ein Beispiel daran nehmen, alle Mäzenasse in Unmut entbrennen, alle Harpaxe sich hinter die Ohren kratzen, alle Buchhändler beschämt werden. Es muß gedruckt sein, gedruckt, und mit einem Wort, du sollst es drucken lassen."

„Aber", versetzte ich, noch immer lachend, „ums Himmels willen, willst du dich dergestalt vor dem ganzen Lesepublikum prostituieren?"

„Ich mich prostituieren?" rief der wütende Dichter. „Was kann ich dafür, daß mir das schreckliche Malheur widerfahren, daß ich nicht in eigner Equipage herumfahre, daß ich dem Schuhmacher meinen Pegasus so teuer abkaufen muß. – O ganz andere, nicht ich, sind prostituiert! Schlechterdings soll's bekannt werden als ein Beitrag zur Geschichte deutscher Literatur! Nur nicht mit meinem Namen, ich will unbekannt bleiben! Es soll im allgemeinen etwas sagen, und die Wahrheit ist allgemein! Gib mir das Wort, mich nie zu verraten, geh es, wie es wolle; und laß es hinauswandern und laß sie wissen drüben im Vaterland, alle, die in Kanzeleien, Konsistorien, Kammern, am Schreibtisch, Rezensententisch, im Museum, an der Toilette, auf dem Kanapee, hinter dem Ofen sitzen, laß sie in Gottes Namen wissen, wie das undankbare Vaterland einen Poeten auf dem Kapitol stehen läßt."

Ich erwiderte, erschöpft beinahe vor Gelächter: „Glaubst du denn, daß deine Geschichte wirklich so ganz neu und einzig in ihrer Art ist? Oh, denke dir das nicht! Stelle dir die Unzahl der Poeten und Poetinnen in unseren Tagen vor, welche das kranke Vaterland mit ihren Spezereiwaren, Abführungspillen, Vomitiven, tragischen Cremor tartari, Zuckerküchelchen, vergoldeten leeren Nüssen, Eau de parnasse und unzähligen Tropfen versorgen, weil ihnen der Magen schon so arg verdorben ist, daß er keine gesunde, derbe, frische Kost mehr ertragen kann! Glaubst du, daß diese alle vom Apollo und seinem Finanzministerium versorgt, pensioniert und besoldet seien? Wie viele kleine Dienstchen gibt es in einem so großen und unruhigen Staat, in einer so tumultuarischen Aristokratie, wie die deutsche Literatur ist? Laufbuben, Kanzeleidiener, Kopisten, Platzbedienten, Stubenausfeger, Einheizer, Stiefelputzer, Spione, Polizeidiener, Nachtwächter, Leichenansager, Perückenmacher und Barbiere zum Ausbreiten der Lügen und hundert andere Pöstchen, mit denen der Pöbel abgespeist wird und mit denen seine kommune Natur auch zufrieden ist. Aber gibt es nicht auch viele Subjekte, die dem Auge des Fürsten oder der Aristokraten entgangen, weil sie nicht feil sind und eher einen Zepter als in niedriger Sklaverei den Besen führen wollen, um den großen und kleinen Herren auf dem Parnaß den Unrat wegzuputzen! So etwa

Marquis Posas, die von einem glücklichen Reiche träumen und zu stolz sind, um dem wirklichen die Art Dienste zu weihen, die es verlangt! die lieber in unbekannter ehrenvoller Stille als in gerühmter Schmach, in Armut und Freiheit als in Reichtum und Fron leben wollen? Und glaubst du nicht, daß diesen eigensinnigen Geistern schon andere Dinge widerfahren sind als dir gestern auf dem Kapitol?" – Solches und anderes sagte ich ihm, um ihm den Druck seines Malheurs auszureden, aber ich redete in den Wind und mußt es ihm endlich versprechen. So hört es denn, Leser von aller Art, ihr Mißgünstigen, denen ich ein Dorn im Auge bin oder die ihr mich nicht leiden mögt, laßt es unsern Poeten nicht fühlen, daß er sein Abenteuer durch mich euch bekannt macht! Lacht, wie ich auch gelacht habe, und nehmt euch daraus, was ihr könnt und was sich euch von Räsonnements aufdrängt! Ihr Reichen, die ihr die Fülle habt und Mittel und Gelegenheit, Kunst und Wissenschaft in ihren Pflegesöhnen zu beschützen, greift in euer zeitiges Herz oder in euren Beutel, was ganz dasselbe ist, und sucht in Zukunft durch eure Vermittelung dererlei, für einen so heiligen Ort wie das Kapitol, für die Ehre der Menschheit und besonders des Vaterlandes, mehr noch als für die Subjekte selbst, die leiden müssen, so tief erniedrigende Auftritte zu verhüten!

„Ach, ums Himmels willen!" war mein erstes Wort, als ich heute früh erwachte. Mein Freund Scaramuzza, der auf meinem Zimmer sich bereits rasierte, sah mich erschrocken an, und es fehlte wenig, so hätte er sich empfindlich ins Kinn geschnitten. „Du beginnst deinen Tag", sagte er, „mit einem hübschen Augurium. Was fährt dir denn schon durch den Kopf, daß du seufzest, als ob du heute noch eine Stunde vor Ave Maria das Cavaletto vor allen römischen Künstlern bekommen und in drei Tagen auf dem Korso in effigie auf dem Pranger paradieren solltest?" – „O Freund", rief ich, „warum sollte es nicht mein erster Gedanke sein, was gestern abend mein letzter war und was mich peinigend ins milde Reich der Träume hinüber begleitete." – „Ich weiß nicht, was du hast, es scheint mir, als wärest du reif für die Longara!" – „Ach nein, noch nicht! O ums Himmels willen!" – „Du bist nicht bei Trost? Was fällt dir ein?" – „Was mir einfällt? Oh, mir fällt ein schrecklicher Gedanke ein! Ich muß heut einen Besuch machen!" – „Und sonst nichts, du bist ein Narr!" – „Das ist gleich gesagt, ein Narr! Aber du weißt nicht, was das für lange Auftritte kosten wird." – „Und warum denn!" – „Du fragst blöde, stelle dir vor, ich muß mich in Putz begeben!" – „Und das ist alles?" – „Alles, leider! o das ist soviel als wenn man ein altes römisches Ruinenstück modern anweißen, mit Jalousieläden und einem Wetterableiter dekorieren wollte!" – „Aber sage mir denn bei Gott und allen Heiligen, warum?" – „Kurzsichtiger Mensch, warum? Wo werde ich ein weißes Halstuch, wo ein Chilet, wo Chapeau und Vatermörder, wo all das Zeug finden, das ich nötig habe? Und wer wird mich anziehen? Du bist im Vatikan, und die Padrona hat ein zu wüstes Gesicht, als daß ich's so lange vor mir leiden möchte, bis sie mir den Walter-Scott-Knoten ins Halstuch geknüpft! O Scaramuzza! es fällt mir manchmal so ein, es wäre doch gut, wenn ich eine Frau hätte, ich meine, alsdann hätte ich doch nicht mehr so viel zu denken, und meine Frau müßte im Gedächtnis behalten, wieviel ich Tücher in die Wäsche gebe. O Lieber, verlaß mich nicht in dieser Not, stehe mir bei und hilf mir mit deiner Geschicklichkeit und deinem Wissen! Ich will dich dafür geduldig anhören, wenn du pfeifst und singst einen ganzen Abend lang, und wenn du mir vorliesest und ich schlafe, so will ich dir dennoch aufmerksam zuhören!" – „Du bist ein Unverschämter!" – „Nein, mein lieber Checchino, höre mich an, ich will eine ganze Komödie von Goldoni aushalten."

„Wann hast du denn diesen so wichtigen Besuch zu machen?" – „Ach, heute abend, Checchino, so um dreiundzwanzig Uhr muß ich mich ankleiden!" – „Und wohin gehst du dann?" – „Zum Herrn von X. aufs Kapitol! Du weißt, es ist der vorzüglichste Herr und der humanste auf der Welt! Aber das Zeremoniell, und es ist wegen den andern! Er, glaub ich, nähm es gleichgültig! Aber die andern, wie würden sie die Nasen rümpfen, wie auf mich herabblicken, du kennst sie ja, wie sie sind. Die Vornehmen selbst sind oft zehnmal weniger zeremoniell als die, welche ihnen den Hof machen." – „Nun, ich komme bis dahin aus dem Vatikan zurück." – „O du Parmegianer Engel, o idolo del mio cuore, nume adorato! Ist's wahr, daß du mich in dieser grenzenlosen Bedrängnis verlassen willst?" – Er versprach's und ließ mich allein. Nun war ich zufrieden.

Der Tag zerfloß mir im süßesten Genuß der Muse. Noch erfüllt von den Wonnen der Sabinergebirge und meines verborgenen Elysiums, träumt ich mich in etlichen Liedern, die ich schrieb, wieder in jene Fernen hinüber und baute mir dort unter dem Schatten von Limonien und Feigen eine Hütte, wo ich nicht allein, wie bisher auf diesen unglücklichen Wanderungen durchs wilde Leben, sondern mit einem Wesen lebte, in dem sich die ganze Milde und Schönheit des hesperischen Himmels, die ganze Fülle und aller Reiz italienischer Natur abspiegelte. Schon hab ich meine Lieder geendet und bleibe noch lange versunken und vertieft in diesem unendlichen Rausche und Wogen von Gedanken und Empfindungen, ins Meer dieses überschwenglichen Glücks, das ich träumend und dichtend genieße, als mein Freund mich weckt, indem er mit gewaltigem Geräusch in mein Zimmer hereinkommt.

„Eccome qua", ruft er, „hast du alles gerüstet?" – „Was gerüstet?" – „Cospetto di baco, du erfreust mich! Wo ist Hemde, Halstuch, Chilet, wo –" – „Hemd, Halstuch, Chilet?" – „Ich glaube, du schläfst noch?" – „Mein Kind, ich schlafe nicht! Aber was willst du denn von mir?" – „Was ich von dir will? Wirst du denn die Visite nicht machen?" – „Ach ja, mir fällt ein, ich wollte eine Visite auf dem Kapitol machen, ich wollte es heute früh! Aber sieh, ich denke nun, daß ich's auch morgen tun könnte, wenn das Wetter günstiger ist. Es ist so ein weiter Weg dahin, und es ist auch schon zu spät!" – „Zu spät? Eine Stunde früher, als du gehn wolltest, das beste Wetter auf der Welt, aber du der nachlässigste und trägste Mensch!" – „Du hast recht, ich bin zuweilen etwas träg, besonders wenn's ans

Putzen und Anziehen geht, aber siehe, Freund, ich bin nun auch nicht gestimmt, ich bin zu sehr in Gedanken, ich könnte eine zu schlechte Figur machen – es wird mir wohl besser sein, wenn ich ein andermal gehe." – „Aber der Herr von X. reist ab!" – „Es ist wahr, daß er abreist, es fällt mir nun auch ein, allein was machen wir?" – „Bist du doch wie von Leim! Du ziehst dich augenblicklich an und machst die Visite." – „Aber lieber, lieber Freund, bedenke." – „Hier ist nichts zu bedenken! Schnell, hast du einen weißen Hemdekragen?" – „Nein, Freund!" – „Laß sehen." Damit machte sich mein lieber Hausgenosse an die Kommode und suchte nach. „Ei", rief er, „du hast ja Hemd und Hemdkragen!" – „Desto besser, Scaramuzza, so brauchst du mir nichts zu borgen."

Nun ging's an ein Bürsten und Falten und Steifen und Legen, daß mir noch die Pein davon im Herzen geblieben. Das Hemde hatte den Knopf verloren, und der Freund fragte nach der Tuchnadel. „Bester Freund", antwortete ich, „du fragst nach etwas, was nicht vorhanden ist, ich wollte mir eine kaufen, aber sie sagten mir, ich würde sie doch nur verlieren, und so hab ich's unterbleiben lassen. Jedoch wird die Padrona der Stecknadeln genug haben, und so eine ist, denk ich, gut genug für mich." Die Padrona brachte in der Tat auch eine herbei, und sie wurde sofort von meinem servierenden Freund angeheftet und mit vieler Kunst verborgen. Nun ging's ans Halstuch. Das erste wollte ihm nicht gefallen. „Das ist ja voll Tintenflecken", behauptete er, „und es wird Mühe kosten, die Seiten zu verbergen, wo es durch deine Unreinlichkeit beschmutzt ist!" – „Nenne nicht Unreinlichkeit, mein Teurer, was sich mir von irdischem Stoff in der Stunde der Begeisterung an meine Kleider und an alle meine Umgebungen ansetzt. Es ist das bloß ein sympathetisches –" – „Schweige und gib ein anderes Halstuch, denn das ist unbrauchbar." – Zum Glück fand er ein anderes und besseres, und so wurd es mir um den Hals gedreht und gewunden, daß ich ausrief: „O Lieber, soll denn das durchaus meine letzte Stunde sein? willst du ein Assasinium an mir verüben und mich erdrosseln?" Aber da war keine Hülfe. Kaum

Wilhelm Waiblinger

war es angeknüpft, als mein Amicus ausrief: „O du hast dich ja nicht rasieren lassen! so kannst du nicht auftreten, ich muß dir das Halstuch wieder abnehmen."

Aber jetzt in der Todesangst begann ich: „Ich beschwöre dich, bei dem Heiligsten, was du kennst, bei allem, was im Himmel und auf Erden ist, ich beschwöre dich bei dem ersten Bart, den du dir abnahmst, laß mich ungeschoren!"

Diese vehemente Bitte machte Eindruck und erweckte Teilnahme, denn ich hatte mit einer humanen Seele zu tun. Die Weste wurde jetzt gesucht, aber vergebens. Die Padrona kam herbei, um Hülfe zu leisten. Nach langem Forschen ward sie glücklich entdeckt, sie war von meinem Dante breitgedrückt. Wiewohl das geübte Auge meines Garderobeserviteur da und dort Stellen entdecken wollte, welche mit vieler Wahrscheinlichkeit vermuten lassen, daß besagte gelbe Werthersche Weste dem Dichter schon mehreremal am Leib gelegen, während er begeistert war, so wurde doch dahin abgestimmt, daß er sie wohl tragen könne und daß sie zum übrigen Kostüm ohne weiteres passe. Jetzt aber kam ein wichtiger Punkt, ich meine die Modesten. Hier hatte man soviel auszusetzen, daß man schlechterdings sie für untauglich erklärte und nach andern suchte. Allein die übrigen waren teils nicht gewaschen, zwei Paar hatte sich der Dichter gekauft, und als er sie anzog, waren sie um einen Schuh zu kurz, und die schwarzen Winter- und Galahosen sahen schamrot aus, nicht über ihr Alter, sondern über ihre Strapazen und den unordentlichen Herren. Dennoch blieb nach reifem Überdenken nichts übrig, als mit denen, die ich am Leibe hatte oder lieber gar als Sansculotte den Besuch zu machen. Das erstere wurde vorgezogen und dabei als ein wichtiger Grund angeführt, daß es der Nacht zugehe und bis ich vorgelassen werde, bereits Lichter angezündet seien. Die Padrona jedoch bemerkte am linken Fuß noch ein kleines Loch von etliche Zoll, was sie vermeinte, vorher zunähen zu müssen, und es fiel mir ein, daß mir's auch vor einigen Wochen in den Sabinergebirgen eine Frau bemerkte. Ich gestattete ihr also, meinen Fuß auf einen Sessel stellend, es pünktlich zuzunähen, während ich meinem Freund sagte: „Wahrlich, nun bringt mir dieser kleinliche Umstand wieder das ganze Bild jenes Zauberlebens zurück, das sich in jenen nicht dichterischen Tagen in und außer mir bewegte, ich spann mir in jenen arkadischen Bergen ein Gedicht aus, das, wenn es zustande kommen sollte, gewiß an Leben, Frische und Wahrheit alle übertreffen sollte, die von seiner Art Italien bereichert; denn mich bedünkt, man kann noch etwas ganz Neues, Niegesagtes für dieses Land tun, man kann es noch in einem großen Lebensgemälde darstellen, in welchem nach Shakespeares Weise auch das Pöbelhafte seine Stelle finden müßte, man könnte sich dadurch aufs ruhmvollste auszeichnen, sich einen bleibenden Namen erwerben, und es wäre eine würdige Vorarbeitung in Betreff der Selbstüberwindung auf die dramatische Laufbahn, ja denke dir, daß ich schon den Plan gemacht, daß ich meine ganze Fabel bis aufs einzelnste ausgesponnen, eine Fabel, die an sich schon auf jedem Boden interessierte und die noch dazu Gelegenheit gibt, italienische Eigentümlichkeit in Natur und Leben aufs vollkommenste anschaulich zu machen – ja mein Lieber, ich darf nur beginnen – hier ist die Skizze, die ich dir ins Deutsche übersetzen will." Damit eilt ich an den Tisch und wollte eben ein Buch aufschlagen, als die Padrona in ein Zetergeschrei und der Freund in ein Gelächter ausbrach, das meine Eitelkeit zuerst auf meinen politischen Plan setzte. Allein ich merkte bald den unwürdigen Grund dieses Geschreies, indem die Frau nach ihrer Nadel rief und ich mich erinnerte, daß ich im Begriff war, meine Hosen von ihr flicken zu lassen. Ich mußte also nachgeben, wiewohl ich versprach, jene skizzierte Komposition nach abgelegter Visite ins Italienische zu übersetzen, und es entstand nun, nachdem das kleine, von den Sabinergesträuchen vierzig Miglien von hier zustande gebrachte Loch aufs anmutigste zugeflickt war, die ernsthafte Frage, was ich zu meiner Fußbekleidung wählen müsse. Es wurde also nachgesehen, und man fand zwei Paar Stiefel vor, welche seit Jahr und Tag übrigens, und wenn mir recht, in Genua oder Florenz vor grauer Zeit so unbrauchbar und wüst geworden als meine Padrona.

Die Schuhe betreffend, so fand man ein Paar noch von gutem Leder, allein sie waren seit der Gebirgreise weder getragen noch geputzt worden, und man hatte deswegen den klassischen Boden daran zu tadeln, welcher sich dergestalt an sie angesetzt hatte, daß ich selbst sagte, die halbe Via Praenestina hange noch daran. Man machte also Gebrauch vom andern Paar, woran aber das Band zerrissen war. In dieser Not, wie schon so oft in meinem abenteuerlichen Leben, erschien unversehens eine Hülfe, die alles ins reine brachte. Scaramuzza brachte seine grauen Stivaletti, welche die vom Unglimpf der Zeit getroffenen Teile der Schuhe vollkommen bedecken und dem Auge der schadenfrohen Landsleute entziehen konnten. Allein zuvor mußte von der Padrona ein Lederriemen angenäht werden, und da dieses Geschäft fertig war, war der ganze Mann fertig. Ich befahl also der Alten, den Spiegel etwas zu reinigen, damit ich meine ganze Figur von Kopf zu Füßen in verschiedenen Bewegungen betrachten und mit dem Ideal vergleichen konnte, das ich von meiner Person und überhaupt einem Galanthomme im Kopfe habe. Es ward fast alles aufs beste angeordnet gefunden, nun der schwarze Frack angezogen und, weil er auf dem Rücken von gestern abend weiß war, durch den Freund säuberlich gebürstet. So war denn der schwere Strauß überstanden, und ich wurde ermahnt, mich auf den Weg zu machen. Wiewohl ich behauptete, daß ich mich auch auf einige Zeit vor dem Fenster vor den Nachbaren und Nachbarinnen sehn lassen müsse, um sie durch meine gänzliche Verwandlung in Verwirrung zu setzen, so schob man mich doch zur Türe hinaus, wünschte mir Glück zur Reise, und ich ging nun, wie ein aus dem Türkischen oder Taprobanischen ins feinste moderne Französisch übersetztes Heldengedicht, aus dem Hause. Nichts natürlicher, als daß ich den kleinen Umweg über den Korso machte, wo ich sehen oder gesehen werden konnte und wo ich meine Figur mit dem ersten Stutzer zu messen und zu vergleichen gesonnen war.

Sooft ich den Korso auf und ab wandle, und wenn's jahrelang geschieht, macht der Hintergrund des Kapitols und die pittoreske Masse von alter Architektur, der Turm und die Kirche Ara Cieli einen tiefen Eindruck auf mich, und ich fühle stets das Glück, das so wenige fühlen, das Glück, in Rom zu sein, mit einem Feuer von Empfindung und einer Fülle von Gedanken, die alle meine Leiden, selbst all meine wenigen kleinen Freuden aus der Seele hinwegweht. So war ich denn auch diesmal ganz dem Eindruck des Kapitols hingegeben, dem ich entgegenwandelte, ich entzückte mein Herz an der Riesensäule des Antonius und langte auf der Piazza di Venezia an. Jetzt schlug ich meinen Weg gerade der Fassade des Kapitols zu ein, schon hatte ich ums Eck gebogen, und die Treppen führten vor meinem Auge zwischen den Löwen auf, den einst mit seinen Göttern, Helden, Liktoren und Triumphatoren so viele Jahrhunderte die Welt beherrschenden Hügel hinauf. Schon gewahrte ich oben die Reiterstatue des Mark Aurel und die kolossalen Gestalten der Dioskuren und die Trophäen des Marius und die Paläste des Senators und der Konservatoren, und die alte Fassade von Ara Cieli mahnte mich melancholisch an den Tempel des Jupiters Capitolinus und jener Schar von römischen Göttern, deren halb aristokratische Regierungsform Rom größer machte als die streng theistische Monarchie, unter der es jetzt lebt. Eine Schar Mönche stieg die Treppe hinauf, wo einst die Sieger von Gallien, Spanien, Germanien, Afrika und Asien mit gefangenen Königen emporzogen, und eine Menge andächtigen Volkes rutschte auf den Knien die Treppe nach der Basilika hinauf, wo Jupiter einst gethront.

So mit aller Seele und allen Gedanken der Gewalt dieses nie geschwächten, immer wieder neuen Anblicks und der stürmischen Folge so herzerhebender Erinnerungen von drei Jahrhunderten hingegeben, wach ich jetzt auf und glaube mit Schrecken, im Schlaf gewandelt zu haben. Wie es uns oft träumt, daß man einen wichtigen Besuch bei vielbedeutenden Männern zu machen habe und wie man sich plötzlich vor ihnen in Pantoffeln findet, so erging mir's diesmal in der Tat. Ich hatte Not, mich zu überzeugen, daß ich nicht träume. Denn, verwundere sich alle Welt, unter meinen Füßen hörte ich ein solches

Klappen, daß ich des Gedankens nicht los werden konnte, meine Pantoffeln anstatt der Schuhe angelegt zu haben. Aber, o ihr Götter des alten Kapitols! ich überzeugte mich schrecklich von der Wahrheit, daß es wirklich meine guten, besten, durch die Kamaschen von meinem Freunde bedeckten Schuhe waren, von denen sich die Sohle dermaßen losgerissen, daß sie nur noch in der Nachbarschaft der Zehen an einem Fetzen Leder hing. Voll Entsetzen hielt ich also einen Augenblick still, in mir beratschlagend, was in diesem kritischen Moment für ein Auskunfts- und Rettungsmittel gefunden werden könne. Es ist noch nicht alles verloren, sagt ich mir selbst, das beste ist, ich mache mich nun in jenes Eck, wo der Weg zum Palast des Herrn von – und zum Tarpejischen Felsen hinaufführt, und versuche daselbst, mir die verwünschte Sohle vollends ganz abzureißen. Alsdann tret ich nur desto graziöser und feiner auf, weil ich fast auf den Strümpfen gehe. Gesagt, aber – getan! Langsam, mit äußerster Vorsicht, daß mich niemand klappen hören sollte, gelangte ich in obgemeldete Ecke und begann nun daselbst mit aller ersinnlichen Heftigkeit an der Sohle zu reißen. Aber all mein Bemühen war vergeblich! Sie war so fest an dem übrigen Leder angeklebt als mein Fuß am Leibe. „Nun“, sagt ich, „warte nur, du spitzbübische, vermaledeite Sohle, dich will ich schon hinwegkriegen, ich nehme mein Messer heraus und habe dich im Moment hinweg und schmeiße dich den Tarpejischen Fels hinab, wie's auch in alten Zeiten den schlechten, verräterischen Lumpen geschah.“ Dies gesagt, such ich in meinen Taschen, aber ich finde nur Bajocchi drin, ein Schnupftuch, Tabak, eine alte Poesie, aber kein Messer. „Nun wird der Handel ernst!“ begann ich für mich hin. „O du miserables Federmesser, warum bist du zu Haus geblieben! Du, das ich doch also schone, daß ich nur alle Vierteljahr meine poetische Feder mit dir akkomodiere, du willst mir nicht einmal diesen kleinen Dienst tun! Du liegst nun vielleicht im trägen Müßiggang unter meinen Büchern und Papieren oder auf dem Kamin oder bei den Stiefeln, oder trennt meine Padrona ihre alte Haube mit dir auf, poetisches Federmesser! Ist denn keiner der Götter, Halbgötter, Heroen,

Märtyrer oder Heiligen, der mir in dieser wahrhaftigen Seelenangst beistände und sich meiner erbarmte, indem er gewahrte, wie ich reiße und zerre, um die lästerliche Sohle weg zu kriegen, und wie sich bereits die Arbeit zweier Menschen und zweier Stunden, meine Hals- und Brustdekoration verschiebt und zerdrückt und wie mir schon der Schweiß auf der Stirne steht? Muß ich denn hier absolut zur Schmach und Schande des deutschen Parnasses stehen und die verdammten Menschen, die das Kapitol hinauflaufen, mit meiner Schusterarbeit belustigen? Hat nicht ein abgefeimter, witziger Kopf dich schon als Repräsentanten der deutschen Literatur karikiert und auf vielfache Bestellung gemalt? Denkst du nun gar daran, daß er jetzt nicht mehr bloß seine Schulden, sondern auch eine kleine Schuld, ich meine, eine poetische Nachkommenschaft, bezahlen muß, o um wieviel mehr wird er jetzt dir aufpassen, ob du ihm nicht einen neuen Broterwerb schaffen könntest? Wenn mein böser Dämon ihn hierher führte! Würde nicht schon morgen früh das ganze deutsche Rom um die Geschichte wissen und dich verlachen und verlästern, dich an die Wände zeichnen! Was würden sie sagen, die Maler, Architekten und die ehemaligen Servitoris, die nun als Bildhauer servieren? Ist denn hier kein Pizzicarol in der Nähe, der mir geschwind sein Wurst- oder Käsemesser leihe, hier in der Nähe, wo einst Virginius durch jene heldenmütige Tat mit dem Messer eines Macellaro die Tugend und Ehre seiner Tochter gerettet! und ist nicht auch meine in Gefahr? ich, der ich herausgeputzt bin wie der erste Paino, ich ohne Sohle! Und wann wird meine Visite angehen? die Minuten entfliehen – o Jupiter Capitolinus!" Mit diesem Ausruf zog ich mit aller Macht an der Sohle, aber umsonst.

Ich entfernte mich also aus der Ecke, in Desperation und völliger Ratlosigkeit. Ich versuchte, einige Schritte zu machen, aber klapp, klapp, klapp, wie in einer Bürgerschen Ballade. Indem zeigte sich ein Herr im Fenster, der, wie es schien, meiner Not auf die Spur gekommen war und ein Frauenzimmer – der Himmel lasse sie nie den Pantoffel führen – auf den Balkon rief. Es war also nichts Besseres zu tun, als einige Zeit in dieser Ruhe hinzustehen und das Kapitol anzuschauen, als wenn ich's heut zum erstenmal sähe. So nach und nach, scheinbar in die Herrlichkeit des Anblicks versunken, mach ich einen, zwei, drei Schritte und werde nicht gehört. Aber nun grade klappt's entsetzlich, und ich bleibe still wie eine Statue. Das ärgste ist, daß ich um die Ecke und die Löwin zu traversieren habe und unglücklicherweise ein rechter Vasallo und Pancianera auf dem Eckstein sitzt. Mit wahrer Strategik komme ich also an diesem vorüber.

Ich suche, während ich die heißesten Wünsche und Gelübde zu den kapitolinischen Göttern schicke, die Sohle mit sympathetischer Kraft am Fuße zu halten und, denselben hoch und leicht wegschwingend, nicht an die klassischen Steine anzustoßen. Das geschieht und glückt nicht übel, außer daß der Tagedieb und Spitzbube von Pancianera mir mit einem Gesicht auf die Füße schaut, als wollte er fragen, ob denn der Karneval schon anfange.

Nun entsteht die Frage, welchen Weg soll ich einschlagen? Soll ich die Nacht erwarten und die Visite morgen machen? So stand ich lange, aufmerksam die antiken Statuen betrachtend, und endlich erschien mir ein Gedanke, der ohne weiteres durch übernatürliche Einflüsse und die Bekanntschaft mit Vater Bacchus, die jeder Dichter haben muß, oder, wie sich der Materialist und der gemeine Mann ausdrücken würden, durch ein Gefühl von Durst in mir rege geworden war. Allein die Frage nur, wie dabei kommen? Geh ich das Kapitol hinauf und auf der anderen Seite nach Campo Vaccino hinab? Das ist zu gefährlich, der bergichte Weg gibt zu viel Veranlassung zu klapp, klapp. Also bleib ich unten. Schon gut, wenn ich nur dort an der Obsthändlerin vorbei wäre und, o dort an der Ecke liegen gar ein paar Kerle auf dem Boden! Also links, und nur fein langsam, nach jedem Schritt gewartet und wieder einen Blick der Beobachtung und Verwunderung auf das Campidoglio geworfen. So komm ich herrlich durch diese Charybdis, außer daß die Zitronen- und Feigenhändlerin lachte. Ich bin nun in der engen Gasse, die gegen die Trajanssäule hinführt. Hier ist es nun freilich zu Ende mit Stehenbleiben, denn da ist nichts von Altertümern zu sehen als Kot. Allein, fällt mir ein, ich kann ja tun, als ob ich auf einen Freund warte oder auf eine Freundin, wenn ich an eine gefährliche Stelle gelange, und dieser pfiffige Einfall deuchte mir so anwendbar, daß ich alsobald stehenblieb, als ich an eine offne Bottega kam, wo eine Menge Menschen an der Tür standen. Ich schaute also herum und wartete und wartete, und als er endlich nicht kam, machte ich, die Sohle mit aller Gewalt anziehend, einen Schritt, der mich über die Tür herüberbrachte und dergestalt klappte, daß die Gesellschaft erschrak. Jetzt war's Zeit zum Aufbrechen, und ich machte Schritte zum Entsetzen, indem mich die Verzweiflung blind oder vielmehr taub machte und jeden Funken von Ehrgefühl in mir auf einige Momente erstickte. Das gab mir ein gewaltig Stück. Ich war wenigstens funfzig bis sechzig Fuß weit vorwärts gekommen, als ich mich wieder stellte und sofort mit steigender Kunstfertigkeit in die Winkelgasse einbog, die am Abhange des Kapitols nach dem Triumphbogen des Septimius Severus führt. Ich dachte mit Schmerzen an meinen so wenig triumphähnlichen Marsch und ging die Gasse empor, wohl wissend, daß hier wenig Volk ist.

Jetzt stand ich an der Bottega eines Schuhmacher. Ich habe schon bemerkt, daß der Schuhmacher dem Vorübergehenden eher auf die Füße als ins Gesicht schaut, und diese traurige Erfahrung regte in mir den Gedanken auf, ob es nicht vielleicht besser wäre, wenn ich Mut faßte und keck in die Bottega hineinginge und mir die Sohle abschneiden ließe. Aber es war ein wichtiger Grund dagegen. Ich war nämlich entschlossen, sie mir schlechterdings nur an einem gewissen Orte abzuschneiden, und somit ermanne ich mich und gehe leise wie ein Geist, das heißt ein Geist mit Pantoffeln, vorüber. An einem abgelegenen melancholischen Eckstein versuchte ich abermals die Sohle abzureißen, und wenn der ganze Schuh draufgehen sollte, aber ich brachte nichts zustande, als daß ein Mädchen, das neugierig war, zu wissen, wer denn da unten stöhne und einen corpo del diabolo und baco nach dem andern hören ließe, mich tüchtig auslachte. Also unverrichteterdinge setzte ich die Reise fort. Schon ist's Ave Maria geworden, und die Nacht ist da. Allein diese schützt keinen Poeten in zerrissenen Schuhen vor fremden Augen und Ohren. Denn just um diese Zeit laufen die Eminentis wie besessen herum, und die Weiber sitzen alleweil vor dem Hause und säugen ihre Kinder.

Aber wo die Nôt am größten ist, da ist die Hülfe am nächsten. Es kömmt ein Kardinalswagen angefahren, und ich höre nicht sobald den schweren Tritt der Hengste, als ich gleichsam in Begeisterung gerate und die Straße hinrenne, als wären die Sbirren hinter mir. „Gesegnet seist du", rief ich dem Kardinal zu, „der du vermöge deiner trefflichen, kräftig beschlagenen Rosse meine Sohle aus dem Fegefeuer rettest", und siehe, schon ist das Paradies vor meinem Auge, sie hören mich nicht, o wie einzig, sie glauben, meine Schuhe seien so gut wie neu, ein Sprung über die Via dell'Arco pandani, und ich bin am Paradiese, wo mich St. Peter in Gestalt eines Cameriere empfängt und sich erkundigt, ob ich gedeckt haben wolle.

Mit einem Wort, ich bin in der uralten, berühmten Osteria, wo Michelangelo Buonarotti trank und heutzutage noch im Frühjahr vorzügliche Carciofoli und das ganze Jahr ein herrlicher Wein zu haben ist. Wer kann sich meine Freude denken, als der Cameriere die schwarzfunkelnde Foglietta und – ein Messer brachte! Eh ich einen Bissen genoß, schnitt ich die verhängnis- und unheilvolle Sohle ab, und sie vors Auge haltend, sprach ich voll Verachtung die Worte zu ihr: „Niedrige, elende Tochter einer Bestie! du Niedrigstes von allem, was ich werthalte, an meinem Leibe zu sein, fahre hin, du Verruchte, die einen armen Poeten im Angesicht des Kapitols, wo die fromme Vorwelt einen Petrarca krönte, in die verzweifelte Notwendigkeit versetzte, sich von Pancianeris, Vasallis, Obsthändlerinnen, Schuhflickern und dererlei Volkshefe auslachen zu lassen, die du mich heute um eine Visite gebracht, welche mich Qualen der Tortur gekostet und mein ganzes Haus und alle meine Garderobe in Bewegung gesetzt hat! die du mir den peinigendsten Traum, barfuß in der Stadt herumzulaufen, beinahe wörtlich verwirklicht hast und die du mich sicherlich wieder zum Gegenstand des Spottes und Witzes, Fürwitzes, Aberwitzes und Künstlerwitzes machen wirst, wenn anders dieser unselige, gleichsam rutschende Gang nicht im Schleier einer wohltätigen Dunkelheit bleibt! Fahre hin!" – und damit warf ich sie voll tiefer Verachtung in eine Grube vor der Osteria. Nun befand ich mich leicht, wie es einem etwa sein mag, der in den Stock geschraubt war, auf dem Cavaletto einem müßigen Publikum seine unschuldigen Posteriora zeigen zu müssen, und nun urplötzlich aufs allerevidenteste Satisfaktion erhält! Es wurde mir deswegen unsäglich wohl, ich ließ mir den edlen, erquickenden Wein vortrefflich schmecken, und nachdem ich seltsam gestärkt war, ging ich leicht, wie der geflügelte Merkur, hinaus, um meinem Freund Scaramuzza die Botschaft meiner verunglückten Visite zu bringen. Vorher aber zog mich die Nähe des Campo Vaccino und der Triumphbogen des Septimius samt den Tempelsäulen des Donnerers, die man auf der Schwelle der Osteria erblickt, zu sehr an, als daß ich meinen Unglimpf nicht vollends ganz mit einem Spaziergang auf dem römischen Forum auslöschen und vergessen wollte. Das geschah, und der schöne Mond, der über der schwarzen Säulenkolonnade des Tempels der Concordia stand und über die wilden Trümmer am Abhang des Kapitols hereinschien, die melancholische Allee, die das Forum entlangführt und die alte Via Sacra bezeichnet, der herrliche Palatin mit dem Tempel des Romulus und den gigantischen Ruinen der Cäsarischen Paläste, die drei majestätischen Wölbungen des Friedenstempels und endlich das aufsteigende, mondhelle Bild des Kolosseums, das reichte hin, um mich dergestalt in seine Größe und Fülle zu versenken, daß ich, als ich spät nach Hause kam, vergaß, meinem Freunde das Abenteuer von der Sohle zu erzählen, daß es also somit auch den deutschen Landsleuten verborgen bleibt und nur auf diesem Wege anonym zu Nutz und Frommen derer bekannt wird, die sich daraus etwas abnehmen können.

Ich habe nur noch hinzuzusetzen, daß dem Übel bereits abgeholfen ist und daß ich dem anonymen Poeten auf das zu erwartende Honorar hin soviel geborgt habe, daß er sich bereits ein Paar Stiefel machen lassen konnte. Das noch den Lesern, die den Unglücklichen vielleicht noch in Not glauben, und den weichmütigen Seelen, die wohl gar ein Mitleid für ihn fühlen möchten, für das er sich bedanken muß.

Die Briten in Rom

Novelle

Wir wollten heut ein wenig scherzen
Mit einer großen Nation;
Drum ohne Falsch in unserm Herzen
Und ohne Arg und Hohn
Sei uns vergönnt, herauszuwählen,
Was launig ist, und nicht, was schlecht!
Und meint auch mancher, daß wir fehlen,
So gibt er doch uns recht,
Wenn wir ein andermal das Land so vieler Weisen,
So vieler Helden, großen Geister preisen!
Was tat mit Sokrates der kom'sche Dichter?
Daß wir so viel sind, fällt uns zwar nicht ein,
Doch unter uns modernem Volksgelichter
Dünkt auch ein Sokrates uns rar zu sein.

„Sie bleiben lange aus!" sagte eines Abends Lord M., der Vater einer englischen Familie, die erst seit kurzer Zeit in Rom angekommen war. Er saß eben in seiner kostspieligen Mietwohnung auf dem Spanischen Platze, mit der Frau Gemahlin und dem Onkel Kapitän zusammen, welche sich beide mehr als gewöhnlich in üblem Humore befanden, und wartete auf seine beiden ältesten Kinder, einen Sohn von etwa vierundzwanzig Jahren und auf den Augapfel der Mutter, eine Tochter von achtzehn Lenzen, welche nach den merkwürdigen Monumenten des alten Roms ausgeritten und noch nicht zurückgekehrt waren. Der Lord konnte für einen wohlbeleibten, hübschen, kräftigen Mann gelten, ob er schon mehr als funfzig zählte; Lady M. hingegen, seine Gemahlin, ließ in der Tat mehr Jahre vermuten als sie hatte und war eine lange, magere Figur, ja man konnte in dem englischen Munde, so klein er auch sein mochte, hinsichtlich der Zähne beträchtliche Verheerungen der Zeit gewahren, wiewohl sie öfters erzählte, daß ihr der Zahnarzt alle herausgerissen. Die sonderbarste Person aber war gewiß der Onkel Kapitän, ein Mann von so außerordentlicher Länge, daß man den Kopf kaum bemerkte, indem dieser so ziemlich zum übrigen Körper das Verhältnis des Knopfs zum Kirchturm hatte. Bei einer so ausgezeichneten Länge fällt die Magerkeit nur desto schreiender auf, und das kleine Hütchen, das er trug, gab der ganzen Gestalt eine so lächerliche Vollendung, daß er gewiß in jeder andern Stadt als Rom, wo man der langen Briten so viele sieht, zum Gespräch für Kinder und Kindeskinder werden würde.

Die Lady konnte die Ankunft ihres geliebten Töchterchens kaum erwarten und sagte: „Ach, das engelgute Kind! Wie es seinen Aufenthalt hier zu seiner Ausbildung, zur Erweiterung der unzähligen Kenntnisse benutzt, die es schon in so zartem Alter gesammelt! Wie spricht Rebekka schon das Italienische! Wahrlich, so geläufig als Henry, der doch ein Jahr länger in Rom ist! Und wie versteht sie zu zeichnen! Nein, das Bildchen, das sie vom Kolosseum gemacht, ist unübertrefflich! – Nun wird auch in kurzem der Bräutigam ankommen –"

„Mylady", fiel der Vater ein, „was sagen Sie denn aber von unserm Henry, ich meine vielmehr, von seiner schönen Italienerin?"

Wer hat nicht schon bemerkt, wie die Spinnen ihre langen Beine einziehen, wenn man sie in ihrem Wesen stört? Ebenso erging es der grämlichen Mama, als sie von der schönen Italienerin sprechen hörte. „Was ist denn auch Schönes an ihr?" sagte sie endlich. „Mylord, ich muß Ihnen gestehen, daß ich diesem Verhältnis gänzlich entgegen bin, daß ich recht eigentlich erschrak, als ich, in Rom anlangend, unsern Henry in die Netze einer so wilden, ungebildeten italienischen Person verstrickt sah."

„Aber was haben Sie denn dagegen, Mylady?" fragte der Vater. „Das Mädchen ist so übel nicht, und Henry ist über alle Vorstellung verliebt –"

„Aber was hat sie denn für Ansprüche zu machen?" fiel die Lady hämisch ein. „Ist sie reich? Ja doch, reich mit etlichen tausend Piastern! Und lebt dennoch wie eine Prinzessin! Hat sie Kenntnisse, Bildung oder auch nur Anstand, Bescheidenheit, Grazie und das alles, was man von einem Frauenzimmer ohne Vermögen erwarten könnte? Vergleichen Sie diese Römerin mit unserem lieben Kinde, welch ein Unterschied! Nein, Mylord, Henry soll eine Britin heiraten."

„Was sagen denn Sie dazu, Herr Schwager?" versetzte der Vater phlegmatisch.

„Jugendliche Tollheit", antwortete der Kapitän, „Schwärmerei, Phantasterei! Er weiß nicht, was er will! Vorurteil, Blindheit, Nachbeten, Mangel an Urteil! Was ist denn so Seltenes an diesen Italienerinnen? Ich habe in Ost- und Westindien schönere Mädchen gesehen. Und diese Unwissenheit unter dem gesunkenen Volke! Alle sind im Grund verdorben, sind Kreaturen zum Erbarmen, ohne Erziehung, ohne Bildung."

„Du hast recht, lieber Bruder", versetzte die Mama, „du hast einen ungewöhnlichen Blick in den Menschen, die natürliche Folge deiner vielen Reisen! Du bist kaum einige Wochen hier und kennst sie alle schon vollkommen! Das sagt auch Rebekka! Sie war schon zweimal in Gesellschaft dieser sogenannten schönen Römerin und fand sich höchst ennuyiert; sie kennt dieses Volk schon trefflich, und seit dem Vorfall mit dem italienischen Kammermädchen will sie auch gar keinen welschen Umgang mehr. Henry ist blind, unverzeihlich blind."

„Lassen wir den Jungen", versetzte der Vater, „er ist nun einmal so. Er hat sich mir erklärt und liebt diese Camilla mit Leidenschaft, er glaubt durch sie glücklich zu werden, sie selbst ist ihm geneigt; was können wir ihm entgegensetzen?"

„Daß sie katholisch ist", antwortete der Onkel, der unterdessen unbeweglich auf einem Sofa gesessen, ohne auch nur den Rücken anzulehnen.

„Sie haben recht, Herr Kapitän. Es soll sich kein katholisches Blut in unsere Familie mischen. Aber wissen Sie, was wir tun? Wir machen zur Bedingung, daß sie zum Glauben der Vernunft und des Verstandes übertrete, dann lassen wir sie in Gottes Namen machen, was sie wollen!"

„So eine Römerin meine Schwiegertochter!" rief die Mama entrüstet aus. „Bin ich darum nach Rom gekommen?" Sie wollte fortfahren, über unsern bis jetzt noch unbekannten Liebeshelden zu schelten, als ein Geräusch auf der Treppe die Ankommenden verkündigte. Aber welch ein Tumult! Man hörte heftig reden, ja sogar schreien.

„Was zum Henker", rief der Onkel, sich in all seiner Länge aufrichtend, „poltert die Treppe herauf? Dieses verfluchte Rom, wo man nicht einmal einen Augenblick, nicht einmal in seinen vier Wänden Ruhe vor dem heillosen Schurkenvolk hat!"

Die Mutter, an ihre Rebekka denkend, hatte längst die Türe aufgerissen und war den Kommenden entgegengeeilt. Aber wie erschrak sie, als das Engelskind bleich, oder vielmehr noch bleicher als gewöhnlich, am Arm des Bruders heraufschwankte und der tiefsten Ohnmacht nahe zu sein schien, welche sich jemals in Rom ereignete! Dem geliebten Paare folgten zum Entsetzen der armen Lady drei Männer nach, welche ein so furchtbares Ansehen hatten, als es nur ein wütender Campagnenbauer für die Phantasie einer großbritannischen Mutter haben mag. „Was ist das? um Gottes willen, Henry, was ist dem armen Kinde? Was wollen diese schrecklichen Menschen?" rief die Lady, ohne eine Antwort abzuwarten, auf die Tochter zueilend und das holdselige Geschöpf, das sich nicht mehr auf den Beinen zu erhalten vermochte, mit den Armen auffangend und es auf einen Sessel niederlassend.

Der Lord erwachte einigermaßen aus seinem Gleichmut; der Onkel stand bewegungslos und steif in der Mitte des Zimmers und schaute mit der Lorgnette nach der leidenschaftlichen Trauerszene und den hereinstürmenden Bauern.

„Reitet man so durch die Stadt, Herr Engländer?" schrie einer, ein derber, bärtiger, halb nackter Mann mit spitzem Hute. „Habt Ihr keine Augen im Kopfe? Mein Weib zu Boden geritten? Daß Euch der Blitz treffe! mein Weib! Und all ihre Ware zum

Teufel! Und Ihr wolltet nur so davongaloppieren! Herr, das soll Euch übel bekommen!“

„Was sagt der Flegel hier?“ fragte der Onkel, sich auf dem Absatz herumdrehend und ihn durchs Augenglas beschauend. „Was gibt's?“ rief der Vater. „Was ist dir, teures, süßes Töchterchen?“ die Mutter.

„Ihr sollt ja Geld haben“, stöhnte der keuchende Sohn, sich aus Verzweiflung den Hemdkragen bis über die Ohren emporziehend, „Ihr sollt haben, was Ihr wollt. Es ist nur aus Versehen geschehen, es tut mir leid, ich will Euch bezahlen, seid nur still; wieviel wollt Ihr denn?“

„Meint Ihr“, antwortete der Campagnenbauer, „daß man das alles nur so bezahlen könne? Mein Weib ist ruiniert, vielleicht auf immer ruiniert!“

„Nun, was verlangt Ihr denn? Geschehen ist geschehen!“ rief Henry.

„Aber was ist denn geschehen?“ fiel der Vater ein. „Was soll man wieder bezahlen?“ schrie der Onkel. „Bezahlen und nichts als bezahlen in diesem Lande der Spitzbuben.“

„Hier ist schon nichts mehr zu ändern“, antwortete Henry, „wir müssen. Laßt mich! Seid Ihr zufrieden, wenn ich Euch fünf Louisdore gebe?“

„Fünf Louisdore“, schrie der Italiener, „für ein zerbrochenes Bein, für ein zeitlebens ruiniertes Weib, für einen Korb voll Ware, für eine halbjährige Kur, für eine Hölle von Schmerzen, für einen unglücklichen Mann, für drei unversorgte Kinder?“

„Aber zehn, wenn ich Euch zehn gebe, habt Ihr dann genug?“

„Zehn Louisdore?“ rief der Onkel, „sind Sie des Teufels, Henry, zehn Louisdore solch einem Bettlervolk, und wofür denn?“

„Sie hören's ja – für ein ruiniertes Weib – wir können nicht anders mehr. Sie sollen alles wissen, machen wir nur, daß die Banditengesichter wegkommen!“

„Aber so viel Geld! An die vierzig Piaster! Bei Gott! so viel zum Fenster hinauswerfen für dies Lumpengesindel. – Und was gibt es denn?“

Henry hörte nicht mehr, die Bauern verführten einen tumultuarischen Lärmen und fluchten das gesamte Heiligenregister durch; der Vater hörte und sah dem allen zu, die Mutter rief: „O daß wir jetzt von dem Spiritus hätten, von dem Spiritus, Bruder! Mein Kind ist des Todes."

„Was für ein Spiritus?" fragte der Onkel, auf demselben Platze verweilend –

„Den uns der Scharlatan letzthin –"

„Schämen Sie sich nicht, Frau Schwester?" fiel der Kapitän ein, „einen Spiritus von einem Scharlatan?" Dabei drehte er sich um und setzte mit Pathos hinzu: „Als ob es in Italien einen Arzt gäbe!"

Schon war Henry fortgeeilt und wieder herbeigekommen. „Nehmt", sagte er, „nehmt; hier ist Geld für Euer Weib! Laßt mich in Frieden und geht!"

Der Italiener sah seine Hand voll Dukaten und zählte sie ruhig mit verächtlicher Miene durch. „Zwanzig Zechinen!" sagte er, „das ist ein Bagatell, und für die verdorbene Ware gebt Ihr mir nichts?"

„Das ist ja ein unersättliches Volk", stieß Henry aus, griff in die Tasche und gab ihm noch ein paar Skudi.

„Zwei Skudi", sagte der Campagnenbauer, sie in der Hand herumdrehend und sodann gemächlich und höchst mißvergnügt einstreichend, „das ist schlecht bezahlt, aber einstweilen! Wir sehn uns wieder, Herr Engländer!" Damit ging er mit den beiden andern fort, ohne den Hut zu lüften.

„Und so verschwenden Sie unser Geld, Herr Neffe?" jammerte der Kapitän. „Wo haben Sie diese Lebensart gelernt? Ist das die Frucht Ihres römischen Aufenthalts? Haben Sie das dem unsinnigen, schlechten Volke abgelernt?"

„Stille, stille, Herr Oheim", versetzte Henry. „Hören Sie zuvor – doch seht, die Schwester scheint wieder zu sich zu kommen. Das war ein erschrecklicher Vorfall."

In der Tat erwachte die Miß auch nach und nach in den Armen der zärtlichen Mutter und schlug ihre schönen, feinen, naiven blauen Augen auf, indem sie aufseufzte: „O Mutter, ich glaubte des Todes zu sein – die rohen, pöbelhaften Leute –"

Jetzt fing der Sohn an zu erzählen. „Wir hatten einen großen Ritt gemacht, über St. Giovanni nach dem Monte Celio, dem Campo Vaccino, und wollten am Vestatempel vorüber nach der Pyramide des Cestius, lauter Dinge, welche Rebekka noch nicht gesehen. Kaum hatten wir uns um die Ecke am Hause des Pilatus gewandt –"

„Welch ein grober Irrtum!" fiel der Kapitän ein, „das Haus des Pilatus, meint das dumme Volk, und ist doch der Palast des Cola von Rienza. – Lauter Irrtümer, lauter Prahlerei mit seinen Altertümern!"

„Nun sei's, wie es wolle, wir galoppten am Tempel der Fortuna Virilis vorüber –"

„Soll von Servius Tullius sein", sagte der Onkel, „und ist schon nach Vasi, Fea und Nibby ein ganz anderes Ding."

„Gegen den Vestatempel; wir rennen mit verhängtem Zügel, um vor Abend noch ein tüchtig Stück wegzusehen, als eine junge hübsche Bäuerin mit einem Korb auf dem Kopfe über den Weg läuft und zu einem Manne will, der auf der andern Seite ein Paar Esel forttreibt. Was geschieht? – ich vermag das Pferd nicht mehr anzuhalten, das tolle Weib läuft ihm just unter die Füße und stürzt zu Boden. Ich erschrecke, der Eselstreiber fängt an so arg zu schreien als das arme Weib; ich halte an, der Italiener fällt mir in die Zügel und droht. Rebekka ist in tödlicher Bestürzung, es eilt eine Menge Volks herbei, man trägt oder führt die unglückliche Heulende weg, was weiß ich in meinem Schrecken. Der Eselstreiber tut wie rasend, einige Kapuziner kommen, ich verspreche alles, verspreche Geld und Hülfe, nur verlang ich, daß sie mich freilassen. Aber umsonst, sie wollen mich mit Gewalt vom Pferde reißen. Rebekka ist dem Umsinken nahe, ich willige ein und lasse mich – ich will meine Lebenszeit an den Spektakel denken – durch die ganze Stadt bis auf den Spanischen Platz, bis in dieses Zimmer führen, wo ihr selbst Augenzeuge des weitern Vorgangs wart."

„Nichtswürdige Nation!" brummte der Onkel, indem er sich einige wenige graue Haare von der Stirne strich, „Prellereien, nichts als Prellereien, es ist auf nichts abgesehen, als den Fremden zu betrügen, von morgens bis abends *ein* Lied: ‚Bezahlen, bezahlen!', keine Treue und Ehrlichkeit."

„Folge des Katholizismus", sagte der Lord. „Aber das arme Weib schmerzt mich doch, und es ist billig, daß wir für sie sorgen."

„Willst du dich auskleiden, lieb Töchterchen?" flüsterte die Lady, „du fühlst dich doch wieder besser?"

„Ja, liebe Mutter", antwortete die zarte Rebekka, erhob sich langsam und wandelte mit dieser hinaus.

Kaum waren sie fort, als zwei Herren hereintraten. Sir Thomas L., ein Irländer, und ein wunderbarer Mensch, den man Ironius nannte. Jener hatte eine feiste, derbe Figur, breite Schultern, ein dickes Bäuchlein und joviale kleine, wiewohl eben nicht geistreiche Augen in einem glutroten Gesicht, ja die Nase ließ von ihrer Kupferfarbe und den vielerlei Tinten darin auf eine vertraute Gemeinschaft mit dem einzigen heidnischen Gott schließen, den auch gute Christen verehren, mit Bacchus. Der andere schien ein ausgemachter Schalk zu sein, und wir werden ihn bald näher kennenlernen.

Der Lord empfing die Bekannten freundlich, der Onkel hingegen mit Kälte, selbst mit Stolz. Das Gespräch lenkte sich natürlich gleich auf den unglücklichen Vorfall am Vestatempel, und man äußerte teilnehmendes Bedauern. Nach einiger Zeit erschien auch Mutter und Tochter und drei Kinderchen, Söhne und Töchter des Lords. Ein blondes Mädchen, von raffiniertem Gesichtchen und blauen Augen, etwa zwölfjährig, brachte ein kleines Ölgemälde hervor, das es heute zustande gebracht, und man bewunderte es allgemein. Ein Knabe von sieben und ein Mädchen von vier Jahren begrüßten den Herrn Ironius lebhaft, und die kleine Kreatur fragte ihn: „Sprechen Sie auch französisch?"

Ironius antwortete mit Ja, und siehe, das Mädchen wußte schon französisch, englisch und ein bißchen italienisch zu reden. Die Mutter ergriff die Gelegenheit, dieses ausgezeichnete Talent zu rühmen, und Herr Ironius sagte: „In der Tat, das ist die beste Art, jenen Ernst hervorzubringen, den die Welt in der britischen Nation bewundert, um das Kind schon im zartesten Alter zum reifen und gesetzten Menschen zu bilden, so daß man behaupten könnte, es sei gar nie ein Kind im eigentlichen Sinne gewesen! Dadurch zeichnet sich der Engländer rühmlich vor dem Italiener aus, welcher sein Leben lang eine Art von Kind bleibt!"

Die Lady nickte Beifall, und die Wendung, die Ironius dem Gespräche gegeben, wurde festgehalten.

„Italiener!" sprach der Kapitän voll Verachtung, „Italiener! Das lautet soviel als Hanswurst! Was ist das für ein Schlaraffenland! Ohne vernünftige Gesetze, ohne Polizei, ohne Erziehung, in den Händen des Klerus, ohne Fleiß und Arbeitsamkeit, und für den Fremden ohne alle Bequemlichkeit! Ein feiges, niederträchtiges Volk, Gaudiebe zu Wirten, Spitzbuben zu Vetturinen, Kammerdienern, Lohnbedienten, Lastträgern! Unwissende Menschen, die sich Gelehrte nennen! Und hier in Rom gar? Despotismus, Pfaffenherrschaft! Nicht einmal ein bequemes, reinliches Haus, ein geputzter Spiegel, ein sauberes Fenster, eine unbeschmutzte Treppe! Nicht einmal eine ordentliche Uhr, eine erträgliche Tafel."

„Wie sie nur kochen!" versetzte die Lady. „Welche Unfläterei, welcher Schmutz, welche garstige Tiere allenthalben! Und der Beefsteak! Ich muß lachen, wie bereiten sie den so unwissend zu!"

„Nicht wahr, das glauben Sie nicht?" sagte Ironius zu dem Irländer hin.

„Gott bewahre!" antwortete dieser und präsentierte jenem eine Prise. Unterdessen wurde der Tee gebracht, und man schlürfte ihn langsam und stehend ein.

„Wir gehen in kurzem nach Neapel", sprach der Lord zum Irländer. „Sie waren schon dort?"

„O ja, Mylord."

„Eine schöne Stadt?"

„O welche schöne Stadt, schön, ganz schön, ausgezeichnet schön!"

„Genua gefällt Ihnen aber gewiß auch?" fragte Ironius.

„O ja, Genua ist eine schöne Stadt, schön, ganz schön, ausgezeichnet schön."

„Welche Paläste in der Strada Balbi!“

„Ha, welche Paläste, ganz schön, ausgezeichnet schön!“

Der Kapitän blickte verächtlich auf ihn herab, und Ironius fuhr fort: „Sie haben jetzt Zeit, um alles mit Bequemlichkeit zu sehen! Wenn Sie nur noch acht Tage hierbleiben, so reicht das bei weitem hin, wie Sie schon in Ihrem römischen Wegweiser von Vasi und Nibby finden.“

„Acht Tage, meinen Sie?“ fragte der Lord. „Das ist viel! Ich bin nicht hiehergekommen, um zu reisen, sondern um auszuruhen. Fahrt ihr acht Tage herum, ich bleibe zu Hause.“

„Aber die Peterskirche werden Sie doch betrachten, Mylord, den Vatikan –“

„Nun ja, vielleicht; ich habe Eile, nach Neapel zu kommen und warte hier nur den Bräutigam meiner Tochter ab.“

Henry benahm sich bei diesem Gespräche äußerst zerstreut und mischte kein Wort ein, denn er dachte nur an seine schöne Camilla, der Irländer bejahte alles, was Ironius vorbrachte, die Mutter beschäftigte sich mit den Kindern, die Tochter las in einem Buche, und der Onkel stand wie eine Hopfenstange an der Wand.

Endlich, als die Gäste aufbrechen wollten, wurden sie gebeten, morgen abend beim Tee zu erscheinen, indem Gesellschaft gegeben und, wie die Lady hinzusetzte, die schöne Camilla Mognaschi sich zum Klavier hören lassen werde. Man verabschiedete sich, und der Irländer ging mit Ironius.

Beim Heraustreten auf den Spanischen Platz fragte der Irländer: „Aber wenn Sie meine Frage nicht ungütig aufnehmen, von welcher Nation sind Sie denn, mein verehrtester Freund?“

„Lassen Sie das beiseite“, antwortete Ironius. „Unsereiner ist überall zu Hause! Genug, daß ich der entschiedenste Freund der Eng- und Irländer bin und Ihnen dienstfertig zu sein suche, wo ich nur vermag. Der Zufall hat mich mit Ihnen, einem echt römisch-katholischen Glaubensfreund, bekannt gemacht. Sie disponieren über meine Zeit, und ich mache mir eine Freude daraus, Ihnen einige der ersten Merkwürdigkeiten Roms zu zeigen.“

Der Irländer dankte voll Freundlichkeit und Ehrerbietung, und man trennte sich für heute. Es ist nicht anders möglich, sagte er zu sich selbst, dieser Herr Ironius ist ein verkappter Jesuit: man muß ihn verehren, er ist beleuchtet.

Damit trippelte das irländische Dickbäuchlein über den Monte Cavallo nach seinem Hause, wie er sagte, um sich mit Lesen zu unterhalten. „Will doch sehn", zwitscherte er aber vor sich hin, „ob sie heut abend wiederkommt!" Nun empfing ihn die Hauspadronin und leuchtete ihm ins Zimmer.

„Ich habe schwarze Wäsche", fing er an, „und will sie nun heraussuchen. Ihr könnt mir in einer Viertelstunde das Mädchen, Rosa, glaub ich, heißt sie, Ihr könnt sie gleich herüberschicken, wenn Ihr so gut sein wollt, versteht Ihr?" Die Padronin bejahte und ging.

Jetzt richtete der alte Herr mit manchem schweren Atemzug die Wäsche zusammen, dann ging er an einen Schrank und holte eine Bouteille Ischierwein hervor, indem er vor sich hin sprach: „Soll ich Ischier trinken oder lieber dies letzte Fiasco von dem köstlichen Est, est oder dies Fläschchen Syrakusaner oder den Calabreser hier oder das Restchen vom Cyprer? Nein, wir lassen's beim Ischier!"

So sollte denn das Studium begonnen werden, und schon lag das Buch der Weisheit, Vasis römischer Wegweiser, auf dem Tisch, als es klopfte! „Favorisca!" schrie der Irländer und ging nach der Türe.

Wer kam herein? Eine blutjunge hübsche Römerin in trasteverinischer Tracht, oder wie man's nennt, eine Minente, eine allerliebste Plebejerin, im kurzen naiven Samtjäckchen, vollem Busen und reichem Kamm in den schwarzen Haaren.

Die jovialen bacchischen Äuglein unsers frommen römisch-katholischen Irländers blinzelten kaum noch aus dem Glutofen des Gesichts heraus, und er fragte: „Wollt Ihr mir die Wäsche besorgen, schönes Kind?"

„Recht gerne", antwortete die Minente.

„Könnt Ihr auch neue Hemden machen?"

„O ja, Herr, soviel Ihr wollt!"

„Ihr müßt mir ein halb Dutzend machen. Ihr seid ja so hübsch, ganz hübsch, außerordentlich hübsch!"

Das Mädchen nahm die Wäsche, und der Irländer sagte: „Ein Gläschen von diesem Wein würde Euch gewiß schmecken, meint Ihr nicht?"

„Ich dank Euch, Herr, Ihr seid gar zu gütig", antwortete das naive Kind und wollte gehen, aber der Irländer füllte schnell einen Kelch und bracht ihn der Minente zu; sie sträubte sich, aber vergeblich, sie trank, und der alte Herr rief schmunzelnd aus: „Ist er nicht gut? Ach, er ist gut, ganz gut, vorzüglich gut!"

Als sie zu Ende war, dankte sie und ging. Der Irländer leuchtete ihr und benahm sich gar freundlich und herablassend, sodann setzt' er sich auf das Sofa, nahm sein Buch, schlürfte seinen Ischier und schlief ein.

Unsere hübsche Plebejerin war kaum außen, als sie auf eine niedere Loge ging, welche auf einen Gemüse- und Pomeranzengarten hinaussah. Sie zischte, sie flüsterte und bekam Antwort von unten. „Wo bist du denn gewesen, Rosette?" rief es leise.

„Ach, der Herr Engländer hat mich aufgehalten, der im Hause wohnt!"

„Der Engländer, was hat der mit dir zu schaffen? mich lässest du warten und –"

„Sei nicht böse, Nino! 's ist ein alter Herr und ein rechter Hansnarr, wollte mir schöntun und gab mir honigsüßen Wein."

„Und du nahmst's an?"

„Ei, warum nicht? Wenn dir einer in der Lungara hundert Skudi gibt, nimmst du's nicht?"

„Rosetta, ich hab dir etwas gebracht! Hab sechsundzwanzig Paul *alle piastrelle* gewonnen, draußen vorm Tor Portese."

„Spielratze! und wenn du verlierst?"

„Tut nichts! diesmal hab ich gewonnen und dir ein wunderhübsches Halsband gekauft."

„Oh, was du sagst –"

„Und wenn ich im Lotto gewinne, so ist alles dein."

„Ach, lieber Nino, daß du nicht herauf kannst!"

„Morgen komm ich mit der Mandoline, eine Stunde nach Mitternacht."

„Ich wart am Fenster, aber es ist Mondschein, sie sehen dich."

„Was hat's zu sagen? Gute Nacht!"

„Aber das Halsband?"

„Morgen um vierzehn Uhr, an den vier Fontänen! verstehst du? Gute Nacht!"

„Addio, Herz! Ich komme, addio!"

So unterredete man sich geheim in der stillen Nacht gegen die vertraulichen Gärten hinaus, die am Abhang des Monte Cavallo grünen, während unser alter Herr längst neben der leeren Flasche auf dem Sofa schnarchte.

Der andere Morgen brach an, und die Familie des Lord M. versammelte sich zum Frühstück. Nur die schöne Rebekka verweilte noch bei ihrem Tagebuche, das sie sorgfältig, seit der Abreise von London, für den Geliebten führte, den sie nun in Rom erwartete. Es möchte unsere Leser und uns selbst nicht wenig interessieren, aus diesem psychologischen Toilettenbüchelchen etwas zu erfahren, aber es wurde bloß für den Geliebten geschrieben, nur die Mutter durfte zuweilen ein treffliches Räsonnement oder überhaupt eine starke Stelle daraus vernehmen. Genug, sie hatte auf einer Barke den Hafen von Genua durchreist, hatte den Markusturm in Venedig erstiegen und – in Gottes Namen, sagen wir's denn, ein Verschen an den Bräutigam droben geschrieben, sie hatte in Verona das Grab von Romeo und Julie besucht und versicherte, daselbst geweint zu haben, sie sah die Sonne in Isola Bella aufgehen und bewahrte eine Feder von einer Perlhenne aus Isola Madre auf, in Pisa betrachtete sie Lord Byrons Palast, in Florenz Dantes Sitz vor dem Dome und hundert andere denkwürdige Plätze.

Diesmal, soviel haben wir ihr über die Schulter hinweg abgelauscht, hatte sie das Unglück am Vestatempel mit größtmöglicher Sentimentalität aufgefaßt und dargestellt und dabei eine Menge Verse aus Young, Shakespeare, Southey, Moore und Lord Byron zitiert. Endlich erschien sie beim Frühstück, wenn auch im losen Negligé, doch immerhin so schlank als eine Tiberbinse. Henry wetteiferte mit dem Onkel, einen gewaltigen Teller voll Butterschnitten aufzuspeisen, die dem Anschein nach für einen Tag hingereicht hätten, und dabei einige Tassen Tee zu trinken, und man hatte bereits einen Laib vom feinsten französischen Brot, das nur auf dem Spanischen Platze gebacken wird, zu Ende gebracht, als sie abermals aufs heftigste beunruhigt werden sollten.

Wer hätte sich's auch vorgestellt! Der unverschämte Campagnenbauer, dessen hübsches Weib gestern unter Henrys Pferd gekommen, stand abermals vor der Türe, und zwar in Begleitung einiger sauber gekleideten Männer, welche der unvergleichliche Scharfblick des gereisten Kapitäns sogleich für ebensoviel Blut- oder Geldigel ansah. Henry erschrak, und Rebekka fiel sogar die Teetasse aus der Hand, und ungeschickterweise gerade auf das feine Negligéröckchen, so daß sie einen Schrei des Entsetzens ausstieß und wenig gefehlt hätte, daß sie nicht in Konvulsionen gekommen wäre.

Die Lady sprang nach einem Tuche, um das jammernde Kind abzutrocknen, und der Bauer trug unterdessen aufs einfachste vor, daß seine Frau ein Bein gebrochen, daß sie in St. Spirito liege, daß er sie nicht daselbst lassen könne, daß er sie nach Grotta Ferrata hinüber transportieren lassen und, wie gegenwärtige Herren Chirurgen und Ärzte bezeugen, so viel an ihre langwierige, schreckliche Kur spenden müsse, daß er sich, das Schmerzengeld abgerechnet, nicht mit dem Bagatell von gestern begnügen könne. Der Onkel geriet dermaßen in Wut, daß er ausspuckte und zum Unglück seinen weit hervorstehenden Hemdstrich traf. Henry rüstete sich zu standhafter Opposition, der Lord meinte jetzt auch, daß es Spitzbuben seien, aber die Chirurgen und Doktoren fingen an, in einem Schwall der gelehrtesten Termini zu beweisen, was an dem Beine gebrochen und wiederherzustellen sei, behaupteten, daß es eine Kur von acht Monaten werde, und drohten einstimmig mit dem Campagnenmann, die Sache vor Gericht zu bringen, wenn sich die Herren Engländer nicht entschlössen, für die Kur noch andere fünfundzwanzig Zechinen und funfzig spanische Piaster als Schmerzengeld zu bezahlen.

Der Onkel Kapitän richtete sich auf die Zehen empor vor Grimm und biß sich in den hohen Hemdkragen, indem er die äußersten Verwünschungen in englischer Sprache über das Lumpenpack von Italienern ausstieß, Henry sah den Lord an und schwieg, nicht wissend, was er beginnen solle.

„Nichts mehr, nichts mehr!“ schrie der Kapitän, „keinen Bajocco mehr, packt euch fort! Wollt ihr uns ausziehn? Wollt ihr bei hellem Tag den Banditen spielen?“

„Herr Engländer“, versetzte ein Doktor, vortretend, „wir sind nicht gekommen, Grobheiten von Ihnen anzuhören; wollen Sie bezahlen oder nicht?“

„Keinen Bajocco mehr, sag ich.“

„Kommt, meine Herren“, sprach der Doktor ganz ruhig, „wir gehen augenblicklich vors Governo, und dann sollen diese Herren Engländer zusehen, was es kostet, wenn man in Rom ein Weib zu Boden reitet.“

Damit gingen sie murrend fort. Henry, in Verzweiflung, sah den Vater an, dieser nickte, die Lady stotterte: „Laßt euch mit diesen Schurken in keinen Prozeß ein!“, und der Sohn schrie zur Türe hinaus und rief sie zurück.

Wozu schildern wir diese Trauerszene, die dem Onkel Kapitän ein halb Dutzend Runzeln mehr ins Gesicht zog, die Desperation, mit der Henry zwischen Bezahlen und Nichtbezahlen, zwischen der Furcht vor einem Prozeß und dem Unwillen über eine Überforderung schwebte, genug, die Geldschatulle wurde abermals geöffnet, die verzweifelte Summe bezahlt und der Schein von den Ärzten unterschrieben.

„Das ist mir genug, um ganz Rom zu verfluchen“, rief der Kapitän, „nein, ich will auch keine Stunde mehr hier sein, ich gehe heut noch nach Neapel. Zwanzig Zechinen und zwei Piaster, fünfundzwanzig Zechinen und funfzig Piaster! nein, das ist unerhört, das ist das größte Banditenstück auf der Welt!“

Henry war nicht geizig, und diese Geschichte wurde ihm bloß so übermäßig ärgerlich, weil er gewiß sein konnte, daß der Onkel sie ihm zeitlebens vorwerfen werde. Er hatte ganz andern Kummer, andere Gedanken im Kopf und begab sich voll Unruhe und Zerstreuung auf sein Zimmer.

Kaum befand er sich daselbst, als ihn die Schwester in seiner Einsamkeit störte. „Oh!“ rief er aus, „Rebekka, ich duld es nicht länger so! Diese Camilla macht mich verzweifeln.“

„Und warum denn?“ fragte die Schwester.

„Ich meine, ich könne nicht leben ohne sie, ich bete sie an, ihr Bild schwebt mir Tag und Nacht vor den Sinnen, ihr großes Römerauge, ihr feurig Angesicht, ihre herrliche Gestalt, ihre zauberische Stimme, ihr Gesang und –“

„Das macht dich verzweifeln? Mich dünkt, ein Frauenzimmer von solchem Werte sollte nur beglücken können.“

„Freilich, ach freilich sollte man das meinen! Aber ich bemerke mit Schaudern, es ist eine tiefe Kluft zwischen uns! Sie sagt, sie sei mir gut, aber diese Zärtlichkeit, die ich gegen sie fühle, wird nicht erwidert, statt daß ich sie in Tränen einer schwärmerischen Liebe, in Empfindung, in Wehmut, in Melancholie sehe, plagt sie mich mit einer ausgelassenen Lustigkeit, beantwortet meine Liebesskrupel mit Scherzen, erlaubt sich gar, ihrer zu spotten, sagt mir Dinge, die ich unmöglich ohne Beeinträchtigung meines Selbstgefühls für Wahrheiten anerkennen kann, und ist so reizbar, so empfindlich, so streitsüchtig, daß ich's schon mit einer Verteidigung bei ihr verderbe, ja, und daß ich's dir gestehe, liebe Schwester, was mich am meisten beunruhigt, sie spricht von heiraten –“

„Ist es möglich?“ rief Rebekka, „sie selbst, ohne Schamröte –“

„O an Schamröte ist nicht zu denken, sie sagt es lachend und erlaubt mir keinen – keinen Kuß, wie sie sich ausdrückt, vor der Trauung!“

Die Miß lächelte, und ein halb vornehmer, halb sentimentaler Spott verbreitete sich von den blauen Augen bis zu dem kleinen Munde, der gerade für die zwitschernde Sprache, für yes und very well gemacht war.

„O du bist glücklich“, fuhr Henry fort, „deine Liebe wird auf ebendie ideale, geistige, zärtliche Weise von deinem Bräutigam erwidert – mit keinem Worte beleidigt er dein Zartgefühl, ihr versteht euch so schön als Yorick und Elisa, während diese Römerin auch nicht einen Begriff von jenen süßen Schwärmereien der Seelenliebe hat, gleich als ob sie ohne alle Erziehung, als ob sie ein gemeines Alltagsgeschöpf wäre, während sie mich mit tausend Verstößen gegen meine Delikatesse, meine Liebe martert. Es ist unbegreiflich, Rebekka, wie ein so schönes, so junges, so talentvolles, geistreiches Mädchen so entsetzlich unsentimental, so unpoetisch sein kann."

Diese gerechten Klagen unsers jungen, empfindsamen Briten über die Kälte seiner Angebeteten dauerten noch eine Zeitlang fort, bis er sich endlich anschickte auszugehen. Nicht sobald war er auf den Spanischen Platz gekommen, als er einen reichen, ihm wohlbekannten Landsmann, Sir William A., ein kleines, unbedeutendes Figürchen, antraf.

Sie gingen eine Zeitlang auf dem Spanischen oder vielmehr britannischen Platz auf und ab und unterhielten sich über die köstliche Vögelsammlung, welche Sir William mit ungeheuern Kosten in Italien zusammengebracht, und Henry lud ihn zuletzt zur heutigen Abendgesellschaft. William entschuldigte sich und sagte: „Auf Ehre, mein Freund, es ist mir diesen Abend nicht möglich, ich hab ein Rendezvous."

„Sie sind glücklich, Sir William", versetzte Henry. „Ich für meinen Teil muß bekennen, daß ich Mühe habe, mich mit einer Römerin zu verwickeln."

„Mühe?" antwortete jener. „Hier in Rom Mühe? Und für Sie, einen jungen, reichen Fremden? Ist's Ihnen Ernst? Und sind schon ein Jahr hier? Nein, fürwahr, haben Sie denn je eine Stadt in der Welt gesehen, wo die Liebeshändel so sehr Mode sind?"

„Ich wiederhole, daß ich das Gegenteil finde, daß die Römerinnen kalt und lieblos gegen den Fremden sind und daß es überhaupt nicht wahr ist, wenn man behauptet, die Italienerinnen seien die ersten Liebesheldinnen."

„Ei, so will ich Ihnen doch gleich das Gegenteil beweisen! Ich bin kaum eine Woche in Rom, so mach ich die Bekanntschaft einer jungen, bildschönen Frau, einer wahren Grazie, einer anbetungswürdigen Blondine, die Sie für ein achtzehnjähriges Mädchen halten würden!"

„Sie machen mich begierig, Sir William!"

„Mit *einem* Wort, es vergeht seither kein Tag, daß ich ihre Gesellschaft nicht genieße, ja ich bin soviel als ihr unumschränkter Ehemann."

„Und sie ist eine Frau, sagen Sie, eine Witwe?"

„Gott bewahre! Haben Sie denn noch gar keine Kenntnis vom hiesigen Ton? Sie hat einen Mann, und dieser Mann selbst drückt ein Auge zu und öffnet den Beutel. Dieser Mann hat mir die Grazie völlig abgetreten. Die liebenswürdige Scaccietta will mir übermäßig wohl, opfert mir alles auf, ich bin ihr einziger Gebieter, und sie reiste mit mir auf zwei Monate nach Neapel."

„Ist es möglich?"

„Es ist gewiß! Ich führe sie in Gesellschaft, gehe mit ihr aufs Land, nach Tivoli, Frascati, Albano; ich schwärmte mit ihr den ganzen Karneval durch, zu Fuß und zu Wagen, mit und ohne Maske, in Theatern, Festini, auf dem Corso; ich hab ihr himmlisches Bildnis, ich habe mich für sie malen, in Alabaster schneiden, selbst meine Büste für sie machen lassen, und sie liebt mich so treu, so beständig, daß sie mir nach England folgt, wenn ich abreise."

„Aber der Mann –"

„Ei, der Mann wird bezahlt! Dem Italiener ist alles feil. Sie treffen nirgends mehr Hörner als hier, und man trägt sie in Rom eigentlich zur Schau. Mit den Mädchen ist nichts zu beginnen, diese sind spröde wie Eis, aber haben sie erst die Trauung, so sind sie des Teufels."

„Das wäre schlimm!" versetzte Henry betrübt. „Aber sind Sie denn gewiß, daß Sie der einzig Begünstigte sind!"

„So gewiß als die Sonne am Himmel steht!"

Henry wollte weitersprechen, als sein Begleiter plötzlich wie vom Donner gerührt stehenblieb und eine Schar Gallinaci oder welscher Hühner anschaute, welche vorübergetrieben wurden. „Was zum Henker ist das?" rief er aus.

„Nun, haben Sie noch nie einen Gallinaccio gesehen?"

„O verflucht“, rief William, sich vor die Stirn schlagend, „was hab ich getan?“

Henry begriff ihn nicht und zweifelte wirklich an seinem Verstand, als er den Hühnerhändler herbeirief und fragte, was ein Stück koste. Der Mann forderte einige Paoli, und William brach in einen Strom von Verwünschungen über das vermaledeite italienische Volk aus.

„Hören Sie“, sagte er endlich, „was mir widerfahren. Sie kennen meine Liebe zu den Vögeln und wissen, wie ich die verschiedensten Arten zu sammeln suche. Nun kommt ein zerlumpter Lazzarone in Neapel zu mir her und zeigt mir einen höchst seltenen, kleinen afrikanischen Vogel. Ich bin außer mir vor Freude und erhalte ihn, wiewohl für einen unmäßigen Preis. Des andern Tages kehrt der Lazzarone zurück und bringt mir einen großen, wundersam gebildeten Vogel, wie ich noch keinen gesehen, indem er ihn ebenfalls für eine afrikanische Gattung ausgibt. Das Tier scheint mir äußerst dumm zu sein, und ich weigere mich, es zu kaufen. Der Lazzarone schreit und sagt: ‚Ei, jenes Vögelchen singt und lärmt, und dieser große Vogel denkt im stillen.‘ Neapolitanische Fratze, denk ich, aber ich kauf ihn doch um vier Louisdore und bewahr ihn als eine Seltenheit auf. Jetzt in diesem Augenblick seh ich eine ganze Schar solcher Bestien vorübertreiben, und der Hühnerhändler verlangt einige Paoli fürs Stück!“

Henry lachte über den geprellten Landsmann und tröstete ihn mit der Erzählung seines kostspieligen Unglücks am Vestatempel. Als sie voneinandergingen, sagte Henry: „Nun, also heute abend?“

„Warum nicht? aber reinen Mund!“

„Versteht sich, aber Sir William, hüten Sie sich, daß Sie keinen Gallinaccio mehr für etwas anders halten, als man’s auf der Straße trifft!“

Sie schieden, Henry nicht ohne Neid über das Liebesglück seines Freundes und Sir William voll Wut über die empfindliche Enttäuschung und die Bosheit des abgefeimten Neapolitaners.

Der Abend kam, es waren einige Stunden vor Mitternacht, als ein Wagen nach dem andern vor dem Hause des Lord M. anrasselte und sich nach und nach der halbe Spanische Platz mit Karossen anfüllte. Der Vater selbst mit dem Sohne empfing die Gäste, meist vornehme Briten und Britinnen, unter denen wir bald unsern trefflichen Irländer an der Seite des Herrn Ironius erkennen, und sofort wurde man der Lady vorgestellt, welche an der Seite ihres jungfräulichen Augapfels saß und diesmal durch eine ungeheure Masse falscher Locken und den allerbarocksten abenteuerlichsten Putz ihrem Gesicht etwas besonders Ledernes gegeben hatte, so daß Ironius zu dem Irländer hinflüsterte: „Ich weiß nicht, Sir Thomas, warum, aber es ist gewiß, sooft ich das zähe, widrige, fade Gesicht dieser Lady sehe, so denk ich immer unwillkürlich an das, was die Italiener *baccalà* und die Deutschen *Stockfisch* nennen.“ Der Irländer geriet in Verlegenheit und half sich durch eine dumme Gebärde.

Die Damen, welche erschienen, hatten auch nur *einen* Gesichtscharakter; ob sie hübsch oder häßlich waren, so trugen sie doch den Nationalstempel unverkennbar auf den Mund gedrückt, weswegen Ironius oft sagte: „Die Engländer haben alle *einen* Mund, Mann und Weib; daran sind sie sogleich zu erkennen! Er scheint von der Natur für die Sprache organisiert zu sein und kontrastiert schreiend gegen den Mund des Italieners, der für den Klang der reinsten Vokale geschaffen ist! Auch die hölzerne Form des Kopfes, die oft harte und vordrückende, ziegenartige Stirne, unter der ein Auge voll geistreichem, modernem Wesen, oft raffiniert, oft naiv, oft hämisch, liegt, sind charakteristische Zeichen für den Insulaner.“

Jetzt aber trat eine Gesellschaft Italiener herein, und unter ihnen Camilla Mognaschi. Ihr Vater, ein robuster, schwarzbärtiger, großäugiger Römer, führte sie, und einige Paini oder Corsostutzer folgten, junge Herrchen voll Eleganz, blaß und schwächlich; eine schwarze Locke gegens Auge hingekräuselt, gab ihnen ein gar schmächtiges Aussehn, und ihre bewegliche Figur überhaupt bildete einen interessanten Gegensatz zu den englischen oder ägyptischen Osirisstatuen, von denen der Saal erfüllt war.

Unser Henry suchte sich so artig zu bücken, als er nur vermochte, und brachte Camillen zu seiner Mutter und Schwester, welche ihr eine höchst gnädige Verbeugung machten und sie baten, sich niederzulassen. Die Römerin, nach einigen höflichen Redensarten, worauf jene bloß mit yes antworteten, nahm neben Miß Rebekka Platz, und Henry stellte sich in nicht unbedeutender Verlegenheit neben sie, nicht wissend, was er sprechen, wie er den Cavaliere servente oder gar den amante spielen solle.

„Bemerken Sie auch einen Unterschied", flüsterte Ironius zu seinem Irländer, „zwischen jenen beiden an Jahren ziemlich gleichen Damen? Miß Rebekka ist schön, ihre Farbe ist schneeweiß und ihr Gesicht wahrhaft elfenbeinern, so fein und modern poliert, als nur möglich ist; zwischen dem Mäulchen und den studierten blauen Augen sitzt ein kleines, geistreiches, schnippisches Näschen, ihr Haar ist rötlich und steht ihr gut, ihr Anzug einfach und geeignet, den schlanken, langen Riesenwuchs ihres Leibes zu zeigen; wie alles geistig an ihr ist, so fehlt auch Busen und Hüfte, Nacken und alles; ja man könnte sie mit *einer* Hand bequem umspannen. Sehen Sie dagegen die Römerin neben ihr! Wollte nicht die Natur eben das Gegenteil von jener zustandebringen oder, besser gesagt, scheint jene nicht die Arbeit einer trefflichen Kunstfabrik, einer neuen Erfindung, ein Sujet für ein Modejournal zu sein und diese das reine Geschöpf der Natur? Sehen Sie das Oval dieses Kopfes, diese kräftig und keck gezeichneten Züge, diese ausdrucksvollen, plastischen Formen, dieses warme, gesättigte Kolorit, dies üppige, glänzende Haar, dies unwiderstehliche schwarze Auge! Welch eine gedrängte, kräftige Fülle! Welch eine entzückende Wellenlinie über die Schultern zu der Wölbung des Nackens hinunter, welch ein Busen, welch eine ausgebildete, üppige Gestalt! Sehen Sie, dort bei der Britin wollte die Kunst die Natur erreichen, polierte, schnitzelte, modellierte, aber umsonst! Sieht sie nicht gegen die Römerin aus wie eine britannische Sandfläche gegen einen vollblühenden frascatanischen Lorbeerhain? Die Fabrik suchte die Natur sogar noch zu überbieten, daher das Geistreiche, Sentimentale, Gelehrte, Steife, Schnippische in jenem Gesicht, während hier nichts als die einfachsten Leidenschaften eines feurigen, gesunden Temperaments hervortreten. Jene Britin, welche selbst nur, wie die Dampfmaschine, das Werk einer genialen Erfindung zu sein scheint, ist darum auch nur für die erfundene künstliche, nicht für die natürliche Liebe geeignet, während diese schlicht und einfach ihrem Instinkt folgt und mit Leib und Seele zu dem hinreißt, wozu ein Weib geboren ist. Das ist ein Busen, um ein frisches, kräftiges Kind zu nähren, das ist ein Mund zum Kusse, das ist ein Nacken zum Umschlingen! Erlauben Sie mir ein anderes Bild, so ist Miß Rebekka eine Modellfigur zum Studium der Anatomie oder lieber eine bloße Drahtpuppe zum Studium der Draperie, und die Italienerin ist eine vollkommene Antike oder lieber eine glühend lebendige Venus."

Das war freilich kein Gespräch für den Irländer, und Ironius sagte im Ernst das alles auch nur für den Leser.

Unterdessen hatte sich eine Schar Engländer um den Onkel gesammelt, über die er alle gleich einem Obeliskus emporragte. Man beklagte sich, wie gewöhnlich, über das Ungemach einer Reise durch Italien, und einer erzählte, daß er sich lange in Tivoli aufgehalten. Weil ihm nun der Tempel der Sibylle, der so malerisch auf dem Felsen am Abgrund der niederdonnernden Fluten steht, besonders gefallen, so hab er getrachtet, ihn in seine Gewalt zu bringen, ihn zu kaufen, abtragen und nach England schiffen zu lassen. Mit einer horrenden Summe hab er endlich den Tempel überkommen, allein denke man sich die italienische Spitzbüberei, der tiburtinische Senat erklärte, daß er allerdings sein sei, aber daß er auf dem Platze stehenbleiben müsse, wo er seit alten Römerzeiten gestanden.

Ironius mischte sich ebenfalls unter sie, und einer sprach: „Man muß nur verstehen, in Italien zu reisen, dann ist's leicht, und man kommt billig durch. Ich zahle jedesmal nur die Hälfte dessen, was gefordert wird, und dieser Rat eines erfahrnen Freundes hat mir schon viel genützt. So will ich unlängst von der Peterskirche nach Hause fahren, und der Kutscher verlangt unverschämterweise zwei Zechinen!"

Ein allgemeines Murren entstand, man verwunderte sich über die Maßen, und der Erzählende fuhr fort: „Aber bekannt mit der Art, wie man solche Schelme behandeln muß, biet ich die Hälfte und komme so um zwei Piaster nach Hause. Es will Ortskenntnis, es will Erfahrung und Gewandtheit, dann ist man außer Sorgen."

Nun gut, dachte Ironius, du hast noch tüchtig als Engländer bezahlt, du bist der Mann, um einen Italiener zu behandeln! Trotzdem, daß du die Hälfte bezahltest, hast du doch noch zehnmal mehr geben müssen, als der Brauch unter andern Christen ist!

Inzwischen standen die römischen Stutzer beisammen, im Gespräch mit einigen Franzosen. Da hörte man denn: „Wie gefällt Ihnen die neue Rossinische Oper? Ah, die ‚Mathilde Shabran' ist eine Musik von solcher Herrlichkeit, von solcher hinreißenden Schönheit, daß ich sie dem ‚Moses', der ‚Semiramis', dem ‚Barbier von Sevilla' gleichstelle! Und welche Partien für die Primadonna, den Engel, unsere unsterbliche, göttliche Boccabadati! Ah, welche Gänge, welche Triller, wahrlich zum Verschmachten süß und herrlich! Wie einzig ist das bekannte, so sehr applaudierte – –" Dabei wurde eine Melodie ganz leise angegeben. – „Beim Himmel, Rossini ist der erste Kompositeur der Welt!" – Ein anderer brachte den unsterblichen Sgricci auf. „Haben Sie ihn gehört? Er hat in Arezzo eine Akademie gegeben und eine Tragödie improvisiert. Sie glückte unsäglich, das Florentiner Blatt ist voll von ihm, und Italien nennt ihn sein erhabenstes Dichtergenie! Welche Begeisterung, welch ein Schwung! welche Darstellung der Leidenschaften, welche unschätzbaren Reden und Sentenzen! Er hält den klassischen Stil von Alfieri fest!" – Ein Dritter: „Haben Sie Rosa Taddei schon gehört? Sie hat im Karneval mehrere Akademien gegeben und zu Harfenbegleitung improvisiert, zwar keine Tragödien, aber doch Ottaven und Anakreontika, zum Teil auf sehr schwierige Themen. Ich gab auf: ‚Wer war tugendhafter, Regulus oder Cato?', und sie führte das Thema, das durchs Los getroffen wurde, wirklich vortrefflich zugunsten des erstern aus." – Ein Vierter: „Die letzte Musikunterhaltung in der Philharmonika war göttlich! Rossinis ‚Zelmira' konnte nicht besser von Dilettanten aufgeführt werden! Welche Stimme hat doch die Primadonna! und der erste Baß!" Dann sprach man weiter vom Caffè Ruspoli, vom Korsofahren, von den bald zu erwartenden Feuerwerken und Nachtbeleuchtungen im Mausoleum des Augustus, von den Dichtern Monti, Parini, Ugo Foscolo, Pindemonti, Passaroni, Manzoni, Niccolini und von den Schauspielern im Valle.

Die Briten, unter denen Ironius stand, unterhielten sich jetzt über den Karneval. „Wie gefällt es Ihnen?" fragte einer den Irländer. – „Ich hab ihn noch nicht gesehen", antwortete er, „aber er wird schön sein, sehr schön, außerordentlich schön!" Einer erzählte, daß er jeden Tag wenigstens drei, vier Skudi für Konfetti ausgegeben, und Ironius ergriff das Wort und sagte: „Der römische Karneval wäre ein armseliges Vergnügen ohne die Fremden und besonders ohne Ihre vortreffliche Nation. Die Römer sind arm und werfen höchstens einige Paule für Konfetti hinaus, der Engländer schüttet Körbe über die Menge her, läßt hageln und stürmen, sitzt wie ein Gott in seiner Karosse, die eine Hand in einer Wanne voll Zucker und die andere mit der Lorgnette am Auge! Ja, sie sind eigentlich die Herren des Karnevals! Ihre Damen sind die ersten! Sie sind's, die einen Skudo für Blumensträuße ausgeben und ihren Landsmänninnen zuwerfen! Sie verstehen dieses Fest so gut, betragen sich so karnevalsmäßig, sind so geistreich, so witzig, ohne den Ernst und die Würde ihrer Nation zu verlieren, daß man sie auch trotz der Maske kennt, daß es gleichsam unmöglich für sie ist, sich zu verstecken. So erinnere ich mich zum Beispiel, diesen Herrn im Festino gesehen zu haben; er ging als Türke kostumiert, und wiewohl er über und über in den kostspieligsten Putz gehüllt war, wiewohl ihn hundert italienische Arlecchine, Bajazzi, Pulcinelle, Doktoren und Grafen anredeten, ohne daß er auch nur *eine* Antwort gab, wette ich doch, daß er es gewesen."

Aber suchen wir die Hauptpersonen auf, unsern guten Henry und seine Römerin. Sie saßen nebeneinander, und der verliebte Brite konnte sich nicht satt an dem glutatmenden Geschöpf sehen, mit dem er doch eben nicht recht sprechen konnte. „Sie sind wieder sehr melancholisch", sagte Camilla, „Sir Henry! In der Tat, man sollte glauben, Sie wären so alt und ehrwürdig als das Kolosseum!"

„Wer auch nur immer heitern Humors sein kann!" entgegnete der Engländer. „Camilla –"

„Ei die Jugend! Ich für meine Person, warum sollt ich's nicht sagen, habe wenig trübe Stunden, und wenn mich dies oder jenes auch ein wenig in Wut bringt, so kühl ich mir das Mütchen und singe mich aus und bin wieder wie zuvor."

„Camilla – hören Sie –"

„Öfters kommt Herr Luigi, der so einzig Klavier spielt, und wir machen einige Sonaten zusammen, oder er begleitet mich auch wohl zum Gesang."

„Camilla, Sie hören nicht –"

„Und welch ein himmlisch Vergnügen, einen Gesang aus Tasso oder Ariost zu rezitieren –"

„Aber Camilla, aber, liebe Camilla, Sie bringen mich zur Verzweiflung. Versprechen Sie mir *eines*, nur *eines* –"

„Und was soll ich Ihnen denn versprechen? Wissen Sie, was ich Ihnen versprechen will? Ich schwöre Ihnen, nichts von alledem auszusagen, was die vielen Herrn hier englisch reden."

„Die Schwermut drückt mich nieder –"

„Reiten Sie spazieren!"

„Ich bin so allein!"

„Suchen Sie Gesellschaft!"

„Ich ennuyiere mich!"

„So gehen Sie aufs Land!"

„Dann bin ich Ihnen fern, schöne Camilla!"

„Was liegt daran? Wenn Sie sich doch immer mit Grillen plagen!"

„Sie sind so kalt, so unzärtlich, so fühllos –"

„Im Gegenteil, Sir Henry, der Vater schilt mich täglich, daß ich zu sensibel sei, und nennt mich einen unerträglichen Hitzkopf!"

„Ein liebend Herz könnte mich selig machen."

„So heiraten Sie!"

„Aber wen?"

„Ein Frauenzimmer!"

„Camilla, Sie sind grausam! Und wenn ich nicht überzeugt bin, daß ich geliebt werde, wie dann?"

„So heiraten Sie ohne Liebe!"

„Und das sagen Sie mir?"

„Nun, so heiraten Sie gar nicht –"

„Camilla, ist's Ihr Ernst?"

„Signor Enrico, Sie machen mich lachen, indem Sie mich zwingen zu sagen, so heiraten Sie eine andere! Es gibt so viele schöne, geistreiche junge Mädchen in der Welt, so viele hübsche, liebenswürdige Männer –"

Das letztere hörte Miß Rebekka und sah die Mutter kopfschüttelnd an. In diesem Augenblick kam der Lord und bat Camillen, ans Klavier zu treten. Sie erhob sich, Henry folgte, und Rebekka konnte sich Luft machen! „Guter Himmel", sagte sie, „welche Lebensart! welche feine Weltsitte. Spricht von – nein, Mutter, es ist zu schrecklich! –, spricht von heiraten, ohne nur ein bißchen rot zu werden! O wie ist Henry doch so blind! Es ist ja eine Qual, neben ihr zu sitzen! Jeden Augenblick ein Wort, worüber man sich für sie zu schämen hat."

Henry war der Verzweiflung nahe, und wer dächte auch warum? Er wollte, daß sich Camilla durchaus nicht hören lasse, es war ihm im Innersten zuwider, es schien ihm unweiblich, unwürdig zu sein oder lieber, er hatte nun einmal die Grille!

Aber wie es verhindern? Wie mit Camilla nur sprechen? Schon hatte sich einer der Römer ans Klavier gesetzt und blätterte in den Noten; Henry trat außer sich zu Camillen hin und sagte so leise als nur möglich, aber mit dem Ausdruck eines Verzweifelten: „Camilla, ich beschwöre Sie, wenn Ihnen meine Liebe etwas gilt, singen Sie nicht, singen Sie nicht! Stellen Sie sich unwohl!"

Die Römerin sah ihn an, wie man einen betrachtet, den man für verrückt halten möchte. Sie griff in aller Ruhe nach dem Notenblatte und setzte sich in Bereitschaft, zu singen. Alles hatte sich jetzt um sie her versammelt und sah die schöne Gestalt, den edeln Kopf an, dessen großen Charakterzügen, dessen lebensfrohem, mutigem Geiste die Nachtbeleuchtung einen höchst reizenden Ausdruck gab. Henry konnte nicht weiter in sie dringen, er mußte es zulassen; er stampfte im Grimm auf den Boden, er verfluchte diesen Augenblick und war entrüstet über Camillen.

Aber die präludierenden Töne klangen, und sie hub an mit einem Affekt, mit einer Empfindung, mit einer Wahrheit und Kraft zu singen, daß ihr ganzes Wesen verändert wurde, daß ihr großes Strahlenauge bald in Zärtlichkeit verschmachten, bald in Flammen einer Begeisterten ausbrechen wollte, daß ihr Busen wild aufatmete und jede Bewegung nur Leidenschaft zu verraten schien.

Es saß neben der Lady M. eine ältliche Britin, bei deren Gesicht man gar nichts denken konnte, war sie dumm oder geistreich, gut oder bös, stolz oder demütig, roh oder gebildet, das konnte man nicht in der ganz und gar ausdruckslosen Physiognomie lesen; worüber man allein Gewißheit hatte, das war ihre Häßlichkeit und ihr rotes Haar. Zu dieser sprach die Lady: „Diese Italienerin wäre schön? Welch ein grobes, derbes Gesicht! welche große, breite Nase! welche stiere, freche Augen!“

„Sie haben recht, Mylady“, erwiderte die Rotbehaarte, „alles nach grobem Schnitt, Gesicht, Haar, Figur und Kleidung. Sehen Sie Ihre liebenswürdige Rebekka an, scheint sie nicht fast ein übersinnliches Wesen gegen jene zu sein? Und die Römerin wäre gut gewachsen? Aber stille, man hört uns!“

„Welch ein plumper Wuchs!“ fuhr die Lady fort. „Rebekka ist eine Lilie dagegen. Welch ein dicker Oberleib! Wie ist sie weit um die Hüften! Welches struppige, unfeine Haar!“

„Und ihre Gebärden, Mylady, wie affektiert, wie ausgelassen!“

„Und ihre Kleidung, recht wie eine Türkin! Ein rotes Barett in den Haaren!"

„Wie sie mit ihrem Nacken prahlt, der doch gar nichts Zartes und Schönes hat! Und dieser Gesang!"

„Affektiert, affektiert! – aber stille!"

Der Eindruck bei den übrigen Gästen war höchst verschieden. So gewiß ist es, daß man nicht vernünftig tut, nach anderer Urteil zu fragen, indem uns nur höchst selten die Sache selbst, meist nur die Eigentümlichkeit der Person daraus klar wird, welche urteilt. Der Onkel flüsterte, sich von seiner Höhe zu einem Landsmann neben ihm herabbückend: „Italienische Schnörkel, Übertreibung, Karikatur!" – Die römischen Stutzer stießen ein schmachtendes Bene! und Bravo! nach dem andern aus und meinten, daß Baccabadati im Valle nicht mit mehr Empfindung singe, und der Irländer sagte, indem er eine Prise in seine große Kupfernase schob: „Schön, ganz schön, außerordentlich schön!" Henry stand auf glühenden Kohlen und verging fast vor Wut.

Camilla endete, und ein gewaltiger Applaus erfolgte von großbritannischen und römischen Händen. Der Lord sagte ihr höchst schmeichelhafte Dinge, wie er ihr denn überhaupt wohlwollte und sie gern als seine Schwiegertochter gesehen hätte, wenn die grämliche Lady, welche ihn stark unter dem Pantoffel hielt, ihr nicht so abgeneigt gewesen wäre.

Henry wollte der Sängerin etwas sagen, der Übermut wollt ihm den Busen sprengen, aber er fand sie so umgeben von Italienern, Franzosen und Engländern, welche ihr huldigten, daß nicht daran zu denken war, so daß nur seine Eifersucht noch erregt wurde.

Man schlürfte Tee, man teilte sich wieder in kleinere Kreise, und in der Gruppe, die sich um die Lady und ihr Engelskind versammelte, beschloß man, morgen die Peterskuppel zu ersteigen.

Henry sah Camillen in ununterbrochenem Gespräche mit ihren Römern und war umsonst bemüht, ein heimliches Wort an sie zu richten, und weil er lieber gar nichts sagen wollte als etwas Alltägliches, so schwieg er, stellte sich neben sie, glaubte angeredet zu werden, aber umsonst, die Römerin plauderte und lachte, scherzte und ließ sich huldigen und verließ den Saal mit einer vornehmen Verbeugung gegen Henry.

„Ich hätt es nicht länger ausgehalten", sagte sie im Wagen zu ihrem Vater, „noch sausen mir die Ohren von dem ewigen eintönigen Zwitschern und dem entsetzlichen ‚what, what, what!'."

Schleichen wir uns nun auch mit unserm Irländer und Ironius aus dieser Gesellschaft, in der wir uns ohne das Bild der jungen Mognaschi sicher gelangweilt hätten, und gehen wir mit jenem um Mitternacht nach Hause, wo ihn die hübsche Plebejerin mit einem Licht erwartete.

Dem alten Herrn schien es aber gar nicht von Natur gegeben zu sein, mit Mädchen umgehen zu können; er wußte nicht, was er sprechen sollte, besonders da er im Italienischen noch keine große Fortschritte gemacht hatte. Er wußte nichts anders zu tun, als mit den kleinen Äuglein zu blinzeln und zu sagen: „Ihr seid doch gar hübsch, recht hübsch, außerordentlich hübsch!"

Die Minente machte sich nicht wenig lustig über ihn und ließ ihn sodann allein. Sir Thomas holte ein Fläschchen Est, est aus dem Schranke, setzte sich auf das Sofa und sagte zu sich selbst: „Morgen will ich weiter gehen, morgen will ich's probieren, ich will sehn, daß ich sie morgen ein wenig ums Kinn streicheln kann."

Schon wankte sein Haupt in Schlaftrunkenheit, als er einen Mandolinenklang auf der Straße hörte. Er öffnete das Fenster und schaute hinaus. Es war ein junger Bursche in trasteverinischer Tracht, der ein Liedchen abklimperte, aber zugleich bemerkte er, daß Rosa zum Fenster hinaussah.

Wäre das vielleicht ihr Liebhaber? dachte der Irländer. Indem schlug Rosa das Fenster zu, und in kurzem hört' er an seine Türe klopfen. Es war die Plebejerin. „Ist das Euer Liebster", rief der Irländer schmunzelnd, „der Mandolinspieler drunten?" – „Ei behüte Gott!" antwortete sie, „das ist ein junger Mensch, der den Fremden in Rom zuweilen ein Ständchen bringt! Es ist so

Sitte hier, und die Herren Engländer geben ihm immer einen Skudo."

„Einen Skudo?" rief Sir Thomas, „und mir das Ständchen?"

„Ei, gewiß! fragt ihn nur selbst. Er ist der beste Spieler in Rom."

„Nun, weil Ihr so wollt, so soll er einen haben, aber nur Euch zuliebe, versteht Ihr? Bringt ihm die Piaster und sagt, daß ich nicht musikalisch sei und daß ich ihn nicht mehr hören wolle."

Die Minente nahm den Skudo und lief davon. Thomas war aber doch neugierig, schaute zum Fenster hinaus und bemerkte, daß die beiden etwas lange zusammen sprachen.

Er schöpfte Verdacht, und nicht mit Unrecht. „Was zum Teufel", rief er hinab, „flüstert ihr euch ins Ohr?"

„O lieber Herr Engländer", antwortete das Mädchen, „er sagt, daß Ihr ihm zuwenig gegeben und daß er immer funfzehn Paul bekommen. Ihr werdet doch nicht schmutzig sein –"

Thomas griff abermals nach dem Beutel, nahm einen andern halben Skudo, wickelte ihn ein und warf ihn hinab. „Aber jetzt ist's richtig", rief er, „gute Nacht!", und schlug das Fenster zu.

Der Mandolinspieler aber nahm vom Liebchen lachend Abschied, sah zu Thomas' Fenster hinauf, drückte sich den Finger ans Auge und rief: „Gute Nacht, Engländer! du mußt mit meinem Mädchen nicht scherzen wollen!"

Frühmorgens finden wir unsere reizende Mognaschi allein auf der Straße, die nach der Kirche Trinità dei Monti führt. Zur Messe, nun doch, so sagte sie zu Hause, und man sieht es gerne, wenn die Kinder fromm sind. Aber wer traut einer sechzehnjährigen Römerin?

Genug, sie trat in die schöne Kirche, deren weiße Türmchen auf dem sonnigen Hügel des Pincio über die ganze Stadt wegschauen, und kniete in der Dämmerung des Hauses nieder. Aber sie schielte doch ein wenig auf die Seite; vielleicht weil sie Volterras berühmtes Fresko oder irgendeine andere Malerei suchte? Doch nein! sie sieht einen Jüngling von schönem Wuchs und echt italienischem Kopf, schwarzen Augen und schwarzen

Haaren, der in einer Seitenkapelle steht und nur auf sie zu warten scheint.

Er verwendet keinen Blick von ihr, solange die Messe währt. Camilla erhebt sich jetzt und tritt aus der Kirche, der schöne Jüngling folgt ihr und erreicht sie auf der Treppe, von der herab ganz Rom zu übersehen ist; sie hebt einen Finger in die Höhe, indem sie ihn anblickt. Er versteht: ein Uhr. Sie hält die flache Hand an die Schläfe; ein Uhr in der Nacht oder eine Stunde nach Sonnenuntergang. Sie geht die Spanische Treppe hinunter, und das Rendezvous ist gegeben. Glück zu, Sir Henry!

Begeben wir uns jetzt denn ins Haus des Lord M., wo man gegen Mittag große Vorbereitungen macht, um die Peterskuppel heute noch zu ersteigen. Die ganze Familie des Lords, bis auf die kleinen Kinderchen, sollten hinaufgeschafft werden, ja, er selbst mußte der Lady gehorchen und die merkwürdige Tour zu unternehmen versprechen. Ironius ging voraus, um, wie er sagte, die Custodi und Ciceroni zu rufen, damit alles schnell vor sich gehe. Der Onkel Kapitän sagte zwar: „Dieser St. Peter, was ist er? schlechte, effektlose Architektur, die Stümperei ganzer Jahrhunderte; die Pyramiden Ägyptens gewähren andere Höhen und Größen!“ Aber weder diese Geringschätzung noch die steifen Knie konnten ihn retten, auch er mußte zusagen. Der Irländer tat’s, um dem Schutzheiligen Roms einen Devotionsbeweis zu geben, und die rotbehaarte Britin von gestern sowie einige andere, worunter sich eine mit himmelblauen Äuglein, scharlachroter Nase und blauer Brille befand, gingen hinauf, damit sie ungelogen sagen könnten, sie seien oben gewesen. Freilich wäre jene Lüge vielleicht keine so große Sünde gewesen als eine solche Luftreise, denn es ist ja doch gar zu arg für unsereinen! Höre man nur, was ihnen einfiel!

Alles hatte sich im Hause des Lords versammelt, wohl an die zwanzig Personen. Da kam der Lady in den Sinn, ob es nicht etwa ein ganz erhabener, origineller Gedanke, ein wahrhaft überschwenglicher Genuß wäre, wenn man in dem Knopf der Peterskuppel, der bekanntlich sechzehn Menschen faßt, einen Tee tränke. Diese Idee fand ungemessenen Beifall in der Versammlung, besonders bei den Damen, vorzüglich bei unserer Miß Rebekka. „Das muß ein Vergnügen sein!" rief's hier. „Daran hat gewiß noch keine Menschenseele gedacht!" ertönt' es dort. Henry schrie: „Vergessen Sie nicht, über ganz Rom, in den Lüften, in einem Knopf, an einem Plätzchen, das man Tagereisen weit sieht, das nach den ägyptischen Pyramiden das Höchste ist, was Menschenhände gebaut, wo von allen Nationen des Erdballs nur wenige Glückliche hinkommen, einen Tee zu schlürfen!" Und Sir Thomas fand den Gedanken hübsch, sehr hübsch, außerordentlich hübsch.

Man nahm also das Teegeräte zusammen, setzte sich zu Wagen und rollte die Via Condotti hinab. Natürlich stak im Sacke jedes Engländers Feas oder Vasis oder Nibbys römischer Wegweiser, und Miß Rebekka, die rotnasichte, sowie die rothaarige Landsmännin hatten ebenfalls ein Buch in der Hand und studierten unterwegs. Der Lord wollte bei der großen Hitze einschlafen, der Onkel schmähte über die engen Gassen, und der Irländer nahm den Hut vor jedem Madonnenbilde, jedem Kreuze ab und schielte nach jeder Tafel, wo ein trefflicher Orvieto- oder Gravatinowein angezeigt war.

So erreichte man den Petersplatz und stieg an der Treppe aus. „Dieser Peter!" brummte der Kapitän vor sich hin, und dennoch war die ganze britannische Gesellschaft zusamt den Karossen und trotz der oft gerühmten Länge des mißlaunigen Onkels nur ein schwarzer Punkt auf dem ungeheuern Raum des Platzes, vor den Säulen dieses Tempels der Christenheit! Als sie in das Innere der Kirche eintraten, wurden sie von Herrn Ironius mit der Nachricht empfangen, daß alles für ihre Reise bereit sei, und man machte sich unverzüglich auf den Weg, nachdem Sir Thomas voll Demut dem Bilde des heiligen Petrus den Fuß geküßt.

An der Türe wurden sie sogleich von dem Pförtner angesprochen, welcher – Ironius konnte sich kaum ernsthaft erhalten – einen Skudo verlangte. Der Onkel war entrüstet; man gab jedoch bloß die Hälfte oder zehnmal soviel als andere geben. Sofort stand der erste Custode vor ihnen. Ironius blieb hinter allen zurück. So ging's denn allmählich empor. Henry führte Mutter und Schwester, ein anderer den Lord, Ironius den armen Sir Thomas, der jeden Augenblick stille stand, um sich den Schweiß von der Rubinstirne abzutrocknen. Ironius fand aber kein Ende, den St. Peter zu loben, und der Irländer keuchte: „Schön, ja, sehr schön – außer – ordentlich – schön!"

Endlich, nach vielen Stoßseufzern des Lords, des Onkels und des frommen Thomas und unter manchem geheimen Gebet der Lady gelangte man auf die Plattform, wo sich unter den kleinen Kuppeln und Häusern umher, auf dem Platze die furchtbare große Kuppel des Michelangelo erhebt. Wenig hätte gefehlt, daß auch der Kapitän diese erschreckliche Höhe bewundert hätte, wenn er an die grenzenlose Mühseligkeit der weitern Luftreise dachte, aber er überwand, trotz alles Widerstrebens der steifen Knie. Der Lord und Thomas, seine materiellen Gegensätze, schwammen im Schweiß, die Lady keuchte, sich auf die Schulter Henrys lehnend, von der roten Nase der Blauäugigen träuft' es ebenfalls, und Ironius sorgte für Sessel und Sonnenschirme. Als man nach und nach wieder zu Atem gekommen war, setzte freilich der erste hervortretende Custode die Gesellschaft abermals außer Atem, indem er zwei Skudi fürs Heraufführen verlangte. Dem System getreu, gab man ihm abermals nach langem Streitreden nur die Hälfte, und der Kapitän, an den unglücklicherweise das Zahlen kam, zog sogar von dem Skudo noch einige Bajocchi ab. Hierauf erklärte Ironius die architektonischen Merkwürdigkeiten dieses erhabenen Ortes und bemerkte, daß man hier unter diesen Kuppeln, Häusern und Riesenstatuen gleichsam in einer Stadt sei. Die Gesellschaft las in den Büchern nach, ohne das geringste anzusehen, ohne nur auf den tiefen Platz hinabzublicken, und man machte sich abermals auf den Weg, nachdem man für jeden Sessel einen Paul gezahlt. Nun erschien ein zweiter Custode und führte weiter. Der Lord protestierte mitzugehen und bat, man solle ihn doch unten lassen, aber ein grimmiger Blick, einige „what, what, what!" (wie Camilla sagte), und die gefährlichsten, hölzernsten Runzeln im Gesicht der Lady brachten ihn bald auf andere Gedanken.

Zwei junge Briten hatten übrigens an ihm zu schleppen. Dürften wir uns die kräftige Sprache Ariosts erlauben, so sagten wir: Ströme von irischem, britannischem, schottischem, weiblichem, männlichem Schweiß flossen gleich Waldströmen die Treppen St. Peters hinab, und die haushohen Fontänen auf dem Platze schienen ihre prasselnden Wasser nur von ihm zu beziehen, aber es könnte übertrieben aussehen, und wir sprechen nur von den Seufzern des armen Lords, der dem Irländer oft zurief: „How do you do, Sir Thomas?“, worauf dieser schnaufend und sich abtrocknend antwortete: „Very well, thank God!“

So erreichte man die erste Galerie, wo der Custode Abschied nahm, einen Skudo forderte, die Hälfte erhielt und ein dritter die Türe aufschloß, welche auf den Kreis in der Kuppel hinausführt und den Blick über das riesenhafte Gewölbe und die Tiefe der Kirche erlaubt. Man schritt auf der Galerie umher, man lief einmal herum, und keiner wurde auf den Onkel Kapitän aufmerksam, der ihnen hier zum besten Maßstab der Größe hätte dienen können. Denn wiewohl er seinesgleichen unter zwei- und vierfüßigen Geschöpfen nicht hatte, wir meinen, rücksichtlich der Länge, so sah er doch nur wie ein ganz kleiner Zahnstocher aus, wenn er jenseits der Kuppelwölbung, also in einer Entfernung von hundertunddreißig Fuß stand, und die Evangelisten und Apostel, deren gewaltige Mosaikbilder in dieser schwindelerregenden Höhe schweben, hätten ihn in den Mund schieben können, wenigstens in den Fastenzeiten, wo ein katholischer Apostel doch magro speisen müßte. Diesen trefflichen Maßstab hätten sie um so mehr benutzen sollen, als man nur durch Vergleichung der Verhältnisse die Größe dieses Gebäudes herausbringen kann, das eben so klein scheint, weil alles groß darin, ja unter den Buchstaben der Inschrift an der Kuppel das J so groß ist als der Onkel Kapitän zusamt dem Hütchen. Aber es stand nichts vom Onkel in Vasis Wegweiser, und so bemerkten sie's auch nicht, nur Ironius lachte darüber in die Faust, besonders da sie an der Türe abermals einen halben Skudo entrichten mußten.

Jetzt weiter empor, ein vierter Custode führte zur zweiten und letzten Galerie, forderte seine Bezahlung und trat sie an einen fünften ab, welcher die Türe aufschloß. Wen ergriffe nicht ein heiliger Schauder, wenn er hier gegen vierhundert Fuß in die duftige Tiefe dieser Kirche wie in eine Welt hinunterschaut, wenn er von den glänzenden, heitern Kreisen dieser Kuppel, die als ein Pantheon von vierhundertundvierzehn Schuh Durchmesser in den Lüften schwebt, zu dem Baldachin des Hauptaltares hinabblickt, dessen Kreuz die Höhe des größten römischen Palastes, des farnesianischen, hat, und dessen Säulen doch nur so groß wie der Onkel Kapitän scheinen, wenn man die Menschen in der Tiefe betrachtet, welche so klein sind, daß sie die Rotnasichte und Rothaarichte, ja sogar das Engelskind Miß Rebekka nicht ohne Brille sehen konnte, wo aller Unterschied zwischen der Körpermasse des Irländers und der Magerkeit des Onkels aufgehört hätten und die menschlichen Wesen in der Tat so unbedeutend erschienen, als dieser stolze Beobachter der Welt sie nur ansehen konnte. Aber von all diesen Vergleichungen stand ebenfalls nichts in den Büchern, und so ging man denn fort, zahlte dem fünften Custode, nahm den sechsten, während Ironius vor Lachen zerplatzen wollte und dem Onkel, der über die Geldverschwendung in diesem Gebäude schimpfte, die Bemerkung machte, daß das Geld dahin gesteckt worden sei, welches man den Fremden abgenommen habe. Aber jener wurde nach und nach untröstlich, wenn er die Summe überrechnete, die man schon gespendet, die man noch spenden müsse, wenn er an den Lohn für die Männer dachte, welche die Kinder, welche das Teegeräte herauftrugen, wenn ihm das Knie versagte, wenn er in den engen und niedern Gängen mit dem Kopf an die Decke stieß!

Endlich, „thank God!“ riefen alle, endlich kam man zum Kranze auf der Kuppel, von wo aus man im Freien den ganzen Umfang des gigantischen Baues, seine Kuppelchen, sein Dach, seine Statuen und den weiten Platz und die ungeheuern Halbkreise des Säulenganges, wo man das nachbarliche Labyrinth des Vatikanes, dieses Wunderbaues von mehr als zwanzig Höfen und dreizehntausend Zimmern und Sälen, wo man ganz Rom, die Campagna, die Berge der Sabiner, Äquer, Volsker und Latiner und einen sonnenbeglänzten Streifen vom Meere zugleich überblickte.

Diese in der Welt so einzige Aussicht hätte man nicht genießen können, weil sie nicht im römischen Wegweiser beschrieben ist, wenn Ironius nicht den Cicerone gespielt hätte. Er nannte die besonders hervorragenden Hügel, Paläste, Ruinen, Säulen und Obelisken, sogar die Dörfer und Städte im Gebirge der Albaner und Sabiner, und einige fleißige Reisende schrieben's auf, versteht sich, ohne etwas anzusehen. Sessel für die Damen hatte man nachgeschleppt. Der sechste Custode mußte jetzt bezahlt werden, und der siebente kam.

Schon zog ein Gewitter vom Monte Cavo herüber, aber man achtete wenig darauf, die Hälfte der Gesellschaft hatte auszuruhen, die andere war in Gedanken mit dem Tee beschäftigt. Nur unser sentimentales Geschwisterpaar stand in schwärmerischen Gedanken am Geländer und sah hinab auf das große, schon von Wolken beschattete Rom; die Miß dachte an den fernen, so bald, so sehnsüchtig erwarteten Geliebten, und Henry blickte gegen die weißen Türme von Trinità dei Monti hinüber, in deren Nähe seine spröde, grausame, launige, wilde Angebetete wohnte, und stellte sich die Glückseligkeit vor, die ihm blühe, wenn er den Starrsinn des mutwilligen Kindes besiegt, wenn er es zu seinem Weibe gemacht habe und mit ihm nach England zurückgehen könne! Ein heftiger Gewitterwind blies um ihn, so daß man recht eigentlich sagen konnte, er sprach in den Wind!

Da schrie die Lady auf: „Um Gottes willen, was – was –“ Alles lief hinzu, in der Besorgnis, daß jemand hinabgestürzt wäre. Aber man erfuhr bald, daß zwar alles Teegeräte, Zucker und Gewürz da sei, aber leider die Teebüchse fehle. Das war ein Donnerschlag für die Gesellschaft, und man sah einander betroffen an.

Einige rieten, dem Gedanken zu entsagen, besonders da sich die Berge schon umhüllten und das Gewitter allmählich über die Campagna heranzog. Aber die Lady beharrte darauf, die Miß unterstützte, und es wurde der arme Henry kommandiert, Tee anzuschaffen. Wie das anzufangen? Römischen wollte man nicht trinken, einen Bedienten konnte man nicht nach Hause schicken, weil die Teebüchse in einer Kommode unter vielen Kostbarkeiten lag, und so mußte der gute Sohn denn sich aufmachen, sich die Treppen hinab zu Tod ärgern, abermals ein halb Dutzend Custodi bezahlen, sich in den Wagen setzen und den Weg von drei Miglien nach dem Spanischen Platz hinrollen.

Als die Kuppel vor seinen Augen über die Fassade hervorstieg, sah er zum Kranz hinauf, bemerkte aber niemand oben; es war zu hoch, zu fern; die Briten schienen samt dem Teegeräte gen Himmel gefahren zu sein. Wir lassen ihn mißmutig, wie er war, forteilen und fliegen auf die Peterskuppel hinauf, ohne daß es uns auch mehr als einige Federzüge kostet, und zwar nicht mit Flügeln, sondern mit Gänsekielen. Das hat auch der ärmste Poet vor dem reichsten reisenden Lord voraus.

Wir treffen unsere Gesellschaft in nicht geringer Furcht vor dem Donnerwetter, das sich schon mit drohenden Schlägen vernehmbar machte. Obenerwähnter Dichter des „Orlando" würde vielleicht in ihm nichts als die aufgestiegenen britischen Dünste und Flüssigkeiten entdecken, aber wir begnügen uns, zu erzählen, daß es kam, ja daß es unserer Gesellschaft teuer zu stehen kam.

Während unsere Engländer so in ihrer Vögelsprache in den Lüften zwitscherten, nahm die schöne Miß ein rotsamtnes Büchelchen heraus, ein Schreibzeug, und schickte sich an, im Angesicht des heranziehenden Gewitters, im Angesicht von ganz Rom zu schreiben. Nun was das wäre, darauf wären wir doch neugierig. Empfindungen des erhabenen Orts oder etwas an den Liebsten oder gar ein Gedanke? Dichter sind kurios, wollen sie ja wissen, was in Himmel und Hölle vorgeht, schildern sie ja Dinge, die in tiefster Stille der Nacht geschehen, warum sollte man denn so etwas Unschuldiges, Artiges, Originelles nicht wissen dürfen, wie's die spirituöse Britin ins Tagebuch schreibt? Genug, wir wissen schon, wie wir's machen, nur Geduld bis auf den Abend!

Sie war tief in sich versenkt, als einer in der Gesellschaft einen

Schreckensruf ausstieß, der alles abermals in Angst versetzte. Denke man sich, Ironius wollte sterben vor Lachen, denn dem Onkel Kapitän hatte der Wind das Hütchen vom Kopf genommen und wehte den federleichten Filz trotz allem Geschrei des Onkels weit hinab und hinüber, und sehe man, wie doch das Geschick so abenteuerlich und romantisch gegen die Engländer ist, es scheint fast unglaublich, aber das Kuppelkreuz der gregorianischen Kapelle fing ihn auf.

Der Onkel war untröstlich, er fluchte alle Blitze, die im Himmel leuchteten, auf diese vermaledeite Peterstour herab. Aber umsonst. Das Hütlein stak auf der Kreuzspitze, und Ironius sagte: „Beruhigen Sie sich, liebster Herr! Dem Wind, was des Windes ist! Ihr Hut befindet sich auf der ersten Kirche der Christenheit, und bedenken Sie, daß alle Messen, die in der Kapelle unter ihm gelesen, alle Gebete, die in die Kuppel hinaufgerichtet werden, gleichsam nur ihm gelten, der wie das Factotum zu betrachten ist.“

Aber jetzt konnte man's außen gar nicht mehr aushalten, denn der wütende Wind wehte in den Kleidern der Damen allzu unsittlich, als daß man's ertragen konnte, schon wölkte sich's in grauen Wallungen über die Quirinalischen Paläste her, und in kurzem umhüllte sich Rom von der goldnen Basilike des Konstantin bis übers melancholische Mausoleum des Adrian, bis zu den Säulenkolonnaden St. Peters. Alles drängte sich ins Innere zurück; die Miß schrieb, bis ihr die Tropfen aufs Papier fielen, und jetzt dachte man erst daran, daß man keine Regenschirme, nicht einmal bedeckte Wägen habe. An Henry, an den Tee dachten die Undankbaren nicht mehr.

Zwei Stunden mußten sie warten, in Güssen strömte der Regen herab. Es war schon spät, und der Custode sagte, daß man ihm wenigstens das Zehnfache zahlen müsse, wenn die Herrschaften bei diesem Hundewetter, wie er sich ausdrückte, oben bleiben wollten. Der Onkel Kapitän stieß auf diesem heiligen Gebäude mehr Flüche aus, als Menschenhände daran gearbeitet hatten. Regen, Wind, der verlorene, auf der gregorianischen Kuppel sitzende Hut, die aufgedeckte Glatze und das gespendete

Geld, das reichte zu, um diesen Nachmittag zu dem unseligsten seines Lebens zu machen.

Endlich erschien der heißersehnte Henry mit dem Tee, und Mutter und Schwester umarmten ihn vor Freude. Aufs schnellste wurde ausgepackt, man verlangte nun Wasser, da schüttelte der Custode den Kopf und sagte, daß das nicht erlaubt sei und daß es ihm den Dienst kosten würde. Man stürmte englisch und italienisch auf ihn ein, aber umsonst; man gab ihm einen Skudo, er weigerte sich, man bot einen zweiten, und er versprach endlich, Wasser kommen zu lassen, wenn man den Buben bezahle, der es von der Plattform heraufbringe.

Eine andere halbe Stunde verging, bis er kam. Auch dem Buben mußten fünf Paule gespendet werden. Die Teemaschine wurde hervorgebracht, man füllte sie mit Wasser, man zündete den Alkohol an, warf das Gewürz hinein, man nahm die Schalen aus einem Korbe hervor und hatte schon zwei mit Zucker gefüllt, als die Miß, welche den Korb in der Hand hielt, von einem so derben Windstoß gefaßt wurde, daß sie vor Schrecken alles zu Boden fallen ließ. Stelle man sich die Bestürzung der Gesellschaft vor; alles glaubte, daß keine Schale mehr gerettet worden, aber Ironius rief aus: „Sehen Sie, meine Verehrten, der Jammer ist noch nicht so groß! Noch sind zwei übrig, und diese reichen hin, wenn eine Hebe serviert!“

Die Miß dankte in der Verwirrung nicht für das Kompliment, das Wasser fing an zu sieden, man warf den Tee hinein, und man jubelte dem nahen Genuß entgegen.

Jetzt aber sollt es die enge, fürchterliche Hühnertreppe in den Knopf hinaufgehen. Henry und einige beherzte Briten stiegen empor, das war die letzte, aber freilich die beschwerlichste Reise! Die Miß, im Begriff emporzuklettern, schrie auf und sprang zurück. Oben aus dem Knopf heraus rief der Bruder und wollt ihr den Arm reichen! Aber sie wollte vor Scham vergehen und schlechterdings nicht vorwärts. Wie konnte das arme, schon vom Wind so unartig zerzauste Wesen auch die senkrechte Leiter emporklimmen, während die Männer nachkletterten?

Man ließ die Männer voran emporsteigen. „Sechzehn Personen haben Platz", rief die Lady, „nach Nibby und Vasi; wieviel sind schon oben?" – „Sechs", war die Antwort. Also ging's an den Irländer. Dieser, seinen Wanst anblickend, glaubte in die Hölle steigen zu müssen. Er bat, er flehte, er beschwor, aber umsonst; die dicke, römisch-katholische Maschine mußte sich an der Leiter emporwinden. Er rief nach Ironius, dieser schrie: „Voran!" Sir Thomas stöhnte, rief die Heiligen an und blieb in der Mitte der Leiter in Todesangst angeklammert stehen. Alles ermunterte, alles trieb ihn vorwärts, da unternahm er's. Doch er blieb vor Entsetzen wie erstarrt, als er das enge Loch erblickte, wodurch er in den Knopf emporkriechen sollte. „Nein, es ist unmöglich", rief er, „ich kann nicht durchkommen; helft mir, um Gottes willen, helft mir hinab." Henry ergriff ihn beim Arme und zog, Thomas keuchte, er schlüpfte mit dem Kopf hinein, und siehe, er stak mit dem Leibe halb innen, halb außen, auf der Kirche St. Petri, fünfthalbhundert Fuß über der Tiber, und glaubte weder vorwärts noch rückwärts zu können.

Es erscholl ein wildes Gelächter unten und oben, aber unser dicker Herr fing an ganz jämmerlich zu schreien, so daß die Sache bald ernster wurde. Freilich konnte man's weder denen, die im Knopfe saßen und Kopf, Arme und den halben irischen Rumpf sahen, noch denen verargen, die an der Leiter unten standen und die Füße betrachteten, wenn sie glaubten, in ihrem Leben noch nichts Komischeres erfahren zu haben. Aber die Bitten, Beschwörungen, endlich die Stoßgebete des frommen Christen zeigten nur zu deutlich, in welcher verzweifelten Lage er sich befand, und so machte man sich denn mit Eifer ans Werk, der Fleischmasse vorwärts oder rückwärts zu helfen. Man zog, man schob, man drückte, aber umsonst. Ironius glaubte, daß eine plötzliche, hastige Bewegung alles tun könne, und kneipte den alten Herrn darum so derb in die Posteriora, daß er schrie. Aber er blieb unbeweglich stecken.

Man beriet sich, denn der Arme fühlte sich immer übler in diesem Engpaß. „Einen Beichtvater, bringt mir einen Beichtvater, ich bin des Todes!" erscholl's in die Kupferhöhle hinein.

„O Maria sanctissima – Atem – Atem!"

Ironius sagte unten: „Es ist wirklich ein bedenklicher Fall! Wenn er wenigstens nur einen Arm herausbrächte. Sir Thomas, versuchen Sie's doch, den rechten Arm heraus!" rief er hinauf.

„O Maria sanctissima, es ist ja unmöglich, ich kann mich ja nicht bewegen –"

„So bleibt uns nichts übrig", begann Ironius, „als einen Chirurgen zu holen."

„Ach Maria, heilige Maria, Muttergottes, lieber einen Beichtvater, ich ersticke –"

Die Damen jammerten, der Lord sah seinen eigenen Wanst an und seufzte: „Der arme Sir Thomas – ich kann mir's vorstellen, wie's ihm ist!"

Indem wurde Sir Thomas mit äußerster Gewalt von oben ergriffen, er tat einen Schrei und lag atemlos im Knopfe.

„Gott sei gedankt!" ertönte es von allen Seiten, „aber wie bringt man ihn wieder heraus?"

Der Lord war freilich um keinen Preis der Erde mehr zu dem entsetzlichen Klettern zu bewegen. Ironius stieg hinauf. „Also acht!" rief die Lady. „Nein", antwortete Ironius, „Vasi hat nicht auf so beleibte Herren wie Sir Thomas gerechnet, wenn er sagte, daß hier sechzehn Platz haben; in der Tat, wir sind zu neun oder zehn." Nun traf die Reihe also die verschämten Damen, und die ganze Rundung des Knopfes war voll, alle saßen oben, bis auf den Lord und die Kinderchen.

Da wurde denn – „großartigster und sonderbarster Moment meines Lebens!" rief die Lady aus –, da wurde denn der Tee emporgereicht, und die Schöpferin dieses köstlichen Augenblicks pries man allgemein. Man reichte die Tassen herum, es wechselte von einem zum andern, die Miß nahm das vertrackte Büchelchen heraus, das uns so neugierig macht. – „Gott!" brach Henry aus, über allen Türmen und Kuppeln, Obelisken und Säulen, über allen Bergen und Hügeln des dritthalbtausendjährigen Roms, und sie – dachte er hinzu –, und sie sieht in dieser Minute nicht mit namenloser Empfindung nach dem Punkte, worin ihr Anbeter, ihr Geliebter verborgen ist! „Das heißt", sagte Ironius, „Nektar und Ambrosia recht eigentlich im

Himmel genießen! Und sind wir nicht gleich Göttern? Sir Thomas gäbe einen Jupiter ab, Mylady eine Juno, Miß Rebekka eine Minerva, der Herr Kapitän einen Mars und so fort. Ist es nicht ein Vergnügen, hier zu sein, Sir Thomas?" – „O sehr schön", rief er, „ganz schön, ausnehmend schön." Aber innerlich schauderte er noch vor der Qual des höllischen Zustands in dem Loch, dabei hatte er die höchste Angst vor dem niederplatzenden Regen, er glaubte, der Wind könnte, wie dem Herrn Onkel den Hut, so auch der Kuppel ihren Knopf wegführen, und zudem war in diesem vollgedrängten Raume, wo unsere Gesellschaft gleich den Negern im Schiffe zusammengepackt lag, eine so unausstehliche Hitze, daß der Irländer endlich ausrief: „Ich kann nicht mehr! ich kann nicht mehr!"

Man kann nicht behaupten, daß er in Ohnmacht fiel, denn fallen konnte er nicht, aber er rutschte doch in Ohnmacht, das heißt, mit dem Rücken an der Kupferwölbung des Knopfs hinab! Unsere Britinnen schrien Hülfe, man geriet in Verzweiflung! Wie sollte man den armen dickwanstigen Thomas durchs Knopfloch und wie die Treppe hinabbringen?

„Hinaus! hinaus!" rief Ironius, „alles hinaus, er muß wieder zu sich selbst kommen!" – „Gott sei gelobt", fiel die Lady ein, „ich habe Rebekkas Tropfen bei mir!" Sie ließ sie zurück, sie stieg hinab, die andern folgten, und unser Ironius verweilte bei seinem Freunde, indem er ihn aufknöpfte, mit dem über die Leiter heraufgereichten Wasser bestrich und den Spiritus vor seine rote Weinnase hielt!

Man lamentierte unten, aber Henry meinte, es sei doch nichts Gefährliches und mancher würd ihn darum beneiden, im Knopf der St. Peterskirche zu Rom ohnmächtig zu werden. Wenn er nur erst wieder heraus wäre!

Unterdessen war die Dämmerung gekommen, und der Custode drängte. Noch hörte der Regen nicht auf, von ganz Rom sah man nichts als die Säulenkreise des Portikus.

Endlich rief Ironius herab: „Er ist bei sich! es geht besser." Der Onkel fluchte und kam auf den Gedanken, daß es eine Narrheit sei, in diesem Knopf zu funfzehn einen Tee zu trinken;

er zählte an den Fingern, er rechnete, stampfte vor Wut auf den Boden und antwortete auf alle Fragen: „Morgen geh ich nach Neapel."

Jetzt wurde der unglückliche Sir Thomas herabspediert. Es ging wider Vermuten gut, weil er mit dem Arme sogleich ins Loch kam und die Masse überhaupt etwas zusammengesunken zu sein schien. Er langte glücklich, wiewohl schwer atmend, unten an. Der Tag war zu Ende, und die Glocken Roms läuteten in hundertstimmiger Melodie Ave Maria.

Schnell nahm man das Geräte zusammen und trat die Rückreise an. Es währte wohl eine Viertelstunde, es kostete mehr als einen Piaster, bis die mißvergnügte Karawane hinabkam. „Endlich der letzte Taugenichts, der letzte Bandit", rief der Onkel, als man sie durch die Türe in die Peterskirche hineinließ. Aber er hatte sich geirrt. Das Tor St. Peters war geschlossen.

Man starrte sich an, ob es gleich Nacht war. In diesem Augenblick konnte man wirklich glauben, daß sich das finstere Gewölbe über den gigantischen Pilastern, daß sich der furchtbare Kreis der Kuppel, worin die tiefste Nacht hauste, über eine Welt ausbreite; der heitere Eindruck, den der wunderbare Bau bei Tag auf das Gemüt macht, so daß es einem in diesen glänzenden, goldenen Weiten, in diesen gemilderten Nähen und zauberischen Fernen recht im Innern wohl wird, und der Zweck der Künstler, welche die Riesenbasilike auftürmten, wenn er uns die Größe durch Harmonie der Verhältnisse wegtäuschen wollte, völlig in Erfüllung geht, dieser Eindruck hätte sich jetzt in ein wirkliches Grausen verwandeln können. Aber unsere Briten hatten nur Sinn für ihre neue Verlegenheit – die Damen jammerten, der Onkel tobte, man dachte schon daran, hier übernachten zu müssen, als Ironius noch einen Pförtner durch Poltern und Rufen herbeizog und die Karawane gegen ein bedeutendes Trinkgeld hinausgelassen wurde.

Jetzt aber, wie nach Hause kommen? Die Kutscher hatten sich in den Portikus geflüchtet; die Wagen hatten keine Decke. Man fand keinen Ausweg, als nach einigen Karossen für die Damen zu schicken. Das gab freilich wieder einen Aufschub von einer

Stunde, weil hier um diese Zeit und bei solchem Wetter kein Wagen zu treffen ist; das veranlaßte freilich wieder bedeutende Kosten, die Kutscher forderten unverschämt und wollten davonfahren, als man ihnen nicht drei Piaster für den Mann geben wollte. Aber man hatte der Unglücksfälle nun zu viele erlebt, das Warten machte alle ungeduldig, man willigte ein, man fuhr fort und gelangte endlich, die Herren tüchtig durchnäßt, der Onkel Kapitän, wie bekannt, ohne Hut, nach Hause.

Ein Uhr in der Nacht! Unsere britische Gesellschaft ist noch nicht auf dem Spanischen Platz angekommen, im Gegenteil wartet sie noch im Säulengang St. Peters, während Camilla schon am Fenster liegt. Der Vater ist in die Akademie der Arkadier gegangen, von der er selbst Mitglied und Schäfer ist, und darum will sich auch das Töchterchen eine Schäferstunde bereiten.

Warum entschuldigen? Genug, der Geliebte zeigt sich, sie winkt, er tritt ins Haus. So etwas ist keck für eine unverheiratete Römerin, aber was wagt nicht die Liebe? Sie empfängt ihn, zieht ihn leise in ihr Gemach. Der Jüngling sieht sie kopfschüttelnd an und fragt: „Was macht dich endlich mir so geneigt, liebe Camilla? So unzähligemal hab ich dich beschworen, nur um ein Viertelstündchen gebeten, und immer vergebens. Und jetzt?"

„Höre, Florindo", versetzte die Römerin, ihn bei der Hand ergreifend und auf einen Sessel nötigend, indem sie sich ihm zur Seite setzte.

„Und was soll ich hören?" sprach der junge Mann. „Endlich die Gewißheit dessen, was ich seit Monaten fürchte? Du wirst ihm deine Hand geben; ist's das, Camilla?"

„Höre mich an, liebes Herz", antwortete sie, den Arm auf seine Schulter legend, „du weißt, wie ich dich liebe, dieser Augenblick gibt dir einen Beweis davon. Ich konnt es nie wagen, jetzt hab ich's getan. Wir können uns eine Viertelstunde ungestört sprechen."

„Und der Engländer?"

„Der gute Junge, ich muß ihn bedauern. Und dennoch, Florindo –"

„Und dennoch, du wirst traurig!“

„Und dennoch muß ich ihn heiraten!“

„Der gute Junge“, fiel Florindo mit empfindlichem Spott ein, „du mußt ihn bedauern und heiratest ihn? Welch ein Mitleid, Camilla!“

„O lieber, lieber Freund, wie kann ich's abwenden? Ich lieb ihn nicht, ich liebe nur dich. Aber der Vater – er hält's für mein größtes Glück, daß ich diesen Engländer heirate; der Reichtum hat ihn verblendet. Ich habe alles, glaube mir, alles angewendet, um ihn zum Mitleid zu bewegen. Ich habe geweint und gefleht, gezankt und gewütet, ich habe ihn versichert, daß er mich opfere, aber er ist unerbittlich, er droht mir mit dem Kloster, wenn ich mich widersetze. Und sage mir aufrichtig, liebes Herz“, setzte sie schmeichelnd, ihm die Wange streichelnd, hinzu, „kannst du mich denn je heiraten? Hast du die Hoffnung, daß mein Vater einstimme? Du bist für deine Kunst nach Rom gekommen. Sie rühmen dein Talent, deine Fertigkeit, aber wenn es dir auch gelingt, im Lauf einiger Jahre dich so emporzuarbeiten, daß du ein Weib, daß du eine Familie ernähren kannst, glaubst du, daß mein Vater dir seine Tochter gäbe, nachdem sie die Hand eines reichen Engländers ausschlug? Nie, Florindo, nie! Ich muß mich opfern, dem Geiz des Vaters opfern, und Gott ist mein Zeuge, wie mir's schwer wird! Diese Lady, diese Rebekka, diese stolze, verhaßte Familie, diese Britinnen sind mir in der Seele zuwider, und ich weiß, daß sie der Heirat entgegen, daß nur unsere Väter einig sind. Aber ist das nicht mehr als genug? Lieber Florindo –“

Sie hielt inne, ihr Gesicht verbergend, nach einer Weile fuhr sie fort: „So laß mich denn, mir ist nun einmal kein Glück bestimmt! Laß mich Henry heiraten! Du zürnst, du wütest, liebes Herz? Aber kann ich denn anders? Gib mir deine Hand! Sieh mich nicht mit diesen glutvoll drohenden Augen an! Ich bleibe die Deine! Gott vergebe mir's, ich bleib es! Hörst du, Florindo, verstehst du? auch wenn ich das Weib des Engländers bin, bleibst du meine einzige Liebe! Dann will ich all deine Liebe belohnen, will dir nichts mehr versagen; ich verlasse Rom nicht, wir können uns täglich sehen! Begeh ich eine Schuld, so haben's die zu verantworten, die mich nötigten dazu! Ich bin noch zu jung, um das Opfer des Geizes zu werden, und du bist so lieb, bist so schön und bist mir so unsäglich teuer – nein, ich lasse dich nie, Florindo –"

Der junge Milaneser sah sie bitter an und sprach: „Das ist römische Treue?"

Camilla ließ seine Hand und blickte ihn fest an. „Wie sagst du, Florindo, was soll ich hören?"

„So hast du mich getäuscht?" rief der Geliebte. „O daß ich einer Römerin je vertraute!"

Bei diesen Worten sprang Camilla empor. Die Wut einer Furie flammte dem sechzehnjährigen Mädchen aus den Augen, ihr Angesicht glühte, sie runzelte die Stirn, und die Leidenschaft schien, einem Feuerquell vergleichbar, aus dem wildatmenden Busen in Kopf und Lippen zu steigen. „Und das sagst du mir?" rief sie mit funkelnden Augen, „Undankbarer, Wahnsinniger, mir, die ich dir mit so unendlichem Vertrauen, mit so brennender Liebe entgegenkam? mir, die ich dir mein Herz so offen, so ahnungslos ausschüttete, die ich Ruf, Ehre, Frieden, die Liebe meines Vaters aufs Spiel setze, um dich in meine Arme zu führen? Und du bist nur gekommen, um mich zu verhöhnen? Ach, daß ich das nicht denken konnte! Du meiner spotten, anstatt mich zu beweinen, zu trösten, zu erheitern, mir zu danken? Welchen Anspruch kannst du auf mich machen, als den, welchen dir mein leichtgläubiges Herz gestattete? Was kannst du verlangen? Du könntest bereuen, einer Römerin vertraut zu haben? O Raserei, die mich verzehrt! Laß mich! komm mir nie mehr vors Angesicht! Hoffe nie mehr ein Wort der Liebe! Hoffe nie mehr, mich betören, mich beschwatzen, mich versöhnen zu können! Sieh, dieses Herz hier schlug für dich, in dieser Brust loderte nur Liebe und Leidenschaft für dich, und dieses Herz hast du unverzeihlich beleidigt!"

Damit warf sie sich auf ein Sofa. Der Milaneser flog auf sie zu. „Vergib mir, teure, liebe Camilla, vergib mir! der Schmerz der Entsagung, der Schrecken des Verlustes, das Gefühl meiner

Hoffnungslosigkeit hat mir jenes Wort aus der Lippe gepreßt! Ich habe nichts gedacht, nichts gewollt damit!"

„Hinweg von mir", rief die Rasende, „hinweg! Wir sehen uns nie wieder! Meine Geduld ist erschöpft, meine Täuschung zerronnen. Und wenn ich gefehlt, wenn ich gesündigt, daß ich deinen Bitten Gehör gab, daß ich deiner achtete, daß ich so blind sein konnte, dich an diesen Platz zu rufen, wer gibt dir das Recht, mich dafür zu strafen? Meine Schwäche, meine Liebe, meine Güte? Hoffe von jener, hoffe von dieser nichts mehr! Verlaß mich auf der Stelle, ich will dich nie wieder sehen, deine Worte bleiben ewig meinem Herz eingegraben!"

Florindo, in dem Gefühle, zu weit gegangen zu sein, wandte alle Beredsamkeit an, die ihm zu Gebote stand; er suchte ihre Hand zu ergreifen, sie stieß ihn von sich; er warf sich zu ihren Füßen, sie flog ans Fenster; er blieb zurück, selbst halb in Wut, halb in Reue über seine Worte.

Sie saß in einer Ecke, den Kopf auf die Hand gestützt, von ihm abgewandt, mit hochklopfender Brust. Keines sprach eine Silbe. Camilla schüttelte nur zuweilen den Kopf hin und her, mit dem Ausdruck zurückgepreßter Leidenschaft und verhaltenen Grimmes.

Zuletzt sagte sie vor sich hin: „Der gute Henry! ja, ich hab ihm unrecht getan! Es war eine Sünde, ihn diesem artigen, bescheidenen Herrn hier opfern zu wollen! Ich will's auch gewiß nicht tun! Oh, daß ich einer Römerin vertrauen konnte! Welch ein stolzes Wörtchen von jenem Mailänder! Wie allerliebst! wie fein und zärtlich! Er bildet sich vielleicht etwas darauf ein, daß ich ihn hübsch nannte! Weil mir's so gefiel, weil mir's eben so in den Mund kam! Nichts anders! Nichts anders! Er möchte, daß ich ihn etwa so lustig weg in seiner Malerstube heirate! Er glaubt, daß man keine Pflicht gegen Vater und Verwandte habe. – O Wut!"

Dabei stampfte das wilde Kind auf den Boden, sah den Geliebten an und rief ziemlich unzärtlich: „Was tut Ihr denn noch hier? Was sucht Ihr hier, Signor Florindo? Warum geht Ihr denn nicht Eure Wege? Wer hält Euch zurück? Ihr wißt, daß Ihr nicht hier wohnt, daß bald jemand zurückkehren wird, der Euch nicht hier treffen dürfte! Geht doch nur, geht und sucht Euch ein anderes Mädchen auf, das sich alles von Euch gefallen läßt!"

Da raffte sich Florindo auf und eilte auf sie zu; er ergriff ihre Hand mit Gewalt; zehnmal riß sie sich los, und zehnmal faßt' er sie wieder. „Camilla", rief er mit aller Süßigkeit seines Mundes, „Camilla, du heißest mich gehen?"

„Laßt mich, laßt mich, Ihr habt gehört, was ich sagte!"

„Und du bist mir nicht mehr gut, es ist dein Ernst?"

„O schön, ob es mein Ernst ist! Als ob ich scherzte, als ob man seine Worte vergessen, als ob man sich nur so verachten lassen könnte!"

Der Milaneser versuchte jetzt in strömender Rede, in der Sprache der feurigsten Leidenschaft, die starrsinnige Schöne zu besänftigen; er schilderte seine Reue, seine Verzweiflung, er bat, er flehte, er beschwor, er warf sich ihr zu Füßen, und sie erwiderte nichts als: „Verlaßt mich!"

Da ließ Florindo, dem das Blut zu wallen anhub, ihre Hand los und stieß Worte der Wut und des Zornes aus.

„Ach, seht doch", rief jetzt die Boshafte, die sich in ihrer Rache nicht sättigen konnte, „seht doch, wie köstlich! Er gerät noch in Zorn! er hat recht! Wer hat ihm unrecht getan? Ja der Zorn steht ihm gut, wie kleidet er artig diesem Gesicht!"

„Camilla", schrie Florindo, „du bringst mich zum Äußersten! du bist eine grausame, rachsüchtige Seele –" Er wollte weitersprechen, da stockte sein Mund, vielleicht weil ihn der Blick auf das reizende Kind verwirrte, weil ihr unwiderstehliches Bild sein Herz in neuen Flammen aufschürte!

„Lebe wohl, Camilla", sagte er leise, sich zu ihr hinabsenkend. „Du siehst mich nicht mehr an? Du hast beschlossen, mich zu verderben? O liebes Herz, sieh mir nur einmal noch ins Auge!"

Sie schwieg. „Camilla, lebe wohl!" seufzte der Geliebte und wollte gehen. Schon war er an der Türe; noch einmal wandte er und kehrte sich um. Sie richtete den Kopf auf und sah ihn an, und wilde, heiße Feuchtigkeit brannte und strahlte in ihren schwarzen Augen.

„Camilla, so –“, flüsterte Florindo, „– so ließest du mich scheiden?“ Er schwieg. Sie blickten sich lange stumm an, und es quoll voller aus dem Auge, ob's die Tränen wohl erdrücken wollte.

Da raste sie auf, da flog sie mit offenen Armen auf ihn zu, da umschlang sie ihn mit wütender Kraft und preßte ihn an sich und faßte ihn wie eine Rasende bei beiden Schläfen und bedeckte ihn mit bacchantischen Küssen.

„Du hast mir vergeben?“ rief Florindo, in der Umarmung dieser feurigen Römerin taumelnd.

„Alles vergeben, mein Florindo, alles, du Licht meiner Augen!“ stöhnte das wilde Kind an seinen Lippen. „Ich bin die Deine!“

Aber Florindo mußte jetzt fort; der Vater kam aus der Schäferakademie, und da war denn des Bleibens nicht mehr. Man trennte sich mit dem Versprechen, sich morgen zu schreiben und den Genuß der Versöhnung brieflich fortzusetzen.

So sind die Italienerinnen und so im Grunde die Weiber überhaupt. Doch nein, die Engländerinnen nicht! Dies wird sich zeigen, wenn wir nun erfahren, was Miß Rebekka in das Stammbüchlein auf der Peterskuppel geschrieben.

Von einem Liebesgeheimnis zum andern! Also nur gewagt. Die Familie sitzt zu Tische. Stehlen wir uns ins Gemach der Miß, in jener Kommode muß es sein, der Schlüssel steckt, wir öffnen leise, was finden wir? Spitzenkragen, Häubchen, Halstücher, „Yoricks sentimentale Reisen“, das berühmte Ölbild vom Kolosseum, ein Riechfläschchen und das heißersehnte Büchelchen!

Armes, betrogenes Kind, wüßtest du, mit welcher Wißgier wir uns über deine zarten Geheimnisse hermachen, wie wir sie verschlingen, wie wir bereit sind, etwas daraus abzuschreiben und – in Berlin drucken zu lassen! Aber geschwind! was ist hier? Gedanken auf dem Dom in Florenz. – Weiter! Gedanken beim Anblick St. Peters. Weiter! Nichts als Gedanken! und hier gar Nachtgedanken? Das wäre doch interessant, die Nachtgedanken eines so allerliebsten Kindes zu wissen! Aber weiter! Hier gar Empfindungen! Empfindungen auf der Peterskuppel!

Gefunden! Und nun laßt uns sehen!

„O Yorick! welchen erhabnern Ort fände meine Seele, an dich zu denken, als die Kuppel St. Peters? Ich schaue über Rom hin; das Höchste des Erdballs, alle Größe der Vorwelt, alle Trümmer ihrer Weltherrschaft liegen mir zu Füßen! Ja, ich bin selbst dem Himmel näher als der Statthalter Christi, dessen Paläste dort unter mir sich erheben! Kein Standpunkt, bis ins Gebirg hinüber, der sich mit dem meinigen messen könnte! Welche Gefühle beginnen in mir sich zu regen! Ein Gewitter zieht von Alba Longa herüber. Das Kapitol verschwindet unter mir! So klein ist die Vorzeit, von der Höhe der Mitwelt aus betrachtet! Aber was ist alle diese Herrlichkeit gegen die Schönheit einer Seele, gegen die Harmonie eines geistigen Zusammenlebens? Ich wende das Blatt um und bestreue es anstatt mit Sand – mit der Asche eines alten Römers, vielleicht eines Triumphators! – Noch weilst du ferne, wenige Tage, und der schöne Zauber ist verschwunden, der die Liebe verklärt, solange die Körper getrennt sind! Lieber Yorick, wir sollten uns eher aus der Ferne trauen lassen, wir sollten unsere Seelen vermählen, uns nie körperlich sehen, uns ewig im Geiste verehren! Was denkst du dazu? Schon ist der Tag des Festes nahe, da wir gezwungen sind, uns mit leiblichen Augen anzuschauen! Könnte jene Stunde die letzte sein? O die Gegenwart, der tägliche Umgang ist etwas Gemeines, Unerträgliches! Uns mit der Seele vermählen, Yorick, das ist ein Gedanke, dieses Platzes würdig, auf dem ich zu dir rede! Laß uns, wenn wir –“

Doch still, ein Geräusch; zu mit dem Büchlein, und hinein in die Kommode, wir haben genug, mehr als genug, und gucken in unserm Leben keiner Rebekka mehr ins Tagebuch!

Lieber verweilen wir noch einige Momente bei Sir Thomas, welcher diesen Abend besonders freundlich von der hübschen Plebejerin empfangen worden. Da er jedoch in seinem Englisch-Italienisch von der Tour auf die Peterskuppel zu erzählen anhub, wollte der anmutige Schalk kein Ende im Lachen finden. Dafür rächte sich der schlaue Thomas auch auf eine pfiffige Weise, indem er sich in Bereitschaft setzte, den Entschluß auszuführen, den er gestern nacht vor dem Einschlafen auf dem Sofa gefaßt hatte, nämlich, zu versuchen, ob es ihm nicht gelänge, dem Kinde ein wenig die Wange zu streicheln.

Indem kam ihm aber das Niesen so heftig, daß er an die Kommode gehen und ein Schnupftuch holen mußte. Rosa sah hinein und warf einen lüsternen Blick auf die feinen seidenen Tücher des Irländers. „Oh“, rief sie, „wenn ich doch solch ein Paar Schnupftücher hätte! Gerade solche wollt ich mir schon lange kaufen und habe sie nirgends gefunden. Würden Sie denn nicht ein Paar verkaufen, Signor Thomas?“

„Liebes Kind“, antwortete er lächelnd und blinzelnd, „ich treibe keinen Handel mit meinen Tüchern!“

„Ei nun, Signor Thomas“, sagte Rosa nun schmeichelnd und ihn beim Arm ergreifend, „so schenkt mir's doch!“

„Man kann dir auch nicht widerstehen“, antwortete der Irländer. „Hier hast du zwei!“

„Aber, Sir Thomas, Ihr habt ja noch so viele, wenn Ihr mir –“ Dabei schlug sie ihn zutraulich auf die Schulter.

„Du Schelm! nun denn, hier ist ein anderes Paar, aber jetzt –“

„Ach guter, lieber Herr Thomas, nun fehlen mir gerade noch zwei zu einem halben Dutzend! Wollt Ihr nicht? Ihr seid so ein artiger, liebenswürdiger Herr –“

„Tausend! du bist ja nicht zu ersättigen, Mädchen! Hier ein Halbdutzend, bist du zufrieden?“

„O freilich, Sir Thomas, ich dank Euch gar schön, Ihr habt ein Engelsherz!“

„Meinst du?“ schmunzelte er, in diesem Moment die Hände gegen sie ausreckend und die sanften Wangen glücklich erreichend.

„Aber nun muß ich fort!“ rief Rosa, „ich dank Euch, bester, süßester Herr Thomas! Gute Nacht.“ Damit flog sie davon, und der Abendwein wurde sofort mit Behagen eingeschlürft, indem der alte Herr in der Tat etwas liebes- und siegestrunken war und in dieser köstlichen Ruhe nicht mehr an den Schweiß der Peterstour, an die Leiterpartie, an die Ohnmacht im Knopfe dachte.

Der Lord M. empfing täglich eine Visite des Herrn Mognaschi, des Vaters unserer schönen Camilla, und beide waren eins, ihre Kinder zu vermählen. Wie wir aber schon wissen, so konnten die Lady und die Miß die Italienerin schlechterdings nicht ertragen, und die letzte große Abendgesellschaft hatte diesen Widerwillen aufs höchste gesteigert, sei es, daß sie neidisch waren oder daß sich Camilla wenig um sie bekümmerte oder daß sie wirklich Gründe hatten, zu glauben, sie sei einer so engen Einverleibung in ihre Familie unwürdig. Genug, während die Väter beschlossen, daß die Sache vor der Abreise des Lords, welche auf den Tag nach dem St.-Peter-und-Pauls-Fest unwiderruflich festgesetzt war, in Richtigkeit gebracht werden solle, während der Vater Henrys, den wir bereits als einen höchst gutmütigen, nicht leicht affizierbaren Mann kennen, die Hoffnung hatte, an jenem Tag Sohn und Tochter mit einer Ehehälfte versorgt zu sehen, indem Miß Rebekkas Bräutigam alle Tage erwartet wurde, während Henry den Kopf voll phantastischer und barocker Liebesphantasien hatte und Camillen nur zürnte, daß sie seine schwärmerische Liebe durch ihre Kaltblütigkeit, durch ihre Heiratsgespräche so tief ins Alltägliche und Wirkliche herabziehe, beschlossen unsere beiden Britinnen, diese Verbindung des edlen Henry mit einer so unausstehlichen Person auf alle mögliche Weise zu hintertreiben.

Noch glühte Henry vor Unmut über den öffentlichen Gesang in der Teegesellschaft, und er äußerte sich den Morgen nach der Petersreise, wo er Camillen die Aufwartung machte, sehr beleidigt darüber. „So könnt es Ihnen", sagt' er, „am Ende noch einfallen, auf dem Theater zu singen!"

„Und was hätten Sie dagegen?" fiel Camilla schnell ein.

Aber ihr Vater strafte sie mit harten Worten, indem er sie eine Närrin nannte, welche mit ihrem eigensinnigen Trotzkopf gegen ihr Glück anrenne, und sie ermahnte, dem Bräutigam in allen Stücken zu folgen.

Camilla hatte Mühe, sich zurückzuhalten. Der Vater ließ sie allein, und sie fragte: „Sie waren gestern also auf der St. Peterskuppel?“

Henry erzählte die Abenteuer und Unglücksfälle dieser Luftreise, und Camilla glaubte vor Lachen ersticken zu müssen. „Einen Tee auf der Peterskuppel trinken!“ rief sie unaufhörlich, und als Henry der ungemeinen Kosten erwähnte, welche ihm diese Tour verbittert, so sprang die Italienerin vom Sitz auf und drehte sich mit schallendem Gelächter im Kreise herum. „Wahrlich“, rief sie, „das heißt auf gut englisch bezahlen!“

Wie erstaunte Henry, als er hörte, daß man gewöhnlich diese ganze Reise mit einigen Paoli mache, daß nur ein einziger Custode zu bezahlen sei, während unserer britischen Karawane weiß der Himmel wie viele erschienen!

Nur die Rücksicht für Camilla hielt ihn ab, auf die ganze Nation zu schimpfen, und da er doch nur ausgelacht wurde, so hielt er's für besser, von etwas anderm zu reden.

Er erzählte, daß Rebekkas Bräutigam alle Tage erwartet werde und daß die Schwester so glücklich in dieser spirituösen Liebe sei, welche auf ebenso sentimentale Weise erwidert werde. „Meine Schwester“, sagte er, „schreibt ein Tagebuch für ihren Geliebten, sie hat keinen Gedanken, den sie nicht sogleich für ihn dem Papier anvertraute, und Sie, schöne Camilla, haben mir noch nicht ein einzig Mal geschrieben!“

„Ich versprech Ihnen, es zu tun“, versetzte Camilla grausamerweise, „wenn Sie mir recht ferne bleiben.“

„Wieso, Camilla?“ fragte der Engländer bestürzt.

„Ei nun, wie kann ich Ihnen denn schreiben, wenn ich Sie alle Tage sehe? Was sollt ich Ihnen denn sagen?“ – Henry seufzte.

„Aber, Camilla, wann hören Sie denn endlich auf, mich zu martern? Erklären Sie sich mir doch! In einem Brief erklären Sie sich! O ein Brief von Ihnen wäre mir Seligkeit; ein italienischer Brief –“

„So will ich mich ja erklären, und jetzt –“

„O nicht jetzt, nicht jetzt, in einem Briefe, in der Sprache der Leidenschaft, der Poesie –“

„O guter Himmel, wie sind Sie kurios, Signor Enrico! Ich will Sie heiraten! Hier haben Sie meine Erklärung!"

„Gott, es ist nicht möglich", rief Henry, „ich bin der unglücklichste Mensch auf Erden!"

„Ei wie schön!" fiel Camilla ein, „ei wie schön! – Sie sind der unglücklichste Mensch, weil ich Sie heirate? So will ich Sie zum glücklichsten machen und Sie nicht heiraten!"

Damit kehrte sie ihm den Rücken und ergriff ein Notenheft, indem sie darin blätterte, als ob sie allein wäre.

Der Engländer wußte nichts mehr zu sprechen, und Camilla sagte vor sich hin: „Das ist eine wunderzarte Arie! O wie allerliebst! Die muß ich doch einmal im Palast Giustiniani singen. In einer Woche kommt die Philharmonica zusammen."

„Camilla, Sie plagen mich zum Entsetzen!"

„Die wird gewiß gefallen, allgemein gefallen! Signor Enrico, wenn Sie ein Billett wollen, der Vater wird Ihnen eines verschaffen!"

Henry ergriff ihre Hand in Verzweiflung, aber sie fuhr fort: „Ohnedies hab ich schon lange nicht mehr in Giustiniani gesungen, und sie haben mich so oft darum gebeten."

Indem trat der Vater ein. Camilla legte das Notenblatt auf den Tisch, kehrte sich gegen Henry um und fragte, die Hände in den Schoß legend: „Was begehren Sie, Signor Enrico?"

Der arme Brite war in peinlicher Verlegenheit; beinahe wär er aus seiner idealen Höhe herab in die Sprache des Volks gefallen und hätte zu sich gesagt: Die hat den Teufel im Leibe! Verwirrt stand er auf und sagte: „Signora ist heute bei übler Laune!"

„Nicht doch", rief Camilla, ebenfalls mit Lachen aufspringend, „Sie sind es vielmehr, und es kommt noch von Ihrem gestrigen Unglück her! Geschwind sagen Sie, hab ich unterdessen, während der Vater fort war, nicht alles aufgeboten, um Sie zu erheitern, um Sie vergnügt zu stimmen?"

„Nun ja, ja doch", stammelte Henry.

„Sehen Sie, Vater, er muß es selbst gestehen! Er hat einen bösen Humor!" Der Engländer stockte, er nahm den Hut, er empfahl sich, und Camilla rief mit einer tiefen Verneigung: „Ich habe die Ehre, Signor Enrico, empfehlen Sie mich doch der Frau Mutter und der liebenswürdigen Schwester!“

Henry schied und mußte auf der Treppe ausrufen: „O wie wird das noch enden!“

Sir Thomas hatte einen viel vergnügtern Morgen, und er hatte auch Grund dazu, da er gestern abend ja so glücklich in der Liebe gewesen. Nachdem er ein gutes Frühstück von etlichen Eiern, einem Beefsteak und einer Flasche Orvieto zu sich genommen und die Messe gehört hatte, machte er mit seinem so hoch geschätzten Freund Ironius einen Spaziergang in das alte Rom, ans Kolosseum, aufs Campo Vaccino. Jener erklärte ihm die vielen Überbleibsel des Altertums, worin der Irländer eben nicht gar bewandert schien, und erzählte ihm, daß das Kolosseum ein uraltes Gebäude sei, worin einst zu Heidenzeiten, vor und nach Christi Geburt, die Märtyrer und Heiligen wie heutzutage die Schweine par force gejagt worden. „Aber stellen Sie sich vor“, setzte er hinzu, „dieser entsetzliche heidnische Koloß hat sich nun, so groß er ist, zum rechten Glauben bekehrt und ist katholisch geworden. Lassen Sie uns hineintreten!“

Damit führte er Sir Thomas ins Innere, und man küßte das Kruzifix mit äußerster Andacht. „Ist das nicht eine unermeßlich große Ruine der Vorwelt?“ fragte er. „Ach, groß“, war die Antwort, „ganz groß, außerordentlich groß!“

Beim Heraustreten besah man die neuen Ausgrabungen unter dem Venustempel zur Auffindung der alten Via Sacra, die entdeckten Gräber, die vielen Gebeine, und als sich Sir Thomas sehr darüber verwunderte, bemerkte Ironius: „Ach Sie werden sich noch mehr verwundern, wenn Sie mich anhören! Wissen Sie, daß man sie wirklich gefunden hat?“

„Was denn gefunden, was denn?“

„Ei, was man schon seit Jahrhunderten gesucht, worüber sich schon Millionen Gelehrte, besonders englische, den Kopf zerbrochen, was man vergebens aus lateinischen und griechischen, heidnischen und christlichen Klassikern herauszubringen strebte –“

„Und das wäre?“ fragte Sir Thomas voll Neugier.

„Das sind Ciceros Gebeine –“

„Der Tausend, das wäre!“

„Sein ganzes Skelett, den ganzen Cicero de natura deorum!“

„De natura deorum? – Der Teufel! aber wie hat man ihn denn erkannt?“

„Das ist eben das Wunderbarste! Er ist es unverkennbar, und die Kenner der Anatomie haben noch die Beschaffenheit seiner Nase untersucht! Sie wissen, daß die ganze Christenheit Bedauern hatte, weil die Seele des trefflichen Mannes in die Hölle sollte!“

„Very well, very well!“

„Nun hat sich ein Franziskaner entschlossen, durch eine übermenschliche Buße diese Seele zu retten. Er geißelte sich zwanzig Jahre lang, dreimal des Tages –“

„Entsetzlich!“

„Und endlich hatte der Herr Erbarmen mit seinem Verehrer, er nahm die Seele des Heiden aus dem Fegfeuer; sie erschien dem Franziskaner und zeigte ihm den Ort, wo ihr Leib begraben liege. Man grub, man fand das Skelett, und in der darauffolgenden Nacht richtete er sich durch das anhaltende Gebet des Kapuziners auf, indem er sprach: ‚Quosque tandem‘ – doch das Latein ist Ihnen vielleicht nicht mehr geläufig – wie weit wird endlich noch sich Eure Liebe erstrecken! Er redete noch vieles; er wurde getauft, in einer christlichen Kirche begraben, und man liest nun soviel Totenmessen für ihn, als Sekunden seit seinem Abscheiden vergangen.“

Darüber verwunderte sich Sir Thomas über die Maßen und schätzte sich glücklich, in einer Zeit geboren zu sein, wo ein solches unerhörtes Wunder geschehen. Man sprach noch lange davon, bis er an einem Triumphbogen anhielt und fragte, was denn das S. P. Q. R. zu bedeuten hätte? „Das ist eine Satire“, antwortete Ironius, „auf die Römerinnen und will heißen: Sono puttane queste Romane!“

Die vielen Tempel und antiken Palastruinen um den Palatin her weckten Erinnerungen in Menge aus dem Altertum, zwar nicht in Sir Thomas, doch in Ironius, der seinem aufmerksamen Begleiter die seltsamsten Dinge erzählte und ihn überall bemerken ließ, wie das Christentum an Ausbreitung gewinne und die Heidentempel umher alle katholisch geworden seien.

Zuletzt fragte Thomas: „Ich wäre doch neugierig zu wissen, ob denn zu alten Römerzeiten auch so viel Engländer nach Rom gekommen?"

„Nein", antwortete Ironius, „damals war's umgekehrt, damals kamen die Römer nach England."

Unter solchen interessanten Gesprächen erinnerte man sich, daß der Mittag herangekommen, und man ging ins bewohnte Rom, aß auf dem Spanischen Platz und verfügte sich zu Lord M., mit dessen Familie man in den Vatikan zu gehen beschlossen hatte.

Es kostete Mühe, den Lord zur Teilnahme zu bewegen. Nur die Versicherung des Herrn Ironius, daß dies die Hauptmerkwürdigkeit Roms sei, und die Beipflichtung Henrys, welcher schon zweimal seit seinem einjährigen Aufenthalt im Museum gewesen, sowie die begeisterte Wißbegier Rebekkas, vermochte ihn dazu. Man griff nach Sonnenschirm, dem Wegweiser, der Brille, und der Onkel Kapitän erhob sich vor Erstaunen auf den Zehen, als er hörte, daß man diesmal unentgeltlich durchkommen werde.

So ging es denn also wieder dem St. Peter zu, und man erinnerte sich mit verschiedenen Empfindungen an die Abenteuer, die man bei seinem Ersteigen erlebte. Besonders der Irländer sah mit heimlichem Grauen zu dem kleinen Punkt hinauf, worin er ohnmächtig geworden, und dachte mit Seelenangst an den schrecklichen Zustand, in dem er zwischen Himmel und Erde mit seinem Wanst im Knopfloch steckte.

Ironius führte, wie gewöhnlich. Als man an der Säulenhalle ausstieg, welche gegen die Treppe des Bernini führt, schlug Miß Rebekka den Nibby auf und rief voll Verwunderung: „Ach liebe Mutter, sehen Sie doch, das ist ja schrecklich!" – „Nun was denn?" fragte diese besorgt. „Ei", antwortete das englische

Kind, „wir haben ja fürchterlich viel im Vatikan zu sehen! wie kann man denn da auf einmal fertig werden?“

Ironius versetzte, daß man sich ja nirgends verweilen, sondern nur im Fluge vorüberlaufen müsse.

Zuerst kaufte man denn einige Exemplare des Verzeichnisses aller vatikanischen Kunstwerke, und Rebekka verlangte, daß man zuoberst bei der Gemäldegalerie anfangen solle, weil sie im Verzeichnis das letzte sei. Man folgte, man stieg empor, man trat in die Säle.

Jetzt schnell mit Nibby und Vasi heraus, die Brille ruhte schon längst auf den Nasen der Damen, selbst auf Rebekkas Näschen, und diese, als die Gelehrteste, sollte die Namen der Maler aus dem Buche nennen. Also hurtig: Raffael, Perugino, Fiesole, Tizian, Garofalo. Man hatte sie gehört, also auch gesehen, und ging weiter. „Hier“, rief Rebekka, „das Meisterwerk des großen Raffael, die ‚Verklärung‘!“ Die Nummern an den Gemälden fehlten, und man wußte nicht, welches von den drei hier befindlichen Tableaus das rechte sei. Man fragte einen Kopisten. „Dies dort“, antwortete er. „Dies dort“, erscholl's unter den Engländern, und nun weiter. Domenichino, Tizian! Damit hatte man auch den zweiten Saal gesehen. Im dritten zwitschert' es bereits; ein Dutzend Briten und Britinnen mit ihren Büchern lief herum, und alles war voll von „what, what, what!“, wie Camilla gesagt hätte. In einer Viertelstunde hatte man alle fünf Säle durchwandert, und Ironius konnte nicht anders, er mußte sagen: „Auf diese Weise kommen wir zum Zweck und werden bald fertig sein.“

Man ging also zurück, und als man in den ersten Saal gekommen war, fiel ihnen auf, daß ein junger Mensch in schwarzem, kurzem Rock, mit Schnurrbart und langem blondem Haar ein ganz kleines Gemäldchen kopierte. Die wißbegierige Miß ersah aus dem Katalog, daß es vom unschätzbaren Fra Giovanni da Fiesole war; aber sie konnte nicht begreifen, daß es der sonderbar gekleidete Mensch so fleißig kopierte, indem es ihr bedünken wollte, daß es doch gar nicht hübsch, sondern recht steif und närrisch sei. Sie bat also Ironius, ihn zu fragen, und dieser tat es.

Der Maler wandte sich um und sah die Umstehenden mit derselben Miene an, wie etwa ein frommer Eremit in der Wüste, den man fragte, warum er die Madonna und das Kruzifix anbete. „Darf ich fragen", hub Henry an, „von welcher Nation Sie sind?" Der Maler antwortete: „Ich bin ein Deutscher."

Ironius sprach: „Sie tun wohl recht gut daran, von den vielen Kunstschätzen in diesen Sälen sich ebendieses Bildchen des frommen Klosterbruders zum Studium auszuwählen. Auch ich verehr ihn mit kindlicher Liebe und halte das kleine Ding hier, so unscheinbar es ist, für eines der schönsten Bilder von allen."

„Ach", rief der Deutsche, „nicht bloß das, sondern geradezu für das allerschönste!"

„Aber Raffaels ‚Verklärung' –"

„Was ist sie gegen diesen Fiesole – sehen Sie –, doch Sie erlauben, daß ich deutsch rede, denn im Italienischen weiß ich mich noch nicht recht auszudrücken, und diese Sprache ermangelt auch der Redensarten, welche allein hinreichend sind, das Überschwengliche anzudeuten, welches wir Deutsche in der alten Schule und besonders in Fiesole finden. Dies ist der wahre Seelenmaler, der Maler der Andacht, der Religion. Wie er lebte, so malte er, aus allen seinen Köpfen und Kompositionen erkennt man sein englisches Herz. Die Kunst ist die Dienerin der Religion, beide haben nur *einen* Gegenstand, das Göttliche, das Unsichtbare, und dieses soll auch der Maler allein darstellen. Das Höchste soll er in uns wecken, ein unsägliches Ahnen und Fühlen, wir sollen uns in seinem Bilde gleichsam der Gottheit angenähert fühlen, seine Figuren müssen darum voll namenloser Demut und Frömmigkeit, voll unaussprechlicher Hingabe aus der Seele heraus gemalt werden. Glauben Sie, das kann man nur ahnen, nicht sagen. Aber der Künstler strebt in heiliger Glut diesem übersinnlichen Ziel entgegen; ich meine, der wahre Künstler!"

„Aber Raffaels ‚Verklärung' –"

„Hat vielen Wert und ist doch im Grunde ein künstlerisches Nichts; denn sie ist ohne Religion. Welch ein moderner, üppiger, lasziver Stil! welche Koketterie! welche sinnliche Formen! Sehen

Sie den Herrn an, mit welcher unwürdigen Grazie schwebt er gen Himmel! Nein, da kehr ich mein Auge wieder voll stiller Sehnsucht Fiesole zu; diese Köpfe sind christlich."

„Ja es ist wahr! aber sagen Sie mir doch, erkennen Sie nicht an, daß die Kunst zu jener Zeit –"

„O stille, lieber Herr! versündigen Sie sich nicht. Damals war die Kunst in ihrem Goldenen Zeitalter –"

„Aber etwas steif sind doch –"

„Steif? Gott, welche himmlische, gemütliche Steifheit! Welche Einfalt! so waren die Menschen im Zustande der Unschuld, vor dem Sündenfalle; so bückten sie sich vor Gott! Das Knie ist dem Menschen nur zum Fußfall vor dem Heiligen gegeben. Diese Steifheit Fiesolanischer Frommer ist die Körperform, in die wir uns nach dem Tode verwandeln! Raffael hat in seinen ersten Arbeiten noch ihre himmlische Zartheit, ihre rührende Gemütlichkeit gefühlt und dargestellt, aber leider ist sein letztes Werk, die ‚Verklärung', ein trauriger Beweis vom Verfall seiner Kunst und der Kunst überhaupt, die er durch seine unreligiösen, weltlichen, sinnlichen Bilder zugrunde richtete. So war der Mensch, als ihn die Schlange verführt hatte!"

„Aber die ‚Madonna von Foligno' –"

„Guter Himmel, welch ein Frevel, diese eine Madonna zu nennen! – Eine öffentliche Person vielmehr! – O betrachten Sie Giottos, Masaccios, Fiesoles Madonnen! Das ist der Charakter der Reinheit, der ewigen Jungfräulichkeit! Dieser Fiesole ist so unbeschreiblich zart und gemütlich, daß Sie zum Beispiel die Teufel in seiner Hölle gerade zu Heiligenköpfen brauchen könnten."

Indem wandte sich Ironius zu Sir Thomas und sagte: „Wenn Sie ein Gemälde wünschen, Verehrter, so will ich Ihnen anraten, diesen Herrn um eine Komposition oder wenigstens um eine Kopie von Fiesole zu bitten. Es ist nur schade, lieber Herr", setzte er, sich zu dem Deutschen wendend, hinzu, „daß wir einer Zeit angehören, wo Leben, Kunst und Religion als so verschiedene Dinge erscheinen. Darin stehen wir den Griechen ein wenig nach."

„O Sie irren sich“, rief der Anbeter Fiesoles, „wir dürfen uns mit ihnen messen. Kennen Sie das ‚Klosterleben‘, kennen Sie die ‚Mönche‘? O darin liegt noch unendlich mehr Schönheit –“

Unsere Engländer hatten keine Geduld mehr und rannten fort, Ironius nach. Sofort ging's im Fluge durch die Logen, und in den Stanzen Raffaels stimmte man überein, daß man nichts sehe, daß diese Säle obskure Löcher seien.

Der Lord klagte bereits über Müdigkeit, als man ins Museum trat. Der liebe Sohn nahm ihn beim Arme und führte ihn langsam den Korridor hinab, indem er sich über die Heirat mit ihm unterhielt und ihn ersuchte, Partei gegen die Mutter zu nehmen. „Ich bin auf ewig unglücklich, teuerster Vater“, sagte er, „wenn Camilla nicht mein wird. Seien Sie standhaft und bewahren Sie mir Ihren Beistand gegen die Mutter. Eh wir nach Neapel abreisen, müssen wir Gewißheit haben. Die Vermählung feiern wir aber in Abwesenheit der Mutter, um ihr keinen Anstoß zu geben. O Vater, ich beschwöre Sie, bleiben Sie fest; ich will die Mutter heut noch um ihre Einwilligung befragen.“

In solchen Unterhaltungen ging man den Korridor entlang zwischen den Werken alter Skulptur, ohne nur eines zu betrachten. Eben hatte sich Miß Rebekka an die Seite der Mutter begeben und ihr mit Schamröte ins Ohr gesagt: „O Mutter, es ist gar zu unartig, zu unanständig, sie sind ja alle nackt!“, als Ironius auf einen Silen wies und behauptete, daß das eine der vollkommensten Statuen sei. Der Miß flog Purpur durch das elfenbeinerne Gesichtchen, die Lady hingegen sah ihren Herrn Gemahl an, als wollte sie sagen: Du siehst also einem Silen ähnlich!

Die Gesellschaft trat nun ins Belvedere. Henry lief mit dem Vater, sich ununterbrochen über die Angelegenheiten mit ihm besprechend, die ihm so nahe am Herzen lagen, und die Miß nahm das Verzeichnis wieder zur Hand; man kam in ein Kabinett. „Laokoon!“ rief Rebekka. Aber welche wundersame Irrung! Die Nummern der Statuen waren verwechselt worden, die des Laokoon war auf den Apollo gekommen, und so standen denn unsere kunstliebenden Briten in der Tat vor dem belvederischen Gotte, in der Meinung, daß er der Laokoon sei.

Ironius konnte freilich ein boshaftes Lachen kaum verbergen. Man lief weiter, kam zum Laokoon und hielt ihn für Apollo nach der Nummer des Katalogs. Unterdessen hatte der Lord einen Sitz gefunden. Henry ging zurück und suchte die andern. Da kam er ins Kabinett des Laokoon.

Er betrachtete diese so oft, so allgemein und in so hohem Grade gepriesene Skulptur eine Zeitlang und sprach zu sich selbst: „Das ist griechische Arbeit! Von diesem Bildhauerwerke spricht man in aller Welt, und Bücher sind voll darüber. Das ist das Nonplusultra von plastischer Kunst! Wie wär es, wenn ich – o das dünkt mir ein köstlicher, origineller Gedanke! –, wenn ich meinen und Camillas Namen ihm auf den Schenkel oder den Unterleib einkritzelte! Ah einzig, so würden wir unsterblich, so blieben unsere Namen ewig – dieser Marmor würd uns gleichsam ein Denkmal unserer Liebe!

Gesagt, getan!" rief er aus, griff nach einem Taschenmesserchen, sah sich um, ob niemand komme, und wollte eben das H seines Namens aufs Knie des Laokoon eingraben, als einer der Custoden mit einem Mordlärmen auf ihn zustürzte, ihn beim Arme faßte und nach der Wache rief.

Henry wußte nicht, wie ihm geschah. Es währte kaum Momente, als zwei Schweizertrabanten hereinstürzten und ihm befahlen, ihnen zu folgen. Der gute Brite, der noch halb mit dem Gedanken beschäftigt war, sich unsterblich zu machen, starrte die Wache sprachlos an, während der Custode die wildesten Flüche ausstieß. Es half kein Widersetzen, Henry wurde vorn am Rock gepackt, als er nicht folgen wollte; der Lärm zog die Fremden von allen Seiten herbei, und alles rief voll Erstaunen: „Den Namen in den Laokoon einkritzeln! Das ist ja unglaublich!"

Jetzt wurden auch unsere Briten herbeigelockt. Welch ein panischer Schrecken, als sie den Sohn mitten unter Soldaten und Custoden, unter dem Gespötte einer Menge von Fremden sahen. Der Onkel Kapitän verlangte, daß man ihn sogleich losgebe, stellte den Hut auf den Boden und machte sich bereit, mit dem Custode zu boxen, aber die Trabanten kümmerten sich nicht um ihn, sondern schleppten das unglückliche Opfer englischer Kuriosität den Korridor hinab und hinaus aus dem Museum.

Unsere bekümmerte Familie folgte nach. Mutter und Tochter jammerten. Henry wurde in die Wachstube geführt. Man gab sogleich dem Maggiordomo Nachricht, und Ironius sagte jetzt zum Lord und zum Onkel: „Liebe Herren! jetzt nur kein Geld gespart, sonst geht's zu schlimmen Häusern. Überlassen Sie alles mir!"

„Um Gottes willen!" rief die Mutter. – „Geld? Geld?" schrie der Onkel Kapitän, „wem denn Geld?"

„Allen, allen, lieber Herr, dem Maggiordomo, dem Monsignor Segretario, dem Custode, dem Türhüter – allen, sonst bleibt unser Henry sitzen, bis er grau wird."

Der Lord griff nach dem Beutel. „Aber wieviel denn?" fragte der Onkel. „Lassen Sie mich gewähren", antwortete Ironius, „Gott weiß wieviel! Nun ist's Zeit, daß wir uns umtun."

Ironius suchte den Monsignor Segretario auf und drückte ihm augenblicklich fünf spanische Doppien in die Hand, indem er ihn bat, die Sache vor dem Maggiordomo zu verbergen. Der Violettstrumpf schmunzelte das schöne Geld an und versprach alles.

Es wurde nun auch noch der Custode, die Wache, kurz alles bestochen, was hinderlich sein konnte, und unser armer Henry wurde nach zweistündiger Gefangenschaft vermittelst einer beträchtlichen Summe wieder frei.

Kaum war man zu Hause angekommen und hatte sich von dem Schrecken einigermaßen erholt, in den Henrys verwegener Originalgedanke und die barschen Schweizertrabanten die ganze Familie versetzt hatten, als man sich entschloß, heut abend ein Theater zu besuchen, und zwar, wie die Lady wollte, das eigentliche römische Nationaltheater. Ironius erbot sich sogleich, sie in dasselbe zu führen, und man fuhr abermals ab, die Miß nicht ohne ein Buch, um sich darin mit Lesen zu vergnügen. Der Onkel, der Lord und Henry blieben zurück, und Ironius und Sir Thomas begleiteten die Damen.

Aber was tat der Schalk Ironius! Unglückliche Britinnen, er

führte euch ins Nationaltheater auf den Platz Navona, zu den Burattini, ins Theater der Stinker, Schwarzbäuche, Obsthändler, Stiefelputzer, Eckfaulenzer und Kuppler! Man erstaunte schon über den geringen Eintrittspreis von zwei Bajocchi, aber wie sahen sich die beiden Damen an, als sie in das schwarze, schmutzige Mörderloch eintraten! Noch nie hatte die Miß auf ihren großen Reisen einen so scheußlichen Roßstall gesehen, der Boden war gepflastert und so überfüllt von Unrat als der Platz Navona. Eine einzige Laterne hing oben an der Galerie. Und welch ein Publikum! „Gott", rief Rebekka, „es regnet, und wir sind ohne Regendach?" Aber Ironius machte sie auf die Täuschung aufmerksam, indem er sie überzeugte, daß dies gewöhnliche Geräusch nichts anders als das Knistern und Rauschen der Kastanien sei, welche das gesamte Publikum fraß. Auch nicht *ein* Mund war ohne Arbeit zu sehen; die Obstverkäufer schrien wie auf dem Markte, man warf sich mit Kastanienschalen, man sang und pfiff, man lachte und balgte sich, und, was für die zarten, englischen Nerven am empfindlichsten sein mußte, man stank über alle Beschreibung. Lauter schwarze, halbnackte, bärtige Kerle, wilde, mutwillige Gassenbuben mit spitzen Hüten, wohlbeleibte Minenti, ohne Wams, mit bloßer Brust, hübsche tolle Mädchen und Weiber, alle Kastanien kauend, das bildete insgesamt ein Publikum, wie unsere Britinnen noch keines gesehen.

„Um des Himmels willen", rief die Lady, „wohin haben Sie uns geführt, Herr Ironius? – Das ist ja entsetzlich, das riecht ja wie in einem Affenstalle." – „Das ist das römische Volkstheater", antwortete dieser, „wohin Sie zu gehen verlangten. – Auch die Schuhputzer, Limonienhändler, Eselstreiber und Lastträger haben ihr Vergnügen, haben ihre Boccabadati, und Sie werden, wenn nur erst der Vorhang aufgeht, die romantischen Ritterstücke und Marionetten bewundern –"

„Marionetten?" schrie die Lady, „Marionetten?" – „Und der Pulcinella noch dazu", antwortete Ironius, „hören Sie, wie diese nackten Kerle fressen und schreien, wie sie sich lustig machen um ihren Bajocc!"

Indem flog eine Kastanienschale gerade der Lady ins Gesicht, so daß sie vor Schrecken aufschrie: „Um Gottes willen, wo sind wir? was ist das für ein Volk, für ein Theater!"

„O Mutter", rief die Miß, ein Riechfläschchen hervorziehend, „das riecht ja wie in der Hölle – hier ist die Pest zu Hause! Lassen Sie uns fliehen – mir wird übel."

Der Irländer brachte die Schnupftabaksdose nicht von der Nase, und die Schwarzbäuche griffen ungescheut nach ihr, ein Dutzend rauher, schmutziger Finger verlangte eine Prise.

Jetzt begann das Musikchor, welches aus vier zerlumpten Taugenichtsen bestand, und nun sang und pfiff zumal das ganze Theaterpersonale zusammen, so daß es unsern Engländerinnen in den Ohren sauste.

Der Irländer schwitzte, daß ihm das Wasser auf der Stirne stand – und er seufzte gegen Ironius hin: „Ich – ich ersticke –"

„Aber", antwortete dieser, „das ist doch ein hübsches Theaterchen –"

„O hübsch", stöhnte Sir Thomas, „ganz hübsch, außerordentlich hübsch!" Er konnte nicht weiter, da rief die Lady: „Lassen Sie uns hinaus, ich bin des Todes – o Rebekka, deinen Spiritus!"

Wirklich sank sie auch zurück auf eine kotige Bank, denn der fürchterliche Qualm dieses Theaterpöbels hatte pestilenzialisch auf ihre Nerven gewirkt.

Es entstand ein wildes Geräusch um sie her, man stieg auf die Bänke, man drängte sich ihr nahe, der Vorhang ging auf, niemand sah auf die Bühne, alles betrachtete nur die ohnmächtige Dame.

Sir Thomas jammerte, und Ironius eilte hinaus; die Miß hob ihr das Fläschchen an die Nase, jener stürzte mit Wasser herein, das Volk schrie den Marionetten zu: „Stille, stille! man ist ohnmächtig geworden!" Andere trommelten mit den Füßen, wieder andere klatschten und pfiffen, kurz es war ein entsetzliches Getümmel; die Marionetten mußten abtreten, und es währte eine halbe Viertelstunde, bis die arme Lady zu sich kam und in den Wagen gebracht werden konnte. Sir Thomas dachte an seine Not in dem Knopf der Peterskirche, und Rebekka sagte, daß sie nun einen Begriff vom echten Höllengestank habe. Von diesem Abend an hatte Ironius freilich die Gunst der Lady und Miß verloren, denn die beiden Damen fanden den folgenden Morgen ihre Kleider noch so übelriechend, daß sie dieselben nicht mehr tragen konnten, sondern verschenken wollten. Der Onkel Kapitän lachte und meinte, daß das ein Theater gerade für das italienische Volk sei, und der Lord schätzte sich glücklich, daß er unterdessen zu Hause die „Times" gelesen.

Sir Thomas trippelte nach Hause, zufrieden, daß er ungefährdet davongekommen, und fand Rosa diesen Abend gar nicht freundlich. Am andern Morgen saß er eben beim Frühstück, welches aus vier Eiern, einem Beefsteak, einer guten Portion Schinken und einem Fiasco Orvietowein bestand, ein Dejeuner, mit dem er schon zwei Stündchen bis zum Mittagsmahl warten konnte, als die hübsche Minente schon an die Türe klopfte.

Das artige, gute Kind! Es bracht ihm die schönsten Rosen von der Welt, und eine stak ihm selbst am Busen, so recht voll und wild und wollüstig aufgeblüht wie dieser. Sir Thomas schluckte vor Freude ein unmäßig großes Stück Beefsteak hinunter und rief, sich heftig räuspernd: „Ach schön, ganz schön, das ist außerordentlich schön!"

Jetzt tat er freundlich mit dem Mädchen, das ihm eine Weile den Kopf voll schwatzte, und endlich sagt' es, indem es die Haare schlichtete und ihren langen, üppigen Wuchs zeigte: „Ach ja, wenn ich ihn nur hätte!"

„Was seufzest du denn, liebe Rosette?" fragte der liebetrunkene Irländer.

„Ja, daß wir auch so arm sind! In zwei Monaten kommt der Oktober, und da muß man doch an den Monte Testaccio hinausfahren und donnerstags und sonntags den Saltarello tanzen! Und meine Freundinnen haben alle so einen Kamm!"

„Was für einen Kamm denn?"

„Ei nun, wie wir Minenti ihn tragen; er ist aber teuer, und ich kann mir nicht so viel Geld verdienen, niemand nimmt sich meiner an, und ich habe keinen Liebsten, der mir einen Haarschmuck kauft."

Jetzt merkte Sir Thomas, der in solchen Dingen nicht ohne Sagazität war, ziemlich deutlich, worauf dies Gespräch hinauswollte; er sah deshalb die Rosen an und sagte: „Ach welche schöne Blumen, außerordentlich schön! aber die schönste Rose bist doch du!"

Da sprang die Römerin auf den alten Herrn zu, fuhr ihm mit der Hand über die Kupferwangen, so daß ihm's durch die Nerven rieselte, und rief: „O lieber Herr Thomas, wollen Sie mir den Kamm kaufen?"

„Ich?" antwortete dieser verlegen, „ich? wie kommst du denn auf mich?"

„Ach Sie sind ja so gut, so reich, so fromm und ein so trefflicher Christ, Sie kaufen mir ihn gewiß, und zwar heute noch, denn morgen könnt er ja schon weg sein!"

„Du bist ein närrisches Ding", versetzte Sir Thomas, sich die Haare mit den Fingern lüpfend. „Aber was willst du mir denn dafür geben?" setzte er endlich mit blinzelnden Augen hinzu, indem er über seine pfiffige Frage lächelte.

„Alles, was ich kann, lieber, guter Herr Thomas!" und nun fing sie an, mit jener unwiderstehlichen Beredsamkeit einer Italienerin einen solchen Schwall von Bitten und Vorstellungen über den armen Irländer herstürmen zu lassen, daß er endlich sagte: „Nun, was kostet er denn?"

„Nur zehn Piaster."

„Zehn Piaster?" fiel er erschrocken ein. „Bist du des Teufels, Mädchen? Das ist ja doch gar zu viel!"

„Aber Sie sind ja so lieb!" begann die Italienerin wieder schmeichelnd und liebkosend. Sir Thomas schüttelte bedenklich den Kopf; aber wie konnt er widerstehen? Er gab die zehn Skudi her, und nun hub das Mädchen an zu lachen und zu tanzen, sie küßt' ihm die Hand, und als er sie fassen wollte, um ihr den Mund zu küssen, flog sie davon, indem sie rief: „O wie seid Ihr ein himmlischer, unvergleichlicher Herr!"

Auch Henry hatte diesen Morgen ein zärtliches Abenteuer. Er

ging, seine Camilla zu besuchen. Die verhängnisvolle Geschichte im Belvedere des Vatikan verschwieg er weislich, aber er versicherte die Braut, daß er heute mit der Mutter sprechen, daß am Fest St. Peter und Paul ihr Verlöbnis stattfinden werde und daß auch seine Schwester an jenem Tage ihren Bräutigam erwarte.

„Welch einen sehr hübschen Shawl, Signor Enrico“, begann Camilla, „haben Sie mir gestern geschickt! Den soll ich wohl am Brauttage anlegen? Ich bin Ihnen sehr dankbar, Signor Enrico.“

„Aber warum denn, liebe, teure Camilla, diesen fremden Titel? warum denn nie ein Wort der Liebe –“

„Siehe da, schon wieder eine Wunderlichkeit! Soll ich Sie denn jetzt schon Herr Gemahl nennen, ehe Sie es wirklich sind, ehe nur die Frau Mama einstimmt? Und wird sie's denn auch? Sie muß sich doch gar tief herablassen, und die Miß Rebekka, nein, sie wird nie einwilligen, eine solche Schwägerin zu haben!“

„Camilla, lassen Sie mich die Grillen meiner Mutter nicht entgelten, Sie wissen, wie ich denke, wie ich fühle; meine Mutter findet nicht in der Person, nur in der Nation –“

„Ah, Sie sind ein nachsichtiger Herr! die Nation nur setzt sie an mir aus! Also weil ich nicht englisch rede?“

„Sie hat nun einmal dies Vorurteil, nur das Englische gut zu finden, aber es stünde bei Ihnen, sie umzustimmen –“

„Wenn ich etwa dies ‚what, what, what‘ lernte? O wir armen Römerinnen! Aber warum lernen diese Damen denn unsere Sprache?“

„Sie ist leicht, ist im Spielen zu lernen –“

„Leicht, Signor Enrico? Und doch haben Sie noch nicht einmal ein A aussprechen gelernt –“

„Camilla, wenn Sie nicht zu stolz wären, wenn Sie Ihr Selbstgefühl nicht zu lebhaft an Ihre Vorzüge erinnerte, ein wenig Rücksicht gegen die Lady, gegen die Miß könnte alles ausgleichen –“

Er wollte fortfahren, als es klopfte. Camilla öffnete und erschrak ein wenig. Es stand ein Limonienhändler vor der Türe, ein junger, schwarzlockiger, bildschöner Bursche, der in zwei großen Körben seine goldenen Südfrüchte anbot.

Camillas Angesicht färbte sich, ihr Feuerauge strahlte wilder, sie näherte sich mit einem heißglühenden Gesicht dem Burschen und fragte nach dem Preise. Der Mensch forderte fürs Stück einen Paul, und Camilla brach in ein schallendes Gelächter aus!

Sie schwang sich im Kreise, als wenn sie außer sich wäre, und der Limonienjunge wandte sich nun an Henry, indem er ihm seine Ware anbot. Dieser, entschlossen, beide Körbe zu nehmen, fragte ebenfalls nach dem Preise und erhielt zur Antwort: „Zwei Paul."

Camilla schlug die Hände zusammen. „Und warum diesem Herrn das Doppelte?" rief sie.

„Ei", antwortete dieser in einem reinen Italienisch, „er ist ein Engländer, und Ihr, schöne Dame, seid eine Römerin!"

„Hören Sie's", rief Camilla mit brennenden Augen, „wie er galant ist! Zahlen Sie schnell. – Wie gefällt Ihnen dieser Junge?"

Henry schaute ihn an und sagte: „Er scheint so unverschämt zu sein als alle seinesgleichen."

„Was?" schrie der Italiener, beide Körbe niederlassend, „was meint Ihr? Unverschämt? Das mir?"

Damit stellte er sich wie wütend in schlagfertiger Bewegung vor den erschrockenen Henry hin, und ein *sanguinaccio di Dio*, ein *accidenti* und *corpo del diabolo* wurde nach dem andern abgeflucht. Camilla flammte vor Gelächter, und Henry, der sich schämte, fragte kleinmütig: „Und was verlangt Ihr für die beiden Körbe?"

„Neun Piaster", rief der Limonienhändler. Henry griff in den Beutel und gab sie.

„Gott sei uns gnädig, das heißt bezahlt!" rief die Mognaschi, das Angesicht mit dem Sacktuch bedeckend und sich die überquellenden Augen trocknend.

Der Italiener steckte das Geld ein und ging. Aber Camilla flog ihm mit den Zitronenkörben nach und ließ den Engländer allein. „Himmel", flüsterte sie außen, „was bist du für ein Schelm, wie bist du lieb in dieser Tracht, mein Herz, meine Seele!", und damit schlang sie in aller Schnelligkeit die schönen Arme um ihn, und der Limonienhändler lag an ihrem Busen und wurde mit Inbrunst abgeküßt.

Florindo lachte; aber die Geliebte bedeckt' ihm den Mund mit ihren Lippen und sagte: „Komm wieder so! Lebe wohl, mein alles, lebe wohl!"

Armer, betrogener Brite! du stehst unterdessen am Fenster und nagst an deinen Fingern und ahnst nicht, wie teuer dir diese Limonien zu stehen kommen! Du geizest nach einem Blick aus dem Sternenauge dieser Mognaschi, und ein Zitronenhändler schlürft die höchste Wollust von ihren Lippen! Dein höchstes Trachten ist, diese spröde Diana dereinst zu besiegen, und du ahnest nicht, welch Schicksal sie dir bereitet! O welche Zukunft, welche unvermeidliche Gefahren für dich! Welch ein Unglück, wenn du's durchsetzest, diese Römerin ins Brautgemach zu führen! Ja, das ist das Land, wo die Zitronen blühn, aber nur nicht für den Engländer!

„Nein", rief Camilla hereintretend, „Sie haben zu viel gegeben! Ich glaube fast, der Schelm wird Sie verlachen! Aber so ist's, die Engländer verderben unser Volk! Wissen Sie das Geschichtchen von dem florentinischen Hunde?"

„Nein", antwortete Henry unmutig.

„Denken Sie, einer Ihrer Landsleute kaufte einmal in Florenz einen Hund um einen übermäßig großen Preis und reiste nach Rom. Nun glaubte der dumme Toskaner, daß man in Rom noch mehr solcher Engländer finde, kaufte einen großen Rudel Bestien zusammen und zog damit hieher. Von morgens bis abends lief er durch die Straßen, trieb die Hunde zusammengebunden vor sich her und schrie wie besessen: „Chani! chani! chani!" Aber es fanden sich keine Käufer, und er mußte die Tiere spottwohlfeil hergeben, und diese florentinische Hunderasse, sagen sie, hat sich noch bis heute in Rom fortgepflanzt."

Henry fand sich durch diese Erzählung nicht sehr geschmeichelt und ging mißmutig fort.

Nun hatte er noch einen Besuch bei einem berühmten englischen Maler zu machen, von dem man sich in ganz Rom, besonders in den Schenken der deutschen Künstler, die seltsamsten Dinge erzählte.

Schon ins vierzehnte Jahr malte dieser Mann an einem ungeheuern Bilde und wurde dafür von einem Lord pensioniert. Du Glücklicher, Überglücklicher, sagte mancher Nachkomme Teuts, wie hast du so gut zu leben! Wie ärmlich versorgt uns das Vaterland! Wie müssen wir uns plagen, wie müssen wir borgen und schwitzen, bis eine kleine Pension von hundert Talern durch die Porta del Popolo hereinkömmt! Was ist unser Vergnügen? Kaum gelingt es uns, die wenigen Bajocche für den Custode aufzubringen, wenn wir Raffael und Tizian, Domenicchino und Caracci, Caravaggio und Guercino, ach und gar unsern allverehrten Fiesole betrachten wollen! Unser Vergnügen besteht in den schwermütigen Spaziergängen durch die Ruinen der sieben Hügel, in einer Pfeife Tabak und in einer frugalen Mahlzeit! Während du bei Franz oder in dem trefflichen „Hermelin“ speisest, sitzen wir in der finstern Höhle der „Chiavica“, die jeder honette Römer flieht, und sind froh, daß man uns dort nur ein paar Monate borgt! Unser Ausflug geht nach Albano und Frascati, wo wir um fünf Paul des Tages leben können, während du nach Neapel fliegst, den Vesuv besteigst und die Paradiese von Sorrent, Capri und Ischia durchschwärmst! Uns achtet der Römer wenig oder nicht; Tedesco, sagt er und zuckt mitleidig die Schultern und setzt vielleicht ein verächtliches poverello! hinzu. Wer armselig gekleidet geht, den nennt man hierzulande einen Deutschen, und man bezeichnet uns nur mit dem vertrackten „Frosch“ und „Trink es Wein!“ Du bist Inglese! und schon beim Klange dieses Namens fliegen Camerieri, Facchinen, Lohnbediente, Ciceroni und Ruffiane herbei.

Der englische Maler konnte wirklich auch von Glück sagen. Seine Pension hätte für ein Dutzend Deutsche hingereicht, und er malte, wie gesagt, schon im vierzehnten Jahre an dem Bilde, wodurch er sein Genie beurkunden sollte. Da er ein Pferd darin anzubringen hatte, so wollt er's auch mit profunder anatomischer Gelehrsamkeit tun. Was tat er? Er kaufte sich ein schönes, stattliches Tier, erstach es und hängt' es in seiner Werkstatt auf!

So arbeitete er tagelang nach dem Modell. Allein es war eben Augusthitze, und so verbreitete sich denn bald ein so pestilenzialischer Gestank durchs ganze Haus und in der Nachbarschaft umher, daß man ihm obrigkeitlich befahl, das Aas fortzuschaffen.

Henry bewunderte das Bild, das wohl an die funfzig lebensgroße Figuren zählte und Gott den Vater samt allen Engeln und Erzengeln, Joseph, Maria und das Christkind, auch den Riesen Goliath in den letzten Zügen, als Sinnbild des Untergangs aller Feinde des Davidischen Geschlechtes, darstellte.

Er erinnerte sich dabei an die baldige Abreise und erschrak, als er daran dachte, daß er noch nichts an Gemälden, Kupferstichen, Altertümern, Gemmen, Kameen und dergleichen Merkwürdigkeiten eingekauft. Er nahm's sich für morgen vor und schied. Als er auf die Straße trat, redete ihn ein wohlgekleideter junger Mann an und fragte ihn, ob er kein weibliches Modell nötig habe. „Jung, schön, blond, schlank", sagte der Ruffian, „sie wird Ihnen gefallen! Sie ist mein Weib."

Henry sah ihn starr an und befand sich in Verlegenheit. Er errötete und sah sich mit ängstlicher Freude endlich einmal einem rechten Rendezvous nahe. Er vermochte nicht zu widerstehen und fragte stotternd, wo sich denn die Schöne befinde.

Der Ruffian antwortete: „Zu Hause, lieber Herr! Wollen Sie so gütig sein und mich begleiten?"

Unser armer Henry befand sich, wie Herkules, am Scheidewege. Aber nein, sprach er zu sich selbst, noch hab ich ja die schöne Verführerin nicht gesehen! Erst dann, wenn die Hülle sinkt, dann ist's Zeit, die Hand der Tugend zu ergreifen und die Augen von dem Reiz der Sünde wegzuwenden. Und was ist denn daran? Warum rühmen wir uns, das Ideal aller weiblichen Schönheit, die Mediceische Venus, warum, die Göttin der Wollust von Tizians Pinsel gesehen zu haben? Und die lebendige, warme Natur sollten wir fliehen?

Unser Henry sophistisierte sich jeden moralischen Skrupel weg, und zu der natürlichen Lüsternheit, die wir bei jungen, unerfahrenen Menschen finden, gesellte sich noch die Hoffnung, hier endlich einmal ein ganz originelles Abenteuer zu bestehen.

Kurz, er folgte, um sich auch durch den Augenschein zu überzeugen, daß jener Williams, der ihm so viel von der Verdorbenheit römischer Ehen erzählte, vollkommen recht habe. Der ehrbare Ehemann führte ihn auf den Monte Pincio, und dem guten, unschuldigen Jungen fing das Herz an ungestümer zu wallen.

Man trat in ein enges Gäßchen, in ein dunkeles Haus; Henry schwankt' es vor dem Auge, wunderbare Bilder umgaukelten ihn.

Man klopft' an eine Tür, man rief, man öffnete, und Henry sah ein zartes, bleiches, anmutiges Geschöpf vor sich, dem die blonden Haare aufgelöst über den Nacken hingen, in dessen matten Augen die Folgen der Ausschweifungen nur allzu sichtbar waren.

Henry befand sich in äußerster Verlegenheit. Aber wie erstaunte er, als er – nun wer hätte sich auch das eingebildet? – die Büste seines Freundes William, des bekannten Engländers vom Gallinaccio, des Eroberers einer römischen Tugend, des einzigen Besitzers ihrer Reize, auf einem Tische stehn sah!

Also das ist seine Getreue, das ist seine Angebetete! Ja, dachte er, hier ist die Eroberung leicht; du hast zum zweitenmal einen Gallinaccio gekauft als einen raren Vogel, und so laufen sie doch in Rom auf der Straße herum. Damit lief er davon.

Henry wollte den Abend mit der Mutter über die Mognaschische Angelegenheit sprechen, und er bemühte sich deswegen, sie zuvor willfährig zu stimmen. Er fuhr mit ihr auf die Promenade des Monte Pincio, wo des Winters die großbritannische Reisewelt zusammenkommt. Dort sah man Master A. und Master Z., man nickte sich stolz zu, manches bretterne Gesicht zwang sich zu einem Lächeln, manche Lorgnette glänzte vor dem Auge einer blond- oder rothaarigen Dame, und hie und da begegnete auch eine wespenschlanke Reiterin, in blauem, fliegendem Gewand und grünem Schleier, mit einem Köpfchen und Hütchen, wie eine Holzpuppe; denn das ist die eigentliche Promenade der Engländer, auch des Sommers, solange sie noch in der Stadt sind. Es kam auch vor, daß ein Wagen hielt und sich zwei bis drei dürre, lange Schönen daraus emporrichteten, um mit einem vorüberziehenden Reiter einige Worte zu sprechen, während dieser alsdann anhielt und das Roß nur ein wenig am Schwanze kitzelte, damit es steige und der Herr besser paradieren könne.

Aber als man nach Hause kam und er nun unumwunden herausrückte, als er sagte, daß sein Lebensglück an die holde Camilla gebunden sei, daß er nächste Woche nicht nach Neapel reisen könne, ohne zuvor feierlich mit der Geliebten verlobt zu sein, so erklärte die Lady, daß sie nie ihre Einwilligung in eine Heirat dieser Art geben werde. Henry bat, beschwor, stellte vor, bestürmte, drohte, aber vergebens; die Lady setzte allen seinen Bitten und Beschwörungen die einfache, stolze Antwort entgegen: „Ich will keine Italienerin in meiner Familie sehen!"

Was wollte nun unser armer Henry beginnen? Er hatte des Lords Erlaubnis, aber genügte diese, wenn die grämliche Mutter das Gegenteil wollte? Er kannte sie nur allzugut und wußte, daß der Lord zu allem yes sage, was sie befehle. Doch wollte er ihn zuvor noch einmal angehen und dann zu verzweifelten Mitteln greifen, wenn die andern nichts halfen.

Den andern Morgen ging er früh aus. Der Onkel Kapitän stand eben am Fenster, als er nach einigen Stunden wieder zurückkam, und sah mit Befremdung, daß ein hochbepackter Esel zugleich mit ihm vor der Haustüre anlangte.

Henry kam herauf und erzählte, daß er einige Kupferstiche eingekauft. „Kupferstiche?" schrie der Onkel, „was bei allen Himmeln haben Sie wieder getan! Und was für Ware denn? Gott sei uns gnädig, wir bringen keinen Bajoccho mehr aus diesem vermaledeiten Pfaffennest hinaus!"

„Liebster Onkel", versetzte Henry, „das tun ja alle Reisende, nicht bloß wir Engländer! Wenn wir nach Hause kommen, wer wird uns denn glauben, daß wir in Italien gewesen, wenn wir nichts aufzuweisen haben? Ich bin ein Verehrer der Kunst und bin hieher gekommen, um sie zu studieren, warum hätt ich mir also nicht die Hauptwerke wenigstens im Kupferstich kaufen sollen, besonders da ich sie nicht alle im Original gesehen?"

Indem erschien der Facchin, welcher die Last der eingekauften Merkwürdigkeiten heraufbrachte und seine Bezahlung verlangte. Er machte eine enorme Forderung für seine Mühe und erhielt die Hälfte, nachdem er sich lange mit den beiden zähen Briten herumgestritten.

Was hatte der feine, sachverständige Sinn unseres neuen Yorick auch eingekauft? Ein halb Hundert Veduten aus Rom – Pinellis Kostüme und Volksszenen illuminiert –, die Stanzen und Logen Raffaels, die „Transfiguratione",den „Girolamo"des Dominicchino, die „Madonna von Foligno", die vornehmsten Antiken, die Werke Canovas, Thorwaldsens und des Malers Camuccinis und endlich eine Menge gewaltiger Männer und alter Weiber zwischen architektonischer Zierat. „Was zum Teufel ist denn das?" fragte sich Henry. – „Die ‚Propheten und Sibyllen' von Michelangelo; nein, wahrlich, diese hab ich nicht gesehen, und wo sind sie denn?" Er schlug in einem Buche nach und fand: in der Sixtinischen Kapelle. „Ich war doch drin", rief er, „aber diese Propheten sind mir entgangen, und ich habe, glaub ich, nur das ‚Jüngste Gericht' gesehen! Sehen Sie, lieber Onkel, wie nützlich solche Kupferstiche sind!"

Sofort zeigte er verschiedene, für Antiken ausgegebene Gemmen, alte Mosaik, eine Schachtel voll Medaillen aus den Kaiserzeiten und eine Menge antiquarischer Seltenheiten.

„Aber was hat denn das alles gekostet?" rief der Kapitän voll Schrecken.

„Ich habe das Geld darauf verwandt, das mir der Vater gab, um ein Pferd zu kaufen."

Der Onkel sah ihn an, als ob er nicht bei Sinnen wäre. „Henry, das haben Sie getan?"

Jetzt kam die Familie herbei. Der Kapitän jammerte und fluchte und deutete auf die Kunst- und Antiquitätensammlung; die Lady und die Miß machten sich drüberher, blätterten, wickelten auf und nahmen Henrys Partie. Der Lord blieb gleichgültig, und Ironius, welcher ebenfalls zugegen war, versicherte, daß Henry sehr wohlfeil eingekauft, daß die Gemmen, Münzen und Mosaiken alle echt seien und daß Henry ebensoviel Urteil als Geschmack und Sachkenntnis in der Auswahl dieser Kostbarkeiten an den Tag gelegt habe.

Man achtete nicht auf des Onkels Wut, ob er gleich sagte, daß er dieses Schlaraffenleben nicht ansehn könne und daß er lieber allein nach England zurückkehren werde. Noch war man mit der Betrachtung der Kunstwaren beschäftigt, als zum freudigen Schrecken unsers beklommenen Henry und zum äußersten Mißvergnügen seiner Frau Mama die schöne Mognaschi mit ihrem Vater hereintrat.

Henry ging ihr entgegen und bückte sich, um ihr die Hand zu küssen. Die Lady erhob sich mit steifem Anstande, und ihre ledernen Gesichtszüge gewannen einen Ausdruck, als ob sie den schärfsten spanischen Pfeffer in der Quaresima verschluckt hätte. Derselbe Ausdruck gab sich auch in dem Engelsgesichtchen der Miß zu erkennen, doch nur so, als ob's die Wirkung von einem herben Rettich oder von Senf oder Doppelkümmel oder Wurmpulver wäre.

Camilla lächelte und verneigte sich tief, indem sie die beiden Engländerinnen sichtbar verhöhnte. Sie trug einen rosenfarbenen Schleier, der mit einem reichen, schimmernden Kamm in den Rabenhaaren hing und zur Seite auf eine Schulter niederwallte, und ein Gürtel voll glänzender Farben, aber freilich weit genug, um beide, die Lady und die Miß, zu umspannen, schlang sich unter dem üppigen Busen hin. In ihrem Angesicht brannte eine so warme, sinnliche Farbe, daß die beiden Gegnerinnen nur mit weißer Kreide gezeichnet zu sein schienen.

Sie ließ sich der Miß gegenüber nieder, während der Lord den Vater bei der Hand nahm und ihn in ein anderes Zimmer führte. Henry setzte sich ihr zur Seite, und man hub an, von gleichgültigen Dingen, von dem St.-Peters-und-Pauls-Fest, von der Kuppelbeleuchtung St. Peters, von der Girandola zu sprechen. Die Lady, welche bedeutend schwach im Italienischen war, sprach zuweilen, ohne Rücksicht auf die Römerin, englisch.

Camilla sagte endlich: „Und Sie erwarten nächsten Sonntag Ihren Bräutigam, Miß Rebekka?"

Die Britin errötete und sah die Lady mit empfindlicher Miene an. Die Mutter drückte sich ihre Brille stärker auf die Nase und versetzte: „Es ist in unserm Vaterlande nicht Sitte, mit einer

Dame wie Miß Rebekka von solchen Dingen zu reden. Aber, andere Länder, andere Sitten!"

„Ja, das merk ich", antwortete Camilla mit flammendem Auge, „und die englischen scheinen gar sehr verschieden von den unsrigen zu sein!"

„Allerdings", zwitscherte die Lady, „es ist erstaunlich, wie sie verschieden sind; ja, vergeben Sie, Signora Mognaschi, wenn man das Volk der niedern Klassen betrachtet, so möchte man meinen, daß es gar keine Sitten habe."

Henry saß wie auf glühenden Kohlen und fiel hastig ein: „Die Mutter meint die Domestiken, die Camerieri –"

„Warum auch nur die Engländer nach Rom kommen!" versetzte Camilla, spöttisch lächelnd.

„Das wundervolle Land", fiel Henry verlegen ein, „die klassischen Erinnerungen, die schöne Natur, die reizenden Mädchen –"

„Reizende Mädchen", rief Camilla, „nun das könnte die Männer etwa anlocken, aber die Damen? Sagen Sie mir, was führt denn diese her? Etwa die schöngestalteten Männer?"

Rebekka stand auf und trat ans Fenster, indem sie ein Buch ergriff. Die Mutter aber biß die Zähne vor Ingrimm zusammen und sagte: „Ei, weder die Männer noch die Weiber suchen wir in Italien!"

„Das wäre!" versetzte die Mognaschi. „Ist es wahr, Signor Enrico?"

Der arme Sohn befand sich in tödlicher Verlegenheit, er sah die Mutter so aufgebracht, daß er fürchten mußte, es werde zu einem öffentlichen Bruch kommen, und von Camilla konnte er überzeugt sein, daß sie kein empfindliches Wort der Mama vergeben werde, wohl aber hitziges Blut genug habe, um es doppelt und dreifach zurückzuzahlen. Wie sollte er es verhüten, wie sich gegen die Lady, wie gegen die Geliebte benehmen?

Diese Verlegenheit stieg mit jedem Augenblick, und das jetzt eingetretene Schweigen schien ihm nur Vorbote eines um so heftigern Sturms zu sein. Er stammelte: „Signora Camilla, noch wenige Tage, und wir reisen nach Neapel ab. Meine Eltern verlangen, daß ich ihnen folge."

„Tun Sie's doch ja", antwortete sie, „den Eltern muß man auch wider Willen folgen, das ist die Pflicht von uns Kindern, und Sie wissen, daß ich in einem gewissen Verhältnis diese Kindespflicht auch gegen meinen Vater beobachte!"

„O Camilla", rief Henry in aufflammender Leidenschaft, „Sie wissen nicht, was uns droht! – Bleiben Sie, Mutter, zürnen Sie nicht – lassen Sie sich erweichen – sehen Sie – werfen Sie einen Blick auf sie, wie sie schön, wie sie unwiderstehlich ist –"

„Sind Sie von Sinnen, Enrico?" rief die Römerin, sich aufrichtend und Mutter und Sohn mit großen Augen betrachtend.

Enrico faßte die Hand der Lady, welcher die Wut im ganzen Gesicht und besonders in der Nase brannte. – „Versprechen Sie mir's, liebe, teure Mutter – willigen Sie ein, Sie gründen das Glück meines Lebens – vergessen Sie diese Vorurteile, diesen Stolz –"

„Wo bin ich?" fiel Camilla ein, „doch nicht etwa in einem – Narrenhause?"

„Im Hause der Lady M. sind Sie, meine Dame", schrie die Mutter gluterhitzt.

„Um Gottes willen, Mutter, haben Sie Erbarmen, haben Sie Nachsicht, um meiner Liebe willen; Camilla, besänftigen Sie sich –"

„So etwas mir?" sagte diese, die Lady mit ihrem Strahlenauge durchbohrend, „so etwas von meiner künftigen Schwiegermutter?"

„Schwiegermutter?" rief jene, „o Sie irren sich, mein schönes Kind, so weit ist's noch nicht – eher keine Mutter sein als Schwiegermutter einer Italienerin."

Camilla stand wie erstarrt vor der Britin, an deren Hals das zärtliche Töchterchen hing, um sie zu beruhigen. – In diesem Moment kam der Lord mit Mognaschi herein; Henry stürzte auf ihn zu und rief: „O Vater, jetzt brauchen Sie Ihr Recht, Ihre Gewalt, jetzt zeigen Sie, wie Sie mich lieben, wie Sie mein Glück wollen! Die Mutter ist außer sich –"

Camilla hatte dem allen zugehört und preßte einen Sturm von wütenden Empfindungen in der Brust zurück, die nun in dem flammenden Auge brannten. Endlich trat sie auf die Engländerin zu und sagte mit dem Ausdruck einer unsäglichen Verachtung: „Lady, es sind hier Männer zugegen, und wir würden uns lächerlich machen, wenn wir Weiber zusammen haderten. Unterdessen haben Sie mich von der Trefflichkeit Ihrer stolzen, englischen Sitten überzeugt, indem Sie mich in Ihrem Hause aufs empfindlichste beleidigten! Ich hoffe, daß Sie so viel Italienisch wissen, um mich zu verstehen. – Frauen können sich nicht aneinander rächen; wenn die eine beleidigt, wie Sie, so kann es die andere nur mit innigem Mitleid erwidern, indem sie mehr der Torheit und Eitelkeit als dem Verstand und bösen Willen die Schuld gibt. In solcher Gesinnung habe ich Ihre Worte aufgenommen, und ich hoffe, Ihnen jetzt eine Probe von römischen Sitten gegeben zu haben."

Damit ergriff sie den Vater beim Arm, welcher wie aus dem Himmel gefallen dastand, indem er mit dem Lord unterdessen ganz entgegengesetzte Dinge besprochen. „Laß uns fort, lieber Vater", sagte die Tochter mit gewaltsam bezähmter Wut. „Ich wünsche Signor Enrico eine Frau wie Mylady!"

Mognaschi starrte den Lord an, er sah Henry auf einem Sitze die Hände ringen, dennoch folgte er blindlings der heftigen Tochter und verließ unsere britische Familie.

Im Nachhausegehen erzählte Camilla dem Vater den Vorfall, und dieser fand sich nicht wenig beleidigt. Er schrieb sogleich dem Lord ein Billett, worin er Genugtuung verlangte.

Kaum waren sie angekommen, als Camilla den Shawl herausnahm, den ihr Henry verehrte, und ihn auf den Boden warf; alles andere, was sie von ihm hatte, folgte diesem nach. „Sehen Sie nun, Vater, was es für Leute sind, diese Engländer?" sagte sie, „das ist die Folge davon, daß Sie sich ihnen so rücksichtslos hingaben; ich muß es nun büßen, mein ist die Schande und der Verdruß. – O ich will den Augenblick nie vergessen, da diese häßliche Mumie mir so etwas ins Gesicht sagte. Vater, Sie haben Ihr Kind sehr empfindlich verletzt."

Dieser lief auf sein Zimmer, in der Absicht, den Lord auf Pistolen zu fordern. Indem erscholl eine bekannte Stimme draußen; Camilla riß die Türe auf, und der junge Limonienhändler stand vor ihr. Noch hing ihr der Schleier in den Haaren, noch war sie nicht angekleidet, noch war sie glutrot vom erlittenen Schimpf.

Aber wie sie den Geliebten sah, stürzte sie ihm mit einem Freudenruf an den Hals und küßt' ihn mit rasender Inbrunst! „Nun ist's vorüber mit den Engländern", rief sie, „nun bin ich ganz die Deine, nun soll mich auch kein Brite mehr haben, und wenn sie dem Vater das Kolosseum mit Diamanten ausfüllen – geh's, wie's wolle, nun leb ich nur dir, nur du mußt mein werden, und wenn ich mit dir davonlaufen sollte!"

Florindo erstaunte, setzte seine Zitronenkörbe zur Erde und fragte. Die Geliebte erzählte so schnell, so wild, als es ihr die Leidenschaft und der flüchtige Moment gebot.

Der Lombarde erheiterte sein schönes Angesicht, und sein Auge flammte. Camilla konnte nicht satt werden, ihn zu herzen; sie spielte mit seinen schwarzen, üppigen Locken und überdeckt' ihn mit Küssen.

Da griff er in den Busen und nahm ein Bild heraus. „Gefällt dir dieser Limonienhändler?" fragte er, die Geliebte ansehend. – „O du bist's", rief Camilla, „du bist's! Gott! welch ein liebes Gemälde, und du hast's selbst gemacht? Und du gibst mir dein Bild? Dafür, mein Herz, sollst du auch mich selbst haben."

Sie war noch überselig vor Freude, als der Vater innen rief. Die Liebenden erschraken, Camilla hatte das Miniaturbild pfeilschnell im Busen verborgen, Mognaschi öffnete die Türe; Florindo griff nach den Limonienkörben, und das listige Mädchen rief: „Ein Dutzend will ich Euch abnehmen, zählt her, aber daß sie auch schön sind!"

„Es sind neapolitanische", antwortete der Limonienhändler, bückte sich und nahm ein Dutzend heraus.

In diesem Moment läutete es an der Türe. Man öffnete, und der arme Henry stand da. Als ihn Camilla erblickte, wandte sie ihm schnell den Rücken und verschwand durch eine Türe.

Henry ging auf den Vater zu und wollte einige Worte herausstammeln, aber dieser zuckte mit den Schultern und versetzte: „Sie wissen, was vorgefallen. Vor Engländern, die Ihrer Familie gleichen, schließt man in Rom die Türe."

Damit ließ ihn Mognaschi stehn und ging. Henry befand sich allein mit dem Zitronenhändler, aber in solcher Betäubung, daß er ihn nicht eher bemerkte, bis er vor ihn hintrat, ihm ins Gesicht sah und fragte: „Kaufen Sie keine Limonien, mein Herr?"

Henry durchbohrte ihn mit einem Blick der Verzweiflung und stürmte fort. Der Italiener ging ihm langsam nach und hört' ihn die Treppe hinab ein Goddamn nach dem andern rufen.

Schon waren sie auf der Straße, und der Engländer wollte eben mit großbritannischen Schritten um eine Ecke biegen, als er plötzlich stehenblieb, sich umkehrte und auf den Limonienhändler zurannte.

„Kommt, kommt", rief er, „ich will Euch etwas sagen, es soll nicht Euer Schade sein!" Damit trieb er ihn an, ihm in die andere Straße zu folgen. „Wollt Ihr mir einen Gefallen tun in einer recht wichtigen Sache, wenn ich Euch gut belohne?"

„Warum nicht?" antwortete dieser, „unsereiner dient den Herren Engländern gerne, und Ihr habt mir ja schon einmal meine Zitronen abgekauft."

„Wollt Ihr mir einen Brief an das Frauenzimmer überliefern, das Ihr eben saht, an die junge Mognaschi? Wollt Ihr? könnt Ihr?"

Der Italiener kratzte sich in den Haaren, lächelte und sagte: „Ich will's versuchen, aber was gebt Ihr mir?"

„Was Ihr wollt, sollt Ihr haben, und wenn Ihr mir eine Antwort bringt, will ich Euch in Gold einfassen. Versteht Ihr? Kommt heut abend um Ave Maria auf die Spanische Treppe, und ich geb Euch den Brief. Aber daß es der Vater nicht erfährt! Daß du mich nicht verrätst! Siehe dich vor!"

„Sorgt nicht, lieber Herr Engländer, ich bin in Liebeshändeln gewandt", versetzte Florindo, und man trennte sich, nachdem dieser versprochen, zur bestimmten Zeit einzutreffen.

Henry eilte nach Hause, schloß sich ein und schrieb folgende Worte:

Meine angebetete Camilla!

In höchster Eile, durch die Hand eines unwürdigen Limonienhändlers diese Zeilen meiner Verzweiflung! Das Schicksal hat beschlossen, meinen Jammer aufs äußerste zu treiben; aber ich bin auf alles gefaßt, ich bin bereit, der ganzen Welt Trotz zu bieten. So groß ist meine Liebe zu Ihnen, Perle der Weiblichkeit, schönste der Römerinnen! Meine Mutter ist blind, und dennoch sollte man meinen, auch einem Blinden strahle Ihre Schönheit ins Auge! Auf Ihrer Lippe wohnen alle Engelsmelodien des Miserere; in Ihrem Angesicht lächeln alle Blumen physischer Vollkommenheit, in Ihrer Seele alle Blüten des Geistes! O meine Elisa, es ist gewiß, Ihr Yorick kann nicht leben ohne Sie! Ich bin der Storch, der das himmelhohe Nest seines Glückes auf das Heiligtum Ihres jungfräulichen Tempels gebaut, und es ist Sünde, ihn hinwegzutreiben! Ich kann sowenig ohne Sie sein, meine Elisa, als die Welt ohne Licht, als der Mensch ohne Luft, als der Hering ohne Wasser! In den Kohlen Ihres Auges brennt das Element, welches die Dampfmaschine meines Lebens in Bewegung setzt! Ich fühle alle Qualen verschmähter Liebe, ich fühle sie so tief als der unsterbliche Byron! O erbarmen Sie sich mein, Elisa! Hätt ich's damals geahnet, als ich von der Kuppel St. Peters über Rom hinschaute, ich hätte mich hinabgestürzt, und die Donner hätten mir ein Grablied gesungen! Retten Sie mich, Engel der Erde! Geben Sie mir insgeheim Ihre Hand, willigen Sie ein, daß uns ein Priester verschwiegen verbinde, daß uns ein unauflösliches Band umschlinge! Am Montag muß ich Rom verlassen! Erscheinen Sie mir, ich beschwöre Sie, Sonntag nachts am Monte Testaccio, an dem Totenacker, an der Pyramide des Cestius. Dort, vertieft in Youngs „Nachtgedanken" wart ich Ihrer. Mein Leben hängt von Ihrem Eintreffen ab! Ich bringe einen Priester mit. Über den wenigen Gräbern meiner Landsleute, in schaurig-nächtlicher Stille werde der Bund geschlossen, und die Pyramide der Vorwelt sei der Zeuge unsrer Vermählung. Vertrauen Sie dem Limonienhändler, er ist gemein, aber ehrlich. Ich sehe unter der Marter des Wahnsinns Ihrer Antwort entgegen. Erscheinen Sie an der Pyramide

Ihrem verzweifelten

Henry M.

Diesen Brief, den unser verliebter Brite mit Hülfe eines englisch-italienischen Wörterbuches geschrieben, brachte er um Ave Maria auf die Spanische Treppe, wo er den Unterhändler wirklich traf. Um ihn für seine Sache ganz zu gewinnen, gab er ihm gleich einige Piaster, und der Italiener versprach ihm Antwort bis morgen um die Mittagsstunde.

Mit welcher quälenden Unruhe sah Henry diesem verhängnisvollen Moment entgegen! Wird sie mir antworten? und was wird sie antworten? Das waren Fragen seines geängsteten Herzens. Aber er vertraute auf die verzweifelnden Worte, mit denen er die Epistel angefüllt, und es schien ihm unmöglich, daß Camillas Herz so hart, so grausam sein könne, um ihn erbarmungslos in Verzweiflung zu stürzen. Hatte sie ihm einmal das Ja gegeben, so hoffte er sich leicht einen Geistlichen zu verschaffen, der sie traue, und wenn einmal die kirchliche Einsegnung geschehen, so glaubte er, die Mutter werde notgedrungen wohl einwilligen, und im entgegengesetzten Falle konnte ihn ja der Besitz der Angebeteten für alle andern Verluste trösten.

Zuweilen sagte er auch zu sich selbst: Wieviel hätt ich in frühern Jahren dafür gegeben, wenn das Schicksal mich in ein so originelles Abenteuer verwickelt hätte! Nun, da es sich ereignet, da ich in der berühmtesten Stadt der Welt, da ich unter den Trümmern der römischen Weltherrschaft mit der reizendsten Dame verwickelt bin, welche Italien nur hervorbringen kann, da sich alles vereint, meine Liebe mit dem Stempel des Ungewöhnlichen, des Interessanten zu bezeichnen, da kein Augenblick mehr verstreicht, ohne daß mir etwas Romantisches widerführe, da ich die Aussicht habe, eine Verbindung, die sonst so prosaisch und langweilig ist, unter den seltsamsten Verhältnissen und äußersten Gefahren bei Nacht während dem

Donner der Girandola an der Totenpyramide des Cestius, an den Gräbern von Shelley und anderer stravaganten englischen Geister zu schließen; jetzt, da sich gar ein Zitronenhändler auf geheimnisvolle Art in die Verwicklung einschleicht und meine Liebesgeschichte zu einem Roman verzaubert, wie Walter Scott, Cooper und Washington Irving keinen geschrieben und Lord Byron keinen erlebt hat, jetzt sollte ich unzufrieden sein und nicht vielmehr dem Verhängnis danken, daß er meine Person für wichtig genug hält, um sie mit seinen barocksten Launen zu quälen?

Unter solchen Gedanken kam denn der Mittag heran. Henry eilte an die Scala di Spagna, und der Briefträger überreichte ihm zu seinem höchsten Entzücken einen Brief, den ersten, den er von Camilla nach so langer Zeit vergeblicher Bestürmungen herauspreßte.

Hastig brach er ihn auf und las folgende Zeilen:

Lieber Henry!

Zum erstenmal nenn ich Dich so, weil ich nun das ganze Maß Deiner überschwenglichen Liebe erkannt habe. Vergib mir, wenn ich Deine hohen Worte nicht mit ebendem Schwung erwidern kann, der Dich vor andern Menschenkindern auszeichnet: Du hast es mit einem einfachen, weiblichen Wesen, mit einer Italienerin zu tun, welcher alle jene Vorzüge englischer Erziehung, englischer Bildung fehlen. Ja, ich will Dir willfahren, Du verdienst es, und es wäre grausam, Dich entgelten zu lassen, was Deine Familie verbrach. Du hast viel mit dem Limonienhändler gewagt, aber Du hast Dich an den Rechten gewandt, Dein Brief kam sicher in meine Hände. Jene Erscheinung soll Dir widerfahren, Du sollst Deine Braut, Dein Geliebtestes Sonntagnacht sehen! Aber nicht am Monte Testaccio, in der Longara wirst Du sie treffen. Verlasse Dich darauf, um drei Uhr nach Ave Maria in der Longara! Lebe wohl bis dahin!

Ewig Deine

Elisa

Dieses Briefchen wurde hundertmal durchlesen. „Also es wäre entschieden!“ rief Henry freudetrunken. „Endlich das schönste

Abenteuer auf der Welt! Eine geheime Verlobung! O darum wird mich Rebekka beneiden!" Nur mißfiel unserm jungen Empfindler der Ort, an dem ihm die Schöne das Rendezvous geben wollte. Er hatte die Hoffnung gehabt, daß es an der Pyramide des Cestius, daß es an den einsamen Gräbern der Protestanten vor sich gehen werde, und das wäre doch unendlich schön und romanhaft gewesen. Von der Longara wußte er soviel als nichts, und er fragte daher den Briefträger, was es denn für eine Bewandtnis damit habe.

Der Limonienhändler versetzte: „Das ist der allergeeignetste Ort für eine solche Zusammenkunft. Ich will Euch schon dahin bringen; er liegt in Trastevere!"

„Aber zum Teufel", fiel Henry ein, „wer hat Euch denn zum Mitwisser des Geheimnisses gemacht?"

„Die Mognaschi selbst", war die Antwort. „Glaubt mir, ohne mich könnt Ihr's gar nicht durchsetzen, und so hat mir das Mädchen alles anvertraut. Ich kenne einen Prediger, der Euch gern um ein paar Doppien einsegnet, und diesen bring ich Euch selbst in der Nacht zu. Vertraut nur auf mich. Aber wohin wollt Ihr denn? Nun, wenn Ihr das Liebchen nur einmal habt, so wird sich's schon finden!"

Henry drückte dem Italiener eine Börse voll spanischer Piaster in die Hand und sagte im Übermaß der Freude: „Ich will Euch königlich belohnen, wenn wir getraut sind! Ihr sollt von Sonntag an so glücklich sein, als Ihr nur wünschen könnt!"

Jetzt wurde verabredet, daß Henry sich um zwei Uhr in der Nacht auf dem Spanischen Platze einfinden solle, wo ihn dann der Limonienhändler in einem verschlossenen Wagen nach Trastevere bringen werde. Dort werde man das Liebchen erwarten, dort werde die Trauung geschehen, und dann könne der Engländer tun, was er für ratsam halte. „Wenn wir nur einmal das Mädchen haben", setzte der Italiener hinzu, „so sind wir guter Dinge. Und die Brautnacht, wo wollt Ihr denn –"

Henry rief: „O guter Gott, das ist ein Gedanke, wert, daß man nur auf die Welt kommt, um ihn zu denken!"

„Nun", fiel der Limonienhändler ein, „wer kann Euch jetzt

noch verwehren, ihn zu denken? Der Genuß ist die Hauptsache, und bei Gottes Blut, diese Dame ist so jung und schön, daß sie den Heiligen Vater mitsamt der Kardinalschaft toll machen könnte. Aber ich muß fort, gehabt Euch wohl! Auf Wiedersehn am Sonntag! Und dann in die Longara!“

Man trennte sich, und Henry rannte, wie wenn er närrisch wäre, die Treppe hinauf und die Passeggiata hinan. Das ging wie geflogen, der Kopf brannte ihm, das Blut wallte, das Herz klopfte. In dieser emphatischen Stimmung hatte er kein Auge mehr, um zu sehen, was auf dem Boden lag, und so kam es denn, daß er, unter den Platanen hinstürmend, über einen halbnackten Kerl stolperte, welcher in der Mittagshitze auf der Erde schlief. Er stürzte zu Boden, und der faule Schwarzbauch brach in ein wieherndes Gelächter aus.

Henry stand auf und fluchte. Aber mit nicht geringem Schreck sah er, daß er sich bei dem schweren Fall ein bedeutendes Loch in die Beinkleider gerissen. Das war genug, um ihn zu erinnern, daß er sich noch auf der Erde befand. Aber wie nach Hause kommen? Eben noch hing ihm der Himmel voll Rosen- und Myrtenkränze oder, volkstümlich zu sprechen, voll Baßgeigen, eben hatte er geglaubt, zu fliegen und über Raum und Zeit erhaben zu sein, als er schon im nächsten Augenblick über einen römischen Faulenzer herstolpern und sich die wahre Prosa des Lebens, die Beinkleider, zerreißen mußte!

„Große, unsterbliche Roma“, rief er, über die unübersehbare Stadt wegblickend und dann von der Kuppel St. Peters und den Lusthainen des Ianiculus zurück auf das offene Knie schauend, „welcher deiner Cäsaren und Imperatoren, deiner Scipionen, Camillen und Catonen hat in gleichem Unstern auf dem Monte Pincio gestanden? Goddamn, was beginn ich? Ich kann nicht von der Stelle! O Geliebte meines Herzens, wenn du wüßtest, wie dein Liebster zu Fall kam, wenn du mich in dieser wahrhaft jämmerlichen Lage, in dieser recht eigentlich physischen Erniedrigung gesehen hättest!“

Der arme Henry dachte hin und her, und es wollte ihm schlechterdings kein Mittel einfallen, sich aus der Verlegenheit zu helfen. Wenn es wenigstens doch Winter wäre, ich könnte mir einen Mantel – doch nein, eine Karosse – aber woher soll ich sie nehmen?

Man sagt, daß die Liebe zuweilen etwas dumm und unbesonnen mache, und das finden wir auch an unserm Yorick bestätigt, denn er beschloß nach langem Überlegen, den ganzen Nachmittag auf derselben Stelle zu bleiben und den schadhaften Fleck mit dem Hut zu bedecken.

Er schlich zu einer Bank, setzte sich und verhüllte mit seinem Filz den unglückseligen Riß. Aber langweilen wir uns nicht länger mit ihm, lassen wir ihn sitzen, bis es Nacht wird, und kümmern wir uns nicht weiter um die Gefühle und Gedanken dieses modernen englischen Prometheus.

Zu Hause wußte man nicht, wo er war. Die Lady und die Miß wurden von Lord L. eingeladen, mit seiner Familie auszufahren, und der Herr Gemahl ritt mit dem Onkel Kapitän aus. Man war übereingekommen, daß man sich um zweiundzwanzig Uhr zu Hause finden wolle, um auf die Promenade zu fahren. Die Damen trafen pünktlich ein und warteten mit Ungeduld der Reiter, aber sie erschienen nicht. Daß Henry nicht erschien, war ihnen ebenso unbegreiflich. Blinde Sterbliche! wie unzählige Dinge ereignen sich doch, aus denen man die leidigsten moralischen Schlüsse für eure usurpierte Halbgötterschaft ziehen kann! Welche erschütternde Beispiele liefert uns die Geschichte, und wer hat in seinem eignen Leben nicht schon erfahren, mit welch stockblindem Kopfe wir gegen die Mauer des Schicksals anrennen! Wer wird leugnen, daß die Lady eine Frau ist, wie sich nicht leicht eine andere für spirituöser und weiser halten kann, und dennoch ahnete sie in diesem Augenblick des Wartens nicht von ferne, daß ihr erstgeborener Sohn auf dem Monte Pincio schon vier oder fünf Stunden im Angesicht von ganz Rom sitze und Verstecken spiele, noch weniger aber hätte sie sich träumen lassen, was dem Herrn Gemahl unterdessen widerfahren war.

Es mochte wenig mehr zu Ave Maria fehlen, und unser gebannter Henry auf dem Berge sah schon der Dämmerung und seiner nahen Erlösung entgegen, als der Onkel Kapitän vors

Haus sprengte, sich mit den großbritannischen Beinen vom Pferde schwang und hinaufeilte.

„Hol der Henker dieses Rom!“ schrie er, ins Zimmer einstürzend, wo sich die Ladies befanden, „ich bin in Amerika und in Asien gereist und habe nicht soviel Unheil erduldet als in diesem einzigen Pfaffennest!“

„Wo ist mein Mann? wo ist der Vater?“ riefen ihm die Damen erschrocken entgegen.

„Danket Gott, der in dieser katholischen Stadt keinen vernünftigen Protestanten mehr zu beschützen scheint, daß er überhaupt noch ist! Aber nur schnell! es ist nicht Zeit zu plaudern! Einen Wagen und frische Kleider –“

„Aber um Gottes willen, Bruder“, schrie die Lady, „was ist denn geschehen? du machst mir Todesangst.“

„Kleider her, Kleider und einen Wagen – er ist in die Tiber gefallen.“

„Hilf Himmel“, rief die Lady, „wo ist er? er–ist, er lebt noch –“

„Nun ja, es ging gut, aber schnell, es will Eile.“ – Damit eilte der Onkel in des Lords Zimmer, die Mutter nach, man nahm in aller Eile Kleider heraus, man ließ einen Wagen anspannen. Unterdessen stieß der Onkel nur abgebrochene Worte und Flüche über das unglückselige Rom aus, die Miß bestürmte ihn, zu erzählen, aber man brachte nichts aus ihm heraus, als daß der Papa bei Ponte Molle in den Tiber gefallen, daß er nahe daran gewesen zu ertrinken und daß er, der Onkel, morgen nach Neapel gehen werde.

Lady und Miß setzten sich mit ihm in den Wagen und fuhren in höchster Eile durch die Porta del Popolo nach Ponte Molle.

„Aber wo ist er denn?“ fragte die Lady.

„In der Osterie am Tiber außen.“

„Und wie ging's denn? Sprich doch, Bruder, du bist ja zum Verzweifeln stumm.“

„Nun, wie's ging? Ins Wasser ging's. Wir ritten von Acqua Acetosa am Tiber hin, auf den verfluchten steilen Hügeln, dicht am Wasser hin, als das Pferd des Lords scheu ward, sich bäumte und zusamt dem Reiter in den Tiber stürzte.“

„Heiliger Gott!“ riefen die Damen.

„Was wollt ich machen, ich konnte nicht schwimmen – aber ein Maler, der am Ufer sitzt, wirft seine Kleider ab und springt ins Wasser, der Lord schreit, die Körpermasse hält ihn oben – der junge Mann erreicht ihn – Gottverdammich, er war keck – und faßt ihn und heraus mit ihm aus dem Tiber.“

„Ein Engel, ein Engel!“ erscholl's aus dem Engelsmunde Rebekkas.

„Halbtot liegt er am Ufer und speit Wasser und schnappt nach Atem. Eine halbe Stunde geht's so fort, bis er zu sich selbst kommt, wir laden ihn aufs Pferd – das seinige ist ertrunken – und transportieren ihn bis an die Brücke und dann hinüber nach der Osterie.“

Unter solchen unzusammenhängenden Erzählungen langte man an Ponte Molle an, man flog aus dem Wagen, man eilte in das Campagnenhaus und fand den Lord auf dem Bette. Frau und Tochter stürzten auf ihn zu und riefen: „Sie sind gerettet, Vater, Sie sind gerettet, dem Himmel ewigen Dank!“

Jetzt erst bemerkten sie einen jungen Mann im Zimmer, und der Lord rief: „Der dort ist's, der hat mich herausgezogen, dem verdank ich mein Leben.“

„Leider ist's ein Italiener“, brummte der Kapitän zur Lady hin.

„Kommen Sie, junger Mann“, hub der Lord wieder an, „sehen Sie, Sie haben dieser den Gemahl, jener den Vater gerettet!“

Eine Italienerin wäre hierbei gewiß dem edelmütigen Mann an den Hals geflogen, zumal da er sehr hübsch war, und hätt ihm in Strömen von Worten und Tränen gedankt; unsere Britinnen aber, welche ihren Stand, ihre Nation nie vergaßen, verneigten sich vor ihm, wie man's etwa bei einer Teevisite macht, um ein Kompliment zu erwidern.

Der Lord hingegen, der nur zu sehr fühlte, was er dem Italiener verdankte, umarmte ihn unzähligemal, nannte ihn auf englisch seinen Sohn, seinen Wohltäter, seinen Freund und zeigte ein gutes, erkenntliches Herz.

Er wechselte die Kleider, und als er sich wieder auf den Beinen sah, nahm er den Italiener beim Arm, führte ihn in ein Nebenzimmer und fragte: „Seid Ihr arm?"

Jener antwortete: „Nun ja, ich bin ein Maler!"

„Maler sind arm, Ihr habt recht! Aber ich mach Euch reich, so wahr ich Lord M. bin! Ihr seid von heut an mein Sohn! Wollt Ihr mit mir?"

„Lieber Herr, das ist nicht möglich, ich muß in Rom bleiben!"

„Gut, so bleibt Ihr in Rom, wie Ihr wollt! Ich will für Euch sorgen. – Wartet – richtig – aber eines versprecht mir, Ihr sagt dem Herrn draußen und auch den Frauen nichts davon."

„Ich verstehe Sie nicht, Mylord."

„Das werdet Ihr sogleich! Ich geb Euch jährlich achthundert Skudi; wenn Ihr heiratet – doch seid Ihr noch ledig?"

„Allerdings, Mylord."

„Nun, wenn Ihr heiratet, ein gutes Heiratsgeschenk, und in meinem Testament sollt Ihr bedacht sein."

„Herr, das ist zuviel – Ihr seid unendlich gütig."

„Ihr habt Euer Leben an mich gewagt, und Ihr sollt Euch überzeugen, daß ein Engländer dankbar und großmütig ist. – Aber versteht Ihr, meiner Frau und dem langen Herrn nichts davon gesagt!"

Indem rief der Lord den Wirt, ließ sich Schreibzeug geben, setzte sich, sudelte einige Linien hin und gab sie dem Italiener. „Das reicht hin", fügte er hinzu, „und nun laßt uns nach Hause. Ihr speist heut bei mir!"

Der Jüngling dankte mit Herzlichkeit, entschuldigte sich, daß er des Lords Anerbieten nicht annehmen könne, und versprach, ihn morgen zu besuchen.

Weil der Wagen schon besetzt war, konnte er nicht mit den Briten nach Hause fahren. Die Damen und der Kapitän verneigten sich stolz vor ihm und stiegen ein. Der Lord flüsterte: „Morgen, versteht Ihr?"

Der Italiener nickte, der Wagen rollte fort, und unser unbekannter Erretter sah nun das Papierchen an, aber er verstand nichts davon, denn es war englisch geschrieben, als lebenslängliche Pension von achthundert spanischen Piastern, und das konnte hinreichen. Also hurtig nach Rom zurück! Das war eine Goldfischerei ohnegleichen. Gebenedeit sei der Tiber und die Briten, die drin ertrinken wollen!

Für Henry hatte längst die Stunde der Erlösung geschlagen, und er befand sich schon zu Hause, als die Familie von Ponte Molle anlangte. So gerechte Ansprüche er auf die Teilnahme der übrigen machen konnte, so wurde ihm doch wenig Aufmerksamkeit geschenkt, indem man nur mit dem Unglück des Vaters beschäftigt war und besonders der Onkel darüber nachsann, wie man sich mit dem Italiener abfinden könne. Seine Meinung ging endlich darauf hinaus, daß man die Porträts der Familie von ihm malen lassen und ihm etwa die Reise nach Neapel bezahlen solle, damit er sie daselbst ausführe. Der Lord meinte aber, daß sich das schon finden werde, und die Lady sagte: „Der arme Mensch! er hat nichts als sein bißchen Leben und setzt auch das daran, um einem andern das seinige zu retten! Es ist wirklich eine schöne Tat, und wir müssen sie ihm gut bezahlen, eh wir abreisen."

Henry hatte wenig Anteil an dem tragischen Vorfall bei Ponte Molle genommen, denn in seinem Gehirn verknüpften sich die wunderbarsten Ideen, geheime Heirat, Flucht, Limonienhändler, die Longara, wie künftiges Glück und noch unzählige andere Dinge, sogar Youngs „Nachtgedanken". Der Sonnabend kam heran, am Sonntag sollte das Abenteuer überstanden werden, und er überlegte jetzt reiflich, wohin er mit Camilla fliehen solle.

Er entschloß sich, noch in derselben Nacht nach Tivoli abzureisen und einen Brief zu hinterlassen, der den Eltern anzeige, was geschehen, und ihnen die Wahl frei lasse, ob sie seine vollzogene Vermählung genehmigen oder ihn nie mehr sehen wollten. Er setzte sich sogleich an den Schreibtisch und fertigte folgendes Billett aus:

Liebe Eltern!

In dieser Stunde bin ich der glücklichste Mensch auf Erden geworden, Camilla ist mein, auf ewig, unzertrennlich mein. Der

Priester hat uns verbunden. Vergebt mir, daß ich so kühn war, den höchsten meiner irdischen Wünsche so eigenmächtig zu erfüllen, ich konnte nicht anders; wenn Ihr je geliebt, so wißt Ihr, wie allmächtig die Leidenschaft ist! In dem Augenblick, da Ihr diese Zeilen leset, ist mir nichts mehr zu wünschen übrig geblieben, als daß Ihr einwilligt in eine Verbindung, welche Ihr nicht mehr auflösen könnt. Schon ist mir Camilla ans Herz gesunken, und ich habe das äußerste Maß von Seligkeit genossen, das mir der Himmel bestimmt hat. Gebt unserer Liebe den Segen, wir sind in Tivoli, an den donnernden Kaskaden des Teverone! Sendet uns das Wort der Liebe, und wir eilen in Eure Arme!

Henry M.

Dieses Billett, er konnte nicht warten, er mußt es Sonnabend schon schreiben, und am Abend des Festes, wenn die Eltern von der Girandola zurückkamen, sollte es ihnen zu Gesicht kommen. Es stiegen wohl zuweilen Zweifel in ihm auf, wenn er sich der frühern Sprödigkeit Camillas erinnerte, wenn er die Größe des Opfers betrachtete, welches sie ihm zu bringen versprochen, aber seine Eigenliebe spiegelte ihm tausend Gründe vor, die sie zu diesem waglichen Schritt bewegen konnten; er hatte ihr geschrieben, daß sein ganzes Lebensglück von ihrem Eintreffen abhange, und vor allem war es seine Einbildungskraft, die mit einem Schwarm romantischer Bilder und Hirngespinste jeden Skrupel unterdrückte, den der kältere Verstand in den Weg legen wollte. So vertraute er den Worten ihres Briefes und erwartete sie zuverlässig an dem bestimmten Ort, rüstete Geld und Reisebedarf, packte seine Effekten zusammen und bestellte einen Wagen nach Tivoli.

Am Sonnabend früh erschien der edelmütige junge Italiener und ließ sich dem Lord melden. Dieser empfing ihn mit einer väterlichen Umarmung und nötigte ihn zu sich auf das Sofa. „Hier, Henry“, versetzte er, „ist mein Wohltäter, und wie – du sagst ihm kein Wort des Dankes?“

Henry sah den Italiener starr an und ging endlich auf ihn zu, ihm mit Zeichen der Überraschung die Hand reichend und für seine menschenfreundliche Tat dankend. Die Miß trat herein, verbeugte sich, wie ein Schilfrohr, das der Wind etwas bewegt, und lief sodann davon. Die Kinderchen kamen ebenfalls, keines kümmerte sich um den Fremden, nur das Kleinste trat auf ihn zu und fragte ihn schnippisch: „Sprechen Sie englisch oder italienisch oder französisch oder deutsch oder lateinisch oder griechisch? Haben Sie die Villa Pamfili schon gesehen und die Villa Borghese und die Passeggiata?“

Die Lady sprach unterdessen mit dem Onkel in dem Nebenzimmer und meinte, daß man dem guten Menschen doch etwas geben müsse. „Was meinst du, Bruder“, fragte sie, „wie wär's, wenn wir ihm eine silberne Uhr kauften oder ein Dutzend Schnupftücher oder eine schöne Weste?“ Der Kapitän beharrte aber darauf, daß es besser sei, sich von ihm malen zu lassen, und daß man ihn deshalb nach Neapel mitnehmen und freihalten könne.

Unterdessen, denn die Unterhaltung ging schlecht, weil der Lord nicht gar zu gut italienisch sprach und überhaupt so einsilbig war wie ein Seehund, hatte dieser den Italiener schon in sein Zimmer gezogen und ihm einen Wechsel von vierhundert Zechinen in die Hand gedrückt. Als man wieder herauskam, erschien das edle Geschwisterpaar, die Lady und der Kapitän, und flüsterten dem Lord etwas ins Ohr.

Dieser wandte sich sofort an den Italiener und fragte ihn, ob er mit ihnen morgen nach Neapel gehen und sie daselbst porträtieren wolle.

Allein jener schützte unübersteigliche Hindernisse vor, versprach aber, später nachzukommen, um die liebenswürdigste Familie, die er jemals kennengelernt, abzukonterfeien. Bald darauf verabschiedete er sich, wurde von dem Lord begleitet und noch einmal ermahnt, vor den genannten Personen alles geheimzuhalten.

Stündlich erwartete man den Bräutigam Rebekkas. Der Onkel meinte, daß ihm in diesem Lande der Taugenichtse leicht etwas widerfahren sein könne, und man erschöpfte sich in Vermutungen, bis endlich die Miß ihrer Mutter vertraute, er werde erst morgen früh erscheinen.

„Und wie, warum denn?" fragte die Lady neugierig.

„Verzeihen Sie, liebe Mutter, ich bin daran schuld", begann das Töchterchen. „Ich will Ihnen alles bekennen, aber Sie sollen's auch geheimhalten, sollen gegen niemand ein Wort verlauten lassen. Versprechen Sie mir das, Mütterchen?"

„Nun ja doch, liebes Kind, ich verstehe dich nicht!"

„Es hängt viel von Dingen ab, welche dem gewöhnlichen Menschen gleichgültig sind, als zum Beispiel: eine Begrüßung, ein Abschied! Dergleichen wichtige Augenblicke unseres Lebens sollten mit der zartesten Vorsicht behandelt werden, man sollte alles entfernen, was in der Außenwelt stören könnte, nur das Sinnige, das Bedeutungsvolle sollte uns umgeben und alles um uns gleichsam ein Widerhall von dem geistigen Akte sein, welcher in uns gefeiert wird."

„Aber was soll denn das, mein Kind –?"

„So hören Sie doch nur! Wie beleidigend für mein Gefühl wäre es, wenn ich den Geliebten aus dem Reisewagen steigen sähe, wenn ich ihn in der Umgebung von Mägden und Bedienten, in einem gemeinen Zimmer begrüßen müßte! Darum, liebe Mutter, hab ich ihm geschrieben, daß er nicht früher als diesen Abend in Rom eintreffen solle und daß ich ihn morgen am Fest von St. Peter und Paul, in derselben Stunde, da der Beherrscher der katholischen Christenheit von St. Peter aus den Segen erteilt, auf der Trajanssäule erwarte!"

„Das ist ein Gedanke", rief die Lady, „der nur in deinem wundersamen, sinnreichen Gehirnchen entstehen konnte! Nun, so komm er denn erst morgen, denn am Montag reisen wir unfehlbar nach Neapel ab. Ich danke nur dem Himmel, daß die verhaßte Italienerin aus dem Hause geschafft worden! Welch ein Übermut in dieser römischen Kokette! welche Frechheit in dieser ungesitteten Komödiantin! Mir das ins Gesicht zu sagen, so eine bettelarme Person, die Staat macht wie eine Sultanin und einen Engländer heiraten möchte, um Geld zu haben! Nein, das ist eine unverzeihliche Verirrung unseres Henry! Was würde dein Bräutigam sagen, wenn er morgen seine Schwägerin sähe? Möge sie ihresgleichen heiraten, von meinem Gelde soll sie auch nicht einen Schilling haben."

„Es ist doch eine Schande", erwiderte die Miß, „sich so von einem Fremden beschenken zu lassen! Und dann erst noch die Unverschämtheit, alles zurückzuschicken und sagen zu lassen, daß ich die Kleider tragen solle!"

„Italienisches Volk!" versetzte die Lady. „O ich hätte es nie geglaubt, als ich nach Italien ging, daß ich mit Italienern in Berührung kommen werde! Lieber wär ich in London geblieben. So ist mir's auch unangenehm mit dem Menschen, dem wir so sehr verpflichtet sind, zumal da der Vater so närrisch mit ihm tut. Wir wollen ihn bezahlen, und dann mag er seiner Wege gehen; er soll belohnt werden, allerdings, und man soll wissen, daß Engländer nichts umsonst annehmen, aber dann soll er uns ungestört lassen."

Dies und anderes redeten unsere britischen Humanistinnen zusammen. Aber wir haben unsern guten Irländer ganz aus den Augen verloren.

Warum sollte in dem ehrbaren alten Herrn, der einem Backofen so ähnlich ist und dem die Feuerflamme durch hundert Rubinen hervorschlägt, warum sollt in ihm nicht auch die Flamme der Liebe auflodern? Es ist wahr, daß dies die Priester verbieten, und sie mögen ihre Gründe dazu haben, es ist wahr, daß Sir Thomas aus der Blütenzeit bereits heraus ist, aber verblüht ist er denn doch nicht, im Gegenteil lachen ihm die reifsten Purpurfrüchte aus der Nase und den Wangen, er ist bejahrt und ein Hagestolz, ist fromm und geht täglich in die Messe, beichtet jeden sündigen Gedanken und nimmt den Hut vor jedem Kreuz, jedem Madonnenbild, jedem Kapuziner, Monsignore und Bischof ab, er glaubt felsenfest an Heilige, an Wunder und Reliquien und fällt vor dem Papst nieder wie vor Gottes Vikarius, aber wenn man so eine allerliebste Römerin im Hause hat, so ist das alles zusammen nicht hinreichend, um das Aufkeimen einer gewissen verliebten Zärtlichkeit zu verhindern.

Der Gegenstand, nach dem die Wünsche unsers Irländers hinschielten, ist freilich von niederm Stande, aber man weiß ja, daß die Liebe nicht nach dem konventionellen Unterschied fragt, den die üble Laune des Schicksals unter die Menschen gebracht hat, und daß die Schönheit allenthalben zu Hause ist und nicht bloß bei vornehmen Engländerinnen wie Miß Rebekka. Kurz, Sir Thomas, so orthodox er sonst als römisch-katholischer Christ dachte, konnte in einem gewissen Punkte, den die Gelehrten, welche Latein verstehen, *punctum sexti* nennen, für ziemlich liberal und freigeisterisch gelten. Nur fehlte es ihm etwas an Geschick, das Ding gut anzugreifen, und so mag sich denn ein verliebtes Abenteuer selten in seinem Leben, und vielleicht nie ohne Ruffiano, ereignet haben.

Auf die hübsche Rosette hatte er es nun aber einmal abgesehen und Skudi an den Mandolinspieler, Schnupftücher und Piaster für den Oktoberkamm gespendet, um dem Herzen des artigen Kindes mit aller strategischen Kunst nahezukommen. Er trug sich freilich nicht mit dem erhabenen Gedanken wie unser Henry, dessen Seele einen weit platonischern Schwung hatte, wiewohl die Feinde des Platonismus behaupten würden, daß es bei beiden am Ende auf eines hinauslaufe. Wer kann es ihm verargen, daß er mehr Leib als Seele war, und so ist es leicht erklärbar, wie jene sentimentalen Liebesphantasien, welche sich gerne blasse Gesichter, magere Figuren, altdeutsche Personen, geniesüchtige, transalpinische Gymnasisten und römische Nazarener und Fiesolaner aussuchen, wie sie in dem irländischen Schlund voll Beefsteak und Pudding ihr zartes, schmächtiges Dasein nicht erhalten konnten.

Zudem wär es bei einer trasteverinischen Schönen auch nicht am Platze gewesen; denn dort, wie überhaupt in Italien, ist die theoretische Liebe weniger im Kurs als die praktische. Schöne, wilde, sinnliche Weiber, rasches Flammenblut, Leidenschaft und Lebensfülle, ein starker Wein, ein süßes, nervenreizendes Klima, ein glücklicher, leichter Kopf, Sorglosigkeit und Frohsinn, das sind Dinge, welche die Liebe daselbst auf dem einfachen Wege der Natur halten, wenn sie gleich zuweilen im Übermaße vorhanden sind, die Natur überschreiten und sich in schrecklichen Ausbrüchen entladen, welche im Moment die Hand eines beleidigten Liebhabers oder eines wütenden Weibes mit dem Messer bewaffnen.

Kurz, als Sir Thomas am Sonnabend nach Hause kam, traf er Rosetten mit einem jungen Burschen vor der Haustüre. Das wollte ihm gar nicht gefallen, und er warf einen zweideutigen Blick auf den Minente, der vom rechten Schlage war, eine Schärpe um die Brust trug und das Manchesterwams auf der Schulter hatte, ganz nach Trasteveriner Art. Als Sir Thomas oben war, kam das Mädchen, und er fragte blinzelnd: „Wer ist denn der Bursche unterm Hause? Du Schelm! das ist dein Liebster, nicht wahr?“

„Mein Liebster?“ rief Rosa auflachend, „o was Ihr denkt, Ihr seid wunderlich, das ist ein Vignarol aus Trastevere und mein Vetter!“

Sir Thomas hatte nicht geringe Furcht, denn er hatte so mancherlei von der Eifersucht, der Rache, der Wut der Italiener gehört, aber die Gegenwart des artigen Kindes, das schöne Gesicht, das üppige Haar, das naive Franzenjäckchen, die volle Brust, die aus ihm hervorquoll, das reichte hin, seinen Mut wieder zu beleben.

Er fing an zu schäkern – was wissen wir, was er vorbrachte –, allein das Mädchen versprach ihm auf morgen ein appuntamento!

„Wenn alles fort ist, versteht Ihr“, flüsterte sie ihm ins Ohr, „wenn alle druben beim St. Peter sind und die Kuppelbeleuchtung und die Girandola auf dem Kastell beschauen, dann –“

„Aber liebe Seele“, wandte Sir Thomas ein, der doch das Feuerwerk und die Illumination St. Peters nicht versäumen wollte, worauf er mehr als auf alles begierig gewesen, als er nach Rom gekommen, „aber mein Schätzchen, können wir’s denn nicht auf ein andermal verabreden?“

„Nein“, rief Rosa, „nein Signor Tommaso, es ist unmöglich! Morgen um ein Uhr nach Ave Maria oder nie!“

Damit eilte sie davon und ließ unsern Irländer in einem ungeheuern Seelenkampfe zurück.

Rosa aber schlich sich noch zur Haustüre herab und flüsterte lange mit dem Liebsten zusammen. Als es endlich oben rauschte, sagte sie: „Nun gut, also um ein Uhr nach Ave Maria!"

„Sei ruhig, wir kommen!"

„Gute Nacht –!" Und der Liebste ging. Armer, armer Thomas, du wirst morgen daran glauben müssen!

Die Kanonendonner vom Mausoleum des Adrian kündigten das große Fest an, und die Sonne stieg über Rom empor. Welch ein wichtiger, verhängnisvoller Tag für alle unsere englischen Freunde! Rebekka sieht der seligsten Begrüßung ihres Geliebten auf der Säule des Trajan entgegen, Henry erwartet die Erfüllung seiner höchsten Wünsche, sein ein und alles, in der Longara, um es für alle Ewigkeit an sich zu fesseln, Sir Thomas ein reizendes Schätzchen, die Lady ist ausnehmend gespannt auf die Girandola, der Onkel und der Lord sollen zum erstenmal den Papst sehen – ach! hätten wir nicht so aufrichtig die Partie der Briten genommen und wär es nicht unser Grundsatz, nie auf beiden Schultern Wasser zu tragen, so könnten wir von Camillen noch etwas Wichtiges erzählen.

Rebekka brachte einige Stunden am Samtbüchlein zu, und Henry wußte sich in der großen Bewegung, worin sich sein Inneres befand, mit nichts Besserem zu unterhalten, als daß er auf dem Spanischen Platz umherlief, und zwar gerade mitten in die Steine tretend und ja nicht auf der Linie, wo sich zwei miteinander verbinden.

Bald kam aber die Zeit, da die Schwester nach der Trajanssäule fahren wollte, und unser Henry erhielt den Auftrag, sie zu begleiten. Freilich wollte der Lord und der Onkel wissen, wohin man sich denn begebe, aber die Lady sagte, daß sie diesmal ihre Neugierde nicht befriedigen werde, so daß sich dieser wirklich etwas erzürnte und der Meinung war, die Mutter begünstige doch immer die dummen Streiche ihrer Kinder. Gott sei gedankt, daß es die Miß nicht hörte, ihr Gemüt, das heut zu lauter Äolsharfen- und Maultrommeltönen gestimmt war, in dessen reizbaren Saiten die Sehnsucht die süßesten und übersinnlichsten Melodien der Liebe spielte, dieses Gemüt hätte durch eine so barbarische Äußerung leicht aufs grausamste verstimmt werden können! Aber sein Schutzengel bewahrt' es davor, nur die Lady vernahm es und bestrafte den Bruder mit einer verächtlichen Miene.

Unser empfindsames Geschwisterpaar begab sich also nach dem Forum des Trajan. Henry sollte unten warten, und die beherzte Britin unternahm es allein, die Riesensäule des großen Imperator emporzusteigen. Freilich kam es ihr sauer an, die Treppen wollten nicht enden, hundertmal hielt sie inne und schöpfte Atem.

Endlich ist sie oben, und wir fühlen uns mit ihr von dem erhabenen Moment zur Begeisterung hingerissen! Du edler Schmuck der alten Weltbeherrscherin, durch sechzehn Jahrhunderte der Nachwelt erhalten, Gegenstand der Bewunderung der Vorzeit und der heutigen Tage, geehrt von den Besiegern von Dacien wie von den modernen Britannen! dich hat der römische Senat dem glorreichen Eroberer, dem menschlichen Herrscher, dem Vater des Volks zum Denkmal gesetzt, wo seine Asche ruhte in goldener Urne. Über Rom weg und seine sieben Hügel sollte sein Bild ragen, und das allverehrte Idol des Kaisers sollte als Beispiel, als Muster für kommende Monarchen, sowie als Gegenstand der allgemeinen Nationalverehrung in den Lüften schweben! Noch im achtzehnten Jahrhundert wirkt seine begeisternde Kraft, einst für die Triumphe des Eroberers bestimmt, wählt es sich heute die Liebe zu ihrem höchsten Triumph aus, und eine schöne Engländerin steht oben in den Lüften und schaut über Rom hin.

Hundertundachtundneunzig Palmen, das ist ein hoher Standpunkt, von dem aus eine verliebte Elisa das Leben betrachten kann, ein hoher Standpunkt, den die Sentimentalität sich zu ihrem feierlichsten Augenblick erwählen kann! Umher das aufgegrabene Forum des Trajan, die stolzen Säulenreihen, dort gegen Osten der finstere Turm des Nero, von dem herab der Tyrann beim Leierspiel die Stadt brennen sah, hier zur Rechten das Kapitol und weiterhin der alte Palatin mit seinen idyllischen Gärten und Kaiserruinen, das düstere, von Limonien überwachsene Gewölbe des Friedenstempels, das Kolosseum und die Zypressen des Monte Celio, die weiten, melancholischen Einöden des alten Roms und hier gegen West und Nord die ungeheure tausendgestaltige Stadt mit ihren Kuppeln und Obelisken, Balkonen und Logen. – Nein, Rebekka, du hast einzig gewählt, du kennst das Altertum und die Weltgeschichte, du wärest würdig, daß einer der heidnischen Götter aus seinem verschütteten Tempel zurückkehrte, o englische Vestalin, und dich umarmte.

Doch stille, kein heidnischer Gott, sondern ein gut protestantischer Engländer soll dich an dieser luftigen Stätte besuchen. Noch ist er nicht da, die Julisonne brennt fürchterlich aus dem azurblauen Himmel herab, und unsere Schöne flüchtet sich in den Schatten des Sonnenschirmchens. O daß sie zu hoch steht, daß sie zu sehr dem Reich der Lüfte angehört, als daß man sie so von unten recht genau betrachten könnte, welch rührender Anblick wär es, sie mit dem blauen Schirmchen auf der gigantischen, von anderthalb Jahrtausenden geschwärzten Säule zu schauen! Sie wendet sich St. Peter zu, wo sich heute Kinder von allen Nationen versammeln, um den Segen des Statthalters Christi zu empfangen, aber der Geliebte erscheint nicht. Die heißen Südwinde wehen ihre Seufzer über die sieben Hügel hin, sie hebt ihre blauen Augen zum Himmel empor und lispelt: „My sweet heart, my dear loved soul, o heaven and earth!“ Aber aus diesen Gegenden steigen nur italienische und lateinische Gebete gen Himmel und die englischen scheinen nicht erhört zu werden, denn der Seelenbräutigam kommt nicht.

Verlassen wir die trauernde Britin auf der Trajanssäule und ihren noch mehr bekümmerten Bruder, der unten auf dem Forum sitzt und vor Langerweile an den Nägeln kaut, und gehen wir den Corso hinauf bis zum Platz Colonna, eine gute Miglie! Wie man weiß, erhebt sich dort der Koloß der Antoninischen Säule über den Platz und die gewaltigen Nachbarpaläste empor!

Wir finden einen Herrn mit blonden, rauhen Haaren, von steifer Figur, mit der Lorgnette vor dem Auge und einem äußerst kleinen Hütchen auf dem Kopfe. Das ist ein Engländer, wir wetten das Heil unserer Seele dran. Er schaut an der riesenhaften Säule hinauf und sagt zu sich selbst: „Yes, yes, very well, das muß die Trajanssäule sein! Hier ist sie, hier erwartet mich meine Rebekka! – und nun hurtig empor." Er bezahlt den Türhüter gut und steigt hinauf. „Ob sie schon da ist?" spricht er, die dunkeln Wendeltreppen forttappend, „ob sie schon da ist? Ah, welch ein Wiedersehen! Welch ein Augenblick der Begrüßung im Angesicht des Ewigen Roms, unter dem Donner der Kanonen, welche den Segen des Papstes der feiernden Stadt verkündigen!"

Tausend goldene Phantasien umgaukelten unsern Engländer, das Herz klopfte ihm stärker, je mehr Treppen er erstieg und je näher er der harrenden Braut zu sein glaubte. Endlich fiel ein wunderbares Dämmerlicht in die Nacht herein. „Rebekka!" rief er, „Rebekka, wo bist du?" – und er stieg auf den Kranz der Säule hinaus, aber keine Rebekka flog ihm entgegen.

Nun, sie wird erscheinen, denkt er, und ich habe das Vergnügen, sie zu empfangen, noch ist es frühe, noch ist der Segen des Papstes ferne, und kein Kanonendonner erschallt noch über das andächtige Rom!

So legt er sich ans Geländer und blickt über die Stadt hin zum Westen, wo zwischen den sanften Wölbungen des Mario und den Rebengärten des Gianicolo sich St. Peter erhebt, und gegen Osten, wo ihn die quirinalischen Paläste gebieterisch anschauen, und nördlich weiterhin die Pinienhaine der Villa Borghese und die Paradiese von Medicis grünen, und dann südlich gegen die Abhänge des Monte Cavallo, wo über Paläste und Kuppeln die – Säule des Trajan emporschaut, bis zum Kapitol und den Wildnissen des Celio und Aventin. So steht unser Brite mit klopfendem Herzen und wartet! Er schaut auf den Platz hinab, und jede weibliche Figur, die in der Tiefe sich bewegt, dünkt ihm Rebekka zu sein, aber sie gehen alle an der Säule vorüber, nach allen Seiten des Platzes, und keine sieht auch nur zu der Höhe hinauf, wo er seufzt und jammert. Die Sonne brennt ihm schrecklich auf die Stirne, und er flüchtet sich in den Schatten des Apostels, der über ihm in den Lüften steht und gegen die ferne Basilike hinblickt. „O Säule des Trajan", ruft er endlich, „wieviel Seufzer kostest du mich! Wenn sie nicht mehr käme! wenn sie nicht mehr in Rom wäre! Nein, das konnte Rebekka nicht tun! Mit welcher Eile flog ich von Florenz hieher, wieviel Goldstücke hab ich weggeworfen, um gestern abend noch anzulangen! Und jetzt!"

Stunden verrannen, und die Geliebte erschien nicht. Schon stand die Sonne am höchsten, und es war nicht mehr auszuhalten, nur ein Säulenheiliger hätt ihre Glut ertragen. Ein peinlicher Durst fing an unsern Briten zu plagen, und die Qual des körperlichen Bedürfnisses gesellte sich zu dem Schmerz der Seele. Er blickte mit Sehnsucht zu der Fontäne hinab und zu den vielen Limonienverkäufern, deren goldene Früchte ihm ins Auge lachten und den Durst nur höher steigerten.

Indem donnert' es vom Westen her, und die Kanonen des Kastells verkündeten den päpstlichen Segen. In diesem Augenblick rief er aus: „Jetzt erscheint sie! jetzt ist der Moment! jetzt, während das Volk auf den Knien liegt, stürzt mir Rebekka in die Arme!"

Ein Donner nach dem andern, eine Rauchwolke nach der andern auf dem Grabgewölbe des Kaisers, endlich wird's stille, und Rebekka war nicht gekommen.

Da bemächtigt sich die Verzweiflung unsers armen Briten, drei Stunden hat er gewartet, die Zunge lechzt ihm, die Hitze ist unerträglich, er eilt die Treppen hinab, verfehlt eine Stufe und rutscht ein beträchtliches Stück hinunter.

Jetzt hätt er beinahe geflucht, denn es schmerzt' ihn in allen Gliedern. Kaum vermag er sich wieder aufzurichten und, die Hand auf die zerstoßene Hüfte haltend, hinabzuschleichen wie ein Blinder.

Endlich kommt er an die Türe, aber o Himmel, sie ist verschlossen! Der Unglückliche schreit, er klopft und poltert, doch niemand hört ihn, der Türhüter mußte vergessen haben, daß jemand oben stand, und wußte schwerlich davon, daß eine Geliebte hier erwartet wurde. Kurz, der Brite war eingeschlossen und mußte, weil es ihm hier in der entsetzlichen Dunkelheit und Enge doch gar zu unheimlich dünkte, mit saurer Mühe und manchem Tropfen Schweiß wieder hinaufsteigen. „O Rebekka", stöhnte er, „o Trajanssäule, o du Qual der Hölle, du schrecklicher Durst!" Umsonst, keine Menschenseele hörte seine Klagen hier oben.

Und Rebekka unterdessen? Nein, es ist unmöglich, wir können die Schmerzen ihrer Seele nicht schildern. Auch sie wartete drei Stunden, Henry verging die Geduld, er kam zu ihr hinauf, der Segen ging vorüber, die Miß vermochte sich vor Müdigkeit kaum mehr auf den Füßen zu erhalten, und man fuhr endlich nach Mittag nach Hause. Daß Rebekka in Tränen zerfloß, kann jede fühlende Seele sich einbilden.

Sie langten, beide in heftiger Gemütsbewegung, zu Hause an. Niemand eilte ihnen entgegen, weder Vater noch Mutter, noch Onkel war zu Hause, und doch sollten sie es längst sein. Henry suchte die Schwester zu trösten, wiewohl er selbst Trost bedurft hätte, denn die fehlgeschlagene Hoffnung Rebekkas mahnte ihn nur allzusehr an die Möglichkeit, daß auch seine Geliebte heut abend nicht in der Longara erscheinen dürfte.

Wohl eine Stunde mochte so verflossen sein, als endlich die Karosse vors Haus fuhr. Die Lady eilte voraus und rief schon auf der Treppe: „Ach ums Himmels willen, wo ist Rebekka? wo ist der Bräutigam? wo sind meine Kinder? – Ich bin des Todes! – O armer Bruder!" Unter solchen Ausrufungen hatte sie schon das Zimmer erreicht und sah nun das Töchterchen mit dem Schnupftuche in der Hand an dem Fenster sitzen. „Wo ist er? wo ist er?" schrie die Lady – das traurende Kind schüttelte den Kopf – „er ist nicht gekommen? er ist – o welcher unheilvolle Tag! o armer Bruder!" Jetzt trat auch der Lord herein. „Daß doch der Henker das St.-Peter-und-Pauls-Fest hole!" stöhnte er schwer atmend. „Das wird ein schwerer Strauß werden! Das wird uns Geld kosten! Und geschlagen haben sie ihn gar! wie einen Esel geschlagen! einen Engländer geschlagen – dieses Pöbelvolk von Trabanten!"

„Was ist's?" fragte Henry, „wen haben sie geschlagen?"

„Den Onkel."

„Ist es möglich? Was ist geschehen?"

„Mein Leben lang will ich an diese Woche denken. Erst die Geschichte mit dieser Italienerin, dann das Unglück mit der Bäuerin, die heillose Peterstour, das verwünschte Malheur im Vatikan, endlich gar das Bad im Tiber, und nun zu guter Letzt setzen sie mir den Onkel ins Loch! Wann werden wir aus Rom hinauskommen? Und wie? O Kinder, das ist eine Reise! Gott sei dafür, daß ich wieder eine solche mache!"

Erhitzt und sich die Schweißtropfen abtrocknend, setzte er sich nieder und ließ die Lady erzählen.

„In St. Peter", hub sie an, „eh die Messe begann, als die Prozession kam, mußten wir vor dem Papst knien. Das will ich nie vergessen. Der Onkel weigerte sich, aber er war zu groß, ragte zu sehr hervor, und einer der Soldaten zwang ihn, mit einem derben Ruck am Arm, sich niederzulassen! Der arme Bruder ärgerte sich halb tot, aber es sollte noch anderes Ungemach über ihn kommen. Er wollt uns weiter vor bringen, die Schweizergarde hatte einen Kreis um den großen Altar gezogen, und der Onkel forderte, daß man uns einlasse! Der Flegel von einem Deutschen widersetzte sich, der Onkel wurde hitzig, stieß ihn weg und drängte sich mit Gewalt durch. Jetzt aber packte ihn der Trabant an der Brust und schüttelt' ihn, daß sich Gott seiner hätte erbarmen mögen; der Onkel ward wütend, schlug und stieß, und nun gab ihm der Bär von Soldat mit der Hellebarde ungeheure Stöße, daß er schrie, ein paar andere packten ihn, wir sind außer uns, alles Volk drängt sich um die Szene her, die im Angesicht des Altares, unter der Kuppel vorfällt, man reißt den Onkel hinaus, und o – zu Tod muß man sich schämen, er wird wie ein Missetäter durch die Menge geschleppt, und in der ganzen ungeheuern Kirche gafft man nach ihm, weil er über alle hervorragt. Wir eilen nach, Ironius ist bei uns; die Schweizer führen ihn hinaus und sogleich auf die Wache. Umsonst verlangt der Vater, umsonst Ironius, eingelassen zu werden, aber alle Versuche sind vergebens, und wir müssen in diesem unsäglichen Jammer nach Hause fahren."

Die Gemüter der Kinder waren zu bewegt, um lebhaften Anteil an dem Unfall zu gestatten, jedes dachte nur an seine Liebe, an seine eigene Gefahr.

Aber der Lord lamentierte über die Maßen, und die Lady suchte ihn vergebens mit der Hoffnung zu trösten, daß Ironius schon für die Befreiung des Kapitäns sorgen und diese durch seine Bekanntschaften auswirken werde.

Sir Thomas unterdessen hatte eine Andacht nach der andern verrichtet. Er hatte dem heiligen Petrus mehrmals den Fuß geküßt, auf den Knien hatte er vor allen achtundzwanzig Altären gelegen, Kreuze unzählbar geschlagen, vor dem Papst devot gekniet und den Segen voll Freuden eingenommen; das Mittagsmahl schmeckte ihm daher nach so vielen Bewegungen des Herzens und der Knie mehr als gewöhnlich, und den heiligen Schutzpatronen von Rom zuliebe trank er heut eine Flasche mehr. Morgen wollt er zur Beichte gehen und die etwanige Sünde von heut abend abbüßen, nur verdroß es ihn, daß er das Schönste von allem, was er in Rom sehen könnte, das Feuerwerk auf dem Adrianischen Mausoleum, nicht genießen sollte. Ihm lag, als einem echten Philosophen, nichts daran, ob er sein Liebchen auf der Trajans- oder Antoniussäule, in der Longara oder an der Pyramide des Cestius sehen werde, denn, wie wir schon mehrmals bemerkt, er hatte sich noch nie mit romantischen Ideen geplagt. Seinen angebeteten Glaubensfreund Ironius hatte er nicht mehr gesehen, seitdem der Kapitän in Verwahrung gebracht worden, und er erwartete nun die Freuden des Abends aufs Bequemste und Sorgenloseste, indem er gegen fünf Stunden auf dem Sofa verschnarchte.

Ironius gab sich erstaunliche, aber erfolglose Mühe, um unsern Kapitän zu befreien. Denn die Monsignore und Kardinäle, durch deren Beistand er seine Loslassung bewirken wollte, waren heute zu sehr beschäftigt, er traf sie nicht zu Hause, es gelang ihm kaum, zu dem Arrestanten durchzudringen, welchen er im Zustande der äußersten Desperation traf. Ironius tröstete ihn, indem er ihn versicherte, daß es mit seiner Freiheit keine Not habe und daß er mit einigen hundert Zechinen schon aus dem Loche kommen werde, was freilich nur dazu diente, den Jammer des Delinquenten zu vergrößern. Aber hier fand sich kein anderer Ausweg; Ironius ließ ihn allein und eilte, den Lord und seine Familie zu trösten.

So kam der verhängnisvolle Abend der Girandola heran, und wir sind in Verlegenheit, wohin wir uns wenden sollen, da es uns nicht möglich ist, so viele gleichzeitige und gleich wichtige Begebenheiten auf einmal zu schildern. Wo heben wir an? Bleiben wir bei Sir Thomas oder folgen wir dem verzweifelten Henry oder jammern wir mit dem gefangenen Oheim oder suchen wir den eingeschlossenen Säulenheiligen auf oder begleiten wir den Lord, die Lady und die Miß an den Tiber oder laufen wir mit Ironius bei Prälaten, Kanonici und Kardinälen umher oder wenden wir uns zu Camilla?

Geduld, lieber Leser, du kannst so viele Ereignisse nicht einmal zugleich überdenken, geschweige, daß wir sie beschreiben könnten. Wir können der Laune nicht widerstehen und machen uns zuerst zum Irländer.

Es ist ein Uhr in der Nacht! Schon hatte sich der alte Herr den Schlaf aus den Augen gerieben und leerte eine halbe Dose Tabak aus, um sich die Zeit zu vertreiben. Den Rock hatte er noch nicht angezogen und war noch ganz im Schlummerkostüme. Eine Flasche des trefflichsten spanischen Weines stand auf dem Tische, und auch für Konfekt hatte der irische Anakreon gesorgt.

Jetzt klopft' es an die Türe – nein! das hätten wir nicht vermutet, das macht uns erstaunen, die Schöne tritt herein. Also sie wollte ihn wirklich nicht zum besten haben? Wirklich, wir hätten's erwartet! Doch die Weiber sind unerforschliche Geschöpfe, das haben wir so oft diesseits und jenseits der Alpen erfahren und finden es abermals bestätigt.

„Ah, du kommst!“ rief Sir Thomas, ihr entgegentrippelnd, „das ist schön, ganz schön, außerordentlich schön!“

„Es ist alles fort“, versetzte Rosette, „guten Abend, Signor Tommaso! Ihr wollt also die Girandola nicht sehen?“

„Kann ich denn?“ schmunzelte der Alte, „kann ich denn, du Schelm? Setze dich nieder, hier ist Wein, der dir schmecken wird. Aber wollen wir nicht die Türe riegeln?“

„Ja, Ihr könnt es tun“, lispelte die Trasteverinerin. „Aber mir ist heiß, und Euch scheint's auch so zu sein. Ich will mein Halstuch ablegen.“

Damit nahm sie's vom Busen und warf es auf das Sofa. Man setzte sich an den Tisch und trank ein Glas Spanier. Die Schöne verstand den Becher wohl zu führen, wie denn überhaupt die Römerinnen, wenngleich gegen den Tabak, ja, gegen den Blumengeruch die empfindlichsten Wesen, dennoch für den Feuerwein ihrer schönen Heimat, für den erschrecklichen Geruch am Pantheon, für die Düfte der Pizzicaruole und den Unrat auf der Spanischen Treppe wie für so manche andere Dinge ausnehmend stark organisiert sind.

So saß man vertraulich zusammen, und die Trasteverinerin schwatzte wie ein Papagei, so daß Sir Thomas nur immer yes, yes, si, si zu antworten hatte. Der gute Alte glaubte trotz dem Knien, Bekreuzen, Fußküssen und Beten heute früh in Mahomeds Paradiese zu sein und schlürfte einen Becher Granadino nach dem andern hinab.

Indem vernahm man außen Gepolter. „Jesus Maria, wer kommt?“ rief das Mädchen aufspringend, „ich bin verloren, wenn sie mich hier treffen!“ Sir Thomas starrte sie an und wußte nicht, was er sagen sollte. Das Geräusch nahm zu, man vernahm Stimmen, und endlich pochte man gar an die Türe.

„Hilf Gott“, schrie Rosette, „ich bin des Todes.“ – Sir Thomas kratzte sich hinter den Ohren. „Schafft mich fort“, schluchzte die Schöne, „sie klopfen, sie poltern – sie wollen herein!“

Der Irländer begriff nicht, wie das alles zuging. Er rief: „Wer da?“, und man befahl zu öffnen. Thomas fiel in Todesangst, die Knie wankten ihm, er lief auf die Türe zu, schloß auf, und – o Entsetzen! ein paar schreckliche Karabiniere, ein Kapuziner und der junge Bursche von gestern abend wurden sichtbar.

Sir Thomas stockte die Sprache, er sah die Schöne nicht mehr, die Sinne schwanden ihm, er meinte, er fliege mitsamt der krachenden Girandola auf Raketen in die Lüfte.

„So trifft man Euch beisammen?“ begann jetzt der Trasteveriner. – „Das ist polizeiwidrig!“ riefen die Karabiniere. „Das ist Sünde!“ brummte der Kapuziner, und man bedeutete dem armen Irländer, daß er sogleich folgen solle!

Da brach er in ein lautes Wehklagen aus, er bat, er beschwor, aber die furchtbaren Personen blieben unerbittlich. Endlich nahm ihn der Kapuziner beim Arm und sagte: „Wißt Ihr, Herr, was römisches Gesetz ist? Wo ein Mann mit einem Mädchen allein, bei verschlossener Türe, unter so verdächtigen Umständen, ohne Rock, sie ohne Halstuch, getroffen wird, soll er gerichtlich gezwungen werden, das Mädchen zu heiraten, oder auf die Galeere wandern.“

Sir Thomas geriet in Entsetzen und ließ sich auf einen Sitz nieder. „Ich heiraten?“ rief er, „ich auf die Galeere? Was hab ich denn verbrochen? Nichts, liebe Herren, nichts! ein Glas Wein mit dieser Person getrunken!“

„Du boshafter Schalk!“ Das Mädchen vermochte kaum das Lachen zu halten und kehrte sich auf die Seite.

Sir Thomas lamentierte unaufhörlich, da versetzte der Kapuziner: „Nur *ein* Ausweg ist vorhanden, wenn Ihr das Mädchen nicht heiraten wollt, so müßt Ihr sie wenigstens zufriedenstellen.“

„O das will ich, das will ich“, schrie der Irländer, sich aufraffend.

„Ihr müßt ihr soviel Aussteuer geben, als sie billigerweise verlangen kann.“

„Und wieviel wäre das?“

„Fünfhundert Skudi!“

„Fünfhundert Skudi – ist's möglich? – Das kann ich nicht – das ist zuviel.“

„So folgt uns auf der Stelle, die Gensdarmen sind bevollmächtigt, Euch zu arretieren; so müßt Ihr sie heiraten oder auf die Galeere!“

„Fünfhundert Skudi, sagt Ihr? – Zuviel – heiliger Petrus, zuviel!"

„Eine Stunde Bedenkzeit, habt Ihr Euch nicht entschlossen, so folgt Ihr den Karabinieris."

Damit ging man fort, das Mädchen flog hinaus, und Sir Thomas befand sich allein. Was konnte er tun? Außen hörte er die Sporen und Musketen der Gensdarmen klirren, er entschloß sich – oder vielmehr die Verzweiflung rang ihm den Schrei ab: „Kommt herein!"

Im Augenblick erschien man wieder. „Ihr sollt sie haben! Fünfhundert Skudi! Guter Himmel!" rief der Irländer.

Der Trasteveriner versetzte: „Sogleich versprecht Ihr es schriftlich." Der Irländer wankte an den Schreibtisch, ließ sich italienisch diktieren. Man nahm das Papier und wünschte gute Nacht. Sir Thomas blieb wie erstarrt sitzen, es kam ihm alles wie ein Traum vor, und wir lassen ihn in seiner Lethargie, um zu erfahren, wie es den übrigen ergangen, welche an diesem Abend die Entscheidung ihres Schicksals erwarten.

Henry war schon nach Ave Maria unsichtbar geworden, und der Lord fuhr mit Frau und Tochter gegen die Brücke St. Angelo. Der Himmel war dem Feste nicht günstig, es hatte den Nachmittag geregnet. Dennoch aber strömte ganz Rom durch alle Straßen der Engelsbrücke und St. Peter zu. Schon flammte die Basilike samt ihren gewaltigen Säulenarmen von tausend Lichtern. Dem Lord gefiel es nicht übel, die Lady sprach immer nur von der Girandola, und die Miß dachte nur an den Säulenheiligen.

Die Zeit kam heran, da man sich ein Haus und Fenster aussuchen mußte, um das Feuerwerk zu sehen. „Der arme Bruder!" seufzte die Lady, „er sitzt nun im Kerker und kann dies Vergnügen nicht genießen." Man mußte aussteigen, die Miß, eine schneeweiße, wespenschlanke Figur, sollte eben auf die Erde herab, als sie fehltrat und zu Boden stürzte.

„Gott im Himmel!" rief die Mutter aus, „was ist dir, Kind?" Der Lord erschrak gleichfalls; der Miß entfuhr ein Schrei, der alles Volk herbeilockte.

Aber noch einmal müssen wir ausrufen: wie abenteuerlich spielt doch die Vorsehung unsern Engländern mit! In diesem Augenblick, da die arme Rebekka mit über und über beschmutztem Kleide aus dem Schlamm aufgehoben wird, ruft jemand: „Rebekka, Rebekka!"

Lord und Lady stutzen. – Himmel, es ist der Bräutigam! – Wer hätte das gedacht, wer hätte geahnet, daß man sich so treffen würde! Das zarte Kind geriet in Konvulsionen. „Nach Hause! nach Hause!" rief sie, „ich kann nicht mehr, das ist mein Ende – ich schäme mich zu Tode!"

Sie wurde in den Wagen gehoben. „Inglesi, Inglesi, Beefsteak!" erscholl es im Volk umher, und einige vom Pöbel waren unartig genug, in komischen Ausrufungen die Sprache der Briten nachzuahmen. Der gefundene Bräutigam war entsetzt über Rebekkas Zustand. – Sie lag im Wagen, sich das Gesicht verhüllend, sie antwortete seinen bekümmerten Fragen nicht, Vater und Mutter trösteten, man eilte nach Hause.

O du bitteres Verhängnis! Wie lenkst du zuweilen uns Sterbliche so wundersam! Diese beiden sensiblen Seelen, die sich auf der Säule der Vorwelt frei in den Lüften, wo noch kein Rendezvous gegeben worden, wiederfinden wollten, mußten sich nun so treffen! das heißt, so tief wie der Mensch nur fallen kann, ebenso wie Henry, der in Liebeswut auf dem Monte Pincio lag, auf der platten Erde. Welch ein trauriges Bild des Schmutzes, den die Wirklichkeit unsern schönsten Phantasien anhängt, mußte Rebekkas weißes Gewand abgeben!

„Aber", fragte der Bräutigam, „aber warum, holde Rebekka, warum erschienen Sie mir nicht auf der Trajanssäule? – Ich wartete zehn schreckliche Stunden."

„Und Sie spotten meiner noch?" schluchzte die Miß. „Nein, das ist zuviel! Sie haben alle Achtung gegen mich verloren! Hab ich nicht drei Stunden auf Sie gewartet und Sie kamen nicht?"

„Wo haben Sie gewartet? Es ist nicht möglich!"

„Auf der Säule des Trajan. – Nein, das hätt ich nie von Ihnen geglaubt, Sie haben mich unverzeihlich gekränkt!"

„Aber was ist denn das?“ fragte der Lord, von dem allen nichts begreifend.

„Miß Rebekka hat mir geschrieben, daß der Ort unserer ersten Begrüßung die Säule des Trajan sein solle. Ich beeilte meine Reise, ich flog von Florenz nach Rom, komme gestern spät in der Nacht an, ich erwarte kaum den Tag, ich eile den Corso hinab, erreiche den Platz Colonna. Das ist die Säule, wo mir Rebekka erscheinen wird! ruf ich voll Entzücken aus, ich stürze hinauf –“

„O mein Gott!“ rief die Miß, „ist es wahr, Sie hätten sich verirrt?“

„Ich wartete auf der Trajanssäule –“

„Nein“, rief die Mutter, „Sie sind irre, das ist eine andere.“

„Das ist die des Antonin“, fiel Rebekka ein, „ich war auf der Colonna des Trajan.“

So klärte sich denn das Mißverständnis auf, ehe man nach Hause kam. Man erreichte den Spanischen Platz, man stieg aus, die Miß eilte in ihr Zimmer und schlug die Hände über dem Haupte zusammen, als sie ihr kostbares Kleid so besudelt sah und dabei an ihr Zusammentreffen mit dem Bräutigam in jenem widrigen Moment zu denken genötigt war.

„Nun, er ist doch da“, meinte der Lord, „wenn wir jetzt nur den Onkel loskriegen!“ Der Bräutigam wurde in Eile von allem benachrichtigt, und während man so mit den Angelegenheiten der Familie beschäftigt war, hörte man die Girandola in die Lüfte krachen.

Man kann denken, wie untröstlich die Lady sich gebärdete. Noch war die Miß nicht wieder erschienen, als ein Bedienter kam und ein Billett brachte. Unglückliche Eltern, der Brief Henrys!

Der Lord überlief ihn mit Entsetzen, die Lady riß ihn aus seiner Hand. „Henry“, erscholl's von ihren Lippen. „Gott, das ist unerhört, das ist zuviel!“

Der Brief entsank ihrer Hand, und sie mußte sich an einen Sitz halten. Der Bräutigam stutzte, begriff nicht und erstaunte, als er's erfuhr. Jetzt kam auch die Miß, umgekleidet, aber der furchtbare Brief versetzte sie fast von neuem in Konvulsionen.

„Schnell nach Tivoli“, rief die Lady, „nach Tivoli! Lassen Sie einspannen, Mylord! Das hätt ich nicht geglaubt! Himmel, welch ein Abend!“

„Aber wer soll hinüber?“ fragte der Lord.

„Sie, Sie – und unverzüglich! Heut abend, geheim mit ihr vermählt – sie meine Schwiegertochter! Sie, die mir das ins Gesicht gesagt!“

„Aber was wollen wir denn?“ fragte der Vater, „was beschließen wir? Lassen wir's zu?“

„Ach, es ist ja schon geschehen – es ist nicht mehr zu ändern! Bringen Sie mir meinen Sohn zurück!“

„Aber der Onkel, Mylady, wer hilft dem Onkel, wenn ich gehe?“

„Nun, so fahr ich nach Tivoli, und Sie begleiten mich!“ sagte sie zu Rebekkas Bräutigam.

Es wurde befohlen, augenblicklich einzuspannen, man machte sich reisefertig. Der Bräutigam hatte sich noch nicht von dem Schrecken des ersten Zusammentreffens mit der Miß erholt, er hatte noch kein Wort der Liebe von ihren Lippen gehört, und schon mußte er abermals von ihrer Seite. In einigen Minuten fuhr der Wagen vor, die Lady ging, der Bräutigam nahm den gerührtesten Abschied von Rebekka und klagte über die Grausamkeit des Schicksals; man schied, man stieg ein und rollte fort.

So befand sich denn der Lord allein mit der Tochter. Sein Kopf konnte die Verwirrung nicht fassen, welche so schnell über seine Familie gekommen; Rebekka weinte bitterlich, daß sie den Bräutigam so schrecklich verfehlt, auf so prosaische Weise finden und so schnell wieder entbehren mußte; ihr eigener Kummer lag ihr daher viel zu sehr am Herzen, um Henrys gewaltsame Tat zu bejammern. Gegen vier Uhr in der Nacht kam noch Ironius und verkündete, daß der Kapitän für diese Nacht schon sitzen müsse, daß er aber morgen auf freien Fuß gesetzt werden solle. „Jedoch unter zweihundert Zecchinen läßt sich's unmöglich durchsetzen“, fügte er hinzu, und der unglückliche Familienvater mußte an die Geldschatulle treten.

Doch suchen wir jetzt unsern Henry auf. Gehen wir lieber um einige Stunden zurück, wo er an der Spanischen Treppe den Limonienhändler erwartet. In der Nähe steht schon ein Wagen bereit. Desto besser für unsern Freund, dessen Knie wanken.

„O größter Augenblick meines Lebens!“ sprach er zu sich selbst. „Wie nahst du so ahnungsvoll im Schweigen der Nacht! Interessantestes aller Abenteuer! Ich fühle mich in die Welt Ariosts versetzt! Noch bin ich allein, und in einer Stunde – Wonnegraus der Liebe, was steht mir bevor? wie wird mir der Tag anbrechen? O bei allen Huldgöttinnen, im Arm der reizendsten Römerin – am Busen meiner Camilla! – Doch, halt – hier ist der Limonienbube!“

Er ist es auch wirklich. „Wie geht's – wird sie – ist alles bereit, der Priester, Camilla, die Longara?“ – „Folgt mir nur“, antwortete jener, „habt Ihr einen Wagen?“

„Dort wartet er auf uns!“ So steigt man ein und ruft dem Kutscher zu: „In die Longara!“

Man spricht wenig oder nichts. Henry ist zu feierlich gestimmt. In allen Straßen wogt die Menge der Engelsbrücke zu; St. Peter ist schon in Flammen. Man fährt über Ponte St. Angelo, und in kurzem ist man in der Longara angelangt.

Dem Engländer klopfte das Herz mit den Schlägen der großen Petersglocke. „Oh, ich bin der Seligste der Sterblichen!“ ruft er aus, und der Limonienhändler läßt halten.

„Wo führt Ihr mich hin?“ fragt Henry. „Folgt mir, Herr, es wird sich aufklären!“ Sie sehen ein großes Gebäude vor sich und treten in sein Tor. „Wo bin ich?“ – „Am rechten Ort, Herr! hier ist der Tempel, wo Ihr Eure Hochzeit feiern werdet.“ – „Wohnt hier der Priester?“ – „Euer Priester, allerdings! Aber jetzt steig ich sogleich wieder ein und hole Camillen ab.“

„Ihr Camillen? Seid Ihr toll?“

„Nicht doch, wartet hier, ich komme gleich zurück. Verlaßt Euch auf mich! es wird sich alles aufklären! Geht in das Haus und fragt nach dem Pater Eudemio.“

Damit steigt der Zitronenhändler ein, und der Wagen rollt die Longara hinab. Henry ist allein und sagt vor sich hin: „Wie das enden wird! alles abenteuerlich, alles wundersam, alles romantisch! Pater Eudemio! Das ist der Priester, der uns verbindet! O die Stunde ist nah! Mein Schicksal ist erfüllt."

Henry tritt an die Treppe, er steigt hinauf, es begegnet ihm jemand, er fragt nach dem Pater Eudemio, er wird durch einen langen klosterartigen Gang von vielen Türen geführt, man pocht an eine, es wird geöffnet, er sieht einen Geistlichen vor sich.

„Pater Eudemio?" – „Si, Signor! Der Herr Engländer?" – „Ja, Herr Pater!" – „Nehmen Sie Platz."

Henry schwimmt in einem Meere von Entzücken. Er schweigt lange, über eine Viertelstunde sitzt er da und schwelgt in seinen Phantasien. Endlich ruft er aus: „Und Sie, Herr Pater, Sie wollen uns vermählen?"

„Ich vermählen? Wen? Was meinen Sie, Herr?"

„Sie wissen noch nicht – er hat's Ihnen nicht gesagt, der Limonienhändler?"

„Limonienhändler? Herr, Sie passen in unser Haus – Limonienhändler –"

„Es wär eine Irrung? Wo bin ich, Gott, wo bin ich?"

„In der Longara – im Narrenhause!"

„Allmächtiger, das ist unerhört!" schreit Henry auf, zur Säule erstarrend. „Aber der Limonienhändler?"

Der Pater lächelt und versetzt mitleidig: „Lieber Herr, Sie sind in der Tat krank." – In diesem Moment hört man außen Fußtritte, die Türe öffnet sich, und – Henry schwindet Sinn und Verstand hinweg.

Wer tritt ein? – Es ist unglaublich – derselbe Italiener, der den Lord aus dem Tiber gezogen. „Ah, willkommen, Signor Enrico!" ruft er ihm entgegen, „ich habe mit Ihnen zu reden. Erlauben Sie, Eudemio, einen Augenblick!" Der Pater entfernt sich.

Henry ist wie von Sinnen, er stiert den Italiener an und erkennt in ihm dieselben Züge des Limonienhändlers. Voll Schrecken stammelt der Engländer: „Sie hier – Florindo – Sie? Wo ist der Limo –"

„Sie werden ihn von nun an nie mehr sehen", versetzt der Italiener. „Nehmen Sie Platz, ich habe Sie zu enttäuschen. Dem

Himmel sei gedankt, daß er Ihre treffliche Familie hieher führte, sie hat das Glück meines Lebens gegründet. Sie erstaunen, Sie werden's noch mehr, hören Sie."

„Aber der Limonienhändler –"

„Nun, wenn Sie es denn haben wollen", antwortet der unerklärbare Mensch, steht auf, geht an die Türe, ruft hinaus, ein Mann erscheint und wirft dem Engländer einen Bündel Kleider vor die Füße.

„Sehen Sie hier den Limonienhändler", hebt der Italiener an, „er ist zu einer Karnevalsmaske geworden, er hat die Puppenhülle verlassen, und damit Sie alles auf einmal wissen, hier steht der Schmetterling vor Ihnen!"

Henry, der Verzweiflung nahe, betäubt, wie im Rausche, stottert: „Sie der Zitronenbube – Sie –?"

„Allerdings, lieber Freund, der bin ich!"

„Und Sie wagten es, mich so zu hintergehen, dieses Schurkenstück –"

„Gemach, Signor Enrico, es geschah alles nach dem Willen Camillas."

„Camillas? Was hör ich! Sie – o mir vergehn die Sinne, ich verstehe nicht – es ist Nacht um mich."

„Bald wird es Tag werden! Es tut mir leid, wenn Ihnen meine Mitteilung Schmerz verursachen wird, denn ich verdanke Ihrer Familie, der Güte Ihres dankbaren Vaters alles, ich verdank ihm selbst die Hand meiner Camilla!"

Jetzt schüttelt Henry den Kopf, es übermannt ihn. „Ist's wahr", schreit er, „daß ich im Narrenhause bin?"

„Sie sind in der Longara, allerdings. Aber machen wir's kurz! Wissen Sie denn, daß ich Camillen schon lange liebte, ehe Sie nur ihr Angesicht sahen, und daß meine Gefühle mit gleicher Leidenschaftlichkeit erwidert wurden. Aber meine Verhältnisse waren von der Art, daß wir alle Hoffnung auf eine Verbindung aufgeben mußten. Ich bin ein Maler und konnte der Geliebten kein Los anbieten, das dem Geldgeize des Vaters genügt hätte. Da kamen Sie und entbrannten in Liebe, hätten aber leicht merken können, daß Sie nicht wiedergeliebt wurden. Allein Ihr

Reichtum bestach den Vater Camillens, Ihre Familie erschien in Rom, die Väter wurden eins, und Mognaschi zwang seine Tochter, in eine Heirat einzuwilligen, der ihr ganzes Herz widerstrebte. Die Drohung mit dem Kloster, die grausame Behandlung des Vaters, die Hoffnungslosigkeit, jemals mir die Hand geben zu können, entpreßten Camillen endlich ein Ja. Ich wußte kein anderes Mittel mehr, die Geliebte zu sehen, als mich in einen Limonienhändler zu verkleiden, und Sie haben mich zum erstenmal in dieser Maske gesehen. Daß Ihre Mutter Camillen haßte, wußte diese schon längst und ertrug es, als aber der Haß in Kränkung und Beleidigung ausbrach, erwachte der Stolz in der Römerin, und Sie wissen, was erfolgte. Damals, als Sie mich zum zweitenmal bei ihr trafen, hatte sie mir eben noch in der Wut, noch im Gefühl ihrer Mißhandlung, geschworen, auf ewig mir anzugehören. Daß Camilla eine solche Beleidigung zu vergeben fähig sei, werden Sie nicht glauben, wenn Sie das weibliche Herz kennen. Die Laune des Schicksals fügte es, daß Sie sich mir anvertrauten, daß Sie mich zum Überbringer eines Briefes machten, und daß Sie übel daran getan, werden Sie selbst eingestehen. Sie verlangten in Ihrem Briefe etwas so ganz Unmögliches, daß Camilla in der Tat an Ihrem Verstande zweifeln mußte, denn wie konnten Sie doch, trotz allen Narren dieses Hauses, sich einbilden, daß die gekränkte, mißhandelte, verachtete Römerin alle ihre Verhältnisse, die Pflicht gegen den Vater, Ehre und Ruf einem Manne opfern werde, von dessen Familie sie das Bitterste erfahren, den sie nicht im geringsten liebte; wie konnten Sie das glauben, auch ohne zu ahnen, daß ihr Herz schon längst einem andern angehörte? Genug, sie beschloß, sich an Ihrer Mutter zu rächen, und Sie sollten's büßen.

Jetzt fiel das Unglück am Tiber vor, und die Vorsehung vergönnte mir, Ihrem Vater das Leben zu retten, ohne daß ich wußte, wer er war. Erst, als er sich außer Gefahr befand, erfuhr ich es. Seine Dankbarkeit war so groß, daß sie mich in Stand setzt, mein ganzes Leben hindurch ohne Sorgen und Not mich meiner Kunst zu widmen, ja, daß ich meiner Geliebten die Hand bieten kann. Mognaschi wurde sogleich benachrichtigt, wir gestanden ihm unsere Liebe, und er willigte halb aus Wohlwollen, halb aus Rachsucht gegen Ihre Familie ein. Meinen angelegentlichsten Bitten gelang es jedoch nicht, diese Karnevalszene abzuleiten. Camilla verlangte, daß ich das Werkzeug ihrer Rache werde, und ich glaube, Sie kennen den Sinn unserer Römerin hinlänglich, um sich zu überzeugen, daß ich gehorchen mußte, wenn ich nicht in dem Augenblick ihre Gunst verlieren wollte, wo sie mich auf immer zu beglücken verhieß. Sie versprach Ihnen das Rendezvous in der Longara und schickte Sie ins Narrenhaus, indem sie glaubte, daß Ihr lächerliches Ansinnen keine bessere Erwiderung verdiene, und Sie haben nun erfahren, was es in Rom heißt, in die Longara gehen! Daß dieser Streich dem Sohn meines Wohltäters gespielt worden, tut mir weh, aber Sie erinnern sich, daß wir auch unsere Gegner in Ihrer Familie haben. So wissen Sie denn alles! – In kurzem ist Camilla mein Weib, und ich weiß Ihnen keinen besseren Rat zu geben, als unsere wunderbare Bekanntschaft zu vergessen, keine Römerin mehr heiraten zu wollen, sich die Lebensgefährtin unter Ihren schönen und geistreichen Landsmänninnen zu suchen und zu Ihrem und meinem Frommen dem Vater alles zu verschweigen. Vergeben Sie mir, daß ich Sie täuschen mußte, gehen Sie mit Ihrer Familie nach Neapel und versuchen Sie nie mehr, das Unmögliche möglich zu machen, wenn Sie nicht andern mit Recht zum Gespötte werden wollen."

Henry hörte das alles in Stumpfsinn versunken an und antwortete keine Silbe.

„Eines muß ich Ihnen noch sagen", hub Florindo wieder an. „Morgen werd ich Ihren Vater von meiner Heirat benachrichtigen. Verschweigen Sie der Mutter aufs unverbrüchlichste, daß es seine Dankbarkeit ist, welche mich in Stand setzt, Camillen die Hand zu bieten. Die lebenslängliche Pension ist mir zwar schriftlich von dem Lord zugesagt, aber Sie ersparen der Mutter Verdruß, wenn Sie schweigen. Ich meinerseits gelobe Ihnen, daß der Scherz von diesem Abend unter uns bleiben soll!"

Henry sprang auf wie ein Toller und rannte, ohne ein Wort zu sagen, hinaus.

Er geriet an die Sixtinische Brücke hinab; er lief wie im Schwindel umher. Da hörte er die Girandola krachen.

Eine Stunde lang irrte er durch die Straßen, ohne des Weges zu achten. Da hörte er seinen Namen rufen, er wandte sich um, es war Ironius. Eine Seele mußte er doch haben, vor der er sein Herz ausschütten konnte. Er ergriff ihn beim Arm und hub an, die Geschichte seines Unglücks zu erzählen.

„O lieber Henry“, fiel dieser ihm endlich in die Rede, „trösten Sie sich! Danken Sie dem Himmel, der Sie vor einer unvermeidlichen Gefahr bewahrte. Sie sind ins Narrenhaus geschickt worden, es ist richtig, aber was liegt am Ende daran? Diese Römerin hätte Ihr Haupt, erlauben Sie mir, daß ich's ausspreche, mit Hörnern verziert, welche ein ganz anderes Übel gewesen wären als die Spazierfahrt in die Longara, und Ihr Haus wäre recht eigentlich das Haus eines Narren geworden! Lieber bleiben Sie ledig, ehe Sie eine Römerin heiraten, lieber einen Glatzkopf als Hörner! Schätzen Sie sich glücklich, daß es so gegangen, Sie haben an diesem Abend nichts verloren als die Girandola.“

Auf solche Weise suchte Ironius unsern Verzweifelten zu trösten; er begleitete ihn den Corso hinauf, und als er von ihm schied, ermahnte er ihn zu schweigen, damit nicht das Übel ärger werde.

Henry, noch immer in Betäubung, eilte nach Hause, es mochte schon gegen fünf Uhr in der Nacht sein, aber noch hatte sich der Lord nicht zu Bett begeben.

„Was zum Teufel“, rief er, „Henry, woher kommst du? – Was ist's? – Ich bin erstaunt, dich hier zu sehen!“

Henry ging heftig auf und ab, ohne ein Wort zu sprechen. „Nun“, rief der Vater, „du sollst sie ja haben, in Gottes Namen, unsern Segen, auch die Mutter willigt ein. – Alle Himmel, wie machen wir's? Sie ist nach Tivoli gefahren.“

„Die Mutter nach Tivoli – ist's Ihnen Ernst?“ schrie Henry. „Nun, das ist ein wahrer Narrenabend, und ich glaube in der Tat, den Verstand verloren zu haben!“

„Aber wo ist sie denn“, fragte der Lord, „wo ist denn die

Italienerin? Sprich doch, du sollst sie ja behalten, sollst mit ihr bleiben oder mit uns gehen oder wie du willst!"

„O daß", rief Henry, sich vor den Kopf schlagend und mit den Füßen stampfend, „ich wollte, daß ganz Rom mit der Girandola in die Luft geflogen wäre!"

„Es ist also mißglückt, Söhnchen? Sprich doch – und die Mutter und der Bräutigam in Tivoli –"

„Der Bräutigam – er ist gekommen?"

„Freilich ist er gekommen und gleich wieder in den Wagen dir nach. – O welche Verwickelung! Und der Onkel verhaftet! Rebekka im Kot. – So erzähle doch –"

„Vater", begann Henry, auf ihn zutretend, „es war – ein Hirngespinst – fragt nie mehr darnach – ich bin ein Narr gewesen – ich gehe mit euch nach Neapel – und – der Teufel hole die Römerinnen!"

Weiter brachte man nichts aus ihm heraus. Er warf sich erschöpft aufs Kanapee. Der Lord rief einen Bedienten und befahl ihm, der Lady nachzureiten. Das ganze Haus war die Nacht hindurch voll Tumult, Henry schlief keine Stunde, die Miß jammerte am Schreibtisch bei ihrem Tagebuch.

Einige Stunden nach Anbruch des Tages kehrte die Lady und der Bräutigam zurück. Allen Fragen, allen Bestürmungen setzte Henry das einsilbige „Laßt mich!" entgegen und erklärte endlich, daß er auf der Stelle davongehe, wenn man noch ferner mit einem Worte der Geschichte erwähne.

Später erschien Ironius und Sir Thomas. „Haben Sie die Girandola gesehen?" fragte die Lady, „wie gefällt sie Ihnen?" – „O schön", antwortete er, „sehr schön, außerordentlich schön. Aber ich gehe mit Ihnen nach Neapel!"

„Ja, es ist wahr", versetzte Ironius, „das St.-Peter-und-Pauls-Fest ist etwas Weltberühmtes, und alle Fremden werden entzückt davon. Sir Thomas ist gestern sehr fromm gewesen!"

„Ah! fromm, sehr fromm, besonders fromm!" antwortete der Irländer und schob eine Hand voll Tabak in die Nase.

Die Miß flüsterte mit dem Seelenbräutigam zusammen und drückte ihm versteckt das Tagebuch in die Hand.

Der Morgen verstrich höchst unruhig. Gegen Mittag erschien – Florindo. Henry benutzte die allgemeine Verwirrung und schlich davon. Der Lord empfing ihn ausnehmend freundlich, und als Florindo äußerte, daß er ihn allein sprechen wolle, ging er mit ihm in ein anderes Zimmer. Sie sprachen lange zusammen, und der Lord sagte, als sie wieder heraustraten: „Es bleibt beim alten! Nun desto besser! Sie sollen es wissen – kommen Sie nur."

Damit ergriff er Florindo bei der Hand, und indem er sich gegen die Lady wandte, sprach er: „Mylady, ich stelle Ihnen hier den Bräutigam unserer Camilla Mognaschi vor!"

Die Mienen der Engländerin drückten die höchste Überraschung und Verlegenheit aus. Sie machte eine fratzenhafte Verbeugung, der Lord lächelte, man wechselte noch einige Worte, und Florindo schied.

Die Dame erfuhr nun von ihrem Gemahl, daß Camilla niemals Neigung für Henry getragen und daß ihr nur das Jawort vom Vater abgezwungen worden sei. Daß ihr Geld eigentlich diese Heirat gestiftet habe, verschwieg er ihr weislich.

Nach Mittag erschien endlich der Onkel Kapitän, aufs Schrecklichste zugerichtet, voll blauer und roter Male, als Andenken an die größten aller irdischen Grobiane, die entsetzlichen Schweizer, nachdem er über vierundzwanzig Stunden im Kerker gesessen und seine Freiheit – o bitteres Los! – mit mehr als zweihundert Zechinen erkauft hatte.

Man beschloß nun einstimmig, so eilig als möglich das unselige Rom zu verlassen, und die Abreise wurde auf morgen festgesetzt. Man packte ein, und keiner verließ das Haus mehr, aus Furcht, es möchte ihm auf dem verhängnisvollen Pflaster Roms ein neues Unheil widerfahren.

Der Morgen kam, und Hausbesitzer, Kammerjungfern, Mägde, Köche, Kellner, Lastträger, Lohnbediente, Kutscher, Stiefelputzer, Ausläufer, Einpacker und der Himmel weiß, welch anderes Volk noch stürmte herbei, um Bezahlung zu fordern.

Ironius begleitete alle in den Wagen, wünschte glückliche Reise, und ebendieser ist es, der uns die ganze Geschichte erzählt hat.

Erklärung der Kupfer

Die Briten in Rom

Nun, auch wenn du schlechterdings noch keine Silbe von unserer Novelle weißt, lieber Leser, so merkst du doch gewiß auf den ersten Blick, was das Bildchen bedeuten will. Die beiden Figuren auf den Pferden, sind sie nicht so trefflich national, daß man sie für Engländer halten muß? Welche andere Nation könnte sich anmaßen, so aussehn zu wollen? Und wer, ums Himmels willen, reitet auch so im gestreckten Galopp an Roms Ruinen vorüber?

Nur Briten, du kannst sie unmöglich verkennen! Sieh einmal den langen, steifen jungen Mann an, welcher von dem schönen kostspieligen Rosse emporgeschleudert wird! Welche Eile hat er! Gewiß, er hat sich vorgenommen, heute noch die Hälfte der Stadt zu durchschreiten, nur einen flüchtigen Seitenblick wirft er auf den Vestatempel, so vom Pferde herab, so im Galopp, er ist zufrieden, daß er ihn durchgemacht, daß er in Vasis Wegweiser einen Strich machen kann. Ach, lieber Leser, das weißt du aber nicht, daß es der arme Henry aus unserer Novelle ist, der gute Brite, der mit dem Engelskind, seiner Schwester, mit Miß Rebekka, durchs alte Rom streift! Du weißt nicht, daß dieses Paar der Stolz einer übermäßig reichen Familie, daß es gar das Heldenpaar einer Novelle ist, daß es uns, oh, und noch ganz anderen Leuten, tief im Herzen liegt! Wer sieht dem stattlich gestriegelten und gebügelten Lordssohn nicht an, daß er – verliebt, und noch weit mehr, daß er glücklich in der Liebe ist! Wüßtest du, welche Amour der abenteuerliche, empfindsame Reisende hat, welchen Roman er mit der schönsten Römerin spielt! Das ist der Mann für eine solche! Er hat Geld genug! Betrachte nur den kommoden neumodischen Hut, Hemd, Halstuch und Busennadel; unter jenem feinen Fracke schlägt das edelste, sonderbarste Herz, und die Börse ist gewiß voll Dukaten! Und das Schwesterchen, Miß Rebekka! wer merkt ihr nicht an, daß sie nach Rom gekommen, um die Altertümer, Kunstwerke und belletristischen Wissenschaften aus dem Grunde zu studieren! Und so ein Kind sollte keinen Liebhaber haben? Es glänzt des Abends auf dem Korso, und der römische Stutzer, dem eine Blondine das Höchste ist, verfolgt sie mit der Lorgnette; sie glänzt zu Pferde auf der Passeggiata des Monte Pincio, wo Hunderte ihrer Landsleute des Abends zusammengekommen, und mancher Italiener, der sie vorbeitraben sieht, stemmt sich in die Seiten und sagt vor sich hin: „Ob mir das Pferd lieber wäre oder die allerliebste Blondine?“ Aber sie ist unzugänglich! Wehe dem Unglücklichen, dem sie ihr Bild im Herzen zurückläßt! Sie ist eine Engländerin, sie ist der Augapfel einer herrschsüchtigen Mama, und wer sie gewinnen wollte, müßte zuerst einen Sturm auf diese machen, müßte ihren Geist, ihre Jugend, ihre Schönheit preisen und mit der Beredsamkeit eines Mannes von zweimalhunderttausend Pfund Sterling sprechen können! Dem Töchterchen zu gefallen, müßt er Yoricks sentimentale Reisen auswendig lernen! Und das hat ihr englischer Bräutigam getan!

Wir sind nicht ganz zufrieden mit unserm Künstler! Unser Lindau zeigt einen unsaubern Geschmack, indem er italienische Gesichter vorzüglich liebt und selbst in der Larve der Miß etwas von diesem sinnlichen Geschmack hervorleuchtet! Dem Künstler ist es noch nicht gelungen, die feine, naive, raffinierte, englische Schönheit vollkommen aufzufassen, sonst würd er Rebekka gewiß ein originelleres, barockeres Gesicht, eine minder volle Figur gegeben haben; ja, gewohnt, Italienerinnen zu malen, hat er gar den Fehler begangen und dem schönen Kinde einen Busen hingezeichnet! Das ist ein unverantwortliches Verbrechen gegen die geistige Präpotenz in unserer Rebekka, und wir sollten ihm nur wünschen, daß er den Brief gelesen hätte, den sie auf der Peterskuppel an ihren Seelenbräutigam geschrieben! Allein das ist immer so der Fehler bei den Künstlern, daß sie zu sehr am Sinnlichen kleben, und nur den erleuchtetern

Die Briten in Rom

Verehrern und Nachahmern der alten Schule, den Fiesolanern und Nazarenern, ist es gelungen, Figuren zu bilden, welche schon keine Menschen mehr zu sein scheinen, vielmehr eben in der wichtigen Periode sich befinden, wo der Leichnam, alles Fleisches beraubt, die Seele entbinden will.

Aber diesmal wurde unsern Reisenden das Galoppieren durch die römischen Altertümer doch gar zu sehr vergällt! Wer sieht auch noch auf den Boden und die niedrigen Geschöpfe der Mitwelt herab, die auf ihm herumlaufen, wenn der Tempel einer Göttin, wie Vesta, vor unsere Augen tritt! Die arme Bäuerin! Sie ist noch so jung und recht hübsch und soll vom Pferde eines reisenden Engländers zerstampft werden! Sie wollte vielleicht Eier oder irgend etwas vom Lande herein auf die Piazza Navona tragen und verkaufen; nun ist die Ware zum Teufel, und sie selbst ist in Todesgefahr! Sie stürzt – sie schreit – das Roß ist weniger in den Anblick des Vestatempels vertieft als sein Herr, es hält an, die Unglückliche streckt die Arme aus, der Rock fliegt empor und zeigt einen Fuß, welcher auf die reizendsten Glieder schließen läßt! Ihr Mann, ein recht kräftiger Campagnenbauer, im fliegenden Mantel, mit spitzem Hut, ist eben im Begriff, auf sie zuzueilen, und ballt eine kräftige Faust gegen die arme Miß Rebekka, und siehe, das kleine Eselchen ist gar so unartig und bewillkommt unsere galoppierenden Briten mit einem höchst satyrischen Sprunge. Ach die Unseligen, sie ahnen noch nicht, welche horrende Summe dieser Ritt über eine schöne Bäuerin von Grotta Ferrata kosten wird!

Du hast hier ein vollkommenes Bild jener einsamen Wildnisse des alten Roms, wo nur Campagnenvolk, arme Römer, deutsche Maler und reiche Engländer zu sehen sind. Wir sind der Tiber ganz nahe. Dieser Weg führt nach St. Maria in Cosmedin, an den Fuß des Aventin, zur Marmorata hinaus, ein Spaziergang, den man nie machen kann, ohne von dem Cyprierweine drüben in Ripa Grande angelockt zu werden. Der runde Säulentempel, den unser Brite ansieht, ist, wie gesagt, derselbe, den man gemeiniglich für den der Vesta ausgibt, den Numa Pompil erbaut und der nach dem allverwüstenden Neronischen Brande von

Vespasian oder Domitian wiederhergestellt wurde. Man will ihn jedoch, ob mit triftigen Gründen, das gehört nicht hierher, dem Hercules Victor zuschreiben. Heutzutage ist er in eine Kirche verwandelt und der heiligen Maria del Sole geweiht worden.

Es ist eines der schönsten Tempelchen in Rom. Zwanzig kannelierte Säulen von korinthischer Ordnung und griechischem Marmor bilden einen Portikus um ihn herum. Die Architrave und alles Obere fehlt. Der Tempel war ehedem, wie der Sibyllentempel in Tivoli, mit einem Lacunare bedeckt. Er ist besonders hübsch von der Tiberseite aus zu sehen, von Ponte St. Bartolomeo aus oder gar von Ponte Sisto, wo er unbeschreiblich malerisch über die schwarze Inselbrücke emporschaut.

In der Ferne sehen wir einen zweiten Tempel, welchen man der Fortuna Virilis zuschreibt und der nun eine Kirche der ägyptischen Maria ist. Servius Tullius soll ihn errichtet haben, aber Fea streitet's weg, behauptet, daß der Fortunatempel des Servius in Trastevere gestanden, und nennt ihn den der Matuta, den derselbe König auf dem Forum Boarium gebaut und Camillus später restaurierte.

Seine Konstruktion ist tetrastyl und amphiprostyl, mit vier Frontsäulen und doppelter Fassade. Sieben Säulen zieren ihn zur Seite. Achtzehn umgeben ihn, sechs davon stehen isoliert, und die übrigen sind halb in der Mauer. Der Tempel ist ganz von Travertin.

Das Haus, das über ihn hervorragt, ist auf die Ruine des Pilatuspalastes gebaut, welche selbst noch sichtbar ist. Daß sie Pilatus nicht zugeschrieben werden kann, darüber sind alle Gelehrten einig, nur streiten sie sich darüber, ob sie das Haus des Cola von Rienzo, des bekannten Volkstribunen, welcher Rom während der Residierung der Päpste in Avignon im vierzehnten Jahrhundert tyrannisierte, oder das eines gewissen Nicola, Sohnes von Crescens und Theodora, sei.

Der Boden ist hier angefüllt mit Marmortrümmern, und wir bemerken im Vordergrunde gewaltige Säulenstücke, umschlungen von Efeu, wie sie allenthalben in dieser zertrümmerten Beherrscherin der alten Welt zu finden sind.

Deutsche Künstler in Rom

Nun wollen wir uns aber recht breit mit beiden Ellenbogen auf den Schreibtisch legen und mit wahrem Behagen, mit wahrer Herzenslust das allerliebste, einzige Bildchen beschreiben. Das ist unserm Lindau über die Maßen glücklich gelungen, und er befand sich hier in seinem eigentlichen Element. Hier hatte er sich nicht zu dem Schwunge zu erheben, der erforderlich ist, um eine so sublime Schwärmerin wie Miß Rebekka, einen so stravaganten Schöngeist wie Henry darzustellen. Hier ist er unter römischen Bauern, in einer Osterie, bei Mandolin- und Tamburinschall. – Doch wo sollen wir anheben, dieses Bildchen mit Worten zu erreichen? Es ist so voll vertraulichem Leben, voll Wahrheit und Charakter, ist ein so anmutiges Ganze, ist so meisterhaft bis ins einzelnste ausgeführt, daß es gar keiner Schilderung nötig hätte.

Wir bemerken zuvörderst, daß es eigentlich ein Kompositum von zwei größern ausgeführten Ölbildern unsers Künstlers ist, deren eines unsern allverehrten großen Thorwaldsen mit seinen Schülern in einer Campagnenschenke unter den Vergnügungen des römischen Volks und das andere den Nationaltanz der Römer, den Saltarello, besonders darstellt. Aus diesen beiden Ölgemälden hat der Künstler unser Bildchen zusammengesetzt, und so blieben natürlich eine Menge schöner, ausdrucksvoller und lebendiger Figuren hinweg, weil der kleine Raum nicht gestattete, sie beizubehalten, ohne das Ganze allzusehr ins Winzige zu ziehen. Aber wir haben an den zwölf Figuren genug, die uns der Künstler gab, und brauchen uns zur Lebendigkeit der Szene weiter nichts mehr zu wünschen.

Der deutsche Künstler in Rom geniert sich im geringsten nicht, mitten unters Volk zu gehen, seinen Vergnügungen und kleinen Festen beizuwohnen, und so sehen wir denn auch den größten und genialsten Nordländer unter uns Fremden in Rom, den Erwecker und Schöpfer einer neuen Plastik, den unsterblichen

Thorwaldsen, in einer römischen Osterie. Nichts kann ein liebenswürdigeres Licht auf seinen anspruchlosen Charakter werfen, nichts kann uns den bewunderten Künstler mehr als Menschen zeigen als ebendiese natürliche Bescheidenheit, die sich so gerne mit dem Genie gepaart findet, mit der unser Däne sozusagen nichts aus sich macht, mit den Menschen lebt wie mit seinesgleichen und aufs vertraulichste genießt, was die Natur für ihn und für andere hervorgebracht. Warum sollte man ihn in Wolken, in Strahlen, im Nimbus bilden, warum auf den Olymp unter die Musen versetzen? Das wird ihm niemand streitig machen! Das Erfreulichste ist, ihn zu sehen, wie er als gewöhnlicher Mensch in der Umgebung seiner Schüler sich zeigt, wie er leibt und lebt, wie er in Wirklichkeit ist! Und so haben wir ihn hier! Er ist aufs unverkennbarste porträtiert. Ganz dem lustigen Anblick der lebensfrohen südlichen Jugend, der Freude des Tanzes hingegeben, sitzt er auf der schmalen unbequemen Bank an einem gebrechlichen Tische, den selbst ein Weinfaß unterstützen muß. Sein Profil, der Charakter des Gesichts, der ganze Kopf, Figur und Kleidung konnte nicht besser gegeben werden. Der Künstler scheute sich nicht, eine physische Eigentümlichkeit des Meisters recht keck anzudeuten, wir meinen, daß er ihm nämlich einen verhältnismäßig sehr großen Kopf gab, wie er denn selbst darüber zuweilen scherzen kann und nichts näher liegt als das Witzspiel, daß Thorwaldsen allerdings ein Mann von großem Kopf sei. Die freundliche Teilnahme an der Lust der Tänzer scheint ihn so zu fesseln, daß er sogar seine Zigarre vergißt und sie wahrscheinlich ausgehen läßt. Sein treuer Begleiter, Hausfreund und Stubengenosse, der Pudel, legt die Tatzen schmeichelnd auf seine Beine, und der Herr streichelt ihm mit Wohlbehagen die wolligen Haare.

Nun mag auch die Zigarre auslöschen, wir glauben nicht, daß er sie wieder anzündet, denn wir sehen bereits etwas in der Ferne, was den Mund auf eine andere Weise in Anspruch nimmt: der Kellner bringt eine monströse Platte Makkaroni und reißt den Mund erstaunlich auf, um sein „si guardino, Signori" zu schreien, indem die Schüler in der Tat der Szene allzusehr hingegeben sind, um die edle neapolitanische Nahrung hinter ihnen zu riechen. Diese Platte dünkt uns zu genügen, und wenn heut auch der giovedi grasso wäre.

Die drei jungen Leute hinter Thorwaldsen sind wohlgetroffene Porträts, und der Herr, der ganz hinten hervorsieht, ist gar der Künstler leibhaftig und lebendig selbst, der uns mit diesem Bildchen erfreut hat. Auch er schaut den Tanzenden zu und denkt gewiß in diesem Augenblick, die artige Szene zu einer Komposition zu benützen; er raucht seine Pfeife mit Lust und Wonne und ahnet die köstlichen Makkaroni noch nicht von ferne.

Jetzt betrachten auch wir das junge hüpfende Paar! Welch eine Herzensentzückung ist doch dieses Saltarello! Die lustigen Menschen sind mit Leib und Seele dabei, die Freude lacht dem Burschen aus dem hübschen Gesicht, er senkt den Kopf, er streckt die Arme empor und weiß sich eine gewisse Grazie zu geben, welche seinem ganzen Wesen eigentümlich ist; er hält den starken, gewandten Leib in Verhältnissen, wie man's nur von einem Sohne Hesperiens erwarten kann; er scheint zwar arm zu sein; seine ganze Bekleidung besteht in kurzen Hosen, in einer Schärpe, Sandalen, einem Hemde und einer leichten neapolitanischen Mütze; er mag ein Vignarol oder eher noch ein Schiffsjunge sein, aber ein frohes Herz hat er, das ist gewiß, und glücklich ist er durch die wilden bacchantischen Takte des Tamburins und der Mandoline, im Schwunge des Saltarello, glücklich, wie man's auf Erden sein kann. Sein Mädchen ist eine der schlanken, frischen, holdseligen Landnymphen, welche auch die Bewunderung des Städters und eine wahre Augenweide für den Künstler sind, der hier eine wundervoll gebaute Figur in der lieblichsten Bewegung, einen echt italienischen Kopf und einen überaus reizenden Wuchs mit lüsternen Augen betrachtet. Sie ist groß und hoch, die Natur hat eben ihre süßesten Formen ausgebildet, und sie glüht in der vollsten Blüte der Jugend. Wahrlich, wir dürfen den hüpfenden Jungen glücklich preisen, wenn er mit diesem kerngesunden Kinde ein zärtliches Verständnis hat! Das ist ein so offenes, so schönes, so lachendes

Deutsche Künstler in Rom

Mädchengesicht, daß man nicht widerstehen kann; das ist ein Mund zum Kusse, das ist ein Wesen, dem sich der kräftige Bursche mit ganzer Seele hingeben kann! Und welch ein historisches Kostüm! Konnte die Phantasie eine hübschere, einfachere, geschmackvollere Tracht erfinden als diese Nationalkleidung einer Bäuerin aus den Abruzzen? Wie steht ihr der lange flatternde Schleier, wie reizend und locker wölbt sich das feine Hemdchen um den vorschwellenden Busen, wie fliegt das Röckchen um die schön geformten Beine, wie naiv versteht das leichtfertige, sinnenlustige Kind das Tuch zu halten, das es in der Hand schwingt!

Es ist wahr, man sollte nur sie ansehen, wie sie so im Saltarellotakt mit dem Liebsten hüpft und tanzt; aber die junge Frau dort ist doch, beim Gott der Liebe! auch nicht zu verachten. Das ist eine echte Albaneserin, vom schönsten gesündesten Schlage, voll Kraft und Fülle. Welch ein reines, schönes Oval dieser Kopf einer jungen Mutter! Welcher antike griechische Charakter! Diese kennt die Spitzfindigkeiten sentimentaler Liebe nicht! Sie ist in wilder heißer Kraft herangewachsen, der Süden hat sie schon früh entwickelt, sie ist zu schlicht, zu gerade, um nicht dem ungeduldigen Instinkt der Natur zu folgen, sie ist geboren zu dem herzerfreuenden Akt, in dem wir sie sehen, ein frisches Kind zu nähren! Frei und frank nach italienischer Sitte hat sie das Hemd gelüftet, und eine vollkommen ausgebildete Brust schwillt dem kleinen nackten Säuglinge entgegen! Das ist reine Nahrung, unverdorbene Milch, und das Kleine konnte für sein heißes Verlangen keine kräftigere Lebensquelle finden. Die Mutter selbst scheint eine wollüstige Empfindung zu durchrieseln, indem sie das Kind, das sie geboren, auf dem Schoße hält, indem es in so hastigen Zügen an dem Busen trinkt, dessen Fülle es mit den Händchen anfühlt; sie hat ein Bein über das andere geschlagen, damit es desto besser liege, und enthüllt dadurch ein Bein von der schönsten Form. Wie diese Figur in dem Ölgemälde unsers Künstlers besonders ausgezeichnet ist durch Wahrheit und Kraft des Kolorits, so hat er selbst mit der Tusche soviel als möglich die Fleischtinten anzudeuten gesucht; das Auge umgibt eine lüsterne Röte, wie wir's bei jungen italienischen Eheweibern so oft sehen, während der volle Nacken und die hohe Wölbung des Busens im blendenden Weiß strahlen.

Der Mandolinspieler neben ihr kann ihr Mann sein; er ist ein echter Campagnenbauer, ist jung und stark, und einen solchen Mann verdiente unsere Säugende schon.

Das artige Mädchen, welches das Tamburin schlägt, können wir ohne weiteres für das Töchterchen annehmen, wenngleich die Mutter noch so frisch, so schön, so unverwelkt ist; denn man weiß ja, daß die Italienerinnen schon im vierzehnten Jahre heiraten. Das Mädchen selbst hat nicht weiter als sechs Jahre, und so kommen, wenn wir keinen arithmetischen Schnitzer machen, was einem Junggesellen wohl verzeihlich wäre, kaum einundzwanzig auf die Mutter, ein Alter, in dem über den Alpen noch manches hübsche Kind ohne Mann sein möchte! Das Töchterchen wächst übrigens der Mutter recht keck nach, und wir dürfen hoffen, daß es so schön wie sie werde und sie in acht oder zehen Jahren schon zur Großmutter mache.

Der Künstler muß sich vortrefflich auf Osterien verstehen und manche Schenke mit dem Skizzenbuch besucht haben, um ein Genrestudium drin zu machen und bei dieser Gelegenheit eine Fogliette guten Weines von Velletri oder Frascati oder Marino oder Genzano zu trinken. Denn wir haben hier eine echte italienische Weinschenke von pittoresker Architektur, wie wir an den Bögen sehen, ziemlich unordentlich, wie die Fässer anzeigen, und so groß, daß wohl einhundert lustiger Paare den Saltarello drin tanzen könnte. In einem solchen finstern, schwarzen, ungeheuern Loche, denke dir, lieber Landsmann, müssen wir hier im Süden unser Glas Wein trinken und werden's nach und nach so gewohnt, daß wir uns auch nicht mehr von ferne an die hellen, freundlichen Bierschenken im Vaterland erinnern. Ja, wir sind froh, wenn wir nur eine Schüssel voll guter Makkaroni, ein Stück geröstetes Lammsfleisch mit Zitronen, einen frischen Salat und unverfälschten Wein bekommen und unsere Pfeife in Ruhe schmauchen können. So vermögen wir denn einen ganzen Abend lang festzusitzen, während der Italiener davonläuft, wenn er abgegessen; und ich will einen Keller voll des edelsten Frascatanerweins gegen einen Tropfen Weißbier verwetten, wenn unsere Landsleute in diese Osterie nicht schon ein Dutzend Generationen von römischen Gästen überstanden haben.

Welche artige Perspektive hat uns der Künstler eröffnet! Wir sehen in die Küche, wo der wohlbeleibte Koch eben ein Gericht broccoli alla padella oder bracciolette majali oder sonst eine nahrhafte Fortsetzung auf die Makkaroni zubereitet. Das ist eine feiste Person, dieser Koch, und es hat den Anschein, als hab er die besten Bissen, die er an seinem Herde gebraten und gesotten und gebacken, sich selbst zugeschoben.

Aber was bemerken wir durch die große Bogentüre in weiter Ferne? Ganz außen, in friedlicher Abgeschiedenheit, sitzt ein dicker geistlicher Herr an seinem Tische. Das fehlte noch, um die römische Schenke vollkommen zu charakterisieren. Nein, das ist ein Seelsorger, der auch den Leib nicht eben vergessen hat. Auf diesen rechnen wir wenigstens sechs bis acht Gerichte, ein halb Dutzend Foglietten Wein und einen Conto von ebensoviel Paoli. Welche gemütliche Ruhe! Schade, daß er uns zu fern ist, als daß wir seine Physiognomie betrachten könnten! Wir stellen uns vor, er müsse wohl ein sechsfaches Kinn haben, die Tabaksdose liegt auf dem Tische und der Speisezettel, dessen Rubriken, als: Suppen, Gesottenes, Gebackenes, Geröstetes, Umido, Gemüse, Nachtisch, er schon samt und sonders durchgemacht hat. Er sieht die jungen Weltkinder aus der Ferne tanzen und bleibt außen, um kein Ärgernis zu geben, wenn ihm gleich die schlanke Tänzerin lieber wäre als der Zahnstocher, mit dem er sich da außen an der Tür unterhalten muß, wenn er gleich nach der jungen Frau hinüberschielen würde. Ja, zu den Möglichkeiten gehört es auch, daß er an der Türe bloß deswegen Platz genommen, damit man nicht sehen könne, wieviel Wein er trinke.

Aber das Heilige hat sich doch eingestohlen, und über dem Pilaster dort bemerken wir ein Madonnenbild, wie wir's oft in italienischen und deutschen Schenken sehen.

Doch wir plaudern zuviel über dieses Bildchen, das uns recht zum Liebling geworden ist und das wir ungern die weite Reise ins Vaterland machen sehen. Nichts kann uns für seinen schnellen Verlust trösten, als daß auch du, lieber Leser unsers Taschenbuches, Herz und Auge daran erfreuen und den großen Mann unter all dem schönen muntern Volke bewundern wirst.

Ostia

Von dieser Szene der Freude und Geselligkeit führ ich dich hinweg und bringe dich in die weite öde Wildnis der römischen Campagna; mit *einem* Wort, du hast das heutige Ostia vor dir.

Stelle dir aber nicht vor, daß sich noch viel hinter dem alten Kastell, hinter den einsamen Häusern verberge; nein, du hast ganz Ostia vor Augen. Das ist die Stadt nun, welche das alte Ostia ersetzt, das in seinem Seehafen die Flotten der römischen Republik hatte. Schon durch die Einrichtung des neuen Hafens in Portus durch Trajan, von dem man heutzutage jenseits der Tiber noch große Spuren erkennt, sank die Blüte Ostias, und im Mittelalter wurde es durch die Sarazenenkriege zerstört. Nicht ganz an der Stelle des alten, etwas östlicher, entstand das neue, das nichts anders ist als ein kleines, gegen die Sarazenen befestigtes Kastell und wenig Häuser, welche nur von einem Geistlichen und einer Wirtsfamilie bewohnt werden. Des Sommers bleibt fast niemand mehr zurück als der Wirt selbst, denn die Sümpfe verpesten die Luft in der großen Hitze dergestalt, daß die wenigen Menschen, die sich dort aufhalten müssen, Fischer und Schiffer, von den bösartigsten Fiebern geplagt werden. Deswegen muß man es auch nur in den Wintermonaten besuchen, und wir, die wir die letzte Silvesternacht dort zubrachten, haben die gesundesten Tage dort verlebt.

Wie man weiß, ist das Meer nur eine Stunde weit zurückgetreten. Man sieht noch genau das alte Ufer. Die Ruinen der antiken Stadt nehmen eine bedeutende Strecke ein und ziehen sich der Tiber nach gegen das Meer hin. Jedoch sind sie sehr verschüttet, und außer den Überbleibseln eines Theaters ist die gewaltige Zelle eines Jupitertempels mit noch erhaltener Marmorschwelle und Treppe das einzige, was man erklären kann.

Wer findet dies neue Ostia nicht wundersam malerisch? Es ist recht der Charakter der Campagna in diesem Bilde. Alles ist öd, unbebaut, ist Sumpf umher, nur einige schöne Pinien verbreiten ihr Immergrün wie ein natürliches Dach, sonst nur armes Strauchwerk und Gehege, wie wir in der Ferne sehen, innerhalb deren die ungeheuern, von den Reisenden so sehr gefürchteten Büffel weiden.

Wir bemerken ein paar Campagnenreiter mit ihren kleinen Pferden und langen Stäben, mit denen wir sie zuweilen hinter einer Herde Büffel im Galopp herjagen sehen. Sie reiten nach Rom. Eine kleine Schar Ziegen sucht die spärliche Nahrung unter der Pinie, das einzige, womit der Künstler diese Wildnis staffieren konnte.

Eine Freude ist's, durch vielfältige Gänge, Zinnen, Treppen und zerfallene, überwachsene Gemächer jenen Turm zu besteigen, wo wir über den nahen Pinienwald von Casino Fusano westlich das Meer vor uns haben, nördlich zunächst die beiden Arme der Tiber und die Insel der Dioskuren, das ferne Fiumicino, dessen Segel und Masten man deutlich erkennt, den See des Trajan oder den alten Hafen von Portus und die wenigen Ruinen dieser Stadt, sodann die weite, verödete, trübselige Campagna, östlich die Peterskuppel von Rom und südlich in beträchtlicher Entfernung die Albanergebirge.

Dieses Bild des heutigen Ostia, das wir nicht ohne die Absicht gewählt haben, dem Leser die Novelle „Das Blumenfest“ lebendiger zu machen, ist von dem würdigen Landschaftsmaler Schilbach aus Darmstadt an Ort und Stelle aufgenommen worden.

Ostia

Sorrent

Gibt es einen größern Gegensatz in der Natur als die Melancholie der ostiensischen Campagna und die paradiesischen Felsgestade von Sorrent? Von derselben geübten Hand, von der wir jene haben, ist uns auch das lachende Bild von diesen zugekommen.

Hier, lieber vaterländischer Freund, bist du im Schoße des elysischen Südens. Freilich konnte dir der Künstler hier nur die Formen dieser überreichen Natur, nicht ihre Wärme, ihre Farbe, ihr Licht, ihren süßesten Zauber geben! Vielleicht daß du schon so glücklich warst, den Meerbusen von Genua, Spezia, Sorrent und Neapel zu sehen. Wo nicht, so hast du dir doch mit aller Magie dichterischer Einbildungskraft das Traumbild eines irdischen Elysiums erschaffen, und diese Farben nimm dir heraus und denke sie dir in überschwenglicher Reinheit und Schöne hergegossen über Land und Meer, Nähe und Ferne.

Vorn auf dem steilen Felsen sehen wir Sorrento unsäglich malerisch hingruppiert, und was deiner Phantasie eine wahrhaft geistige Nahrung geben wird, jener vordere Palast mit dem Balkon ist das Haus des – Tasso! Wahrlich, beim großen Schöpfer dieser südlichen Paradiese, das ist ein Haus für einen Sänger! Welch ein Blick von jenem hohen Balkon über das herrlich entfaltete Meer, über die violettnen Gebirge! Mit wunderbaren Empfindungen schaust du es an, und die ganze Dichter- und Liebeswelt dieses romantischen Schwärmers, dieses unsterblichen Lieblings seiner Nation, und besonders unserer italienischen Schönen, ersteht dir wie ein Märchen. Denke dir jene Felshöhen, überfüllt von lachenden Gärten, von Südfrüchten edelster Art, die Myrten sind hier in höchster Fülle, Orangen und Limonien, Lorbeer und Aloe, die Pinie und Zypresse grünt eine neben der andern.

Blickst du weiter in die Ferne, so gewahrst du unter dem Gebirge die Fortsetzung der Felswände von Sorrent, alle voll himmlischer Gärten, voll wilder hesperischer Üppigkeit! Jenes

Sorrent

Gebirge gehört zu Vigo; und ganz im Hintergrunde siehst du gar noch den Vesuv rauchen!

Das Meer in diesem Golf ist so klar und rein, daß man an manchen Stellen bei Windstille bis auf den Grund schaut. Könntest du dir jene seligen Farben einbilden! Jenes tiefe, reine Blau, jenen vollkommenen Ultramarin, jenen entzückenden Reflex des lautern Himmels in der spiegelebenen See, sobald die Schlagschatten der Gebirge aufhören, jenen Duft, der die Berge so wollüstig verklärt, jenes unaussprechlich zarte Violett, von dem die schmachtenden Fernen gleichsam trunken sind, dann würdest du glauben, daß man ausrufen kann: Neapel sehen und dann sterben! dann würdest du den Dichter des „Befreiten Jerusalems“ nicht mehr um seine Lorbeerkrone, nur um die schöne Heimat, um den Aufenthalt auf jenen elysischen Felsen beneiden.

Die Römerin

Das Porträt einer Römerin ist eben nichts Neues, möchte mancher sagen, wem ist das römische Profil nicht bekannt? Und dennoch kommen so viele belesene und gebildete Fremde, kommen sogar viele Künstler nach Rom und treffen ein ganz anderes Frauengeschlecht, als sie sich's entweder mit der Willkür ihrer Einbildungskraft oder nach falschen Darstellungen eingebildet. Besonders, wer die Reise nach Rom über Paris gemacht, wer die Reize eines koketten Anzugs und französischen Benehmens, wer die schlanke Taille der Engländerin, wer die weiße Gesichtsfarbe, den sentimentalen Ausdruck unserer schönen Landsmänninnen als Richtschnur in der Beurteilung weiblicher Schönheit annimmt, der sucht vergebens auf der Straße, im Theater, im Festino, in der Akademie, in den Feuerwerken des Mausoleums eine Römerin, welche seinen Erwartungen genügen könnte. Sie ist ihm zu derb, zu kräftig, selbst zu unzart, ja unweiblich, ihr Wuchs zu ungefällig, zu grandios, ihr Angesicht zeigt weder Milch und Blut noch die Empfindung einer Deut-

Die Römerin

schen, ihr Anzug weder den Geschmack, den er im Palais Royal bewundert, noch den Reichtum, welcher die Britin auszeichnet, ja, wir haben schon von Deutschen und Franzosen, besonders aber von Engländern sagen hören, daß die Römerinnen geradezu das plumpste Weibergeschlecht auf Erden seien.

Auf diese Weise dürfte es denn nichts Überflüssiges sein, wenn wir das getreueste Porträt einer Römerin mitteilen. Hier will dich der Künstler weder durch Idealisierung der Formen für sein angebetetes Modell noch der Erklärer durch eine übertriebene Schilderung bezaubern, du hast die einfache Wirklichkeit, die unveränderte Natur, und es bleibt deinem Urteil und deinem Geschmack überlassen, zu entscheiden, was von einem solchen Kopfe zu halten, es steht bei dir, ihn flüchtig anzublicken und zu sagen, das ist kein reizendes Weib, oder die reinen Linien des Profils, die großen, gewaltig ausgebildeten Formen länger zu betrachten und eine Lucrezia, eine Clölia, eine Cornelia, eine Porzia aus ihnen herauszufinden.

Wie nun die Römerin desto schöner ist, je weniger sie sich bekleidet, je mehr Natur sichtbar wird, so hat sie unser Freund Riedel klüglich in dem Sommerneglige gezeichnet, welches den Römerinnen eigentümlich ist. Sobald mit dem Mai und Juni die große Hitze eintritt, sucht sich jedes Geschlecht, je nach seinem Stande, zu Hause und auf der Straße so leicht als möglich zu kleiden, der Minente trägt das Manchesterwams über der Schulter, die Frauen aber zeigen sich an den Fenstern und vor den Türen nur mit einfachem Schnupftuch, welches sie über die Brust breiten, an den Schultern anknüpfen, um so frischer und leichter atmen zu können. Dieses nachlässig ausgefaltete Busentuch, welches die freieren Sitten Italiens nicht im geringsten anstößig finden, wie denn überhaupt jene Teile mit weniger Scheu verborgen werden als bei uns, wirft sich so plastisch und hat soviel Ähnlichkeit mit den Brustbekleidungen der antiken Statuen, daß man meinen sollte, nicht die Bequemlichkeit, sondern die Vorbilder der alten Göttinnen oder gar ein noch aus der Vorzeit erhaltener Gebrauch bewahren es unter den Frauen des heutigen Roms.

Mädchen aus Olevano

Olevano, das wilde, mörderische Gebirgsdorf in dem Gebiet der alten Herniker, welches vor Jahrzehnten nur wenige neugierige Reisende selten besuchten, ist durch einige römische Künstler, unter welchen besonders Koch zu nennen, gleichsam erst entdeckt worden. Je leichter nun eine Partie von Rom aus dahin zu machen ist und je angenehmer der Aufenthalt daselbst wird, desto mehr ziehen sich in den Sommermonaten die Künstler dahin. So ist denn ein Ort, der erst noch allein durch seine Räuber und die unzähligen Mordtaten des ungezügelten Volks unter sich selbst bekannt war, durch die Reize seiner Lage, den ernsten Charakter seiner Bergnatur und wohl auch durch seine bildschönen Töchter berühmt geworden. Dieser Ruf des in Rom so gefeierten Dorfes ist auch nach Deutschland gedrungen, und es ist durch die Darstellungen der Künstler, durch die Entführung der Deutschen unter die Räuber und gewiß auch durch die Charakteristik des Verfassers der Briefe aus Olevano, welcher mit uns authentisch ist, wohlbekannt geworden.

Sind nun die Frauen dieser Gegenden so schön, daß sie zur allgemeinen Bewunderung der Fremden geworden und daß sich einige sorgar schon ernstlich in Liebeshändel verstrickt, so wird es unsern deutschen Freunden vielleicht nicht ohne Interesse sein, wenn wir ihnen das Porträt einer Olevaneserin in ihrer Nationaltracht geben. Der Künstler, Friedrich Moosbrugger von Konstanz, hat in ihr mehr den Charakter der Anmut als der Größe aufgefaßt und erfreut uns mit dem Bildnis eines äußerst lieblichen Kindes, das den schlanken gewandten Leib ebenso wendet, daß wir Gelegenheit haben, die geschmackvolle Anordnung des Busentuchs und die Reize eines Nackens zu bewundern, wie ihn nur Römerinnen und römische Gebirgsfrauen haben. Diese Tracht, die oft blendend reich ist und selbst den minder wohlgebildeten Frauen von ferne einen außerordentlichen Reiz gibt, unterscheidet sich von der albanesischen hauptsächlich durch das Mieder, das die

Olevaneserinnen und Sabinerinnen tragen, während die Frauen von Albano sich nicht schnüren, sondern den Busen nur mit einer Vorrichtung stützen, welche trotz aller Verteidigung gewisser Anbeter fast durchgängig übel läßt, weil die allzu üppige Fülle dieser massiven Weiber leicht zu beleidigend hervortritt. Der Schleier ist aber beiden gemeinschaftlich.

Erscheint dir diese Tracht höchst fremdartig und bezaubernd, so würde dich noch mehr der natürliche Anstand anziehen, der solchen Landkindern eigen ist, und sogar ihre Namen, wie Palmira, Demetria, Athanasia, Aspasia, Valeria, würden nicht ohne Wirkung bleiben, der christlichen gar nicht zu gedenken, wie zum Beispiel Nazarena. Aber es ist eine ernstliche Sache, mit ihnen all' amore zu spielen, denn in diesen Gegenden sind Messerstiche häufiger als bei uns Ohrfeigen; ich war noch nie auf mehrere Wochen in Olevano, ohne daß ein Mord geschehen wäre; es existiert kaum ein Mann daselbst, der nicht entweder schon gestochen oder gestochen worden, und häufig sind die schönen Zauberinnen schuldig, mit denen wir unsere Freunde in diesem Bildnis bekannt machen.

Karneval

Hat uns auch das unzeitige Ableben Seiner Heiligkeit, des Papstes Leo XII., für dies Jahr der Freuden des Karnevals beraubt, zu denen wir uns schon vorbereiteten, so will ich doch den giovedi grasso, und der ist heute akkurat, auf eine würdige Art feiern, gleich als ob die Kardinäle nicht im Konklave steckten und das taumelnde Volk im Getöse des Corsos vergäße, daß der Generalissimus der römischen Heere ein Monsignor Violettstrumpf ist. Zwar sind die Theater geschlossen, es ist nicht einmal eine Akademie erlaubt, aber kühlt das römische Volk sein Mütchen nicht in Hunderten von Satiren und Pasquillen gegen den verschiedenen Sovran und jeden Teil seiner Regierung? Ich will in meinem Leben kein politischer Schrift-

Mädchen aus Olevano

steller werden und noch weniger mich in demagogische Umtriebe verwickeln, und so laßt mich denn den giovedi grasso lieber am Schreibtisch in einer höchst unschuldigen Beschäftigung zubringen, indem ich mich durch unser allerliebstes Bildchen um ein glückliches Jahr zurückdenke.

Ich halte mich nicht auf, dieser allseitig gepriesenen Komposition unseres Krafft ein Lob im allgemeinen zu sprechen. Es genüge zu bemerken, daß die größere Ausführung dieser Karnevalsszene in einem Ölbild, welches der Künstler hier in Rom malte und welches Thorwaldsen ankaufte, das reiche Talent des Komponisten auffallend bewährte und dieses von jedem Freunde der Kunst anerkannt und belobt wurde. Und zwar unterscheidet sich unser Künstler aufs strengste von jenen Genremalern der heutigen Tage, die am Ende nichts als Kostümmaler sind, wenn's hoch geht (und das ist höchst selten), den Charakter solcher nationellen Kostüme wahr auffassen, im ganzen aber in der Erfindung, in der Komposition nicht das geringste vermögen! Aber stille mit Kunstdiskursen! Was unser Bildchen wert ist, das sieht jeder! Besonders freue sich mit uns, wer nicht bloß eine geistreiche Komposition, Ausdruck und Leben in ihm findet, sondern wer glücklich genug war, solch ein Volksfest mitzufeiern, und wer sich somit wieder die treueste Wahrheit und den reinsten Charakter in die Erinnerung zurückkehren sieht.

Gesellen wir uns zuvörderst zu der Hauptgruppe, zu diesem auserlesenen Kleeblatt. Ich habe einmal in Rom einen deutschen Professor kennengelernt, welcher meine Karnevalslieder vorlesen hörte und bemerkte, daß sie unwahr seien, indem er durchaus keine Jovialität in dem Karneval bemerkt habe. Das heißt zuviel! Ei wie kann doch ein deutscher Professor so ganz ohne fünf Sinne sein! und wenn er sie auch auf dem Katheder nicht braucht, doch ohne sie in Italien herumreisen! Ein Sägblock, ein Stiefelknecht, ein Tischfuß, ein Wagenrad – ich weiß nicht, was ich nur Hölzernes und Vernageltes auffinden kann, ich meine, das müßte doch ein wenig Rezeptivität spüren, wenn jene tausend und abertausend Stimmen des Jubels und der

Kinderfreude vom Obelisk bis zum venezianischen Palast hinbrausen, aber nur der deutsche Professor nicht! Doch lassen wir das Gewimmel des Corso, durchstreichen wir die abgelegensten Straßen, nur nicht mit dem Professor, sondern mit Menschen, und suchen wir hier die Szenen des Volksgeistes auf. Guter Gott! ist's denn möglich, diese drei ehrbaren Personen, welche wir hier tanzen sehen, nicht für so glücklich und lustig zu halten, als man's nur in einer Welt sein kann, wo auf zehn Tage Karneval gleich die vierzigtägigen Fasten kommen! Wer hebräisch, arabisch, persisch, Sanskrit und Prakrit lesen kann, der sollte nicht einmal die allerverständlichsten Chiffern in einem Menschengesicht buchstabieren können? Käme doch der deutsche Professor diesen drei Karnevalsfiguren in die Hände! Sie nähmen ihn in die Mitte und tanzten um ihn, wie die Juden um das Goldene Kalb!

Unsere drei Herren sind, was die römische Volkssprache mit nicht sehr cruskischem Ausdruck „pancianeri" nennt! Das heißt: sie sind weder Professoren noch Kanzleiherren, noch Hofräte, sondern vielleicht Schuhputzer, Kutscher, Platzbediente und derlei. Heute aber, am giovedi grasso, sind sie so gut als jeder andere, ja der eine, der den Fiedelbogen streicht, ist geradezu ein Graf. Denn mit dem Schlag der kapitolinischen Glocke, welche den Karneval ankündigt – und auch den Tod des Heiligen Vaters –, ist ganz Rom geadelt, und Straßen, Caffès, Osterien und Puppentheater füllen sich mit der beliebten Volksmaske, der Quacquero oder Conte an. Der dicke Wanst nun, dem Gesicht nach ein Platzbedienter, ist ein echter Quacquero. Sein feierlicher Staatsfrack ist von roter Seide, den Ordinanzhut ziert ein Büschel Endiviensalat, und die Perücke ergießt sich in strotzender Fülle und Üppigkeit drunter hervor: es ist zwar möglich, daß der Wanst wirklich mit Gedärmen gefüllt ist, aber wahrscheinlich doch nur mit einem Bettkissen, der Degen prangt ihm zur Seite, das Schnupftuch hängt vornehm aus der Seitentasche, und statt der Schnallen an Hosen und Schuhen entdecken wir gleichfalls den Schmuck des Endiviensalates! An dem Stock, den er hält, ist eine Schnur über die Schweinsblase gespannt, er streicht den Fiedelbogen drüber her, und was diese Blasengeigung in der Musik, das ist er unter den Grafen. Er bläst die Backen voll Übermut und adliger Hoheit auf und spielt seine Rolle mit ununterbrochenem Ernst.

Nicht so stattlich wie dieser Quacquero, aber darum nicht minder lustig ist der schlimmgewachsene alte Tagdieb ihm gegenüber. Fast möcht ich glauben, daß die Schuhbürste, die ihm auf dem Rücken hängt, auf seine Lebenskarriere deutet und daß er noch heute früh am Caffè Ruspoli Stiefel geputzt. Seine hebräische Physiognomie ist noch durch die Pomeranzenschalen entstellt, aus denen er in die Welt guckt und die ihm statt goldener Brillen dienen. Denn er scheint gleichfalls von altem, wenn auch herabgekommenen Adel, das beweist der weit und kühn hinausstarrende papierne Hemdstrich, der militärische Hut, der an den Enden mit Pomeranzen geschmückt ist, und das schwarze Abbaten- und Zopfband auf dem äsopisch erhabenen Rücken. Der Frack sofort besteht aus verschiedenen Stücken und Farben und gehört mehreren Zeitaltern und Moden an: allerliebst machen sich die beiden angenähten hellern Flügel, und auch in den Strümpfen hat der ehrbare Mann nach Mannigfaltigkeit und Abwechslung in der Farbe gestrebt. An der Uhrenkette hängt ein Reibeisen, womit man den Käs auf die Suppe reibt, und zwischen cachet und grattacacio macht diese Modefigur also keinen Unterschied. An den übel zerflickten Bauernschuhen sind abermals Orangen angebracht.

Haben wir in diesen beiden adligen Figuren den Ernst eines höhern Standes und die Gravität männlicher Würde bewundert, so ruht unser Auge auf jener einzig lieblichen Maske aus, welche die rauhern Elemente gleichsam mit dem Zaubergürtel weiblicher Anmut verbinden will. Welch ein himmlisches Entzücken, welch eine überselige Empfindung, welch eine Wonnetrunkenheit in dem edeln Gesicht! Nein! Diese Physiognomie sollte selbst unser Professor fröhlich finden, selbst ihm sollte das schmachtende Lächeln und der Hauch des Liebreizes nicht entgehen, der sich von dem Backenbart und der Haube an über den ganzen sanft zurückgebeugten Kopf verbreitet; auch er sollte

Karneval

die unnachahmliche Grazie bemerken, mit der das zarte Frauenzimmer nach Tänzerweise das Röckchen lüpft, auch er sollte die Naivität, das Gefühlvolle und Sentimentale in der jungfräulichen Bewegung sowie in den artigen Beinen, die vorschauen, auch er die schlanke Taille, den hübschen Wuchs, den feinen Geschmack in der Anordnung des Tuches bewundern, das über einem so reizenden Busen, einem so schön empfindenden Herzen gefaltet ist!

Und sollt er glauben, daß hier ein gemeiner Saltarello getanzt werde? Von solchen Standespersonen? Von einem Grafen und Virtuosen auf der Schweinsblase? Nein, das ist der Takt, das ist der Tanz des Gefühls, des Anstands! Dieses Kleeblatt ist gestern im Theater Tortinone gewesen und hat das heroische Ballett gesehen. Daß sich das Frauenzimmer die Primadonna zum Muster ausgewählt, sieht man deutlich und unverkennbar an dem Schmachtenden in der Bewegung, in der sylphenartigen Leichtigkeit, mit der es dem Chapeau den Arm reicht, vielleicht gar, um den blasenden, pausbackigen, geigenden Conte durch die verschränkten Arme niedlich durchtanzen zu lassen. Diese Theaterdame kann gewiß keine Weinbodega vorübergehen, ohne eine halbe Fogliette zu sich zu nehmen, wenn sie Geld hat, aber leider befürcht ich, daß dies selten der Fall sein möge, wenn nicht etwa gerade jetzt, wo für die vielen Fremden stets Lastträger nötig sind. Irr ich nicht, so hab ich die unvergeßlichen Gesichtszüge einmal schon auf dem Cavaletto gesehen, und die Dame erhielt fünfundzwanzig – doch stille, man hat recht, wenn man mir nachsagt, ich denke immer nur das Schlimmste von den Leuten, und so hören wir denn lieber der Blasenmusik zu. Noch, wie gesagt, ist Opern- und Ballettmusik, aber bald vielleicht wechselt der Quacquero, und es werden nun Ritornelle gesungen, von denen die anständigsten noch folgende sein mögen:

Fior di cucuzza,
Quanto voglio ben alla mia ragazza,
S'é cacato sotto, quanto puzza!

In mezzo al mare c'e un pesce tondo,
Quando vede le belle, viene a gallo,
Quando vede le brutte, se ne va a fondo.

Tu screpantello, mettati la fascia,
Per manto io voglio un capoccio,
Soggetti come te glie sputo in faccia,

Benedisco i fiori fioriti,
Potresti mantenerla per ì frati,
Che se aspetti a me, non ti mariti!

Zwar ohne Sinn für die Gravität und Würde in unserm Kleeblatt sowie für seine graziösen Attitüden, aber doch mit einem offenen Ohr für die Schweinsblase, kommt ein kleiner Pulcinella mit drei Gassenbuben herbei, und es will mich fast bedünken, als spotte der verwegne Wicht unserer Tanzenden, als suche er ihre tragischen Pantomimen nachzuäffen und vielleicht gar ins Lächerliche zu ziehen! Nun, am Karneval ist alles erlaubt, selbst das Ernsthafteste wird geneckt, selbst das Schönste parodiert und zum Häßlichen verkehrt, und so mag es denn auch unserm Kleeblatt in der Aufführung einer Szene aus „Didone abbandonata" oder eines ähnlichen heroischen Balletts passieren. Unter den Buben mach ich besonders auf das verlumpte arme Teufelchen aufmerksam, das sich bemüht, die Füßchen emporzuheben trotz der Pantoffeln eines Sackträgers, die sie auf den Boden ziehen. Es ist das Söhnchen eines Bauern, und der spitze Campagnerhut ist ihm sowenig als die Hose angemessen worden. Ob die kleine Rotte gleich keinen halben Bajocc auftreiben kann, um sich geröstete Kastanien zu kaufen, so ist sie doch lustiger als der Professor jemals sein kann.

Wir sind in einer der untern Stadtgegenden, am Tiber, wo Rom oft das Ansehn eines Dorfes hat und dennoch in die steinernen Hütten zuweilen eine schöne kannelierte antike Säule eingemauert ist, wie wir an dem Haus im Vordergrund sehen. Hier sind wir wie auf dem Lande, hier wohnt der Minente oder

Plebejer, und wir sehen in der alten Spinnerin das Kostüm einer Ciocciara oder Sandalenträgerin. Wie auch nicht ein Figürchen oder nur ein kleiner architektonischer Teil in unserm Bild ist, der nicht vollkommen im Charakter Roms aufgefaßt wäre, so kann ich die Wahrheit und Anmut jener Gruppe auf der Haustreppe nicht genug rühmen. Lassen wir die alte abgelebte Frau, und schauen wir lieber die junge Minente an, die uns in ihrer Tracht, im Samtjäckchen, und im Kamme, in ihren breiten Schultern, so wie in dem Akt, in dem wir sie sehen, diesen Schlag römischer Weiber unübertrefflich charakterisiert. So zeigen sie sich ungescheut an allen Enden und Ecken. Sie bückt sich, um die Brust aus dem engen Schnürleib hervorzunehmen, und indem sie dieselbe dem Säugling reicht, schaut sie neugierig nach den Ballettänzern! Und wie glücklich ist unser Krafft in seinen Buben! Gibt es etwas Naiveres als den kleinen Trasteveriner in vollkommener Minententracht mit Hut, Manchesterwams, Schärpe und kurzen Hosen? Heut, als am giovedi grasso, haben sie ihn in Staat gesteckt, und er weiß demnach kaum, wie er sich Würde genug geben soll! Zu seiner Seite steht ein Besen und ein römischer Wassernapf. Zwar hat sich die Plebejerfamilie heute nicht maskiert, aber darum lassen sie diesen dem Gaumen und Wanst geheiligten Tag nicht verstreichen, ohne sich gütlich zu tun. Abends zieht man mit allen Kindern, auch mit dem Säugling und selbst mit der alten Ciocciara in die Osterie, verschlingt eine Schüssel Makkaroni, ein Fritto, ein Arrosto, ein Umido, einen Salat und einige Mezzi Wein, wovon ein paar Foglietten allein auf die kräftige junge Frau zu rechnen sind. Dann, wenn man tüchtig gegessen, geht man vielleicht noch ins Puppentheater und sodann ins Bett.

In der Ferne gibt uns der Künstler noch manches zu sehen, was das römische Volksleben und diese Stadtgegend veranschaulicht. Jenes Haus von malerischer Architektur aus dem Mittelalter ist von einer Menge Figürchen umgeben, die, so klein sie sind, die Meisterschaft des Künstlers in der Charakteristik zeigen. Vor der Türe ist ein Kastanienhändler beschäftigt, seine Caldarosti fertigzumachen: die Kerle zu seinen Seiten sind vom untersten Pöbel, zwei davon mit den Lazzaronimützen sind wahrscheinlich Seeleute von Ripa Grande, denn ein Römer, auch aus der Hefe des Volks, trägt einen Hut, der andere, der in den Mantel gehüllt dasitzt, ist ein Bauer aus der Mark Ancona, wie ihrer viele in Rom sind und die Arbeiten der Campagna versehen.

Unten an der Treppe lehnt sich ein alter Hahnrei ans Geländer und strickt Strümpfe; denn das ist hier Sitte, und man darf keinen Herkules im Geschäft der Omphale vermuten. Denn ein solcher ist selten in Rom. Außer den Trasteverinern und der niedersten arbeitenden Klasse sind die Römer meist schwach und unmännlich: schon eine große Anzahl unter den Minenten ist durch Ausschweifungen ausgesaugt, die mittlere Klasse der Handwerker und Bediensteten zeigt unkräftige Menschen in Menge, und die Schwachheit vollendet sich zuletzt im Stutzer des Corso, im Paino. Bekannt ist, daß die Männer im untern Italien viele Geschäfte der Weiber verrichten: sie stricken, sie fegen die Stube aus, sie gehen auf den Markt, kaufen ein, holen das Essen aus der Osterie, kurz, die Frauen wissen ihre gehörnten Ehemänner so gut zu benützen, als diese es nur verdienen.

Ein paar Weiber stehen in der Nähe des Strickers, eine mit dem Kind ist Villana, die andere eine wohlbeleibte Minente. Aber welch allerliebste Paina steigt die Treppen herab! Diese hat einen Liebsten, darauf würd ich schwören, auch wenn er ihr nicht auf dem Fuß nachfolgte! Nicht als ob sie von Stand wäre, sie mag bettelarm sein, aber heute erscheint sie als Villanella, als Giardiniera maskiert, und das weiße feine Röckchen steht ihr in der Tat und zeigt einen schlankgewachsenen Leib. Kaum kann sie's erwarten, auf dem Corso zu erscheinen, hier wird sie sich austoben, wird ihre Bekannten necken, den jungen Herren Knöpfe abschneiden und Bänder annähen, Blumen austeilen und ihre Freiheit köstlich genießen. Ein paar Scudi darf der nachkommende Gärtner schon rüsten: denn man kauft Konfetti, man speist zu Nacht und geht ins Festino. Heut muß im Vollauf gelebt sein, und es kümmert nicht, wenn man morgen das Mittagsmahl auch beim Herrn Nachbar Kastanienhändler holt.

Wer sieht denn aber hinten aus dem Fenster heraus und schielt nach der artigen Paina? Das ist ein Maler, wie Palette, Pinsel und Stab zeigt, und zwar nach der Mütze zu urteilen, sollte er fast ein Deutscher, ja ein Altdeutscher sein. Wie hat sich denn der vom Monte Pincio herab ins römische Rom verirrt? Kaum kann ich glauben, daß er mein Landsmann ist, denn hier ist er gar zu weit von der „Chiavica" und vom „Caffè Luigi" entfernt. Es mag wohl ein Italiener sein, der diese Mütze bloß gegen Rheumatismen trägt: hat sich ja doch auch die Puppe Kassandra mit altdeutschen Haaren, Mütze und Rock gezeigt.

Und nun wünschen wir zum Schluß unserm wackern Krafft, daß ihm noch manches Karneval in Rom erscheinen möge, und sprechen damit auch den besten Wunsch für das Publikum aus. Solche reiche Talente unterstützt mir, vaterländische Fürsten, wenn ihr Freunde der Kunst sein wollt! Nehmt Dutzende dafür von Rom weg und gebt dem einzigen, was ihr an diese verschwendet, damit er sich in ungestörter Freiheit ausbilden könne, denn nicht durch Austeilen an viele, nicht durch die Generosität, mit der ihr vielleicht einem feilen Höfling zulieb einige hundert Taler an einen Stümper wendet, sondern durch die weise Auswahl und die hochsinnige Teilnahme an den Auserwählten werdet ihr der Kunst nützen!

Der Straßendeklamator in Neapel

Wie dir der Verfasser unsers Taschenbuches nicht bloß Darstellungen aus dem Reiche des Gemütes oder der Phantasie, der Kunst und der Natur, sondern vorzüglich auch wahre und anschauliche Gemälde des Wirklichen, Szenen und Geschichten aus dem Leben des niedern Volks geben will, worin sich noch viel nationeller Charakter erhalten, während die konventionelle Bildung nach und nach alle höheren Stände, die Einwohner von Rio Janeiro, Timbuktu, Tübingen und Taprobane gleichmacht und der heldenmütige Sultan von Konstantinopel selbst im französischen Frack manövriert, so ist auch in unserer kleinen Bildergalerie der Darstellung italienischer Volkstümlichkeit eine Hauptstelle angewiesen.

Nun ist freilich nicht zu leugnen, daß sich ein bestimmter Volkscharakter nach und nach auch aus den italienischen Städten verliert, und die Beschreibungen von Venedig und Neapel, die uns einst versprachen, uns in eine vollkommen fremde Welt, in ein neues Reich der Sitten zu führen, nicht mehr auf die heutigen Tage anwendbar sind, wenn sie anders zu ihrer Zeit es waren; aber wir finden denn doch dann und wann noch Dinge, die aus den fernsten Zeiten erhalten, dem Volke so eigentümlich, dem Fremden so interessant sind, als er sich's jenseits der Alpen nur einbilden konnte. An und für sich selbst werden die hauptsächlichsten Städte Italiens allerdings ihr Interesse behalten; Genua wird uns immer mit der Schönheit seiner Lage, Venedig und Florenz mit den Erinnerungen aus der Romantik des Mittelalters, Rom mit der Majestät seiner Vorwelt und dem Glanze seiner Heiligkeit, Neapel mit den Wundern seiner unvergleichlichen Natur bezaubern. Aber es ist außer diesen unvergänglichen Vorzügen wenigstens für uns Kinder des neunzehnten Jahrhunderts doch noch manches Überbleibsel einer originellern Zeit vorhanden, der Beobachter der Sitten, der Menschen, der Völker findet noch die kräftigsten Züge, die schärfsten Umrisse, welche den Italiener von andern Nationen unterscheiden, und der Künstler wird nicht fertig, in Genua und Venedig, Rom und Neapel oder gar in den abgelegenern Apenninen sein Portefeuille zu füllen, wiewohl wir die Möglichkeit nicht eben bestreiten wollen, daß in funfzig Jahren der trasteverinische Minente Brustbinde und Manchesterwams, der Lazzarone die Matrosenmütze und die Kapotte ablegt und sich kleidet wie seinesgleichen in Berlin oder Wien.

Aber wir eilen von unserer fast zu langen Digression zu dem Bildchen, das uns gleich zum erfreulichen Beweis für unsre Behauptung dienen mag, indem es eine Szene aus dem Volksleben Neapels darstellt, welche uns Nordländern, bei welchen die Poesie in die Gelehrtenstube, ins Museum und an den Nachttisch der Damen gebannt ist, zwar nicht etwas Neues – denn was ist uns noch neu –, aber doch gewiß in so lebendiger Auffassungsweise, wie es uns der Künstler zeigt, allgemein Ansprechendes, Erfreuendes ist, ja was den Stempel einer bessern Zeit, eines glücklichern Himmels noch so ausdrucksvoll an sich trägt, daß der Dichter in unserm Buche wohl an Homer erinnert werden konnte.

Unser Künstler hat uns nämlich in geistreicher Auffassung den Vorleser des Ariost auf dem Molo von Neapel dargestellt. Wiewohl nun das Bildchen so voll sprechenden Lebens ist, daß es keiner weitern Erklärung nötig hätte, so können wir doch nicht umhin, wenigstens um unser selbst willen ein wenig darüber zu plaudern, auch wenn uns niemand anhören sollte, so wie man sich über einen Gegenstand von Wert und Bedeutung ja wohl auch allein unterhalten kann.

Und zwar verdient der alte Banchiere, der sein Publikum so trefflich unterhält, unsre Aufmerksamkeit zuerst; aber es darf niemand glauben, daß dieser gelehrte, begeisterte, poetische Lazzarone nur ein so beschränktes Publikum habe, als es der Raum für das Blättchen unsers braven Komponisten dermalen möglich machte. Im Gegenteil sammeln sich oft Hunderte des Nachmittags zur bestimmten Stunde auf dem Molo um ihn. Aber wenn wir auch nicht viele Köpfe haben und der Vorleser unsers Bildes höchstens zehn halbe Grane erobern wird, wenn er die Mütze umgehen läßt – ich rechne darauf, daß der Pfaffe hinten nichts gibt, und daß die zwei Buben links kein Geld haben, ist höchst anschaulich dargestellt –, so hat der Künstler doch dafür gesorgt, daß wir die verschiedensten Stände zu sehen bekommen, aus welchen die Zuhörerschaft gewöhnlich besteht.

Genug, wer sieht dem Alten nicht die poetische Begeisterung im Gesicht, in den Gesten an? Wie ist er von dem Gegenstand ergriffen, wie ist seine Einbildungskraft aufgeregt, wie begleitet er Ottave für Ottave mit dem Spiel der Augen und der Hände! In der Tat, er ist Lazzarone, er hat nur ein elendes Wams, ein Paar rauhe Beinkleider, an Strümpfe und Schuhe ist nicht zu-

Der Straßendeklamator in Neapel

denken, der Stand seiner Börse ist noch hypothetisch und wird sich nach Vollendung der Vorlesung, wie gesagt, höchstens auf ein halb Dutzend Grane belaufen; er hat weder Brille noch gelehrte Miene, noch Titel, noch Besoldung, noch Katheder, und dennoch scheint er seinen Dichter besser zu fühlen als mancher Professor der schönen Literatur, dennoch hat er ein so aufmerksames Auditorium, wie sich dessen vielleicht noch kein Dozent der Theologie zu erfreuen hatte, dennoch hat er in seinem Hörsaal eine halbe Million Menschen, einen feuerspeienden Berg, einen Meerbusen, und lebendig und original, was andere bloß in einer Bibliothek haben, die klassischen Lokale der fernsten Vorzeit.

Jetzt ist er noch im vollen Strome der Deklamation; ein Moment noch und er senkt das Buch, weil der Autor den Faden seiner romantischen Erzählung abbricht und nach seiner eigensinnigen Gewohnheit zu einem andern Helden übergeht. „Auf, meine teuren Zuhörer", ruft der Lazzarone, „wißt ihr noch, wo wir den tapfern Rüdiger gelassen?" – „Bei der schönen Marfisa", antworten die drei Marinari, welche ihm zunächst sitzen und seine regelmäßigsten Zuhörer zu sein scheinen! „Trefflich", ruft der Vorleser aus, „ihr wißt es noch, bei der heroischen Marfisa, aber wie steht's mit der treuen Bradamante?" – „Poveriella", antwortet einer mitleidig, „sie erwartet den Liebsten vergebens!" – „Bravo, bravo!" Und nun fährt der Alte fort zu deklamieren, zu gestikulieren und, wenn ein toskanisch poetisches Wort kommt, es in derbes Neapolitanisch zu übersetzen.

Höchst anmutig dünkt uns die Gruppe der drei Lazzaronen zu sein, welche wir oben als die regelmäßigsten Skolaren bezeichnet. Jener mit dem Strohhut raucht sein Pfeifchen in voller Behaglichkeit, für einen halben Gran so köstliche Dinge von Helden und Schlachten, Königen und Mohren, Zauberern und Kastellen zu hören; die beiden andern gaffen den Vorleser mit offenem Mund an, nicht ohne Respekt vor dem trefflichen Manne, der so vollkommen zu lesen versteht. Sie haben ihr Tagewerk schon vollbracht, vielleicht daß sie eine Last getragen oder einen Korb voll Fische verkauft oder auch nur einen Esel mit dem Unrat der Straßen beladen, genug, sie sind bei Geld, sie wollen solches nun in Ruhe genießen, es reicht für heute, und morgen werden sie auch nicht Hunger sterben.

Sehen wir in ihnen schon eine städtische Noblesse, so erscheint uns dagegen der Bauer im Vordergrund recht als Somaro. Das ist ein Kalabrese, wie wir an dem Hut und den Sandalen bemerken, und zwar keiner von den Gescheitesten. So etwas hat er in seinem Leben noch nie gehört, das sind Dinge zum Verwundern, zum Erstaunen, unglaubliche übermenschliche Geschichten. Er ist vielleicht mit Schlachtvieh nach Neapel gekommen, trägt einen Sack auf dem Rücken und will wohl etwas einkaufen, aber solche außerordentliche Merkwürdigkeiten, wie der Vorleser vorbringt, kann er doch nicht vorübergehen, ja er stiert diesen an, als ob er wirklich selbst ein Zauberer aus dem „Orlando“ wäre.

Weil sich's denn doch angenehm schmausen läßt, während die Phantasie in Himmel und Hölle herumgaukelt, so hat sich auch eine Traubenhändlerin unter die Zuhörer gesetzt, aber das arme Weib hat eine doppelte Last; außer dem Obstkorb trägt sie noch ein Kleines am Busen, und während man nun vertieft ist in die Wonne dieser wunderwürdigen Rittergeschichten, fängt die Kreatur an erbärmlich zu schreien, vielleicht weil sie eine begeisterte Gestikulation des Vorlesers erschreckte oder weil ihr die Ruhe gar zu peinigend ist. Der kleine Nickel, in dem sich das hitzige Blut schon äußert, wälzt sich aufs unartigste im Schoß der Mutter, welche bemüht ist, ihn zu beruhigen. Der Vorleser beachtet das Zetergeschrei so wenig als die Zuhörer, die Deklamation leidet nicht die mindeste Störung, nur der Nachbar der Traubenhändlerin, der die jämmerliche Stimme von erster Hand hat, wird so bös darüber, als es nur uns in seiner Lage widerfahren wäre. „Mannaggia!“ flucht er in seinem breiten Dialekt, „ne, ne! non fate tanti scompigli!“, und wie das Geschrei nicht enden will, so schneidet er eine schreckliche Grimasse mit seinem Pulcinellogesicht und brummt: „Che tu possa esser accisa, che ti venga uno canchero, faccia di san Gennaro!“

Nehmen wir's dem grämlichen Kerl nicht übel, er ist ein roher Marinar, der lieber das Brausen der Wellen als das Gewinsel solch eines kleinen Nickels hört, und belauschen wir die beiden Tagdiebe von Lazzaronibuben, welche die Aufmerksamkeit des Auditoriums und die Unart des Kindes unterdessen aufs beste benutzen. Der eine, und salva venia, er sieht dem Künstler des Bildes so ähnlich wie sein jüngerer Bruder, hat sich bereits mit einer Handvoll Trauben versehen, während der andere Spitzbube sich noch gleich einer Katze ausstreckt und mit einem diebischen Seitenblick auf die arme Frau einen Griff in den Korb wagt. Ei nun, wollen wir denn daraus gleich schließen, daß die saubern Früchtlein für die Galeere heranwachsen? So kleine Schelmereien haben wir uns wohl alle mehr oder minder erlaubt, als wir noch nicht zu sättigen waren, und sind doch ehrbare Männer geworden; jene armen Lazzaronen aber, deren Väter vielleicht des Nachts mit der ganzen Familie auf der Straße schlafen, müssen sich ihre Nahrung selbst suchen und verstehen das Gewerb auch ziemlich.

Hinter dem Vorleser bemerken wir auch eine Person von Stand; er scheint ein Reisender zu sein, der ein Schiff im Hafen oder wenigstens ein Geschäft hat: nach seiner mürrischen Miene zu urteilen, muß er aber höchst unzufrieden sein, wenn es anders nicht eine Gewohnheit ist, welche sich gerne zu Männern gesellt, die ihr Leben in unruhigen Reisen zubringen. Gott sei vor, daß er mit mir in eine Vettura komme, denn sein Grugno ist mir antipathisch, und ich wollte ihn bei Namen nennen. Das ist nun einmal eine meiner Idiosynkrasien. So mein ich, daß alle wahren Hutmacher Müller heißen müssen (in Rom wohnt er Via due Macelli Nr. 90), und so mein ich auch, daß ein Philosoph nicht Krug und Dante nicht Kannegießer heißen könne. Zur andern Seite sitzt gleichfalls ein Fremder, und wie wir aus dem bloßen Hals und dem Hemdkragen schließen, ein Künstler.

In weiterer Ferne bemerken wir nun noch verschiedene Figuren. Zuerst fällt uns der dicke Pfaffe auf, der ein so widerspenstiges Gesicht hat, als wollt er die ganze Gesellschaft wie die Wechsler aus dem Tempel treiben. Er lauscht aber doch etwas auf, weil er nicht minder neugierig als müßig ist. Daß er sich nicht nähert und in den Kreis der Zuhörer begibt, darüber läßt sich Verschiedenes sagen; möglich ist's, daß ihn der Anstand als Kleriker abhält, möglich aber auch, daß er gleich entwischen wird, wenn die kleine Beisteuer entrichtet werden soll.

Jener neapolitanische Grenadier oder – nach Heigelins Deutschwörterbuch – jener neapolitanische Mützenfüßler, der hoch über alle weg ragt, erglüht gewiß in Tatenlust, wie er die Kämpfe der Ariostschen Helden vernimmt, erinnert sich gewiß an die Siege, die er erfochten, und ich wette, er ist im Kriege gegen die Österreicher oder gar gegen die Tripolitaner gewesen.

In der Ferne entdecken wir noch mehrere Matrosen; einer hat gar die Kapotte über den Kopf gezogen, andere hören zu, und wir können uns leicht vorstellen, mit welcher Kehle deklamiert wird, da jene noch Wort für Wort verstehen können.

So gerne der Leser vielleicht auch noch den Leuchtturm gesehen hätte, so fand der Künstler doch keinen Platz für ihn; er ist daher gebeten, sich mit den Masten der Schiffe und dem Vesuv zu begnügen, indem wir ihm zu wissen tun, daß letzterer noch seine frühere Form vor dem Einsturz beibehalten.

Vor einer neapolitanischen Weinschenke

Werde nur nicht böse, Freund, wenn wir dir in dem siebenten Kupfer abermals den Vesuv zeigen. Denn, wie gesagt, er hat sich ohne unser Wollen und Wissen dreimal eingeschlichen und war nur bei dem Künstler des gegenwärtigen Bildes bestellt. Aber wie er in Neapel selbst allenthalben hervortritt und man nie satt wird, ihn mit Lust und Freude zu betrachten, so auch in unserem zweiten Jahrgang, der sich hauptsächlich die Charakteristik Neapels zum Vorwurf genommen. Zudem sehen wir ihn immer von verschiedenen Standpunkten, zuerst von den Lüften aus, und so hat ihn früher noch niemand gesehen, sodann vom Molo in seiner alten und hier vom Fuß des Posilippo aus in seiner neuen Form.

Das Bildchen, das uns hier vorliegt, ist von einem unermüdet fleißigen und wohlgeschätzten Landschaftsmaler, Karl Götzloff aus Dresden, der sich schon jahrelang in Neapel aufhält und sein redliches Streben daselbst von glücklichem Erfolg belohnt sieht.

Kannst du dir ein schöneres klassisches Plätzchen denken als diesen vielbesuchten Winkel am Fuß des Posilipp? Wem erregt' es nicht den Wunsch, hier frei und ohne allen Zwang mit heitern, fröhlichen Genossen einen Abend zuzubringen? Wer stieße sich daran, wenn sich neben ihn auch eine Schar Lazzaronen setzte, und beneidete sie nicht vielmehr um den sorgenlosen Sinn, mit dem sie ihr Leben, wenn auch in tiefer Armut, doch wohlgemut, in dem schönsten Lande zubringen? Hier wahrlich kann man Stand und Titel, Bücher und Schreibtisch, Katheder und Hörsaal vergessen, und es gibt niemand hier, der sich um deine Anmaßung, um deinen nordischen Ernst bekümmerte. Über dem schattigen Plätzchen, das zunächst dem Bacchus geweiht ist, wie wir deutlich sehen, breitet der südliche Weinstock seine kräftigsten Arme aus und wuchert hoch gleich einem Baum in den Lüften. Über die anstoßende Gartenmauer erhebt sich eine Palme und erinnert dich an die Vegetation eines glücklichern Himmels; über der Straße, die am Meer hin den Posilipp entlang führt, erblickst du den schönen Golf im vollen Sonnenglanz und ein Stück der Stadt, den Felsen Pizzo Falcone, von dessen Höhe man eine so herrliche Aussicht genießt und um den man umwendet, um in den wilden Tumult von S. Lucia zu gelangen. Weiter im Meere entdecken wir das von den Malern so oft dargestellte Kastell d'Uovo, das gleich einer Insel aus dem Spiegel der Bucht steigt und den kleinern Golf von Pizzo Falcone bis zum Posilipp von dem größern Halbkreis der Stadt trennt. Drüber ragt das majestätische Bild des rauchenden Vulkans, an dessen Fuße wir leicht die lachenden Städtchen von Portici, Resina und Torre del Greco sehen könnten, wenn der Sonnenglanz den ganzen Berg nicht zu einer duftigen Masse verzauberte, deren holdseligen Reiz der Künstler mit zartem Gefühl

Vor einer neapolitanischen Weinschenke

angedeutet und zu deren Beschreibung wir vergeblich Worte suchen. Eben die Beleuchtung, die Lufttöne sind es, die diesem anspruchlosen Bildchen Wert geben, die Klarheit und Helle über dem Wasser, welche durch die Schatten des Weinstocks und der Palme nur erhöht wird, die sanfte Anmut der Fernen und der echt parthenopeische Himmel. Vielleicht daß es nur unsern Augen so freundlich erscheint, die jene hesperische Schönheit schon jahrelang einsaugen, und ein noch ungewöhnter Blick weniger davon ergriffen wird; aber es ist denn doch so hervorleuchtend, so vom Ton einer deutschen Landschaft unterschieden, daß es schwerlich einem Auge entgehen wird, wenn der Kupferstecher das Seinige tut.

Und welche klassische Erinnerungen! Jenes malerische Kastell im Meere war einst die Villa Lukulls, die Stätte des verschütteten Herkulanums entdeckt wenigstens das geistige Auge am Fuße des Vesuvs; über dieser Weinschenke heben sich die Felsen des Posilipp, die das Grab Virgils bergen und unsere Vedute in weiterer Ausdehnung eröffnen. Es führt die Grotte durch den Berg nach dem alten Puteoli, den Resten von Bajä und dem negropontischen Cumä.

Unter dem Völkchen, von dem wir die Cantina belebt sehen, mag nun freilich schwerlich eines an Lukull oder Virgil oder gar an die Sibylle von Cumä denken. Es ist zwar ein geistlicher Herr dabei, aber es scheint mir eher, daß er wisse, wo vortreffliche Makkaroni zu speisen und eine gute Bouteille zu trinken. Zeit hatte er gewiß zu antiquarischen Studien, denn so, wie wir ihn hier sehen, läuft er vom Frühstück bis zum Mittagsmahl und von da bis zum Abend auf der Straße herum. Hier ist er nun in eine lustige Gesellschaft geraten, und indem jener dickwanstige Neapolitaner in einer Art von Verzuckung zu tanzen anhebt und die Bouteille schwingt, unterläßt der Herr Prete gewiß nicht, einen lateinischen Spruch zu sagen, während das dicke Weltkind ruft: „Evviva Bacco!", fällt der Geistliche seriös und gelehrt ein: „adveniat regnum tuum" oder nach seiner Aussprache: „adveniatte regnumme tuumme!".

Zi' Prete, so nennt man die Geistlichen vertraut, steht mitten unter echten Banchieri und Lazzaroni! Nun, das mag christliche Demut sein, oder hat er einen Bruder, einen Neffen unter ihnen. Der schwarze Kerl, der neben ihm steht und den Korb in der Hand hält, worein er seine ganze Habseligkeit heute zu Markte getragen und glücklich verkauft, zeigt so gut wie der Pfaffe die National- oder Pulcinellas-Physiognomie der Lazzaronen. An der Mauer haben wir gar eine verlumpte Gruppe desselben Pöbels: ein armer Teufel von einem Matrosen oder Fischer, ins Kapotto gehüllt und in Armut und Elend schwarz und weiß geworden, wir meinen schwarz von Gesicht und weiß von Haaren, raucht seine Schilfrohrpfeife mit Hochgenuß: wir könnten ihm die Lazzaronenfrau neben ihm zum Weibe geben, aber er sieht zu philosophisch, zu diogenisch-glücklich aus, als daß es ihm einfallen könnte, zu heiraten und sich mit Buben zu plagen, wie dort einer steht, dem das Hemd schon seit vier Wochen zu den Hosen heraushängt. Der Kopfputz der Mama, der in einem Tuch und einem Beutel besteht, ist das wahre Kennzeichen, wes Standes sie ist: vielleicht daß sie mit Obsthandel des Tags einige Grane verdient, und wenn's nicht reicht, so wird gebettelt.

In weiterer Ferne sehen wir auch wirklich eine Szene der Wohltätigkeit. Umsonst sucht man in Neapel und seinen Umgebungen einen Augenblick in einem Caffè oder einer Cantina sich zu erholen und auszuruhen; in jedem Caffè sind ein halb Dutzend Bettler gleichsam eingemietet, kaum trittst du ein, so kommt eine Familie, eine zweite und dritte, kommt der Stiefelputzer, kommt ein Verkäufer von Früchten, von kleinen Backwerken, von Pantoffeln, von Schlafmützen und weiß der Himmel von was!

Eben setzten sich die dreie dort, welche etwas im Haber zu stehn scheinen – ich halte den Mann mit dem spitzen Hut, der mit dem Nachbar spricht, für einen vermöglichen Landbauern, der einen Prozeß hat und gerade mit dem Advokaten streitet, als schon eine Jammergestalt heranwinselt: „Eccelenz! facite la carita a una poveriella, mogliera di cinque figli, per misericordia d'Iddio!" Das Frauenzimmer ist, wie die Italienerinnen überhaupt, sehr mitleidig im kleinen und bietet der Bettlerin, was man unzähligemal sieht, ein Glas Wein.

Noch sehen wir zwei Figürchen, welchen es höchst wohl zu sein scheint, an die Hütte angelehnt, aus der eben der Cameriere kommt und sein „eccomi qua, eccomi qua!" ausruft. Auf der Straße aber rollt auch noch ein Kabriolett vorbei, so daß ein ziemliches Lärmen hier sein mag, wenn wir sie alle zusammen schreiend denken, die beiden hinten an der Hütte ausgenommen, welche leise zu reden haben.

Anhang

Nachwort

Leben und Werk des schwäbischen Dichters Friedrich Wilhelm Waiblinger sind heute fast vergessen, wenngleich immer wieder Stimmen laut werden, die seine poetische Hinterlassenschaft durch stichhaltige Edition seiner sämtlichen Werke, Briefe und Selbstzeugnisse bewahrt wissen wollen. Dieser verpflichtenden Aufgabe kann sich die vorliegende Ausgabe nicht stellen. Vielmehr soll die Auseinandersetzung mit dem Menschen und die Positionsbestimmung seines dichterischen Schaffens unter dem Aspekt der Aneignung des heute noch Gültigen und der kritischen Auseinandersetzung mit zählebigen Pauschalurteilen erfolgen, mit denen Waiblinger bis auf den heutigen Tag immer wieder als eine Art Ärgernis abgetan worden ist. Wir suchen den Ansatzpunkt zu vertiefter Sinnerfassung in der Tatsache, daß Waiblinger ein Aufbegehrender in nachrevolutionärer Zeit war, der wieder und wieder nur engbegrenzte oder höchst banale Möglichkeiten zur Verwirklichung erhabener Absichten fand, bis ihn die Furcht, die traditions- und konventionsorientierte Welt Schwabens richte ihn zugrunde, nach Italien trieb.

Bereits die äußeren Lebensdaten charakterisieren ihn als eine jener schwer deutbaren, aber beziehungsreichen und interessanten Figuren einer politisch, ideologisch und ästhetisch gleichermaßen sinnfälligen Übergangsepoche.

Als Waiblinger am 21. November 1804 geboren wurde, traf man in Paris letzte Vorbereitungen zu der auf den 2. Dezember festgesetzten Kaiserkrönung Napoleon Bonapartes. Die Inthronisation des zum Exponenten der französischen Großbourgeoisie gewordenen Herrschers dokumentierte auch äußerlich das Ende der Revolution, die in Württemberg mit unverhohlener Sympathie verfolgt worden war. Die großen Hoffnungen und Erwartungen, die man an jenes Ereignis geknüpft hatte, waren jedoch unerfüllt geblieben.

Bürger und Bauern, Liberale und Intellektuelle, insbesondere aber die Studenten hatten sich für die Ereignisse jenseits des Rheins seit jenem denkwürdigen 14. Juli 1789 stürmisch begeistert. Patriotische Lieder, vor allem die Hymne der Marseiller, waren übersetzt und im ganzen Lande verbreitet worden. Wiederholt hatte man glückliche Ereignisse für die Sache der Revolution durch Hissen der Trikolore gefeiert. Im Tübinger Stift fanden die zündenden Ideen Voltaires und Rousseaus begeisterten Widerhall, und im revolutionären Klub, der sich den unverfänglich klingenden Namen „Unsinnskollegium" beigelegt hatte, debattierte die studentische Jugend, allen voran Hegel, Hölderlin und Schelling, Möglichkeiten zur Bildung einer süddeutschen Republik als Modell für ein einiges republikanisches Deutschland. Doch dem Großbürgertum, das nach Beseitigung der Herrschaft der Jakobiner in Frankreich bemüht war, die vom Volk erkämpften demokratischen Rechte abzubauen, erschien der Gedanke revolutionärer Umwälzungen in Deutschland unerträglich. Es tolerierte derartige Ideen nur, insoweit sie ins Konzept seiner politischen Manipulationen paßten.

Als 1799 Sinclair, Hegel und Hölderlin eine Revolution in Württemberg mit dem Ziel planten, der Helvetischen die Schwäbische Republik folgen zu lassen, gab der General Jourdain an die französischen Truppen den Befehl, alle derartigen Bestrebungen in Württemberg niederzuwerfen. Die schwäbische Revolution fand nicht statt.

Nach dem Frieden von Lunéville 1801 setzten die Vorkämpfer der Freiheit entsprechend der veränderten Lage ihre letzten Hoffnungen auf den Plan eines Anschlages gegen das Leben des Kurfürsten von Württemberg, doch schlug diese Verschwörung, an der Sinclair führend, Hölderlin wenigstens als Mitwisser beteiligt war, fehl.

So war spätestens 1804 in Waiblingers Heimat auch die letzte

Illusion verflogen, der politische Einfluß Frankreichs im Zuge der Revolutionskriege könne zur Triebfeder revolutionär-demokratischer Umwälzungen in Deutschland werden. Es gab dafür in den folgenden Jahren keine realen Möglichkeiten mehr. Alle Erwartungen konnten sich höchstens auf ein langsames Erstarken der progressiven Kräfte richten.

Waiblinger starb am 17. Januar 1830 in Rom, wenige Monate bevor die Julirevolution die Völker Europas mit neuen Hoffnungen erfüllte. Dieser widerspruchsvolle historische Prozeß war für die Entwicklung des schwäbischen Dichters von entscheidender Bedeutung.

Erinnerungen an seine Geburtsstadt Heilbronn vermochte der Knabe, ältester Sohn des Kammersekretärs Johann Friedrich Waiblinger, nicht zu bewahren, denn bereits im Jahre 1806 wurde der Vater nach Stuttgart versetzt.

Der schwäbischen Residenzstadt fehlte der weltoffene Sinn gegenüber bewegenden Zeitereignissen ebenso wie jegliche Liberalität im Alltagsleben. Früh drängte sich Waiblinger der krasse Gegensatz zwischen pomphaftem, aber sterilem Repräsentationsgehabe und egoistischem Erwerbssinn auf. Einen starken Kontrast zu dieser Atmosphäre bildete für ihn das ländliche Pfarrhaus im nahegelegenen Birkach, wo seine Großeltern lebten. In diesem Idyll wurde ihm aus dem Munde der Großmutter die Welt der Träume, Märchen und Phantasien lebendig. Großvater Kohler, ein weißbärtiger Methusalem, der sich die aufklärerisch-philanthropischen Auffassungen des Pädagogen Salzmann zu eigen gemacht hatte, erklärte dem Jungen Welt und Menschen.

Aus diesem Kindheitsparadies aber wurde der Knabe vertrieben, kaum daß er es betreten hatte. 1810 starb der Großvater. Im naiven Vertrauen, gütige Weisheit und pädagogisches Feingefühl seien selbstverständliche Attribute der Erwachsenenwelt, schloß sich der sensible Knabe eng an den Vater an. Doch unbefriedigt von seiner subalternen Beamtenlaufbahn, wurde dieser immer verschlossener und pochte auf die Respektierung seiner Autorität innerhalb der Familie, statt um die Liebe und das Verständnis seines Ältesten zu ringen. Mit der Geburt zweier weiterer Söhne und einer Tochter nahmen die Spannungen im Elternhaus zu, der Ton des Vaters wurde immer gereizter, so daß Wilhelm der Eintritt in das Gymnasium des Waisenhauses schon beinahe wie eine Erlösung vorkam. Was der Vater künftig auch entschied, Wilhelm konnte es nicht anders als absichtlich gegen sich gerichtet empfinden. Mit Trotz, Hochmut und selbstquälerischer Lust am Aufbegehren begegnete der Dreizehnjährige dem Vater. Durchzusetzen vermochte er sich freilich nicht, und so richtete sich seine Rebellion nach außen: Er erschreckte, verhöhnte und verprügelte jene aufgeblasenen Kaufmannssöhnchen, die glaubten, auf Grund gesellschaftlicher Reputation geringschätzig auf ihn herabblicken zu können.

Der Vater bestimmte ihn zum Theologen, obwohl er damit an den Wünschen und Hoffnungen des von ernsthaften Glaubenszweifeln geplagten Jungen vorbeientschied. Wenige Jahre später wird Waiblinger seine inneren Nöte unmißverständlich im Tagebuch zum Ausdruck bringen: „Der protestantische Gottesdienst hat zu wenig Fülle und Konsequenz, als daß er mich sonderlich anziehen könnte: Woher kommt es? Wer wagt es auszusprechen? ... Ich muß sagen, unsere lutherische Religion kommt mir ein wenig philisterhaft vor ... Das Christentum, der Glaube der Wehmut und der Sehnsucht, ist im Protestantismus der Glaube einer befriedigten, behaglichen, sich selbst genügenden, philisterhaften Trockenheit ... – Kunst, Wissenschaft, Liebe sind die Dinge, die allein meinen glaubensleeren Busen füllen ...“ Waiblinger lehnte sich gegen die Entscheidung des Vaters auf. Er stellte sich krank, erschien nicht zum Landexamen und rang dem Vater nach harten Auseinandersetzungen das Zugeständnis ab, die juristische Laufbahn einschlagen zu dürfen, die er als Hilfsschreiber beim Uracher Amtsgericht beginnen sollte. Hier begegnete er dem zwanzigjährigen Aktuar Friedrich Eser, mit dem ihn bald eine anhaltende Freundschaft verband. „Die Stunde bleibt mir unvergeßlich“, schrieb Eser später rückblickend, „wo der schon hochgewachsene, schlanke Jüngling, aus dessen tiefblauen Augen ein ungewöhnlicher Geist sprach, von einem Verwandten zu mir geführt wurde, und wie sein schlichtes, bescheidenes, aber zutrauliches Wesen sogleich meine Neigung gewann." Lange indessen ertrug Waiblinger die Enge und Gedrücktheit des Kanzlistendaseins, das geisttötende Kopieren von Aktenstücken nicht. Auf Esers Anraten bat er nach einem halben Jahr den Vater um die Erlaubnis, am Oberen Gymnasium in Stuttgart, an dem ein fast universitätsmäßiger Unterrichtsbetrieb herrschte, Philologie studieren und später dann statt der Juristerei sich doch lieber der Theologie zuwenden zu dürfen. Dem Vater fiel es nicht schwer nachzugeben. Waiblinger war glücklich über die Tatsache, sich durch Nichtanpassung ein leidlich freies, jedenfalls aber dem Maß seiner Begabung besser entsprechendes Schülerleben im Hause seines wohlwollenden Onkels ertrotzt zu haben. Allzu rasch erlag er auch der Illusion, damit bereits gesellschaftlich legitimiert zu sein, zumal der geistig aufgeschlossene Gymnasiast überraschend schnell Eingang in die Kreise der Stuttgarter Künstler und Literaten fand, wo man den Sechzehnjährigen bei aller vornehmen Zurückhaltung erstaunlich ernst nahm. Man bedenke, der Sohn kleinbürgerlicher, unvermögender Eltern, die obendrein bar jeglicher Beziehungen zu den Honoratioren der Stadt waren, verkehrte bei Rapp, Dannecker und den Brüdern Boisserée! Gustav Schwab nahm sich seiner ersten poetischen Versuche helfend und fördernd an. Matthisson, Haug und Weisser stachelten seinen Ehrgeiz an, dem Bannkreis kleinbürgerlicher Herkunft in eine idealische Poesiewelt zu entfliehen. Die damit verknüpften Vorstellungen waren vorerst noch sehr heterogen und ließen hinter antiken, barocken, klassischen und romantischen Elementen kaum klare Konturen erkennen, zwischen Selbstempfundenem und Angelesenem war nur schwer zu unterscheiden.

Das Tagebuch, das der Sechzehnjährige zu führen begann, widerspiegelt diese eigentümliche Lebenslage in vielfältiger

Weise. Angelegt wurde es unter dem Gesichtspunkt schonungsloser Selbstdarstellung. Darin, daß er die oft sehr persönlichen, teilweise von der ungerechten Leidenschaft des Augenblickes geprägten Aufzeichnungen, deren ersten acht Bänden er den ebenso beziehungsreichen wie verpflichtenden Titel „Hugo Thorwalds Lehrjahre" gab, freimütig unter Freunden und Lehrern kursieren ließ, sollte man nicht allein einen Beweis für Waiblingers übersteigertes Geltungsbedürfnis, das Besorgtsein um die Wirkung seiner Person auf andere und Selbstüberschätzung sehen. Das setzte auch ein erhebliches Maß an Selbstbewußtsein voraus. Bekennermut und Bekenntniszwang bestimmen gleichermaßen den Charakter des Tagebuchs, das nach seinen Intentionen „eine Reihe fortlaufender Aufzeichnungen von Empfindungen und Ideen, Notizen aus dem Leben, dann und wann durch halberfundene Situationen gesteigert", darstellt.

Auch die zweite thematische Ebene, die der Übernahme fremden Gedanken- und Bildungsgutes, ist in diesem Genre legitim. Für den komplizierten Aneignungs- und Klärungsprozeß, der der Beschäftigung mit dem literarischen Erbe einherging, erwies sich das Tagebuch als besonders geeignet, mochte Waiblinger in der Trennung von Eigenem und Übernommenem auch nicht immer die notwendige Sorgfalt an den Tag legen. Außergewöhnlich sind seine Belesenheit („Die Leiden des jungen Werther" und „Dichtung und Wahrheit" kannte er bereits als Zehnjähriger!) und die Treffsicherheit im literarischen Urteil. Frühzeitig lassen seine kritischen Formulierungen eine Reihe von Grundpositionen erkennen, die Waiblingers strenge Kunstauffassung belegen. Die erklärte Wertschätzung Schillers, Jean Pauls und Goethes ist ebenso ungebrochen wie die Shakespeares und steht im schroffen Gegensatz zur kleinlich abwertenden Krittelei eines provinziellen Klassizisten wie Weisser, der gegenüber den lebendigen Tendenzen der zeitgenössischen Literatur bemerkenswertes Unverständnis an den Tag legte.

Schließlich ist das Tagebuch für Waiblinger auch eine Art

Skizzenbuch dichterischer Vorsätze gewesen und enthält eine Fülle detaillierter Erwähnungen verschiedener lyrischer, epischer und dramatischer Vorhaben.

Besonders eindrucksvoll ist das lebendige Bild, das Waiblinger von den Menschen, dem Milieu und der geistigen Atmosphäre Stuttgarts und Tübingens um 1820 gibt. Die Beobachtungen und Gedanken, in scheinbar loser, assoziativer Form niedergeschrieben, verdichten sich zu einem eindringlichen Bild schwäbischen Geisteslebens. In der spontanen Charakterisierung namhafter Persönlichkeiten aus seiner Umgebung ist Waiblinger ein ebenso rückhaltloser wie treffsicherer Porträtist. Mit knappen, sprachlich prägnanten Andeutungen wird die Oberfläche der Erscheinungen wiederholt durchstoßen, werden schlaglichtartig Hintergründe und Motive erhellt, die verdeutlichen, wie sehr der aufbegehrende Jüngling an der spießerhaften Enge seiner Umwelt gelitten hat. Auszunehmen von diesen Charakteristiken ist lediglich die minutiös geschilderte, aber auffallend zurückhaltend beurteilte Begegnung mit dem schizophrenen Hölderlin, aus der sich bald ein ständiger Umgang mit dem Kranken entwickelte. Vom „Hyperion" her hatte Waiblinger die Größe Hölderlins begriffen, er war sich der säkularen Bedeutung dieses Dichters bewußt. Seit jenem gescheiterten Umsturzversuch von 1805 galt Hölderlin bei den Mächtigen des Landes als persona non grata, mit der Umgang zu pflegen nur durch den Umstand entschuldbar war, daß man es mit einem armen Irren zu tun hatte. Waiblinger hat Erfahrungen seines Lebens oft geradezu überstürzt als Dichtung präsentiert. Dies gilt in starkem Maße für seinen Roman „Phaethon", in dem das Vorbild des „Hyperion" immer sichtbar bleibt und Hölderlins Schicksal fast unverschlüsselt ausgebreitet wird. Die gedankliche Auseinandersetzung in essayistischer Form mit Friedrich Hölderlins Leben, Dichtung und Wahnsinn hat er erst später in Italien geführt. Sie bildet ein wesentliches Element seiner eigenen Vergangenheitsbewältigung, über die er einen Weg zur Selbstverwirklichung sucht, so wie man eine Bogensehne möglichst weit zurückzieht, um den Pfeil mit größter

Spannung nach vorn zu schnellen. So gesehen, entspringt die Pathographie Hölderlins der gleichen gestalterischen Absicht wie die autobiographische Skizze „Erinnerungen aus der Kindheit“.

Für die letzten beiden Bände seiner Tagebücher, die die Studienzeit am Tübinger Stift umfassen, wählte Waiblinger den schlichteren Titel „Akademische Jahre“. Sie sind durch prägnante Selbstbeobachtung und persönliche Aussagen von größter Unmittelbarkeit gekennzeichnet, die hinter oft lakonischer Kürze eine unbestimmte Erregung, eine hochgradige Sensibilität verraten, qualvolle innere Nöte, die zunehmende Vereinsamung im Kreise seiner Stiftsfreunde ankündigen und wie die Fieberkurve eines Kranken anmuten.

Waiblinger hoffte nach seinem Abgang vom Gymnasium im Tübinger Stift in eine freigeistige Atmosphäre zu kommen und gleichgesinnte, intellektuell ebenbürtige Freunde zu finden. An die Stelle konfliktgeladener Vater-Sohn-Beziehungen rückte im Gymnasium das problematische Lehrer-Schüler-Verhältnis, das nicht weniger autoritär war. Gustav Schwab, sein Lehrer am Gymnasium, schwankte – bei allen Verdiensten um die Förderung des angehenden Poeten – allzu leicht zwischen überschneller Anerkennung und kleinlicher Maßregelung. Auch Matthisson, durch den Waiblinger mit einer in antikisierender Nachahmung erstarrten Kunstwelt in Berührung kam, dessen zweifelhaftes Ideal darin bestand, den Hellenismus als traditionsbildende Kraft in einer von gesellschaftlichen Umwälzungen tief erschütterten Welt geistig wiedererwecken zu wollen, entzog sich Waiblinger bald und suchte die Freundschaft Gleichaltriger, durch die ihm die einander widersprechenden Seiten seines Charakters und Temperaments endlich erhellt und verständlich werden sollten. Der Freundschaftsbund mit Eduard Mörike und Ludwig Bauer bestärkte Waiblinger in seinen Lebenszielen weit mehr und half ihm, zu sich selbst zu finden. Daß eine solche Entwicklung als notwendige Folge wechselseitig tiefe Enttäuschungen und schließliche Entfremdung bedingte, ahnte Waiblinger freilich zu diesem Zeitpunkt noch nicht.

Wegen seiner schwachen Leistungen in Latein mußte er das Abschlußexamen in Stuttgart wiederholen und konnte trotz persönlicher Petition das Stift erst am 22. Oktober 1822 beziehen. Ein Brief des Inhalts, man habe am Gymnasium mit dem unruhigen Geiste seine liebe Not gehabt und hielte es für notwendig, ihn dem Stifts-Inspektorat zur besonderen Aufsicht zu empfehlen, begleitete ihn.

Unter den Seminaristen war er nicht allein deshalb eine Ausnahme, weil er sich aus eigener Anstrengung und ohne Protektion den Weg freigekämpft hatte. Der hochgewachsene, kraftvolle junge Mann, der mit seinen wehenden schulterlangen Locken und der offenen Hemdbrust sein Selbstgefühl in Auftreten und Habitus auffällig zum Ausdruck brachte, las zu mitternächtlicher Stunde seinen Stiftsfreunden aus einem nahezu druckfertigen Roman vor, huldigte in Gedichten der politischen Begeisterung für den Freiheitskampf der Griechen und war überdies – nicht ohne Widerstreben wurde es ihm seitens der Stiftsbehörde bestätigt – ein fleißiger, talentvoller und auch sittlich tadelloser Student der Theologie, mit der er freilich innerlich auch weiterhin in Zwiespalt lebte. Man gestattete ihm sogar, seine dichterischen Versuche im Presselschen Gartenhaus auf dem Österberg fortzusetzen, wohin er neben Mörike des öfteren auch den kranken Hölderlin mitnahm, dessen Devise „Hen kai pan" Waiblinger demonstrativ in großen griechischen Schriftzeichen an die Wand gemalt hatte. Hölderlin konnte dieses Schlüsselwort seiner einstigen künstlerischen Existenz – aus dem er ableitete, Poesie müsse Reflexion des Zeitgeschehens sein – nicht mehr entziffern. Waiblinger hatte diese Losung gewiß nicht aus der Laune des Augenblicks heraus aufgenommen. Nur hier, abseits vom Stift, durfte er sie sich vor Augen halten. In Zions Sphäre freilich – dies war die euphemistische Umschreibung für seine Stiftsstube – blieb sie besser unsichtbar.

Hohem Kunstanspruch vermochte der Romanerstling „Phaethon", den Waiblinger als Achtzehnjähriger vorlegte, nicht gerecht zu werden. Bald nachdem die unmittelbare Begeisterung über das fertige Werk abgeklungen war, zeigte er ein gesundes Gefühl kritischer Distanz: „Unvollkommener, fehlervoller, unvollendeter konnt ich nichts schreiben ... Fehler im Großen wie im Kleinen, im Ganzen wie im Einzelnen, in der Materie wie in der Form, reichen sich zu höllischem Bunde die Hand. Er trägt ganz und gar das Gepräge der Jugend, des unsteten Strebens."

Unmittelbar danach beschäftigten ihn neue Vorhaben: „Es gibt für mich nichts Widerwärtigeres auf Erden als eine nach dem Dichten eintretende Leere. Es ist ein Mißtrauen in mich selbst, das aber zum Glück wieder leicht verweht. Am leichtesten tritt es ein, wenn ich von andern Zweifel gegen den Wert des Geschaffenen ahnen kann, wenn ich in der Glut, mit der ich dichte, nicht erhalten werde, sondern in die Hände solcher Menschen falle, die mich nicht verstehen."

Waiblinger, für den Freundschaften ein Lebenselixier waren, suchte Bilder und Gestalten zu beschwören, die die Polarität seines Wesens ins Allgemeingültige transponierten. Problematisch daran war, daß er seine Freundschaftsverhältnisse unverhüllt literarisierte, was bei der überzarten, erregbaren Wesensart eines Mörike ebenso zu heftigen Konflikten führen mußte wie bei den Temperamenten eines Pfizer, Gfrörer, Schneckenburger und Zeller, die bei allen zeitweiligen jugendlichen Rodomontaden doch nichts mehr ersehnten als Einordnung in eine vielleicht nicht rückhaltlos zu bejahende, aber doch als erträglich empfundene bürgerliche Ordnungswelt. Den fertigen Roman „Feodor" hat Waiblinger später selbst vernichtet. Ob er in der Burschenschaftssatire „Olura, der Vampyr" über seine Grenzen hinausgelangen konnte, muß unbeantwortet bleiben, solange dieser Roman ungedruckt im handschriftlichen Nachlaß liegt. Wahrscheinlich ist es allerdings nicht. Der dritte der innerhalb kurzer Zeit entstandenen Romane, „Lord Lilly", ist verschollen und inhaltlich nur in groben Umrissen in einem Brief skizziert, in dem Waiblinger das Werk – erfolglos – der Basseschen Buchhandlung in Quedlinburg zum Druck anbietet.

Die Friedhofsstille, die nach dem Wiener Kongreß in

Deutschland herrschte, machte sich insbesondere an einer Stätte humanistischer Traditionen wie dem Tübinger Stift empfindlich bemerkbar. Zu dem geisttötenden Paukunterricht, den in der Regel höchst mittelmäßige Professoren erteilten, und den orthodoxen Lebensregeln, die im Stift galten, kam die verschärfte politische Überwachung der Universität, an der Sand, der das Attentat auf Kotzebue verübt hatte, immatrikuliert gewesen war. Bevollmächtigte des Landesherrn reglementierten willkürlich in die Vorlesungsprogramme hinein. Studentische Vereinigungen waren unerwünscht, das Spitzelunwesen breitete sich aus. Dennoch bestand die Burschenschaft insgeheim fort. Waiblingers Äußerungen zu politischen Tagesfragen sind bei derlei Umständen nicht allzu zahlreich. Trotzdem machen sie seine Haltung unmißverständlich deutlich und lassen seine Bereitschaft zu persönlichem Engagement erkennen. „Unsere Zeit ist eine merkwürdige Zeit, eine Zeit großer Entscheidungen. Die Fürsten haben äußere Gewalt in den Händen, aber sie fürchten die Gewalt der Geister. Von oben herab soll Finsternis kommen, und das kann, das darf nicht sein!" Wenig später finden sich im Tagebuch anläßlich der Intervention französischer Truppen in Spanien zur Wiederherstellung der monarchischen Souveränität die bezeichnenden Zeilen: „Ich hatte von jeher mehr mit mir zu schaffen, und was mich nicht betraf, was ich nicht durchleben konnte, interessierte mich viel weniger. Meine Liebe, meine Poesie und mein Schmerz ging mir über alles. Es ist nicht mehr so." Fünf Tage später, am 8. Juni 1823, schrieb er: „Derzeit ein unaufhörliches Hypothesenmachen in der Politik. Unser König gerät an die Bundesstaaten. Die Gesandte sind von Stuttgart weg. Die Universität solle aufgehoben werden. Eine große furchtbare Zeit des Kampfes von Licht und Nacht, von Freiheit und Despotismus. Ich wollte, wir alle zögen in den Krieg, sei's nun, gegen wen es wolle." Das sind nun freilich unverhüllt patriotische Äußerungen bürgerlich-demokratischen Charakters. Gleichzeitig schwingt darin etwas von der Begeisterung für den griechischen Freiheitskampf gegen die türkische Fremdherrschaft mit, für den sich in Süddeutschland zahlreiche Freiwillige meldeten.

Noch empfindlicher reagierte Waiblinger, als ihm mehr und mehr bewußt wurde, daß äußerste Freiheitsbeschränkung und strenge Zucht im Stift nur Mittel zum Zweck waren, als ihm immer klarer wurde, daß nicht Entfaltung eines freien Geistes pädagogisches und ethisches Ziel der Ausbildung war, sondern man ihn zum nützlichen Glied einer Gesellschaft machen wollte, die er nicht akzeptierte: „Ich nehme mir nicht vor, du wirst dies und dies, du fühlst und wirkst dies und dies, ich folge dem starken Genius der Natur, der drängt und treibt, der allgemein ist wie Gott und keinen Eigenwillen duldet, das ist Künstlerfreiheit, die Welt wird mich wohl ewig unglücklich nennen und ich mich ewig glücklich."

Sinn und Zweck seiner häufigen Reisen, die er jetzt „wie ein Wütender" unternahm, war daher nicht in erster Linie Erleben landschaftlicher Schönheiten und dichterischer Ertrag, er mußte einfach, um wieder frei atmen zu können, dem Stift wenigstens zeitweilig den Rücken kehren. Nach einer ausgesprochenen Gewalttour im Herbst 1823 – in vier Wochen wanderte er von Zürich über den St. Gotthard bis nach Mailand und zurück! – fand er den ausgedruckten „Phaethon" vor. In seiner Begeisterung stellte er dem Vater seine Dichterlaufbahn „recht pekuniärisch" vor, obwohl er wußte, daß der Roman bei der geringen Auflage kein großes Publikum finden konnte und das bescheidene Honorar eben hinreichen würde, seiner Mutter einen schönen Hut und sich selbst eine Hose zu kaufen. Unter den Stiftsfreunden war der Roman eine Sensation. Waiblinger befürchtete „ein furchtbares Gepolter von seiten der stockorthodoxen Theologie" – das indessen ausblieb.

Die Stiftsbehörde wollte wahrscheinlich keinen Skandal, der unbequeme Fragen heraufbeschworen hätte. Der wahnsinnige Phaethon trug nicht nur unverkennbar Züge des Mannes, der in einem Erkerstübchen des Tischlermeisters Zimmer dahindämmerte, es wurden auch Stimmen laut, die jene irreparablen Spätschäden, wie sie sensible Naturen unter den

Stiftlern in erschreckender Zahl davontrugen, auf die Weltfremdheit und klösterliche Strenge einer unnatürlichen Erziehung zurückführten. Auch die Wirren und Verwicklungen, die sich aus der unseligen Liebschaft mit der rätselhaft schönen Jüdin Julie Michaelis ergaben, behandelte man nicht nur aus Rücksicht auf deren Bruder, den Professor für Rechtskunde Adolf Michaelis, mit so großer Zurückhaltung.

Die Skandalgeschichte, die sich darum gesponnen hat, ist unbeweisbar. Daß sie so üppige Blüten treiben konnte, hat plausible Gründe. Das politisch mundtot gemachte Bürgertum hielt sich mit Gehässigkeiten an jenen Liberalen schadlos, die in Lebensstil und Geisteshaltung über ihr Maß hinausragten: Stadtklatsch als Ersatz für politische Willensbekundungen. Überdies hegte man gegen die Familie Michaelis antisemitische Ressentiments. Insbesondere zog man ihre moralische Integrität in Zweifel. Man dichtete ihr nicht nur Hang zum Nichtstun und rücksichtsloses Streben nach materiellem Reichtum an, sondern auch übersteigerte Triebhaftigkeit und Inzest. Unter solchen Umständen mußte aus dem geringsten Anlaß eine Katastrophe werden.

Waiblinger glaubte in der vierundzwanzigjährigen Julie, die er Mitte Dezember 1823 im Hause ihres Bruders kennengelernt hatte, endlich die ideale Geliebte gefunden zu haben. Um die Vorurteile anderer kümmerte er sich dabei nicht. Seine lebhafte Phantasie umkleidete das Mädchen mit einer Aura des Besonderen. Er nutzte jede Gelegenheit, sie zu besuchen, meist begleitete ihn sein Freund Bauer. Der schwachsinnige Hausgehilfe Domeier diente den Liebenden als Postillon d'amour.

Im August 1824 fand die platonische Liebesleidenschaft ein jähes Ende. Bruder und Onkel wollten Julie um jeden Preis aus dem Kleinstadtgerede heraushalten und untersagten Waiblinger jede weitere Beziehung zu dem Mädchen. Doch der Versuch, dem Skandal zu wehren, schlug unvermittelt in sein Gegenteil um. Einige Monate später brach zweimal kurz hintereinander in der Wohnung der Familie Michaelis Feuer aus. Domeier gestand, beide Brände aus Rache gegen den Onkel und den

Bruder Julies gelegt zu haben. Er beschuldigte sie inzestuöser Beziehungen zu Julie. Domeier ist später wegen Brandstiftung und Verleumdung zu vierzehn Jahren Zuchthaus verurteilt worden. Trotzdem blieb der Makel an der Familie Michaelis hängen. Waiblinger ging es ähnlich. Der Umstand, daß er sich dem Gericht freiwillig als Zeuge zur Verfügung stellte, hat ihn eher belastet als rehabilitiert. Sogar seine treuesten Freunde begannen sich von ihm abzuwenden. Lediglich Mörike bildete in gewissem Sinne eine Ausnahme. Sein Urteil über Waiblinger blieb in der Schwebe und schloß eine Wiederbelebung ihrer Freundschaft zu einem späteren Zeitpunkt nicht aus. Er brachte es auch nicht über sich, den bereits geschriebenen Absagebrief abzusenden. Zeller hingegen mied Waiblinger fortan als Geächteten. Bauer, der in pathetischen Abschiedsbriefen den für die Ewigkeit geschlossenen Freundschaftsbund aufkündigte, beschwor Waiblinger zugleich, wahrhaft Reue zu zeigen, begangenes Unrecht zu sühnen und ein guter Mensch zu werden, was nur heißen konnte, er solle seinen Frieden mit der Bürgerwelt machen. Aber dazu bestand für Waiblinger nicht der geringste Anlaß. Nachdem er Heuchelei und Verleumdung schmerzhaft genug am eigenen Leibe erfahren hatte, ging es ihm vielmehr darum, sich von allen Bindungen frei zu machen, um wieder zu sich selbst zu finden.

Jetzt legte es Waiblinger regelrecht darauf an, seine Mitwelt zu schockieren und die „verkrachte Existenz", zu der man ihn gestempelt hatte, zu spielen. Bis zuletzt hatte er zu den zehn Besten gehört. Nun provozierte er seine Relegierung durch Liebesabenteuer, Verunglimpfung der christlichen Religion, Zechgelage in zweifelhafter Gesellschaft. Innerlich frohlockend, wie mühelos und vollkommen er die öffentliche Meinung gegen sich aufgebracht hatte, schrieb er an den Bildhauer Theodor Wagner: „Ich spiele dabei den Lustigen, den Trinker, Possenreißer, den Bonvivant, den Narren, den Pousseur, treibe mich in verliebten Abenteuern umher und mache Schulden, gelte hier nur als Atheist und hab im Grunde alle zum Narren." Seitens des Stiftsinspektorats war man von seiner Unschuld in der

Michaelis-Affäre überzeugt. In dem Bemühen, den Bruch zu vermeiden, sah man lange über seinen Lebenswandel hinweg. Daß Waiblinger während dieser Zeit einmal in der heimatlichen Pfarrkirche zu Reutlingen predigte, tat er einzig seinen Eltern zuliebe. Sein gänzlicher Mangel an christlicher Demut war ein derber Schock für die Gemeinde. „Die Sprache war deutsch, soviel verstanden wir", schreibt Hermann Kurz rückschauend in seinen „Jugenderinnerungen", „aber sonst faßten wir nichts davon ... Die biderben Bürger waren wütend über den jungen Prediger und schwuren, ihn von der Kanzel herabzureißen, wenn er noch einmal ihre Marienkirche zu verheidnigen wage. Er hatte, wie man sich heimlich in die Ohren sagte, Philosophie gepredigt." Wenn Waiblinger es nicht längst gefühlt hätte, jetzt war es erwiesen: Er taugte nicht zum Theologen.

Mit den „Liedern der Verirrung" (die später teilweise in den Roman „Olura, der Vampyr" eingegangen sind) und dem Drama „Anna Bullen" suchte er die unglückliche Liebesbeziehung zu Julie Michaelis schöpferisch zu bewältigen. Bereits im Mai 1821 hatte ihm Haug diesen Stoff – Leben und Tod der zweiten Frau König Heinrichs VIII. von England – zur dramatischen Bearbeitung empfohlen. Jetzt brachte Waiblinger in knapp vier Wochen zu Papier, was er seit Jahren gedanklich konzipiert hatte. Heinrichs VIII. Ehescheidung, die Loslösung der englischen katholischen Kirche von Rom, die brutale erotische Genußsucht des Despoten, seine erwachende Leidenschaft für Johanna Seymour, Annas arglos heitere Lebensfreude, höfische Intrigen und beispiellose Heuchelei – in diesem Rahmen vollzieht sich das Schicksal Anna Boleyns, die, blutschänderischer Beziehungen zu ihrem Bruder verdächtigt, von einem königlichen Gericht zum Tode verurteilt und 1536 enthauptet wurde. Bei sorgsamer Wahrung der historischen Details projizierte Waiblinger in diesen durch zahlreiche Bearbeitungen vorgeprägten historischen Stoff seine persönlichen Erlebnisse und Erfahrungen hinein. Das Inzest-Motiv, die eindrucksvolle Gestaltung der Gerichtsszene, der Untergang Annas, die – wie fast sämtliche Akteure des Dramas – schuldlos schuldig wird und als Opfer böswilliger Verleumdung den Tod erleidet, – in allem spürt man den Hauch des Selbstdurchlittenen.

Anfang 1825 war Waiblinger seiner Verzweiflung und Zerknirschung Herr geworden. In einem Brief an Eser schrieb er: „Zumal mit dem beginnenden Frühling erwacht auch in mir unter den Blüten einer neuen, versöhnenden Liebe recht gesundes und starkmutiges Leben!“ Und im Postskriptum hieß es: „Eben aus den Umarmungen eines Mädchens zurückkehrend, dessen reine, gesunde Natur mit grenzenloser Seele an meinem wilden, starren Wesen erfrischend hängt.“ Über das Verhältnis zu jenem Mädchen, von dem man nur weiß, daß sie Henriette hieß, ist so gut wie nichts bekannt. Die Überwindung der romantisch überspannten Schwärmerei war ein untrügliches Zeichen für die gewachsene menschliche Reife Waiblingers, der sehr bald seines gewollten Narrentums überdrüssig wurde. Als er die Heirat erwog, stellte sich ihm sofort die Frage, wie den Lebensunterhalt bestreiten. Dabei gab es für ihn nie einen Zweifel, daß er Schriftsteller werden würde. Ein anderer Weg kam für ihn nicht in Betracht.

Während der Osterferien, die er bei Eser in Hürbel verbrachte, wurden alle dazu notwendigen Schritte gründlich erwogen. Gleichzeitig zog er mit der Satire „Drei Tage in der Unterwelt“ einen pointierten Schlußstrich unter seine Literatur- und Kunsterfahrungen. An einem Herbstabend faßt der schwermütige Ich-Erzähler auf einem Kirchhof den Entschluß, durch einen wunderbaren Selbstmord auf drei Tage von der Welt zu scheiden und auf einer kritischen Kunstreise durch die Unterwelt Trost und Vergessen zu suchen. Die Staffage einer Wanderung durch das Jenseits war dabei ebensowenig neu wie der Kunstgriff des literarischen Selbstmordes. In Jean Pauls 1796 erschienenem Roman „Siebenkäs“ beispielsweise ist der in ein unglückliches Eheverhältnis verstrickte Held ohne jedwede Skrupel bereit, sich mit dieser makabren Aktion, der Vorspiegelung des eigenen Todes, aus der erstickenden Enge seines Spießbürgerdaseins zu befreien. Selbstbefreiung war zu diesem Zeitpunkt auch Waiblingers Existenzproblem. Bedenkt man überdies, daß er bereits als Gymnasiast mit berechtigtem Stolz von sich sagen konnte, er „habe Jean Paul fast auswendig gelernt", so erweist sich diese Motivverwandtschaft in der Tat als nicht zufällig. Auch die Tagebücher reflektieren die ungebrochene Bewunderung jenes Dichters, in dessen Erziehungsroman „Titan" Waiblinger viel von seinem Innern, sogar seine Liebesverhältnisse abgebildet zu finden meinte. Mehr noch, er begriff seine Natur als Mischung der Charaktere der Helden dieses Romans. Albano verkörpert den genial veranlagten Himmelsstürmer, der, durch Erfahrung geläutert, zur Erkenntnis der Wirklichkeit und sinnvoller Entfaltung seiner Fähigkeiten geführt wird. Nach schmerzlichen Erfahrungen in Freundschaft und Liebe innerlich gebrochen, sucht er neue Kraft in der Berührung mit der Antike. Roquairol hingegen ist der Typ des weltmüden Romantikers par excellence, den Streben nach schrankenloser Freiheit in hoffnungslose Leere und Verlorenheit stürzt. Waiblinger bekennt, von jenem habe er „die weiche, zarte, hingebende, aufopfernde Liebe, die heilige Treue, von diesem den ungestümen niederschmetternden Flug, die wagende flatternde Kühnheit, die wilde, wechselnde, zerstörende Vollkraft, von jenem aber weder seine Reinheit noch von diesem seine Verdorbenheit, von beiden die poetische Lebensfülle".

Dieses Bekenntnis einer Wesensverwandtschaft verdeutlicht, wie sehr sich Waiblinger des subjektiv-menschlichen und produktiv-künstlerischen Dualismus des Nicht-mehr und Nochnicht bewußt war, wie er sich aus den Bedingungen einer Übergangsperiode ergab.

In den „Drei Tagen in der Unterwelt" tritt diese Besonderheit seiner Position deutlich hervor. Waiblinger, der auf seiner fiktiven Wanderung bedeutenden und unbedeutenden Schriftstellern aller Richtungen begegnet, läßt die literarische Gegenwart und Vergangenheit Revue passieren, wobei er beißenden Spott über poetischen Kitsch und Schund ausgießt und derartigen Produkten seine eigenen ästhetischen Auffassungen entgegensetzt.

Im Bemühen, eine neue produktive Position zu fixieren, sah er sich vor die weitreichende Entscheidung gestellt, ob die Romantik als notwendiges Bindeglied zu sehen sei zwischen klassischer Vergangenheit und einer kritisch-realistischen Wirklichkeitsbewältigung oder ob diese geistesgeschichtliche Strömung überhaupt perspektivlos sei. Waiblinger zeigt in seinen Urteilen – und darin stimmt er mit seinem fast gleichaltrigen Landsmann Wilhelm Hauff überein, der auch im äußeren Gang seines Lebens manch bezeichnende Ähnlichkeit zu ihm aufweist – gegenüber der Romantik eine zunehmend oppositionelle Tendenz, die in der Schärfe des Tons zuweilen an Börne und Heine erinnert. Eigenartigerweise jedoch ist Waiblinger diesen Weg nicht konsequent weitergegangen. 1826 spricht er sich in seiner Literatursatire vorbehaltlos für eine Rückkehr zu klassisch-humanistischen Traditionen aus. Das beweist seine Wertschätzung Klopstocks, Goethes und anderer, insbesondere auch der Aufklärungsschriftsteller, die allesamt eine wohlwollend-günstige Beurteilung erfahren. Die objektiven Grenzen einer derartig in die Vergangenheit gerichteten Kunstanschauung werden klar erkennbar angesichts der historischen Tatsache, daß das Humanitätsideal jener Epoche durch die fortschreitende kapitalistische Entwicklung und den zunehmenden Klassenantagonismus in Deutschland substantiell ausgehöhlt wurde und sich in dieser Form immer deutlicher als illusionär erwies. Den Juliaufstand 1830 in Frankreich und dessen starken Widerhall in Europa, der die fortschrittliche bürgerliche Bewegung auch in Deutschland neu belebte, unwiderruflich das Ende der Romantik bedeutete und der Entwicklung einer bürgerlich-demokratischen Literatur den Boden bereitete, hat Waiblinger nicht mehr erlebt.

Über das Ungenügen an der Welt und die eigenen Gefühlswirren setzt er sich auch mit seinem Humor hinweg, der ihm „der wunderbarste, treueste göttliche Gespiele der Melancholie und der Trauer“ ist. Mit dieser Auffassung kommt er der Jean Pauls über „jenes Lachen, worin noch ein Schmerz und eine Größe ist“, nahe. Auch Waiblingers

Humor entzündet sich am Widerspruch zwischen Ideal und Wirklichkeit.

Mit erstaunlichem Verständnis für deren Möglichkeiten in der ästhetischen Auseinandersetzung handhabt Waiblinger die Parodie, indem er sich der komischen Polarität zwischen Originalwerk und dessen Persiflage als Mittel zum kritischen Zweck bedient. Zum einen werden altertümelnde und romantische Stilarten wie auch der seicht-anspruchslose Ton gewisser Almanachsdichter und dergleichen fader Unterhaltungsschriftsteller, die einst Götter der Leihbibliotheken waren, so übertrieben genau nachgeahmt, daß diese tödlich lächerlich gemacht werden. Dabei bereitet die parodistische Einkleidung dem heutigen Leser auch dort noch ungetrübtes Vergnügen, wo die Kenntnis der Vorlagen längst verlorengegangen ist. Ganz anders hingegen, unpolemisch und spielerisch neckend, geht Waiblinger mit jenen Dichtern um, deren Werken er wegen ihrer inhaltlich-formalen Geschlossenheit überzeitliche Bedeutung beimißt. In dieser Art ahmt er, wenn er mit dem „unwiderstehlich gebietendem Gefühl der Achtung" vor den verewigten Humoristen Jean Paul tritt und ihm eine überschwengliche Rede hält, dessen skurrile Schreibart nach wie in anderem Zusammenhang den Goetheschen Altersstil. So werden im Nebeneinander von karikierender Verhöhnung und Wertschätzung kaum verhüllender harmloser Nachdichtung Waiblingers eigene Positionen klar erkennbar.

Nicht zufällig sind wir bei unseren Betrachtungen wiederholt auf Jean Paul gestoßen. Die rückhaltlose Verehrung dieses Dichters ist nicht nur auf ein bloß subjektives Geschmacksurteil gegründet. Sie ist vielmehr Bruderzeichen jener einsamen, freiheitlich-antifeudalen Frondeure von Platen bis Börne, die ideologisch Anschluß an volkstümlich-progressive Überlieferungen in Deutschland suchten. Die geistige Gemeinsamkeit, die Waiblinger später in Italien mit August von Platen verband, hat hier eine ihrer Wurzeln. Nicht zufällig fiel auch Platens Urteil über Waiblingers „satirische Broschüre", die er „in vieler Hinsicht geistreich" nannte, aus dem Rahmen zeitgenössischer

Kritiken heraus, in denen dieses Werk als überheblich und anmaßend abqualifiziert wurde.

Die Entschiedenheit, mit der sich Waiblinger zu seiner Berufung als Dichter bekannt hatte, und die unbequemen Ansichten, die er als Kritiker ungeniert äußerte, standen nach Meinung des Inspektorats einem künftigen Geistlichen nicht an und führten Ende September 1826 zu seiner Relegierung. Im verklausulierten Kanzleideutsch hieß es, man sehe sich „in Anbetracht seiner beharrlichen Unordnungen und seiner gänzlichen Vernachlässigung der bestimmungsmäßigen Studien" zur Verweisung gezwungen. Bedenkt man, daß Waiblingers Konflikte zu jener Zeit abgeklungen waren und sein Leben bereits wieder in ruhigeren und geordneteren Bahnen dahinfloß, muß es auffallen, daß jetzt der fadenscheinigste Vorwand recht war, den aufsässigen Studiosus loszuwerden. Seinen oft genug bewiesenen Eigensinn, seinen Mangel an Bereitschaft zur Unterwerfung und zu leidlichen Kompromissen hatte man eher ertragen als seinen Witz und satirischen Spott, von dem nicht abzusehen war, wogegen er sich fernerhin richten werde. Waiblinger hatte mit derart unorthodoxen Äußerungen, wie sie sich in den gleichfalls 1826 erschienenen „Vier Erzählungen aus der Geschichte des jetzigen Griechenlands" fanden, unwiderruflich die Grenzen dessen überschritten, was sich die strengkonservative Stiftshierarchie und der hinter ihr stehende Klerus allenfalls noch hatten bieten lassen:

... Mensch, fürchte du das Weltgericht! –
Nein, Vater, nein, dies fürcht ich nicht.
Ich sag es keck, ich sag es frei,
Das Weltgericht ist schon vorbei,
Denn es verdammte fürchterlich
Zur Hölle dieses Lebens mich.

Mein Auge soll sich nicht mehr feuchten,
Und trägt's mein Herz nicht mehr, so bricht's,

Das Sterbliche hört auf zu leuchten,
Unsterblich aber ist das – Nichts!
(„Die Rose von Farsistan")

Waiblinger, der bereits früher bekannt hatte: „Mein Reich ist nicht von diesem Stift. Darum such ich auch nicht meinen Lohn in ihm. Die Welt ist mein Reich!", quittierte seinen Hinauswurf mit ziemlicher Gelassenheit. Seit Ostern stand sein Entschluß fest: „Rom und Hohenstaufen! lieber Eser, das sind Worte, die jedes Mephistophelische ‚Verweile, Augenblick' unwidersprechlich überschwenglich wie Zauberspruch niederschlagen." Am 9. Oktober 1826 verließ er die Heimat. Es sollte ein Abschied für immer sein.

Rom, die Ewige Stadt, wurde zur Sehnsucht derjenigen, die sich dem einengenden Zwang deutschen Kleinstaatengeistes entziehen wollten. Hier fanden sie Zeugnisse einer großen Vergangenheit, lebendige Gegenwart und ein politisch erwachendes Volk, das sich, seiner nationalen Eigenheiten zunehmend bewußter werdend, nicht länger mit der österreichischen Fremdherrschaft und der Metternichschen These, wonach Italien nur „ein geographischer Begriff" sei, abfinden wollte. Eine Fluchtreise also, veranlaßt durch Konflikte, Zerwürfnisse und Isolierung, ohne Aussicht, ja vielleicht ohne Hoffnung auf Rückkehr. Der unvergleichliche Zauber der Siebenhügelstadt am Tiber, in die Waiblinger am 20. November 1826, einen Tag vor seinem zweiundzwanzigsten Geburtstag einzog, ließ die Härte des Exils nur zeitweilig vergessen. Ein Vertrag mit Cotta, der die nötige materielle Sicherheit hätte bieten können, hatte sich bereits Anfang September zerschlagen. Nur Schwabs Vermittlung war es zu danken, daß Waiblinger wenigstens ein Reisegeld von 200 Gulden als Vorschuß für zu liefernde Aufsätze erhielt.

Waiblinger mußte bald alle Kraft aufwenden, seine Existenz zu fristen. Sein Leben war angefüllt mit der Sorge um das tägliche Brot. Anfänglich fühlte er sich zur deutschen Künstlerkolonie hingezogen, insbesondere zu Josef Anton Koch, der unter den deutschen Künstlern der entschiedenste Sympathisant mit der Französischen Revolution war. 1791 von der Karlsschule geflohen, hatte er in Straßburg Kontakt zu Jakobinerkreisen gehabt und lebte seit 1795 in Rom. Doch die selbstgenügsame Kunstausübung der Nazarener, ihre nach außen zur Schau gestellte Selbstgefälligkeit, deren immer rege Triebfedern „Kabalen und Intrigen, Neid und Eifersucht, Eigenliebe und Parteigeist" waren, veranlaßten Waiblinger, dem verhüllende Umschreibung nie lag, zu kritischen Äußerungen. „Es ist fürchterlich", schrieb er an Eser, „wie der artistische Pöbel hier sein Unwesen treibt. Orcagnas Kadavergemälde in Pisa gefallen, die Nibelungen gelten mehr als Homer, heidnische Stoffe oder rein historische sind rein verworfen, nur die Bibel ist die Quelle, aus der diese Herren das Wasser holen, um ihre Pinsel zu putzen." Die Rache der gekränkten Maler ließ nicht lange auf sich warten. Bald darauf hing in den Fenstern römischer Bilderläden das von Genelli verfertigte Spottbild: „Der Poete W.: auf klassischem Grund und Boden." Es zeigt ihn in ganzer Gestalt, die Hände in den Hosentaschen vergraben, nach Karnevalsbrauch mit Hut und Brille, in zerfetzter Kleidung. Nichts ist an dem jämmerlichen Aufzug übertrieben. Waiblinger hatte der Trostlosigkeit seiner Lage kaum mehr entgegenzusetzen als seinen starren, unbeugsamen Trotz, seinen unerschütterlichen Glauben an sich selbst. Eser versichert er: „Ja, ich werde mich auf alle nur mögliche Weise hier halten, jahrelang, und wenn ich meine Suppe ... aus dem Kapuzinerkloster holen sollte." Obwohl sich Waiblinger die erdenklichste Mühe gab, „so fad zu sein, als das ‚Morgenblatt' nur sein kann, und immer und immer die Bettmütze einer Kammerjungfer auf den Ohren gehabt" hatte, wie er an Eser schrieb, lehnte Cotta seine Manuskriptsendungen mit der Begründung ab, sie enthielten frivole Dinge. Vermutlich ist Cotta einfach vor dem Namen Waiblinger zurückgeschreckt. Waiblinger ließ sich auch davon nicht entmutigen. Das Italien-Erlebnis, die Begegnung mit der Ewigen Stadt halfen ihm darüber hinweg: „Denn eine Liebe hab ich noch, und die ist Rom. Ich kann Dir nicht sagen, nicht vorstellen, wie heiß, wie heilig diese ist, wie schwärmerisch, und doch wie männlich reif, wie wahr und innig, wie ermutigend, stärkend und begeisternd." Das innere Leben, der Alltag der Stadt intensivierte die Sensibilität des jungen Dichters und förderte seine Produktivität. Unerschöpflich im Beobachten von Details aus dem römischen Leben, schuf er neben zahlreichen Italien-Gedichten kulturhistorische Genrebilder, in denen er beispielsweise den römischen Karneval oder die seltenen Papstzeremonien schilderte. In Rom ist Waiblinger vollkommen heimisch geworden. Innerhalb kurzer Zeit beherrschte er das Italienische und paßte sich den Gepflogenheiten seiner neuen Umgebung an. Nirgends, auch nicht in den schwersten Tagen, findet sich in seinen Briefen ein verzagter Ton, ein Wort der Reue oder des Heimwehs. Diese eigentlich in nichts begründete Zuversicht, mit den Mißlichkeiten seines selbstgewollten Schicksals fertig zu werden, die Unverzagtheit bei aller Not und Trübsal hat später Friedrich Hebbel, dem eine solche Lebenslage nicht fremd war, über seine Kritik der Waiblingerschen Werke gestellt.

Zu den wenigen Freunden, die den mittellosen Dichter unterstützten, gehörte August von Platen, der im gleichen Jahr, einen Monat früher als Waiblinger, der spießigen Enge des zersplitterten Deutschlands enttäuscht den Rücken gekehrt hatte. „Hier gehe ich viel mit einem Poeten ... um, den Cotta im Stich gelassen und der am Hungertuch nagt", schrieb er von Waiblinger. Wenn der strenger klassischer Tradition verpflichtete Platen auch verschiedentlich starke Vorbehalte gegenüber der Ursprünglichkeit von Waiblingers poetischem Talent äußerte, so hat er ihm doch überwiegend – und verständnisvoller als mancher andere Zeitgenosse – Gerechtigkeit widerfahren lassen. Er lieh ihm seine Bücher und schlug ihn im November 1827 – allerdings erfolglos – für eine Redaktionsstelle am „Morgenblatt" vor.

Der Vergleich bestimmter biographischer Details läßt nicht nur eine für charakterlich derart grundverschiedene Dichterpersönlichkeiten weitgehende Übereinstimmung im Lebensgang erkennen, er macht zugleich auch jene moralisierenden Deutungsversuche fragwürdig, denen zufolge man in Waiblinger nur ein Enfant terrible sah oder einen Libertin, der an sich selbst und seiner Ziellosigkeit zugrunde ging.

Platen wie Waiblinger haben Deutschland im gleichen Jahr verlassen, und zwar nachdem sie gegen die geistige Verwahrlosung und Konfusion der romantischen Dichtung und damit auch gegen die Miserabilität deutscher Zustände polemisiert hatten. Waiblingers Liebe zu Deutschland – das verbindet ihn mit Platen – ist eins mit dem Haß gegen die Selbstzufriedenheit und Beschränktheit der Philister: „Mein Haß ist Schwaben oder vielmehr die Schwaben. Deutschland möcht ich gern all meine Poesie weihen." Beide wissen um die Endgültigkeit ihres Exils, daran ändern Platens kurze Besuche in Deutschland ebensowenig wie Waiblingers gelegentliche Erwägungen, später einmal zurückzukehren. Trotzdem wird in schwermütiger und in lächelnder, in trotziger und in hoffnungsfreudiger Erinnerung das Bild der Heimat hundertfach beschworen.

In der Humoreske „Das Abenteuer von der Sohle oder Wie es einem deutschen Poeten auf dem Kapitol ergangen" hob Waiblinger eine wahre Episode seiner Leidenszeit ins Allgemeingültige, so daß daran alle Gefährdungen der Künstlerexistenz, Armut und Weltfremdheit, ablesbar werden. Auf diese Weise verliert die Offenbarung eigenen Elends den Charakter peinlicher oder mitleidheischender Selbstentblößung, zumal durch die vorgeschützte Anonymität der tragikomische Vorfall – wenigstens für den unbefangenen Leser des „Berliner Konversationsblattes" von 1828 – in eine glücklich überwundene Vergangenheit projiziert wird. Die Rückkehr Waiblingers zur Gestaltung des Komischen, die ihm von bornierten Zeitgenossen nach Erscheinen seiner Literatursatire arg verübelt worden war, bedeutete ein Wiederanknüpfen an seine gelungensten literarischen Leistungen. Dabei ist die Wandlung vom Satiriker zum Humoristen, der überall „sowohl Lachen als auch Schmerz" findet, unverkennbar.

Das zweite Jahr seines Romaufenthaltes brachte eine unerwartete Wende. Waiblinger hatte inzwischen die latinischen Berge, Albano und Frascati durchwandert. Einige deutsche Blätter druckten seine Beiträge, insbesondere die Dresdener „Abendzeitung". Die Beziehungen mit dem Berliner Verleger Reimer gestalteten sich günstig. Er erhielt einen Vertrag, der endlich eine sichere materielle Basis für eine kontinuierliche literarische Tätigkeit schuf. Mit der Italienerin Nena Carlenzo, die er scherzhaft „Cornacchia" (Krähe) nannte, knüpfte er ein freies Liebesverhältnis, das sich auch ohne kirchlichen Segen zu einem glücklichen Hausstand entwickelte. „Die Römerin ist mein geworden", ließ er Eser wissen, „hier darfst Du keinen Platon, keine Psyche, keine Urania suchen, wie überhaupt bei Italienerinnen nicht, aber ein durchaus edles gutes Herz und ein echt römischer Verstand, Aufopferung und höchste Anhänglichkeit, der Reiz der Gewohnheit, tägliches ungestörtes Zusammenleben, wie Mann und Weib, und liebevolle Pflege in meinen Unpäßlichkeiten sowie geduldige Ertragung meiner bösen Launen, das ist genug, um es zu entschuldigen." Sie schenkte ihm eine Tochter und erwartete ein zweites Kind, als er starb.

Die beiden letzten Jahre seines Lebens sollten zu den literarisch fruchtbarsten überhaupt werden. Er schrieb Feuilletons, Gedichtzyklen, Berichte über seine Wanderungen durch Italien, dazwischen eine Fülle von Briefen, den Hölderlin-Essay. Es entstanden die beiden Taschenbücher, die fast ausschließlich eigene Beiträge enthielten. Für die darin enthaltenen Kupferstiche fügte Waiblinger informative Bildbeschreibungen bei, die diesem Genre alle Ehre machen und zu den besten Arbeiten Waiblingers zählen. Von den Erzählungen der Taschenbücher, die unter großem Zeitdruck entstanden, verdienen insbesondere „Die Briten in Rom" hervorgehoben zu werden. Die Handlung läuft ohne dramatische Steigerungen ab, Konflikte entstehen überwiegend durch Verwechslungen und Irrtümer. Waiblinger, der in Rom lange genug unter einfachen Menschen lebte, vermag deren Lebensweise ohne Sentimentalität zu schildern. Ebenso gründlich muß er aber auch die Gewohnheiten jener englischen

Reisenden in Nankinghosen studiert haben, die als Urbilder eiliger Touristen unserer Tage Rom zu jener Zeit heimsuchten. So führt er sich – halb Fremdenführer, halb deus ex machina – selbst in die Erzählung ein und spart nicht mit ironisierenden Floskeln. Diese doppelte Erzählerperspektive gestattet eine mehrfache Brechung der Handlung. Das bewahrt ihn unter anderem auch vor dem Vorwurf, seine Satire richte sich gegen die Engländer als Nation schlechthin. Nichts lag ihm ferner! In der Karikierung dieses Ensembles spleeniger Briten steckte auch ein gutes Stück Selbstverspottung. Der nahezu schwelgerische Enthusiasmus, mit dem er sich der Stadt Rom anfänglich genähert hatte, war längst einer sachlichen Betrachtungsweise gewichen. So schrieb er Anfang 1829 unter dem Eindruck der politischen Verhältnisse in einem Brief: „Rom verliert immer mehr bei mir, je mehr ich verlerne, bloß Altertum, Kunst und Natur in ihm zu bewundern, je näher mir seine beklagenswürdige gegenwärtige Lage tritt." Und wem fiele, wenn Rebekka die Tinte auf einem ihrer Liebesbriefe „mit der Asche eines Römers, vielleicht eines Triumphators" ablöscht, nicht Waiblingers Wendung aus dem Brief an Mörike vom 12. Januar 1827 ein! Die Römer sind alles andere als Sinnbilder reiner Tugend oder Verkörperungen von Selbstlosigkeit und Idealismus. Mancher Vorwurf der Engländer gegen sie ist beabsichtigte Kritik. Wenn auch die Erzählung nicht durchgestaltet ist, vor allem der Schluß abfällt, zeigen doch einige Partien, etwa das Frühstück unter der Kuppel der Peterskirche, Waiblinger als humoristischen Erzähler von beachtlichem Niveau.

Schließlich schuf Waiblinger in den letzten Lebensjahren mit den „Erinnerungen aus der Kindheit" eine psychologisch aufschlußreiche Skizze über eine Zeit seines Lebens, von der keine weiteren authentischen Dokumente vorliegen. Bemüht, aus der Rückbesinnung heraus sich seiner Persönlichkeit und deren Möglichkeiten bewußt zu machen, sucht er einen neuen Weg zur Selbstverwirklichung zu finden.

Weit entfernt von jedem Begeisterungsrausch über das Geschaffene, hält er in den „Sizilianischen Liedern" Rückschau:

Einem Baum vergleich ich mein Herz, den die Wetter geschlagen,
Dem schon im Frühling der Sturm Blüten und Blätter geraubt.
Doch nun seh ich ihn männlich gereift im heiteren Sommer,
Kräftigen Stammes und tief wurzelnd im fruchtbaren Grund.
Früchte trägt er, und glücklich enttäuscht auf die Träume der
Jugend
Blick ich zurück, und es ist nun auch die Ernte nicht fern.

Waiblinger ahnte nicht, daß er die Ernte nicht mehr erleben sollte. Ende 1829 brach die Lungenschwindsucht in so heftiger Form bei ihm aus, daß alle ärztliche Hilfe nur noch vorübergehend Linderung zu bringen vermochte. Am 17. Januar 1830 starb er, noch nicht einmal 26 Jahre alt. Auf dem protestantischen Friedhof von Rom, dicht an der Cestius-Pyramide, unweit vom Monte Testaccio, einem Ort, „wie geschaffen für die Schwermut, immer still und öde und nur im Oktober durch die Minenti oder Plebejer lebendig, welche am Testaccio ihre Feste halten", hat er nahe bei den Gräbern von Keats, Shelley und Goethes Sohn August seine letzte Ruhestätte gefunden.

Die Nachricht von Waiblingers Tod löste in Deutschland eine Welle böswilliger Verleumdungen und gehässiger Angriffe aus, so daß sich selbst der literarischem Tagesstreit abholde Eduard Mörike zu der bitteren Äußerung veranlaßt sah: „Man fällt im Vaterlande so grausam und mit so gemeinem Haß über seine Leiche her, daß es mich erquickt hätte, von solchen, die ihn besser kannten, eine versöhnliche Stimme zu vernehmen." Sie hat sich eigentlich bis heute nicht erhoben. Gewolltes Mißverstehen und moralisch gefärbte Vorurteile blieben Tenor in der bürgerlichen Literaturgeschichtsschreibung, die aus Waiblinger einen Prügelknaben machte, um nur ja nicht die zwangsläufige Misere des begabten Menschen in der bürgerlichen Gesellschaft eingestehen zu müssen. „Für den kümmerlichsten Wicht hat die Gesellschaft einen Platz, aber Genie und Talent sehen sich umsonst nach einem Zufluchtsort um", schrieb Friedrich Hebbel 1840 in seiner Rezension zu den „Gesammelten Werken" Waiblingers voller Zorn. „Im Kampf um die Existenz müssen sie sich aufreiben, und wenn dieser schmähliche Kampf in irgendeinem außerordentlichen Fall einen Erfolg hat, so haben sie noch nichts gewonnen, als was sie gerechterweise nie hätten entbehren sollen. Und es kann sich ereignen, daß die Kraft des Gefangenen nur eben zum Durchbruch der Kerkermauern ausreicht und daß er ohnmächtig dahinsinkt, wenn er an die freie Luft kommt." An der Tatsache, daß Waiblinger in der Literaturgeschichte nur ein Schattendasein fristet, haben auch vereinzelte unkritische Deutungsversuche nichts zu ändern vermocht. In dem Bemühen, Waiblinger literarisch aufzuwerten, schoß man meist über das Ziel hinaus. Seine Dramen sind heute nur mehr von literaturhistorischem Interesse, seine Romane verschollen und vergessen. Auch seiner Lyrik gegenüber verhalten wir uns reservierter als Zeitgenossen wie Platen und Mörike, der, überzeugt davon, daß Waiblingers Gedichte zum Schönsten seines Werks überhaupt zu zählen seien, einige Versuche unternahm, des Dichters Andenken zu bewahren und ihn ins Bewußtsein der nachfolgenden Generation zu rücken.

Wir sind der Meinung, daß von bleibendem Wert vor allem einige seiner kleinen Prosastücke sind, wie der Hölderlin-Essay, die satirisch-humoristischen Arbeiten, die Bildbeschreibungen und die Lebenszeugnisse. Das Besondere seiner künstlerischen Leistung in begrenzter Auswahl vorzulegen scheint uns ein gangbarer Weg zu sein, die Vernebelung aufzulösen, in die man die Person Waiblingers gehüllt hat, und die zählebigen Vorurteile zu entkräften, die mit monotoner Gleichförmigkeit immer von neuem ausgesprochen wurden. Eine solche Edition vermittelt dem heutigen Leser eine Vorstellung, wer und wie Waiblinger wirklich war.

Ein Schwabe doch wohl nur der herkunft nach, nicht aber im Sinne einer wie auch immer verstandenen literarischen Richtung, dessen erstaunlicher Frühreife sich ein starkes Selbstbewußtsein zugesellte und der gegenüber seiner Umwelt immer wieder ein rebellisches Gefühl geistiger Überlegenheit an den Tag legte. Unbeirrbar im Bestreben, seiner Berufung als Schriftsteller zu folgen, verband ihn vieles mit der Dichtergeneration um Uhland und Mörike, von denen er sich aber durch seine Radikalität unterscheidet. Sein Wille zur klassischen Form, sein Verhältnis zur Antike und die entschiedene Ablehnung der Restauration bedeutete eine ausgeprägte antiromantische Haltung und setzt Akzente, wie sie sich entschiedener und festumrissen in der Literatur des Vormärz nach 1830 wiederfinden, an die Waiblinger vor allem in seinen ästhetischen Urteilen ideologisch heranreicht. Wenngleich eine Wandlung von den zerfließenden Lyrismen seiner frühen Dichtungen zu den realistischeren späteren Werken unverkennbar ist, den entscheidenden Schritt in diese Richtung konnte Waiblinger noch nicht tun. Dazu fehlte es ihm ganz einfach an Lebensjahren, an Lebenserfahrungen, gewiß auch an echter Volksverbundenheit, dazu fehlten ihm zweifelsohne auch wichtige Einsichten in den Gang der Geschichte. Die unstillbare Sehnsucht nach einer Welt innerer Harmonie, nach einem Leben voller Wahrheit und Aufrichtigkeit verwies ihn immer wieder auf klassische Wertvorstellungen. Dieser Zwiespalt ist allzuoft als innere Zerrissenheit interpretiert worden und hat ihn in den Ruf eines Gescheiterten gebracht, der sich von seinem Schicksal habe treiben lassen. Dabei widersprach Mörike, der dem Stiftsfreund auf stille Weise insgeheim doch die Treue gehalten hatte, bereits 1841 der Ungerechtigkeit eines solchen Verdikts mit Deutlichkeit, als er schrieb, das Schicksal habe Waiblinger in jenem Augenblick aus dem Leben gerissen, „nachdem er sichtlich eben angefangen hatte, zur Selbsterkenntnis zu kommen und von innen heraus zu reifen. Er war ein ungewöhnlicher Mensch und ein außerordentliches, gewandtes Talent. Alle, die aus der Ferne so cavalièrement von ihm reden, sollen sich nur nicht einbilden, ihm die Schuhriemen aufzulösen."

Wolfgang Hartwig

Anmerkungen

Aus den Tagebüchern

Im März 1821 begann Waiblinger, damals Schüler des Oberen Gymnasiums in Stuttgart, Tagebuch zu führen. Bis Ende August 1824 nahm er die Eintragungen regelmäßig vor, danach finden sich über größere Zeiträume hin Lücken. Nach seiner Relegierung vom Stift werden die Mitteilungen immer sporadischer. Die letzte Eintragung datiert vom 12. Juni 1826. Insgesamt sind zehn Bände entstanden, die im Schiller-Nationalmuseum Marbach aufbewahrt werden. Die sieben in Italien entstandenen Bände sind verschollen. Nach Waiblingers Tod gingen sie in den Besitz Wilhelm Schluttigs über, der jedoch noch im selben Jahr starb. Sein Nachlaß soll in seine Heimatstadt Chemnitz geschickt worden sein.

Die erste zusammenhängende Ausgabe der überlieferten Lebenszeugnisse legte 1956 Herbert Meyer in Zusammenarbeit mit Erwin Breitmeyer vor. Auf knapp 300 Seiten wird dort etwa die Hälfte des handschriftlichen Materials geboten, wobei die Herausgeber darauf bedacht waren, alle wesentlichen Eintragungen aufzunehmen. Diese Publikation bildet die Textgrundlage für unsere Auswahl. In Angleichung an die übrigen Texte haben wir auf einen diplomatischen Abdruck verzichtet. Die Abkürzungen wurden aufgelöst, geographische Bezeichnungen und Personennamen vereinheitlicht und modernisiert.

9 *der Krone angehören* – Der Satz lehnt sich an eine Stelle in Goethes „Wahlverwandtschaften“ (1809), 2. Teil, 2. Kapitel, eng an, wo es heißt: „Sämtliche Tauwerke der königlichen Flotte, vom stärksten bis zum schwächsten, sind dergestalt gesponnen, daß ein roter Faden durch das Ganze durchgeht, den man nicht herauswinden kann, ohne alles aufzulösen, und woran auch die kleinsten Stücke kenntlich sind, daß sie der Krone gehören.“

ἀγωνισμα ἐς το παραχρημα – (griech.) Werk für die Gegenwart; mit dieser Charakterisierung weist der griechische Geschichtsschreiber Thukydides (um 460 bis nach 400 v. u. Z.) zu Beginn seines Geschichtswerkes über den Peloponnesischen Krieg auf die von ihm verfolgte Absicht hin, das Wesen dieses historischen Ereignisses für seine Zeit lebendig zu machen.

10 *die Mama* – Christiane Luise, geb. Kohler (1783–1847).

11 *deliberieren* – beraten, überlegen.

13 *meine Idee* – Waiblinger trug sich mit dem Gedanken, ein Drama über den Ostgotenkönig Theoderich (471–526) zu schreiben. Der Plan wurde jedoch nicht ausgeführt.

14 *Boethius* – Anicius Torquatus Severinus Boethius (480–524), römischer Staatsmann; ursprünglich Vertrauter Theoderichs, wurde später wegen verräterischer Umtriebe hingerichtet. Während seiner Gefangenschaft verfaßte er das philosophische Werk „De consolatione philosophiae" (Vom Trost der Philosophie).

Phaidon – Griechischer Philosoph, Lieblingsschüler des Sokrates.

hieher – nach Reutlingen.

Keller – Hier: Kellermeister.

15 *„Franzia"* – Auch der Plan zu dem Drama „Franzia oder Die Maler", dem die Lebensgeschichte des italienischen Goldschmiedes und Malers Francesco Francia, eigentlich Francesco di Marco di Giacomo Raibolini (um 1450–1517), zugrunde liegen sollte, blieb unausgeführt.

Franz von Sickingen – Mit der Geschichte Franz von Sickingens (1481–1523), des kaiserlichen Feldhauptmanns und Reichsritters, beschäftigte sich Waiblinger zwar sehr intensiv, fand jedoch keinen Ansatz zu einer überzeugenden dramatischen Gestaltung.

16 *sie* – Als Gymnasiast in Reutlingen verehrte Waiblinger schwärmerisch die Frau des Rektors Christoph Friedrich Gayler und deren damals sechzehnjährige Schwester, die in Waiblingers Phantasie zu einem Ideal weiblicher Schönheit verschmelzen, das er „Florine" und später „Corine" nennt.

17 *Schwab* – Gustav Schwab (1792–1850), 1817–1837 Professor am Stuttgarter Gymnasium, Lehrer Waiblingers, dessen Förderer, bemühte sich um die Veröffentlichung seiner Gedichte.

Matthisson – Friedrich Matthisson (1761–1831), dessen sentimentale Gedichte zu jener Zeit sehr populär waren, lernte Waiblinger im Jahre 1821 kennen.

Haug – Johann Christoph Friedrich Haug (1761–1829), Lyriker und Epigrammatiker; seit 1816 Bibliothekar in Stuttgart.

17 *Boisserée* – Sulpiz Boisserée (1783–1854), Kunstgelehrter; widmete sich zusammen mit seinem Bruder Melchior (1786–1851) der Erforschung mittelalterlicher Kunst. Sulpiz Boisserée vermittelte Waiblinger die Bekanntschaft mit Matthisson.

Lothario – Gestalt aus Goethes Roman „Wilhelm Meisters Lehrjahre".

18 *Dannecker* – Johann Heinrich Dannecker (1758–1841), klassizistischer Bildhauer; bekannt wurde vor allem seine Schillerbüste (1794).

19 *sie* – Gemeint ist Philippine Heim (1801–1846), im Tagebuch auch Valerine genannt, die im Hause ihres Schwagers Christoph Friedrich Waiblinger lebte, wo auch Waiblinger wohnte. Sie heiratete 1830 den Diakon Christian Römer.

20 *Sigel* – Gustav Sigel (1803–1851), mit Waiblinger seit der Stuttgarter Gymnasialzeit befreundet.

21 *vorige Bestimmung* – Die Tätigkeit als Schreiber in Urach.

unwürdige Freunde – Gemeint sind Waiblingers Freunde aus der Reutlinger Zeit.

Ciceros „Officien" – Gemeint ist die Schrift „De officies" („Über die Pflichten").

Xenophons „Memorabilien" – Das vier Bücher umfassende Werk des griechischen Schriftstellers Xenophon (um 430 bis um 354 v. u. Z.) enthält die Erinnerungen an seinen Lehrer Sokrates.

Homers „Batrachomyomachie" – Satirisches Tierepos („Froschmäusekrieg"), das früher irrtümlich Homer zugeschrieben wurde.

Werner – Karl Friedrich Werner (1804–1872), Studienfreund Waiblingers, später Pfarrer in Fellbach.

Stälin – Christoph Friedrich von Stälin (1805–1873), Studienfreund Waiblingers, später Historiker und Bibliothekar.

Lysias – Attischer Redner (440 bis um 380 v. u. Z.) von musterhaft klarer Sprache und Beweisführung.

Isokrates – Griechischer Redner (436–338 v. u. Z.).

„Ödipus Tyrannos" – Eines der sieben vollständig überlieferten Dramen des griechischen Tragikers Sophokles (um 496–406 v. u. Z.).

22 *Streit darüber* – Gemeint sind die Dispute mit seinen Studienfreunden.

Eser – Friedrich Eser (1798–1873), engster und treuester Freund Waiblingers, den er 1819 am Amtsgericht Urach kennengelernt hatte. 1820–1840 Rentmeister (Justizbeamter eines Rittergutes) in Hürbel bei Biberach, später Finanzbeamter, seit 1850 in Stuttgart; dilettierte als Maler und Schriftsteller, trieb vor allem umfangreiche naturwissenschaftliche und archäologische Studien, die die Anerkennung der Fachgelehrten fanden. („Aus meinem Leben", 1907.)

23 *Oehlenschläger* – Adam Gottlob Oehlenschläger (1779–1850), dänischer Dichter der Romantik.

Musäus – Johann Karl August Musäus (1735–1787), Schriftsteller, wurde vor allem durch seine Sammlung „Volksmärchen der Deutschen" (1782–1787) bekannt.

Stilling – Johann Heinrich Jung-Stilling, eigentlich Jung (1740 bis 1817), pietistischer Schriftsteller; seine Schriften haben eine starke Tendenz zu Weltflucht und religiöser Verinnerlichung.

Staël – Anne-Louise-Germaine Baronne de Staël (1766–1817), französische Schriftstellerin; 1803 von Napoleon aus Frankreich ausgewiesen; ihr Buch „De L'Allemagne" (1810) bestimmte auf Jahrzehnte das Deutschlandbild in Frankreich.

Schoreel – Gemeint ist der niederländische Maler Jan von Scorel (1495–1562).

Hemlink – Früher fälschlich für den niederländischen Maler Hans Memling (um 1433–1494), dessen 1484 entstandenen Christophorusaltar Waiblinger als sein Lieblingsgemälde bezeichnet.

24 *Schneckenburger* – Matthias Schneckenburger (1804–1848), Waiblinger war mit ihm seit seiner Uracher Zeit befreundet; später Theologieprofessor in Bern.

Meine Lektionen – Waiblinger erteilte seinen Mitschülern Nachhilfeunterricht.

25 *Franz Horn* – Vgl. „Drei Tage in der Unterwelt" und die Anm. zu S. 228.

Neuffer – Christian Ludwig Neuffer (1769–1839), klassizistischer Schriftsteller; Jugendfreund Hölderlins, Pfarrer. Waiblinger lernte ihn am 21. Februar 1821 kennen.

eine widerwärtige Begebenheit – Schneckenburger hatte Waiblinger in Böblingen allein im Wirtshaus sitzen lassen, während er einen Besuch abstattete.

Werner – Zacharias Werner (1768–1823), Dramatiker; schrieb romantische Schicksalstragödien, die auf äußere Effekte abzielen.

25 *Ulrich von Lichtenstein* – Der Minnesänger Ulrich von Lichtenstein (1198–1275) wurde besonders durch das Epos „Frauendienst" (1255) und das „Frauenbuch" (1257) bekannt.

Camões – Luis Vaz de Camões (1525–1580), der bedeutendste portugiesische Dichter; sein Hauptwerk ist das Epos „Os Lusiadas".

26 *Effluxa* – (lat.) Durchgefallen; wegen der Note „Ziemlich gut" in Latein bestand Waiblinger das Abschlußexamen am Oberen Gymnasium nicht und konnte erst ein Jahr später das Tübinger Stift besuchen.

Vater – Johann Friedrich Waiblinger (1768–1850), Regierungsrevisor.

27 *Thouret* – Nikolaus Friedrich Thouret (1767–1845), Baumeister in Stuttgart.

„Vicar of Wakefield" – 1766 erschienener Roman des englischen Schriftstellers Oliver Goldsmith (1730–1774), dt. „Der Landpfarrer von Wakefield" (1776).

Bouterwek – Friedrich Bouterwek (1766–1828), Philosoph, Ästhetiker und Schriftsteller, der mit seiner „Ästhetik" (1806) und der „Geschichte der Poesie und Beredsamkeit" (1801–1819) nachhaltigen Einfluß auf die Schriftsteller der Romantik ausübte.

Steindrücke – 1821–1840 erschienen von den Gemälden aus der Sammlung der Brüder Boisserée Lithographien von Johann Nepomuk Strixner (1782–1855).

Schnitzer – Joachim von Schnitzer (1792–1870), Maler.

Hetsch – Philipp Hetsch (1758–1839), Maler; Jugendfreund Schillers, Galeriedirektor in Stuttgart.

29 *Staatsminister* – Gemeint ist Heinrich Levin Graf von Wintzingeroda (1778–1856), damals Staatsminister der Familienangelegenheiten des Königlichen Hauses und der Auswärtigen Angelegenheiten.

30 *Kultminister* – Dieses Amt hatte zu jener Zeit Christoph Friedrich von Schmidlin (1780–1830) inne, ihm unterstand das Kirchen- und Schulwesen.

34 *Madame Huber* – Therese Huber, geb. Heyne, verw. Forster (1764–1829) leitete bis 1823 redaktionell Cottas „Morgenblatt".

Müller – Methusalem Müller (1771–1837), Schriftsteller; 1816 bis 1831 Herausgeber der „Zeitung für die elegante Welt".

Weisser – Friedrich Christoph Weisser (1761–1836), Satiriker und Epigrammatiker; Oberfinanzrat in Stuttgart.

34 αυτοδιδακτοις – (griech.) Autodidakten.

35 *Reinbeck* – Georg Reinbeck (1766–1849), seit 1811 Professor für Ästhetik und deutsche Sprache am Stuttgarter Gymnasium. Vgl. auch dritte Anm. zu S. 227.

36 *flick* – flügge.

37 *Familienadytum* – Adytum: Das Allerheiligste (nicht Betretbare) in griechischen und römischen Tempeln.

Pfizer – Paul Pfizer (1801–1867), Jurist, später politischer Schriftsteller; in seinem „Briefwechsel zweier Deutschen" (1831) vertrat er als erster die „kleindeutsche" Lösung der nationalen Probleme, wurde deshalb aus dem Staatsdienst entlassen. Waiblinger lernte ihn wahrscheinlich durch Gustav Schwab kennen.

sie – Valerine; vgl. Anm. zu S. 19.

in einem warmen Briefe – Gemeint ist Mörikes Brief vom 27. Oktober 1821.

39 *Houwald* – Ernst von Houwald (1778–1845), Dramatiker; schrieb vor allem sentimental-rührselige Schicksalstragödien.

Müllner – Adolf Müllner (1774–1829), Verfasser zahlreicher Schicksalsdramen. Vgl. auch Anm. zu S. 151.

Baggesen – Jens Baggesen (1764–1826), dänisch-deutscher Schriftsteller.

40 *Moore* – Thomas Moore (1779–1852), irischer Dichter, der als enger Freund Byrons dessen Biographie schrieb (1830).

„Elegante Zeitung" – Gemeint ist die damals in Leipzig erscheinende „Zeitung für die elegante Welt" (1801–1859).

seit jenem Vorfall – Vgl. die Eintragung vom 17. November 1821.

einst bei Goethe gewesen – Aus den Erinnerungen von Matthisson geht hervor, daß er Goethe im Sommer 1799 besuchte; eine weitere Begegnung fand am 22. April 1815 statt.

41 *jene „Wanderjahre"* – Die sogenannten falschen „Wanderjahre" des Schriftstellers Johann Friedrich Wilhelm Pustkuchen-Glanzow (1793–1834), der damit gegen Goethe polemisierte.

Ramler – Karl Wilhelm Ramler (1725–1798), Lyriker und Übersetzer der Aufklärung.

„Weihe der Kraft" – Gemeint ist Zacharias Werners Tragödie „Martin Luther oder Die Weihe der Kraft" (1807).

43 *Mährlen* – Johannes Mährlen (1803–1871), enger Freund Mörikes; später Professor am Polytechnikum in Stuttgart, dann Bergwerksdirektor.

43 *Mörike hat mir geschrieben* – Dieser Brief gilt als verschollen.

45 *Sand* – Karl Ludwig Sand (1795–1820), Burschenschafter, studierte in Tübingen Theologie, verübte 1819 das Attentat auf Kotzebue.

46 *H. Th.* – Abkürzung für Hugo Thorwald. So nannte sich Waiblinger als Verfasser des Tagebuches, gelegentlich auch in Briefen.

48 *d'Argent* – A. L. d'Argent, Kupferstecher und Emailleur in Stuttgart; 1808–1817 Lehrer Waiblingers.

50 *Bardili* – Christian Wilhelm Heinrich Bardili (1789–1847), Diakon in Urach.

Esers Braut – Friederike Fezer, Tochter des Bürgermeisters von Reutlingen.

Mein Mädchen – Gemeint ist Valerine; vgl. Anm. zu S. 19.

52 *Wurm* – Christian Friedrich Wurm (1803–1859), später Professor für Geschichte in Hamburg.

in dubio – (lat.) in Zweifel.

Wagner – Theodor Wagner (1800–1880), klassizistischer Bildhauer; 1814–1823 als Schüler Danneckers in dessen Werkstatt, 1823–1826 in Rom, wurde 1836 als Nachfolger Danneckers Professor; er zeichnete Waiblinger 1822 und fertigte von ihm ein Basrelief an.

53 *Gnauth* – Eduard Gnauth (1788–1859), Schauspieler.

In Bernhausen besucht ich Mörike – Mörike war zu Besuch bei seinem Onkel Christoph Friedrich Ludwig Neuffer (1768–1838), der dort Pfarrer war; Mörike liebte dessen Tochter Klärchen (1804–1837), die 1827 den Pfarrer Christian August Schmid (1802–1874) heiratete.

54 *Mein „Franzia“ ...* – Von den genannten dramatischen Vorhaben wurde nur „Anna Bolay“ („Anna Bullen, Königin von England“, gedruckt 1829) ausgeführt.

55 *unverzeihliche Beleidigung* – Vgl. Eintragung vom 10. Februar 1822.

57 *„Zriny“* – Körners Drama, dessen Held der ungarische Freiheitskämpfer Miklós Graf von Zrinyi (1508–1566) ist, der Szigetvár 1566 gegen das türkische Heer unter Sultan Suleiman II. (1520 bis 1566) verteidigte, wurde 1812 am Wiener Hofburgtheater uraufgeführt.

Hölderlin – Die von Uhland und Schwab edierte Ausgabe seiner „Gedichte“ erschien erst 1826.

58 *mein Trauerspiel* – „Liebe und Haß“, 1822 entstanden; trotz eifrigen Bemühens von Waiblinger wurde das Stück niemals auf-

geführt; 1914 veröffentlichte André Fauconnet eine kritische Ausgabe.

58 *Der Plan zu einem Roman* – Spätere Eintragungen deuten darauf hin, daß der nicht ausgeführte Roman „Mathilde“ gemeint ist.

„Trenck“ – Zu den unausgeführten Dramenplänen gehörte auch ein Stück über den österreichischen Pandurenoberst Franz Freiherr von der Trenck (1711–1749).

59 *Oberamtsrichter* – Gemeint ist Oberamtsrichter Märklin aus Urach, der als Waiblingers Lehrherr dessen Vater 1820 empfahl, seinen Sohn auf ein Gymnasium zu schicken.

ein wunderhübsches Mädchen – Lotte Zimmer (1813–1879), die Tochter des Tischlermeisters Ernst Zimmer (1772–1838), bei dem Hölderlin bis zu seinem Tode wohnte.

61 *Kloster* – Gemeint ist das Tübinger Stift, in das Waiblinger am 22. Oktober 1822 eintrat.

62 *Oken* – Lorenz Oken, eigentlich Ockenfuß (1779–1851), stand als Naturforscher und Naturphilosoph Schelling und der Romantik nahe.

63 *„Ernst von Schwaben“* – Die wenig erfolgreiche Tragödie „Ernst Herzog von Schwaben“ (1818).

Lehr – Gemeint ist der Stuttgarter Theaterintendant Hofrat von Lehr, dem Waiblingers Trauerspiel „Liebe und Haß“ vorlag.

64 *Hölty* – Ludwig Christoph Heinrich Hölty (1748–1776), Lyriker des Göttinger Hains.

Sally – Figur eines Wahnsinnigen aus früheren Dramenplänen.

Lestoch – Vermutlich eine Figur aus dem geplanten Drama „Trenck“.

65 *mein Roman* – Gemeint ist „Phaethon“, der 1823 in Stuttgart bei Franckh erschien.

66 *Phaidros* – Zeitgenosse von Sokrates und Plato in Athen.

Symposion – (griech.) Trinkgelage nach der Mahlzeit. Die dabei geführten Gespräche wurden formbildend für eine literarische Gattung, deren bekanntestes Zeugnis Plato mit dem Gespräch „Symposion“ schuf.

„Geschichte der Kunst“ – Johann Joachim Winckelmanns (1717 bis 1768) wesentlichstes Werk, die „Geschichte der Kunst des Altertums“ (1764).

Bonstetten – Karl Viktor von Bonstetten (1745–1832), Schweizer Schriftsteller, Freund Matthissons.

Bornement – (franz.) Borniertheit, Beschränktheit.

67 *Tiedge* – Christoph August Tiedge (1752–1841), Schriftsteller der Aufklärung; Verfasser des rationalistischen Lehrgedichts „Urania" (1801).
Uz – Johann Peter Uz (1720–1769), Dichter der Aufklärung; anakreontischer Lyriker, schrieb das Lehrgedicht „Versuch über die Kunst, stets fröhlich zu sein" (1760).
Kleist – Ewald Christian von Kleist (1715–1759), Dichter der Aufklärung.
Gleim – Johann Wilhelm Ludwig Gleim (1719–1803), Dichter der Aufklärung; machte sich besonders um die Förderung jüngerer Schriftsteller verdient.
Kosegarten – Theobul Kosegarten (1758–1818), Schriftsteller und Theologe; seine zahlreichen Dichtungen sind von einem hohlen rhetorischen Pathos erfüllt.
Mack – Ludwig Mack (1799–1831), Bildhauer.
68 *S...* – Gemeint ist Schneckenburger; vgl. Anm. zu S. 24.
69 *jenes Mädchen* – Die Tochter des Tischlermeisters Zimmer.
Sabel – Spitzname für den Ephorus des Tübinger Stifts, Gottlieb Friedrich Jäger (1783–1843).
Camez catuph – Hebräisches Vokalzeichen.
excusieren – entschuldigen, verantworten.
70 *Eine ... Freundschaft will ich schildern* – In dem Roman „Feodor", den Waiblinger im Sommer 1823 schrieb, ursprünglich sollte er „Molitor" heißen. Außer Andeutungen im Tagebuch ist nichts überliefert. Waiblinger hat das Manuskript später verbrannt.
71 *In meinem nächsten Roman* – Wieder ist „Feodor" gemeint.
72 *„Carolus Magnus"* – Fortsetzung von Kotzebues Lustspiel „Die deutschen Kleinstädter", auch unter dem Titel „Der Galatag in Krähwinkel" (1806) bekannt.
„Waldhörnchen" – Das Wirtshaus „Zum Waldhorn" im Steinlachtal bei Tübingen.
73 *Bauer* – Ludwig Amandus Bauer (1803–1846), Schriftsteller; mit ihm und Mörike hatte Waiblinger im April 1823 im Tübinger Stift einen Freundschaftsbund geschlossen; später Pfarrer, 1835 Gymnasialprofessor in Stuttgart.
mein nächster Roman – „Feodor".
74 *Timoleon* – Waiblinger plante ein Trauerspiel über den korinthischen Feldherrn und Staatsmann.
den entworfnen Roman – Gemeint ist „Feodor".

76 *Eisbär* – Ein nicht näher bekannter Stiftler.
Buttersack – Ludwig Buttersack (1804–1861), Stiftler, später Pfarrer.
77 *Franckh* – Friedrich Franckh (1795–1865), seit 1822 Verlagsbuchhändler in Stuttgart; verlegte den „Phaethon“, „Die Lieder der Griechen“ und die Satire „Drei Tage in der Unterwelt“.
78 *„Kritik der reinen Vernunft“* – Immanuel Kants (1724–1804) philosophisches Werk (1781).
Argumenter – Fremdsprachliche Texte.
79 *nonum prematur in annum* – (lat.) Es werde bis zum neunten Jahr verschlossen (man eile nicht mit der Veröffentlichung); nach der „Ars poetica“ des Horaz sollen unfertige Dichtungen neun Jahre zurückgestellt werden.
80 *Rödinger* – Friedrich Rödinger, Burschenschafter, später Rechtsanwalt; Mitbegründer der Zeitung „Der Hochwächter“ (1830 bis 1833), einem Organ der progressiven Kräfte in Württemberg.
Hauptmann Heim – Vater von Philippine Heim.
82 *Albano und Roquairol* – Gestalten aus Jean Pauls Roman „Titan“. Albano ist der genial Veranlagte, der durch vernunftgemäße Erziehung alles Titanische überwindet und in den gesellschaftlichen Möglichkeiten seiner Zeit zur sinnvollen Entfaltung seiner Fähigkeiten geführt wird. Roquairol ist der Typ des romantischen Subjektivisten, „ein Kind und Opfer seines Jahrhunderts“ (Jean Paul).
plattieren – In der Sprache der Stiftler soviel wie: beschwatzen.
Schädel – schedula (lat.) Zettel; hier: Gesuch, Entschuldigungsschreiben.
Vagationen – Umherschweifen; gemeint ist hier: sich außerhalb des Stifts aufhalten.
83 *„Tobias“* – Gasthaus bei Tübingen.
petierte eine Aufwartung – ließ mir das Essen auf das Zimmer bringen.
85 *das Häuschen* – Das Presselsche Gartenhaus auf dem Österberg.
88 *Julie* – Julie Michaelis (1799–1879); vgl. dazu Waiblingers Briefe an sie und das Nachwort, S. 521 f.
Zeller – Magnus Friedrich Zeller (1803–1843), Theologe; später Dekan; gehörte zum engsten Freundeskreis Waiblingers.
89 *Hoffmann* – Ludwig Friedrich Wilhelm Hoffmann (1806–1873), Theologe; 1850 Professor in Tübingen, 1852 Hofprediger in Berlin.

89 *„Euphrosyne" und „Rose von Farsistan"* – Zwei der „Vier Erzählungen aus der Geschichte des jetzigen Griechenlands" (1826).

90 *Die beiden M.* – Gemeint sind Adolf Michaelis (1795–1862), Professor für Deutsches Recht in Tübingen, Julies Bruder, und Salomo Heinrich Karl August Michaelis (1768–1844), Professor der Literatur in Tübingen, Julies Onkel.

Whatever is, is right – (engl.) Was auch immer sein mag, es ist richtig.

keinen sterbenden Korsaren – Die Erzählung „Der sterbende Korsar" veröffentlichte Waiblinger als Anhang zu den „Vier Erzählungen aus der Geschichte des jetzigen Griechenlands".

Aus den Briefen

Die Textsituation der Briefe Waiblingers ist außerordentlich kompliziert. Die über viele Einzelveröffentlichungen verstreuten und teilweise recht entlegenen Briefdrucke sind insgesamt nur schwer überschaubar und bieten nicht immer – insbesondere gilt dies für ältere Publikationen – eine zuverlässige Textgrundlage. Das Fehlen einer kritischen Ausgabe macht sich hier besonders erschwerend bemerkbar. Lediglich die (20) Briefe aus Italien an die Eltern, 1930 von Erwin Breitmeyer, einem Großneffen Waiblingers, herausgegeben, liegen in Buchform vor. Zahlreiche Briefe gingen verloren, darunter die an Mörike aus der schwäbischen Zeit. Wir mußten notgedrungen auf die vorhandenen Druckfassungen zurückgreifen. Unsere Ausgabe, die auf die Sichtbarmachung der Entwicklung und Stellung Waiblingers in seiner Zeit und Umwelt abzielt, faßt die charakteristischsten Briefzeugnisse in annähernd chronologischer Geschlossenheit zusammen. Im einzelnen liegen außer der bereits erwähnten Briefausgabe folgende Quellen zugrunde:

Otto Güntter, Ungedruckte Briefe von Eduard Mörike und Wilhelm Waiblinger, in „Süddeutsche Monatshefte", 1. Jg., 2. Bd., München und Leipzig 1904, S. 854–859 (Brief an Eser vom 25. 8. 1822).

Otto Güntter, Ungedruckte Liebesbriefe von Wilhelm Waiblinger, ebd., S. 1004–1021 (Briefe an Julie Michaelis; von den dreizehn undatierten Briefen aus der ersten Hälfte des Jahres 1824 bringen wir fünf).

Otto Güntter, Wilhelm Waiblinger in ungedruckten Briefen aus dem Schiller-Nationalmuseum, in „Schwäbischer Schillerverein, Marbach-

Stuttgart", 33. Rechenschaftsbericht über das Jahr 1. April 1928/29, Stuttgart 1929, S. 65–120 (Brief an Eser vom März 1821; 24. 4. 1822; 6. 2. 1823; an Uhland vom 7. 7. 1823; an Theodor Wagner vom 19. 8. 1825; an Tieck vom 23. 5. 1826; an Henriette vom 25. 6. 1826; an Reimer vom 28. 9. 1828).

Herbert Meyer, Unbekannte Briefe Waiblingers 1822–1826, in „Jahrbuch der Deutschen Schillergesellschaft", 2. Jg., Stuttgart 1958, S. 218–236 (Brief an Eser vom 8. 11. 1822; 9. 7. 1823; 28. 10. 1823; 8. 8. 1826; an Mörike vom 16. 4. 1824).

Franz Schultz, Goethe und Waiblinger, in „Goethe-Jahrbuch", 29. Bd., Frankfurt a. M. 1908, S. 10–21 (Brief an Bertram vom 2. 11. 1822, an Goethe vom 26. 5. 1823).

Briefe an Cotta. Das Zeitalter der Restauration 1815–1832 (Bd. 2), hrsg. von Herbert Schiller, Stuttgart und Berlin 1927, S. 466–482 (von den dort abgedruckten neun Briefen bringen wir zwei).

August Schricker, Briefe aus Rom, Capri und Sizilien von Wilhelm Waiblinger [Auswahl von den sechzehn Briefen an Eser; Handschriften in der UB Straßburg], in „Besondere Beilage des Staatsanzeigers für Württemberg", 1880 und 1882 (Brief an Eser vom 30. 5. 1827; 6. 1. 1828).

Wilhelm Waiblingers Werke, hrsg. von Paul Friedrich (Domschatz-Ausgabe), Berlin 1922 (Brief an Mörike vom 12. 1. 1827).

Der Brief an Nicola wurde nach der Handschrift gedruckt.

95 *in deutscher Sprache fortzufahren* – Die erste Seite des Briefes, die in englischer Sprache abgefaßt ist, wurde in der Vorlage nicht mitgedruckt.

96 *vena* – Hier: poetische Ader.

Becker – Karl Friedrich Becker (1777–1806), Geschichtsschreiber; als sein Hauptwerk gilt die „Weltgeschichte für Kinder und Kinderlehrer" (1801–1805).

Müller – Johannes von Müller (1752–1809), schweizerischer Historiker; schrieb „Die Geschichte der Schweizer Eidgenossenschaft" (1786–1808).

Bredow – Gabriel Gottfried Bredow (1773–1814), Geschichtsschreiber; verfaßte das „Handbuch der alten Geschichte. Geographie und Chronologie" (1803).

Böttger – K. F. W. Böttger (gest. 1819), verfaßte eine „Chronologische Übersicht der deutschen Geschichte" (1820).

96 *Kohlrausch* – Heinrich Friedrich Theodor Kohlrausch (1780–1865), Pädagoge; veröffentlichte eine „Tabelle der europäischen Staatengeschichte".
Franz – Friedrich Christian Franz (1751–1828), 1794–1821 Professor für Geschichte am Stuttgarter Gymnasium.
97 *Epitheton perpetuum* – (lat.) allgemein gültiges Beiwort.
Gayler – Christoph Friedrich Gayler, Rektor des Reutlinger Gymnasiums, später Stadtpfarrer und Lokalhistoriker.
98 *Venus Victrix, Urania, Kallipyga* – Die Venus wurde von Pompeius als die siegreiche Göttin (Victrix) verehrt. Platon unterschied eine himmlische (Urania) und eine irdische Venus (Pandemos). Kallipygos: (griech.) mit schönem Hintern (Beiname der Aphrodite).
99 *Florine* – Vgl. Anm. zu S. 16.
seine Luise – Luise Matthisson, geb. Schoch (1790–1824).
100 *Bethesda* – Gnadenort, nach einem in Jerusalem gelegenen Teich.
Trauerspiel – Gemeint ist „Liebe und Haß".
Sportulatorium – (lat.) Geschenk.
Inhibitivprozesse – Prozesse wegen Verstößen gegen die Schulvorschriften.
Pseudo-„Wanderjahre" – Vgl. Anm. zu S. 41.
Trigesimo secundos bis Quinquagesimo sextos – (lat.) zweiunddreißig bis sechsundfünfzig.
101 *Realblatt...* – Dieser und die folgenden Begriffe sind Jean Pauls Roman „Titan" entlehnt, wo sie als Überschriften verwendet werden; die Unterteilung erfolgt nach „Jobelperioden".
Rossinisten – Anhänger des italienischen Komponisten Gioacchino Rossini (1792–1868).
Lehnprobst Haffenreffer – Diese an Jean Paul angelehnte Unterschrift findet sich auch unter dem Brief an Eser vom 20. Mai 1822.
102 *Rappsches Haus* – Eins der geistigen Zentren im damaligen Stuttgart. Der Kaufmann Gottlob Heinrich Rapp (1761–1832) war ein namhafter Kunstkenner und -sammler. Waiblinger war mit dessen Sohn Moritz Heinrich Rapp (1803–1883) befreundet.
Miedke – Karl Miedke, 1805–1832 Schauspieler und 1808–1815 Regisseur am Stuttgarter Theater.
Maurer – August Wilhelm Maurer (1792–1864), Schauspieler; seit 1819 am Stuttgarter Theater.
den Torus aufgesteckt – das Ehebett aufgestellt; hier scherzhaft für heiraten.

102 *Bertram* – Johann Baptist Bertram (1776–1841), Maler und Kunstsammler, Freund der Brüder Boisserée.
103 *Ein Freund von mir* – Gemeint ist Christian Walz (1802–1857); studierte Philologie und Geschichte in Tübingen, später Professor der klassischen Philologie und Stiftsephorus in Tübingen.
104 *mit der innigsten Bitte* – Sulpiz Boisserée schrieb am 11. Juni 1823 an Goethe: „Hier beiliegend finden Sie das Produkt eines talentvollen, aber auf Stelzen gehenden Jünglings, ich habe das Buch noch nicht lesen können, weiß also nichts davon zu sagen; indessen konnte ich die Bitte nicht abschlagen, das Päckchen an Sie zu befördern. Sollten Sie Zeit und Veranlassung finden, in diesem Roman zu lesen, so wird es mich sehr freuen, wenn Sie eine gute Meinung davon fassen und sich darüber äußern können. Letzteres würde jedoch am heilsamsten sein, wenn der Beifall mit strengen Lehren begleitet wäre." Goethe antwortete nicht.
Goethen selbst das erste gedruckte Exemplar mit einem Brief zusenden – In Goethes Büchervermehrungsliste steht unter Juni 1823: „‚Phaethon' von Waiblinger. Stuttgart 1822. Vom Verfasser."
Aranjuez – Die ehemalige Frühlingsresidenz der spanischen Könige. Anspielung auf den Beginn von Schillers „Don Carlos". Erster Brief aus dem Stift an Eser, das Waiblinger am 22. Oktober 1822 bezogen hatte.
von der sechsten Sphäre – Waiblingers Stube befand sich im sechsten Stockwerk des Tübinger Stiftes.
105 *beim Studienrat berüchtigt gemacht* – Vgl. Tagebucheintragung vom 2. Oktober 1822.
Zwar fürcht ich mich wenig ... – Freies Zitat aus „Faust", Erster Teil, Nacht.
107 *Untier des Platon* – Der griechische Geschichtsschreiber Diogenes Laertios (3. Jahrhundert) berichtet in seinem Werk „Leben und Meinungen berühmter Philosophen", daß Platon den Menschen als zweibeiniges Geschöpf ohne Federn definiert habe; daraufhin habe der griechische Philosoph Diogenes einen gerupften Hahn vorgewiesen und ihn als den Menschen Platons bezeichnet.
Goethen dediziert – Waiblinger widmete den Roman Matthisson.
108 *Schwager und Schwiegervater* – Der Reutlinger Bürgermeister Johann Jakob Fezer (1760–1844) und dessen Sohn Gotthold.
Ihrer lieben Frau – Eser hatte Friederike Fezer am 12. September 1822 geheiratet.

108 *Griechenlieder* – Gemeint sind die „Lieder der Griechen", die 1823 im Verlag von Franckh erschienen.

109 *wie andere* – Gemeint ist Friedrich Haug, der die Gedichte in einem Brief vom 24. Januar 1823 kritisiert hatte.

110 *Reutlinger* – Reutlinger Wein galt als minderwertig.

111 *Gartenhäuschen, in dem Wieland den „Oberon" gedichtet* – Wieland soll der Überlieferung zufolge während seines Studiums in Tübingen (1750–1752) im Presselschen Gartenhaus gewohnt haben; das Versmärchen „Oberon" entstand erst 1778–1780.

Palinodie – poetischer Widerruf.

Conz – Karl Philipp Conz (1762–1827), klassizistischer Schriftsteller; seit 1804 Professor für klassische Literatur in Tübingen.

meine Reise – Vom 20. September bis zum 23. Oktober 1823 unternahm Waiblinger eine größere Reise über den St. Gotthard, die oberitalienischen Seen bis nach Mailand.

„Batrachomyomachie" – Vgl. fünfte Anm. zu S. 21.

113 *einen zweiten Roman vollendet* – „Feodor".

115 Χαιρε! – (griech.) Sei gegrüßt!

Krebs – Johann Baptist Krebs (1795–1828), Sänger und Regisseur am Stuttgarter Theater; Waiblinger wurde mit ihm 1822 bekannt.

116 *Schelling* – Waiblinger lernte ihn 1824 in Erlangen persönlich kennen.

Hundt-Radowsky – Hartwig von Hundt-Radowsky (1759–1835) wurde als Schriftsteller unrühmlich bekannt durch den 1821 erschienenen „Judenspiegel" und den Almanach „Der Erzähler".

Ich führe keines mehr – Drei Wochen später gab Waiblinger seinen Vorsatz, kein Tagebuch mehr zu führen, wieder auf.

meine Geliebte – Philippine Heim.

Ich werde wahrscheinlich ... Freimaurer – Waiblinger verwirklichte dieses Vorhaben nicht.

ein werdender dramatischer Dichter – Gemeint ist sicherlich Ludwig Amandus Bauer.

117 *Pfarrer von Leubazhausen* – Der katholische Pfarrer des Dorfes Laupertshausen, zwischen Hürbel und Biberach gelegen, Alois Nothelfer (1755–1827), war ein Freund Esers, den auch Waiblinger kennengelernt hatte. Er besaß eine bedeutende Bibliothek.

Pfarrer von Gutenzell – Pfarrer Scherr im nur wenige Kilometer von Hürbel entfernten Gutenzell lernte Waiblinger im März 1823 kennen.

117 *Hetsch* – Jakob Benedikt Hetsch (1781–1848), Schönfärber zu Biberach, Freund Esers, besaß eine „kleine Sammlung recht ausgesuchter Gemälde“.
nicht so schön als der Danneckersche – Waiblinger bezieht sich auf einen Brief des Bildhauers Theodor Wagner vom 1. Juli 1823, in dem es dazu heißt: „Was übrigens seinen (Thorwaldsens) Christus betrifft, so spricht mich der Kopf nicht an, und ich ziehe den von Dannecker weit vor.“
von der Ankunft der jungen – Es folgen zwei von Waiblinger unleserlich gemachte Worte. Sinngemäß müßte folgen: „Tochter“.
die Tochter – Sie hatte den Namen Laura erhalten.
... als mir der Sohn – Waiblinger meint damit seinen Roman „Feodor“, für den sich kein Verleger fand.

118 *Ebel* – Johann Gottfried Ebel (1764–1830), schweizerischer Geologe.
Winkelried – Arnold (oder Erni) Winkelried, legendärer schweizerischer Volksheld, der in der Schlacht bei Sempach am 9. Juli 1386 der Überlieferung zufolge mit seinem Opfertod eine Bresche in die Reihen der habsburgischen Feinde schlug und damit zum Sieg der Eidgenossen beitrug.

119 *Carraccis* – Italienische Malerfamilie: Agostino (1557–1602), Annibale (1560–1609) und Lodovico Carracci (1555–1619); sie unterhielten in Bologna eine gemeinsame Werkstatt.
Paul Veronese – Paolo Veronese, eigentlich Caliari (1528–1588), einer der wichtigsten Vertreter der venezianischen Malerei.
Domenichino – Eigentlich Domenico Zampieri (1581–1641), italienischer Barockmaler.
Dyck – Anthonis van Dyck (1599–1641), niederländischer Maler und Radierer.

120 *Isola Bella* – Eine der vier Borromeischen Inseln im Lago Maggiore. Felseneiland, auf dem im 17. Jahrhundert prunkvolle Parkanlagen und Gärten geschaffen wurden, die in zehn Terrassen ansteigen.
Tempesta – Cavaliere Tempesta („Ritter Sturm“), Künstlername des niederländischen Malers Pieter Mulier d. J. (1637–1701).
„Kalonasore“ – Die erste der „Vier Erzählungen aus der Geschichte des jetzigen Griechenlands“.
Lauterbrunnen – Handlungsort in dem Roman „Lord Lilly“.
Kälberflotte – Offenbar benutzte Waiblinger auf seiner Reise die billigen Kälbertransporte auf der Aare von Thun nach Bern.

120 *Wyß* – Rudolf Wyß d. J. (1782–1830), schweizerischer Schriftsteller; Autor der eidgenössischen Nationalhymne; veröffentlichte in dem von ihm herausgegebenen Almanach „Die Alpenrosen" (1811–1830) mehrere Gedichte Waiblingers. Waiblinger wurde auf seiner Reise nach Italien im Jahre 1826 mit ihm bekannt und war sein Gast auf dessen Landgut in der Nähe von Bern.

Meisner – Karl Friedrich August Meisner (1765–1825), Professor der Naturgeschichte und Geographie in Bern; Mitherausgeber des Almanachs „Die Alpenrosen".

Bonstetten – Waiblinger hatte den schweizerischen Schriftsteller Karl Viktor von Bonstetten (1745–1832) am 1. September 1822 bei Matthisson kennengelernt.

Ravensburg ... – Waiblinger reiste von Ravensburg über Zwiefalten (und nicht über Hürbel) zurück, so daß er Eser nicht noch einmal besuchen konnte.

Zeller – Vgl. Anm. zu S. 88.

Sammlung kleiner Gedichte – Der Druck kam nicht zustande.

121 *Verleger und Bühne* – „Anna Bullen" erschien 1829 bei Reimer in Berlin, eine Aufführung kam nie zustande.

„Ardinghello" – Der Künstler-Roman „Ardinghello und die glückseligen Inseln" von Wilhelm Heinse (1746–1803) war 1787 erschienen.

Gotthold – Gemeint ist Esers Schwager Gotthold Fezer.

122 *München* – Eine vierzehntägige Reise führte Waiblinger und seinen Freund Moritz Rapp (vgl. Anm. zu S. 102) im April 1824 über Ulm und Augsburg nach München, von wo er über Regensburg, Erlangen, Rothenburg ob der Tauber nach Straßburg reiste.

wie auf dem niederländischen Jahrmarkt zu Jerusalem in Augsburg – Vermutlich Anspielung auf ein Gemälde, das Waiblinger im Augsburger Hotel „Drei Mohren" gesehen haben könnte. Der damalige Besitzer Johann Georg Deuringer besaß eine Gemäldesammlung, in der sich auch zwei Darstellungen niederländischer Jahrmärkte befanden. (Nach einem Hinweis von Dr. Bellot an Herbert Meyer.)

Julie – Waiblinger kannte sie seit dem 13. Dezember 1823.

Oheim – Julies Onkel; vgl. Anm. zu S. 90.

123 *Bruder* – Vgl. Anm. zu S. 90.

Domeier – Er war bei Julies Onkel und Bruder als Schreiber angestellt und vermittelte die Briefe zwischen Waiblinger und Julie. Vgl. dazu auch das Nachwort S. 521 f.

123 *Jupiter* – Waiblinger kennzeichnete Julie in den Tagebüchern und Briefen häufig durch das astronomische Zeichen des Jupiter (♃).
Reni – Guido Reni (1575–1642), italienischer Maler.
Raffael – Waiblinger sah dessen Gemälde „Heilige Familie aus dem Hause Canigiani".
125 *Koloß des Kastor* – Wahrscheinlich ein Abguß der Dioskuren vom Monte Cavallo in Rom.
Apollino – Abguß des florentinischen ruhenden Apoll.
Corneliussche Freskogemälde in der Glyptothek – Peter von Cornelius (1783–1867) gestaltete 1820–1830 mit einer Schar von Gehilfen drei Räume der Glyptothek, die seit 1816 im Bau war, mit Fresken aus, auf denen die Götter Griechenlands, die Prometheussage und der Trojanische Krieg dargestellt sind.
Venus Pandemos – Die Göttin der irdischen Liebe.
127 *D.* – Domeier.
Ach, du klagst ... – Teil 8 der Verserzählung „Kalonasore", mit einigen Abweichungen von der Druckfassung.
128 *zwei Freunde* – Gemeint sind Eduard Mörike und Ludwig Bauer.
137 *Theodor Wagner* – Vgl. Anm. zu S. 52.
140 *Widmann* – Eduard Widenmann (1801–1854), vermutlich als Auslandskorrespondent Cottas in Venedig; später Redakteur der Zeitschrift „Das Ausland" (1828–1893) und der „Blätter zur Kunde der Literatur des Auslandes" (1836–1840), die Cotta verlegte.
verwitwete Königin – Die Witwe König Friedrichs I. von Württemberg, Charlotte, geb. Prinzessin von England (1766–1828); Waiblinger hatte ihr sowie dem badischen General Karl Egon Fürst von Fürstenberg (1796–1854) seine „Vier Erzählungen aus der Geschichte des jetzigen Griechenlands" gesandt; die Hoffnungen auf ein Reisegeld erfüllten sich nicht.
Lukas – Theodor Wagner arbeitete von 1823 bis 1826 in Rom im Auftrage König Wilhelms I. an einer Statue des Evangelisten Lukas für die Grabkapelle des Stammschlosses Württemberg.
141 *... über sechshundert* – Von den Briefen an Julie Michaelis blieben lediglich dreizehn erhalten.
Müllners ... Urteil – Waiblinger bezieht sich auf die lobende Besprechung seines Werkes im „Mitternachtblatt für gebildete Stände", Nr. 20–23/1826.
143 *Schwab* – Er hatte Waiblinger angeregt, ein Hohenstaufen-Drama zu schreiben; dieser Plan wurde nicht verwirklicht.

143 *Werkchen* – „Vier Erzählungen aus der Geschichte des jetzigen Griechenlands“.

144 *Winkler*–Theodor Winkler, Pseudonym Theodor Hell (1775–1856), Schriftsteller und Theatersekretär in Dresden; Herausgeber der „Abendzeitung“, in der seit 1825 viele Beiträge Waiblingers erschienen.

148 *Christophorus* – Die Strixnersche Lithographie von Hans Memlings „Christophorus“. Vgl. auch vierte Anm. zu S. 27.

... daß Du in meinen unterirdischen Schattengefilden ermüden würdest – Eser fand offenbar an der Satire „Drei Tage in der Unterwelt“ wenig Gefallen.

150 *unter die Presse* – Franckh druckte keines der beiden hier erwähnten Werke.

Haug ... ist empört – Vermutlich deshalb, weil er in der Satire die „ungeheure Nase Herrn Wahls“ tragen muß, womit auf Haugs „Zweihundert Hyperbeln auf Herrn Wahls ungeheure Nase“ (1804) angespielt wird.

151 *Pelikansbrust* – Nach dem Volksaberglauben soll der Pelikan seine Jungen mit dem eigenen Blute ernähren; er wurde deshalb zum Symbol der Mutterliebe und Liebe allgemein, oft auch als Sinnbild Christi dargestellt.

Müllner – Adolf Müllner (1774–1829) war Redakteur des „Mitternachtblattes für gebildete Stände“ (1826–1829). Waiblinger hatte ihm für seine Zeitschrift Beiträge geschickt und noch keine Antwort erhalten. Am 2. 8. 1826 (Nr. 92) war sein Gedicht „An Hölderlin“ erschienen, das Waiblinger vermutlich noch nicht vorlag; am 11. 8. (Nr. 96) wurde das Gedicht „Am Ticino“ veröffentlicht, am 25. 10. (Nr. 130) „An Rosaly“. Müllner hatte bereits vorher mehrfach Beiträge von Waiblinger in seiner Zeitschrift publiziert. Vgl. auch Anm. zu S. 141.

der wilde, unruhige Liebling – Gemeint ist Henriette.

152 *Bracebridge-Hall* – Titel einer Schilderung englischen Landlebens (1822) von Washington Irving, die 1826 in einer deutschen Übersetzung erschienen war; Waiblinger überträgt den Handlungsort auf Esers Hürbeler Heim.

Nicola – Karl Nicola (geb. 1797), Musiker; 1821–1823 Mitglied der Stuttgarter Hofkapelle, danach in Hannover.

Lindpaintner – Peter Joseph von Lindpaintner (1791–1856), Komponist; seit 1819 Kapellmeister in Stuttgart.

156 *Gfrörer* – August Friedrich Gfrörer (1803–1861), Studienfreund Waiblingers; später Professor für Geschichte an der Universität Freiburg.

157 *Bocchetta* – La Bocchetta, 772 m hoher Paß im Ligurischen Apennin, über den man von Piemont nach Genua gelangt.

159 *Vaudois* – Französischer Name für einen Bewohner des schweizerischen Kantons Waadt.

Montefiasconewein – Berühmter Muskatellerwein (auch unter der Bezeichnung „Est, est" bekannt), der in der Gemeinde Montefiascone in der Provinz Viterbo gekeltert wird.

Chargé d'affaires – (franz.) Geschäftsträger, Stellvertreter des Gesandten.

160 *Kohler* – Friedrich Wilhelm Kohler (1786–1830), Stuttgarter Kaufmann; ein Bruder von Waiblingers Mutter, der dem Neffen großes Verständnis entgegenbrachte. Waiblinger war bei ihm oft zu Gast.

161 *Vasari* – Giorgio Vasari (1511–1574), italienischer Architekt, Maler und Kunsthistoriker; seine Biographiensammlung „Künstler der Renaissance" (1550) ist ein Standardwerk der Kunstgeschichte.

mezzogiorno – (ital.) Mittag.

Costanza – Waiblingers Logiswirtin in der Via Frattina.

„Caffè Greco" – Nach dem ursprünglichen Besitzer, der ein Grieche war, benannt. Allgemeiner Treffpunkt der deutschen Künstler seit dem Ende des 18. Jahrhunderts. Briefe und Geldsendungen aus Deutschland wurden gewöhnlich dorthin adressiert.

„Chiavica" – (ital.) Kloake.

mezzanotte – (ital.) Mitternacht.

preußischer Gesandter – Christian Karl Josias Freiherr von Bunsen (1791–1860), preußischer Diplomat und Theologe; ab 1817 in diplomatischen Diensten in Rom, 1824 Geschäftsträger.

164 *Koch* – Joseph Anton Koch (1768–1839), Landschaftsmaler; besuchte 1785–1791 die Stuttgarter Karlsschule, von der er als Anhänger der Französischen Revolution floh; ab 1795 in Rom ansässig.

Zoega – Georg Zoega (1755–1809), deutsch-dänischer Archäologe; ab 1779 in Rom.

Genelli – Bonaventura Genelli (1798–1868), Maler und Zeichner; 1822–1832 in Rom, wo er sich Joseph Anton Koch anschloß; gehörte anfangs zum Freundeskreis Waiblingers in Rom. Vgl. auch sein Spottbild auf Waiblinger!

165 *Veit* – Philipp Veit (1793–1877), Maler; ab 1815 in Rom, wo er sich den Nazarenern anschloß.

Overbeck – Johann Friedrich Overbeck (1789–1869), Maler und Kupferstecher; ab 1810 in Rom, einer der wichtigsten Vertreter der Nazarener.

Thorwaldsen – Bertel Thorwaldsen (1768–1844), dänischer Bildhauer; Hauptvertreter des Klassizismus, 1797–1838 in Rom.

167 *Festino* – (ital.) Gastmahl.

Tag der Moccoli – moccolo: (ital.) Kerzenstummel.

Servitor – (ital.) Diener.

Caffettiere – (ital.) Cafébesitzer.

170 *Hoffmann* – Ludwig Friedrich Wilhelm Hoffmann (1806–1873) gehörte zu Waiblingers Tübinger Freunden. Vgl. auch Anm. zu S. 89.

176 *Kölle* – Friedrich Kölle (1781–1848), württembergischer Diplomat; 1809 in Karlsruhe, 1812 in Dresden, 1816–1833 Geschäftsträger beim Vatikan; Freund Cottas und Johann Peter Hebels (dessen „Adjunkt" im „Rheinländischen Hausfreund").

177 *jener Maler* – Francesco Scaramuzza (1803–1886), italienischer Maler und Zeichner aus Sissa (Parma); studierte in Parma und Rom, 1854 Direktor der Kunstakademie Parma; illustrierte Dantes „Göttliche Komödie" (243 Federzeichnungen); Waiblingers engster Freund in Rom; sein verschollenes Waiblinger-Porträt befand sich im Besitz Karl Winklers in Dresden.

180 *Blumenfest in Genzano* – Volksfest in den Albanerbergen, das am 21. Juni gefeiert wird. „Die Straßen sind von den schönsten Blumen übersäet, mit welchen alle möglichen Zeichnungen, Tempel, Gärten, Altäre, Wappen, Arabesken und Ornamente auf der Fläche ausgeführt sind. Auf ihnen wandelt die Prozession zur Kirche." (Eduard Grisebach)

183 *Almanach aus Italien* – „Taschenbuch aus Italien und Griechenland auf das Jahr 1829", herausgegeben von Wilhelm Waiblinger; Erstes Buch: Rom; mit acht Kupfern. Es enthält folgende Beiträge: „Lied der Weihe"; „Erklärung der Kupfer"; „Das Blumenfest. Novelle"; „Lieder des römischen Karneval"; „Die Briten in Rom. Novelle"; „Die heilige Woche. Charaktergemälde aus Rom" (alle Beiträge stammen von Waiblinger).

Reimer – Georg Andreas Reimer (1776–1842), Buchhändler und Verleger in Berlin.

184 *Platen* – Der Dichter August Graf von Platen-Hallermünde (1796 bis 1835) lebte seit Oktober 1826 in Rom und starb wenige Jahre nach Waiblinger in Syrakus. Waiblinger lernte ihn im Januar 1827 kennen, im November des gleichen Jahres trafen sie sich in Neapel wieder. Platen äußerte sich mehrfach abfällig über Waiblinger, bekannte jedoch auch, daß er „verwünscht viel Geist hat".

Semler – Karl Wilhelm Salomo Semler (1788–1838), Finanzrat in Berlin; 1826 in Italien. Waiblinger schrieb ihm am 19. 1. 1828. Der Brief wurde von Albert Leitzmann veröffentlicht, in „Deutsche Rundschau", Mai 1915, S. 240–247.

Stelle des Redakteurs eines Theaterjournals – Platen schrieb in einem Brief vom 11. Januar 1828 an Gustav Schwab: „Von Berlin aus wurde mir von einer Gesellschaft Theaterfreunde der Antrag gemacht, in dortiger Stadt ein kritisches Wochenblatt über das Theater herauszugeben, wofür sie mir eine jährliche Summe von 2500 Talern anboten... Ich habe Herrn Waiblinger, den ich hier kennengelernt, für jene Stelle empfohlen, weil er eine große Begierde darnach bezeigte." Das von Semler angeregte Journal kam nicht zustande.

„Francesco Spina" – Als Erzählung veröffentlicht im „Taschenbuch aus Italien und Griechenland auf das Jahr 1830".

185 *Abendblatt* – Gemeint ist die Dresdener „Abendzeitung".

„Morgenzeitung" – Die „Dresdner Morgenzeitung" erschien von 1827 bis Juni 1828, Herausgeber waren Friedrich Kind (1768 bis 1843) und Karl Konstantin Kraukling (1792–1873).

186 *Portugallen* – Orangen.

Tombasi – Griechischer Admiral aus Smyrna. Seine Tochter, Angela Villeneuve (geb. 1810), war mit einem französischen Offizier verheiratet.

Papst – Leo XII. (1760–1829), seit 1823 Papst.

Correggio – Eigentlich Antonio Allegri (1489?–1534), italienischer Maler.

187 *Pius VII.* – Pius VII. (1740–1823) war der Vorgänger Leos XII.

Canova – Antonio Canova (1757–1822), italienischer Bildhauer; wichtigster Vertreter der klassizistischen Plastik.

Paino – (ital.) Stutzer.

eine Novelle – „Die Briten in Rom".

Ciarlatano – (ital.) Scharlatan, Marktschreier, Gaukler.

Burattini in fiano – Marionettenspiel.

187 *Cassandro* – Populäre Gestalt des italienischen Puppenspiels.
Taddei – Rosa Taddei, italienische Improvisatrice (Stegreifdichterin und Sängerin). Waiblinger veröffentlichte einen Aufsatz über sie im „Taschenbuch aus Italien und Griechenland auf das Jahr 1830".
Goldoni – Carlo Goldoni (1707–1793), italienischer Lustspieldichter, von entscheidendem Einfluß auf die Entwicklung der italienischen Komödie; schrieb zahlreiche Stücke aus dem venezianischen Volksleben.

190 *Almanach fürs folgende Jahr* – „Taschenbuch aus Italien und Griechenland auf das Jahr 1830", herausgegeben von Wilhelm Waiblinger; Zweites Buch: Neapel und Rom; mit acht Kupfern und einem radierten Blatt von Krafft. Es enthält folgende Beiträge: „Erklärung der Kupfer"; „Das Märchen von der Blauen Grotte"; „Bilder aus Neapel. Hundert Gedichte"; „Francesco Spina. Erzählung"; „König Jacob von Belvedere", Romanze von August Kopisch; „Skizzen eines Wegweisers durch die Umgebungen Roms, die Gebirge der Latiner, Volsker, Äquer, Sabiner, Herniker, Marsen bis in die Abruzzen"; „Die Improvisatrice Rosa Taddei"; „Brief an den Herrn Setzer". (Bis auf die Romanze von Kopisch stammen wiederum alle Beiträge von Waiblinger.)
Manfred – Manfred (1231–1266), Sohn Kaiser Friedrichs II., seit 1258 König von Sizilien; er war vor allem durch Byrons Versdrama „Manfred" (1817) bekannt geworden.

191 *Führich* – Josef Führich (1800–1876), Maler, Zeichner und Radierer; 1827–1829 in Rom, wo er sich den Nazarenern anschloß.
Krafft – Johann August Krafft (1798–1829), Maler und Radierer; ab 1826 in Rom. Der bedeutendste von den jüngeren Malern aus Waiblingers Umkreis. Seine römische Karnevalsszene entstand 1827. Das Gemälde wurde 1828 ausgestellt und von Thorwaldsen angekauft, 1829 entstand nach dieser Vorlage eine Radierung für Waiblingers Taschenbuch.
Götzloff – Karl Wilhelm Götzloff (1799–1866), Landschaftsmaler; seit 1821 in Rom, Schüler von Koch.
Moosbrugger – Friedrich Moosbrugger (1804–1830), Maler; 1827 bis 1829 in Italien. Der „Straßendeklamator in Neapel" (Kunsthalle Karlsruhe), nach dem der in diesem Band reproduzierte Stich entstand, ist eins seiner wichtigsten Gemälde.
Ariost – Lodovico Ariosto (1474–1533), italienischer Dichter.

191 *Sohn* – Georg Ernst Reimer (1804–1885), ab 1826 im Verlag tätig.
meine Gedichte – „Blüten der Muse aus Rom“ (1829).
192 *Befana* – In Italien eine Art weiblicher Knecht Ruprecht; sie beschert nach dem Volksglauben in der Dreikönigsnacht die artigen Kinder, während sie die bösen bestraft.
193 *Pagani* – Der Notar Giuseppe Pagano hatte Waiblinger im Herbst 1828 unentgeltlich aufgenommen. Später wohnten bei ihm auch Platen und Scheffel.
197 *meine Römerin* – Nena Carlenza, eine junge Witwe, mit der Waiblinger seit 1827 zusammenlebte. Im November 1828 kam eine Tochter zur Welt; als Waiblinger starb, erwartete Nena Carlenza ein zweites Kind.
198 *der Abgeschiedene* – Entweder ist Esers Vater oder Esers Schwager Gotthold Fezer gemeint. Beide starben im Sommer 1828.
201 *Sovran* – Herrscher.
202 *Alpirsbacher* – In Alpirsbach im Schwarzwald lebten zwei Geschwister von Waiblingers Mutter: sein Onkel Heinrich Kohler, der dort Kameralverwalter war, und seine Tante Johanna, die mit dem dortigen Posthalter Eyth verheiratet war.
203 *Knapp* – Johann Michael Knapp (1793–1861), Architekt und Radierer; 1819–1840 in Rom, wo er archäologische Studien trieb, später Hofbaumeister in Stuttgart.
206 *Sonne des Löwen* – Solleone: (ital.) Hundstage.
heilige Agatha – Schutzheilige gegen Vulkanausbrüche und Feuer.
207 *Achalm* – Berg bei Reutlingen (712 m).
208 *Landolino* – Mario Landolina, sizilischer Adliger.
211 *„König Enzio“* – Bezieht sich auf einen nicht verwirklichten Vorsatz, die Geschichte der Hohenstaufen zu dramatisieren.
213 *durch die Hand eines Freundes* – Dr. phil. Wilhelm Schluttig (1803–1830), Sohn eines Chemnitzer Strumpfwirkers, studierte in Leipzig, kam im Frühjahr 1829 als Hofmeister nach Rom, war zuletzt Vatikanangestellter, zugleich Korrespondent des Archäologischen Instituts in Paris. Er starb am Tag seiner geplanten Abreise (12. Oktober) und wurde in der Nähe von Waiblingers Grabstätte beigesetzt.
214 *von dem Beutel eines Freundes* – Waiblinger hatte auf seiner fünfmonatigen Reise seine Barschaft restlos aufgebraucht, so daß er während seiner Krankheit auf die Hilfe Schluttigs angewiesen war.

Drei Tage in der Unterwelt

In den Osterferien 1826 verbrachte Waiblinger vierzehn Tage bei seinem Freund Friedrich Eser in Hürbel. Die Gespräche mit Eser bestärkten Waiblinger in seinem Entschluß, sobald wie möglich nach Rom zu reisen. Gleichzeitig wurde neben anderen literarischen Plänen über eine Literatursatire gesprochen. Noch in Hürbel begann Waiblinger mit deren Niederschrift. Wenige Tage nach seiner Rückkehr vollendete er die Schrift. Vermutlich noch im April schickte er sie dem Stuttgarter Verleger Franckh. Im Juli lag das Buch vor. Am 23.7.1826 sandte Waiblinger ein Exemplar an Eser.

223 *Bardale* – Gallischer Name der Lerche. Klopstock führte ihn ins Deutsche ein, wo er später als Synonym für Volkslied und Volksliedsammlungen verwendet wurde.

Weber – Carl Maria von Weber (1786–1826) errang mit der 1821 in Berlin uraufgeführten Oper „Der Freischütz“ schlagartig eine große Popularität. Waiblingers Polemik entspringt einer Haltung, die auf die Überwindung der Romantik abzielt.

224 *Nägeli* – Hans Georg Nägeli (1773–1836) verfaßte eine musikpädagogische „Darstellung der Pestalozzischen Gesangsbildungslehre“ (1810), die auf die Schulgesangsmethodik seiner Zeit nachhaltigen Einfluß ausübte.

Exklamationen – Ausrufe.

Müllner – Vgl. Anm. zu S. 39 und 151. Müllner brachte im „Mitternachtblatt“ (Nr. 124, 11. Oktober 1826) eine relativ maßvolle Kritik der Satire Waiblingers.

Denner – Balthasar Denner (1685–1749) erwarb sich als Porträtmaler wegen der peinlich getreuen Wiedergabe aller Details der Hautoberfläche den Beinamen „Porendenner“.

225 *van der Velde* – Karl Franz van der Velde (1779–1824) verfaßte zahlreiche historische Unterhaltungsromane in der Nachfolge Scotts.

Fouqué – Friedrich de la Motte Fouqué (1777–1843) errang mit seinem Kunstmärchen „Undine“ (1811) allgemein Anerkennung, wurde jedoch danach sehr bald zum trivialen Vielschreiber mit unverkennbar reaktionärer Gesinnung.

Clauren – Anagramm für den Unterhaltungsschriftsteller Carl Gottlieb Samuel Heun (1771–1854), den Wilhelm Hauff in seinem

Werk „Der Mann im Mond oder Der Zug des Herzens ist des Schicksals Stimme“ (1825) vernichtend parodierte.

225 *‚Urania‘* – Das die Kantsche Philosophie verherrlichende Lehrgedicht (1801) von Christoph August Tiedge (1752–1841).

Kotzebuesche und Ifflandsche Bürgerpoesie – August Kotzebue (1761–1819) und August Wilhelm Iffland (1759–1814) beherrschten als routinierte Bühnenautoren mit ihren trivialen Familien- und Rührstücken lange Zeit die Repertoires der deutschen Theater.

Paulus – Heinrich Eberhard Gottlob Paulus (1761–1851), protestantischer Theologe.

Jacobi – Friedrich Heinrich Jacobi (1743–1819), philosophischer Schriftsteller, der subjektivistisch-idealistische Anschauungen verfocht und deshalb auch im Gegensatz zu Friedrich Wilhelm Joseph Schelling (1775–1854) geriet, der im „Denkmal der Schrift von den göttlichen Dingen“ (1812) gegen Jacobi polemisierte.

Tieftrunk – Johann Heinrich Tieftrunk (1759–1837), Philosoph; popularisierte die Ideen Kants.

Kannegießer – Karl Friedrich Ludwig Kannegießer (1781–1864), Ästhetiker und Übersetzer.

Krug – Wilhelm Traugott Krug (1770–1842), von Kant beeinflußter Philosoph.

‚Euryanthe‘ – Die Oper Carl Maria von Webers wurde 1823 in Wien uraufgeführt.

227 *ein gewisser Epigrammatiker* – Johann Christoph Haug.

Blumauer – Aloys Blumauer (1755–1798), österreichischer Schriftsteller und Publizist der Aufklärung; bekannt als Autor der Aeneis-Travestie „Die Abenteuer des frommen Helden Aeneas“ (1782).

Puruspistor – purus: (lat.) rein; pistor: (lat.) Bäcker; latinisierte Form von Reinbeck. Waiblinger verspottete damit den klassizistischen Schriftsteller und Ästhetiker Georg Reinbeck (1766 bis 1849), der Cottas „Morgenblatt für die gebildeten Stände“ herausgab und zu den literarisch einflußreichsten Persönlichkeiten in Stuttgart gehörte. Sein Haus war eins der geistigen Zentren der Stadt. Waiblinger verkehrte nicht in seinem Kreis, in dem „precios-höfische Manieren“ herrschten.

Jean Paul – Der von Waiblinger verehrte Dichter war am 14. November 1825 in Bayreuth gestorben.

228 *„Dampfboot“* – Die Tageszeitung, auf die Waiblinger anspielt, war nicht zu ermitteln.

228 *Schlegel* – August Wilhelm Schlegel (1767–1845) hielt 1808 in Wien „Vorlesungen über dramatische Kunst und Literatur" (gedruckt 1809–1811), in denen er bei der Dramatisierung historischen Stoffen (aus dem Mittelalter) den Vorzug gibt. Später trieb er vor allem Sanskritstudien (ab 1819 Professor für indische Philologie in Bonn).

negligieren – vernachlässigen.

Horn – Franz Horn (1781–1837), Literaturwissenschaftler von pietistischer Grundhaltung; kommentierte Shakespeares Werke; hielt als Privatgelehrter in Berlin Vorlesungen über deutsche Romantik und verfaßte eine Reihe trivialer Romane und Erzählungen. Er wurde später auch von Heinrich Heine mehrfach verspottet.

229 *Pustkuchen* – Der orthodoxe protestantische Theologe Johann Friedrich Wilhelm Pustkuchen (1793–1834) veröffentlichte 1821 anonym eine fingierte Fortsetzung des Ersten Teils von „Wilhelm Meisters Wanderjahren", der bis 1828 noch weitere Publikationen folgten, die wie ein Widerruf wirken und die Bekehrung Goethes vortäuschen sollten.

Schubart – Der Berliner Philologe Karl Ernst Schubarth (1796 bis 1861) schrieb das Buch „Zur Beurteilung Goethes, mit Beziehung auf verwandte Literatur und Kunst" (1820), in dem er seine Sympathie für Goethe zum Ausdruck brachte.

Goethischer Brief – Mit feiner Ironie parodiert Waiblinger hier Goethes Altersstil.

232 *Beatrice* – Dantes Jugendgeliebte.

Schwäbisches Meer – Der Bodensee.

233 *Scott* – Walter Scott (1771–1832), schottischer Schriftsteller; seine historischen Romane waren im 19. Jahrhundert in Deutschland sehr populär. Waiblinger bezieht sich auf folgende Romane: „Kenilworth" (1821, dt. 1821), „The fortunes of Nigel" (1822, dt. „Nigels Schicksale", „The Abbot" (1820, dt. „Der Abt"), „Ivanhoe" (1819, dt. 1820), „Old Mortality" (1817, dt. „Die Schwärmer"), „Guy Mannering" (1815, dt. 1825).

236 *Es ist in alten Mären ...* – Der Anfang des Nibelungenliedes.

240 *Xaver Siegwart* – Held der von Goethes „Werther" beeinflußten trivialen Erzählung „Siegwart, eine Klostergeschichte" (1776) von Johann Martin Miller (1750–1814).

jener tollgewordene Mensch – Anspielung auf den Dramatiker und Kanzelredner Zacharias Werner (1768–1823), der 1811 in Rom konvertierte und 1814 zum Priester geweiht wurde; mit seinem Schauspiel „Die Weihe der Unkraft“ (1814) widerrief er sein gesamtes bisheriges Schaffen.

240 *Lavater* – Johann Kaspar Lavater (1741–1801). Waiblinger verspottet den orthodoxen Theologen und Autor religiös-empfindsamer Erbauungsschriften.

Stolberg – Friedrich Leopold Graf zu Stolberg (1750–1819), Schriftsteller des Sturm und Drangs; konvertierte 1800 und wurde zum eifernden Katholiken.

Jung-Stilling – Vgl. Anm. zu S. 23. Waiblinger verspottet den mystischen Schwärmer, der sich in seinen Schriften als christlicher Prophet darstellt.

241 *Pichler* – Karoline Pichler (1769–1843), österreichische Erzählerin; ihr antikisierender Briefroman „Agathokles“ (1808) war seinerzeit weit verbreitet.

Schopenhauer – Johanna Schopenhauer (1766–1838) schrieb eine Reihe von Sittenromanen.

242 *Irving* – Washington Irving (1783–1859), nordamerikanischer Schriftsteller der Romantik, von Scott beeinflußt; gilt als „Vater der amerikanischen Kurzgeschichte“. Spätere Werke zeigen eine Tendenz zur Flucht in eine verklärte Vergangenheit.

Adrian – Johann Valentin Adrian (1793–1864), Schriftsteller; seit 1823 Professor für neuere Sprachen und Literatur in Gießen; er hatte Waiblingers „Phaethon“ scharf kritisiert.

243 *satyrähnlicher Mann* – Gemeint ist der Epigrammatiker Friedrich Christoph Weisser (1761–1836), mit dem Waiblinger persönlich bekannt war.

244 *„Stimmen der Völker in Liedern“* – Herders Sammlung „Volkslieder nebst untermischten Stücken“ (1778/79) erschien von der 2. Auflage (1807) an unter diesem Titel.

Görres – Joseph Görres (1776–1848) war zu Lebzeiten Waiblingers insbesondere durch „Die teutschen Volksbücher“ (1807) hervorgetreten.

Gradus ad Parnassum – (lat.) Stufe zum Parnaß. Titel eines damals weit verbreiteten Hilfsbuches für lateinische Versübungen.

245 *Hagedorn* – Friedrich von Hagedorn (1708–1754), Lyriker und Fabeldichter der frühen Aufklärung.

Rabener – Gottlieb Wilhelm Rabener (1714–1771), Schriftsteller der Aufklärung; schrieb moralisierende Satiren.

245 *Leipziger, Jenaer Literaturzeitung* – Die „Leipziger Literaturzeitung“ erschien ursprünglich als „Leipziger Jahrbuch“, dann als „Neue Leipziger Zeitung“ (1800–1814). Die „Jenaische Allgemeine Literaturzeitung“ erschien seit 1804.

Kosegarten – Vgl. fünfte Anm. zu S. 67.

246 *Leukadischer Felsen* – Südspitze der Insel Leukas, heute Kap Dukato. Im Altertum war der Fels berühmt, weil ein Sprung von ihm unglückliche Liebe heilen sollte. Der Sage zufolge sprang auch die griechische Dichterin Sappho (um 600 v. u. Z.) des schönen Jünglings Phaon wegen von dieser senkrechten Marmorwand hinab.

247 *Grillparzer* – Der österreichische Dramatiker Franz Grillparzer (1791–1872) gestaltete in seiner Tragödie „Sappho“ (1818) die unglückliche Liebe der griechischen Dichterin.

Karschin – Anna Luise Karsch(in) (1722–1791), Dichterin der Aufklärung; von Gleim in übertriebener Huldigung als „deutsche Sappho“ bezeichnet.

Magdalena – Maria Magdalena, die Begleiterin Jesu, gilt in der biblischen Überlieferung als die „Sünderin“.

Staël – Vgl. vierte Anm. zu S. 23.

248 *Versmaß* – Gemeint ist die sapphische Strophe, die aus drei sapphischen Versen und einem Adonis besteht (ein von Horaz vermutlich der Sappho irrtümlich zugeschriebenes Versmaß) und im 18./19. Jahrhundert u. a. von Klopstock, Platen und Lenau gepflegt wurde.

250 *in puris naturalibus* – (lat.) im reinen Naturzustand.

251 *Aristipp* – Griechischer Philosoph (um 435–360 v. u. Z.), Schüler des Sokrates.

Filles – (franz.) Töchter; hier: Dirnen.

Galanthomme – (franz.) Hofmann, Ehrenmann.

Agathon – Athenischer Tragödiendichter (um 446 bis um 401 v. u. Z.), den Christoph Martin Wieland (1733–1813) zum Helden seines Bildungsromans „Geschichte des Agathon“ (1766) machte.

254 *Karessien* – Schmeicheleien, Liebkosungen.

255 *die bezauberte Rose* – Anspielung auf das sentimentale pseudoromantische Epos „Die bezauberte Rose“ (1818) von Ernst Schulze (1789–1817).

Lilar – Zaubergarten aus Jean Pauls Roman „Titan“ (1800 bis 1803).

255 *Isola bella* – Malerisch schöne Insel in Jean Pauls Roman „Titan". Vgl. auch Anm. zu S. 120. Möglicherweise spielt Waiblinger auf seine eigene Zeichnung an, auf der er die Insel darstellte.
verquisten – verschwenden.
256 *Enkaustik* – Antike Wachsfarbenmalerei.
Cansteinsche Bibel – Karl Hildebrand von Canstein (1667–1719) gab in der 1710 gegründeten und später mit den Franckeschen Stiftungen vereinigten Bibelanstalt billige, für Arme gedachte Bibel-Ausgaben heraus.
Baumannshöhle – Tropfsteinhöhle bei Rübeland im Harz.
Oleum tartari per deliquium – (lat.) herabträufelndes Höllenöl.
Ramesses – Ramses: Gemeint ist vermutlich der durch seine Bautätigkeit berühmt gewordene Ramses II. (gest. 1234 v. u. Z.).
Braunsteinkalk der Begeisterung – Parodierende Nachahmung Jean Pauls, der in seinem Roman „Flegeljahre" (1804/05) Bezeichnungen für Mineralien als Kapitelüberschriften wählte.
257 *Wahls Nase* – Vgl. Anm. zu S. 150.
starb von Sand – Gemeint ist der Schriftsteller August Kotzebue (1761–1819), dessen Ermordung durch den Burschenschafter Karl Ludwig Sand (vgl. Anm. zu S. 45) der Reaktion zum Anlaß für die sogenannten Demagogenverfolgungen wurde.
258 *der Dichter der „Weihe der Unkraft"* – Vgl. zweite Anm. zu S. 240.
hyperboräischer Esel – Anspielung auf Kotzebue und dessen 1799 erschienene, antiromantische Satire „Der hyperboräische Esel oder Die heutige Bildung".
Ugolino – Ugolino della Gherardesca (gest. 1289) versuchte als Stadtherr in Pisa gegen Ende des 13. Jahrhunderts eine tyrannische Herrschaft zu errichten. Möglicherweise spielt Waiblinger hier auf das Trauerspiel „Ugolino Gherardeska" (1801) von Kasimir Ulrich Boehlendorff (1775–1825), einem Freund Hölderlins, an.
259 *Verfasser einer Heimkehr* – Anspielung auf den Dramatiker Ernst von Houwald (1778–1845), von dem die Schicksalstragödie „Die Heimkehr" (1821) stammt.
260 *Kampf der beiden Rosen* – Gemeint ist der Krieg der weißen (Haus York) und der roten Rose (Haus Lancaster) in England. Diese drei Jahrzehnte währenden Kämpfe (1455–1485) bilden den historischen Hintergrund von Shakespeares Königsdramen.
Friedrich II. – Als deutscher Kaiser (1212–1250) förderte er die Autorität der Territorialfürsten.

261 *im letzten jugendlichen Abkömmling* – Gemeint ist Konradin (1252–1268), Herzog von Schwaben und Sohn des Stauferkönigs Konrad IV., der in der Schlacht bei Tagliacozzo (1268) von Karl I. von Anjou (1220–1285) gefangengenommen und kurz darauf in Neapel hingerichtet wurde.

Innocenz – Gemeint ist Innocenz IV. (1243–1254), der erbitterte Gegner Friedrichs II., der nach dessen Tod den Kampf gegen des Kaisers Söhne Konrad IV. und Manfred, den König von Sizilien, fortsetzte. Manfred besiegte 1254 bei Foggia die Truppen des Papstes, wurde aber 1266 von den Truppen Karl von Anjous entscheidend geschlagen. Manfred selbst fand dabei den Tod, seine Witwe und seine Kinder starben in der Gefangenschaft.

Cramer – Carl Gottlob Cramer (1758–1817), Trivialschriftsteller; verfaßte zahlreiche Räuber- und Ritterromane.

Spieß – Christian Heinrich Spieß (1755–1799), Trivialschriftsteller; Hauptvertreter des Räuber-, Ritter- und Schauerromans.

Traiteur – (franz.) Gastwirt.

262 *Tiedge* – Vgl. Anm. zu S. 67.

Geßner – Salomon Geßner (1730–1788), schweizerischer Dichter der Aufklärung; errang große Popularität mit seinen „Idyllen" und seiner antikisierenden Schäferpoesie.

Uz – Vgl. Anm. zu S. 67.

sensu medio – (lat.) von mittlerem Geschmack.

Immermann – Karl Leberecht Immermann (1796–1840) setzte sich als Leiter des Düsseldorfer Theaters für Shakespeare-Aufführungen ein.

Adrian – Vgl. Anm. zu S. 242.

Rossini – Gioacchino Rossini (1792–1868), italienischer Opernkomponist; „Die diebische Elster" (1817) gehört zu seinen bekanntesten Werken.

263 *Ramler* – Karl Wilhelm Ramler (1725–1798), Dichter der Aufklärung; schrieb streng antikisierende Oden.

Claurens „Vergißmeinnicht" – Clauren, der Waiblinger als Inbild des Trivialschriftstellers galt, gab seit 1819 einen Almanach unter diesem Titel heraus, in dem er nur eigene Arbeiten aufnahm.

264 *Forsthulst* – Stechpalme.

olmig – verfault, modrig.

265 *Packan* – In der Idylle „Luise" (1784) von Johann Heinrich Voß (1751–1826) heißt es: „Nachbarlich dort im Schatten des blüten-

doldigen Flieders / Nagte des Festmahls Knochen Packan und murrete seitwärts / Gegen die laurende Katz..." (1,13).

265 *der Voßsche Horaz und Shakespeare* – Gemeint sind die Voßschen Übersetzungen: „Des Horatius Werke" (1806) und „Shakespeares Schauspiele" (1818–1829).

267 *Kleists „Frühling"* – Das 460 Hexameter umfassende Gedicht „Der Frühling" (1749) von Ewald Christian von Kleist (1715–1759) orientiert sich formal an Klopstocks „Messias".

Regulus – Marcus Atilius Regulus (gest. um 250 v. u. Z.), römischer Feldherr; schlug mit seiner Flotte die Karthager und forderte ihre völlige Unterwerfung. Er geriet später in karthagische Gefangenschaft, wo er der Legende zufolge in einem ausgenagelten Faß einen Berg hinabgerollt worden sein soll.

Heigelin – Johann Friedrich Heigelin (1764–1845), Pfarrer in Herrenalb. Von ihm erschien 1818 „ein ausführlicher Beitrag zur deutschen Sprachreinigung" unter dem Titel „Allgemeines Fremdwörter-Handbuch für Deutsche, worin zur Verständigung, Ausscheidung und Würdigung der in deutschen Schriften und in der Kunst- und Umgangssprache vorkommenden fremdartigen Wörter, Ausdrücke usw. Anleitung gegeben wird".

Adrians Byron – Gemeint ist die Übersetzung „Lord Byrons Erzählungen" (1819) von Johann Valentin Adrian, die auch einen „Versuch über des Dichters Leben und Schriften" enthält.

Auffenberg – Josef Freiherr von Auffenberg (1798–1857), Schiller-Epigone; verfaßte eine Vielzahl heute vergessener Dramen.

268 *Young* – Edward Young (1683–1765), englischer Dichter der Aufklärung. Waiblinger spielt auf seine „Klagen oder Nachtgedanken über Leben, Tod und Unsterblichkeit in neun Nächten" (1742–1745; dt. 1760–1769) an, die vor allem in Deutschland zum Vorbild für melancholisch-pessimistische Weltschmerzdichtung wurden.

272 *Mediceerin* – Gemeint ist die Venus Medici von Florenz. Die antike Darstellung zeigt die Liebesgöttin völlig unbekleidet, doch verdrängt das Anmutige ihrer Erscheinung jeden sinnlichen Reiz.

Canova – Antonio Canova (1757–1822), italienischer Bildhauer; bedeutendster Vertreter klassizistischer Plastik, machte „das Studium der auf Grund der Antike zur Schönheit geläuterten Natur" zum Grundprinzip seines Schaffens.

274 *Raffael* – Raffaelo Santi (1483–1520), italienischer Maler, dessen formklare Gestaltungskunst ideale Schönheit in kompositorischer

Ausgewogenheit und vollendeter Harmonie monumental-dekorativ zum Ausdruck bringt.

275 *Brera* – Gemeint ist der Palazzo di Brera in Mailand, in dem sich seit 1776 die Kunstakademie befindet und der außer einer Pinakothek auch eine Gemäldesammlung, eine Bibliothek und ein Münzkabinett beherbergt.

Romano – Guilio Romano, eigentlich Pippi (1499–1546), italienischer Maler und Baumeister der Hochrenaissance; Lieblingsschüler Raffaels. Sein von der Antike beeinflußter lebendiger Malstil kommt in seinen Tafelbildern und Altargemälden wirkungsvoll zum Ausdruck.

künstlich – Hier im Sinne von „künstlerisch" gebraucht.

277 *Pittschaft* – Petschaft: Handstempel zum Siegeln.

Hyoscyamus – Bilsenkraut, Schlafkraut.

278 κατ᾽ ἄνδρωπον – (griech.) allgemeinverständlich.

Ham – Der jüngste Sohn Noahs, der der biblischen Überlieferung zufolge seinen Vater verspottete.

Pescherähs – Damals übliche Bezeichnung für einige auf einer niedrigen Kulturstufe stehenden feuerländischen Indianerstämme. Der Name wurde 1767 irrtümlich von den Begleitern des französischen Weltumseglers Louis-Antoine de Bougainville eingeführt, dann u. a. von Herder und Forster übernommen.

281 *Schelling auf Jacobi* – Vgl. siebente Anm. zu S. 225.

Friedrich Hölderlins Leben, Dichtung und Wahnsinn

Am 3. Juli 1822 fand die erste Begegnung zwischen dem siebzehnjährigen Gymnasiasten und dem geisteskranken Dichter statt. Nach Eintritt in das Stift war Waiblinger häufig zu Besuch in der Erkerstube am Neckar, betreute Hölderlin, brachte ihm Geschenke, führte ihn spazieren und nahm ihn in sein Gartenhaus mit. Am 23. Februar 1826 bot er Adolf Müllner, dem Herausgeber des „Mitternachtblattes" einen Krankheitsbericht über Hölderlin an. Müllner wünschte jedoch mehr eine sentimentale Geschichte „für liebende Herzen" zu drucken. Im „Mitternachtblatt" vom 2. August 1826 wiederholte Waiblinger in der Anmerkung zu dem Gedicht „An Hölderlin" seinen Vorsatz, „bald eine umständlichere Darstellung von Hölderlins jetzigem Zustande folgen“ zu lassen. Zur literarischen Gestaltung kam es dann erst im Winter 1827/28 in Rom. Bei der Niederschrift war Waiblinger nur auf seine Erinnerungen angewiesen. So sind die biographischen Angaben nicht zuverlässig. Von besonderem Wert ist die pathographische Analyse. Der auf vierjährigem Umgang beruhende Krankheitsbericht ist eine wichtige Quelle der Hölderlinforschung. Gedruckt wurde er erst 1831 in dem bei Brockhaus in Leipzig erscheinenden „Zeitgenossen. Ein biographisches Magazin für die Geschichte unserer Zeit“. Von dort wurde der Essay 1839 in die „Gesammelten Werke“ aufgenommen. Nach der Jahrhundertwende kam es im Zusammenhang mit der Neubewertung Hölderlins zu mehreren Neudrucken. Die erste kritische Ausgabe nach der Handschrift, die sich im Schiller-Nationalmuseum Marbach befindet, gab Adolf Beck im Jahre 1951 heraus. Diese Edition liegt unserem Text zugrunde.

286 *Ludwig Uhland und Gustav Schwab* – Ihre seit 1820 vorbereitete Auswahl von Hölderlins Gedichten erschien 1826.

seit Jahresfrist ... von ihm getrennt – Waiblinger verließ Tübingen am 9. Oktober 1826.

bei einer nun wenigstens vierundzwanzigjährigen Abgeschlossenheit – Waiblinger war mit den Stationen des Lebensweges nicht eingehend genug vertraut. In Wirklichkeit wurde Hölderlin im September 1806 in das Tübinger „Klinikum“ gebracht, seit 1807 wurde er von der Familie des Tischlers Zimmer gepflegt.

287 *Nürtingen* – Hölderlin wurde am 20. März 1770 in Lauffen a. N. geboren, erst 1774 übersiedelte er mit seiner Mutter, als sie nach dem frühen Tode des Vaters wieder geheiratet hatte, nach Nürtingen.

seine Mutter – Johanna Christiane Gok, geb. Heyn (1748–1828).

288 *Seminarium* – Seit Herbst 1784 besuchte Hölderlin die protestantische Klosterschule Denkendorf, 1786 die Klosterschule Maulbronn, 1788–1793 das Tübinger Stift.

289 *Die Mutter eines Freundes* – Gemeint ist Luise Nast (1768–1839), die Tochter des Maulbronner Klosterverwalters, mit der Hölderlin einige Jahre befreundet war. Im Winter 1789/90 löste Hölderlin das Verhältnis. Luise heiratete 1794 den Amtsschreiber Ludwig. Waiblinger war mit Gustav Ludwig (1802–1868), einem späteren Pfarrer, befreundet. Möglicherweise ist er gemeint. Ein genauer Nachweis war jedoch nicht möglich.

290 *Schiller und Klopstock* – Klopstock war bereits in der Maulbronner Zeit Hölderlins erklärtes poetisches Vorbild. Für Schiller begeisterte er sich insbesondere während der Tübinger Zeit, doch zeigt sich bereits in den frühen Gedichten die unverwechselbare dichterische Eigenart.

in Schillers „Horen“ – Das „Hyperion“-Fragment erschien 1794 in der „Neuen Thalia“.

291 *Mandoline* – Vermutlich ein Irrtum. Hölderlin spielte Klavier und Flöte; auf beiden Instrumenten brachte er es zu beachtlicher Fertigkeit.

Leiden einer ... Liebe – Gemeint ist Marie Elisabethe (Elise) Lebret, später Ostertag (1774–1839), die Tochter des Kanzlers der Tübinger Universität. Hölderlin nannte sie in einigen Gedichten Lyda. Die beiderseitige Zuneigung erhielt sich bis zum Ende der Studienzeit, dann entfremdeten sie sich.

Abneigung gegen sein Fakultätsstudium – Hölderlin trug sich mehrfach mit dem Gedanken, das Theologiestudium aufzugeben, nur seiner Mutter zuliebe setzte er es fort.

Ausfälle gegen das Vaterland – Die Klage Hölderlins über die gesellschaftliche Misere in Deutschland im vorletzten Brief des „Hyperion“, die ein Zeugnis tiefer Vaterlandsliebe ist. Diese Stelle übernahm Waiblinger wörtlich einer brieflichen Äußerung seines Freundes Paul Pfizer.

292 *Matthisson* – Die Bekanntschaft vermittelte Gotthold Friedrich Stäudlin (1758–1796). Hölderlin las Matthisson am 23. Juni 1793 im Tübinger Stift seine „Hymne an die Freiheit“ vor und erregte damit Matthissons enthusiastische Begeisterung.

in Frankfurt – Nach dem theologischen Abschlußexamen trat Hölderlin Ende Dezember 1793 die durch Schiller vermittelte Hofmeisterstelle bei der Familie von Kalb in Waltershausen (Thüringen) an. Seit November 1794 weilte er in Jena, wo er die Bekanntschaft Fichtes und Goethes machte und mehrmals mit Schiller zusammentraf. Im Frühsommer 1795 hielt er sich vorübergehend in Stuttgart und Nürtingen auf, erst Ende 1795 trat er die Hofmeisterstelle im Hause des Frankfurter Bankiers Gontard an. Nach einer Auseinandersetzung mit Jakob Gontard verließ Hölderlin Frankfurt im Oktober 1798.

Mutter seiner Zöglinge – Susette Gontard, geb. Borkenstein (1769–1802), Hölderlins „Diotima“, seit 1786 Frau des Bankiers

Jakob Gontard (1764–1843) und Mutter von vier Kindern, von denen Hölderlin nur das älteste, Henry (1787–1816), zu erziehen hatte. Waiblingers Charakteristik ist unzutreffend.

293 *Briefe* – Diotimas Briefe an Hölderlin wurden erst 1921 veröffentlicht. Hölderlins Briefe hingegen sind verschollen.

auf einem Gute Diotimas – Unter großen Schwierigkeiten kam es 1799 und 1800 im Aderflychtschen Hof noch gelegentlich zu heimlichen Zusammenkünften der Liebenden, die ihnen jedoch die Hoffnungslosigkeit ihrer Situation nur um so nachdrücklicher bewußt machten.

Sein „Hyperion" wurde vollendet – Der erste Band erschien 1797, der zweite Band 1799.

294 *Weimar und Jena* – Vgl. Anm. zu S. 292.

... für ihn wirkte – Darüber existieren keinerlei Zeugnisse.

295 *Schweiz* – 1801 war Hölderlin kurze Zeit Hofmeister in Hauptwyl.

Lavater, Zollikofer – Johann Kaspar Lavater (1741–1801) starb vor Hölderlins Ankunft in der Schweiz. Ob Hölderlin ihn gelegentlich einer Reise im Frühjahr 1791 aufgesucht hat, ist nicht erwiesen. Der Kanzelredner Joachim Zollikofer (1730–1788), den Waiblinger vermutlich meint, war nicht mehr am Leben.

Plan zu einer Tragödie – Die Fragmente des „Empedokles" entstanden bereits in Homburg (1798–1800). Möglicherweise meint Waiblinger auch die verschollene Tragödie „Agis" aus der Geschichte der spartanischen Könige.

Schellingsche Lehre – Mit den Philosophen Hegel und Schelling stand Hölderlin 1795/96 in fruchtbarem philosophischem Gedankenaustausch, dem wir das „älteste Systemprogramm des deutschen Idealismus", einen handschriftlich überlieferten, von Hegel geschriebenen, aber sehr wahrscheinlich von Schelling unter Hölderlins Inspiration und Mitwirkung formulierten Entwurf eines weitgefaßten philosophischen Programms verdanken.

in Frankreich – Von Januar bis Mai 1802 war Hölderlin Hofmeister in Bordeaux bei dem Hamburger Weinhändler und Konsul Daniel Christoph Meyer (1751–1818).

296 *Blutsverwandter* – Es kann nur Hölderlins Stiefbruder Karl Gok (1776–1849) gemeint sein. Er heiratete am 28. Mai 1804 eine Base seiner Mutter; ob sie Hölderlin gekannt hat, ist nicht bekannt. Diese Darstellung übernahm Waiblinger von dem Tübinger Tischlermeister Zimmer, bei dem Hölderlin ab 1807 wohnte.

296 *Prinz* – Landgraf Friedrich V. von Hessen-Homburg (1748–1820). Hölderlin lernte ihn nicht in Jena, sondern erst im Herbst 1802 in Regensburg durch Vermittlung Isaak von Sinclairs (1775–1815) kennen. Während Hölderlins Aufenthalt in Homburg (1798–1800) hielt sich Friedrich V. in Frankfurt und Schlangenbad auf, da seine Residenz zu dieser Zeit wiederholt von französischen Generalen besetzt war. Hölderlin widmete dem Landgrafen nach der Begegnung die Hymne „Patmos".

297 *Übersetzung von Sophokles* – Die Übersetzungen der Trauerspiele des Sophokles („Ödipus der Tyrann" und „Antigone") erschienen 1804. Die bedeutende geistige und sprachschöpferische Leistung wurde von den Zeitgenossen nicht erkannt.

Klinikum – Vom Herbst 1806 bis zum Sommer 1807 wurde Hölderlin im Tübinger „Klinikum" behandelt unter Aufsicht von Johann Ferdinand Hermann Autenrieth (1772–1835). Zu seinen Betreuern gehörte auch der damalige Medizinstudent Justinus Kerner (1786–1862).

Tischler – Ernst Zimmer (1772–1838). Vgl. auch Anm. zu S. 59.

Ilissus – Ein Nebenflüßchen des Kephissos bei Athen. Waiblinger dachte dabei vermutlich an Hölderlins Gedicht „Griechenland" (1793), in dem es heißt: „im Schatten der Platanen, wo durch Blumen der Ilissus rann, ... wo mein Plato Paradiese schuf."

300 *Briefe in Prosa* – Gemeint sind wahrscheinlich die Bruchstücke einer geplanten Fortsetzung des „Hyperion", wovon einige erhalten sind.

301 *Conz* – Karl Philipp Conz (1762–1827), klassizistischer Schriftsteller und Philologe; Repetent Hölderlins am Tübinger Stift, 1804 Professor für klassische Literatur; seine Übersetzungen des Aischylos erschienen 1815–1820.

303 *Cronegk* – Johann Friedrich von Cronegk (1731–1758), Dramatiker der Aufklärung.

304 *Gartenhaus* – Im Frühjahr 1823 erhielt Waiblinger die Genehmigung der Stiftsleitung, das Presselsche Gartenhaus am Österberg zu mieten. Vgl. auch Anm. zu S. 111.

Roman – Der im Sommer 1823 entstandene Roman „Feodor". Vgl. auch Anm. zu S. 70.

„Kalonasore" – Die im Herbst 1823 entstandene Romanze im Stil Byrons erschien 1826 in den „Vier Erzählungen aus der Geschichte des heutigen Griechenlands".

305 *das pantheistische Ein und All* – Die der griechischen Philosophi entlehnte Formel „Hen kai pan" verband als eine Art Losungswor die Freunde Hölderlin, Hegel und Schelling während ihrer Stiftszeit *Schelling* – Friedrich Wilhelm Joseph Schelling war seit 1806 Generalsekretär der Akademie der bildenden Künste in Müncher und hielt 1820–1826 Vorlesungen an der Universität Erlangen Waiblingers Besuch fand in den Osterferien 1824 statt.

306 *Stravaganz* – Extravaganz.

„Weltalter" – Ein Fragment gebliebenes geschichts- und naturphilosophisches Werk Schellings.

Heinse – Wilhelm Heinse (1746–1803), Schriftsteller des Sturm und Drangs; Bibliothekar des Kurfürsten Karl Joseph von Mainz; verkehrte im Hause Gontard. Sein Künstlerroman „Ardinghello und die glückseligen Inseln" (1787), in dem er die Ideale der Renaissance verherrlichte, übte auf die rebellierende bürgerliche Intelligenz nachhaltigen Einfluß aus. Hölderlin widmete ihm die Elegie „Brot und Wein".

vor – vorher.

„Dero untertänigster Hölderlin" – Der Text dieses Stammbuchblattes „Für Wilhelm Waiblinger" lautet:

> Wenn Menschen fröhlich sind, wie ist es eine Frage?
> Die, ob sie auch gut sein, ob sie der Tugend leben;
> Dann ist die Seele leicht, und seltner ist die Klage
> Und Glauben ist demselben zugegeben.
>
> Dero untertänigster Hölderlin.

308 *Weinschank* – Auf solche Ausflüge mögen die Gedichte „Das fröhliche Leben" und „Der Spaziergang" zurückgehen.

310 *... besitz ich eine Menge* – Die Papiere sind bis auf diejenigen, die Waiblinger Mörike überließ, verlorengegangen.

An Diotima – Statt „Schmerzen" steht im Original „Leiden!".

311 *wie die Schafe über einen Steg wandern* – Die betreffenden Verse in dem Gedicht „Wenn aus dem Himmel..." lauten: „Über dem Stege beginnen Schafe / Den Zug, der fast in dämmernde Wälder geht."

314 *diese Stücke... weggelassen* – Waiblinger meint die Gedichte „Die Wanderung" (entstanden 1801), „Der Rhein" (entstanden 1801) und „Andenken" (entstanden 1803), in denen er bereits ein Nachlassen der dichterischen Kraft zu spüren meint. Heute zählen diese Hymnen zu den reifsten lyrischen Leistungen Hölderlins.

314 *die Griechen* – Waiblingers Auffassung steht hier im Gegensatz zu dem Bericht Christoph Theodor Schwabs: „Die Nachricht vom griechischen Freiheitskampf regte ihn für einige Zeit auf, und er hörte mit Begeisterung zu, als man ihm erzählte, daß die Griechen Herrn der Morea (der Peloponnes) seien.“

Das Abenteuer von der Sohle

In dem Brief vom 3. Oktober 1827 teilte Waiblinger seinen Eltern mit: „In etwa vier bis fünf Wochen könnt ihr in der Dresdner ‚Abendzeitung‘ etwas von mir lesen, das die Mama in Verzweiflung und den Papa in die Gefahr bringen wird, sich totzulachen. Es heißt: ‚Das Abenteuer von der Sohle oder Die kapitolinische Visite‘.“ Die Erzählung wurde in dem von Friedrich Förster und Willibald Alexis herausgegebenen „Berliner Konversationsblatt“ (Nr. 218/19; 221–224, 6.–14. November 1828) veröffentlicht unter dem Titel „Wie es einem deutschen Poeten auf dem Kapitol ergangen oder Das Abenteuer von der Sohle. Mitteilung eines Anonymus durch W. Waiblinger“. In den „Gesammelten Werken“ wurden Haupt- und Nebentitel vertauscht. Zu der Humoreske wurde Waiblinger insbesondere durch die Karikatur Genellis inspiriert. Waiblinger hatte sich zu jener Zeit mit der deutschen Künstlerkolonie in Rom überworfen und fand in seiner materiellen Notlage keinerlei Unterstützung. Die in sich geschlossene Humoreske, die in ihrer dichterischen Überhöhung zu einem Sinnbild der eigenen Existenz und seines Künstlertums schlechthin wurde, ist ein unverstelltes autobiographisches Zeugnis aus der Zeit härtester Not. Unserem Text liegt der Erstdruck zugrunde.

321 *Providenz* – Vorsehung.
Harpax – Geizkragen (nach Molières Bühnenfigur Harpagon).
322 *Cremor tartari* – (lat.) Weinstein.
Eau de parnasse – (franz.) Wasser des Parnaß; Umschreibung für die am Parnaß entspringende Quelle Kastalia (in Delphi), deren Wasser prophetische Kraft zugeschrieben wurde, sie gilt seit der römischen Antike als Wahrzeichen der Dichtung.
323 *Marquis Posa* – Gestalt aus Schillers „Don Carlos“.
Scaramuzza – Vgl. Anm. zu S. 177.
Augurium – Vorzeichen.

323 *Cavaletto* – (ital.) hölzernes Voltigierpferd.
in effigie – (lat.) im Bildnis.
324 *Longara* – Lungara: Dort befand sich die Irrenanstalt.
Chilet – Weste.
Goldoni – Vgl. neunte Anm. zu S. 187.
Herr von X. – Gemeint ist Bunsen. Vgl. siebente Anm. zu S. 161.
325 *Parmegianer Engel* – Scaramuzza stammte aus Parma.
idolo del mio cuore, nume adorato! – (ital.) Abgott meines Herzens, angebetete Gottheit!
Eccomi qua – (ital.) Da bin ich.
Cospetto di baco – (ital.) Angesicht eines Wurms.
326 *Assasinium* – Meuchelmord.
328 *Amicus* – (lat.) Freund.
Modesten – Scherzhaft für Hosen.
329 *Miglien* – (ital.) Meilen.
330 *Stivaletti* – (ital.) Gamaschen.
Taprobanisch – Ceylonesisch.
331 *Konservator* – Bewahrer: Hoher Beamter oder Würdenträger.
333 *Pizzicarol* – pizzicaruola: (römischer Dialekt) Wurstmacher.
Virginius – Der Römer Verginius Rufus soll der Legende zufolge seine schöne Tochter Verginia in der Nähe des Tempels der Venus Cloacina getötet haben, um sie vor den Nachstellungen des Appius Claudius (um 450 v. u. Z.) zu bewahren.
Macellaro – (ital.) Schlächter.
Paino – (ital.) Stutzer.
334 *Pancianera* – (ital.) Dickwanst.
335 *corpo del diabolo* – (ital.) Teufelsstück.
baco – (ital.) Wurm.
336 *Sbirren* – Häscher.
Cameriere – (ital.) Kellner.
Carciofoli – (ital.) Artischocken.

Die Briten in Rom

Den Plan zu dieser Novelle faßte Waiblinger, nachdem er in Reimer einen Verleger für seinen Almanach „Taschenbuch aus Italien und Griechenland auf das Jahr 1829“ gefunden hatte. Am 6. Januar 1828 berichtete er Eser, daß die Erzählung „Das Blumenfest“ fast abgeschlossen sei und er im Anschluß daran gleich eine zweite schreiben werde. Diese sei „komisch, und zwar dermaßen, daß Graf von Platen, mein teurer Freund hier, die äußerste Wirkung prophezeit hat. Sie narrt die Engländer in Rom in einer Intrige in Abenteuern, in einem Gemälde zum Tollwerden: ja ich möchte sie gerne ins Italienische übersetzen." Bereits am 19. März teilt er Eser mit: „Denke, mein ganzer Almanach ist schon vollendet. Das heißt gearbeitet, alles alla prima geschrieben, ohne Konzept, erfunden und frischweg ausgeführt. ... Die Engländer hab ich schrecklich gegeißelt! Du wirst lachen, aber ich *mußte*, die Galle war zu groß!" Der Almanach erschien Ende des Jahres. 1839 wurde die Erzählung in die „Gesammelten Werke" aufgenommen. 1880 gab Edmund Zoller in Reclams Universalbibliothek einen Neudruck heraus.

Die Verspottung der Maler wurde Waiblinger seitens der Künstlerkolonie sehr verübelt. Gegen die zahlreichen Anwürfe setzte er sich in einer anonymen Selbstverteidigung zur Wehr, die unter der Überschrift „Über die Sensation, welche eine Stelle in dem ‚Taschenbuch aus Italien und Griechenland von W. Waiblinger' unter den Künstlern in Rom hervorbrachte" in der von Friedrich Wilhelm Gubitz herausgegebenen Zeitschrift „Der Gesellschafter" (März 1830, Nr. 35/36) erschien.

346 *Scharlatan* – Hier: Quacksalber.

347 *Pyramide des Cestius* – Das 37 m hohe Grabmal des römischen Prätors Gajus Cestius Epulo (gest. 12 v. u. Z.), in dessen unmittelbarer Nähe der protestantische römische Friedhof liegt, auf dem auch Waiblinger seine letzte Ruhestätte fand.

Haus des Pilatus – Gebäude aus dem 11. Jahrhundert, am Palatin gelegen, auch Haus des Crescentius genannt.

Cola von Rienza – Cola di Rienzo (1313–1354), römischer Staatsmann und Humanist; Freund Petrarcas.

Fortuna Virilis – Eine Göttin, die sich besonders der Männer angenommen haben soll.

Servius Tullius – Der Sage nach der sechste römische König (578 bis 534 v. u. Z.).

Vasi – Guiseppe Vasi (1710–1782), italienischer Architekturstecher, Radierer und Archäologe. Autor des zehnbändigen Rombuches „Magnificence di Roma antica e moderna" (1741–1761).

Fea – Carlo Fea (1753–1836), italienischer Archäologe; Autor des Rombuches „Descricione di Roma e dei contorni, con vedute" (1822).

347 *Nibby* – Antonio Nibby (1792–1839), italienischer Archäologe.
349 *Gaudiebe* – Hochstapler.
Vetturin – Droschkenkutscher.
350 *Strada Balbi* – Hauptverkehrsader Genuas mit zahlreichen alten Palästen.
351 *Fiasco* – (ital.) Flasche.
Est, est – Vgl. Anm. zu S. 159.
Favorisca! – (ital.) Treten Sie näher!
352 *Lungara* – Via della Lungara: Straße am westlichen Tiberufer, im Stadtteil Trastevere, in der sich das Irrenhaus befand.
Paul – italienische Silbermünze; etwa vier Groschen.
alle piastrelle – (ital.) mit Spielsteinen.
353 *Isola bella ... Isola madre* – Zwei der vier Borromeischen Inseln im Lago Maggiore.
Young – Vgl. Anm. zu S. 268.
Southey – Robert Southey (1774–1843), englischer Dichter.
Moore – Vgl. Anm. zu S. 40.
355 *Governo* – Ministerium.
357 *Yorick und Elisa* – Gestalten aus Lawrence Sternes Roman „Empfindsame Reise durch Frankreich und Italien" (1768), denen sentimentale zeitgenössische Gemüter nachzuleben versuchten.
358 *Festini* – festino: (ital.) Festessen, Gastmahl; Ballnacht.
Gallinaccio – (ital.) Truthühner.
359 *Lazzarone* – (ital.) Tagedieb.
361 *Cavaliere servente* – Galan, stand einer Dame in Liebesdiensten zur Verfügung; der Tänzer, der eine Dame führt.
amante – (ital.) der Geliebte.
363 *„Mathilde von Shabran"* – Oper von Gioacchino Rossini (1792 bis 1868), 1821 uraufgeführt, später „Corradino" genannt. Die Oper „Moses in Ägypten" wurde 1818 uraufgeführt, „Semiramis" 1823 und „Der Barbier von Sevilla" 1816.
Boccabadati – Luigia Boccabadati (1800–1850), italienische Opernsängerin.
Akademie – Im 18./19. Jahrhundert gebräuchliche Bezeichnung für Konzert; accademia: (ital.) Konzert.
Alfieri – Vittorio Alfieri (1749–1803), italienischer Dichter.
Rosa Taddei – Vgl. achte Anm. zu S. 187.
Ottaven – Ottave rime: (ital.) Achtzeiler; Stanze. Die italienische Strophenform hat auch Eingang in die deutsche Literatur gefunden.

364 *Regulus* – Marcus Atilius Regulus (3. Jahrhundert v. u. Z.), römischer Feldherr.

Cato – Marcus Portius Cato (234–149 v. u. Z.), römischer Staatsmann und Schriftsteller.

„Zelmira" – Oper (1822) von Gioacchino Rossini (1792–1868).

Mausoleum des Augustus – Augustus (63–14 v. u. Z.), erster römischer Kaiser, wurde auf dem Marsfeld am Tiberufer beigesetzt.

Monti – Vincenzo Monti (1754–1828), italienischer Dichter.

Parini – Guiseppe Parini (1729–1799), italienischer Dichter.

Foscolo – Ugo Foscolo, eigentlich Niccolò (1778–1827), italienischer Dichter und Literaturhistoriker.

Pindemonti – Ippolito Pindemonti (1753–1828), italienischer Dichter; Vorläufer der Romantik.

Manzoni – Alessandro Manzoni (1785–1873), bedeutendster italienischer Romantiker.

Niccolini – Giovanni Battista Niccolini (1782–1861), italienischer Dramatiker.

Valle – Gemeint ist das im Zentrum Roms gelegene Teatro Valle.

Arlecchine – Arlecchino: Lustige Figur der Comedia dell'arte, dem deutschen Harlekin entsprechend.

Bajazzi – Bajazzo: Spaßmacher, Possenreißer.

Pulcinelle – Pulcinella: Lieblingsgestalt im neapolitanischen Volkstheater (der unverschämte und listige Diener).

365 *ennuyieren* – langweilen, verdrießen, ermüden.

370 *Volterras berühmtes Fresko* – Der italienische Maler Daniele da Volterra, eigentlich Ricciarelli (1509–1566) schuf das Freskogemälde der Cappella Orsini in der Kirche Trinità dei Monti.

371 *Custodi* – Aufseher, Wächter.

Ciceroni – Fremdenführer; scherzhafte Bezeichnung nach Cicero, dem berühmtesten römischen Redner (106–43 v. u. Z.).

374 *magro* – (ital.) dürftig.

377 *Dichter des Orlando* – Vgl. Anm. zu S. 499.

384 *Arkadier* – Name für die Mitglieder einer 1690 in Rom gegründeten Akademie zur Bekämpfung des Marinismus, dem sie die Hirtenpoesie Theokrits und die Dichtungen Petrarcas entgegenstellten.

392 *St.-Peter-und-Pauls-Fest* – Der Gedenktag für die beiden Apostel wird alljährlich am 29. Juni begangen.

affizierbar – reizbar.

396 *de natura deorum* – (lat.) Wie ihn Gott erschaffen hat.
Quousque tandem – Anspielung auf den Beginn einer Cicero-Rede (Wie lange noch, Catilina, willst du unsere Geduld mißbrauchen ...).
S. P. Q. R. – Abkürzung für Senatus Populusque Romanus: Der römische Senat und das (römische) Volk.
Sono puttane queste Romane – (ital.) Diese Römerinnen sind Dirnen.

397 *Bernini* – Lorenzo Bernini (1598–1680) erbaute 1661 die Königstreppe des Vatikans.

398 *Perugino* – Eigentlich Pietro di Cristoforo Vannucci (um 1450 bis 1523), italienischer Maler.
Fiesole – Fra Giovanni da Fiesole (1387–1455), italienischer Maler.
Garofalo – Benvenuto da Garofalo, eigentlich Tisi (um 1481–1559), italienischer Maler.
„Verklärung" – „Die Verklärung Christi auf dem Berge Tabor", berühmtes Gemälde im Vatikan. Nach Raffaels Tod beendete Giulio Romano das wahrscheinlich 1517 begonnene Werk.
ein junger Mensch – Im folgenden verspottet Waiblinger die Nazarener.

400 *„Madonna von Foligno"* – Gemälde Raffaels im Vatikan, das 1511/12 entstand.
Giotto – Giotto di Bondone (1266–1337), italienischer Freskenmaler.
Masaccio – Eigentlich Tommaso di Giovanni di Simone Guidi (1401–1428), italienischer Maler; setzte die Traditionen Giottos fort; Bahnbrecher der Frührenaissance.

401 *„Klosterleben" und „Mönche"* – Werke des Malers Fra Giovanni da Fiesole.
Belvedere – Die zweigeschossige, von dem italienischen Architekten Donato Bramante (1444–1514) erbaute Säulenhalle weist eine reichhaltige Skulpturensammlung auf (darunter auch den Apollo von Belvedere).

403 *Maggiordomo* – päpstlicher Hofmarschall.
Violettstrumpf – Spöttische Bezeichnung für einen Segretario (Sekretär), nach dessen Kleidung.

404 *Burattini* – Vgl. sechste Anm. zu S. 187.

406 *„Times"* – Großbürgerliche englische Tageszeitung, 1785 von dem Buchdrucker John Walter gegründet.

406 *Saltarello* – Italienischer Volkstanz im $^2/_4$- oder $^6/_8$-Takt, der zeitweilig auch als Kunsttanz gepflegt wurde.

407 *Sagazität* – Scharfsinn.

409 *sanguinaccio di Dio* – (ital.) Blutwurst Gottes.

accidenti – (ital.) zum Teufel!

corpo del diabolo – (ital.) Teufelsstück.

410 *Chani* – (florentinisch) Hunde.

411 *Domenicchino* – Eigentlich Domenico Zampieri (1581–1641), italienischer Barockmaler.

Carracci – Vgl. Anm. zu S. 119.

Caravaggio – Eigentlich Michelangelo Merisi (1573–1610), italienischer Maler; Anreger für viele Maler des 17. Jahrhunderts.

Guercino – (ital.) „der Schieler"; eigentlich Giovanni Francesco Barbieri (1591–1666), italienischer Maler; neben Guido Reni Hauptmeister der Bologneser Schule.

Tedesco – (ital.) Deutscher.

poverello – (ital.) Armer.

Camerieri – (ital.) Kellner.

Facchinen – Gepäckträger.

Ruffiane – Kuppler.

412 *Göttin der Wollust von Tizians Pinsel* – Von Tizian existieren drei Venus-Darstellungen: „Venus von Urbino" (1538), „Venus mit dem Amor" (1545), beide in Florenz, Uffizien; „Toilette der Venus" (um 1550), Leningrad, Eremitage.

415 *Pinelli* – Bartolomeo Pinelli (1781–1835), italienischer Maler und Graphiker; schuf zahlreiche Mappenwerke und Illustrationsfolgen, insbesondere Darstellungen aus dem Volksleben.

Stanzen und Logen Raffaels – Raffael schuf 1508–1517 im Auftrag von Papst Julius II. Wand- und Deckengemälde für drei Zimmer (Stanzen) des Vatikans. Für die Loggien lieferte er nur die Entwürfe.

„Transfiguratione" – Gemeint ist Raffaels Bild „Die Verklärung Christi auf dem Berg Tabor". Vgl. auch vierte Anm. zu S. 398.

„Girolamo" – Gemeint ist das Gemälde „Die Kommunion des heiligen Hieronymus" (1614) von Domenicchino.

Canova – Vgl. Anm. zu S. 272.

Thorwaldsen – Vgl. Anm. zu S. 165.

Camuccini – Vincenco Camuccini (1773–1844), italienischer Historienmaler.

415 *„Propheten und Sibyllen"* – Detail des Deckengemäldes in der Sixtinischen Kapelle des Vatikans in Rom, das Michelangelo zwischen 1508 und 1512 schuf.

das „Jüngste Gericht" – Riesenfresko an der Altarwand der Sixtinischen Kapelle, das Michelangelo zwischen 1533 und 1541 schuf.

416 *Quaresima* – Fastenzeit.

Girandola – Feuerwerk; die berühmte Raketengarbe von der Engelsburg in Rom.

422 *Youngs „Nachtgedanken"* – Vgl. Anm. zu S. 268.

424 *Shelley* – Percy Bysshe Shelley (1792–1822), englischer Dichter.

436 *punctum sexti* – Gemeint ist das sechste Gebot der christlichen Moral: „Du sollst nicht ehebrechen."

437 *Vignarol* – (ital.) Winzer.

appuntamento – (ital.) Verabredung, Stelldichein.

439 *Dacien* – Landschaft im heutigen Rumänien.

Palmen – Palma: „flache Hand"; italienisches Längenmaß von unterschiedlicher Größe (zwischen 0,074 und 0,231 m).

440 *My sweetheart...* – (engl.) Mein Geliebter, meine geliebte Seele, o Himmel und Erde.

Antoninische Säule – Zu Ehren des Kaisers Antoninus Pius (86–161) errichtete Säule.

447 *Pizzicaruole* – pizzicaruola: (römischer Dialekt) Wurstmacher.

Granadino – Limonade.

Erklärung der Kupfer

Den beiden von Waiblinger herausgegebenen Taschenbüchern für 1829 und 1830 (vgl. Anm. zu S. 183 und 190) sind Bildbeschreibungen zu den insgesamt sechzehn Kupferstichen und einer Radierung vorangestellt. Wir reproduzieren davon neun Abbildungen, und zwar jene, auf denen das zeitgenössische Italien dargestellt ist.

463 *Vasis Wegweiser* – Vgl. sechste Anm. zu S. 347.

464 *Yoricks sentimentale Reisen* – Vgl. Anm. zu S. 357.

Lindau – Dietrich Lindau (1799–1862), Genre- und Landschaftsmaler; ab 1821 in Rom.

466 *Numa Pompil* – Numa Pompilius: Nach der Romsage der zweite König, stiftete Tempel und Altäre.

467 *Lacunare* – Getäfelte Zimmerdecke mit Vertiefungen.
Fortuna Virilis – Vgl. vierte Anm. zu S. 347.
Servius Tullius – Vgl. fünfte Anm. zu S. 347.
Fea – Vgl. siebente Anm. zu S. 347.
Matuta – Mater Matuta: Göttin des Frühlichts und der Geburt.
Camillus – Römischer Diktator, um 400 v. u. Z.
tetrastyl – viersäulig.
amphiprostyl – Tempel mit Säulen an der Vorder- und Hinterseite.
Cola von Rienzo – Vgl. zweite Anm. zu S. 347.
während der Residierung der Päpste in Avignon – Von 1309 bis 1377 befand sich der päpstliche Sitz in Avignon (Südfrankreich).
468 *stravagant* – extravagant.
469 *Thorwaldsen* – Vgl. Anm. zu S. 165.
si guardino, Signori – (ital.) Hüten Sie sich, meine Herren!
470 *giovedi grasso* – (ital.) „fetter Donnerstag“; der letzte Donnerstag vor der Fastenzeit.
474 *broccoli alla padella* – Pfannengericht aus einem blumenkohlähnlichen Gemüse.
Conto – Rechnung.
Umido – (ital.) Brühe, Tunke.
476 *Schilbach* – Johann Heinrich Schilbach (1798–1851), Maler und Kupferstecher; Schüler von Georg Primavesi, 1824–1828 in Italien.
478 *Haus des Tasso* – Gemeint ist vermutlich das Geburtshaus von Torquato Tasso (1544–1595). Tasso verließ seine Heimatstadt schon in früher Kindheit. Im Jahre 1577 hielt er sich noch einmal kurze Zeit als Flüchtling in Sorrent auf.
482 *Riedel* – August Riedel (1799–1883), Maler; ab 1828 in Italien.
483 *Koch* – Vgl. Anm. zu S. 164.
Briefe aus Olevano – Gemeint sind die Reiseskizzen „Aus einem Tagebuche in Olevano. Briefe an Kraukling“, die 1827 in der Dresdner „Abendzeitung“ erschienen. Der Dresdner Bibliothekar Karl Konstantin Kraukling (1792–1873) gehörte zum Kreis um Karl Winkler (vgl. Anm. zu S. 144) und war Mitherausgeber der „Dresdner Morgenzeitung“, zu deren Mitarbeitern Waiblinger gehörte.
Moosbrugger – Vgl. vierte Anm. zu S. 191.
484 *Nazarena* – Nazarena Silèi, ein Mädchen aus Olevano, mit der Waiblinger ein Liebesverhältnis einging. Als ihm ihre abgewiesenen Bewerber nach dem Leben trachteten, konnte er sich nur durch

die fluchtartige Abreise retten. Waiblinger bemühte sich späterhin, Nazarena nach Rom zu holen, was jedoch ihr Vater nicht erlaubte.

484 *Leo XII.* – Vgl. Anm. zu S. 186.
Sovran – Herrscher.

486 *Krafft* – Vgl. zweite Anm. zu S. 191.

487 *cruscisch* – sprachreinigend; nach der Accademia della crusca in Florenz, die sich die Reinigung und Verbesserung der italienischen Sprache zum Ziel gesetzt hatte.
Quacquero – (ital.) Quäker.
Conte – Graf.

488 *Cachet* – (franz.) Petschaft, Siegel.
grattacacio – (ital.) Reibeisen.

490 *Fior di cucuzza ...* – (ital.) Welch ein hervorragender Kopf, / Wie lieb hab ich mein Mädchen, / Sie hat unter sich gemacht, was für ein Gestank! / Mitten im Meer ist ein runder Fisch, / Wenn er die Schönen sieht, kommt er hoch, / Wenn er die Häßlichen sieht, schwimmt er zum Grund. // Du krepierendes Würmchen, nimm die Windel um, / Als Mantel will ich einen großen Überzieher, / Subjekten wie dir spucke ich ins Gesicht, // Ich segne die blühenden Blumen, / du könntest sie behalten für die Mönche, / Denn wenn du auf mich wartest, verheiratest du dich nicht.

491 *Pulcinella* – Vgl. letzte Anm. zu S. 364.
„Didone abbandonata" – Oper (1724) von Pietro Metastasio, eigentlich Trapassi (1698–1782).

492 *Fritto* – In der Pfanne Gebratenes.
Arrosto – (ital.) Braten.
Mezzi – mezzo: (ital.) halb; hier: „Halbe" (Liter).

493 *Villana* – (ital.) Bäuerin.
Villanella – (ital.) Bauernmädchen.
Giardiniera – (ital.) Gärtnerin.

494 *Kassandra* – Populäre Figur des italienischen Marionettenspiels.
Taprobane – Ceylon.

495 *Digression* – Abschweifung.

496 *unser Künstler* – Friedrich Moosbrugger. Vgl. vierte Anm. zu S. 191.
Banchiere – (ital.) Bankier; hier: scherzhaft für Geldwechsler.

498 *Marinari* – (ital.) Matrosen.
Poveriella – (ital.) die Arme, die Ärmste.

499 *Samaro* – (ital.) Esel.

499 *„Orlando“* – „L'Orlando furioso“ (1516; erw. 1532; dt. „Die Historia vom rasenden Roland“, 1636), das Hauptwerk des italienischen Renaissancedichters Lodovico Ariosto (1474–1533).

Mannaggia – (römisch, neapolitanisch) Verflucht.

ne, ne! non fate tanti scompigli! – (ital.) nein, nein, machen Sie nicht soviel Umstände!

Che tu possa ... – (ital.) Daß du umgebracht werden magst, daß dir ein Übel geschehe, du Sankt-Januaris-Gesicht (Eis- oder Janusgesicht).

500 *Vettura* – (ital.) Wagen.

Grugno – (ital.) Maul.

Krug ... Kannegießer – Vgl. neunte und zehnte Anm. zu S. 225.

501 *Heigelins Deutschwörterbuch* – Vgl. dritte Anm. zu S. 267.

502 *Götzloff* – Vgl. dritte Anm. zu S. 191.

504 *Evviva Bacco!* – (ital.) Es lebe Bacchus!

adveniat regnum tuum – (lat.) dein Reich komme!

505 *Eccelenz! facite la carita ...* – (ital.) Exzellenz! Geben Sie ein Almosen für einen Armen, einen Vater von fünf Kindern, um Gottes Barmherzigkeit!

506 *Cameriere* – (ital.) Kellner.

eccomi qua – (ital.) da bin ich.

Zur Textgestaltung

Orthographie und Interpunktion wurden den heute gültigen Regeln behutsam angeglichen. Offensichtliche Druckfehler sind stillschweigend berichtigt worden, während grammatische Eigentümlichkeiten erhalten blieben.

Für einen Teil der Anmerkungen (Tagebücher, Briefe, „Hölderlins Leben, Dichtung und Wahnsinn“) wurden bereits vorliegende Kommentierungen zu Rate gezogen und dankbar verwendet. Außerdem ist unser Kommentar der Arbeit von Hermann Behne, „Wilhelm Waiblinger. Eine neue Würdigung seines Lebens und Schaffens“, Berlin und Leipzig, 1939, verpflichtet.

Bildnachweis

477 Sorrent, Kupferstich von A. Primavesi

aus „Taschenbuch aus Italien und Griechenland auf das Jahr 1830"

481 Die Römerin, Kupferstich von Karl Barth nach einer Vorlage von August Riedel

485 Mädchen aus Olevano, Kupferstich von Johann Friedrich Bolt nach einer Vorlage von Friedrich Moosbrugger

489 Karneval, Radierung von Johann August Krafft

497 Der Straßendeklamator in Neapel, Kupferstich nach einem Gemälde von Friedrich Moosbrugger

503 Vor einer neapolitanischen Weinschenke, Kupferstich nach einer Vorlage von Karl Götzloff

153/54 Das Original des faksimilierten Briefes befindet sich in der Universitätsbibliothek Leipzig

Aufnahmen: Schiller-Nationalmuseum Marbach (5). Klaus G. Bayer, Weimar (4) Louis Held, Weimar (8)

AtV **Biographie**

Band 20

Christian Wilhelm Bechstedt Meine Handwerksburschenzeit 1805–1810

Erinnerungen

350 Seiten
16,80 DM
ISBN 3-7466-0022-7

Herausgegeben von Charlotte Francke-Roesing

Im Alter von 72 Jahren entschloß sich Christian Wilhelm Bechstedt (1787–1867), anhand von Tagebuchaufzeichnungen seine „Wanderjahre und Liebesverirrungen" für die eigenen Kinder und Enkel niederzuschreiben. Heraus kam ein Buch – nicht lehrreich und moralisierend, sondern unmittelbar, witzig, in dem er über eigene Tugenden und Schwächen spöttelte, sich aber frei von eitler Selbstgefälligkeit zeigte.
Es erschien in memoirenreicher Zeit, in der indes handschriftliche Zeugnisse aus der Welt des einfachen Mannes nur spärlich sind.

AtV **Taschenbuch bibliophil**

Band 50

William Makepeace Thackeray
Barry Lyndon

Roman

Herausgegeben von Günther und Sigrid Klotz

Aus dem Englischen
von Otto Schmidt

Mit Illustrationen von
John Everett Millais
und William Ralston

460 Seiten
24,80 DM
ISBN 3-7466-0053-7

Liebesabenteuer, Glücksspiele aller Art, wagemutige Duelle, glanzvolle Maskenbälle, Zechgelage und Hetzjagden machen das Leben von Redmond Barry aus, der sich später Barry Lyndon nennt und vor aller Welt seine aristokratische Herkunft rühmt, auch vor Leuten, die es besser wissen. Moralisten verurteilen naserümpfend sein Treiben, romantische Heldenverehrer bewundern ihn schwärmerisch. Sogar die Hand einer vermögenden Gräfin-Witwe vermag er zu gewinnen. Im Londoner Schuldgefängnis schreibt er schließlich seine Memoiren.